METROPOLE WIEN

METROPOLE WIEN

Eine Anthologie zu Architektur und Stadtkultur 1850–1945

Ruth Hanisch,
Harald R. Stühlinger,
Iain Boyd Whyte (Hrsg.)

Birkhäuser
Basel

VORWORT

Wien machte im Zeitraum von 1850 bis 1945 eine gewaltige Transformation durch. Von der Niederlegung der Stadtmauer, jahrhundertelang Garant der Sicherheit der Stadt und damit auch des Habsburger Reiches, über den Bau des neuen Ringboulevards bis hin zur Errichtung der Wohnbauten des Roten Wien kristallisierten sich die politischen, sozialen und kulturellen Umwälzungen für alle sichtbar im Stadtraum heraus. Aus der barocken Residenzstadt wurde zunächst die Metropole der Weltausstellung, dann das Reformprojekt Rotes Wien und 1945 ein Trümmerfeld. Die dafür nötigen städtebaulichen Transformationen und architektonischen Interventionen wurden stets von einer Fülle von Texten begleitet, von den ersten Planskizzen über deren politische Durchsetzung bis weit nach der Ausführung wurden Eingriffe öffentlich diskutiert und fanden in die Tagespresse ebenso wie in die Literatur Eingang: Hermann Bahr oder Adolf Loos beschwerten sich noch in den 1920er Jahren über den Bau der Ringstraße. Aber auch der Mangel an Stadtplanung schlägt sich in den Texten nieder: Die desaströsen Wohnverhältnisse im Wien der Industrialisierung und der Zwischenkriegszeit wurden beispielsweise von Else Feldmann und Veza Canetti thematisiert.

Die vorliegende Anthologie ist eine Blütenlese im ursprünglichen Sinn des Wortes: Über ein Jahrzehnt wurden professionelle und persönliche Texte über Wien gesammelt, die eine stattliche Anzahl von Autor:innen aus allerlei Anlässen geschrieben hatten. Um die Zusammenstellung so breit wie möglich zu fächern, wurde bewusst ein weiter Rahmen mit wenigen Einschränkungen gesetzt: Der Ausschnitt sollte zeitgenössisch zu den geschilderten Ereignissen, also nicht erst Jahrzehnte danach entstanden sein; kein abstraktes städtebauliches Traktat, sollte er im Idealfall lokalisierbar oder auf eine typische städtebauliche Situation bezogen sein. Das letztgültige Auswahlkriterium war aber immer die Qualität des Textlichen und gut lesbare Textausschnitte. Die ungeheure Eloquenz des Wiener Feuilletons wie die generelle intellektuelle Qualität der Tagespresse machten uns das leicht. Auch die hohe Durchlässigkeit der Genres zwischen Feuilleton und Architekturkritik etwa bei Ludwig Hevesi oder Josef Frank machen viele dieser Texte zum Lesevergnügen. Gleichzeitig haben wir uns bemüht, eine solide Quellensammlung zur Wiener Stadtentwicklung zusammenzustellen, in der neben Klassikern wie Otto Wagner und Camillo Sitte auch weniger bekannte Autor:innen zu Wort kommen. Anthologien entwickeln ein gewisses Eigenleben, Texte bekommen durch die Platzierung vor oder hinter anderen Texten oftmals eine neue, andere Bedeutung. Dies war auch hier der Fall, manche Texte scheinen über Jahrzehnte miteinander zu kommunizieren. So können wir zwei Lesearten für den Band empfehlen: einmal das gezielte Vorwärtslesen von A nach B und einmal das ziellose Flanieren durch die Kapitel, ein lesend Sich-Treibenlassen und Neuentdecken.

Natürlich ist eine solche Auswahl von Texten nicht objektiv, spiegeln die Abschnitte doch unsere jeweiligen Präferenzen und historiographischen Positionen wider. Auch das trägt zur Vielfalt des Bandes bei.

Was aber soll überhaupt eine solche Zusammen- und Gegenüberstellung von städtebaulicher/architektonischer Fachliteratur mit Texten aus Feuilleton und Literatur an neuen Erkenntnissen bringen? Ziel war es, Texte zur Stadtplanung und zur Stadtrezeption kaleidoskopartig zu versammeln, um Schnittmengen sichtbar und Diskurse nachvollziehbar zu machen. Die technische Sprache der Planer:innen und Entwerfer:innen ist oft ausführlich, zugleich aber präzis, erfasst jedoch selten die unmittelbare Wirkung der Konstrukte auf das Publikum. Literarische Stadt- und Architekturbeschreibungen sind hingegen oft erfrischend knapp und pointiert, vor allem wenn es um die ästhetische Wirkung geht: „Ich glaube, diese Gärten werden jeden Tag abgestaubt", schreibt Alfred Polgar über die Rothschildgärten im 19. Bezirk, und man versteht tatsächlich sofort, was er meinte.

Der Anstoß für die Publikation des vorliegenden Bandes war das Erscheinen des Buches *Metropolis Berlin 1880–1940* (Berkeley: University of California Press, 2012), herausgegeben von Iain Boyd Whyte und David Frisby (1944–2010). Dieser erste Band entstand aus dem Vorhaben, eine Anthologie von Texten aus dem späten 19. und frühen 20. Jahrhundert über Berlin und Wien zusammenzustellen; ein Vorhaben, das allerdings schnell ins Unermessliche wuchs, sodass die Texte über die Stadt Wien zunächst zurückgestellt wurden, um sie eventuell zu einer selbständigen Publikation auszubauen und zu ergänzen. Mit *Metropole Wien: Eine Anthologie zu Architektur und Stadtkultur 1850–1945* liegt dieser komplementäre Band nun vor.

Auch editorisch haben wir uns zurückgehalten: Die Texte wurden in der zeitgenössischen Grammatik und Orthographie übernommen. Auch das transportiert die atmosphärische Dichte und die Vielfalt der Originalstimmen.

Kapitel 3: Gewässer – Donaustrom, Donaukanal, Wienfluss

Kapitel 4: Wasserversorgung – Grundwasser, Brunnen, Gebirgsquellen

Kapitel 5: Wohnungsfrage

Kapitel 6: Ringstraße

Kapitel 7: Bauwerke – Neubauten, Monumente, Parks

Kapitel 8: Verkehr

Kapitel 9: Weltausstellung 1873

Kapitel 10: Urbanität

Kapitel 12: Stadtverwaltung und Stadtplanung

Kapitel 13: Verkehr und technische Infrastruktur

Kapitel 14: Handel, Wirtschaft und Fremdenverkehr

Kapitel 15: Die Stadt der Arbeiter

Kapitel 16: Bürgerliches Wohnen

Kapitel 17: Stadtkultur

Kapitel 18: Naherholung und Landschaft

Kapitel 19: „Alt-Wien“

Kapitel 20: Wien als Hauptstadt der Ersten Republik

Kapitel 21: Lebensreform: Siedlungen, Kleingärten, Selbstversorgung

Kapitel 22: Bauprogramm der Gemeinde Wien – Höfe und öffentliche Einrichtungen

BETRIEB IN FLORIDSDORF

Dr. Walter Bode und Dr. Heinrich Frankl

Kapitel 27: Wien modern

Kapitel 28: Stadtvisionen und Stadtfragmente

Kapitel 29: Diktaturen und Exile

(1)

WIEN ZWISCHEN NEOABSOLUTISMUS UND WELTAUSSTELLUNG – VON DER EINGESCHRÄNKT AGIERENDEN KOMMUNE BIS ZUR GASTGEBERIN DER WELT

Harald R. Stühlinger

Wien war in der Mitte des 19. Jahrhunderts nach London und Paris die drittgrößte Stadt Europas sowie bis in das letzte Viertel des 19. Jahrhunderts die größte deutschsprachige Stadt. Berücksichtigt man die Bevölkerung der Stadt, war sie ebenso bis zur vorletzten Jahrhundertwende auch die größte tschechische Stadt.[1] Sie war Referenzpunkt vieler Städte der österreichischen Kronländer und ihr kam eine ungemeine Wichtigkeit im deutschen Sprachraum zu. Erst mit dem politischen Aufstieg und brausenden Wachstum Berlins verlor sie gegen Ende des 19. Jahrhunderts den Titel der größten deutschen Stadt an die erst preußische, dann deutsche Verbündete und Rivalin.

Anders als ihr amtlicher Titel „Reichshaupt- und Residenzstadt" vermuten lassen würde, war Wien jedoch bis 1850 – dem Zeitpunkt der ersten administrativen Stadterweiterung um die „Vorstädte" – nur ein kleiner, von einer Mauer umfasster, dicht bebauter und dicht bewohnter Stadtorganismus. Eine Stadt im Kronland Niederösterreich mit gerade einmal 60.000 Einwohnern. Doch zusammen mit den Vorstädten, die sich an die innere Stadt anlagerten und in denen sich die Handwerksbetriebe, die aufkommenden Industriegebiete und Handelsunternehmungen befanden, sowie mit den weiter entfernt liegenden Vororten lebten 1840 bereits mehr als 440.000 Menschen im Großraum Wien. Bis zur Zeit der Weltausstellung 1873 sollte sich die Bevölkerung der österreichischen Donaumetropole bald mehr als verdoppeln.[2]

Im Nachgang der Revolutionen des Jahres 1848 kam es zu folgenschweren gesellschaftlichen und politischen Entwicklungen. In einem größeren Zusammenhang betrachtet, bereitete die Erhebung des Proletariats der Hauptstadt der Bauernbefreiung die Bahn. Besonders wirkte die Revolution auf das administrative Gefüge der Stadt. Nachdem 1849 der Reichsrat ausgeschaltet und die neue Verfassung außer Kraft gesetzt worden waren, wurde auch der frisch konstituierte Gemeinderat im November 1850 aufgelöst und durch einen neuen, jedoch machtlosen ersetzt, der bis 1861 installiert blieb. Die in der Folge der Revolution erstellte provisorische Gemeindeordnung verlor ihre Gültigkeit und konnte erst Ende 1860 wieder eingesetzt werden

1 Peter Csendes, Ferdinand Opll (Hg.), *Wien, Geschichte einer Stadt*, Bd. 3. Wien-Köln-Weimar: Böhlau, 2006, S. 176.

2 Hans Bobek, Elisabeth Lichtenberger, *Wien, Bauliche Gestalt und Entwicklung seit der Mitte des 19. Jahrhunderts*. Köln-Wien: Verlag Hermann Böhlaus Nachf., 1978, S. 30–31.

(2)

und nach dem Februarpatent von 1861 in veränderter Form ihre volle Wirkung entfalten. Bereits im Februar 1860 – rechtzeitig für die Verbauung der Ringstraßenzone und als verfrühtes Zeichen des bürgerlichen Liberalismus – wurde unter anderem eine nicht unwesentliche Verordnung erlassen, die es ab dann auch den jüdischen Mitbürgern erlauben sollte, Grundbesitz erwerben zu dürfen.[3] Der Autonomieverlust der Kommune während der neoabsolutistischen Ära trug jedoch auch zum folgenschweren Konflikt zwischen Stadt und Staat bei; unter anderem als man von Staatsseite Anspruch auf das Gelände des Glacis erhob, das de jure jedoch der Kommune gehörte. Die Stadtväter wurden aber zum Kniefall vor dem Staat gezwungen und mussten die Hegemonie über das wertvolle Areal den zuständigen Ministerien des Staates überlassen.

Als oberste Stadtväter fungierten bis 1851 Dr. Ferdinand von Bergmüller als Vizebürgermeister und von 1851 bis 1861 Dr. Johann Kaspar Seiller. In seine Amtszeit als Bürgermeister fallen der Wettbewerb für die „innere Stadterweiterung" sprich der Ringstraßenzone. Mit seinem Nachfolger übernahm Dr. Andreas Zelinka, ein Vertreter des Liberalismus, den Bürgermeistersessel (1861–1868) und propagierte die freie Entwicklung privater geschäftlicher Tätigkeit, bei der die Stadt in ihren fürsorglichen Belangen nur die geringsten Aufgaben übernahm. In seiner Amtszeit wurde – wie aus der Rippe Adams – 1861 aus dem 4. Bezirk der 5. Bezirk mit dem Namen Margareten herausgeschält. Vorbereitungen für große infrastrukturelle Arbeiten wie die Erste Hochquellenleitung, die Donauregulierung und den Zentralfriedhof prägten ebenso seine Regierungszeit wie auch die Baustelle der Ringstraßenzone. Zelinka, der im Amt verstarb, wurde gefolgt von Dr. Cajetan Felder, der bis 1878 als Bürgermeister mit starker liberaler Ausprägung fungierte. Durch seine zahlreichen Aufgabengebiete bis 1868 war er maßgeblich an der Konkretisierung vieler großer Infrastrukturprojekte beteiligt, unter anderem auch an den Zentralmarkthallen oder der Wiener Weltausstellung.

Bis zur Jahrhundertmitte hatte sich im Kaiserreich Österreich (bis zum Ausgleich mit Ungarn 1867) das Pressewesen nur schleppend entwickelt, aktiv behindert durch die Zensur des Systems Metternich. Leopold Landsteiner, der 1848 aus Paris nach Wien zurückkehrte, gründete gemeinsam mit August Zang 1848 die *Presse*[4], und im selben Jahr Ignaz Kuranda die *Ost-Deutsche Post*[5]. Damit entstand die politische Presse respektive das Format der modernen Tageszeitung in Österreich. 1864 kam es zu einer Abspaltung von verschiedenen Mitarbeitern in der *Presse*, die in der Folge die *Neue Freie Presse*[6] gründeten. Einen weiteren und für die zweite Jahrhunderthälfte wichtigen

3 Vgl. Kaiserliche Verordnung vom 18. Februar 1860, betreffend die Besitzfähigkeit der Israeliten, RGBl. 45/1860.

4 Presse (1848–1896).

5 Ost-Deutsche Post (1854–1866).

6 Neue Freie Presse (1864–1939).

(3)

Exponenten des Zeitungswesens stellt Moritz Szeps dar, der mit den Blättern *Wanderer*[7], *Morgenpost*[8] sowie mit dem *Neuen Wiener Tagblatt*[9] in der Monarchie Journalismusgeschichte schreiben sollte und dessen späterer Kontakt zu Kronprinz Rudolf von nicht unwesentlicher Bedeutung war. Die genannten Zeitungen erreichten eine Auflage von bis zu 40.000 Exemplaren, wurden zum Teil zweimal täglich ausgegeben (Morgen- und Abendausgabe) und hatten einen Umfang von bis zu 32 Seiten.

Doch die Zeit nach 1848 war in der restaurativen Phase des österreichischen Neoabsolutismus erneut geprägt von eingeschränktem Handlungsspielraum und Zensur. Erst gegen Ende der 1850er Jahre lockerte sich die Situation wieder und mit dem aufkommenden Liberalismus kam es auch zur breiten und offenen Berichterstattung in den Tageszeitungen. Besonders im Kulturteil, dem Feuilleton, fanden sich Beschreibungen der Stadt, der Gesellschaft sowie von Politikern und Persönlichkeiten. Zu den bekanntesten Autoren dieser „unter dem Strich" platzierten Texte zählen Hieronymus Lorm, Friedrich Uhl, Daniel Spitzer, Eduard Mautner, Michael Klapp und Sigmund Schlesinger.[10] Einen veritablen Höhepunkt erreichte die Berichterstattung über Wien in der in- und ausländischen Presse während der ersten und 1873 einzigen in Wien abgehaltenen Weltausstellung.[11]

Die Macht der Liberalen war getragen von der wirtschaftlichen Elite des Landes und der Stadt. Allmählich führte dies zu zwei politischen Gegenlagern: einerseits den Christlichsozialen, die überwiegend das Kleinbürgertum und die Gewerbetreibenden vertraten, und andererseits den Sozialdemokraten, die das Stadtproletariat hinter sich vereinen konnten.

Das Ende des Neoabsolutismus setzte mit dem unrühmlichen Ausgang einer militärischen Auseinandersetzung ein. Die österreichische Armee verlor 1859 im Sardinischen Krieg gegen Frankreich und Sardinien-Piemont. Diese Niederlage führte zu einem Machtverlust des Militärs innerhalb des Staatsapparates und zog die Einführung einer neuen Verfassung, des Oktoberdiploms 1860 und des Februarpatents von 1861, nach sich. Nicht genug des Verlustes der Lombardei, wurden nach dem Preußisch-Österreichischen Krieg von 1866 die Karten abermals neu gemischt. Venetien, das als Verbündeter von Preußen an der Südfront gegen das österreichische Heer zu Wasser gekämpft hatte, fiel nun an das neu geschaffene Königreich Italien. Dieser Krieg war schließlich das Vorspiel zur Reichsteilung, dem sogenannten Ausgleich mit Ungarn, der 1867 folgte. Die Bevorzugung

7 Wanderer (1809–1873).

8 Morgenpost (1850–1886).

9 Neues Wiener Tagblatt (1867–1945?).

10 Vgl. Kai Kaufmann, *„Es ist nur ein Wien!" Stadtbeschreibungen von Wien 1700 bis 1873. Geschichte eines literarischen Genres der Wiener Publizistik*. Literatur in der Geschichte, Geschichte in der Literatur, Bd. 29. Wien-Köln-Weimar: Böhlau, 1994, S. 433–434.

11 Vgl. ebd., S. 441.

der Ungarn innerhalb des Vielvölkerstaates vermochte zwar eine große Bevölkerungsgruppe zu besänftigen, doch die Böhmen, Mähren, Kroaten und all die anderen Völker blieben weiterhin in untergeordneten Kronländern Teil der österreichischen Reichshälfte.

Wie andere europäische Metropolen auch war Wien mit den großen Herausforderungen der Mobilität, der Landflucht, der Wohnungsnot, der Stadthygiene u.v.m. aufs Heftigste konfrontiert. Aus allen Richtungen des Reiches endeten Eisenbahnlinien ab den 1840er Jahren vor dem Linienwall in den Vorstädten. Die 1837 begonnene Nordbahn wurde bald darauf bis zum Praterstern verlängert, 1841 endete an der Favoritner Linie die Südbahn und 1845 endete dort auch die Ostbahn. Die Westbahn endete 1856 an der Mariahilfer Linie und 1866 begannen die Bauarbeiten der Franz-Josefs-Bahn. Strukturell handelte es sich um dasselbe System der Kopfbahnhöfe wie in Berlin oder Paris. Innerhalb der Stadt war das öffentliche Verkehrsnetz nur spärlich ausgebaut. Es gab wenige Stellplätze für Omnibusse, die ersten Tramways wurde als Pferdestraßenbahnen in den 1860er Jahren eingeführt und als solche bis in die 1890er Jahre, bis zur Elektrifizierung betrieben.

Wien krankte hinsichtlich seiner Gewässer in besonderer Weise. Die Stadt Wien lag direkt am schiffbaren Arm der Donau, deren andere Arme sich Jahr für Jahr östlich der Stadt in einem verzweigten System ungehindert ihr Flussbett aushandelten. Dies führte zu Überschwemmungen in den warmen und zu Eisstößen in den Wintermonaten, die mit ihrer geballten Kraft alles wegschoben, was sich ihnen in den Weg stellte, unter anderem die Holzbrücken über die Donau. Obschon lange angedacht, sollte die Donauregulierung das Bild der Stadt ab den 1860er Jahren nachhaltig verändern. Die große Überschwemmung des Jahres 1862 trug das Ihrige dazu bei, dass man diese Arbeiten anging. Stadtentwicklung und Donauregulierung waren übrigens nicht getrennt voneinander zu denken, denn mit der Bändigung der Donau in ein einziges Gerinne konnte Terrain geschaffen und damit wertvolles Bauland gewonnen werden. Während die Donau manchmal zu viel Wasser der Stadt brachte, so war es mit gutem Trinkwasser schlechter bestellt. Die Quellen aus dem Wienerwald waren zu wenig ertragreich, die artesischen Brunnen im Donaubereich lieferten nicht die gewünschte Qualität. Die Bereitstellung von ausreichend Wasser wurde im Rahmen der Ringstraßenplanung besprochen, aber erst mit der Weltausstellung 1873 realisiert, indem Wasser aus dem Rax-Schneeberg-Gebiet der Stadt zugeführt wurde.

Wien beschränkte sich bis 1850 auf die von einer Fortifikationsmauer umschlossene Stadt, die bis zu deren Abbruch ab 1858 nur durch dreizehn Tore mit ihrem Umland in Verbindung stand. Auf Basis der Provisorischen Gemeindeverordnung von 1850 wurde Wien administrativ mit den 34 sie umgebenden Vorstädten erweitert. Mit der Planung und Durchführung der „inneren Stadterweiterung", nämlich der Bebauung des Glacis, schrieb Wien Städtebaugeschichte. Um zu Planungsgrundlagen zu gelangen, kam es zu einem Novum: Im Jänner 1858 wurde der erste öffentliche städtebauliche Wettbewerb ausgeschrieben. Die Visionen, wie das „neue Wien" auszusehen und welche Funktionen es zu übernehmen hätte, reichten von Donauhäfen und Quartieren am regulierten Donaustrom sowie von ersten Untergrundnutzungen bis zu einem Zentralbahnhof. Dies alles, um die Grundlagen für eine Metropole zu schaffen, die im Dienste des Liberalismus und dessen Gehilfen zu stehen hatte. Viele der Infrastrukturen und damals angesprochenen Themen wurden immer wieder diskutiert und – im Falle von Untergrundbahnen oder eines Zentralbahnhofes – mit einer Verzögerung von 150 Jahren auch umgesetzt. Wenn auch der städtebauliche Fokus auf der Verbauung der Glacisgründe lag, passierten in den zentrumsfernen Gebieten nicht minder große bauliche Veränderungen. Die Bahnhofsareale vergrößerten sich sowohl für den Personenverkehr als auch für den Lastenverkehr. Lager- und Industriehallen fügten sich an Bahnhofsbauten oder an neu entstandene Hafenanlagen.

Wien hatte 1829 eine erste Sammlung von Reglements zum Bauen erhalten. Zur besseren Realisierung der Ringstraßenplanung wurde diese erste Bauordnung 1859 durch eine umfangreichere und für das Ringstraßenprojekt angepasste ersetzt. Da es nicht zum erwarteten Bauboom gekommen war, wurden die Regeln gelockert und die rechtlichen Rahmenbedingungen (Steuerfreiheit für die Bauherren) verbessert und in der dritten, gelockerten Bauordnung für Wien von 1868 zusammengefasst. Erst 1883 sollte es zur vierten und letzten Bauordnung des 19. Jahrhunderts kommen, die dann bis in die Zeit des Roten Wien (1929) Gültigkeit behielt. Sie setzten allesamt das städtebauliche Aussehen der Stadterweiterungsgebiete in den Randbezirken fest, das noch heute unzählige Quartiere und Bezirksteile von Wien atmosphärisch prägt. Bereits 1835 war innerhalb der Stadtverwaltung aus dem politisch-ökonomischen Senat das „Unterkammeramt" als eigenständige Baubehörde herausgelöst und als Amt für Bauagenden etabliert worden. Erst ab 1849 erhielt diese Organisationseinheit schließlich die Bezeichnung „Städtisches Bauamt". Diesem oblag die Exekution der Bauordnung und mit den immer komplexer werdenden Agenden und durch die Vergrößerung des Stadtgebietes wie auch durch die Ringstraßenplanung kam es zur Reorganisation dieses Amtes.

Rasant nahm die städtische Entwicklung Fahrt auf, zu ungeplant ging die Vergrößerung der Stadt von statten. Neben dem bekanntesten städtebaulichen Projekt Wiens, der Ringstraßenzone, wurden namhafte Architekten in den 1860er Jahren damit beauftragt, neue städtebauliche Entwicklungspläne für einzelne Bezirke zu zeichnen. Darunter fiel etwa jener für die Brigittenau von Ludwig Förster oder jener für Favoriten von August Sicard von Sicardsburg und Eduard van der Nüll, die jedoch beide durch ihr Rasterschema, das durch wenige Park- und

Allerhöchst genehmigter Plan der Stadterweiterung, von 1859, Lotterieblatt von 1860.

der Stadterweiterung.
Canal
Stephans Platz
A. Kaserne.
B. Stadthaus.
C. Universität.
D. Hof-Schauspielhaus.
E. Hof-Pavillon.
F. K. k. Hofgebäude.
G. K. k. Hofbibliothek.
H. K. k. Gardehof.
I. K.k.General-Cmdo. u. Stadt-Cd.
K. Geologische Reichsanstalt.
L. Opernhaus.
M. Museen und Gallerien.
O. Wachthäuser.
P. Blumen-Halle.
Q. Markthallen.
R. Protestantische Schule.
Neubauten.
Stark durch
Gesetz und
Frieden.
beim Beginne des Jahres

Platzräume aufgelockert wurde, kaum zum ästhetischen Ansehen dieser Bezirke beitrugen. Das gesteigerte Verkehrsaufkommen – Rechtsverkehr wurde in Wien und Ostösterreich erst 1938 eingeführt – zog unter anderem nach sich, dass Straßen – für die Anlage von zwei oder mehr Fahrbahnen – zu verbreitern wären. Von städtischer Seite wurde 1866 der General-Baulinienplan[12] verfasst, der den Verlauf neuer Straßen in den Stadterweiterungsgebieten wie auch Verbreiterungen von bestehenden Straßen im verbauten Stadtgebiet auswies. Um die Gemeinde für Entschädigungen von Enteignungen schadlos zu halten, erreichte er niemals offiziellen Status, wurde aber als Planungsgrundlage für die Baulinien von Neubauten im ehemals bebauten Stadtgebiet herangezogen. Das charakteristische Zurückspringen von Bauten, die nach 1866 errichtet wurden, ist durch die wenigen Abrisse bis heute im Straßenbild konserviert.

Die zweite Hälfte des 19. Jahrhunderts bedeutete für viele europäische Städte enorme Veränderungen, sowohl städtebaulich als auch politisch und gesellschaftlich. Ebenso wie andere europäische Großstädte, passierte ein fundamentaler Wandel hin zu einer Metropole mit all ihren Implikationen (Bevölkerungsanstieg, Stadtwachstum, umfassende infrastrukturelle Arbeiten usw.). Viele Bereiche der Stadt entstanden in jener Aufbruchs- und Boomphase bis zur Weltausstellung von 1873, es wurden die Grundlagen für eine Stadt mit Blockrandbauten, repräsentativen Straßenzügen und grünen Parkanlagen gelegt und diese versinnbildlichen bis heute den raschen Aufstieg Wiens zu einer vielfältigen, multikulturellen und lebenswerten Stadt im Zentrum Europas.

12 Vgl. *Historischer Atlas der Stadt Wien*, 5. Lfg. Wien 1994, Blatt 5.3.2.

Kapitel 1: Stadtzustand – Stadtentwicklung

Beschreibungen dienen oftmals eher als Grundlage und Argumentation von Verbesserungsvorschlägen denn als Dokumentation von Istzuständen. Mit ihnen können Kritik indirekt geübt und Prozesse angestoßen werden.

Nicht nur in politischer Hinsicht waren die ersten Jahre nach 1850 in Wien geprägt von politischem Stillstand und langsamer wirtschaftlicher und architektonischer Entwicklung. Der Schock der Revolutionen von 1848, bei denen das Stadtproletariat versuchte, sich eine Stimme zu verschaffen, saß tief, der Status quo wurde eingefroren, ein neoabsolutistischer Staat mit reaktionärer Prägung aufgebaut. Der spätere Bürgermeister Johann Kaspar von Seiller blickt 1850 diplomatisch und mit Dank an diese stürmische Zeit – die in vielen Teilen Europas Unsicherheit hervorgerufen hatte – zurück und wirft aus der Sicht der Kommune dennoch ein positives Licht auf die Zeit der Handlungseinschränkungen seiner Administration.

Doch mit den langsam in die Gesellschaft hinein diffundierenden Gerüchten, dass es zur Demolierung der Stadtmauer kommen sollte, tauchten ab Ende 1857 erste Zeitungsberichte auf, die die vermeintliche Beschreibung des Zustands der Stadt als Potenzial für den Stadtumbau verstanden wissen wollten. Ein exemplarischer Text über das Baugeschehen sowie einer über das Glacis zeugen von den herrschenden Unzulänglichkeiten der Stadt. Aber nicht nur die Öffentlichkeit wurde wirksam über Zustand und Entwicklungsmöglichkeiten informiert. Fachleute nutzten das große städtebauliche Projekt, um in den Organen ihrer Disziplinen über die Zustände und deren Verbesserungen zu räsonieren. Der Blick war jedoch nicht ausschließlich auf die Innere Stadt und das Glacis gerichtet, auch Bereiche jenseits des Zentrums, wie die Leopoldstadt, standen im Fokus der Presse. Der Geologe und Politiker Eduard Suess beschreibt in einer Fachpublikation zwar die Geologie von Wien, liefert aber ebenso einen eindrücklichen Einblick in die weitreichenden hygienischen Probleme von Wien. Und auch wenn es um die Erläuterung von infrastrukturellen Projekten geht, die einleitenden Worte in jenen Publikationen präzisieren das Bild einer zur Metropole anwachsenden Stadt mit ihren „sanitätsmäßigen“ Herausforderungen.

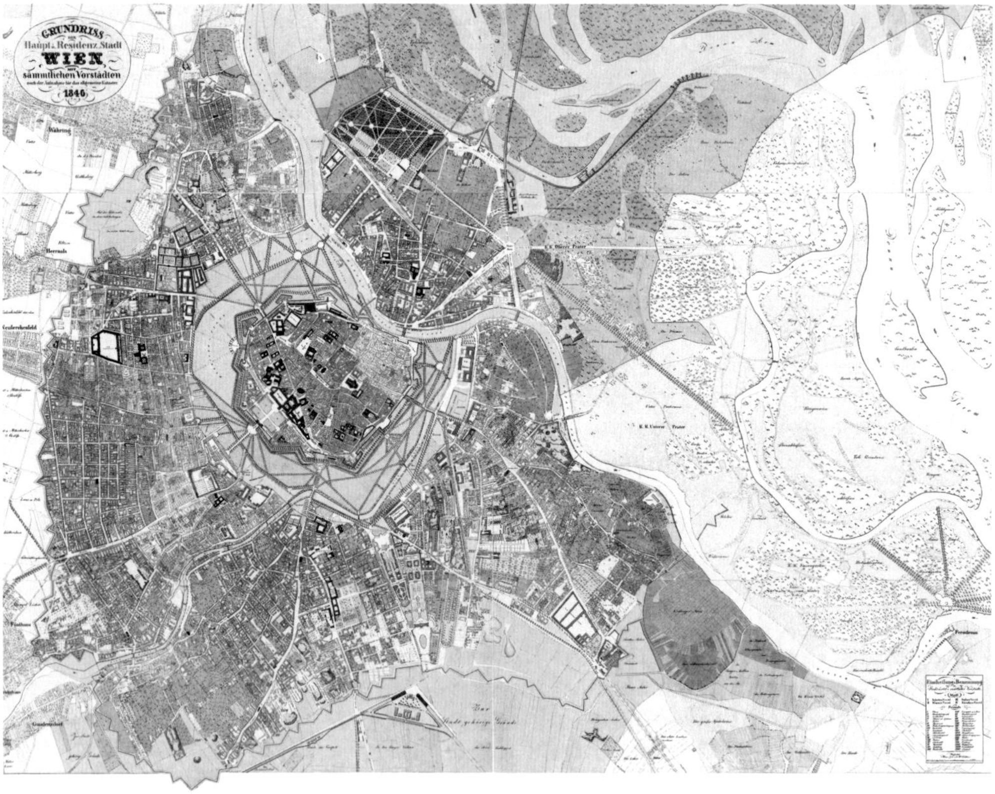

Grundriss der Haupt- u. Residenz-Stadt Wien, 1846.

1. Dr. Joh[ann]. C. Ritter von Seiller, „Schlußrede des Präsidenten des Wiener-Gemeinderathes". Wien: Edler v. Ghelen'sche Erben, 1850, S. 3–4.

Meine Herren!

Heute schließt sich die Amtsthätigkeit des im September 1848 gewählten Gemeinderathes nach einem mehr als zweijährigen Wirken und seine Funktionen gehen nun über auf die – nach dem Allerhöchst genehmigten Gemeinde-Statute vom 9. März 1850 neu gewählten Vertreter der Stadt Wien.

Vor unserer Trennung kann ich jedoch nicht umhin, einen kurzen Rückblick auf die ereignisreiche Vergangenheit zu werfen, – auf die Phasen, die der gegenwärtige Gemeinderat durchschritten und auf die Hauptresultate seines Wirkens.

Sein erstes Zusammentreten fällt in eine Zeit und auf einen Tag, dessen Schrecknisse gewiß noch Jedem von uns lebhaft vorschweben; diese Zeit gehört zu den unheilvollen Epochen der Geschichte unseres schönen Vaterlandes und ich kann nur – gewiß mit Ihnen, meine Herren – den heißen Wunsch aussprechen: der Himmel möge dasselbe für immer von solchen Ereignissen ferner bewahren.

Daß die Lösung der dem Gemeinderathe obgelegenen Aufgabe in jener traurigen Zeit eine ungemein schwierige, – ja bei den damals entfesselten Leidenschaften geradezu unmöglich gewesen, kann und wird gewiß Jeder, der sich die Ereignisse des unglücklichen Oktobers 1848 vergegenwärtiget, zugeben müssen.

Mit um so lauterer Anerkennung muß ich daher jener Männer aus dieser geehrten Versammlung gedenken, welche damals mit Hintansetzung ihrer persönlichen Sicherheit, mit Selbstaufopferung und Todesverachtung den Muth hatten, den stürmischen Anforderungen, die von allen Seiten an den Gemeinderath gestellt wurden, mit Entschiedenheit und Kraft entgegen zu treten – und dadurch nicht nur der damaligen furchtbaren Strömung wenigstens einigermaßen einen Damm entgegen zu setzen, sondern auch verderblich Beschlüsse hintanzuhalten und größeres Unglück zu verhüten, sich bemüht haben.

Diese Herren müssen ihren schönsten Lohn in der vollen und dankbaren Anerkennung ihres aufopfernden patriotischen Handelns von Seite ihrer Mitbürger finden, denen die Aufrechthaltung eines gesetzlichen Zustandes und die Wohlfahrt des Vaterlandes am Herzen liegt.

Als die Schreckenszeit ihr Ende erreicht hatte und der leidenschaftlichen Aufregung eine allgemeine Abspannung nachgefolgt war, wurde die Tätigkeit und das Eingreifen des Gemeinderathes von allen Seiten in Anspruch genommen; er sollte die gestörten Verhältnisse ordnen und den verschiedenartigsten Anforderungen Folge leisten und genügen. Das Peinliche seiner damaligen Stellung läßt sich nicht in Abrede stellen; es fehlte ihm das Vertrauen der Regierung und er konnte sich desselben auch bei einem großen Teile der Einwohner Wiens und zwar aus verschiedenen sich geradezu widersprechenden Gründen, nicht erfreuen. Dennoch mußte gehandelt werden, wenn anders die in völlige Verwirrung gerathenen Angelegenheiten unserer Stadt wieder einer Ordnung zugeführt werden sollten.

Die Lage der Dinge schien übrigens damals so trost- und hoffnungslos, daß eine große Anzahl der Mitglieder des Gemeinderathes, an der Lösung ihrer Aufgabe verzweifelnd, fast zu dem Entschlusse kamen, ihr Amt niederzulegen und nur aus patriotischem Gefühle und mit mancher Selbstaufopferung denselben nicht zur Ausführung brachten. Denn fürwahr kein geringer Grad von moralischer Kraft und Selbstverläugnung wurde erfordert, mitten unter größtentheils ganz ungegründeten Rekriminationen, Verdächtigungen und Anfeindungen, an seinem Platze auszuharren und sich der Vertretung der Kommunal-Interessen zu widmen.

Mit Beruhigung – glaube ich aber – dürfen wir uns nun das Zeugniß geben, daß dieses Ausharren und das gemeinschaftliche Zusammenwirken nicht frucht- und erfolglos geblieben ist. Der besonnene und unparteiische Theil unserer Mitbürger, so wie die Regierung überzeugte sich bald von dem redlichen und aufrichtigen Streben des Gemeinderathes: das Wohl unserer Stadt nach Kräften zu fördern; – das gesunkene Vertrauen kehrte mit wenigen Ausnahmen – wieder, und selbst Se. Majestät unser allergnädigster Kaiser geruhten durch die, Ihrem Vorstande verliehene Auszeichnung seine huldvolle Zufriedenheit mit der Haltung und dem Wirken des Gemeinderathes zu erkennen zu geben.

2. o. A., „Die architektonische Zukunft von Wien. II.“, in: *Die Presse, Abendblatt*, 1. März 1857, S. 1.

Zwei Hauptgebrechen sind es vor allem, die den Anblick unserer innerhalb den Basteien eingezwängten Altstadt verunstalten, und wie ein drückender Alp seit den Tagen des Mittelalters ohne Abhülfe bis jetzt ununterbrochen auf ihr lasten, nämlich die ganz ausnahmslose Enge der Straßen und der schwere Cyclopenbau ihrer himmelhoch emporsteigenden Häusermassen.

Lady Montagu, welche zu Anfang des vorigen Jahrhunderts hier eintraf, bezeichnete Wien, um ihren persönlichen Eindruck zu schildern, als zwei Städte, doppelt aufeinander gebaut. Diese häßliche Übergipfelung hat in neuester Zeit eher zu- als abgenommen. Es wurde seither zwar eine Verordnung erlassen, welche das Aufführen fünfstöckiger Häuser verbietet, aber man wußte dieses Gesetz sehr leicht zu umgehen, indem man das Erdgeschoss bei Neubauten ganz unverhältnismäßig erhöhte, oder wol gar Mezzaninen anlegte, wodurch die älteren fünfstöckigen Häuser von den neuen, sogenannten vierstöckigen, gewöhnlich noch um gute anderthalb Klafter überragt werden. [...]

Statt also jeden Zoll des bisher freigebliebenen, unendlich spärlichen Straßenraumes gegen die Übergriffe von begeisterten Bauprojectanten Schritt für Schritt zu vertheidigen, trägt man sich noch immer mit gewaltigen neuen Bauentwürfen aus dem vollgepfropften Flächeninhalte unserer innern Stadt herum, welche ohnedies aussieht wie eine Rumpelkammer.

Durch das stetig fortschreitende Anschwellen der hiesigen Revolution im Allgemeinen, sowie durch den mächtigen Auffschwung des gewerblichen und commerciellen Verkehrs, welcher sich jetzt größtentheils innerhalb der Basteiwälle zusammenballt, hat die innere Stadt in neuester Zeit das Ansehen eines ungeheuren Waarenbazars angenommen, der ihren seitherigen Charakter wesentlich änderte und nachgerade ihre früheren beschaulichen Insassen von dem altgewohnten Lieblingssitze sammt und sonders aufzuscheuchen droht.

Bereits sind viele der schönsten Appartements am Graben und Kohlmarkt von Luxusmagazinen unserer Kaufleute und Gewerbtreibenden besetzt, die ehemals nur von den glänzenden Adelsfamilien und hervorragendsten Würdenträgern unserer Centralbehörden bewohnt wurden. Die Nachfrage der Industrie nach solchen auserwählten Localitäten steigt in Folge dessen mit jedem Tage; der Preis ist dabei Nebensache, denn ein unternehmender Industrieller, der ihrer zum schwunghaften Betriebe seines Geschäftes bedarf, kann jede Summe dafür bezahlen, und ehe zehn Jahre ins Land gehen, dürften somit die Mietzinse geräumiger Stadtwohnungen für Privatleute, und hätten sie noch so ergiebige Einkünfte, eine beinahe unerschwingliche Höhe erreichen. Bald werden dann die letzten Hofräthe aus dem Weichbilde der innern Stadt verschwinden, und sich nolens volens ein geeignetes Asyl in der nächsten Nähe derselben aufsuchen müssen.

---

3. o. A., „Die architektonische Zukunft von Wien. III.", in: *Die Presse, Abendblatt*, 15. März 1857, S. 1.

Auch sind wir weit entfernt, das Zusammentreffen mancher Umstände zu leugnen, welche dagegen sprechen, die Colonisirung des Glacis schon jetzt in Angriff zu nehmen; was wir aber vom Standpunkte des patriotischen Wieners bereits in tiefem Augenblicke verlangen können, das ist ganz einfach, daß von nun an nach einem geläuterten, umfassenden Plane zu Werke gegangen, und weder auf der weiten Glacisfläche, noch in der unmittelbaren Nähe des Stadtgrabens mehr ein Bau vorgenommen werde, der die Zukunft irgendwie präjudicirt. Hoffentlich werden auch bei uns aufgeklärtere Zeiten kommen, wo bald der eingealtertste Basteibummler zur richtigen Einsicht gelangt, daß das unabsehbare Glacis, welches zur Stunde die hiesige Bevölkerung in zwei ungleiche, scharf von einander getrennte Hälften spaltet, und das zur heißen Jahreszeit eine Saharawüste bildet, während es im Winter eine trostlose vom schneidenden Nordost durchfegte Ketskemeter Haide darstellt, je früher je besser verschwinden müsse, soll anders unser theures Wien endlich den Charakter einer wahrhaften Großstadt annehmen, und seinen Bewohnern jenen Grad von Bequemlichkeit und jene bescheidenen Ansprüche auf Berücksichtigung ihrer Sanitäts-Verhältnisse gewähren, welche bisher so sehr außer Acht gelassen wurden. Denn im Wiener Becken, der seit den Tagen Tacitus' berühmten Heimat des Aelous, fehlt es bekanntermaßen durchaus nicht an Ventilation; wol werden aber durch die mittelst der unaufhörlichen Winde aufgewirbelten mörderischen Staubwolken alljährlich Tausende hinweggerafft, die sich, wenn nicht den Ursprung, so doch die Verschlimmerung ihres Übels auf dieser von allen Seiten exponierten Glacissteppe geholt.

Über die eventuelle Verbauung unserer Esplanade herrschen im Publicum noch die abenteuerlichsten Vorstellungen. Wenn man die dereinstige Anlage von zahlreichen Straßen auf

„Wenn das Glacis in Folge der Neubauten verschwinden muß, was soll alsdann mit allen denen geschehen?", in: *Figaro*, 28.8.1858.

dem Glacis nach dem Vorbilde der inneren Stadt bewerkstelligen möchte, so wäre dies freilich ein Unglück, und wir würden das Glacis in seiner jetzigen Gestalt einem solchen steinernen Weichselzopf von thurmhohen Häusern unbedingt vorziehen. Bei der künftigen Benutzung der Glacisräume kann es sich aber nur um großartige, durch luftige Squares unterbrochene Straßenzüge, nach Art der Pariser Boulevards, viel breiter als die Jägerzeile, handeln, welche, indem sie unsern Luxusgewerben eine geeignete Stätte zu ihren prunkvollen Schaustellungen anweisen, auch hinlänglich Platz darbieten, um auf dieser, dem engherzigen Vorurtheil abgerungenen Grundfläche malerische Häusergruppen und majestätische öffentliche Gebäude aufzuführen, an welch letzteren die österreichische Metropole, was man auch dagegen sagen mag, bis jetzt einen noch so fühlbaren Mangel leidet, und dem ohne solche durchgreifende Entschlüsse niemals abgeholfen werden dürfte. Mit einem einzigen Rucke wäre Wien auf diese Art zu einer der schönsten und anmutigsten Städte Europas erhoben. Wer sich einst an die Spitze dieses glänzenden Unternehmens stellen wird, der tritt jedenfalls in die classischen Fusstapfen des Kaisers Claudius und hat die altergraue Vindobona zum zweitenmal aufgebaut.

(18)

4. Dr. Franz Innhauser, „Über den Einfluss der a. h. angeordneten Erweiterung der inneren Stadt Wien auf die hygienischen Verhältnisse derselben“, in: *Österreichische Zeitschrift für Practische Heilkunde*, IV. Jg., 1858, S. 225–226.

Gegründeter ist scheinbar die Klage über das Verbauen des Glacis, dessen Bestand zur Verbesserung der Luft in Wien als ein angenehmer Spaziergang für den Erwachsenen, sowie als grüner Spielplatz für die Jugend, wiewohl mit Unrecht für nothwendig erachtet wird.

Die Glacisflächen, welche im Winter zur Deponirung der in der Stadt und theilweise auch in den Vorstädten angesammelten Schneemassen benützt werden, bilden nach Schmelzung derselben bei noch gefrorner Erde zahlreiche, durch die Anwesenheit des zugleich mit dem Schnee oder auch nach diesem auf dem Glacis abgeladenen Unrathes ein ekelerregendes Aussehen bietende Moräste, welche nach Aufthauung des sehr porösen Bodens rasch verschwinden, und einem durch die jetzt noch feuchte Erde unterhaltenen, ziemlich üppigem Graswuchse Platz machen. Bei zunehmender Sonnenwärme wird, wenn auch nur kurze Zeit anhaltender Regen ausbleibt, der poröse Boden, von übrigens schlechter, dem Graswuchse abträglicher Beschaffenheit, an der Oberfläche bald ganz ausgetrocknet, und im Monate Juni längstens Juli sind diese Glacisflächen mit falben Grasbüscheln hie und da bedeckte Sandflächen, deren zu Staub nach und nach zerfallene oberste Schichte bei jedem Windstosse in die Luft gewirbelt wird, und im Vereine mit den auf sämmtlichen die Glacis durchschneidenden oder umkreisenden der Wohlthat einer Bespritzung noch nicht theilhaften Fahrstrassen sich erhebenden Staubwolken die Augen und Athmungsorgane des die Glacis Passirenden, oder auf denselben Verweilenden mehr als unangenehm berührt, ja zu vielen Gesundheitsstörungen Anlass gibt. Der Theil der Glacisflächen aber, welcher als Depot für Donausand, Mauerschutt, Wagen etc. etc. dient, bietet dasselbe unerquickliche Bild das ganze Jahr hindurch, und hilft die in Wien ohnehin grossartige Staubmenge auf erhebliche Weise vermehren.

Die das Glacis allenthalben mit alleiniger Ausnahme des Exerzirplatzes durchschneidenden Alleen, welche theils längs des ganzen Stadtgrabens sich hinziehen, theils die in die Vorstädte führenden Fusswege begleiten, bestehen zumeist aus Linden- und Kastanienbäumen, die an einigen wenigen Stellen durch Akazien- und Nussbäume ersetzt sind. Diese Bäume wurzeln in schlechtem, das Wasser leicht durchlassendem, daher bald trocken werdendem Erdreiche, gewähren somit nur im Frühjahr, mit ihrem saftigen Grün und ihrer dann ziemlich dichten Krone nicht nur einen angenehmen Anblick, sondern auch hinlänglich Schutz vor den nicht so intensiven Sonnenstrahlen; ist aber der Boden durch die Hitze des Juni oder Juli einmal ausgetrocknet, so entfärben sich die Blätter in Folge der mangelnden Wasserzufuhr bei nur einigermassen seltenem Regen im Sommer recht bald, und wenn noch überall die Bäume im schönsten Schmucke prangen, sehen wir in den Glacisalleen den Boden mit abgefallenen, braungefärbten Blättern bedeckt, und die Bäume selbst bereits im Juli ein ganz herbstliches Aussehen darbietend, da an eine Wasserzufuhr selbst in dem trockenen Sommer des Jahres 1857 nicht gedacht wird, und in Folge dessen gewähren sie den dieselben passirenden Fussgängern nicht den entsprechenden Schutz gegen die Strahlen der senkrecht ober ihrem Scheitel befindlichen Sonne.

---

5. o. A. [Valentin Streffleur?], „Über die Neugestaltung Wiens“, in: *Die Presse, Erste Ausgabe*, 8. April 1858, o. S. [2].

Wer sich von der Nordostseite der Stadt nähert, am „Spitz“ absteigt, und nun in der Richtung des Stephansthurmes die Brücken überschreitend, über die Inseln der Donau in die Leopoldstadt zu gelangen sucht, der glaubt sich in eine Wüstenei verschlagen, oder um tausend Jahre zurückversetzt, in den Urbeginn der Cultur dieser Gegend. Dieser ausgerissene und wieder angeschwemmte Grund mit Sümpfen und Sandhügeln, nur mit Gestrüpp oder dünnem Gehölze überwachsen, dem der grüne Grasteppich fehlt, und zwar in einer Ausdehnung, welche das Auge nicht übersieht; dann wieder ein versumpfter Flußarm, der bald von Nord nach Süd, dann wieder von West nach Ost und Ost nach West zu fließen scheint; dann wieder nacktes Steingerölle, Kothlacken und endlich Gestrüppe und Wildwasser – man möchte fast fürchten, Räuber oder die Thiere der Wildniß aus dem Gestrüppe hervorbrechen zu sehen. Doch nein! Wir sehen eine Menschenwohnung: eine Holzhütte, wie man sie bei neuen Ansiedelungen baut. „Warum so einfach und so allein?“ fragen wir den Bewohner.

„Was soll man Besseres herbauen,“ antwortet dieser, „der nächste Eisstoß kann sie mitnehmen.“

„Wir stehen also auf dem Überschwemmungs-Terrain der Donau? Wie weit reicht es?"

„O, lieber Herr, das können wir hier nicht sehen; das reicht meilenweit bis in das Marchfeld und in die innere Stadt, bis in die Nähe des Stephansthurmes."

„Und wo ist denn Wien?"

„Hier sind sie bei der Vorstadt Zwischenbrücken!"

„Das ist Wien? Die Holzhütte, die Wasserrachel, das Gestrüpp, der Sumpf?

„Nun, gehen Sie nur weiter, Sie werden schon bessere Sachen sehen."

Wir gehen wieder über eine Brücke und noch über eine Brücke, und wenige hundert Schritte davon kommen wir zu Palästen.

So nahe an der Wildniß; welche Gegensätze! Und wieder eine Viertelstunde und wir stehen auf dem Stephansplatz vor der Pracht und dem Luxus des Marktes und vor dem Wunder der Baukunst.

Welch ein furchtbares Wasser muß diese Donau sein, wenn sie mit ihren Armen alle Cultur, alle Baukunst, alle Verschönerungs-Versuche von diesen Inseln Jahrhunderte lang abhalten konnte! Es bedarf eines kühnen Entschlusses, dieses wohlgehütete Gebiet zu erobern, aber ihr Herr, der die Barbarin zähmen und sie zur nützlichen Ordnung führen wird, ist gefunden; es ist derselbe, der die überflüssig gewordenen Stadtmauern mit einem Wort weghaucht. Wenn solche kräftige Naturen aber, wie die Donau, die fast die Frische eines Gebirgsstromes besitzt, der nützlichen Arbeit zugewendet werden, dann leisten sie auch Außerordentliches.

Angesichts solcher Hoffnungen kann man gerne zugestehen, dass dieses enge, finstere Wien, dessen Reichthum an Kunstschätzen, Sammlungen, berühmten Anstalten und allerhand Kleinodien in lauter Winkeln versteckt war, einen unangenehmen Eindruck machte, und von Kritikern, welche den Edelstein nur geschliffen und gut gefasst zu beurtheilen im Stande sind, schlecht wegkam.

Wir gestehen zu, daß die Einfassung der Stadt, das Glacis, im Winter ein Schneefeld ist, das man zu überschreiten sich zwingen muß, im Sommer eine brennende Öde mit Bäumen, deren Blattschmuck unter der Last des Staubes abstarb, und erst im Herbste bei einigen Regengüssen wieder etwas grün wurde; aber wieder nicht für Chaussuren einer Großstädterin einladend genug war; die man überdies immer mit der Hand am Hute, aus Respect vor dem Sturm, passiren mußte. [...]

Wir sehen jedoch nicht mehr zurück; unser Blick ist auf Neuwien gerichtet, als würdige Hauptstadt des mächtigen Reiches und würdige Residenz seiner Regenten.

---

6. Eduard Suess, *Der Boden der Stadt Wien. Eine geologische Studie.* Wien: Wilhelm Braumüller, 1862, S. 320–322.

Hoffen wir, dass unsere Gemeinde-Verwaltung, durch die traurigen Erfahrungen, welche man in anderen Städten bereits gemacht hat, belehrt, es für ihre Pflicht halten werde, eine für das Wohl und Wehe der Einwohner so wichtige Arbeit in unabhängiger Weise durchzuführen, dass sie, anstatt uns und unsere Nachkommen dem Interesse von Privatpersonen preiszugeben, die vorhandenen eigenen Mittel und den Credit der Commune dazu verwenden werde, um Capitalien von Papier in Capitalien von Arbeitskraft zu verwandeln, und dass sie nicht in einem momentanen Überschusse der Kasse, sondern in dem Segen einer erstarkten Bevölkerung ihren Ruhm, in der Erhöhung der Productivität aber die wahre Quelle des finanziellen Gedeihens der Commune suchen werde.

Indem ich sehe, dass auch erfahrene Techniker dieselbe Meinung mit vollster Entschiedenheit ausgesprochen haben, kehre ich zu dem speciellen Gegenstande dieser Zeilen, nämlich zum Boden der Stadt zurück, und muss gestehen, dass seine Beschaffenheit manche Bedenken wach werden lässt über die Folgen der Hereinleitung einer so grossen Wassermenge, wie sie doch thatsächlich erfordert wird. Dr. John Strang hat in einer kurzen aber inhaltsreichen Notiz Punkte ausgedeutet, welche in Wien nicht übersehen werden dürfen. Die Bewässerung einer grossen Stadt ist, wenn für den Abfluss des Wassers nicht in gehöriger Weise gesorgt ist, nur ein gar zweifelhaftes Geschenk. Unsere Cloaken sind schlecht; schütten wir täglich zu anderthalb Millionen Pfund an Excrementen, wie wir früher schätzten, etwa anderthalb Millionen Eimer Wasser, denken wir an die vermehrte Durchfeuchtung des Bodens, an die Erscheinungen der Cholera, und wir werden einsehen, dass die Bewässerung der Stadt nothwendiger Weise ein noch viel grossartigeres Unternehmen, nämlich den Umbau des ganzen Netzes von Cloaken voraussetzt. Was früher über die Verbreitung der Cholera und was über die Oberflächen-Gestaltung des Tegels gesagt wurde, lehrt, wo dies am dringendsten noth thue, wo nämlich eine stärkere Durchfeuchtung des Bodens bei so ungenügender Drainage am bedenklichsten wäre. Da es sich zeigt, dass der lettige braune Lehm auf einem Theile der alten Wieden sich der Cholera ebenso günstig zeigt, als der Tegel selbst, sind vom geologischen Standpunkte als vor einer stärkeren Bewässerung einer ausreichenden Drainage besonders bedürftig, anzuzeigen: Ein Theil des Ottakringer Bachbettes, ein Theil der Mariahilfer Strasse unmittelbar oberhalb der Caserngasse, die Schmalzhofgasse und Umgebung, ein Theil von Gumpendorf, die Vorstädte Magdalena-Grund und Laimgrube, Hundsthurm, die ganze alte und neue Wieden bis an den Rennweg und ein Theil der Fasangasse mit der Gerlgasse, ferner alle längs der Abhänge liegenden Strassen, wie z. B. im unteren Theile der Josefstadt und zwischen der Reisnergasse und Marokkanergasse, endlich die tiefen Gründe, wie das Salzgries mit der Zeughausgasse. Diese Drainage darf sich nicht etwa nur auf eine Herstellung besserer Cloaken beschränken, sondern muss in allen Tegel-Bezirken mit möglichster Sorgfalt durch Pflasterung der Strassen, Reinhaltung der Höfe u. s. w. darüber gewacht werden, dass so wenig Feuchtigkeit als möglich in die geringe Schuttdecke eindringe, welche über dem wasserdichten Tegel liegt.

---

7. William E. Thursfield, *Ein Vorschlag zu einer Regulirung des Donau-Kanales und Anlage eines Centralbahnhofes nebst Darlegung des Einflusses dieses Projectes auf die sanitäre, die Verkehrs- und Wohnungsfrage Wiens.*
Wien: Selbstverlag, 1873, S. [3]–4.

Einige Verhältnisse Wiens fordern gebieterisch eine genaue Untersuchung und radicale Abhilfe. Diese sind:

Erstens: Die Sanitätsverhältnisse und deren Wirkung auf den Gesundheitszustand der Bewohner.

Während der letzten Jahre war dieser Punkt ein fortwährender Gegenstand der Discussion und des Studiums, eine der Lebensfragen, welche fast jede Behörde in den Hauptstädten der Welt beschäftigte; sie wurde mehrfach gelöst zum grossen Wohle des Volkes.

Ein heute angestellter Vergleich zwischen der Sterblichkeit in Wien und andern grossen Städten, wie z. B. London und

Paris, bietet ein höchst ungünstiges Resultat, und beweist, dass in Wien irgend ein böser Feind der Gesundheit existirt, der bisher nicht angegriffen wurde, oder dass gewisse Verbesserungen bisher vernachlässigt oder übersehen wurden: denn im Allgemeinen besitzt Wien klimatische Verhältnisse, die mindestens ebenso gut sind, wie die anderer Grossstädte. Jeder Fremde, mag er von Osten oder Westen kommen, muss von der vorteilhaften natürlichen Lage Wiens überrascht werden. An den Ufern der schönen Donau gelegen, bietet Wien, umgeben von Hügeln mit reizenden grünen Abhängen, einen prächtigen Anblick, ein ebenso wechselvolles als angenehmes Bild für das Auge des Beschauers. Es steht auf einem Boden, dessen natürliche Wasserschwankungen und Strömungen eine herrliche Gelegenheit zur vollständigen nicht zu übertreffenden Drainirung bieten, und befinden sich in der Umgebung Brunnen und Quellen, deren Wasser an Frische und Klarheit dem der Krystallbrunnen der alten Zeiten gleichkömmt. Dank einer friedlichen Constitution besitzt Wien die Segnungen der Freiheit und des Unterrichts; seinen Architekten verdankt es die Paläste und Denkmale, die seine Strassen und Plätze zieren; seinen Ingenieuren die Verkehrswege und Eisenbahnen, die es mit dem Auslande verbinden, und durch die Freigebigkeit seiner Bewohner und die Fähigkeit seiner Ärzte werden die Leiden der Armen und Kranken gelindert: unzählige Anstalten zur Erholung und zum Vergnügen stehen allen Classen der Gesellschaft zu Gebote. Der Genuss all' dieser Vortheile wird theilweise illusorisch gemacht durch den Mangel der wohlthätigen Vorkehrungen zum Schutze einer guten Gesundheit der Bevölkerung! Es lauert in unserer Mitte eine ganze Legion von Dämonen, Krankheiten verbreitend und Menschenleben zerstörend: es ist dies eine Folge unreiner Luft und unvollständiger Drainirung. die sich von Zeit zu Zeit fürchterlich fühlbar macht. Diese heimtückischen, zerstörenden Elemente sind stets vorhanden; sie liegen in den Drainageröhren, und verbergen sich in den Waterclosets und Durchgängen unserer Wohnungen; sie finden sich in Theatern und Concerträumen und häufen sich in den Behausungen der Armen. Sie entstehen unversehens beim Überschreiten der Strasse und wandern in die Abzugskanäle, oder strömen, durch einen Regenguss aufgerüttelt, wild vorwärts, um sich mit den trüben Kanalwässern zu mischen, wo sie mit anderem Unrath sich vereinigend, sich vertheilen, um Krankheit und Tod in den Häusern zu verbreiten.

Kapitel 2: Stadthygiene

Wien war, wie andere europäische Großstädte auch, gebeutelt von immer wiederkehrenden Epidemien, die die Bewohner:innen in Angst und Schrecken versetzten. Es ist noch die Zeit vor wirksamen Medikamenten und auch eine Zeit, in der man mehr an Miasmen als an wissenschaftlich fundierte Erklärungen glauben konnte. Cholera und Typhus erreichten im 19. Jahrhundert das Ausmaß von Epi- oder Pandemien. Berichte zeugen von den ersten methodischen Ansätzen der statistischen Erfassung dieser massiert in Städten auftretenden Krankheiten. Die Cholera-Epidemie des Jahres 1830 hatte bereits maßgebliche städtische Infrastrukturen („Cholera-Kanäle") gezeitigt. Beschreibungen der Infrastruktur zur Wasserentsorgung im Stadtgebiet deuten jedoch auf weit verbreitete Missstände hin, die noch Ende der 1850er Jahre – und noch länger – vorherrschten. Unter anderem beschreiben Mediziner:innen vor dem Hintergrund des städtebaulichen Wettbewerbs zur Ringstraßenzone und in Richtung der beteiligten Planenden, welche Prämissen im Auge behalten werden müssten, damit Wien zu einer gesünderen Stadt werden könnte. So auch in der *Wiener Medizinischen Wochenschrift*, in der die „Sanitätsgebrechen der Hauptstadt" besprochen werden. Dass die Anlage von Fabriken in und am Rande der Stadt zu Einschränkungen in der Lebensqualität der Anwohner:innen führte, beweist ein dokumentierter Fall zwischen Stadt- und Landesregierung aus 1873, worin die diesbezüglichen Probleme erörtert werden. Erst die Revision der Bauordnung von 1883 im Jahre 1891 wird zur ersten Zonenplanung in Wien führen, bei der Industrieanlagen für den südöstlichen Stadtbereich vorgesehen sind. – Die Weltausstellung von 1873 stand mehrfach unter einem schlechten Stern: Ein Faktor war der Ausbruch der Cholera von Juni bis August, bei der besonders Menschen in den Elendsquartieren des 3. Wiener Gemeindebezirks hinweggerafft wurden. Der an der Rudolfsstiftung tätige Mediziner und Epidemiologe Anton Drasche galt als Koryphäe auf diesem Gebiet. Nebst vielen anderen Schriften schlug er eine internationale Cholerakonferenz vor, die die intellektuellen Energien in dieser Sache bündeln sollte.

8. Theodor Helm, *Die Typhusepidemie zu Wien vom November 1855 bis Ende März 1856.* Wien 1857, S. [3]–4.

Der Bericht über die im Winter 1855–56 abgelaufene Typhus-Epidemie hat die Aufgabe, die Epidemie selbst zu charakterisiren, d. h. alles Eigenthümliche derselben hervorzuheben. Nicht minder als eine gewisse Anzahl Typhuskranker in vielen Puncten untereinander sich sehr ähnlich und völlig gleich sein können, dabei aber in anderer Beziehung bedeutende Differenzen aufzuweisen vermögen, gilt dies auch von den Epidemien. Die Eigenthümlichkeiten der näher zu besprechenden und eben zu charakterisirenden Epidemie beziehen sich auf die Theile der Stadt, in denen sie insbesonders vorkam, auf die Periode, in welcher sie erschien, auf ihre Dauer und auf ihren Verlauf bei den einzelnen Kranken. – Die Ursachen dieser Eigenthümlichkeiten waren zunächst in der vorausgegangenen Choleraepidemie, in dem beginnenden Winter und in dem häufiger als sonst sich entwickelnden Typhus-Contagium begründet, und es hatten diese drei Haupteinflüsse vereint die durch sie influenzirte Typhus-Epidemie zu sehr heftigen – ja zu einer ganz ungewöhnlichen heftigen zu steigern vermocht.

I. Theile der Stadt, welche am meisten ergriffen waren, zugleich jene Theile der Stadt, welche für das allg. Krankenhaus das grösste Contingent lieferten.

Nach dem allg. Krankenhause kamen am meisten Typhuskranke in der oben angegebenen Zeit aus den Vorstädten Schottenfeld, Gumpendorf, Neubau, Josefstadt, vom Strozzischen Grunde, vom Spittelberg, St. Ulrich und Neustift. Es waren diese Stadttheile überhaupt am meisten ergriffen; aber es erkrankte in ihnen nicht vielleicht bloss jene Classe von Menschen, welche bei schwerer Krankheit ihre Zuflucht im Spitale suchen, sondern die Familien aller Stände wurden hergenommen und in allen Classen der Bevölkerung gab es Todesfälle. Waren aber auch diese Stadttheile keineswegs frei, wie sowohl aus den Hauptergebnissen des allgemeinen Krankenhauses selbst, als auch aus der Zusammenstellung des Wiener Stadtphysikates hervorgeht; ja es waren auch die Umgebungen Wiens in die Krankheit hineinbezogen. Wir können daher mit Bestimmtheit uns dahin aussprechen, dass es eine Typhus-Epidemie der ganzen Stadt, wenn auch verschiedener Intensität in den verschiedenen Stadttheilen war.

9. Dr. Franz Innhauser, *Über Retiraden, Pissoirs, Senkgruben und Canäle in sanitätspolizeilicher Hinsicht mit besonderer Rücksicht auf Wien.* Wien 1857, S. 21.

Gossen, d. i. an den Seiten der Strassen hinlaufende gepflasterte oder ungepflasterte Abzugsrinnen, wie wir sie in den beliebtesten Sommeraufenthalten der Bewohner Wiens in nächster Nähe der Stadt, wie Döbling, Grinzing, Währing, Mödling, Dornbach etc. so zahlreich und von so sehenswerter Unreinlichkeit, wahrscheinlich als ein Hilfsmittel zur Verbesserung der von den Städtern so gesuchten Landluft, nur zu häufig finden, bestehen in Wien nur an Orten, wo keine Canäle zur Aufnahme des Regen-, Schnee und des Brunnenüberfallwassers der Häuser, sowie der von den Haushaltungen und Gewerken sich ergebenden flüssigen Abfälle vorhanden sind. Bei dem ausgedehnten Canalnetze in Wien, dessen Completirung immer vorwärts schreitet, sind diese ekelhaften Überbleibsel einer älteren Zeit eine grosse Seltenheit, dort, wo sie aber vorhanden sind, belästigen sie, besonders im Sommer, durch ihr widriges Aussehen, durch ihren Gestank, als Folge der vor sich gehenden fauligten Zersetzung ihres der Pflanzen- und Thierwelt seinen Ursprung verdankenden Inhaltes, und sich erfahrungsgemäss, wie diess London bis zum Jahre 1844 nur zu oft nachwies, eine Quelle mannigfacher schädlicher Einflüsse auf die Anwohnenden, besonders da sie in den ärmeren Quartieren vorkommen, die alle möglichen sanitätspolizeilichen Übelstände in sich tragen.

Die Canäle Wiens entleeren den fortzuschaffenden Inhalt in den Wiener Donaucanal, in den selbe sammt und sonders in ihren Endpunkten münden.

---

10. Dr. Wilhelm Gollmann, *Ärztliche Winke für die Neugestaltung Wien's.* 1858, S. [3]–4.

1. *Der Einfluss der Örtlichkeit auf die Gesundheit der Bewohner.*

Täglich sehen wir ein Stück der Scheidewand zwischen Alt- und Neu-Wien sinken, während hohen Ortes unter Beiziehung sachkundiger Männer die von verschiedenen Seiten eingereichten

Baupläne zur bevorstehenden Neugestaltung der 716 Jahre alten Residenz, sorgfältig geprüft werden.

Obwohl es ausser Zweifel ist, dass man bei dieser Prüfung nicht blos den kommerziellen und industriellen Zweck der Stadterweiterung im Auge hat, sondern dass dabei auch auf alle, zur Förderung der Gesundheit unerlässlichen Einrichtungen die grösste Rücksicht genommen wird, so glaube ich doch mit dieser kleinen Schrift der Gesammtbevölkerung Wiens einen Dienst zu erweisen, da an dem von der hohen Regierung so hoffnungsreich begonnenen Werke der Vergrösserung unserer Vaterstadt auch viele Privatleute Hand anlegen werden, welche die folgenden, vom ärztlichen Standpunkte aus ertheilten Fingerzeige, beherzigen mögen. –

Es ist nicht in Abrede zu stellen, dass die Lage und die Beschaffenheit eines Wohnplatzes auf die Gesundheit und das Leben der Bewohner einen wesentlichen Einfluss ausübt.

Man sollte daher bei Anlegung von neuen Städten und Ortschaften vor allem darauf sehen, dass die Lage des Ortes und der Boden der Gesundheit günstig sei. Sumpfiges Erdreich ist am schädlichsten. Ferner ist die erforderliche Menge von Trinkwasser und fliessendem Wasser ein Haupterforderniss und endlich soll auf die Bewegung der Luft Rücksicht genommen werden. Ein zu starker Luftzug ist der Gesundheit der Bewohner ebenso nachtheilig als die zu ruhige Luft. Die Luftbewegung hängt grösstentheils von der Nähe und Beschaffenheit von Gebirgen ab.

Freilich hat man bei der Entstehung unserer Städte und Dörfer bisher andere Gründe und Rücksichten als die auf die Gesundheit der Menschen bezüglichen vorwalten lassen. Man prüfte entweder den Boden ob er dem Ackerbau günstig sei oder die Wahl fiel auf einen Platz dessen Örtlichkeit industrielle Unternehmungen oder Handelsverbindungen zu fördern versprach und so wurde das Interesse der Gesundheit und des Lebens dem finanziellen hintangesetzt.

Die Örtlichkeit Wiens ist in Bezug der mässig erhöhten Lage und der Luftbewegung eine günstige zu nennen, auch ist das bisherige Glacis der Gesundheit ebenso förderlich als es die Gärten in den Vorstädten und die daselbst vorhandenen breiten Strassen sind; dagegen muss man die zeitweiligen Überschwemmungen, Staub, auch enge krumme Gassen, welche den Luftzug hemmen, die mephitischen Dünste des Wienflusses, fehlerhafte Konstruktionen der Abzugskanäle und Mangel an Wasser als gesundheitswidrig bezeichnen.

Wir sehen also, dass die Wiener nicht Ursache haben zu wünschen, man möge ihre Vaterstadt so transportiren, so wie man einst mit dem von Diomedes angelegten alten Salupia verfuhr, das um 4000 Schritte von dem Meere entfernt werden musste, damit es auf einen gesünderen Platz zu stehen kam. Allein Wiens Bauart ist in mancher Beziehung mangelhaft und erheischt bei der Zunahme der Bevölkerung baldige Abhilfe.

Der erste Schritt dazu ist bereits geschehen.

Unsere Stadtmauern, welche bisher den Zutritt frischer Luft verhinderten, trugen zur gesundheitswidrigen Ausdünstung in der innern Stadt viel bei und mit ihrem Abbruch wird ein auf die Gesundheit schädlicher Einfluss beseitiget.

---

11. o. A., „Sanitätsgebrechen der Hauptstadt II.“, in: *Wiener Medizinische Wochenschrift* 50, 8. Jg., 11. Dezember 1858, S. 875–877.

Wien hat ein ausgebreitetes und vielverzweigtes Kloakensystem, auf das es vor vielen Städten stolz sein kann. Es ist ein interessanter Anblick, die Kloakenkarte der Hauptstadt, dieses weitverzweigte, vielverschlungene Netz zu sehen, diese weitgedehnten Katakomben, freilich keine Stadt der Todten, sondern die Tummelstätte von Millionen langgeschwänzter lebendiger Wesen. Ungeheure Summen sind für diese unterirdischen Bauten seit Jahren verausgabt worden und werden noch verausgabt und mit einem Male erheben sich zahlreiche Stimmen gegen diese stolze Schöpfung und verlangen gänzliches Aufgeben des Kanalsystems!

Ein so schneidender Gegensatz fordert eine scharfe Prüfung der Frage, was die bestehenden Unrathskanäle leisten.

Wenn man an schwülen Sommertagen, bei feuchter Regen drohender Atmosphäre oder unmittelbar nach einem Regengusse durch die Strassen der Stadt oder der Vorstädte, besonders der tiefergelegenen, wandelt, so empfindet man einen höchst unangenehmen Duft, über dessen Ursprungsstätte man vollkommen ins Klare kommt, sobald man sich einem Kanalgitter nähert. „Wir bekommen Regen, die Kanäle stinken,“ ist in Wien eine stehende Ausdrucksweise. Betritt man bei solchem Wetter ein Haus, so wird man, seltene Fälle ausgenommen, von einem verwandten, aber ungleich pikanteren Dufte empfangen und durch alle Stockwerke begleitet, und ist man in der Verlegenheit, gewisse Orte suchen zu müssen, so kann man der Nase als sicherer Führerin folgen. Machen manche Neubauten und einzelne reinlicher gehaltene Häuser eine Ausnahme hiervon, so gibt es um so mehr andere, in denen bei jeder Witterung der widerwärtigste Retiraden-Gestank alle äusseren Räume und theilweise selbst die Wohnungen erfüllt. Es ist wahr, dass ein Theil unseres Publikums sich auf die Reinhaltung jener Örtlichkeiten nicht versteht; es ist eben so wahr, dass die passende Anbringung dieser Orte nicht die starke Seite vieler unserer Baumeister ist; bei all' dem liegt das Grundübel tiefer, wie sich Jeder überzeugen kann, wenn er die Massen sieht, die da aus der Tiefe heraufgeschafft werden, oder wenn sie wohl gar zu solcher Fülle angewachsen sind, dass sie sich selbst Bahn brechen, eine Überschwemmungsnoth, die so manche Partei schon in der gefahrlosesten Zeit überstehen musste.

Ist es da zu wundern, wenn mit dem ersten freundlichen Sonnenstrahl der Hauptstadt entflieht, wer ihr nur entfliehen kann und wenn, wer nicht so glücklich ist, in Mussestunden vor die Thore eilt, um doch einige Züge einer reineren Luft einzuathmen? Aber wehe dem, der sich etwa verleiten lässt, den Schritt von der Linie weg an die Ufer des Währinger-, Alser- oder Ottakringerbaches zu lenken; er findet hier offen dargelegt, was weise Vorsicht dort verborgen, wenn auch nicht verschlossen hat und der unausstehlichste Gestank, den diese offenen Kloakenbäche und die Haus für Haus in sie einmündenden Unrathsabläufe verbreiten, macht ihn eilig von den Unglücklichen fliehen, die er um die bessere Luft beneidet hat. Zwar hat die Gewöhnung an Gestank den Wiener tolerant gemacht, so dass er sich in seinen beliebtesten Sommeraufenthalten um des Landes und der schönen Natur willen viel Schmutz und Unrath gefallen lässt, als ob diese recht eigentlich zu den Reizen des Landlebens gehörten; auch verschwinden jene unfläthigen Fluthen an den Barrieren der Stadt, unter sorgsamer Überwölbung; aber den Unrath vieler Tausende führen sie dennoch der Stadt zu und der Zephyr trägt ihr ihre Düfte auf seinen Schwingen zu.

Gestank ist also die Thatsache; Gestank in den Häusern, Gestank auf den Strassen, Gestank vor der Stadt; immer und überall Gestank. Und dieser Gestank ist ein Produkt der in den Kloaken angehäuften faulenden Unrathsstoffe.

12. o. A., „Sanitätsgebrechen der Hauptstadt VI.“, in: *Wiener Medizinische Wochenschrift* 9, 9. Jg., 26. Februar 1859, S. 139–140.

Ein altes Sprichwort sagt: In Wien gibt es nur Koth oder Staub. In der That kennen wir nur diese beiden Extreme; heute waten wir noch im Strassenkothe und morgen sind wir schon wieder in Staubwolken gehüllt; ja oft genug sind die tiefer gelegenen und den Luftströmen weniger ausgesetzten Strassen noch mit Koth bedeckt, während uns in den höher gelegenen und luftigen bereits der Wind den Staub in die Augen wirbelt. Die Sache geht auf die natürlichste Weise zu; der nicht weggeschaffte Koth vertrocknet in kürzester Zeit zu Staub, und der nicht weggeschaffte Staub wird von dem Regen eben so schnell in Koth verwandelt.

Man muss bei anhaltend trockenem Wetter und starkem Winde einen Gang über das Glacis oder in den Vorstädten gemacht haben, um sich einen Begriff von Wiens grösster Plage zu machen. Der heiterste Himmel wölbt sich über unserem Haupte, sein azurnes Blau lockt uns hinaus ins Freie; da schwillt das Lüftchen, das uns sanft entgegenwehte, zum mässigen Winde, und schon erheben sich Wolken von Staub, die, schwillt der Luftstrom stärker an, bald die Atmosphäre erfüllen, das freundliche Licht der Sonne umdüstern und uns, sind wir nicht gezwungen in dieser Sahara zu wandern, bald wieder unsere schützenden vier Mauern suchen und ängstlich jedes Fenster schliessen lassen.

Wien ist an solchen Tagen geradezu ungeniessbar, mag nun die kalte Wintersonne leuchten oder die drückende Sommerhitze schwer auf dem glühenden Häusermeer lasten und das Strassenpflaster die brennenden Strahlen tausendfach reflektiren, oder mag endlich selbst das mildeste Frühlingswetter mit seinen lauen Lüften und seinen freundlichen Sonnenblicken den armen Stadtbewohner vor die Thore locken. Und solcher Tage zählt Wien nicht wenige; denn seine Lage setzt es fast unausgesetzten und ziemlich starken Luftströmungen aus, die durch die Lage und Richtung einzelner Strassen noch sehr verschärft und vervielfältiget werden.

13. Commission des Wiener Gemeinderathes, *Beschränkung von gefährlichen oder belästigenden Fabriksanlagen in Wien und Umgebung.* Wien 1873, S. [1]–2.

Euer Hochwohlgeboren!

Die beträchtliche Zunahme von Fabriks- und gewerblichen Anlagen in Wien und der nächsten Umgebung, welche mit Dampfmaschinen, Wasserwerken und größeren Feuerstätten oder sonst in gefährlicher, die Nachbarschaft belästigender, Weise betrieben werden, bedroht bei der steten Vergrößerung der Bevölkerung und bei der fortwährenden Verbauung der freien Plätze die Sicherheit, Gesundheit und Bequemlichkeit der Bewohner mit nachtheiligen Folgen.

An die Staatsverwaltung tritt daher die Pflicht heran, einer zu weit gehenden Steigerung dieser Übelstände thunlichst zu begegnen. Als ein Mittel hiezu dann die möglichste Beschränkung von Betriebsanalgen der angeführten Art, namentlich jener, bei welchen derlei Nachtheile in grellerer Weise hervortreten, auf bestimmte Bezirke außerhalb der Stadt Wien, ihrer Vorstädte und der nächst gelegenen, besonders aber der dichter bevölkerten und jener Ortschaften in Betracht gezogen werden, welche voraussichtlich in nicht ferner Zeit sich an die äußeren Vorstädte anschließen werden.

Mit Rücksicht auf diese Verhältnisse hat das hohe Staatsministerium mit Erlaß vom 17. März d. J. 5044 die Statthalterei daher aufgefordert, die Frage überhaupt, ob und in welcher Weise eine solche Maßregel zweckmäßig in Ausführung gebracht werden könnte, insbesonders aber, auf welche der im III. Hauptstücke der Gewerbeordnung vom 20. Dezember 1859 bezeichneten Betriebsanlagen dieselbe Anwendung zu finden hätte, welche Entfernung von der Stadt, den Vorstädten und den erwähnten Ortschaften der Umgebung (welch letztere zu bezeichnen wären) und wo beiläufig die Standpunkte für solche Gewerbs- und Fabriksunternehmungen mit Rücksicht auf die herrschenden Winde, die Terrains- und übrigen Verhältnisse zu bestimmen wären, sowie die sonstigen hierbei noch in Betracht kommenden Momente in reifliche Erwägung zu ziehen und die bezüglichen Anträge vorzulegen.

Ich beehre mich daher Euer Hochwohlgeboren zu ersuchen, diese Angelegenheit der Berathung des hiesigen Gemeinderathes zu unterziehen und mir dessen Anträge mit kurzer und sachgemäßer Begründung gefälligst mittheilen zu wollen.

(34)

Empfangen Euer Hochwohlgeboren etc.

Chorinsky m/p.

Über diese Zuschrift wurden zuerst befragt Stadtbauamt, Stadtphysikat und Magistrat.

Das Stadtbauamt äußert im Wesentlichen Folgendes: Mit Wasser arbeitende Betriebsanlagen sind nur wenige, übrigens an die Lokalität gebunden. Für die Dampf und größere Feuerung erfordernden Fabriken und Unternehmungen sind ohnedies solche Vorsichten festgesetzt, welche das größte Maß der Sicherheit gewährleisten. Sollten die im höheren Grade gesundheitsgefährlichen und belästigenden Betriebsanlagen auf bestimmte Bezirke beschränkt werden, wären für die von Gegenwart des Wassers anhängigen Gewerbe und Anlagen die Simmeringer-Niederung, Zwischenbrücken und Brigittenau, für die anderen Betriebsanlagen der Laaerberg und der Wienerberg an der Himberger Straße als solche Bezirke zu bezeichnen.

Das Stadtphysikat sieht von den mit Wasser arbeitenden Gewerben ganz ab, soweit sie eben dadurch sanitätswidrig sind. Die mit Dampf und großer Feuerung arbeitenden Unternehmungen sind zur Erfüllung der gesetzlichen Vorschriften strenge zu verhalten und werden durch die Erhöhung der Schornsteine, Anwendung von Gascoaks und Rauchverbrennern zulässig. Von den in höherem Grade gesundheitsgefährlichen Fabriken, welche einzeln genannt und besprochen werden, kommen wohl viele in größeren Städten gar nicht vor; sollten ihnen bestimmte Plätze angewiesen werden, müßten es die im Süden und Osten der Stadt gelegenen sein, der vorwaltenden West- und Nordwestwinde wegen, aus welchem Grunde Zwischenbrücken und Brigittenau nicht zu bezeichnen wären, von welchen die schädlichen Emanationen der Fabriken nach der Stadt getrieben würden, abgesehen davon, daß auch diese Bezirke sich bald dicht bevölkern werden.

Die Majorität des Magistrates schloß sich den Aussichten der Stadtphysiker an, meint jedoch, es lasse sich kein solcher Bezirk im Vorhinein bestimmen, sondern sei die Wahl des Platzes der behördlichen Entscheidung von Fall zu Fall zu überlassen.

14. Dr. Anton Drasche, *Vorschlag und Begründung einer in Wien baldigst abzuhaltenden Internationalen Cholera-Conferenz.* Wien: Wilhelm Braumüller, 1873, S. 15–17.

Wien ist leider schon durch seine geographische Lage mehr als andere continentale Hauptstädte der Cholera ausgesetzt. Als östlicher Mittelpunkt des grossen Verkehres zwischen der Türkei und Russland steht es in einem beständigen und lebhaften Contacte mit den Ländern, welche bisher die Einbruchs- und Durchzugsstrassen des indischen Seuchenzuges in Europa waren. Achtmal ist Wien während der vier letzten Decennien seit welchen die Krankheit sich ausserhalb ihrer Heimat ausgebreitet, von der Seuche heimgesucht worden. Berlin, die Hauptstadt Preussens, das in einer weit grösseren Ausdehnung an Russland graenzt und mit demselben einen stärkeren, namentlich maritimen Verkehr unterhält, ist bereits 11 Mal von der Cholera betroffen worden. Andere, auch nicht besonders gesund – aber mehr abseits der grossen Cholerazüge gelegene Städte hatten die Seuche auffallend seltener epidemisch. So sind von München nur zwei Epidemien (1836 und 1854) bekannt. In Russland und Persien, welche den Austrittspforten des indischen Seuchengebietes am nächsten sind, hat die Cholera während der jüngsten Zeitperiode fast alljährlich mit wechselnder In- und Extensität geherrscht. Gewisse örtliche Übelstände tragen wohl auch viel dazu bei, dass der inficirende Krankheitskeim in Wien so oft rasch treibende Wurzeln fasst. Wie günstig sind allein schon die Populationsverhältnisse der Entwicklung und Ausbreitung der Seuche? Trotz der zahlreichen Neubauten und der thurmhohen Zinsburgen ist die Wohnungsnoth doch fort im Steigen. Während die durchschnittliche Bewohnerzahl eines Hauses 1865 (bei 9805 Häusern) 57 betrug, so erreichte dieselbe 1872 (bei 10463 Häusern) die Höhe von 62. Von keiner europäischen Grossstadt lassen sich solche Ziffern aufweisen. Wien hat einzelne Häuser, deren Einwohnerzahl (1000–2000) kleinere Städte repräsentirt. Bei dem Einflusse, welchen das Trinkwasser hie und da (London) auf den räumlichen Gang der Cholera unzweifelhaft genommen, ist die baldigste Zuführung des lang ersehnten Gebirgswassers durch die Hochquellenleitung für Wien ein Gebot der eigenen Selbsterhaltung. Ein heisser, trockener Sommer mit Wassermangel und die Weltausstellung mit der Cholera würden ein namenloses Unglück im Gefolge haben. Es ist gar nicht zu verkennen, dass innerhalb der letzten Jahre für die Salubrität Wiens durch Erweiterung und Ausdehnung der eigentlichen Stadt, durch ein zweckmässigeres

Bausystem, durch Verbesserung der Verkehrswege und Förderung der Verkehrsmittel, durch das Bestreben nach einer grösseren Reinlichkeit der öffentlichen Strassen und Plätze, durch eine ununterbrochene Vorsorge für eine ausreichende und gute Approvisionirung, durch eine humane und freigebige Armenpflege, durch wohlwollende Berücksichtigung der leiblichen Interessen des Arbeiterstandes, durch Errichtung kleinerer Spitäler, durch eine entsprechende Organisirung des communalen Sanitätswesens und dessen Oberleitung durch ebenso tüchtige als rührige Männer u. s. f. sehr viel geschehen ist. Sollte die Cholera wirklich kommen, so wird sie allerdings manches alte Gebrechen noch vorfinden – aber auch auf eine weit kräftigere Gegenwehr stossen.

Der mögliche oder wahrscheinliche Ausbruch einer Cholera-Epidemie zu Wien vor oder während der internationalen Weltausstellung hat schon sehr ernste Bedenken – aber noch keine eingehende öffentliche Besprechung veranlasst. Eine gewisse Scheu scheint davon abzuhalten, über die so unsichere Situation eine Discussion vor dem grossen Publicum einzuleiten. Und doch ist dieselbe umso angezeigter, als die Erfahrung hiebei helfend an die Hand geht. Sämmtliche Industrie-Ausstellungen in Europa sind zweimal (London 1851 und 1862) in cholerafreien Jahren und dreimal (München 1854, Paris 1855 und 1867) während der epidemisch herrschenden Krankheit abgehalten worden.

Kapitel 3: Gewässer – Donaustrom, Donaukanal, Wienfluss

Die Gründung der Stadt Wien ist aufs Engste mit den Gewässern, allen voran der Donau, verbunden. Daneben wird das Wiener Stadtgebiet vom Wienfluss sowie weiteren kleinen Bächen (u.a. Ottakringerbach) durchzogen. Überschwemmungen sind schon im 11. Jahrhundert dokumentiert, doch erst in der zweiten Hälfte des 19. Jahrhunderts schritt man an eine effektive Eindämmung dieser bedrohlichen Naturkatastrophen. Nachdem 1830 und 1850 wiederum starke Überflutungen – im Verein mit Eisstößen – die niedrig gelegenen Stadtteile verwüsteten, führte die große Überschwemmung vom 29. Jänner bis 7. Februar 1862 zum Anstoß der Beschlussfassung zur Donauregulierung. In der Abhandlung aus dem Jahr des Hochwassers von 1850 führt Anton Pius de Rigel aus, worauf zu achten wäre, wenn es zur Regulierung des Bettes des Donaustromes kommen sollte. Er ist nur einer von vielen, die bis zum ersten Spatenstich der Donauarbeiten am 14. Mai 1870 durch Kaiser Franz Josef I. ihre Überlegungen publizierten. Während die Probleme der Donau ihre Überschwemmungen waren, bestand der Makel des Wienflusses darin, dass er – auch dieser konnte und kann zu einem reißenden Fluss anschwellen – oftmals zu wenig Wasser in einem nicht regulierten Bett führte. Auch hier publizierten Mitglieder der Wiener Ärzteschaft in ihren Fachmagazinen und im Hinblick auf die bevorstehenden Umbauarbeiten am Glacis. Der anschauliche Bericht des Mitbegründers und Hauptredakteurs der *Österreichischen Zeitschrift für practische Heilkunde*, Joseph Johann Knolz, schildert eindrücklich den Zustand des gesundheitsbedrohlichen Wienflusses. Der Rechtsanwalt und Schriftsteller Daniel Spitzer, der schon früh mit Artikeln in humoristischen Zeitungen hervortrat, bettet die Donauregulierung in die allgemeine politische Situation ein und spart nicht mit Kritik am damaligen Handelsminister Bernhard von Wüllerstorf-Urbair. Wie sehr die städtebaulichen Arbeiten auch unter einem ökonomischen Gesichtspunkt verstanden wurden, bezeugt die Schrift des bei der Wiener Handelskammer tätigen Emil Sax, der über den Wert neu gewonnenen Terrains für die Stadt Wien referiert. Das Mammutwerk der Donauregulierung wurde unter Einsatz von großen Maschinen 1870–1875 ausgeführt und diente für so manche Schilderung der Stadt im Wandel. Die bemerkenswerte Schrift des englischen Ingenieurs William E. Thursfield bringt nicht nur die Idee eines Zentralbahnhofes aufs Tapet, sondern schlägt die Errichtung von Kaimauern entlang des Donaukanals vor, bei gleichzeitigem Einbau von Kanalisationsrohren und einer Untergrundbahn. Er nahm damit die Arbeiten, die zwei Dezennien später mit der Stadtbahn in Angriff genommen werden sollten. Der Abschluss der

„Die Überschwemmung der Vorstädte Wien's Leopoldstadt und Roßau am 1ten März 1830."

Arbeiten der Donauregulierung, die erst 1875 stattfinden, führten zu einer Beschreibung der feierlichen Eröffnung der Schifffahrt auf der neuen Donau.

---

15. A[nton]. P[ius]. de Rigel, *Entwurf zur Regulierung des Donaustromes in der Höhe Wiens.* Wien 1850, S. [5]–9.

Der Donaustrom in der Höhe Wiens gibt das Bild eines Seepolyps oder eines Labyrinthes von beinahe zahllosen Wasserstraßen, Inseln, Sandbänken u. dgl., und es ist wahrhaft zu verwundern, daß die bis jetzt angerichteten Verheerungen durch die Hochfluthen und den Eißstoß nicht von größerer Bedeutung waren, indem die seit Jahren planlos hie und da angeführten Wasserbauten, welche dem Strome zu diesem wilden und unnatürlichen Laufe verhalfen, zu fürchterlicheren Erwartungen berechtigen.

Sollen nun diese Erwartungen ungegründet sein und die Regulirung der Donau diejenigen Vortheile darbieten, welche man von einem Hauptstrome, der das Kaiserthum Österreich beinahe in der Mitte durchschneidet in commercieller Hinsicht mit Recht zu erwarten hat, so darf nicht mehr ein Palliativ angewendet, sondern es muß eine Radicalcur vorgenommen werden. Das bisher Bestandene, jedoch sich als zwecklos und schädlich Erwiesene muß beseitigt werden, die geringfügigeren Interessen müssen dem Hauptzwecke weichen, auch darf unter Öconomie kein solches Ersparungssystem verstanden werden, welches in kurzer Zeit zehnfache Auslagen verursacht.

Der Verfasser stellte sich die Aufgabe, die Donau vom Kahlenberger Dörfchen bis unterhalb Kaiser-Ebersdorf zu regulieren, und trachtete, so weit als nur seine Kräfte reichten, mit Berücksichtigung aller möglichen Umstände diejenigen Verhältnisse für die Donau als regulierten Strom zu ermitteln, unter welchen derselbe den Anforderungen in commercieller, statistischer und finanzieller Hinsicht entsprechen soll.

Dem zufolge bespricht diese Schrift:

Die Regulierung des Donaustromes in der Höhe Wiens mit nöthiger Berücksichtigung der für die Zukunft zu vermeidenden Verheerungen durch die Hochfluten und den Eißstoß, so wie hinsichtlich der Schifffahrt und einer zweckmäßigen Ein- und Ausmündung des schiffbaren Wiener Donau-Canales.

Den Wiener Donau-Kanal schiffbar und für immerwährende Zeiten (ohne Schleußen) vom Eisßoße frei zu machen.

Die Errichtung von Docks und Werften auf eine zweckmäßige und billige Art.

Die Construction einer stabilen, auf Jahrtausende dauernden soliden Brücke für Fuhrwerke und Fußgeher in Verbindung mit einer Eisenbahnbrücke.

Die Brücke als Verbindungspunkt der österreichischen Monarchie in militärischer Beziehung betrachtet.

Die finanziellen Mittel zum Aufbau dieser Brücke (als National-Monument).

Den systematischen Vorgang zur Regulierung des Stromes mit Rücksicht auf die Erbauung der Brücke.

Das erste und wichtigste Element für die Regulierung der Donau in der Höhe Wiens ist die zu bestimmende Trace des Stromes, da alle Seitenarme abgebaut und blos in ein einziges Strombett (außer dem Wiener Donau-Canale) concentrirt werden müssen. Über den künftigen Lauf des Stromes herrschen die verschiedensten Ansichten, welche sich bei der über die Donauregulirung zusammengestellten Commission bis auf zwei reducirten und von denen jener am Kaiserwasser durch Stimmenmehrheit der Vorzug eingeräumt wurde, welcher Trace jedoch der Verfasser keineswegs als der Natur des Stromes entsprechend, beipflichten kann. Der natürliche Lauf eines Gewässers ist allerdings die Serpentinform; diese Krümmungen dürfen jedoch nicht beliebig, am allerwenigsten aber scharf sein. Für eine Normalbreite des Stromes von 200° darf der Krümmungshalbmesser nicht unter 3 deutschen Meilen betragen, wenn bedeutende Aufstauungen und Eisablagerungen nicht vorkommen, so wie die unaufhörlichen Unterwaschungen und daher ewige kostspielige Reparaturen in den concaven Krümmungen vermieden werden sollen. Die beschlossene Trace mit ihren starken Krümmungen beseitigt diese Übelstände nicht, sie vermehrt sie vielmehr und die oft langen im bodenlosen Grunde aufzuführenden Uferversicherungen machen die Ausführung derselben nicht nur schwierig und langdauernd, sondern auch ungemein kostspielig.

16. Dr. Joseph Joh[ann]. Knolz, „Über den gesundheitsschädlichen Einfluss des Wienflusses und der mangelhaften Wasserversorgungsanstalten in der k. k. Reichshaupt- und Residenzstadt Wien", in: *Österreichische Zeitschrift für practische Heilkunde*, IV. Jg., 15. Oktober 1858, Spalten 758–760.

Der Wienfluss entspringt aus einzelnen kleinen Bächen der benachbarten Gebirge um Purkersdorf und fliesst von der Südseite durch die Bezirke Wieden und Mariahilf, dann durch einen Theil der Esplanade und ergiesst sich unter den Weissgärbern in den Donaucanal. Einen Seitenast davon bildet der sogenannte, in diesem Jahre theilweise aufgelassene Mühlbach, welcher sich vor der Linie von demselben trennt, durch Gumpendorf geht, sich in der Wehrgasse mit ersterem vereinigt, dann auf der anderen Seite austritt, und nachdem er einen kleinen Theil der Wieden durchflossen, zum Hauptflusse wieder zurückkehrt. Dieser Fluss schwillt bei Thauwetter, oder bei starken Regengüssen, oft binnen wenigen Stunden gewaltig an, so dass er die niederen Gegenden von Hundsthurm, Margarethen und der Wieden unter Wasser setzt, wodurch die Erdgeschosse feucht, die Keller mit Wasser gefüllt und das Brunnenwasser verdorben ist.

Bei Armuth an Wasser fliesst derselbe träge, stagnirt stellenweise und verbreitet in der heissen Jahreszeit einen unerträglichen Gestank, der von den vielen schon vor den Linien Wiens, aus den sehr bevölkerten Ortschaften in denselben geleiteten Unrathscanälen, so wie mancherlei Abfällen industrieller Fabriksunternehmungen herrührt, und dessen Wasser hiedurch nicht nur zum Trinken und Kochen so wie jedwelchem Genusse untauglich, sondern durch die Entwickelung mephitischer Dünste aller Art, in Abgang streichender Winde zu einer gemeinschädlichen Potenz erhoben wird, welcher die in der Nähe desselben wohnende dichte Bevölkerung zunächst ausgesetzt ist, und wovon auch die künftigen Bewohner des neu zu erbauenden Stadttheiles, zwischen dem Kärnthner- und Stubenthore um so weniger verschont bleiben dürften, als durch die Beseitigung der Esplanade und den Aufbau höherer Gebäude der freie Zutritt der Winde abgehalten werden wird.

Wirkt schon der totale Abgang eines reinen rasch fliessenden Flusswassers und dessen zweckmässige Benützung auf die nöthige Reinlichkeit der öffentlichen Plätze und Strassen, auf eine erfolgreiche Beseitigung der Cloakendünste aus den Unrathscanälen und auf die schnellste Herbeischaffung des erforderlichen Wasserbedarfs bei Feuersbrünsten hemmend ein; so liefert der Wienfluss in seiner dermaligen Beschaffenheit noch überdiess ein positives Hilfsmittel zur Verunreinigung der Luft, denn das Bett desselben lässt sich, wie bei allen langsam fliessenden Wassern, nie gehörig reinigen; fortan sammeln sich Unreinigkeiten aller Art darinnen, welche zum Verfaulen von Vegetabilien und zum Aufenthalte lästiger Insecten dienen und es verbreitet dessen Wasser in allen Richtungen der herrschenden Winde einen widrigen Geruch nicht nur in die nächste Umgebung, sondern auch in grösseren Entfernungen. Insbesondere sind es aber die mephitischen Ausdünstungen des Wienflusses in Bezug auf ihre Gemeinschädlichkeit und Wirkungen auf den Menschen, welche den Cloakendünsten durch den bald grösseren, bald geringeren Gehalt an Ammoniakdämpfen, Schwefelwasserstoff, Stickstoff, schwefelsaurem und hydrothionsaurem Ammoniakgas mehr [oder] weniger gleichzustellen sind, und die nach den Beobachtungen der Pariser Ärzte: Mattigkeit, Brustbeklemmung, heftige Schmerzen im Magen und in den Gelenken, Zusammenschnüren der Kehle, Delirium, Anwandlung von Ohnmachten, Lachkrämpfe, allgemeine Convulsionen und zuweilen selbst tödtliche Ohnmacht erzeugen. [...]

Soll nun eine bessere Salubrität in den neu zu erbauenden Stadttheilen, wodurch der freie Durchzug der die Luft reinigenden Winde offenbar mehr oder weniger eingebüsst werden wird, erzielt, und den kurz vorher benannten vom Wienflusse herrührenden Übelständen abgeholfen werden, so ist aus Sanitätsrücksichten eine zweckentsprechende radicale Abhilfe dringend angezeigt, und dazu wäre bei der bevorstehenden Verwendung der Esplanade zu Bauzwecken die schicklichste Gelegenheit vorhanden.

---

17. D[aniel]. Spitzer, „Die Donauregulirung (1867)", in: ders., *Wiener Spaziergänge. Erste Sammlung.* Wien-Leipzig: Julius Klinkhardt, 1880, S. 140–143.

Über die Nothwendigkeit der Donauregulierung herrscht nur Eine Stimme! Doch nein, strategische Dilettanten, welche die Errichtung einer chinesischen Mauer um Wien durch den geraden Lauf der Donau für gefährdet halten; Kanalräumer, welche durch das Verschwinden der Donaukanalpfütze ihre Existenz und somit das Heil der Welt bedroht sehen; Melancholiker, welche in der Betrachtung der Sisyphusarbeit des Baggerschiffleins im Donaukanal für ihre Schwermuth Nahrung finden und endlich Herr Ministerialrath v. Pasetti, nach dessen Ansicht die Donau schon längst regulirt ist, wollen von einer Änderung des gegenwärtigen Laufes der Donau nichts wissen. Selbstverständlichkeit reihen sich hier noch die allezeit Conservativen an, die Überzeugungszöpfe, welche, jeder Änderung zu Land und zu Wasser abhold, über jene Neuerer die Achsel zucken, die plötzlich von dem Kaiserwasser etwas Anderes als Sand, und von dem Donaukanale etwas Besseres als Miasmen verlangen. Wie? Wien verlangt die Regulierung der Donau und es hat noch nicht einmal einen Porzellanthurm wie Nanking, die Hauptstadt der chinesischen Provinz Kaing-su! Die mäandrischen Windungen, in welchen die Donau von Nußdorf an sich dahin schlängelt, die Auen, Sandbänke und Schlammreservoirs, welche sie bildet, und selbst jene Brücke, deren weltgeschichtliche Bedeutung die Verbindung von Nord- und Süd-Europa sein soll, die aber der Volksmund mit rührender Naturwahrheit „die schlamperte" getauft hat, sind zu malerisch, interessant und stimmunggebend, als daß wir sie leichthin aufgeben könnten.

Was geht uns die Erleichterung der Schifffahrt an, was liegt uns an den paar lumpigen Millionen, welche wir jetzt für Zu- und Abfuhrkosten beim Gütertransporte jährlich hinauswerfen, was haben wir davon, wenn die Donaudampfschifffahrt-Gesellschaft, die gegenwärtig zwei Landungsplätze bei Nußdorf und den Kaisermühlen haben muß, nach der Regulirung nur eine Landungsstation in der Nähe der Stadt brauchte; was kümmert uns die Anlage von Entrepots oder Docks; und die Überschwemmungsgefahr, ist diese wirklich in Betracht zu ziehen in einer Zeit der – Trichinen? Wie, ihr wollt die Donau der Stadt näher legen, etwa gar den Wurstlprater von ihr durchschneiden lassen, und der steuerzahlende Bürger soll Gefahr laufen, wenn er hier Erholung von des Tages Mühen gesucht hat, in den Strom zu fallen und den Pontus Euxinus zu schwimmen! Soll es Wien hindern, sich zu einer Weltstadt emporzuschwingen, weil es statt an einem Strome an einem Sumpfe liegt; fliegt dem nicht auch Trygaios in der Komödie des Aristophanes auf einem Mistkäfer zur Wohnung des Zeus empor?

Doch wir wollen nicht all den Gründen nachspüren, aus welchen die Donauregulierung durch fünfzig Jahre, denn so lange steht diese Frage auf dem Tapet, verzögert worden ist; wir wollen nicht nachforschen, warum seit dem Jahre 1850, da eine eigene Ministerial-Kommission zur Regulirung der Donau berufen wurde, bisher nichts geschehen ist, warum nach siebzehnjährigem Berathen, Kommissioniren, Ventiliren und Inerwägungziehen bis zum heutigen Tage, nichts geschehen ist, da doch der beschränkteste Verstand, der doch meint: Österreich über Alles, wenn es nur Hinterlader will! von der Nothwendigkeit der Regulirung bereits durchdrungen ist.

Es wird wohl Niemand so unbillig sein zu verlangen, daß wir so rasch vorwärts gehen sollen wie die Amerikaner, Engländer oder Franzosen, welche letzteren jetzt toll genug sind, die Seine derart reguliren zu wollen, daß Schiffe vom atlantischen Ozean direkt bis vor die Fenster der Pariser fahren können, und welche diesen Wahnwitz vielleicht schon in Szene gesetzt haben, während unsere Fachmänner sich noch den Kopf darüber zerbrechen werden, wo das „Schüttlbad" der Zukunft denn am zweckmäßigsten stehen könnte. Nein, nein, wir sind Feinde der Überstürzung und vollkommen einverstanden damit, wenn man bei Lösung der Donauregulirungsfrage, die freilich eine Lebensfrage für Wien ist, nur immer ruhig Blut bewahrt. Aber sollte es denn die Regierung nicht doch für zweckmäßig halten, ihre Meinung über diese so wichtige Angelegenheit laut werden zu lassen und uns wenigstens darüber zu beruhigen, daß die Sache nicht wieder vertagt oder gar völlig eingeschlafen ist?

Es ist noch nicht lange her, daß wir es mit Genugthuung gelesen haben, wie Herr Prange bei Abschließung des englisch-österreichischen Handelsvertrages in der General-Versammlung der Liverpooler Handelskammer Se. Excellenz den Freiherrn v. Wüllerstorff den „erleuchteten und energischen" Handelsminister genannt hat, welcher bereit sei, der in Österreich „herrschenden Stagnationen ein Ende zu machen". Nun man sollte glauben, die Frage der Donauregulirung sei ein solches herrliches Muster herrschender Stagnation, der ein Ende zu machen unser „erleuchteter und energetischer" Handelsminister neuerdings eine Deputation, welche sich wegen der Regulirung der Donau an ihn gewendet, huldvoll empfangen und ihr die Versicherung gegeben habe, daß ihm diese Angelegenheit sehr am Herzen liege. Wir haben jede solche Antwort als einen Beweis der „Erleuchtung" Sr. Excellenz angesehen, sollte es nicht vielleicht an der Zeit sein, wenn Herr v. Wüllerstorff uns auch einmal einen kleinen Beweis seiner „Energie" gäbe und die Donauregulirung wirklich in Angriff nähme?

(49)

18. Dr. Emil Sax, *Der Neubau Wien's in Zusammenhange mit der Donau-Regulirung.* Wien: A. Pichler's Witwe & Sohn, 1869, S. 31–33.

Was so allgemein und mit Recht als eine arge Vernachlässigung der materiellen Interessen Wiens beklagt und getadelt wurde: die Verwahrlosung des Donaubettes vor dem Weichbilde unserer Stadt, das kann sich zum Segen wandeln, in dem Sinne, daß die Donauregulirung erst heute in Angriff genommen wird, wo wir über die Bedeutung und richtige Verwendung des ungeheuern dadurch gewonnenen Terrains für die Wohnungsreform hinreichend im Klaren sind, und unter der Bedingung, daß wir die damit gebotene Gelegenheit, einen so drückenden der „ererbten Übelstände", wie die Wohnungsnoth, gut zu machen, mit allem Aufwande von Energie und aller verfügbaren Mittel benützen. In der That! Die Donaugründe ermöglichen Wien eine gründliche Wohnungsreform in dem bisher entwickelten und stets als einziges Mittel zu bleibender Behebung der Wohnungsnoth festzuhaltenden Sinne, ja sie erleichtern uns eine solche Reform in einem Maße, daß sich vielleicht keine einzige unter den europäischen Großstädten ähnlicher Verhältnisse erfreut. Die Gelegenheit muß aber auch ohne Zaudern, in richtiger Weise und vollem Umfange ergriffen werden; einmal versäumt, kehrt sie nie wieder, und die Schwere der Wohnungsnoth würde dann nur um so ärger auf uns lasten, als wir uns bewußt sein müßten, an deren Fortdauer selbst Schuld zu tragen. Die Donaugründe, wie sie durch die Regulirung werden gewonnen werden, sind in allen Beziehungen so gut und dem Mittelpunkte der Stadt so nahe gelegen, daß die eine Hauptschwierigkeit der Wohnungsreform, wie sie sich gerade in Berlin so überaus fühlbar macht, damit allein schon entfällt. Das Terrain ist aber auch um so billige Preise zu haben, daß der Aufnahme des Cottagesystemes, und zwar auch für die Mittelclassen, durchaus nichts im Wege steht.

Um aber diesen immensen Vortheil zu ergreifen und festzuhalten, sind 2 Punkte wohl zu beachten: einmal, daß ein Unternehmen, welches die Wohnungsreform auf diesem Terrain durchführen wollte, die Gründe noch vor der Regulirung, sogleich, an sich bringen müßte; später würde natürlich eine ungeheuere Steigerung der Grundpreise eintreten und dieselbe um so weiter vorschreiten, mithin die Lösung der Aufgabe uns um so mehr entrücken, je länger wir die Inangriffnahme der Sache hinausschieben. Sodann wäre aber auch, und zwar zu dem gleichen Zwecke der Verhinderung einer Erhöhung der Grundrente, eine andere unerläßliche Bedingung für den Erfolg eines derartigen

Reformunternehmens die, daß dasselbe einen so ausgebreiteten Complex an sich bringe, als nur immer möglich. Je größer der Maßstab der Unternehmung, um so sicherer der Erfolg. Es würde sich nicht nur darum handeln, sämmtliches Terrain, welches nach der Regulirung am rechten Stromufer zu liegen kommen wird, soweit solches noch disponibel, für die Unternehmung heranzuziehen; es käme auch darauf an, auf dem jenseitigen Ufer größtmögliche Flächen zu acquiriren, auch wenn an deren Verwendung zu Bauzwecken erst nach Jahrzehnten zu denken wäre. Alle diese Gründe einmal zu den heutigen Preisen erstanden, haben wir dann die Möglichkeit, auf dem weiter hinausliegenden Rayon die Wohnungsreform auch für die arbeitenden Classen durchzuführen, während die näher gelegenen Theile für den Mittelstand zu berechnen sind. Nur wenn wir auf diese Art einem merklichen Anschwellen der Grundrente vorbeugen (eine gewisse Erhöhung der Bodenpreise im Vergleich zu dem gegenwärtigen Stande wird natürlich bei dem Ankaufe eintreten), nur dann ist die Wohnungsreform sicher und verhältnißmäßig leicht zu verwirklichen. Daß dieselbe, in der bezeichneten Weise zum Gegenstande einer Unternehmung im großen Style gemacht, zugleich auch ein gutes, ja ein vorzügliches Geschäft wäre, ist klar und in hohem Grade erfreulich. Die Chancen, sie zur That werden zu sehen, steigen dadurch um ein Bedeutendes. An den Ufern der Donau wird sich der gesammte Handel und Verkehre concentriren. Eine Gesellschaft, im Besitze der gesammten Donaugründe, müßte aus dem Verkaufe von Bauplätzen für Fabriken, Magazine, Lagerhäuser u. dgl. einen glänzenden Gewinn erzielen. Mit dem Verkehre wird sich der Reichthum auf den heute öden Flächen ansiedeln; eine neue Quelle von Ertrag, namentlich darum, weil die Gesellschaft auch als Bauunternehmung auftritt. Diese Umstände allein lassen ein derartiges Unternehmen als höchst rentabel, als eine nicht nur sichere, sondern auch lucrative, gewinnbringende Capitals-Anlage erscheinen. Freilich erfordert es aber auch sehr beträchtliche Fonds, um nicht nur die besprochene Voraussetzung zu realisiren, sondern auch, wie als consequente Ausgestaltung dieses Projectes erkannt werden muß, die Anlage Neuwien's nach einem einheitlichen Plane vorzunehmen. Denn es ist offenbar, daß nur eine systematische Anlage der neuen Stadtheile im Großen und in dem oben dargestellten Sinne eine vollkommene Lösung der Frage bedeutet.

19. Franz Grim, *Die Donauregulirung bei Wien. Erläuterung und Erklärung für Besucher der Donauregulirungs-Arbeiten.* Wien: Selbstverlag, 1871, S. 1–2, 27–28.

Die Arbeiten der Donauregulirung sind im gegenwärtigen Augenblicke schon so weit fortgeschritten, daß es wohl Niemand, den die Neugestaltung unserer herrlichen Haupt- und Residenzstadt Wien interessirt, versäumen wird, sich dieselben in der Nähe zu besehen, weil eine ähnliche, so gut geordnete und so gut durchdachte Riesenarbeit wohl nicht mehr in Wiens unmittelbarer Nähe vorkommen dürfte. Es erlaubt sich daher der Verfasser und Herausgeber dieses aus authentischer Quelle gesammelten Werkchens, ein geehrtes P. T. Publikum aufmerksam zu machen, um nicht stundenlang herumzuirren und der Gefahr ausgesetzt zu sein, von einem Train zermalmt zu werden, sich auf die Terrasse der Restauration von Th. Schön, verlängerte Schwimmschul-Allee, zweihundert Schritte von der Haltestelle der Pferdebahn (beim städtischen Freibade) zu begeben, allwo ein Führer, mit authentischen Karten versehen, jede Auskunft über den Bau, die Anzahl der Maschinen und deren Leistungsfähigkeiten erklärt, nach Belieben auch als Begleiter bereit sein wird. [...]

So ist ein Unternehmen in voller Ausführung begriffen, das ein halbes Jahrhundert hindurch herbeigesehnt, dem Donauhandel einen Hauptstapelplatz, der Residenzstadt Wien Sicherheit gegen die beinahe alljährlich wiederkehrende Überschwemmungsgefahr, und der Baulust ein für lange Zeit nicht zu erschöpfendes Terrain bieten soll.

Capitalien stehen diesem Werke zu Gebote, vor deren Aufbringung man früherer Zeit zurückgeschreckt wäre.

Eine durch große Erfahrungen gereifte Wissenschaft schreitet muthig an die Lösung ihrer Aufgabe, unterstützt von Maschinen, die viele tausend Menschenhände ersetzen.

Neben der Grabung des neuen Strombettes und der Ableitung der Donau in dasselbe wird mit der Stromregulirung eine ganze Reihe von Forderungen, welche ein fortgeschrittenes Jahrhundert stellt und unter denen die Belebung des Handels und das Emporblühen Wiens in erster Linie stehen, befriedigend gelöst werden.

Die Gemeindevertretung Wiens hat die außerordentliche Bedeutung einer glücklich durchgeführten Regulierung für die Stadt Wien dadurch anerkannt, daß sie ein Drittheil der mit 24,600.000 fl. präliminirten Regulierungskosten zu übernehmen

Piloten-Ziehmaschine bei der Donauregulierung, 1870–1876.

erklärte. Und in der That reiht sich für Wien die Donauregulirung ebenbürtig an die Stadterweiterung und die Arbeiten für die Wasserversorgung.

Mit diesem Unternehmen ist eine Zeit gewaltigen Umschwungs über die Stadt Wien gekommen. So wie mit dem Niederreißen der Basteien der Bann gebrochen wurde, welcher die freie Entwicklung Wiens hemmte, so werden mit der glücklichen Beendigung der drei in Ausführung begriffenen Werke die nöthigen Vorbedingungen gegeben sein, um Wien in die Reihe der Weltstädte eintreten zu lassen.

---

20. Donau-Regulirungs-Commission (Hg.), *Beschreibung der Arbeiten der Donau-Regulirung bei Wien.* Wien: k. k. Hof- und Staatsdruckerei, 1873, S. 10–12.

Die von der Donau-Regulirungs-Commission eingelösten Ufergründe und das abgebaute alte Kaiserwasserbett wurden mit dem aus dem Durchstiche ausgehobenen Erd- und Schottermateriale entsprechend hoch angeschüttet und hiedurch in Baugründe verwandelt. Laut des ausgestellten Situations- und Parcellirungsplanes, Blatt Nr. 2, der neuen Donaustadt [...] wurden hiedurch an eigentlichen Baugründen (nach Abrechnung der sämmtlichen Strassen, freien Plätze und Gartenanlagen) gewonnen, und zwar:

am rechten Ufer	638.000	Quadratklafter,
am linken Ufer	96.000	Quadratklafter
zusammen	734.000	Quadratklafter (267,6 Hec-

taren). Ausserdem werden in der Brigittenau, Rossau, in Erdberg und im Erdberger Mais jene Gründe, welche bis jetzt wegen der häufigen Überschwemmungen nicht verbaut werden konnten, nunmehr gleichfalls parcellirt und in Baugründe verwandelt, wodurch man weiters beiläufig 900.000 Quadratklafter (323,7 Hectaren) neue Bauplätze erhalten wird. Die Gewinnung einer so bedeutenden Bauarea ist für die Stadt Wien von unberechenbarem Nutzen, da wegen der rasch zunehmenden Bevölkerung und der schon zu einer allgemeinen Calamität gesteigerten Wohnungsnoth die schleunige Erweiterung der Stadt nach allen Richtungen bereits zu einer dringenden und unabweisbaren Nothwendigkeit geworden ist. [...]

Die Durchführung der Donau-Regulirungs-Arbeiten in der 4 Meilen (30,344 Kilometer) langen Strecke vom Kahlenbergdörfel bis Fischamend war, wie schon früher erwähnt, mit 24.600.000 fl. Oe. W. (61 ½ Millionen Francs) veranschlagt.

Werden hiezu noch die Kosten zugerechnet für die Einlösung der Gründe in einem weit grösseren Flächenmasse, als ursprünglich beantragt war, ferner für die bewirkte Anschüttung dieser Gründe, endlich für den Bau der Donaubrücke und für sonstige Anlagen, welche gemacht wurden, um den Werth dieser Gründe zu erhöhen, so werden die Gesammtkosten der Donau-Regulirung sammt den übrigen Anlagen sich auf eine Summe von beiläufig 30 Millionen Gulden (75 Mill. Francs) erhöhen.

Nachdem die von der Donau-Regulirungs-Commission erworbenen und in Bauparcellen umgestalteten Gründe in dem früher ausgewiesenen Flächenmass von 734.000 Quadratklaftern (2,675.910 Quadrat-Meter) schon gegenwärtig nach einer sehr mässigen Schätzung einen Capitalswerth von mehr als 40 Millionen Gulden (100 Millionen Francs) haben, die im Besitze des Donau-Regulirungsfondes verbleibenden und zu verpachtenden Landungsplätze, die Gründe im Inundationsgebiete u.s.f. ein jährliches Erträgniss von mindestens 300.000 fl. abwerfen werden und die Werthsteigerung der bisher den Überschwemmungen ausgesetzt gewesenen Realitäten und Gründe in der Leopoldstadt, Brigittenau, Rossau, Erdberg und im Erdbergermais jedenfalls weit über 50 Millionen Gulden (125 Millionen Francs) beträgt, nachdem ferner die vielen anderen Vortheile, welche mit der Durchführung der Donau-Regulirung erzielt werden und zwar: die Beseitigung der verheerenden Überschwemmungen und der in den überschwemmten Bezirken häufig vorkommenden epidemischen Krankheiten, die Verbesserung der Schifffahrtsstrasse, die Erleichterung und Belebung des Schifffahrts- und Handelsverkehres auf der Donau, endlich die hiedurch ermöglichte Entwicklung Wien's zur ersten und wichtigsten Handelsstadt im Osten Europa's einen nicht leicht zu berechnenden, aber jedenfalls sehr hohen Capitalswerth repräsentiren, so kann die besprochene Donau-Regulirung nicht nur als ein grossartiges, sondern auch als ein in nationalökonomischer Beziehung für Österreich höchst wichtiges und lucratives Unternehmen bezeichnet werden, welches die hiefür verausgabten Kosten vollkommen decken und noch eine grosse Summe als reinen Gewinn einbringen wird, daher das fragliche Unternehmen auch mit Rücksicht auf diese in Aussicht stehenden höchst günstigen Resultate als ein würdiges Ausstellungsobjekt erkannt werden dürfte.

(55)

21. William E. Thursfield, *Ein Vorschlag zu einer Regulirung des Donau-Kanales und Anlage eines Centralbahnhofes nebst Darlegung des Einflusses dieses Projectes auf die sanitäre, die Verkehrs- und Wohnungsfrage Wiens.* Wien: Selbstverlag, 1873, S. 6.

Einer der grössten Übelstände Wiens, und einer der schlimmsten Herde von Krankheiten ist der Donaukanal mit den Unrathskanälen, die mitten in der Stadt in ihn einmünden. Zu jeder Zeit ist dieser Umstand vom Übel. Doch erlangt er zur Zeit der periodischen Frühjahrsüberschwemmungen eine entsetzliche Tragweite, da der Auswurf der Kanäle durch das Hochwasser in die Strassen und Häuser der Leopoldstadt und anderer tiefer liegenden Stadtheile getrieben wird. Dieser Übelstand schreit laut um Abhilfe, die Bemühungen für die Sache sind zahlreiche und der Intelligenz eines der besten österreichischen Ingenieure ist es gelungen, in der Beseitigung der Überschwemmungsgefahr, hervorgerufen durch Anstauen des Eises im Donaukanale, eine temporäre Abhilfe zu finden. Aber Wien und hauptsächlich die Bewohner der Leopoldstadt dürfen nicht mit temporärer Abhilfe zufrieden sein. Nichts als eine radicale Beseitigung und permanenter Schutz gegen Überschwemmungen für die Folge darf sie befriedigen und sie dürfen nicht ruhen, bis das Übel gehoben ist. Der Arm der Donau, welcher durch das Herz der Stadt läuft, war dazu bestimmt, eine Hauptverkehrsader der Schifffahrt zu werden, nicht ein Abzugskanal: und wenn derselbe regulirt wird, wie hier beabsichtigt, muss obiger Zweck vollkommen erreicht werden.

Die bei dem jetzigen Zustande des Donaukanales bestehenden Schwierigkeiten und Hindernisse der Schifffahrt kehren periodisch wieder und werden so lange bleiben, bis das Quantum Wassers, welches durch denselben fliesst, beständig und unveränderlich erhalten wird. Die Möglichkeit einer Unpassirbarkeit des Kanales für die Schiffe während der Überschwemmungen und grossen Wasserstände überhaupt, entfällt bei den besprochenen Massnahmen gänzlich, ebenso die durch die Anschwemmungen häufig erforderlichen Ausbaggerungen des Kanales.

22. *Die Donau-Regulirung bei Wien herausgegeben aus Anlass der feierlichen Eröffnung der Schiffahrt im neuen Strombette, am 30. Mai 1875 von der Donau-Regulirungs-Commission.*
Wien: k. k. Hof- und Staatsdruckerei, 1875, S. [3]–4.

Es ist wohl der wichtigste Abschnitt der Donau-Regulirungs-Arbeiten bei Wien, der durch die am 30. Mai 1875 stattfindende, feierliche Eröffnung der Schiffahrt im Donau-Durchstiche inaugurirt wird. Es ziemt sich daher, einen Blick zurückzuwerfen auf die Art, wie das grosse, epochemachende Werk der Donau-Regulirung bei Wien entstanden, die leitenden Gedanken, welche dem Projecte zu Grunde liegen, sowie das Project selbst näher zu beleuchten und so dem Fachmanne wie dem Laien an der Hand authentischer Daten den Umfang der Arbeit und den Werth derselben darzuthun.

Wo früher Auen und Wiesen sich ausdehnten, rollt heute der Strom majestätisch seine Wellen zwischen kühn gezogenen und gesicherten Ufern.

Schnell und freudig hat er von dem ihm sorgsam bereiteten Bette Besitz ergriffen und hiedurch den Beweis geliefert, dass die für den Durchstich gewählte Trace die richtige war.

Der Strom ist um ein Bedeutendes der Stadt Wien näher gerückt, und so die alte geographische Bezeichnung Wien liege an der Donau erst thatsächlich wahr geworden.

Feste parallele Ufer fassen die Wassermasse des Stromes zusammen, verhindern die sonst eben in der Nähe Wien's vorgekommenen alljährlichen Veränderungen des Stromlaufes, durch die weite Strecken Landes ihrer Benutzbarkeit entzogen wurden.

Die Überschwemmungsgefahr für Wien ist für immerwährende Zeiten beseitigt.

Auch zum Schutze des Marchfeldes ist bereits viel geschehen, und es ist der Augenblick nicht ferne, wo auch für dieses die Gefahr einer Überschwemmung für immer beseitigt sein wird.

An dem Wien zugekehrten Ufer des Stromes ziehen sich in langer Reihe die Landungsplätze dahin.

Bereits hat die Erste österreichische Donau-Dampfschifffahrts-Gesellschaft von dem neuen Strome Besitz ergriffen. Die übrigen grossen Verkehrs-Gesellschaften werden in der kürzesten Zeit ihr nachfolgen.

Die Anlage der, alle Bahnen verbindenden Donau-Uferbahn harrt ihrer Erfüllung. So wird sich an dem Ufer des neuen Stromes der Umschlag der Güter vollziehen und Wien, der Knotenpunkt der mitteleuropäischen Eisenbahnen, wird das Emporium für den Handel zwischen Orient und Occident werden.

Die Wien durchziehenden Verkehrswege zwischen dem Süden und Norden haben fernerhin nicht mehr zu fürchten, durch Eisgänge und Hochwässer Unterbrechungen zu erleiden. Fünf monumentale Brücken, darunter zwei dem Strassenverkehr dienende, übersetzen in kühnen Linien den Strom.

Der seit den letzten zwei Decennien überraschenden Expansivkraft Wiens ist durch die Regulirung ein nach vielen Hunderten von Jochen zählendes Terrain geboten, die naturgemässe Ausdehnung gegen den Strom anzustreben. Schon hat die Verbauung begonnen. Die Hoffnung ist berechtigt, dass vor Allem die Industrie an den Ufern des herrlichen Stromes ihre Stätte aufschlagen wird.

Alle diese Vortheile, die für die Stadt Wien, das Land Niederösterreich und mittelbar auch für das Reich geradezu unberechenbar sind, die zu erreichen bereits seit Decennien von erleuchteten Männern angestrebt wurde, sie wurden in einer kurzen Spanne Zeit angebahnt und verwirklicht.

Fünf Jahre sind verflossen seit Seine Majestät der Kaiser huldvollst den ersten Spatenstich an dem Werke der Donau-Regulirung vorzunehmen geruhte, und jetzt bereits kann dieses, das den grössten Werken aller Zeiten kühn an die Seite gestellt werden kann, im Wesentlichen als vollendet bezeichnet werden.

Die Opferwilligkeit der Interessenten, begeisterungsvolle Hingebung von Seite aller zur Mitwirkung Berufenen und die geniale Durchführung seitens der Unternehmung haben dies möglich gemacht.

Kapitel 4: Wasserversorgung – Grundwasser, Brunnen, Gebirgsquellen

Die Versorgung mit ausreichend Wasser stellte in der Donaumetropole eine wichtige Frage dar, zumal die zugeführten Wassermengen in die Stadt nicht mit dem Anstieg der Stadtbevölkerung Schritt halten konnten. Die Suche nach nahen und ferneren Quellen oder die Erhöhung der Fördermengen an lokalem Grundwasser wurden über Jahre hinweg diskutiert, propagiert, diskreditiert, verworfen und wieder aufgenommen. Der gerade vom Handelsministerium ins Kriegsministerium gewechselte Offizier und Beamte Valentin Streffleur legte 1859 eine Schrift für die Wasserversorgung der Stadt vor. Er war einer der Verfasser der 85 Wettbewerbsprojekte zur Ringstraßenzone und damit auch bestens mit den Missständen der Wasserversorgung vertraut. Die Versorgung mit ausreichend sauberem Wasser gehörte vor dem Hintergrund der Cholera-Epidemien zu den wesentlichsten und notwendigsten Aufgaben der Stadtregierung, die dafür eine Kommission einsetzte, um die beste Lösung vorzuschlagen. Der historisch nicht fassbare A. I. Elias legte 1865 eine Schrift über die Wasserversorgung vor, ein Zeugnis der unterschiedlichen Überlegungen, Ansätze und Ideen, mit denen Fachleute und anderweitig Berufene gedachten, das Übel zu beseitigen. Die Entscheidung fiel auf das Heranführen von Gebirgswasser aus dem Schneeberg-Raxgebiet, was schließlich zur Errichtung der 1. Wiener Hochquellenleitung führte. Nachdem es am Tag der Eröffnung der Ringstraße am 1. Mai 1865 zur Schenkung der Quelle Kaiserbrunn gekommen war, die Verhandlungen mit den Ministerien aber nur schleppend vorangingen, richtete Ende November 1867 der Wiener Gemeinderat ein Schreiben an Kaiser Franz Josef I., um in den Besitz der notwendigen Grundstücke in Niederösterreich zu gelangen. Erst im März 1868 kam es schließlich zur Einigung zwischen Stadt und Staat. Der offizielle Spatenstich der Arbeiten für die Erste Hochquellenleitung fand am 21. April 1870 am Rosenhügel statt, über dessen Programmablauf wir informiert sind. In seiner Publikation zur Fertigstellung der Wasserleitung beschreibt der Mitarbeiter im Wiener Gemeinderat Rudolf Stadler die Arbeiten aufs Genaueste in Text, Statistiken, Plänen und Abbildungen. Zwar handelt es sich um einen Rechenschaftsbericht der Stadtverwaltung, doch stellt er ein maßgebliches Dokument der Infrastrukturgeschichte Wiens in einer Zeit der großen Bauaufgaben der Stadt dar.

23. V[alentin]. Streffleur, *Eine Lösung der Wiener Wasserfrage*. Wien 1859, S. [3]–12.

Seit einiger Zeit wird in hiesigen Journalen viel von den Wasserwerken in London, Paris und Hamburg erzählt, und die Hoffnung ausgesprochen, dass auch die kaiserliche Haupt- und Residenzstadt Wien mit Sicherheit erwarten dürfe, recht bald eine Zuleitung gesunden Wassers in jedes Stockwerk der vielen Häuser zu erhalten.

Wie man hört, soll es in der Absicht liegen, gleich der Kaiser Ferdinands-Wasserleitung, ein grösseres Wasserwerk in der Brigittenau anzulegen, das Donauwasser daselbst zu filtrieren, mittelst Dampfmaschinen in Reservoirs auf die Schmelz und auf eine Höhe bei Währing zu heben, und von hier aus sowohl zum Trinken als zu sonstigem Gebrauche in die Stadt und deren Häuser zu leiten.

Die Notwendigkeit, Donauwasser hiezu zu benützen, folgert wahrscheinlich aus dem Umstande, dass die im Weichbilde der Stadt in die Donau mündenden Gewässer, nämlich der Wienfluss und der Alsbach, innerhalb ihres Stromgebietes zu wenig hochliegende Quellen haben, aus welchen Wien mit gesundem Wasser vorsorgt werden könnte. Die bisher benützten Quellen im Schottenfelde, bei Dornbach und Ottakring, auf der Siebenbrunnerwiese in Matzleinsdorf, bei Hütteldorf, auf der Schmelz, bei Hernals und vom Wiener- und Laaerberge haben sich jedenfalls als ungenügend gezeigt, und schon damals hatte man es als eine grosse Wohlthat angesehen, dass das Fehlende mittelst der Kaiser Ferdinands-Wasserleitung durch filtrirtes Donauwasser ersetzt wurde.

Damit ist aber die für Wien wünschenswerthe Wassermenge noch keinesfalls gedeckt. Die Leistungsfähigkeit der angeführten Quellen-Wasserleitungen ist meist erschöpft, und die Kaiser Ferdinands-Wasserleitung kann nicht mehr als täglich 200.000 Eimer liefern. Wien bedarf aber zur genügenden Versorgung täglich bei einer Million Eimer. [...]

Sieht man dazu die vielen Dienstmädchen stundenlang an den mager fliessenden öffentlichen Brunnen stehen, und Zeit wie Arbeitskraft verloren gehen; rechnet man die grossen Kosten, welche das Tragen des Wassers in die hohen Stockwerke verursacht; sieht man unsere verdorrten Glacis; denkt man an die unerquicklichen Gase, welche aus den Ausbruchsöffnungen der Unrathscanäle aufsteigen, weil selbe, wenn lange Regen fehlt, nicht ausgespült werden können; erwägt man ferner, wie viel Nahrung dem Typhus und der Cholera auch durch Brunnen gegeben wird, welche den Unrathscanälen zu nahe liegen, so muss man die lauten Rufe nach hinreichendem gesundem Wasser für vollkommen gerechtfertigt halten. [...]

Es scheint also allgemein angenommen zu sein, dass das für Wien nothwendig zu schaffende Wasser aus der Donau gehoben werden müsse, und dass die bei den Wasserwerken in London, Paris und Hamburg gemachten Erfahrungen den ähnlichen Anlagen in Wien zu Nutzen kommen sollen.

Insofern sich diese Erfahrungen auf die Beschaffenheit und Anordnung der Röhren, auf die Benützung der Wasserleitungen bei Feuersbrünsten, auf die fortwährende oder zeitweise Versorgung der Gebäude mit Wasser etc. beziehen, kann es nur erwünscht sein, anderwärts erprobte Einrichtungen auch in Wien in Anwendung zu bringen.

Die Stammanlage jedoch, nämlich die Wahl und Einrichtung des Punktes, von welchem das zur Verzweigung bestimmte Wasser ursprünglich ausgehen soll, – auch den Londonern, Parisern, und Hamburgern nachzumachen, hiesse sich an der Gunst des Himmels versündigen, der in seiner Güte der Stadt Wien in vielfacher Beziehung günstigere physikalische Verhältnisse als anderen Hauptstädten zugewendet hat. [...]

Die Franzosen und Engländer wenigstens würden so überaus günstige und wohl nirgends wieder zu findende Naturverhältnisse gewiss nicht unbenützt lassen. Eben so wenig würde eine ihrer Communen eine so reiche Einnahmequelle in die Hände von Privatgesellschaften übergehen lassen.

Hoffen wir also, dass auch die Commune Wien, die bei der bevorstehenden Stadterweiterung nothgedrungen einen Entschluss über eine ausreichende Wasserversorgung der Stadt fassen muss, gleich auf den rechten, durch die Natur vorgezeichneten Weg eingehen werde.

24. Dr. [Andreas] Zelinka, *Bericht der Stadterweiterungs-Commission an den Gemeinderath der Stadt Wien über die Ergebnisse des Concurses zur Wasserversorgung von Wien.* Wien 1861, o. S.

Der Gemeinderath der Stadt Wien, durchdrungen von der Überzeugung, daß eine vollständige Lösung der Wasserversorgungs-Frage zu den dringendsten Bedürfnissen der Bevölkerung gehöre; in Kenntniß gesetzt von den Resultaten der eingehenden Untersuchung, welche eine gelehrte Commission unter der Leitung des Freiherrn v. Baumgartner in dieser Angelegenheit vorgenommen; informirt endlich durch den ersten Theil von Vorerhebungen und Studien, mit welchen das Stadtbauamt beauftragt war, hat in seiner 50. Sitzung den Beschluß gefaßt, nachstehende Kundmachung zu veröffentlichen:

Der Gemeinderath der Stadt Wien hat beschlossen, die Reichshaupt- und Residenzstadt mit gutem Trink- und Nutzwasser in einer für den Bedarf der Bewohner für sanitäre und gewerbliche Zwecke vollkommen ausreichenden Menge zu versorgen, und würde hiebei ein aus dem Gebirge herzuleitendes Wasser jenem des Donaustromes vorziehen.

In Folge dieses Beschlusses werden daher Ingenieure, welche bereits große Wasserleitungen mit Erfolg eingerichtet haben, und geneigt wären, sich dem gleichen Geschäfte für die Stadt Wien zu unterziehen; oder Gesellschaften, falls solche die Ausführung der Wasserversorgung zu übernehmen die Absicht hätten, eingeladen, ihre Offerte längstens bis Ende April 1862 dem Gemeinderathe einzusenden.

Eine gedruckte Denkschrift des Wiener Stadtbauamtes mit den nöthigen statistischen Daten über die Versorgung der Stadt Wien mit Wasser, Grundpläne derselben und Karten der Umgebung werden auf Verlangen übersendet, Aufklärungen bereitwilligst ertheilt.

Wien, am 13. Dezember 1861
Der Bürgermeister
Dr. Zelinka

25. Dr. Andreas Zelinka, „Kommission für die Wasserversorgung Wiens", in: *Administrazions-Bericht des Bürgermeisters der k. k. Reichshaupt- und Residenzstadt Wien für das Jahr 1863.* Wien 1864, S. 118–123.

Dieser Kommission war die Aufgabe gestellt, nach Quellen zu forschen, welche geschaffen wären, um Wien ausreichend mit Wasser zu versorgen, wobei jedoch der Zusatz beigefügt war, daß nur in dem Falle, wenn die Mächtigkeit der Quellen nicht ausreichen sollte, nach geschöpftem Flußwasser gegriffen werden dürfte. [...]

Wie aus den von der Kommission dem Gemeinderathe vorgelegten Berichten zu entnehmen ist, hat sich dieselbe strenge an die ihr gestellte Aufgabe gehalten, und hat mit dem frühesten Beginne des Frühjahres, d. h. mit dem Eintritte jener Jahreszeit, in welcher überhaupt Arbeiten im Freien möglich sind, damit begonnen, daß sie das Feld ihrer Thätigkeit zur Auffindung von Quellen in der Umgebung Wien's in zwei große Gruppen theilte, einerseits in das Gebiet der Traisen und des Wiener-Waldes, andererseits in das Gebiet bei Wiener-Neustadt. Um jedes dieser beiden Gebiete einer fortdauernden, genauen Prüfung zu unterziehen, und um die nöthigen Arbeiten durch Vornahme von Messungen und Nivellirungen so wie durch Beobachtung der Quellen selbst hinsichtlich ihres Wasserstandes, der Temperatur und des chemischen Inhaltes des Wassers zu jeder Witterungs- und Jahreszeit an Ort und Stelle stets genau ausführen zu können, fand sich die Kommission veranlaßt, auswärtige technische Hilfskräfte aufzustellen, und hat für das Traisengebiet den k. k. Ingenieur Herrn Koleit, und für das Gebiet von Wiener-Neustadt den Privat-Ingenieur Herrn Junker bestellt, und diesen beiden Herren die nöthigen Hilfsarbeiter beigegeben. [...]

Neben diesen Forschungen ist die Beobachtung der Hochquellen nicht unterlassen worden; auch hier sind chemische und mikroskopische Analysen Hand in Hand gegangen mit den Arbeiten der Techniker und den geologischen Untersuchungen. Außerdem sind noch eine Anzahl kleinerer Messungen, theils an den Quellen des Aninger bei Gumpoldskirchen, theils an der Wien bei Hütteldorf, theils an anderen Punkten von untergeordneterer Bedeutung vorgenommen worden. Es ist hier besonders zu erwähnen, daß die Kommission eine Anzahl von ausgezeichneten Fachmännern für ihre Arbeiten gewonnen hat, und zwar den Herrn k. k. Professor Wedl für die mikroskopischen Untersuchungen, und die Herren Professoren Schneider und Redtenbacher für die chemischen Analysen und Härtebestimmungen. [...]

Der Wasserversorgungs-Kommission hat es geschienen, daß es wünschenswerth und sogar ihre Pflicht sei, daß ein ausführlicher, mit Karten und Profilplänen belegter Bericht über die ausgedehnten Arbeiten der Kommission publizirt werde, da es nicht möglich scheint, auf irgend einem anderen Wege sowohl der Bevölkerung, als auch den vielen Fachmännern, welche in größerer oder geringerer Entfernung die Arbeiten der Kommission mit Aufmerksamkeit verfolgen, von dem thatsächlichen Zustande der gemachten Erfahrungen Kenntniß zu verschaffen und zugleich zu zeigen, mit welchem Grade von Gründlichkeit und Gewissenhaftigkeit bei den Vorarbeiten vorgegangen worden ist.

Ich glaube daher mich in meinem vorliegenden Berichte auf die bisher gemachten Andeutungen beschränken zu sollen, da ohnehin die detaillirten Darstellungen der sämmtlichen Verhandlungen und Forschungen der Wasserversorgungs-Kommission in dem von ihr vorzulegenden besonderen Berichte enthalten sein werden.

---

26. A[ron]. J[ia]. Elias, *Eine bescheidene Anschauung als Beitrag zur Wasserversorgungsfrage unserer Residenz.* Wien: Selbstverlag, 1865, S. 1–7.

Die unzähligen Ansichten, welche über die Wasserversorgung Wiens theils durch Broschüren, theils durch sonstige dem löblichen Gemeinderathe vorgelegten Eingaben dargelegt wurden, ebenso diejenigen Beiträge, welche auf diese Frage Bezug nehmend, durch unsere Journalistik kundgegeben wurden, haben insgesammt leider dasjenige Resultat bis heute nicht erzielen können, welches so sehnlichts von der Bevölkerung der Residenz im Interesse des allgemeinen Wohles gewünscht wird.

Es ist allerdings nicht zu verkennen, daß dieß ein großes Werk ist, um das es sich handelt, nicht minder bezeichnend aber ist die Summe, welche für die Wasserversorgung präliminiert wird, denn sechzehn Millionen Schulden dürften wohl der Mühe werth sein, erwogen und besprochen zu werden, zumal bei unserer ohnehin schon über das Ausmaß der Möglichkeit ausgedehnten Besteuerung Mittel und Wege gefunden werden müßten, welche uns zu diesem nothwendigen 16 Millionen Gulden führen, und dann, wie wir im Stande wären eine solch' creirte Anleihe wieder zurückbezahlen zu können.

Es wird allenthalben beklagt, daß man nicht wisse, worin die Verschlechterung des Wassers bestehe, daß meist das Vorhandensein fauliger Stoffe oder niederer Organismen und deren Keime als schädliches Agens bezeichnet werden, daß sich nicht entscheiden lasse, ob die entwicklungsfähigen Keime, ob die abgestorbenen faulenden Organismen, oder ob die Fäulnißprodukte die Krankheitsverursacher sind, ferner, daß die gewöhnlichen in den Gewässern sich findenden Mineralbestandtheile, sowie daß auch der Ammoniakalgehalt des Wassers selbst nicht als schädlich bezeichnet werden könne, daß es aber wohl begründet sei, anzunehmen, daß Wässer, in denen das Mikroskop infusorielle Bildungen, organisirte Keime oder bereits entwickelte Organismen entdeckt, als zum Genusse ungeeignet bezeichnet werden müssen, weil Thatsachen vorhanden wären, welche die Präsumption rechtfertigen, daß gewisse niedere Organismen im menschlichen Körper Krankheiten und außerhalb desselben Fäulniß erzeugen, und daß endlich nicht blos organisierte Keime, sondern auch faulende Substanzen, sowie solche, die der Fäulniß fähig sind, in gesunden Trinkwässern nicht vorkommen dürfen, weil, obgleich sich nicht angeben lasse wie sie ihre gesundheitsschädlichen Wirkungen zu Stande bringen, doch durch die alltägliche Erfahrung bewiesen sei, daß der Genuß von Wasser, in welchem sie sich vorfinden, Krankheit erzeuge. [...]

Der seit neuester Zeit emporgetauchten Erfindung der neuen gußeisernen Brunnen, kann man vor allem Andern in erster Linie die Schuld beilegen, daß das Wasser in kürzester Zeit ungenießbar und schädlich für den menschlichen Organismus gewonnen wird, weil es als eine unbestreitbare Thatsache feststeht, daß das Eisen im Wasser oxydirt, schädliche Substanzen an sich zieht, daher das Wasser auch selten vom üblen Geschmack und von schädlichen Beimengungen befreit sein kann.

In der Regel lauft das Wasser aus den Brunnen nur durch einen halben Stiefel, so wie daß die Construktionen der Brunnen selbst äußerst mangelhaft beschaffen sind, weil ihnen sogar bei Anlegungen der Cysternen das so sehr nothwendige Cement fehlt, mit welchem dieselben versehen sein sollten, wenn das Wasser schädlichen Beimengungen oder Einflüssen nicht ausgesetzt sein soll.

Nicht weniger wie die oben besagten Übelstände, ist auch in der Ventilation der Brunnen viel Ursache zu finden, wenn das Wasser unrein, stinkend, daher ungenießbar geschöpft wird, denn das Leder, welches zur Ventilation dient, braucht gar nicht viel, um, von schädlichen Stoffen angesaugt, dem Wasser eine Ungenießbarkeit zu verleihen.

Aber auch in der Richtung wird den Brunnen wenig Aufmerksamkeit geschenkt, wo es sich darum handelt, daß das Wasser in denselben von verpesteter Luft und sonstigen schädlichen Miasmen bewahrt bleibe. [...]

Als eine wesentliche Ursache der Verschlechterung unseres Wassers muss ich noch der Gasanstalt Erwähnung thun, welche dadurch eine große Rolle spielt, indem sie einen beträchtlichen Theil von Theer in's Wasser fließen läßt, welcher doch gewiß dasselbe zum größeren Theile verunreinigt.

Aus den hier declarirten Übelständen, welche leider auf so ausgedehnte Weise seit Jahren bestehen und bis heute beinahe gar keiner Beachtung unterzogen wurden, läßt sich wohl mit Recht folgern, daß der Wassermangel zunächst aus einem örtlichen Übel, nämlich des verdorbenen, schlecht construirten oder wenig geschöpften Brunnens, hervorgeht, nicht aber, daß wir Mangel an Wassserquellen hätten. [...]

Wenn nun diese, auf die Wasserversorgung nicht ohne Einfluß stehende und von mir aus Überzeugung hervorgegangene Proposition durch den geehrten Gemeinderath einer wohlgeneigten Würdigung unterzogen werden würde, und wenn je eher zu einer Maßregel gegriffen werden möchte, welche in angedeuteter Weise den Brunnen der Residenz zugedacht ist, wenn ferners den Hauseigenthümern, insbesondere jenen, welche wegen ihrer Steuerfreiheit Häuser bauen, zur Pflicht gemacht würde, daß sie bei Aufstellung der Brunnen zunächst auf eine respectable Distanz vom Kanale Rücksicht nehmen müssen, daß ferner statt gußeisernen Röhren nur Holzröhren in Verwendung zu nehmen seien, sowie im Falle, wenn der Brunnen einen Tegel bildet, daß der Brunnen tiefer gelegt wird und derselbe mit dem nöthigen Steinsalz genährt würde, dann, glaube ich, ja, ich wage zu behaupten, das wir niemals eine Wassernoth oder ein ungenießbares Wasser zu beklagen haben würden.

(68)

27. Gemeinderath der k. k. Haupt- und Residenzstadt, *Die Wasserversorgung Wiens betreffend.* Wien 1867, o. S.

Euere k. k. Apostolische Majestät!

Abermals nähert sich die treugehorsamte Gemeindevertretung der Reichshauptstadt dem Throne, indem sie hofft, daß mitten unter den Lasten der Staatsgeschäfte Eure Majestät nicht verschmähen wollen, huldvolle Aufmerksamkeit einer großen Unternehmung zuzuwenden, welche auf einem Akte besonderen Wohlwollens Euerer Majestät beruht, und welche durch ihren Zweck und ihre Dauer mehr als andere geeignet ist, eine segenvolle Erinnerung an die Regierungszeit Euerer Majestät bis in ferne Jahrhunderte zu tragen.

Das Heranblühen der größeren Städte macht überall die kräftigsten Anstrengungen nöthig, um der auf einem engen Raume zusammengedrängten Menschenmenge die ersten Bedingungen der physischen Gesundheit in möglichst ungestörter Weise zu erhalten. Es liegt hierin die natürliche, zugleich die erste und heiligste Aufgabe der Gemeindevertretungen, und wo diese ihre Pflicht versäumen, oder auch nur lässig von den sich allenthalben auf der Welt solchen Unternehmungen entgegenstellenden Hindernissen zurückschrecken lassen, verfällt die Bevölkerung, über deren Wohl sie zu wachen haben, nach unabänderlichen Naturgesetzen dem Siechthume, und wird sie eine Beute sich oft wiederholender Seuchen. Die wohlmeinendsten Absichten einer erleuchteten Regierung bleiben fruchtlos, wo den Bedürfnissen der Natur nicht genügt ist, und wo jedes Ringen nach Wohlstand und Bildung, jeder energische Anlauf, sich einen höheren Rang unter den civilisirten Nationen der Welt zu erkämpfen, vereitelt wird durch die Verkümmerung der Massen und durch die stetige Abnahme der mittleren Lebensdauer.

Die Versorgung der großen Städte mit gesundem Wasser steht unter diesen Bestrebungen der Neuzeit in der ersten Linie. Nicht nur die Gemeindevertretungen, sondern auch die Regierungsbehörden haben in England, in Nord-Amerika, in Frankreich die ganze Bedeutung solcher Unternehmungen begriffen, und unter den zahlreichen Beispielen der glücklichen Durchführung solcher Werke wird man kaum Eines zu finden im Stande sein, in welchem sich nicht die Regierungen auf das Entschiedenste auf die Seite der Gemeindevertretungen gestellt, und durch ihren Schutz die Beschleunigung und endliche Vollendung dieser großen Werke ermöglicht hätten.

Diese Thatsache hat sich in jeder Hemisphäre wiederholt. Welches auch die Form der herrschenden Staatseinrichtungen sein mochte, gegenüber diesen wahrhaft humanitären und die ersten Grundlagen des staatlichen Wohlbefindens bezweckenden Werken sieht man nirgends eine Verschiedenheit der Meinungen; jede politische, jede konfessionelle Spaltung der Parteien schwindet, wo es sich darum handelt, solche Werke, die Triumphbögen der Wohlfahrt und des Friedens, aufzurichten.

Länger als an andern Orten wird hier in Wien das Bedürfniß nach gesundem Wasser empfunden. Abgesehen von den Spuren römischer Leitungen und von den vielfachen Bestrebungen des Mittelalters, zählt die Geschichte von Wien bereits drei kaiserliche Schenkungen auf, welche diesem besonderen Zwecke gewidmet waren. [...]

Euere Majestät! Seit langer Zeit ist das detaillirte Bauprojekt vollendet, ist das Gesetz für die Emission eines Anlehens zu diesem Zwecke erwirkt, ist ein Theil dieses Anlehens wirklich emittirt, sind alle vorbereitenden Schritte mit einem Aufwande von mehreren hunderttausend Gulden vollendet, aber bis zu dem heutigen Tage ist es der Gemeinde trotz der Allerhöchsten Schenkung nicht gelungen, sich in den thatsächlichen Besitz der Kaiserbrunnquelle zu setzen.

Wiederholt hat die Vertretung der Stadt Wien die Erklärung abgegeben, dass sie bereit sei, das k. k. Ärar gegen jeden aus dieser Eigenthums-Übertragung gefolgerten Anspruch dritter Personen klag- und schadlos zu halten; selbstverständlich hielt sie sich zur Entschädigung jedes nachgewiesenen Schadens des k. k. Ärars selbst verpflichtet, aber trotzdem sie in diesem einzigen Jahre nicht weniger als sechs schriftliche Eingaben in dieser Sache an das h. k. k. Finanzministerium gerichtet hatte, konnte sie keinerlei Entscheidungen erwirken. [...]

Das Gefühl ist ein um so schmerzlicheres, als nach der einstimmigen Aussage der Ärzte und der Chemiker und nach jahrelangen mühsamen Erhebungen gerade das hier in Frage kommende Gebiet der sogenannten Hochquellen allein es ist, aus welchem Wasser in solcher Frische und Reinheit bezogen werden kann, daß dadurch wirklich eine baldige Besserung des öffentlichen Gesundheitszustandes zu hoffen ist. Weder tiefer und unter dem Einflusse des Feldbaues liegende Quellen, noch der vielfach verunreinigte, oft wochenlang getrübte Donaufluß bieten in sanitärer Beziehung ähnliche Vortheile dar.

Enttäuscht, aber nicht entmuthigt, hat sich der Gemeinderath sofort nicht nur mit einer Gegenvorstellung an Seine Excellenz den Herrn Minister der Finanzen, sondern auch an Ihre Excellenzen den Herrn Reichskanzler und Ministerpräsidenten und die Herren Minister des Innern, des Krieges und der Justiz gewendet, um die Ermittlung derselben zu erwirken, um einer höheren und gerechteren Auffassung der Sache Bahn zu brechen, und um, da der Betrag jedenfalls insoferne, als er die Veräußerung von Staatseigenthum betrifft, der Ratifikation des hohen Reichsrathes bedarf, denselben wo möglich noch im Laufe dieser Session vor die Häuser bringen zu können.

Ein etwaiges Verharren auf dem gegenwärtigen Standpunkte des hohen k. k. Finanzministeriums macht, nachdem die Besitzergreifung des Allerhöchsten Geschenkes durch so lange Zeit verzögert worden ist, dieselbe auch für die Zukunft unmöglich. In einem solchen Falle wäre das große städtische Unternehmen vorläufig gescheitert. Mit tiefer Bekümmerniß müßte dann der aufrichtige Patriot sich sagen, daß, was in England, was in Frankreich möglich war, in Österreich doch noch nicht zu erreichen sei. Solcher Stimmung kann und darf sich aber der ehrfurchtsvoll gefertigte Gemeinderath nicht hingeben. Niemals ist es seine Absicht gewesen, gesetzlich anerkannte Rechte zu schädigen; kein Moment in seiner bisherigen Thätigkeit berechtigt zu einer solchen Annahme. Was er begehrt, ist nur, daß jede Behörde sich innerhalb des ihr zukommenden Wirkungskreises bewege und nur dort entscheide, wo ihr die Kompetenz und die äußeren Behelfe zur Entscheidung gegeben sind.

An Euere Majestät aber wendet sich der treugehorsamste Gemeinderath mit der Bitte um gnädige Kenntnißnahme dieser Darstellung des jetzigen Sachverhaltes, damit nicht er selbst für die vorauszusehenden schweren Folgen desselben verantwortlich gemacht werde.

Vertrauend auf die erhebenden Worte Euerer Majestät vertrauend auf das Gesetz und durchdrungen von den Verpflichtungen, welche gegenüber einer großen Bevölkerung auf ihm ruhen, harrt der ehrfurchtsvoll gefertigte Gemeinderath lange schon der Stunde, in welcher ihm der thatsächliche Beginn des Werkes möglich sein wird. [...]

28. o. A., Programm für die feierliche Inaugurirung des Baues der Wiener Hochquellen-Wasserleitung. Wien 1870, o. S.

Donnerstag den 21. April 1870, um 12 Uhr Mittags, werden Se. k. u. k. Apostolische Majestät die feierliche Inaugurirung des Baues der Wiener Hochquellen-Wasserleitung am Rosenhügel, und zwar an jener Stelle vorzunehmen geruhen, wo der Wasserleitungs-Canal in das Hauptreservoir einmünden wird.

Zum ehrfurchtsvollen Empfange Sr. Majestät durch den Bürgermeister und den Gemeinderath der Stadt Wien wird auf diesem festlich geschmückten Platze ein Zelt aufgestellt.

Der Gemeinderath und die P. T. geladenen Gäste versammeln sich daselbst um 11 Uhr Vormittags.

Vor dem Zelte, und zwar auf der rechten Seite, nimmt das gesammte technische Personale der Bauleitung und auf der linken Seite jenes der Bauunternehmung Aufstellung, während die Arbeiter der Bauunternehung um den Festplatz einen Kreis formiren.

Bei der allerhöchsten Ankunft Sr. k. u. k. Majestät spielt eine Militär-Musikcapelle die Volkshymne.

Der Bürgermeister hält an Allerhöchst Se. k. u. k. Majestät eine kurze Ansprach mit der Bitte, den ersten Spatenstich für das große Werk Allergnädigst vornehmen zu wollen.

Der Bauunternehmer Antonio Gabrielli überreicht Sr. k. u. k. Majestät den bereit gehalten Spaten.

Nach Allergnädigst vollbrachten Inaugurirungs-Acte übernimmt Ober-Ingenieur Otto Wertheim den Spaten und Ober-Ingenieur Carl Junker drückt Namens des technischen Personals und der Bauunternehmung in kurzen Worten den ehrfurchtsvollen Dank für diese dem Werke verliehene Allerhöchste Weihe aus.

Sobald Se. k. u. k. Majestät den Festraum zu verlassen geruhen, intoniert die Musikcapelle die Volkshymne.

29. Rudolf Stadler, „Springbrunnen und Bassins", in: ders., *Die Wasserversorgung der Stadt Wien in ihrer Vergangenheit und Gegenwart. Denkschrift zur Eröffnung der Hochquellen-Wasserleitung im Jahre 1873.* Wien 1873, S. 294–296.

Bereits im Jahre 1864, bei Erwägung des künftigen Wasserbedarfes der Stadt Wien, hatte die Wasserversorgungs-Commission eine Zusammenstellung jener wasserverzehrenden Objecte veranlaßt, welche mit einem größeren Wasserquantum versehen werden müssen.

Als Gesammtbedürfniß wurde damals in dieser Beziehung ein tägliches für ein 12stündiges Spiel berechnetes Verbrauchsquantum von 192.000 Eimern vorgesehen.

Als im Verlaufe der Arbeiten die Röhrenlegung in ausgedehnterem Maße fortschritt, beschäftigte sich ein eigenes Comité mit dieser Frage, indem rechtzeitig Bedacht genommen werden mußte, welche Durchmesser für gewisse Röhrenstränge gewählt und an welchen Röhrensträngen Einsätze zur Abzweigung vorgesorgt werden sollten.

Die Vorschläge dieses Comité's, welche vorläufig im I. Bezirk 29, und in den 8 Vorstadt-Bezirken außer den daselbst bestehenden größeren Bassins 3 neue Objecte umfaßten, wurden vom Gemeinderathe am 10. März 1871 gutgeheißen. [...]

Insbesonders wurde die Errichtung jenes Brunnens in Berathung genommen, welcher aus den Nachlässen von der Verdienstsumme des Bauunternehmers hergestellt werden sollte.

Wie bei der Besprechung der Offertverhandlung für die Arbeiten des Hochquellen-Wasserleitungsbaues erwähnt wurde, hatte der Bauunternehmer Gabrielli anläßlich der Annahme seines Offertes das Anerbieten gestellt, sich von allen Zahlungen, die ihm für den Bau der Wasserleitung gemacht werden sollen, ein Percent in Abzug bringen zu lassen, bis der Betrag auf die Höhe von 100.000 fl. gelangt sein würde, und zwar zu dem Ende, daß für diesen Betrag ein der Stadt Wien würdiger monumentaler Springbrunnen errichtet werde, welcher zu gleicher Zeit mit der Eröffnung der Wasserleitung inaugurirt werden sollte.

Die erste Frage, welche dem für die dießfälligen Erfordernisse bestellten Special-Comité vorlag, war die Wahl des Platzes, auf welchem der besagte Springbrunnen zu errichten wäre, indem die Architektur und Ausstattung des Brunnens zunächst von dem zu Gebote stehenden Raume und der Umgebung desselben bedingt ist. Das Comité ging hiebei von der Voraussicht aus, daß dieses monumentale Werk, welches vermöge seiner Bestimmung, die Bedeutung des großen Wasserleitungs-Unternehmens in besonderer Weise zum Ausdrucke zu bringen und eine der hervorragendsten Zierden der Residenzstadt zu bilden, auf einem Platze zu stehen kommen soll, welcher dem Centrum der Stadt oder einem der belebtesten Theile derselben möglichst nahe liegt, so daß das Object nicht erst aufgesucht werden muß, sondern im gewöhnlichen Verkehre der einheimischen und fremden Passanten zur allgemein Anschauung gelangt.

An der Hand des Planes der Stadt Wien zeigten sich unter den von Monumenten oder anderen größeren Objecten noch nicht occupierten und in Projecten noch nicht vorgesehenen Flächen zu dem in Rede stehenden Zwecke unter den obigen Prämissen nur drei Plätze geeignet, und zwar: Der Praterstern, die Gartenanlage vor dem Schwarzenbergpalais (bei der Vereinigung der Heugasse mit dem Rennweg) und der freie Glacisraum vor der Votivkirche.

Bei näherer Erwägung mußte vor Allem der Praterstern trotz seiner prachtvollen Avenue für das projectirte monumentale Object von der Wahl ausgeschlossen werden, weil der bei der dortigen Straßenkreuzung stattfindende enorme und nach Entwicklung der Donaustadt sich noch steigernde Verkehr jede Beirrung der Passage geradezu verbietet und das Publicum durch die bei jedem Luftzuge zerstäubenden Wasserstrahlen in arger Weise belästiget werden würde.

Das Project, den monumentalen Brunnen in die Gartenanlage vor dem Schwarzenbergplatze zu situiren, mußte ebenso fallen gelassen werden, indem dieser Platz; abseits von der Ringstraße gelegen und vom Centrum der Stadt durch die Lastenstraße getrennt, zur Aufstellung eines figuralischen Kunstwerkes um so weniger geeignet erschien, als die dießfällige Ausstattung mit dem nahestehenden Schwarzenberg-Monumente kaum in die erwünschte Harmonie zu bringen sein dürfte.

Es erübrigte noch der Platz vor der Votivkirche. Derselbe schien allerdings den vorgesetzten Anforderungen vollkommen zu entsprechen, war jedoch im Laufe der Berathungen hohen Orts zur Errichtung des Tegetthoff-Monumente bestimmt worden und stand somit nicht mehr zur Disposition.

Bei dieser Sachlage mußte das Comité sein Augenmerk auf neue, wenn auch in Projecten bereits anderweitig in Anspruch genommene Plätze wenden und gelangte in seiner Rundschau endlich auf den seinerseits für die Stadt Wien wichtigsten Platz, auf die Parkanlage vor dem neuen Rathhause. – Doch auch hier bot sich eine wesentliche Schwierigkeit für die Austragung dieser Frage. – Die bereits ausgeführte Parkanlage bedingt nämlich zwei Brunnen und es blieb bei dem Umstande, als ein hochstrebendes Object unmittelbar in der Axe des gothischen Rathhausthurmes mit diesem nicht leicht in architektonischen Einklang zu bringen ist, nichts anderes übrig, als mit Benützung der beiden vorhanden Gartenbassins zwei monumentale Brunnen zu errichten.

Dieß als einzig mögliche Lösung der gestellten Aufgabe erkennend, beschloß nun auch der Gemeinderath in seiner Plenarsitzung vom 6. August 1872 nach erfolgter Zustimmung des Bauunternehmens Gabrielli, vor dem neuen Rathhause zwei monumentale Brunnen mit künstlerischer Ausstattung und zwar einen derselben mit der gewidmeten Summe und den zweiten auf Communalkosten herzustellen.

Die Verhandlungen zur Ausführung dieses Beschlusses sind dermalen im Zuge und dürften noch einige Zeit in Anspruch nehmen.

Da aber hiernach dem an die Widmung der Nachlaß-Summe von 100.000 fl. geknüpften Wunsche Gabrielli's, den Brunnen gleichzeitig mit der Eröffnung der Wasserleitung zu inauguriren, nicht entsprochen werden konnte, faßte der Gemeinderath in der obigen Sitzung, ebenfalls im Einvernehmen mit dem Bauunternehmer Gabrielli, den Beschluß, einen in architektonischer Beziehung einfachen und lediglich durch die Mächtigkeit seiner Wassermassen imponierenden Brunnen zu errichten, dessen Vollendung bis zur Eröffnung der Wasserleitung möglich erschien.

Für die Anlage dieses Brunnens, – in den Verhandlungen mit der Benennung „Hochstrahlbrunnen" bezeichnet, – wurde die bereits besprochene Gartenanlage vor dem Schwarzenbergpalais ausersehen, indem dieser Platz, – wenn auch nicht für ein figuralisches oder architektonisches Kunstwerk, – so doch namentlich seines landschaftlichen Charakters wegen, dazu geschaffen ist, in seiner Mitte ein hochstrebendes Wasserkunst-Object mit einer Avenue nach vier belebten Straßen aufzunehmen, ohne daß das verkehrende Publicum durch die Wirkung der Wasserstrahlen in seiner Passage beirrt wird.

Dieser Brunnen wurde nach erfolgter liberaler Zustimmung des Grundeigenthümers, Dr. Durchlaucht des Fürsten Johann Adolf zu Schwarzenberg, in den Monaten Juni bis September 1873 hergestellt und besteht aus einem durchaus in Beton mit einem geschliffenen Randsteine ausgeführten Bassin, aus dessen Mitte sich ein Hohlstrahl mit 8¼ Zoll im Durchmesser in einer Höhe von 100 Fuß erhebt. Um diesen Strahl entwickeln sich vier ½ Zoll dicke und 50 bis 60 Fuß aufsteigende Seitenstrahlen, während an der mit einem Rohre belegten Peripherie 300 Strahlen mit 2 Linien Durchmesser 24 Fuß hoch nach innen springen und den Mittelstrahl, wie mit einer Glocke, umgeben.

(75)

„Die Eröffnung der Ersten Wiener Hochquellenwasserleitung und des Hochstrahlbrunnens am Schwarzenbergplatz", *Leipziger Illustrierte Zeitung*, 15. November 1873.

(77)

Kapitel 5: Wohnungsfrage

Das Fehlen von ausreichend Wohnraum scheint ein ubiquitäres und allzeitig vorhandenes Problem zu sein. Die Zeit um die Stadterweiterung am Glacis war geprägt von zahlreichen Schriften, die dem Wohnen, dem Fehlen von Wohnungen und Wohnformen gewidmet sind. Begriffe des Schreckens für die damaligen Stadtbewohner:innen in Mietwohnungen waren die Stichtage „Georgi“ und „Michaeli“: An „Georgi“, dem 24. April, und an „Michaeli“, dem 29. September, endeten und begannen die Mietvereinbarungen und es war ein Leichtes, seine Wohnung zu verlieren, allein schon wenn jemand anderer bereit war, mehr für diese Wohnung zu bezahlen – im Volksmund „hinaussteigern“ genannt. Der Journalist Otto Bernhard Friedmann schildert noch vor dem kaiserlichen Handschreiben die Zustände am Wohnungsmarkt in Wien. Auf diesen Text referierend wurde in der Tagespresse ebenso die Wohnungsnot besprochen und in empathischer Weise auch der identitätsstiftenden Aspekte der Wohnstatt gedacht, unabhängig vom sozialen Stand. Auch eine medizinische Zeitschrift legt Beschreibungen der Wohnzustände der Arbeiterklasse vor, die an die Berichte von Friedrich Engels aus England (1845) denken lassen. Darin werden die Usancen des Wohnungsmarkts in düsteren Farben beschrieben. Der politisch einflussreiche, wichtige Kulturpolitiker und Kunsthistoriker Rudolf Eitelberger verfasste gemeinsam mit dem Architekten der Votivkirche, Heinrich Ferstel, eine Schrift über die Wohnformen des Ein- sowie Mehrfamilienhauses. Das ideologisch aufgeladene Manifest spricht dem Einfamilienhaus mit Bezug zum Boden und Nutzung eines Gartens das Wort. Der Architekt Ferdinand Fellner der Ältere reagierte sofort auf deren Ausführungen und konterte den renommierten Fachleuten mit einer scharfen Replik. Der bereits erwähnte Emil Sax legt in seiner Schrift zu den Wohnungszuständen Statistiken vor, die die Wiener Situation mit jeder von London, Berlin, Paris und St. Petersburg vergleicht; wenn man ihm Glauben schenken mag, so wird man ob der ungünstigen Situation, die Ende der 1860er Jahre in Wien herrschte, überrascht sein. In Wien wurde kein veritabler Großstadtroman in der Ringstraßenepoche verfasst. Auf der Suche nach einer literarischen Darstellung aus jener Zeit stößt man auf einen „socialen Roman“, der es – 1871 verfasst – aber zu keiner weiteren Bedeutung gebracht hat. Die Schilderungen sind dennoch von Interesse, stellen sie doch das soziale Habitat der Ringstraßenbarone am Vorabend der Börsenkatastrophe von 1873 dar.

30. Bernhard Friedmann, *Die Wohnungsnoth in Wien*. Wien: Wallishausser'sche Buchhandlung, 1857, S. [V]–VI.

Der Georgitermin liegt glücklich hinter uns! Wohl Demjenigen, der da weiß, wo er zu Michaeli sein Haupt niederlegen werde. Und noch wohler Demjenigen, der zu Michaeli eine neue Wohnung beziehen kann mit dem sichern Gefühle, daß er nach einer kurzen Wintercampagne nicht abermals aus seiner Behausung „hinausgesteigert" oder kurzweg hinausgekündigt wird.

Wie soll das enden? Die Wohnungsnoth, welche während der letzten acht Wochen so schwer empfunden wurde, dürfte erst in ihrer ganzen Härte zum nächsten Ausziehtermine hervortreten. Über den Sommer konnte manche Familie sich in die nächste Umgebung, auf das Land flüchten. Aber zum Herbst will der Mann wieder in die Nähe seines Geschäftes, die Frau in den Mittelpunct des städtischen Lebens, und die Kinder müssen in die Schule, in die Lehre, in die Comptoirs. Auch nehmen zur Wintersaison die reichen Fremden ihren Aufenthalt in der vergnügten Kaiserstadt und aus den Provinzen siedelt der Kaufmann und Fabrikant nach dem Verkehrcentrum der Monarchie über. Kein Zweifel also, daß der Michaelitermin noch traurigere Resultate bezüglich des absoluten Wohnungsmangels bringen wird als der eben abgelaufene Georgitermin.

Es erleichtert daher dringend nothwendig, daß man sich ernstlich mit dieser brennenden Tagesfrage beschäftige. Der Scherz, womit die Feuilletons in den Tagesblättern diese öffentliche Calamität abzuthun versuchen, sticht bereits zu grell gegen die factischen Zustände ab, gegen die öconomische und sociale Zerrüttung, in welche wir allmälig durch die Wohnungsnoth gerathen. In keiner Partie unseres öffentlichen Lebens tritt jetzt der angeborne und anerzogene Leichtsinn des Wieners schlimmer hervor, als gerade in dem Puncte des Wohnungsmangels. Nur Wenige fühlen die schwere, finanzielle und moralische Bedeutung dieser Frage, nur Wenige halten es selbst der Mühe werth, noch weiter über Ursachen und Folgen dieser Calamität nachzudenken, wenn nur für das nächste Halbjahr eine Wohnung gefunden und der Miethzins gezahlt ist. Um so mehr muß sich die Publicistik, welche an der wirtschaftlichen Neugestaltung Österreichs so thätigen Antheil nimmt, verpflichtet fühlen, auch diese Wiener Frage näher ins Auge zu fassen; denn obgleich dieselbe nur einen localen Character zu haben scheint, so ist sie doch aufs Innigste mit dem großen Reformwerke verwachsen, welches die Regierung auf dem öconomischen Gebiete anstrebt und es kommen bei derselben höhere politische und öconomische Gesichtspuncte in Betracht, welche eine reifliche Erwägung verdienen.

---

31. o. A., „Die Wohnungsnoth“, in: *Die Presse, Abendblatt*, 31. Juli 1857, o. S. [1].

Nicht Wien allein hat seine Wohnungsnoth. Die Bevölkerung der meisten europäischen Hauptstädte führt dieselbe Klage über Mangel an Wohnungen und hohe Miethpreise. Der Gegenstand dieser Klage ist also mehr als eine blos locale Unzukömmlichkeit, er ist bereits zur Bedeutung einer tiefeingreifenden socialen Frage herangewachsen. Man hat der Angelegenheit daher aller Orten, wo die Veranlassung dazu vorlag, eine erhöhte Aufmerksamkeit geschenkt, hat sie von den verschiedensten Standpunkten besprochen, hat sich in Erörterungen über die mannichfachen Projecte, die solch eine Calamität in fähigen und unfähigen Köpfen erzeugt, ergangen, ja man hat auch schon Hand angelegt, dem Übel abzuhelfen. [...]

Man hüte sich, die Wohnungsfrage als eine Angelegenheit von der Wichtigkeit etwa des öffentlichen Fuhrwesens oder der Straßenpflasterung anzusehen; ihre sociale Bedeutung kann gar nicht ernst genug genommen werden. Die Wohnungsnoth raubt dem Wiener das Gefühl der Seßhaftigkeit, es ist ein Nomadenleben über die Wiener hereingebrochen, der häusliche Herd ist ihnen abhanden gekommen, die Wohnungen sind steinerne Zelte geworden. Die mobilisirte Bevölkerung hat durch den progressiven Wohnungspreis den letzten Rest von Wirtschaftlichkeit verloren; die Familie, von Wohnungstermin zu Wohnungstermin in veränderter Situation, lebt ohne festes Budget, denn jede Vorausberechnung ist unmöglich gemacht, jede Wirtschaftlichkeit eines geordneten Haushalts untergraben. Das dichtgedrängte Zusammenwohnen bedroht die körperliche und geistige Gesundheit, und in der physisch und sittlich ungesunden Nachbarschaft des Pöbels, wohin selbst der bessere Theil unserer Einwohnerschaft jetzt schon durch die hohen Wohnungspreise gedrängt wird, findet der Ansteckungsstoff entsetzliche Nahrung. Wo die Familie eine wohnliche Stätte entbehrt, da ist auch das Familienleben zerrüttet; der Mann flieht ins Wirthshaus, die Mutter, um nur für ihre häuslichen Geschäfte den nöthigen Raum zu gewinnen, schickt die Kinder aus dem Hause, die Kleinen lernen das

Straßenleben, die Größeren sind jeder Verführung preisgegeben – Alles läuft der Demoralisation in die offenen Arme.

Die Farben zu diesem Bilde sind nicht zu grell genommen. Die tägliche Erfahrung gibt uns ein Recht, so schwarz zu sehen, und wir nehmen daraus die Veranlassung, der Erörterung des Übelstandes und der seiner Beseitigung förderlichen Plane in umfassendster Weise Raum zu geben. Glücklicherweise finden wir bei diesem Unternehmen eine schriftstellerische Arbeit vor, die in ausgezeichneter Weise dasselbe Thema behandelt.

„Die Wohnungsnoth in Wien", von Bernhard Friedmann, heißt diese jüngst erschienene Schrift, welche die allgemeine Aufmerksamkeit auf sich zu ziehen geeignet ist. Wir behalten uns vor, manche von den dort ausgesprochenen Ansichten zu bekämpfen, aber im Ganzen verdient die Friedmann'sche Schrift rückhaltlosen Beifall. Was dieselbe uns besonders werthvoll macht, das ist das darin aufgespeicherte reiche statistische Material, welches der Autor mit Sachkenntniß geordnet, mit Treue zur Grundlage seiner Untersuchungen genommen hat. Wir betonen dieses Lob um so geflissentlicher, je bescheidener der Verfasser selbst mit seiner fleißigen Arbeit aufgetreten ist, und je nachdrücklicher wir, wie uns neulich eine aus demselben Verlage hervorgegangene Schrift Veranlassung gab, unserm Tadel gegen die anmaßungsvolle Unwissenheit und Urtheilslosigkeit Worte leihen.

---

32. Dr. Franz Innhauser, „Über den Einfluss der a. h. angeordneten Erweiterung der inneren Stadt Wien auf die hygienischen Verhältnisse derselben", in: *Österreichische Zeitschrift für Practische Heilkunde*, IV. Jg., 12. März 1858, Spalten 201–203.

Die Bevölkerung Wiens und seiner Vorstädte hat in den letzten zehn Jahren derart zugenommen, dass die Zunahme in keinem Verhältnisse zu den immer sparsamer entstehenden Neubauten steht, daher, wenn schon früher ein Wohnungsüberfluss in Wien, ganz besonders aber in der inneren Stadt nicht zu finden war, ein Wohnungsmangel unausbleiblich eintreten musste. Durch das Niederreissen vieler Häuser in der inneren Stadt behufs Herstellung besserer, gefahrloserer Communicationen, durch die Verwendung zahlreicher Wohnungen zu anderen Zwecken wurde in der inneren Stadt eine bedeutende Menge von Miethern der innegehabten Wohnungen beraubt und, ihrer Geschäfte wegen auf die Nähe der Stadt angewiesen, gezwungen, sich solche in den zunächstgelegenen Vorstädten aufzusuchen, während in diesen, als Folge der Theuerung des Materials, der auf den Hausbesitz ruhenden bedeutenden auf 40 pCt. des Erträgnisses sich berechnenden Lasten, und der hiedurch, gegenüber anderen lucrativeren, und weniger Sorgen versprechenden Unternehmungen, sehr geschmälerten Rente die Zahl der Neubauten sich immer mehr reducirte, und da auch von diesen ein grosser Theil, nur industrieller Zwecke wegen geführt, keine bewohnbaren Localitäten bot, die Bewohnung vieler, besonders kleiner und wohlfeiler Wohnungen aus sanitäts- und baupolizeilichen Rücksichten in den letzten Jahren inhibirt werden musste, so verminderte sich die Zahl der zu vermiethenden Quartiere beinahe in dem Masse als sich die Zahl der Wohnungsbedürftigen vermehrte.

In dem Masse aber als die Noth an Wohnungen in der inneren Stadt das langjährige Vorurtheil gegen die Vorstadtwohnungen gewaltsam zum Schweigen brachte, wurden nach und nach denjenigen Parteien, deren Einnahmen mit den Anbietungen der Wohlhabenden für die, bis jetzt innegehabten Quartiere keinen Vergleich aushielten, gezwungen, sich Wohnungen in den entfernteren Vorstädten zu suchen, und durch Anerbieten höheren Zinses, dessen selbstständige Steigerung die Hausbesitzer dann nur zu bald begriffen, die bisherigen Inhaber aus ihren wohlfeilen Quartieren zu verdrängen. Diese Auskunftsmittel konnte aber die Zahl der Wohnungen nicht entsprechend der wachsenden Zahl der Wohnungsbedürftigen vermehren.

In Folge dessen trat nicht nur wirklicher, absoluter Wohnungsmangel ein, so dass bei jeder Ausziehzeit die traurigen Beispiele obdachloser Familien mit dem Zinse in der Tasche sich wiederholten, sondern der bessere Theil der Wohnungsbedürftigen suchte die in der naheliegenden Umgebung Wiens wie Döbling, Währing, Hernals, Meidling etc. etc. liegenden Sommerwohnungen auch im Winter zu benützen, der andere ärmere Theil aber sein trauriges Loos sich dadurch zu erleichtern, dass mehrere Familien in früher von Einer bewohnten, gewöhnlich feuchten und ungesunden Localität sich zusammen drängten, oder der eigentliche Miether einer solchen Localität ein Heer von sogenannten Bettgehern und Afterparteien zu sich nahm, um auf diese Weise den Zins gemeinschaftlich zu bestreiten, oder sie suchten ganz unbewohnbare Localitäten auf, die sie, besonders vor den Linien Wiens, um billiges Geld miethten, um nur ein Obdach zu finden, so z. B. in Döbling die von Nässe strotzenden Badecabinette, selbst leere Stallungen, Schupfen etc. etc. [...]

Freudig musste daher der hochherzige Entschluss Seiner Majestät nicht nur vom philantropischen, sondern auch vom ärztlichen Standpuncte aus begrüsst werden, denn es unterliegt keinem Zweifel, dass eine genügende Abhilfe der bestehenden Wohnungsnoth nur durch sehr zahlreiche und dabei beinahe gleichzeitig entstehende Neubauten von Zinshäusern zu erwarten steht.

---

33. Professor R[udolf]. v. Eitelberger und Architekt Heinrich Ferstel, *Das bürgerliche Wohnhaus und das Wiener Zinshaus. Ein Vorschlag aus Anlaß der Erweiterung der innern Stadt Wien's.* Wien: Carl Gerold's Sohn, 1860, S. 9–11.

Wir wissen es sehr wohl, daß es in der heutigen Welt eine große Menschenclasse gibt, die es nie zu einem eigenen Wohnhause wird bringen können und die nun einmal ein Bedürfniß unserer staatlichen und gesellschaftlichen Organisation geworden ist. Die große Anzahl unserer privaten und öffentlichen Beamten, der Comptoiristen aller Art, der Bediensteten bei den verschiedenen Eisenbahnen, Fabriken u. s. f., diese werden der großen Mehrzahl nach immer auf Mieth- und Zinshäuser angewiesen sein. Die Geschäfts- und Speculationswelt wird sich dieser Art von Wohnhausarchitektur ununterbrochen bemächtigen und kein Staatsmann und kein Gesetz wäre stark genug, um gegen diese Anforderungen anzukämpfen, um diesen Speculationsbauten ihr Recht zu verweigern. Diese Zeilen sind auch nicht geschrieben, um gegen Bedürfnisse, die factisch vorhanden sind, anzukämpfen, um dieser Art moderner Ideen als solchen den Krieg zu erklären; dazu wäre ja jede Feder zu schwach, jedes Wirken ohnmächtig. Wir sprechen nur gegen die Ausartung, gegen die Überwucherung dieser Zinshaus-Architektur, die uns in Wien bis zu einer Höhe gediehen scheint, welche das ernsthafteste Nachdenken von Seiten der Behörde sowohl als der Familienväter beansprucht. In Wien hat diese Art von Häusern das bürgerliche Wohnhaus völlig verdrängt, in einer solchen Weise, daß wir fürchten, die Stadt werde genöthigt sein, bei der mit der Speculations- und Zinshaus-Architektur immer zunehmenden Wohnungstheuerung nicht blos öffentliche Wohnquartiere für die kleinen Beamten, sondern auch Hospize für die verarmten kleinen Bürger und Handwerker zu bauen. Denn diese werden durch den Mangel eines bescheidenen eigenen Wohnhauses immer mehr in eine progressiv zunehmende Nothlage versetzt, da sie unerschwinglich hohe Zinse zu Speculationsbauten bezahlen müssen. Selbst dem bemittelten Bürger Wiens ist es schon gegenwärtig fast unmöglich geworden sich in seiner Vaterstadt ein bürgerliches Wohnhaus zu bauen, passend für die Familie und geeignet für seine Geschäfte; ja, er denkt nur selten mehr daran. Er lebt unter dem Eindrucke von Erfahrungen, die er von Jugend auf macht und die ihm zeigen, daß nur ein ganz reicher Mann bauen könne. Um sich herum sieht er nichts als Speculationsbauten, kolossale Häuser, berechnet ein großes Capital zu verzinsen und nicht darauf berechnet, den Menschen die Wohnung wohnlich zu machen. [...]

Einer der Gründe der diese unnatürlichen Zustände geschaffen hat, fällt mit der Erweiterung der Stadt hinweg; der Raum, der früher zum Baue fehlte, ist jetzt vorhanden. Er wird sicher benützt werden für eine große Reihe von Staats- und Gemeindebauten, welche dem öffentlichen Wohle dienen. Von allen Seiten hört man, daß auch für das Vergnügen, für den Luxus und den Comfort gesorgt werden soll; wie lesen von neuen Theatern, die projectirt, von Gasthöfen, Restaurationen, Weinhallen, die gebaut werden sollen. Sollte man nicht auch darauf denken Häuser zu bauen, die den bürgerlichen Zwecken des Lebens, der Familie und den Gewerken angehören? Soll in unseren Wohnhausgebäuden nichts fortgesetzt werden, als die monströse Zinshaus-Architektur, die sich jetzt in Wien breit gemacht hat? Will man in dieser Beziehung ein architektonisches Wettrennen mit Paris und der langweiligen rue Rivoli eingehen? Sollen unseren Wohnhäusern die öden Räume der Ludwigstraße in München oder der neuen Friedrichstraße in Berlin zum Vorbilde dienen? Oder gibt es Jemanden in Wien, der über die jüngsten Zinshausbauten entzückt ist, und der es wünschen würde, das neue Wien solle nur eine Fortsetzung dieser Art von Gebäuden werden? Es wäre ein großer Irrthum zu glauben, daß die Schuld einzig und allein an den Architekten liege und daß diese Häuser in der Hauptsache anders geworden wären, wenn andere Architekten dieselbe Aufgabe zu lösen gehabt hätten. Der Fehler liegt nicht an den Architekten und Baumeistern, er liegt in der Gattung der Gebäude selbst, wie sie in ihrer ausschließlichen Herrschaft aus sittlich nicht zu billigenden Motiven hervorgegangen sind, und die, wie sie im Bauleben die Herrschaft des Capitals und der Speculation über die Familie und ihrer Bedürfnisse besiegelt haben, so auch den Keim des künstlerischen Verderbens in sich tragen. Sie sind überall gleich schlecht, gleich geschmacklos und gleich unwohnlich. Da sich nun unserer Ansicht nach der moralische Verderb unserer Familien von dem Aufgeben des eigenen Hauses und der ausschließlichen Herrschaft des heimatslosen Capitals datirt, und da der Verderb der Architektur und der Bauhandwerke mit eben diesem Übel in unzertrennbarem Zusammenhange steht, so glauben wir aus Anlaß der gegebenen Stadterweiterung einen Vorschlag machen zu dürfen, der sich auf die Reform des Wohnhauses unseres Mittelstandes bezieht.

---

34. Ferdinand Fellner, *Wie soll Wien bauen? Zur Beleuchtung des „bürgerlichen Wohnhauses" der Herren Professor R. v. Eitelberger und Architekt Heinrich Ferstel, mit einigen Bemerkungen über die Wiener Baugesetze.* Wien: Typographisch-literarisch-artistische Anstalt, 1860, S. [3]–6.

In unserm schreibseligen Zeitalter konnte man wohl von vornherein darauf gefaßt sein, daß mit der nun schon theilweise in Angriff genommenen Idee der Wiener Stadterweiterung ein Heer von geschäftigen Federn sich in Bewegung setzen würde, um diesem mächtigen kaiserlichen Gedanken nicht nur einen allseitig zustimmenden Ausdruck zu geben, sondern auch nach verschiedenen Richtungen hin Vorschläge kund zu machen, wie und auf welche Art die Ausführung dieses großartigen Projectes, sowohl in der Hauptsache als in ihren Einzelheiten am zweckmäßigsten zu verwirklichen wäre.

Auch bei dieser Gelegenheit haben wir die bereits oft wiederholte Wahrnehmung gemacht, daß es außer der Baukunst wohl kein anderes Feld bürgerlicher Thätigkeit geben dürfte, auf welchem sich so Viele berufen glauben, ihre persönlichen Ansichten mit lauter Stimme auf offenen Markt zu bringen, und zwar manchmal in Fällen, wo selbst der Fachmann Anstand nehmen würde, sich mit seinem Urtheile unaufgefordert vorzudrängen.

So wunderlich nun auch manche dieser dilettantisirenden Projecte und langathmigen Abhandlungen ausfallen mußten, so waren doch die meisten in mehr oder minder maßvollem Tone gehalten; aber in keiner gedruckten Verlautbarung dieser Art wurde über einen so hervorragenden Zweig thätigen Schaffens einer ganzen Generation in so absprechender Weise der Stab gebrochen, wie dies in der vor kurzem erschienenen Brochüre: „Das bürgerliche Wohnhaus und das Wiener Zinshaus, von Professor R. von Eitelberger und Architekt Heinrich Ferstel" in Bezug auf die Wiener Civilbaukunst, und zwar zu unserm Erstaunen von einem dabei betheiligten Fachmanne geschehen ist.

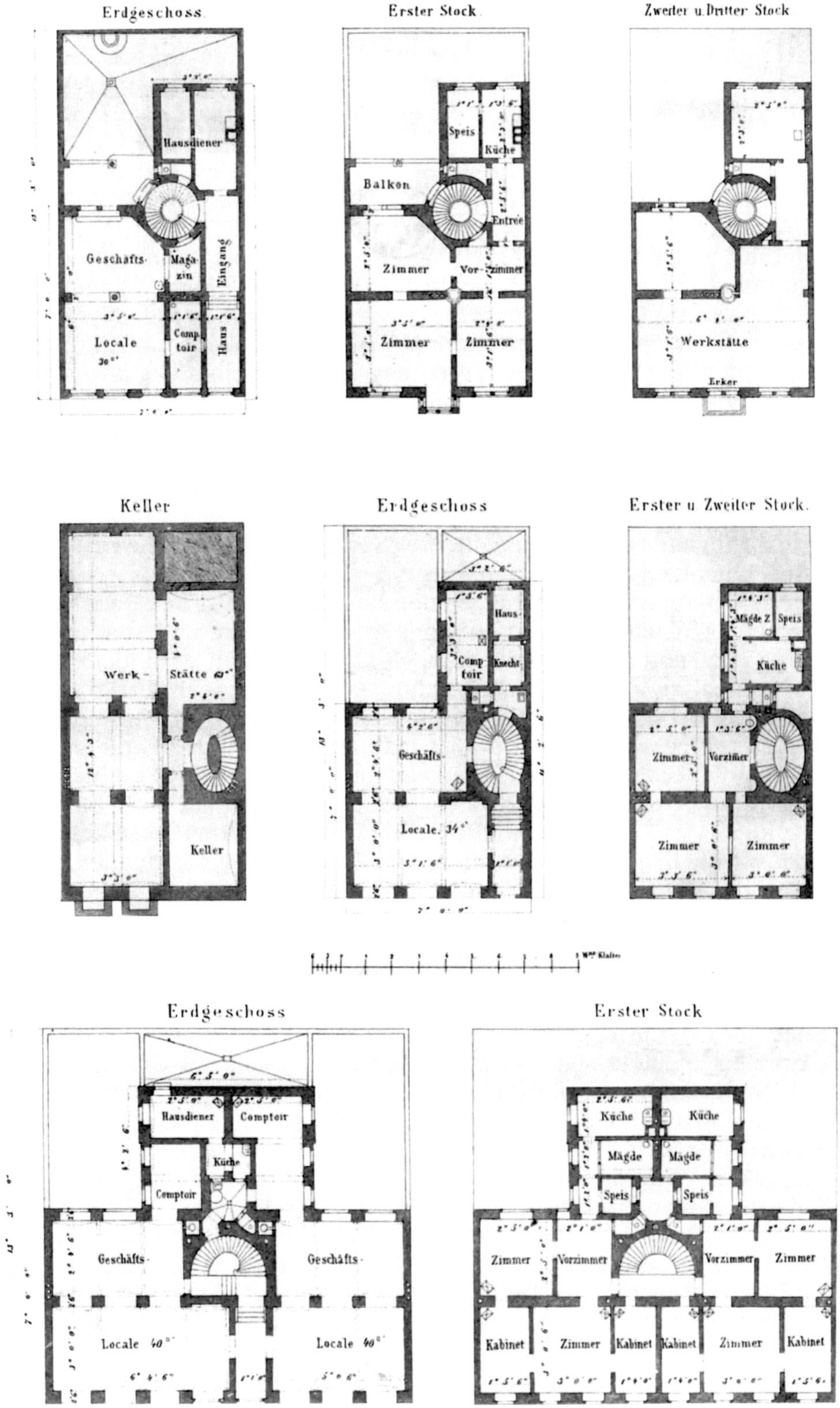

Ferdinand Fellner, *Wie soll Wien bauen?* Wien: Zamarski & Ditmarsch, 1860, Tafel 1.

Wir sind überzeugt, daß wenn die genannten Herren Verfasser es bei der Kritik hätten allein bewenden lassen wollen, sich wohl Niemand gefunden haben würde, darauf anders als mit Stillschweigen zu antworten.

Nachdem aber in dieser Schrift gleichzeitig „praktische" Vorschläge gemacht wurden, wie dem angeblichen Verfalle der bürgerlichen Baukunst in unserer Vaterstadt möglichst Einhalt gethan werden könne, Vorschläge, welche auf das Gesammtwesen einer der wichtigsten Verzweigungen unserer gesellschaftlichen Zustände von so durchgreifendem Einflusse sind, dürfte es auch einem andern erfahrenen Fachmanne nicht als Anmaßung ausgelegt werden, wenn er, gestützt auf seine langjährige und nicht unbedeutende Praxis, sich gewissermaßen verpflichtet fühlt, jene absonderlichen Vorschläge etwas genauer zu prüfen, welche bei der hie und da vorgekommenen unbedingten Lobpreisung derselben in Journalen immerhin geeignet sein dürften, in einigen weniger unterrichteten Kreisen der hiesigen Bevölkerung Eingang zu finden, und hiedurch im Publikum manche irrige Anschauungen zu verbreiten. [...]

Wir unsererseits schlagen den Besitz eines eigenen Hauses in seiner Bedeutung für naturgemäße Entwicklung und Ausbreitung der Familie nicht minder hoch an, nur wollen wir uns deshalb nicht zu der sonderbaren und gänzlich ungerechtfertigten Abstraction verirren, daß es ohne diesen Besitz kein Familienglück geben könne; sonst müßte man am Ende noch zu dem widersinningen Schlusse gelangen, daß in Wien außer den Familien der hiezu eigens privilegirten 8493 Hausherren, in der übrig bleibenden Bevölkerung von nahezu einer halben Million Seelen kein häuslicher Segen mehr zu finden sei. Noch weniger können wir aber der Klage beistimmen, daß dem bemittelten Bürgerstande in Wien bis jetzt die Möglichkeit benommen war, sich selbst ein solches Eldorado bürgerlicher Tugenden aufzubauen, wie es die Verfasser vorschlagen, da es doch eine erkleckliche Zahl kleiner Realitäten sowohl in der Stadt, als auch an den schönsten Straßen der Vorstädte gibt, welche manchmal mit dem Umbau derselben dem Besitzer sogar noch die Annehmlichkeit des Genusses eines Gärtchens gewähren würden und hiedurch die Sehnsucht nach einem Landhäuschen behoben wäre. Warum geschieht das nicht? Wer hielt den Mittelstand bisher davon ab? Trägt hier die Schuld der Standpunkt unserer gegenwärtigen Architektur oder die kolossalen Zinshäuser, oder vielleicht gar die Behörde?

Solche unbegründete Klagen sind schwer zu begreifen und wir können auch der von den Verfassern aufgestellten Behauptung durchaus nicht beipflichten, daß in dem kleinen Wohnhause unbedingt mehr Sitte und Häuslichkeit zu finden sei, als in dem großen Miethhause, in welch letzterem meistens eine Familie die andere weniger kennen zu lernen Gelegenheit hat, als die haussäßigen Familien der kleinen Häuser ihre Nachbarsleute.

---

35. Dr. Emil Sax, *Die Wohnungszustände der arbeitenden Classen und ihre Reform.* Wien: A. Pichler's Witwe & Sohn, 1869, S. 9–13.

Es entfallen in den europäischen Großstädten auf ein Haus

in London	beiläufig	8	Bewohner
„ Berlin	„	32	„
„ Paris	„	35	„
„ Petersburg	„	52	„
„ Wien	„	55	„

Die Sterblichkeitsziffer auf 1000 Einwohner beträgt

in London	durchschnittlich	24
„ Berlin	„	25
„ Paris	„	28
„ Petersburg	„	41
„ Wien	„	47

Das Verhältniß der unehelichen Geburten zu den ehelichen stellt sich

in London	auf	4	Procent
„ Berlin	„	16	„
„ Petersburg	„	20	„
„ Paris	„	26	„
„ Wien	„	51	„

Auf die Kosten der Wohnung rechnet man von dem Einkommen

in London	ungefähr	$\frac{1}{10}$ – $\frac{1}{8}$
„ Berlin	„	$\frac{1}{5}$ – $\frac{1}{4}$
„ Paris	„	$\frac{1}{4}$
„ Wien	„	$\frac{1}{4}$

Je enger und dichter also man in einer Stadt zusammenwohnt, desto theuerer die Miethen, desto höher der Mortalitätsquotient und desto tiefer der sittliche Standpunkt der Bevölkerung. [...]

Mit geringem Einkommen, oft kaum über das Existenzminimum hinausreichend, mit geringer Einsicht, die Folge ihrer gedrückten Lage, sich und ihrem Schicksale überlassen, sind die Arbeiter dahin gebracht, in elende, verwahrloste Quartiere sich zurückzuziehen, wo sie in Schmutz und Unrath vegetiren, körperlich und geistig verkommen, und wo all' die socialen Übel, an denen die Gesellschaft krankt, ihre fruchtbare Brutstätte haben. [...]

Sonnenlicht, reine Luft und frisches Wasser, die freiwilligen, zum Leben nothwendigen Gaben der Natur, sind hier fast zum Luxus geworden; dunkle, feuchte Kammern beherbergen eine Anzahl Menschen auf einem Raume, der kaum für einen, zwei hinreicht. Alt und jung, Mann und Weib, gesund und krank sind da zusammengebettet und die Folgen kann man sich leicht ausmalen. Schädliche Ausdünstungen verpesten die Räume.

Und wie die Wohnungen, so sind, so leben und so sterben ihre Bewohner: in tiefem, oft ungeahntem Elend. Beinahe die Hälfte ihrer Kinder fällt dieser mörderischen Atmosphäre zum Opfer, und sie selbst erreichen lange nicht das durchschnittliche Lebensalter, welches den Angehörigen der höheren Classen beschieden ist.

Allerdings ist die ganze Lebensweise der arbeitenden Classen daran mit Schuld; aber die verderblichen Gewohnheiten, denen sie sich ergeben, sind ja eben wieder zum großen Theile die Folge der Wohnungsnoth. Die feuchte, verdorbene Luft, die dadurch erzeugten Krankheiten machen die Körperkräfte schwinden; der Branntwein bietet das benöthigte Stimulans, welches um so lieber angewendet wird, als die Leute in Trunk und Schlemmerei ein flüchtiges Vergessen ihres Kummers und seiner Ursachen suchen und finden. Laster und Verbrechen haben da fruchtbaren Boden und wuchern üppig empor, und daß daneben ein gesundes Familienleben, eine geordnete Hauswirthschaft nicht gedeihen könne, ist selbstverständlich.

Vinzenz Katzler, „Soweit wird's in Wien kommen", in: Hans Jörgel, *Komische Briefe*. Wien: Reiffenstein & Rosch, 1873.

36. o. A., „Der Gründungsschwindel“, in: *Geheimnisse von Neu-Wien oder Wien im Jahre 1870. Socialer Roman aus der Gegenwart Wien's.* II. Theil:. Wien 1871, S. 177–182.

Im Palais auf der Ringstraße.

Wenn Du, mein lieber Leser, an den glänzenden Palästen der Ringstraße entlang gehst und nach den Spiegelscheiben der Fenster emporschaust, beschleicht Dich vielleicht, wenn Du nicht zu den wenigen Bevorzugten gehörst, denen die Glücksgöttin in die Wiege Reichthümer gelegt, ein Gefühl des Neides, und Du grollst mit dem Schicksal, welches Dir den dornenvollen Fußweg zuwies, während ein Anderer, vom Glück getragen, sorgen- und kummerlos dahintändelt.

Vielleicht lehnt in dem Augenblick, wo Du vorübergehst, der Besitzer des Palastes am Fenster und beneidet Dich, daß Du die Sorgen und den Kummer nicht kennst, die ihn belasten.

Ob das gerade die Gedanken sind, welche durch das Gemüth des Millionärs Ritter von Festheim ziehen, der an einem Fenster seines Palais auf der Ringstraße steht, wissen wir nicht, aber angenehme Gedanken sind es wohl kaum, welche den reichen Mann bewegen, denn seine Stirne ist umwölkt und sein Auge schaut düster.

Er scheint Jemanden zu erwarten, er blickt die Ringstraße hinauf, ob er den kommenden noch nicht entdecken kann. Wie es scheint, ist seine Ungeduld vergeblich.

Unmuthsvoll geht er im Zimmer auf und ab.

Da läutet es.

Ritter von Festheim bleibt stehen, um zu hören.

Es ist eine Stimme, welche ihm bekannt zu sein scheint.

„Er ist es,“ murmelt er leise.

Im Augenblick ist der Ausdruck des Unbehagens, der vorher auf dem Gesicht lag, verschwunden und hat einem gewissen Stolz Platz gemacht. Das Bewußtsein des Millionärs lag wieder auf dem Gesicht ausgeprägt.

Der Bediente kam und brachte eine Karte. „Soll eintreten!“ sagte Ritter von Festheim kurz.

Die Thür öffnete sich.

Der Mann, der da unter vielen Bücklingen hereinschlüpft, ist uns bekannt.

Es ist niemand Anderer als Herr Pinkus Pragan, den wir aus jener Unterredung mit dem Hofrath von Treuenfels kennen.

Es sind seit jener Zeit fast zwei Jahre vergangen, denn wir befinden uns jetzt im Frühsommer des Jahres 1869.

Das Aussehen des Herrn Pragan hat sich seitdem wesentlich verändert. Zwar ist sein Gesicht noch dasselbe und hat auch denselben raubvogelartigen Ausdruck von damals, aber die Kleidung des Herrn Pragan ist sorgfältig nach dem neuesten Schnitte gewählt, was darauf schließen läßt, daß die finanziellen Verhältnisse des Geschäftsmannes sich sehr zu seinem Vortheile geändert haben.

„Herr Baron haben mir die Ehre erwiesen, mich rufen zu lassen; ich bin erschienen – Herr Baron."

Festheim hat in einem der Fauteuils Platz genommen und winkt mit einer nachlässig herablassenden Handbewegung Herrn Pragan, ebenfalls Platz zu nehmen.

„Ich bin kein Baron," wirft Festheim hin. „Haben aber die größte Anwartschaft darauf," erwidert schlagfertig Pragan, sich mehrmals wie ein zusammenknickendes Taschenmesser verbeugend.

„Lassen Sie das. Ich habe Sie wegen des Geschäftes rufen lassen, von welchem ich schon mit Ihnen gesprochen. Sind Sie bereit, mir die Wechsel zu überlassen?"

„Ich habe schon gesagt, Herr von Festheim, daß ich mache mit Vergnügen das Geschäft, daß ich aber von meiner Forderung nicht ablassen kann um einen Kreuzer."

„Sie sind verrückt. Ich soll Ihnen dreissigtausend Gulden zahlen für Wechsel, von denen ich weiß, daß sie Ihnen nur achttausend gekostet haben, und die zudem noch falsch sind."

„Wollen wir nicht untersuchen, ob die Wechsel sind falsch oder echt, sind sie falsch, desto besser, werden sie bezahlt um so sicherer, weil darauf steht der Name des Herrn Hofraths von Treuenfels."

„Sie wissen aber ganz gut, daß der Hofrath eine solche Summe nie zahlen kann und nie zahlen wird, daß ich also sehr wahrscheinlich effectiven Schaden bei dem Geschäfte erleiden werde."

„Wenn Herr von Festheim glauben, Schaden zu erleiden, werden Herr von Festheim das Geschäft nicht machen. Wenn ich gebe die Wechsel billiger als zu dreißigtausend Gulden, erleide ich Schaden, und ich bin ein armer Geschäftsmann."

„Schaden, Sie? wo Sie das Vierfache der geliehenen Summe erhalten?"

„Gewiß Schaden. Entschuldigen, Herr von Festheim, ist es nicht für Sie Schaden, wenn Sie weggeben eine eiserne Casse für siebenhundert Gulden, wenn Sie für dieselbe Casse achthundert bekommen können?"

„Gewiß."

„Nun also. Ich bekomme jeden Tag dreißigtausend Gulden für die Wechsel, warum soll ich sie geben billiger?"

In dieser Weise unterhandelten die beiden Geschäftsleute wohl noch länger als eine Viertelstunde, bis endlich Festheim sah, daß es unmöglich sein würde, Pragan zu bestimmen, an der Summe etwas nachzulassen. Er händigte ihm daher den Betrag von dreißigtausend Gulden ein, und vergnügt verließ ihn dann Pragan, sich immer und immer wieder vor seinem mächtigen Glaubensgenossen verbeugend.

Festheim betrachtete diese Wechsel. Es war ein Zufall gewesen, welcher ihn in Kenntniß von den Falsificaten gesetzt, er hatte lange mit dem zähen Pragan unterhandelt, jetzt endlich, da er auf den Besitz der Wechsel großen Werth legte, hatte er die geforderte Summe, von der er hoffte, daß sie ihm reiche Zinsen tragen würde, geopfert. Mit funkelnden Blicken, wie ein Raubthier sein Opfer, so betrachtet er diese kostbaren Papiere, welche ihm die ganze Ehre und Existenz eines hohen Staatsbeamten in die Hand gaben und diesen gewissermaßen zu seinem willenlosen Werkzeug machten.

Kapitel 6:
Ringstraße

Am Anfang der Ringstraßenepoche steht das kaiserliche Handschreiben Franz Josefs I., in dem er die Niederlegung der Stadtmauern und die Errichtung eines Stadterweiterungsgürtels zwischen Innerer Stadt und Vorstädten gebietet. Da es sich nicht im Original erhalten hat – man vermutet, dass es im Zuge des Justizpalastbrandes 1927 zerstört wurde –, wird es nach dem Abdruck in der *Wiener Zeitung* vom 25. Dezember 1857 zitiert. Neben verschiedenen Stellen in der Stadt- und Landesregierung, der militärischen Führung und zahlreichen anderen Institutionen waren mehrere Ministerien an der Durchführung der Ringstraßenplanung beteiligt, an deren Beginn ein Wettbewerb stand – wohl der erste international ausgeschriebene und für alle offene „Concurs". Die Wettbewerbsausschreibung wurde ebenfalls und insgesamt drei Mal innerhalb von fünf Tagen (31.1., 2.2. und 4.2.1858) in der *Wiener Zeitung* publiziert. Darin findet sich keine Angabe über die anzulegende Prachtstraße, die das eigentliche Rückgrat des gesamten Rayons darstellt. Dieses Manko wie auch das Fehlen genauer Vorgaben zum eigentlichen Bauprogramm für die zu erstellenden monumentalen Staatsbauten führten dazu, dass die sogenannten „Andeutungen" unter dem Titel „Nachtrag" am 2. Februar 1858 die Wettbewerbsteilnehmer über die *Wiener Zeitung* informiert wurden. Darin wird erstmals von der neuen Straße als „Boulevard" geschrieben, verständlich, war doch Paris das Vorbild für zahllose Städte Europas. Das Ringstraßenprojekt wurde unter anderem auch deshalb so vehement vorangetrieben, weil die Staatsregierung von außenpolitischen Desastern – etwa dem Verlust der Lombardei, wo das italienische Risorgimento mithilfe französischer Truppen dem österreichischen Heer eine herbe Niederlage zugefügt hatte – ablenken wollte. Dieser Umstand führte auch dazu, dass die Bezeichnung „Boulevard" verpönt war und gegen den deutschen Begriff „Ringstraße" ausgetauscht wurde. Aus dem Wettbewerbsverfahren mit seinen 85 Arbeiten hat sich etwa ein Drittel erhalten. Neben den Planunterlagen waren die Teilnehmer angehalten, erläuternde Texte, sogenannte Denkschriften, abzugeben. Einer der drei ersten Preisträger, Friedrich Stache, benannte sein anonymes Elaborat mit der Devise „A.E.I.O.U.", das auf einem historischen Rückblick basiert, ein „fassbares Project" für die Stadterweiterung. Der Oberst der k. k. Armee Leopold Kintzl legte sein Projekt unter der Devise „Der gerade Weg ist der beste" vor. Er führt in seiner Denkschrift nicht nur seine Überlegungen aus, die dem Titel seiner Arbeit alle Ehre machen, sondern richtet unter anderem sein Augenmerk auf die Regulierung der Donau sowie besondere Details. Im Laufe der etwa ein halbes Jahrhundert andauernden Bauarbeiten wurde sowohl in den städtischen

Administrations-Berichten aus dem Rathaus zu den Aufwendungen für die Ausstattung des öffentlichen Raumes (Straßenpflaster, Straßenbeleuchtung, urbanes Grün usw.) im neuen Stadtteil der Ringstraßenzone Bericht erstattet als auch von Seiten der Literaten. Daniel Spitzer verbirgt nicht seine Aversion gegen die Neubauten der Ringstraße und seine Schilderungen über seine Gefühlsregungen beim Durchschreiten der alten Gassen der Inneren Stadt weisen bereits auf die Alt-Wien-Nostalgie, die gegen Ende des 19. Jahrhunderts die Donaumetropole erfassen sollte. Im Jahr 1868 wurde in Wien das dritte „Deutsche Bundesschießen" abgehalten, bei dem nebst anderen Bauten eine knapp 400 Meter lange Schießhalle im Prater errichtet wurde. Das Jahr der Weltausstellung in Wien feuerte die mediale Produktion von Stadtansichten und Stadtbeschreibungen sowie touristischem Informationsmaterial an. Die erste Auflage des *Wiener Baedeker* stammt aus dem Jahr 1868. Zwei Jahre später folgte die zweite Auflage und man konnte nur von einigen fertiggestellten Abschnitten der Ringstraße berichten. Das Jahr 1873 sah die dritte und vierte Auflage, was die gestiegene Nachfrage anschaulich abbildet. Bauten und ihre Architekten werden genannt und das Malheur der Pegasus-Skulpturen der k. k. Hofoper bleibt auch nicht unerwähnt. Emerich Ranzoni präsentiert im Jahr der Weltausstellung, des Börsenkrachs, ein Bild einer Verfasstheit der Ringstraßengesellschaft, das von Gewinn und Verlust, von Aufstieg und Niedergang berichtet.

---

37. Kaiser Franz Josef I., „Allerhöchstes Handschreiben an den Minister des Innern", in: *Wiener Zeitung*, 25. Dezember 1857, S. [3671]–3672.

„Lieber Freiherr von Bach! Es ist mein Wille, daß die Erweiterung der inneren Stadt Wien mit Rücksicht auf eine entsprechende Verbindung derselben mit den Vorstädten ehemöglichst in Angriff genommen und hiebei auch auf die Regulirung und Verschönerung Meiner Residenz- und Reichshauptstadt Bedacht genommen werde. Zu diesem Ende bewillige Ich die Auflassung der Umwallung und Fortifikationen der inneren Stadt, so wie der Gräben um dieselbe.

Jener Theil der durch Auflassung der Umwallung der Fortifikationen und Stadtgräben gewonnenen Area und Glacis-Gründe, welcher nach Maßgabe des zu entwerfenden Grundplanes nicht einer anderweitigen Bestimmung vorbehalten wird, ist als Baugrund zu verwenden, und der daraus gewonnene Erlös hat zur Bildung eines Baufondes zu dienen aus welchem die durch diese Maßregel dem Staatsschatze erwachsenden Auslagen, insbesondere auch die Kosten der Herstellung öffentlicher Gebäude, so wie die Verlegung der noch nöthigen Militär-Anstalten bestritten werden sollen.

Bei der Entwerfung des bezüglichen Grundplanes und nach Meiner Genehmigung desselben bei der Ausführung der Stadterweiterung ist von nachstehenden Gesichtspunkten auszugehen:

Mit der Wegräumung der Umwallung der Fortifikationen und der Ausfüllung der Stadtgräben ist in der Strecke von der Biberbastei bis an die Umfassungsmauer des Volkgartens in der Art zu beginnen, daß längs dem Donaukanale ein breiter Quai hergestellt und der vom Schottenthore bis zum Volksgarten gewonnene Raum theilweise zur Regulirung des Exerzierplatzes benützt werden kann.

Zwischen diesen gegebenen Punkten hat zunächst die Erweiterung der inneren Stadt in der Richtung gegen die Rossau und die Alservorstadt zu geschehen, einerseits dem Donaukanale, andererseits der Grenzlinie des Exerzierplatzes folgend, jedoch mit Bedacht auf die entsprechende Einschließung der im Bau begriffenen Votivkirche.

Bei der Anlage dieses neuen Stadttheiles ist zuvörderst auf die Erbauung einer befestigten Kaserne, in welcher auch die große Militär-Bäckerei und das Stabsstockhaus unterzubringen sind, Rücksicht zu nehmen, und hat diese Kaserne achtzig (80) Wiener Klafter von der Augarten-Brücke nach abwärts, entfernt, in der verlängerten Achse der dorthin führenden Hauptumfassungsstraße zu liegen zu kommen.

Der Platz vor Meiner Burg nebst den zu beiden Seiten desselben befindlichen Gärten hat bis auf weitere Anordnung in seinem gegenwärtigen Bestande zu verbleiben.

Die Fläche außerhalb des Burgthores bis zu den kaiserlichen Stallungen ist frei zu lassen. Ebenso hat der Theil des Hauptwalles (Biberbastei) auf dem die Meinen Namen führende Kaserne liegt, fortzubestehen.

Die fernere Erweiterung der inneren Stadt ist bei dem Kärnthnerthore und zwar auf beiden Seiten desselben in der Richtung gegen die Elisabeth- und Mondschein-Brücke bis gegen das Karolinenthor vorzunehmen.

Auf die Herstellung öffentlicher Gebäude, namentlich eines neuen General-Kommando's, einer Stadt-Kommandantur, eines Opernhauses, eines Reichsarchives, einer Bibliothek, eines Stadthauses, dann der nöthigen Gebäude für Museen und Gallerien ist Bedacht zu nehmen, und sind die hiezu zu bestimmenden Plätze unter genauer Angabe des Flächen-Ausmaßes zu bezeichnen.

Der Raum vom Karolinenthor bis zum Donaukanale soll ebenfalls frei bleiben, deßgleichen der große Exerzierplatz der Garnison vom Platze vor dem Burgthor an bis in die Nähe des Schottenthores und hat letzterer an den Platz vor dem Burgthore unmittelbar anzuschließen.

Von der befestigten Kaserne am Donaukanal an, bis zum großen Exerzirplatz hat in gerader Linie ein Raum von Einhundert (100) Wiener Klafter Breite, frei und unbebaut belassen zu werden. Sonst soll aber im Anschlusse an den Quai längst dem Donaukanale rings um die innere Stadt ein Gürtel in der Breite von mindestens Vierzig (40) Klafter, bestehend aus einer Fahrstraße mit Fuß- und Reitwegen zu beiden Seiten auf dem Glacisgrunde in der Art angelegt werden, daß dieser Gürtel eine angemessene Einfassung von Gebäuden, abwechselnd mit freien, zu Gartenanlagen bestimmten Plätzen erhalte.

Die übrigen Hauptstraßen sind in entsprechender Breite und selbst die Nebenstraßen nicht unter Acht Klafter Breite anzutragen.

Nicht minder ist auf die Errichtung von Markthallen und deren entsprechende Vertheilung Bedacht zu nehmen.

Zugleich ist auch bei Entwerfung des Grundplanes über die Stadterweiterung die Regulirung der inneren Stadt im Auge zu behalten und daher der Eröffnung entsprechender neuer Ausgänge aus der inneren Stadt, unter Bedachtnahme auf die in die Vorstädte führenden Hauptverkehrs-Linien, gleichwie der Herstellung neuer, jene Verkehrslinien vermittelnder Brücken, die geeignete Beachtung zuzuwenden.

Zur Erlangung eines Grundplanes ist ein Konkurs auszuschreiben und ein Programm nach den hier vorgezeichneten Grundsätzen, jedoch mit dem Beisatze zu veröffentlichen, daß im Übrigen den Konkurrenten freier Spielraum bei Entwerfung des Planes gelassen werde, gleichwie sonstige, hierauf bezügliche geeignete Vorschläge nicht ausgeschlossen sein sollen.

Für die Beurtheilung der eingelangten Grundpläne ist eine Kommission aus Repräsentanten der Ministerien des Innern, des Handels, ferner Meiner Militär-Central-Kanzlei und der Obersten Polizei-Behörde, einem Abgeordneten der Nieder-Österreichischen Statthalterei und dem Bürgermeister der Stadt Wien, dann aus geeigneten, von dem Ministerium des Innern im Einvernehmen mit den übrigen hier erwähnten Centralstellen zu bestimmenden Fachmännern unter dem Vorsitze eines Sektions-Chefs des Ministeriums des Innern zu bilden und sind drei von dieser Kommission als die besten erkannten Grundpläne mit Preisen und zwar in den Beträgen von zweitausend, eintausend und fünfhundert Stück k. k. Münzdukaten in Gold zu betheilen.

Die hiernach als die vorzüglichsten erkannten drei Grundpläne sind Mir zur Schlußfassung vorzulegen, so wie über die weiteren Modalitäten der Ausführung unter Erstattung der bezüglichen Anträge Meine Entschließung einzuholen sein wird.

Sie haben wegen Ausführung dieser Meiner Anordnungen, sogleich das Entsprechende zu verfügen.

Wien, am 20. Dezember 1857. Franz Joseph m. p.

---

38. k. k. Ministerium des Innern, „Konkurs-Ausschreibung“, in: *Wiener Zeitung*, 31. Jänner 1858, S. 322–323.

Konkurs-Ausschreibung zur Erlangung eines Grundplanes für die mit Allerhöchstem Handschreiben vom 20. Dezember 1857 angeordnete Erweiterung und Regulirung der inneren Stadt Wien.

In Folge der mit Allerhöchstem Handschreiben vom 20. Dezember 1857 angeordneten Erweiterung und Regulirung der inneren Stadt Wien wird hiermit ein Konkurs zur Erlangung eines Grundplanes mit dem Beisatze ausgeschrieben, daß sich die Konkurrenten bei Entwerfung desselben an die in jenem Allerhöchsten Handschreiben festgestellten und durch die „Wiener Zeitung“ vom 25. Dezember 1857 veröffentlichten Gesichtspunkte zu halten, im Übrigen aber freien Spielraum haben, gleichwie auch sonstige, hierauf bezügliche geeignete Vorschläge nicht ausgeschlossen sind.

Zur näheren Erörterung der den Konkurrenten gestellten Aufgabe sollen nachstehende Bemerkungen dienen.

Die Absicht der Staatsverwaltung, welche das Projekt der Stadterweiterung unter Bedachtnahme auf die künftige Entwicklung der inneren Stadt und der Vorstädte mit möglichster Förderung zu verwirklichen anstrebt, ist bei Ausschreibung dieses Konkurses dahin gerichtet, den Sachverständigen Gelegenheit zu bieten, unter Festhaltung der Allerhöchst vorgezeichneten Grundsätze, ihre Vorschläge über die Modalitäten darzulegen, nach welchen diese Erweiterung und Regulirung mit Rücksicht auf die praktischen Bedürfnisse der Bevölkerung in technischer und künstlerischer Beziehung auszuführen wäre. Die Staatsverwaltung erwartet auf diesem Wege sich des ersprießlichen Beirathes der Sachverständigen zu versichern, und in die Lage gesetzt zu werden, durch geeignete Auswahl und Kombination der gemachten Pläne die bestmögliche Grundlage für die zur technischen Ausführung der Stadterweiterung nöthigen Anordnungen zu gewinnen.

Insbesondere ist es die Aufgabe der Konkurrenten den gegebenen Raum in den angedeuteten Beziehungen und unter Beachtung der Allerhöchsten vorgeschriebenen Gesichtspunkte entsprechend und zwar in der Art zu disponiren, daß die Neubauten sich sowohl an die innere Stadt, mit Bedachtnahme auf eine thunlichst anzustrebende Regulirung derselben, als auch an die Vorstädte organisch anschließen.

Hiebei ist der Herstellung von geeigneten Verbindungen zwischen der Stadt, den Neubauten und den Vorstädten insbesondere mit Rücksicht auf die Hauptverkehrslinien der Stadt und der Vorstädte und auf eine etwaige zukünftige Erweiterung der letzteren die gebührende Beachtung zuzuwenden.

Ebenso ist auf die Herstellung der, dem wachsenden Verkehre entsprechenden Anzahl von Brücken sowohl über den Donaukanal als den Wienfluß, dann auf die erforderlichen Kommunikationen mit den bestehenden und nächstens in's Leben tretenden Eisenbahnen das Augenmerk zu richten.

Die Staatsverwaltung erwartet ferner von den Konkurrenten geeignete Vorschläge über die successive Durchführung des Grundplanes namentlich in der Richtung, daß, unbeschadet einer schleunigen Realisirung des Projektes die mit einer solchen Maßregel verbundenen Störungen des Verkehrs und sonstigen Unzukömmlichkeiten auf ein thunlich geringes Maß zurückgeführt werden.

Es ist die Einleitung getroffen worden, daß jedem Konkurrenten zwei Katastralpläne von Wien, und zwar der eine im Maßstabe von 80 Klafter auf einen Zoll, der andere im Maßstabe von 40 Klafter auf einen Zoll, nebst einem Niveauplane, auf welchem die hauptsächlichsten Niveaukoten ersichtlich gemacht sind, und einem Plane der bestehenden Kasematten in den Basteien der Stadt Wien bei dem Ministerium des Innern (Wipplingerstraße Nr. 384) verabfolgt werden.

Auf dem ersterwähnten Plane (Übersichtsplan) hat jeder Konkurrent sein Projekt und zugleich die Kommunikationen mit den Vorstädten übersichtlich darzustellen und in den zweiten Katastralplan (Situationsplan) den Grundriß seines Projektes genau einzuzeichnen. Außerdem hat jeder Konkurrent die einzelnen Gruppen seines Planes im Maßstabe von 20 Klafter auf einen

Zoll durch Detailpläne, so weit es zur Verdeutlichung seines Projektes nothwendig ist, zu entwickeln.

Längen- und Querprofile der Straßen müssen beigelegt werden. Bei den Längenprofilen sind die Längen im Maßstabe von 20 Klafter auf einen Zoll, die Höhen im Maßstabe von 4 Klafter auf einen Zoll darzustellen. Bei den Querprofilen ist der Maßstab von 4 Klafter auf einen Zoll anzunehmen.

Jeder Konkurrent hat seine Anträge in einer Denkschrift erschöpfend zu erläutern und zu begründen.

Die approximative Area der für Staats- und sonstige öffentliche Zwecke bestimmten Gebäude, deren entsprechende Disposition und Gruppirung von den Konkurrenten erwartet wird, so wie einige zur Beurtheilung der Situirung dieser Gebäude dienliche Andeutungen, werden den Konkurrenten bei Empfangnahme der Katastralpläne bei dem Ministerium des Innern schriftlich mitgetheilt.

Jeder Konkurrent hat bei Ausarbeitung seines Projektes jedenfalls sich an die Allerhöchst vorgezeichneten Gesichtspunkte zu halten. Will ein Konkurrent anderweitige, davon abweichende Vorschläge machen, so sind dieselben eventuell unter Vorlage der, die Variante darstellenden Pläne vorzubringen und zu entwickeln.

Die Konkurrenzpläne sammt den erfoderlichen Denkschriften sind bis längstens 31. Juli 1858 bei der Präsidialkanzlei des Ministeriums des Innern versiegelt einzureichen; später einlangende derartige Entwürfe werden zur Konkurrenz nicht angenommen.

Die Pläne sind mit einer Devise zu bezeichnen, und ist denselben ein versiegelter, und auf dem Couvert mit derselben Devise versehener Zettel, auf welchem sich die Angabe des Namens und Wohnortes des Konkurrenten zu befinden hat, beizulegen. Der Überbringer erhält von der Präsidialkanzlei eine Empfangsbestätigung, in welche die bezügliche Devise aufgenommen wird.

Die rechtzeitig eingelangten Pläne werden durch 14 Tage öffentlich ausgestellt.

Zur Beurtheilung dieser Pläne wird eine Kommission aus Repräsentanten der k. k. Ministerien des Innern, der Finanzen und des Handels, der k. k. Militär-Centralkanzlei und der k. k. Obersten Polizeibehörde, ferner aus einem Abgeordneten der k. k. Nied. Österr. Statthalterei, dem Bürgermeister der Stadt Wien und aus Fachmännern gebildet.

Drei von dieser Kommission als die besten erkannten Pläne werden mit Preisen und zwar in Beträgen von Zweitausend, Eintausend und Fünfhundert Stück k. k. Münzdukaten in Gold betheilt.

Die mit Prämien ausgezeichneten Pläne bleiben Eigenthum der Staatsverwaltung; die nicht mit Prämien betheilten Entwürfe können nach erfolgter Entscheidung gegen Einsendung der bei der Einreichung erhaltenen Empfangsbestätigung mit uneröffneter Devise übernommen werden.

Vom k. k. Ministerium des Innern.
Wien, am 30. Jänner 1858.

---

39. o. A., „Nachtrag.“, in: *Wiener Zeitung*, 2. Februar 1858, S. 339

Dem umfangreichen Materiale, mit welchem die Konkurrenten für die Ausarbeitung eines Planes zur Erweiterung der Stadt Wien von Seite der Staatsverwaltung ausgestattet worden, ist auch eine Zusammenstellung jener Andeutungen beigegeben, welche sich auf das approximative Flächenmaß, so wie auch theilweise auf die Situirung der für Staats- und sonstige öffentliche Zwecke bestimmten Gebäude beziehen, woraus wir Folgendes entnehmen:

1. Für die befestigte Caserne in der Nähe der Augartenbrücke wird eine Grundarea von 10.000–10,600 Quadratklafter in Anspruch genommen. Die in dem Allerhöchsten Handschreiben vom 20. Dezember 1857 mit 80 Wr. Klafter festgesetzte Entfernung der Kaserne von der Augartenbrücke ist von letzterer bis zur Mitte der Kaserne zu berechnen.
2. Das Gebäude für das k. k. Generalkommando und die damit vereinigte Stadtkommandantur mit einer approximativen Grundarea von 2400 Quadrat-Klafter wäre nicht zu entfernt von der kais. Burg und ziemlich im Mittelpunkte der vorhandenen Kasernen anzutragen, in welcher Beziehung auf den Jesuitenhof und den Platz vor demselben bis zur Esplanadestraße oder bis zum künftigen Boulevard hingedeutet wird.
   Vor diesem Gebäude ist ein Platz in mäßigen Dimensionen freizulassen.
3. Für das Opernhaus wäre eine Grundarea von 2000–2400 Qu. Kl. und
4. für das Reichsarchivs-Gebäude eine Grundarea von 1500–1800 Qu.Kl. in Anschlag zu bringen.

5. Das Bibliotheks-Gebäude dürfte eine Grundarea von beiläufig 2000 Qu.Kl. in Anspruch nehmen.
6. Für Museen und Gallerien mit Inbegriff der geologischen Reichsanstalt wäre eine Grundarea im Gesammtausmasse von 4500–5300 Qu.Kl. in Anschlag zu bringen, wovon 2000–2400 Qu.Kl. auf die Gemälde-, Münz-, Antiken- und Skulpturen-Sammlungen und eben so viel auf naturwissenschaftliche Sammlungen (zoologisches und Mineralienkabinet) dann beiläufig 500 Qu.Kl. auf die Unterbringung der geologischen Reichsanstalt entfallen würden.
7. Das Stadthaus, welches zur Repräsentanz, zur Abhaltung größerer Festlichkeiten und für öffentliche Produktionen bestimmt sein wird, dürfte eine Grundarea von beiläufig 2000 Qu.Kl. in Anspruch nehmen.
8. Bezüglich der Markthallen wird die entsprechende Vertheilung und Gruppirung derselben, so wie auch die Bestimmung des Flächenmaßes mit Rücksicht auf die obwaltenden Bedürfnisse den Preiswerbern überlassen.
9. Außer diesen in dem Allerhöchsten Handschreiben vom 20. Dezember 1857 bereits bezeichneten Gebäuden ist auch auf zwei feste freistehende Wachthäuser, deren jedes eine Grundarea von 160 Qu.Kl. benöthigt, Bedacht zu nehmen. Das eine derselben ist in der Gegend außerhalb des jetzigen Schottenthores, das andere außerhalb des Kärnthnerthores in der Richtung gegen das jetzige Karolinenthor anzutragen.

Endlich ist bei der Disposition des Raumes noch auf die Reservirung einer Grundarea von beiläufig 3000 Qu.Kl. für den Bau eines k. k. Arcieren-Leibgardehofes, und zwar nicht zu entfernt von der k. Hofburg fürzudenken.

Bezüglich der für Staats- und öffentliche Zwecke bezeichneten Gebäude ist darauf zu achten, daß dieselben, wo möglich, mit der Hauptfront auf öffentliche Plätze oder durch die Boulevards gebotene breite Räume zu stehen kommen und insbesondere mit Berücksichtigung ihrer speziellen Bestimmung so viel als thunlich von allen vier Seiten freistehen.

Sonstige von den Preiswerbern allenfalls noch gewünschte Auskünfte werden denselben auf Verlangen bei dem Ministerium des Innern ertheilt werden.

40. [Friedrich Stache,] Devise A.E.I.O.U., *Denkschrift zu den Plänen für die Erweiterung und Verschönerung Wien's.* Wien 1858, S. 1–3.

Die voranstehende historische Devise, mit den mannigfachen Deutungen zum Ruhme unseres schönen Vaterlandes, gehört einer Zeit an, wo unseliger Zwist verderbend bis an das innerste Mark Österreichs gedrungen war, darauf aber mit dem 15jährigen Erzherzog Albrecht dem Fünften Glück und Friede wieder an die Ufer der Donau zurückkehrten.

Am 6. Juni 1411 zog der junge Albrecht in Wien ein. „Er wurde mit Jubel" – sagt ein Geschichtschreiber jener Zeit – „empfangen, wie ein Engel vom Himmel! Der Clerus zog Ihm an der Spitze des Volkes entgegen, und alle riefen: Der Ersehnte kommt, den wir in trüben Zeiten erwarteten. Die Glocken der Stadt wurden geläutet, Feste und Gastmäler veranstaltet, und der Höchste im Himmel wurde gepriesen, denn der Herr hatte sie nun von grossen Gefahren der Seele und des Leibes befreit."

Also lautet die Chronik längst verronnener Jahrhunderte; also werden wieder die Tafeln der Geschichte mit goldenen Lettern prangen, wenn sie das grosse Werk unseres ritterlichen Kaisers, Franz Joseph I., die ewig glorreiche Verjüngung der Residenzstadt Wien, kommen den Geschlechtern überliefern.

Und wahrlich Grosses dürfen wir schon von der nächsten Zukunft erwarten, wenn die volle Vereinigung der inneren Stadt mit den weitgedehnten Vorstädten in würdiger, geregelter, künstlerisch durchgebildeter Weise, in harmonischer Entfaltung und mit dem richtigen Verständniss aller Bedürfnisse zu jener Höhe emporgehoben wird, welche der Centrale der Monarchie und des mitteleuropäischen Handels, gleichwie der überschwenglichen Zunahme der Bevölkerung zu entsprechen geeignet ist.

Von einem milden Himmel überdacht, von kleineren und höheren Gebirgen anmuthig begrenzt, am Ufer der beschifften Donau, dieser mächtigen Lebensader des Kaiserstaates, sowie am Ausgangspunkte von Eisenstrassen nach den bedeutendsten Richtungen des Verkehrs, als der directen Verbindung mit dem schwarzen, mit dem adriatischen und mittelländischen Meere einerseits, dann der Nord- und Ostsee andererseits, ist Wien durch seine Lage begünstigt, wie kaum eine zweite Stadt gleichen Ranges; und es erscheint daher als ein gerechtfertigter Aufruf zu den grossartigsten Anstrengungen und Opfern, wenn man nun mit Einem Male aus dem Zeitpunkte der Neugestaltung alles erobern will, worin die Vorfahren entweder zurückgeblieben, oder in Missgriffe verfallen sind.

Von dieser Anschauung hingerissen, wäre es verzeihlich, dem Schwunge der Fantasie in allzu ferne Gebiete sich zu überlassen.

Allein nicht ein leuchtendes, sondern ein fassbares Project zu liefern, soll das Ziel meiner Pläne sein.

Bei thunlichster Schonung der öffentlichen Mittel wird das unter den obwaltenden Verhältnissen Erreichbare angestrebt; allen Rücksichten für Gesundheit, für Ästhetik, für Erholung und für das Geschäftsleben jede nur immer mögliche Beachtung zum Besten meiner theuren Vaterstadt zugewendet.

Mit den grösseren Hauptstädten fast aller Länder diesseits des Oceans durch wiederholten Besuch bekannt, und da ich namentlich in Paris bei den Stadterweiterungsarbeiten anwesend war, wage ich die bestimmte Überzeugung auszusprechen, dass im Verhältnisse die Erneuerung Wiens mit einem weit geringeren Aufwande durchgeführt werden kann, indem uns die schönsten freien Räume ohne jedwedes Hinderniss zur Benützung gegeben sind, und es gar wohl möglich machen, die prunkvolle Rivalin im Westen trotz der ungeheuersten Demolirungen, die dort vorgenommen wurden, noch in mehr als Einer Beziehung glücklich zu übertreffen.

Dem fügt der Verfasser der nun folgenden Erläuterungen die bescheidene Bitte bei, es mögen diese mit Nachsicht beurtheilt werden, wenngleich die Leistung seinen Vorsätzen nicht Schritt zu halten vermag; denn nach diesen sollte gegenwärtige Schrift ein lebendiges Bild der Örtlichkeit und Bewegung werden,

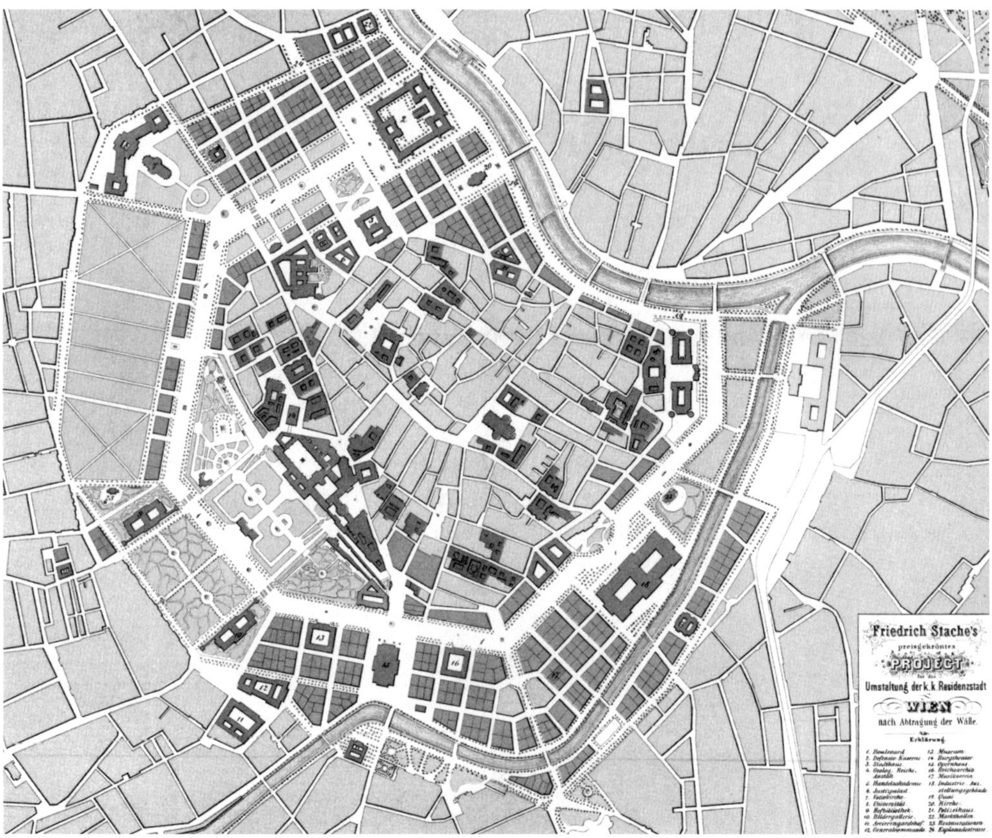

Friedrich Stache, Preisgekrönter Projektplan vom Stadterweiterungswettbewerb, 1859.

und dem beredten Führer gleichen, der mitten in die Thatsachen versetzt und vergessen macht, dass das Erklärte erst zu schaffen ist, vielmehr die vielfältigen Berührungspunkte passend zu nützen weiss, welche ein solcher Anlass aus den Schätzen der Wissenschaften und Künste so nahe legt.

---

41. [Leopold Kintzl,] *Denkschrift über die Anträge, welche in Folge des Allerhöchsten Handschreibens vom 20. Dezember 1857 bezüglich der Erweiterung und Regulirung der k. k. Haupt- und Residenzstadt Wien, in neun Zeichnungsblättern mit der Devise: „Heil Österreich!" dargestellt sind.* 1858, S. 3, 15.

Das Allerhöchste Handschreiben gewährt freien Spielraum unter Festhaltung der Allerhöchst vorgezeichneten Grundsätze, und so beginne ich die Beschreibung meiner Zeichnungen.

Ich fasste zuerst eine dreifache Hauptgliederung der ganzen Arbeit in's Auge:

1. Dass der organische Anschluss der inneren Stadt an die Neubauten und Vorstädte erreicht werde.
2. Dass ein möglichst grosses Erträgniss durch Verkauf von leeren Baugründen (vom grünen Anger) ohne vorhergehende Realitätsablösung oder Demolirung erzielt werde.
3. Dass bei den unabänderlich bestehenden Hauptverbindungsstrassen von der innern Stadt in die Vorstädte, welche sich in gegenseitig fächerartiger Lage befinden, allen Bauplätzen und Gruppirungen derselben, die möglichst rechtwinkelige Form gegeben werde. Für Wohnhäuser erleichtert dieselbe die wohnliche Eintheilung, für Staats- und öffentliche Gebäude bildet sie geradezu das Grundelement der Schönheitsentwicklung. [...]

Zeichnung 8 gibt einen ganz abgesonderten Vorschlag, mit welchem ich die Aufmerksamkeit eigentlich besonders auf die Brigittenau zu lenken die Absicht habe, die gewiss einen wesentlich integrirenden Theil der künftigen Residenzhauptstadt zu bilden bestimmt ist, vornehmlich im Hinblick auf den nothwendigen lebendigen Handelsverkehr für die Zukunft. Damit steht aber die Anlage eines Bettes für ein gesichertes Fahrwasser im sogenannten Kaiserwasser, und mit einem Worte die Donauregulirung, dann der Bau von Waarenmagazinen und Schutzbauten jeder Art in Verbindung.

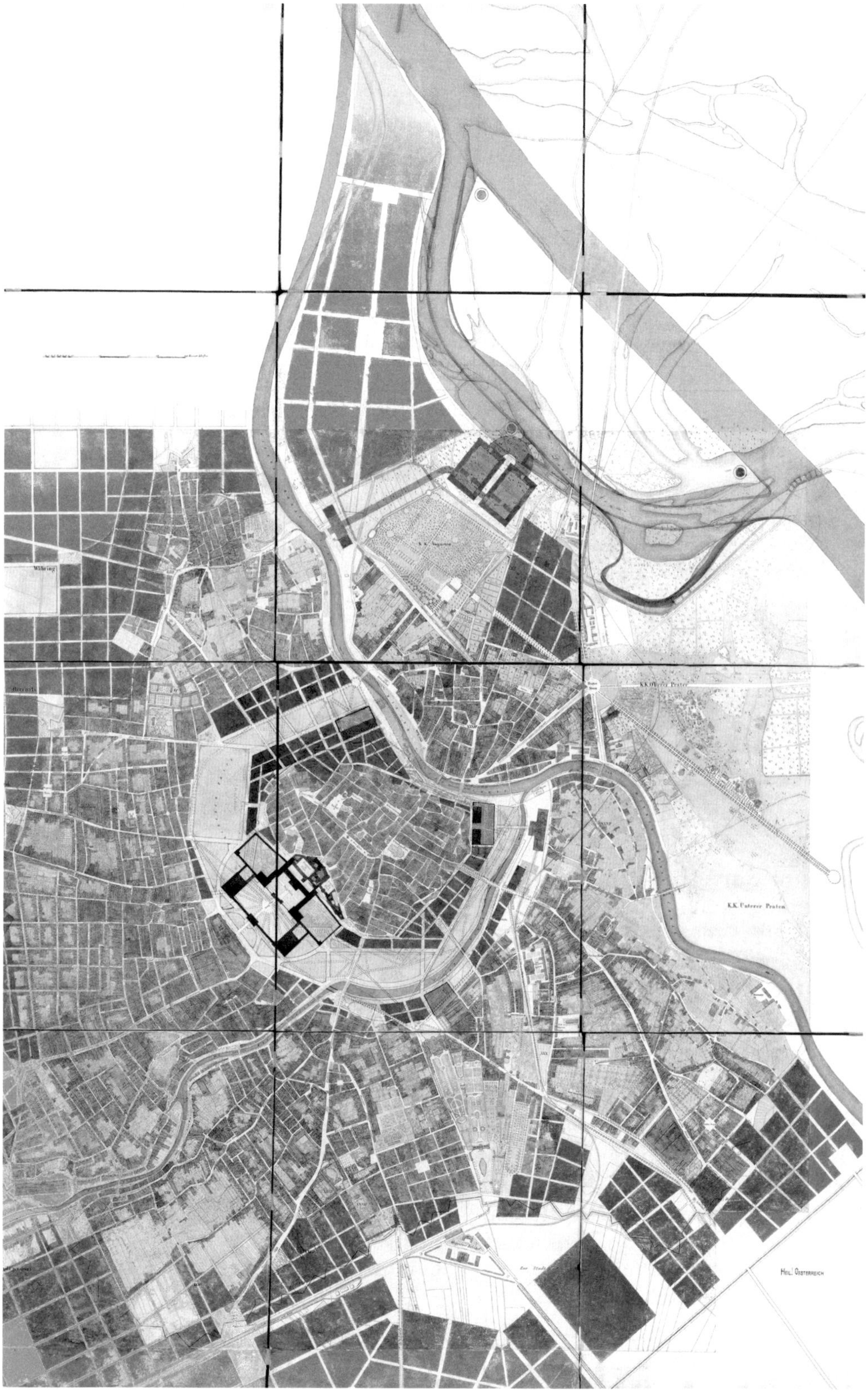

Leopold Kintzl, Projektplan vom Stadterweiterungswettbewerb, 1858.

Fahr - und Trinkwasser im reichlichen Maasse und Überflusse sind eine selbstverständliche Hauptaufgabe, welche das kaiserliche Handschreiben vorzeichnet. Wien wird viel mehr öffentliche Brunnen und überhaupt Trinkwasser für alle Stockwerke in den Häusern aller Art nothwendig haben. Durch die Ausdehnung der Residenzhauptstadt entfällt die Nothwendigkeit, die Häuser zu thurmartiger Höhe aufzuführen, welche stets zu ersteigen eben so beschwerlich als lebensschädlich ist.

Zugleich gibt Zeichnung 8 einen für sich bestehenden Ergänzungsgedanken für den k. k. Residenzpallast mit rechtwinkeligen Gartenplätzen.

Bei der persönlichen Anschauung in loco von den Palästen: Caserta bei Neapel, dem Vatikan in Rom, den Tuilerien, dem Bukingham palace, und den Pallästen der regierenden Herren Deutschlands schwebte mir immer dieser Ergänzungs-Gedanke des österreichischen Kaiser-Pallastes vor, zu welchem die Elemente vor unsern Augen bestehen, die den schönsten Kaiserpallast der Welt vorherhersagen [sic!], wenn sie fortgeführt werden wie sie angefangen sind.

---

42. Dr. Andreas Zelinka, *Administrazions-Bericht des Bürgermeisters der k. k. Reichshaupt- und Residenzstadt Wien für das Jahr 1863.* Wien 1864, S. 106–108.

Im Einvernehmen mit dem hohen k. k. Staats-Ministerium und dem hohen k. k. Kriegs-Ministerium wurde die Anlegung der Reit-Allee auf der den Vorstädten zugewendeten Seite der Ringstraße beschlossen, weil voraussichtlich die der Stadt zugewendete Seite von den Fußgehern im stärkeren Maße und mit Vorliebe benützt werden wird. [...]

Die Beleuchtung eines Theiles der Ringstraße längs des Stadtparkes mit 68 halbnächtigen und 32 ganznächtigen Flammen, so wie die Beleuchtung in der Strecke der Ringstraße von der Operngasse bis zum Anschluß an die Allee am Stadtparke mit Einschluß der Straße bei dem Schwarzenberg-Monumente durch 63 ganznächtige und 115 halbnächtige Gasflammen; endlich die Beleuchtung der Ringstraße und der Alleen, so wie des Gitters längs des Volks- und Kaisergartens wurde im verflossenen Jahre prinzipiell genehmigt und theilweise auch durchgeführt.

Nachdem jedoch die Wahrnehmung gemacht wurde, daß die Beleuchtung längs des Stadtparkes für den dermaligen Verkehr zu glänzend sei, so wurde eine Verminderung der Beleuchtung in dieser Strecke ohne Änderung der Anlage selbst in der Weise beschlossen, daß die Flammen nur in einer Distanz von 24 Klafter anstatt wie früher 12 Klafter angezündet werden.

---

43. D[aniel]. Spitzer, „Spaziergänge. Pfui! Die neue Aera der Intelligenz" (1867), in: ders., *Wiener Spaziergänge. Erste Sammlung.* Wien-Leipzig: Julius Kinkhardt, 1880, S. [158]–162.

Obwohl ich den Fortschritten der Neuzeit huldige, und mich, um nur ein Beispiel anzuführen, darüber freue, daß die k. k. Schlagfertigkeit unserer Armee durch die Einführung des Systems der rothen Hosen bei unserer Kavallerie so zeitgemäße Fortschritte gemacht hat, bin ich doch im Spazierengehen konservativ. Ich mag die alten Straßen und Gassen nicht mit der protzigen Ringstraße vertauschen, mit ihren neuen Häusern und neuen Menschen. Wenn ich in der inneren Stadt lustwandele, dann fliegen mir alte, liebe Erinnerungen zu, die Häuser winken mir mit vertraulicher Baufälligkeit, die Menschen, mit denen ich doch nie ein Wort gesprochen habe, sehen mich wie alte Bekannte an, es heimelt mich an, wenn ich in die Verkaufsläden eintrete, und diejenigen als backenbärtige Kommis wiederfinde, die ich schon in der Sturm- und Drangperiode ihrer Lehrjungenjahre dort gesehen habe, und manchmal, wenn ich zu einem Fenster hinaufschaue und an gewisse blonde Locken denke, die mich so angenehm unglücklich gemacht haben, werde ich aus meinen süßen Träumen erst durch die verschämte Frage eines Neugierigen geweckt: „Ich bitte, brennt es vielleicht dort oben?"

Auf der Ringstraße verliert das Spazierengehen allen Reiz, man fühlt sich dort wie in der Fremde, man greift in der Zerstreutheit an seine Brusttasche, ob man seine Legitimationspapiere bei sich habe, und erschrickt, wenn man zufällig kein Geld bei sich hat. Die Häuser, die sich im Bewußtsein ihrer Zinserträgnisse stolz aufsteifen, riechen nach jungen Maurer-Rechnungen, die Spaziergänger machen den Eindruck von Verirrten, die Polizeimänner sehen melancholisch drein, als wenn sie verlorene Posten wären, und es drängt sich einem die Überzeugung auf, daß auf der Ringstraße nur das neue Geschlecht wird spazieren können, das bereits unter der Staatsschuld von 4000 Millionen geboren wurde.

---

44. Central-Comité [des III. Deutschen Bundesschiessens], „Der Festzug", in: *Schützenführer*. Wien 1868, S. [11]–12.

Die Aufstellung des Festzuges erfolgt am 26. Juli von 7 bis 9 Uhr Früh auf der Ringstraße zwischen dem Burg- und Schottenring in der Weise, daß die für die Eröffnung des Zuges bestimmten Abtheilungen zunächst der verlängerten Schottengasse, die den Schluß bildenden Abtheilungen gegen das Burgthor zu Aufstellung nehmen. Sammlungsbanner – sowohl mit der allgemeinen Überschrift: „Südwest, Nordwest- und Nordost-Deutschland, Deutsch-Oesterreich, Schweiz, Nordamerika, Frankreich, Belgien" u. s. f., als auch mit den Namen der durch größere Deputationen vertretenen Städte und Orte und der sonst im Zuge betheiligten Körperschaften — werden die verschiedenen Aufstellungspuncte bezeichnen. Der Abmarsch beginnt um 9 Uhr Früh vom rechten Flügel aus, indem die erste Abtheilung aus der Aufstellungslinie in die mittlere Fahrbahn der Ringstraße einbiegt und längst der aufgestellten Zugstheilnehmer weiter marschirt; die anderen Abtheilungen rücken in derselben Richtung nach und schwenken alle um denselben Punkt nächst der verlängerten Schottengasse auf die Mitte der Ringstraße ein.

Auf diese Art marschiren alle Abtheilungen aneinander vorüber und ist jedem Zugstheilnehmer die Gelegenheit geboten, den ganzen Zug zu sehen.

Den Zug eröffnen Turner mit ihren Fahnen in geschlossenen Riegen zur Freimachung der Marschlinie, dann Herolde zu Pferd, Banner- und Schwertträger, Trommler und Pfeifer in altdeutscher Tracht; 30 Zieler und Warner im Costume mit Scheibenabzeichen, die Schützenfestwache und das Corps der berittenen Schützen. Hieran schließen sich die Schützen in 5–6 Abtheilungen an.

Die Mitte des Zuges nehmen der Bundesvorstand und das Central-Comité ein. Dem Bundesvorstand werden das kleinere Bundesbanner, dann die Fahnen von Nordamerica, der Schweiz und Wien vorgetragen. In dieser Abtheilung marschiren insbesondere auch die Frankfurter und die Bremer-Schützen als Vertreter des 1. und 2. Vorortes.

Der Bundesvorstand, das Central-Comité und die Banner werden von einem Ehrengeleite der Turner, der Schützenwache und der Bremer-Schützen umgeben sein.

Die Wiener Studentenschaft und die Mariabrunner Forstakademie werden diese Abtheilung beschließen.

Zwischen die einzelnen Abtheilungen werden Musikbanden, soweit solche zur Verfügung stehen, eingereiht werden.

Der Zug formirt sich in Rotten von 8 Mann. Sobald die Hauptabtheilung (Bundesvorstand und Central-Comité) auf dem Schwarzenbergplatze ankommt, macht der gesammte Zug in dicht gedrängter Aufstellung Halt. Daselbst findet die feierliche Begrüßung der Schützengäste durch den Bürgermeister und den Gemeinderath der Stadt Wien und die Übergabe der Bundesfahne an den Festort statt, bei welcher Gelegenheit der daselbst aufgestellte niederösterreichische Sängerbund „das Weihelied" von Metfessel absingt. Nach beendigter Feierlichkeit auf dem Schwarzenbergplatze setzt sich der Zug auf ein gegebenes Zeichen wieder in Bewegung und marschirt – indem sich der Bürgermeister und der Gemeinderath, dann der Sängerbund anreihen und das große Bundesbanner auf einem prachtvoll decorirten, von Dienern der Commune Wien in Galla-Uniform und der Schützenwache geleiteten Wagen mitgeführt wird, über die Ringstraße, Aspernbrücke durch die Asperngasse und Jägerzeile, welche sämmtliche Straßen glänzend ausgeschmückt sein werden, zum Praterstern, wo das colossale Standbild der „Vindobona" die Schützen begrüßt, und dann weiter durch die Hauptallee des Praters auf den Festplatz.

---

45. B[runo]. Bucher und K[arl]. Weiss, „Gang um die innere Stadt", in: *Wiener Baedeker, Wanderungen durch Wien und Umgebungen*, 1873, S. 86–90.

Seit 1871 ist der ganze Stadterweiterungsrayon verbaut mit Ausnahme einiger Parcellen am „Schillerplatz", ferner der zwischen dem Burg- und Franzensringe und der Rathhausstrasse gelegenen Baufläche, zu welcher der ehemalige Paradeplatz gehört und auf der die Hofmuseen, das neue Rathhaus, das Parlamentshaus, die Universität, das Hofschauspielhaus, eine neue Parkanlage im Entstehen sind, endlich mit Ausnahme, einiger Parcellen am Schotten- und Börsenring. Unmittelbar vor dem Burgthore sind zwei grosse eingeplankte Bauplätze, auf denen seit dem Spätherbste, 1871 nach Plänen der Architekten Semper und Hasenauer die beiden Hofmuseen zur Ausführung gelangen. In Folge der grossartigen Baubewegung hat sich der Verkehr der Ringstrasse ungemein gehoben. Sie ist dermalen nicht nur eine sehr beliebte Promenade der Wiener, die Verkaufsgewölbe in den neuen Häusern überragen an Eleganz und Mannigfaltigkeit jene des Grabens und Stefansplatzes. Reste der Bastei haben sich nur erhalten: zu beiden Seiten der Burg, nordwestlich von der („Bellaria“ genannten) Auffahrt zum Amalienhofe längs des Volksgartens und gegen die Teinfaltstrasse hin als Rampe abfallend (Löwelbastei), südöstlich zwischen dem Hofgarten und dem Palais des Erzherzogs Albrecht und mit einer Wendung sich gegen die Augustinergasse senkend (Augustinerbastei); ferner zwischen der Teinfaltstrasse und Schottengasse (Mölkerbastei); dann bei den Franz Josefs-Kasernen (Dominikanerbastei); von der Wollzeile bis in die Nähe der Singerstrasse: (Stubenbastei), und von der Weihburggasse bis zur Johannesgasse (Koburgbastei).

Die Zahl palastähnlicher Privat- und Zinshäuser ist auf der Ringstrasse und in deren Nachbarschaft so gross, dass wir nur auf die vorzüglichsten neben den öffentlichen Gebäuden aufmerksam machen können. Von dem Burgthor uns links (östlich) wendend schreiten wir den Burgring entlang längs des Hofgartens; am Ende des letzteren nimmt die Strasse den Namen Opernring an. Hier fällt uns zunächst das Palais des Banquiers v. Schey auf (Nr. 3), mit schönem Portal nach der Albrechtgasse, das Innere in der reichsten Weise ausgestattet; Architekten Romano und Schwendenwein. An das Schey’sche Haus stösst das neue Palais des Erzherzogs Albrecht mit französischen Mansardendächern. Die Ecke des Opernringes und der Operngasse aber bildet das Dreher’sche Gebäude, mit drei Keller-Etagen, von denen die beiden unteren das Lager der berühmten Klein-Schwechater Brauerei enthalten, die obere grossartige Bierhaus-Localitäten. Im ersten Stockwerke sind die Wohn- und Repräsentationsräume des Bürgermeisters der Stadt Dr. Felder. – Verfolgt man die Operngasse in der Richtung gegen den Vorstadtbezirk Mariahilf bis zur Elisabethstrasse und wendet sich hier rechts, so gelangt man auf den Schillerplatz, wo der Neubau der Akademie der Künste (nach Plänen des Architekten Th. v. Hansen) 1872 begonnen wurde und im Jahre 1874 das eherne Standbild Schillers von Joh. Schilling aufgestellt werden soll. – Jenseits der Operngasse erhebt sich das Neue Opernhaus – leider zu wenig; der Mangel eines entsprechenden Unterbaues fällt bei diesem mit ungeheuerem Kostenaufwande nach Plänen von van der Nüll- und Siccardsburg (beide vor Vollendung des Baues † 1868) im Geschmack der neufranzösischen Renaissance aufgeführten

Bauwerke unangenehm auf, aber auch die wenig wirksamen Seiten- und Rückfassaden, die unruhige Stirnseite des Oberbaues, die gedrückten Rundbögen des Erdgeschosses u. a. wurden seiner Zeit lebhaft getadelt. Desto überraschender wirkt die innere Ausschmückung und Ausstattung der Räume durch die mit vollendetem Geschmack entwickelte Pracht – das Verdienst van der Nüll's und seiner Nachfolger und Schüler Storck und Gugitz. Die Malereien in dem grossartigen Stiegenhause sind von Dobiaschofsky, die Deckengemälde in Zuschauerraum und der Vorhang für die grosse Oper (Orpheussage) nach den Entwürfen Rahl's von dessen Schülern Bitterlich († 1872), Eisenmenger, Griepenkerl ausgeführt, die Fresken im Foyer (Figaros Hochzeit) und im Stiegenhause zur grossen Kaiserloge (Orpheus-Mythe) von Ed v. Engerth, die in der Loggia von M. v. Schwind, der Vorhang für die komische Oper von E. Laufberger. Die plastischen Arbeiten lieferten Hähnel, Hanns und Jos. Gasser, Bauer, Radnitzky, Melnitzky u. s. w. Zur gänzlichen Vollendung des Baues fehlen noch die beiden Pegasus über der Loggia. Letztere, schon einmal aufgestellt, wurden entfernt, weil sie allgemein missfielen.

---

46. Emerich Ranzoni, *Wiener Bauten.* Wien 1873, S. 75–78.

Das Alles ist nun anders geworden. Der Geschmack hat sich sehr gehoben, die Millionäre, welche vor etwa einem Jahrzehnt die Ringstrasse mit Zinskasernen verstellten und sich damals nicht genug darauf zu Gute thun konnten, dass sie trotz Architekt und Baumeister, Theuerung des Arbeitslohnes, der Ziegel u. s. w., dennoch klug genug gebaut, um „auf ihre Kosten zu kommen", schämen sich heute der von ihnen begangenen Sünden; sie fühlen, dass der Reichthum eben so sehr verpflichtet wie die Geburt, und sie denken nun, dass der Mann, dessen Mittel es ihm erlauben, seinen Wünschen nachleben zu können, es nahezu für eben ein solches Gebot des Anstandes halten wird, so schön als möglich zu wohnen, wie etwa reine Wäsche zu tragen. Sind doch einige unserer modernen „Crösusse" so weit gegangen, sich gegenüber ehrlich genug ihre volle Incompetenz in Geschmacksachen zu bekennen, sich mit Bauräthen zu umgeben, deren Willensmeinung für sie etwa die Bedeutung hat, wie eine von der Regierung eingebrachte Gesetzesvorlage für die Herren Reichsräthe. Auch jene Sorte verschämter Millionäre, die allerlei Bedenken hatten, sich öffentlich dadurch zu ihrem Reichthum zu bekennen, dass sie ihren Mitteln entsprechend wohnen, fahren, reiten, überhaupt leben, ist nur mehr in einzelnen, wie Anachronismen in unsere von demokratischen Anschauungen beherrschte Gesellschaft hereinragenden Exemplaren vorhanden; die Zeit, da der Mann, der für den Grafen X oder Z Parketten, oder Glas oder Holzarbeiten lieferte, keine Loge zu nehmen wagte, weil er besorgte, vielleicht in die nächste Nachbarschaft seines hohen Gönners zu kommen und diesem dadurch unangenehm zu werden: diese Zeit, in der man wähnte, die Kunst „schön zu leben“ sei ein Prestige der bevorrechteten Stände, ist, dem Himmel sei Dank, vorüber. In dieser Beziehung ist auch der, in unseren Tagen wiederholt mit so verblüffender Raschheit aufgetretene Wechsel der Vermögen, ein wahrer Segen, das Capital ist demokratisirt, ein Tausendfüsser geworden und hat die edle Gerechtigkeit nicht viel zu fragen, ob derjenige, auf den es sich niederlässt, vor kaum ein paar Jahren noch ein Sperrsitzhändler und Börsengalopin gewesen, oder schon als solider Millionär auf die Welt gekommen. Die Leute werden heute so schnell reich, dass sie gar nicht Zeit haben, Geizhälse oder knickrig zu werden.

Die „grossen Männer der Börse von gestern und vorgestern“ tragen überdies nicht wenig dazu bei, die ästhetische Erziehung unserer wohlgegründeten, d. h. auf der gesunden Basis von mehreren Millionen stolz beruhenden Matadore der Börsen- und Ringstrassebarone zu fördern. Durch Prunk und Verschwendung können diese Herren jene, deren zauberähnliches Emporschnellen schon die Verwegenheit anzeigt, mit der sie Alles auf eine Karte setzen, sich nicht in den Schatten stellen, nein, sie können diesfalls nicht einmal mit ihnen konkurriren, da sie ja ihre Millionen behalten wollen, während jene die höchste Lust darin sehen, stets Alles zu riskiren. Die Alten können die Jungen nur an gutem Geschmack überleben; denn diesen gewinnt man weder so leicht noch so schnell als eine halbe Million im Spiel; die wohlthätige Wirkung hat sich auch schon gezeigt; in den Kreisen, welche die Anciennität des Besitzes für sich in Anspruch nehmen können, hält man nun sehr darauf, Dinge zu schaffen, deren charakteristisches Merkmal nicht ist, dass sie Lärm machen und staunende Bewunderung er regen, sondern, dass sie etwas sind, die Bedeutung des Echten an sich tragen.

Kapitel 7: Bauwerke – Neubauten, Monumente, Parks

Der Wettbewerb für das erste Gebäude, mit dem die Verbauung der freien Fläche des Glacis startete, wurde am 2. April 1854 in der *Wiener Zeitung* publiziert. Der Architekt Ernst Leopold berichtet davon einem französischen Freund. Der Grundstein des neuen Sakralbaus wurde symbolträchtig am 24. April 1856, dem zweiten Hochzeitstag von Kaiser Franz Josef I. und Kaiserin Elisabeth, gelegt. Die jüdische Gemeinde in Wien umfasste 1857 lediglich 2.617 Personen (1,3 Prozent der Gesamtbevölkerung) und erreichte bis 1880 eine Zahl von 99.444 Personen (12,1 Prozent). Verstreut über weite Teile des Stadtgebietes, lebten die meisten von ihnen in der Leopoldstadt. Dort wurde nach Plänen von Ludwig Förster ein Tempel errichtet, für dessen Bauabschluss sowie Einweihung zwei Ansprachen abgedruckt wurden. Der Schriftsteller und Theaterschauspieler Hermann Sallmayer verfasste während der Abbrucharbeiten der Stadtmauer zwei Gedichte, die mehr als dem Verlustgefühl gegenüber einem gewohnten Bauwerk der Zukunftsfreude Ausdruck verleiht. Ein wertvoller Fundus an Berichten über den Fortgang der Arbeiten innerhalb der Ringstraßenzone stellen die Rechenschaftsberichte des Rathauses dar, die sowohl von Entscheidungen über Projekte als auch über Finanzierungen, Versorgungsthematiken usw. berichten. Der Text „Die Privatbauten" lässt sich über die Praxis des Bauens in Wien in der Ringstraßenära aus, etwa über das stilistische Primat als auch über die Bauordnung umgehende Besonderheiten. Für die meisten Monumentalbauten in der Ringstraßenzone wurden aufwendige Feiern veranstaltet wie auch Denkschriften verfasst. Während das Akademische Gymnasium selbst für die Publikation der Erinnerungsschrift verantwortlich zeichnete, veröffentlichte der Magistrat die neuen baulichen Errungenschaften in seinem Kommunalkalender. Der Beitrag von Rudolf von Eitelberger stammt aus einer turbulenten Phase: 1866/1867 wurde ein Wettbewerb für die sogenannten Hofmuseen (heute Kunsthistorisches und Naturhistorisches Museum) durchgeführt, der jedoch zu keinen finalen Projekten geführt hatte. Daraufhin wurde durch Kaiser Franz Josef I. der von außen kommende Gottfried Semper direkt beauftragt, gemeinsam mit einem Wettbewerbsteilnehmer, Carl Hasenauer, ein ausführbares Projekt zu generieren. Eitelbergers Schrift nimmt hier bewusst Stellung aus der Sicht eines Kunsthistorikers und des Direktors des gerade im Bau befindlichen „Österreichischen Museums für Kunst und Industrie" (heute MAK). Daniel Spitzers scharfer und mitunter böser Blick auf seine Zeitgenossen machte auch nicht Halt vor den Umständen der Errichtung eines neuen Rathauses auf den Gründen des ehemaligen Exerzierplatzes.

47. Ernst Leopold, „Dritter Brief. An Herrn Armand Labatut aus Paris in Rom. (II.) Wien, Mai 1854.", in: *Gothische Briefe*, 1854, S. [65]–66.

Also, es ist erschienen in der Wiener Zeitung das langerwartete Bauprogramm! Nachdem nach langdauernder Pause öffentlicher Verlautbarungen zu Anfang des Märzmonates die definitiv getroffene Wahl des Bauplatzes kundgemacht worden war, und unsere Kunstkreise ihre Erörterungen darüber beendet hatten, versahen sie sich wieder einer ähnlichen langen Pause. Da brachte in überraschender und zwar in angenehm überraschender schneller Folge die Wiener Zeitung das Bauprogramm. Wie sehe ich Sie, theurer Freund, nach dem Inhalte desselben begierig. Aber nur Geduld! Denn da Sie nicht zufrieden sind das Thatsächliche und Offizielle des Bauverlaufes der Votivkirche kennen zu lernen, sondern die Wirkung desselben auf die hier zur Äußerung berechtigte öffentliche Meinung unserer Künstlerschaft und unserer Kunstfreunde erfahren wollen, der sichere und umfassende Ausdruck dieser öffentlichen Meinung aber bei der Zerfahrenheit unserer künstlerischen Kreise nur allmählig mit Aufwand von Zeit und Mühe gewonnen werden kann, so muß ich, lediglich in Ihrem eigenen Interesse, einige Wochen vorübergehen lassen, ehe ich Ihnen ein reines wahrheitgetreues Resultat mittheilen und damit diesen Brief absenden kann. Die geschäftfreien Augenblicke der Zwischenzeit will ich dazu benützen, die sehr kurze Chronik der Bauvorbereitungen seit meinem Schreiben an Sie bis zur Veröffentlichung des Programmes weiter zu führen.

Nachdem das leitende Komité zur Verfassung des Bauprogrammes ein sogenanntes Kunstkomité eingesetzt und dessen Mitglieder ernannt hatte, – die betreffende Kundmachung enthält der Erste Brief an Sie – drang hie und da nur ein vages Gerücht über die Arbeiten des neuen Komités in die Kunstkreise, unterbrochen durch eine von der „k. k. niederösterreichischen Staatsbuchhaltung am 13. August (1853) veröffentlichte Totalübersicht des Sammlungserfolges an Beiträgen zu dem von Sr. k. k. Hoheit dem durchlauchtigsten Herrn Erzherzog Ferdinand Max aus Anlaß der glücklichen Rettung Sr. k. k. apostolischen Majestät angeregten Kirchenbau von sämmtlichen Kronländern des österreichischen Kaiserstaates, bis Ende Juli." Zur Entschädigung für diesen, etwas langathmigen Satz will ich Ihnen die nun folgenden Ziffern zur wirklich erleichterten Übersicht aus einer Tabelle der Wiener Zeitung kopiren, aus der Ihr ausgezeichnetes und bewährtes Talent für Statistik und Ihre Vorliebe, aus solchen Ziffergruppen kulturhistorische, politische oder soziale

Resultate zu ziehen, Nahrung und Genuß gewinnen mögen. Ich meinestheils bekenne Ihnen offen, daß mir das Destillieren oft sehr wichtiger Thatsachen aus statistischen Zahlenzusammenstellungen die größte Vorsicht zu erheischen scheint, wenn das Ergebniß wissenschaftlichen oder praktischen Werth haben soll.

---

48. Dr. Ad[olf]. Jellinek, *Zwei Reden zur Schlußsteinlegung und zur Einweihung des neuen israelitischen Tempels in der Leopoldstadt am 18. Mai und 15. Juni 1858.* Wien 1858, S. 3–6.

Am heutigen Morgen, hochverehrte Zuhörer, am Morgen des fünften Siwan, am Rüsttage des welterleuchtenden Festes der Offenbarung, an welchem der Herr zum zweiten Male den Schöpferruf ertönen ließ: „Es werde Licht“: Licht im Geiste, Licht im Herzen, Licht im Leben und Wirken der Menschheit, stand der Mann, dessen strahlendes Antlitz Morgen- und Abendland mit seinem Glanz erfüllte, der Mann, der nicht blos einen wandelnden Tempel sondern auch eine siegreich durch das Erdenrund ziehende Gottesherrschaft stiftete, stand Moses in der arabischen Wüste und errichtete zwölf Denksteine für die zwölf Stämme Israels – und heute nach Jahrtausenden erscheinen wir, die Nachkommen jenes uralten Volkes, das selbst als ein ehrwürdiges Denkmal unverwittert und unerschüttert sich erhalten hat, umgeben von einem Kreise in unserem Staate und in unserer Stadt hervorragender und ausgezeichneter Männer, um den Schlußstein eines Gebäudes einzusenken, das sich zur Ehre jenes einzigen Gottes erhebt, den Moses zuerst der ganzen Menschheit verkündete, erhebet inmitten einer heimatlichen Stadt, wo die Gebeine unserer Vorfahren und Angehörigen ruhen. [...]

Bevor noch ein Spatenstich dem Grunde dieses Gebäudes dessen heiligen Zweck angewiesen hatte, leuchtete bereits die Sonne kaiserlicher Huld, in deren Glanz jede Kraft, auch des geringsten der österreichischen Stämme, zur Erscheinung kommt, über den Besitz und die Bestimmung desselben – und dankerfüllt gegen die Vorsehung, die das Herz der Fürsten gleich befruchtenden Wasserströmen leitet, legen wir in den „Stein des göttlichen Beistandes“ die Münzen dieses Jahres, mit dem Bildniß Sr. Majestät unseres Herrn und Kaisers Franz Joseph I. von der einen, und dem stolzen Adler, der die lichte Sonnenhöhe liebt, von der andern Seite.

Gegraben ward der Grund, hochherzige und hingebende Mitglieder unserer Gemeinde förderten das Gotteswerk durch opferwillige Theilnahme, und ein reges Wirken und Schaffen begann hier sowie in verschiedenen Werkstätten. Kelle, Hammer und Meißel wetteiferten miteinander in lauten Klängen, fleißige Hände fügten allmälig Stein, Eisen an Eisen, Holz an Holz, Farbe an Farbe, und kein Unfall hat die Freudentöne der Arbeiter unterbrochen, und keine Thräne von Verunglückten hat die Mauern dieses Hauses gefeuchtet – und dankerfüllt gegen die allgütige Vorsehung, die das Leben des Geringsten in ihre Obhut nimmt, legen wir in den „Stein des göttlichen Beistandes" die Urkunde der Schlußsteinlegung, der Vollendung dieses Hauses.

Vollendet steht nun der Bau vor uns, strahlend in Ebenmaaß und voll Pracht, und was der Arbeiter stückweise, allmälig und an verschiedenen Orten zu Ende führte, das lebte im Geiste des Baukünstlers von Anfang an als ein wohlgeordnetes, abgeschlossenes Ganzes, und wir bewundern den Menschengeist, der nicht blos kommende Zeiten, sondern auch werdende Räume vorausschaut – und dankerfüllt gegen die göttliche Vorsehung, die Gaben und Talente, die Triebkräfte der Kunst und der Wissenschaft mannigfach verleiht, legen wir in den „Stein des göttlichen Beistandes" den Grundriß dieses Hauses.

Wir blicken um uns, und sehen zuvörderst hochachtungsvoll und ehrerbietig die Männer, welche die Angelegenheiten unserer Haupt- und Residenzstadt ruhmvoll leiten, die Männer, deren treuer Obhut und Pflege, Gesetz und Ordnung übergeben ist, die Männer, welche das Vertrauen der israelitischen Cultus-Gemeinde an ihre Spitze berufen, unter deren Oberleitung und Fürsorge der Bau dieses Hauses berathen, beschlossen, begonnen, durch- und ausgeführt wurde – und dankerfüllt gegen die Vorsehung legen wir in den „Stein des göttlichen Beistandes" das Statut und das Mitgliederverzeichniß unserer Gemeinde. Drei wichtige und folgenschwere Angelegenheiten läßt Gott – wie die Alten Israels lehren – durch einen besonderen Herold seiner Macht laut verkünden: ob einem Staate ein milder Herrscher, einem Lande ein fruchtreiches Jahr, einem Gemeinwesen eine geschickte und umsichtige Leitung zu Theil werde.

49. Hermann Sallmayer,
Schutt und Kitt aus den Mauern von Wien.
1861, S. 3–4, 106–107.

Ihr Mauern seid dem Zahn der Zeiten
Gewichen nicht; ihr standet fest.
Ihr wichet nur dem Zeitengeiste,
Der alten Zeit ehrwürd'ger Rest.
Ihr stürztet nicht mit lautem Krachen
Vor roher, feindlicher Gewalt,
Ihr wichet still dem Hammerschlage,
Ob auch in euch noch fester Halt.
Kein Donnerschleudrer warf euch nieder,
Ihr wichet einem Kaiserwort;
So sankt ihr bis zum Grunde nieder
Der alten Zeiten starker Hort.
Die Welt braucht freie, off'ne Bahnen,
Entfernt sei Alles, was beengt!
Das ist der Zeiten lautes Mahnen,
Das ist's, was in den Völkern drängt.
Der Kaiser stürzte, um zu bauen,
Damit der Bürger habe Raum.
Er wirds vollenden, wirklich schauen,
Was dämmernd noch gleicht einem Traum.
Schon fiel so manche morsche Schranke
Und ließ uns freieren Verkehr,
Raum findet üb'rall der Gedanke,
Nach freien Bahnen ist Begehr.
Geflügelt eilen hin und wieder
Auf raschen Wegen Licht und Recht;
Des Doppeladlers reich Gefieder
Umrauscht ein strebendes Geschlecht.
So fallt, ihr Mauern! Aus den Trümmern
Ersteht ein freier Völkerdom,
In welchem tausend Lichter schimmern,
Sich spiegelnd in dem Zeitenstrom.
Ihr war't, umrauscht von wilden Schaaren,
Der feste Hort der Christenheit:
Die Zeit ist um, ihr weicht der klaren
Und ernsten Ford'rung hell'rer Zeit.
[...]
Wie feindlich auch der Spaten
Nun wühlt in deinem Grund,
Der alten Zeiten Thaten

Geh'n doch von Mund zu Mund.
Die Zeit ist anders worden.
Rings wächst und strebt und drängt
Das Volk an allen Orten;
Auch du hast es beengt.
Die du mit treuer Stärke
Dem Feind bot'st Widerstand,
Weich'st einem mächt'gen Werke
Von kaiserlicher Hand.
Doch wo du einst gestanden,
Wo deutsches Blut entquoll,
Sei deutsch auch jeder Name,
Fremdländisch kling' kein Zoll.
Und wie sich auch gestalten
Mag Ziegel, Stein und Sand,
Dein Kitt sei uns erhalten
Für künftigen Bestand.
Bald treibt auf deinem Grunde
Der bunte Menschenhaus
Und ziehet um Wiens Runde
Die Straßen ab und auf.
Die Schaufel und der Spaten
Bohr't sich in deinen Leib,
Den Raum von alten Thaten
Umwoget das Getreib.
Und mitten ins Gedränge
Lenkt ein Poet den Schritt,
Hebt alter Zeiten Sänge
Empor aus Schutt und Kitt.

Eröffnung des Franz Joseph Quai's am 1. Mai ˉ858, Lotterieblatt von 1859.

Fundamentierungsarbeiten für das neue Opernhaus im ehemaligen Stadtgraben , 1863.

„Die Eröffnung der Ringstraße in Wien durch Kaiser Franz Joseph am 1. Mai",
in: *Illustrirte Zeitung*, 20.5.1865.

50. Dr. Andreas Zelinka, *Administrations-Bericht des Bürgermeisters der k. k. Reichshaupt- und Residenzstadt Wien für die Jahre 1861 und 1862*. Wien 1863, S. 73–75.

Unter den in den letzten beiden Jahren verhandelten Agenden muß vor Allem hervorgehoben werden, die faktische Übergabe des mit den Allerh. Entschließungen vom 7. November 1860 und 9. April 1861 der Stadtgemeinde Wien zur Anlage eines öffentlichen Gartens überlassenen Grundes am sogenannten Wasserglacis und am rechten Wienflußufer zwischen der Wag- und Ungargasse im Gesammtausmaße von circa 30.000 Q. Kl. und die Einleitung der zur Herstellung dieses Gartens erforderlichen Vorarbeiten, insbesondere die Ablösung des der Frau Amalie v. Pirker auf Lebenszeit überlassenen Rechtes zum Ausschanke von warmen und erfrischenden Getränken und von Mineralwässern in den am Wasserglacis errichteten Gebäuden, so wie die Einlösung dieser Lokalitäten, wofür der Gemeinderath der Frau Amalie von Pirker eine Jahresrente von 2000 fl. und außerdem ein Kapital von 10.000 fl. öst. W. aus Kommunalmitteln angewiesen hat. [...]

Zur zweckmäßigen Ausführung des Stadtparkes und um gehörig überwachen zu können, daß derselbe in einer Weise hergestellt werde, wodurch allen billigen Anforderungen möglichst entsprochen wird, wurde beschlossen, die Ausführung der Parkanlage in eigene Regie zu übernehmen und nur jene Arbeiten in Akkord zu geben, die nach bestimmten Ausmaßen ausgeführt werden können, und deren Qualität überdieß durch diese Hintangabe nicht beeinträchtigt wird; außerdem wurde zur Durchführung und Überwachung der Arbeiten ein eigener Stadtgärtner in der Person des Dr. Rudolf Siebek, welcher in diesem Fache bereits Ausgezeichnetes geleistet hatte, provisorisch angestellt und aus der Mitte der Stadterweiterungs-Kommission ein Komité von drei Mitgliedern bestimmt, welches die ordnungsmäßige Herstellung der Anlagen so wie die erforderlichen Anschaffungen besonders zu überwachen hat. Um den Garten selbst in möglichst künstlerische und einer der Residenz würdigen Weise herzustellen, fand man es für zweckmäßig, zu diesem Behufe Pläne von in diesem Fache bewährten Künstlern verfassen zu lassen, um aus diesen Skizzen einen entsprechenden Plan auswählen zu können, und wurde nach eingehender Prüfung aller eingereichten Skizzen für den am linken Wienufer gelegenen Theil des Gartens ein von dem Landschaftsmaler Selleny eingereichter Plan als der beste mit einigen Modifikationen zur Ausführung angenommen.

(128)

Die Anlage dieses Parktheiles wurde Anfangs März 1862 begonnen, mit allem Kraftaufwande beschleunigt und mit alleiniger Ausnahme des Teiches im Juli vollendet.

Der am linken Wienufer gelegene Theil des Parkes enthält einen Flächenraum von zirka 18.000 Quadrat-Klaftern, von welchem nur das Plateau, auf dem das neue Kurgebäude aufgeführt werden wird, mit circa 4200 Q.-Kl. noch nicht vollständig regulirt ist.

Der angelegte Teich im Flächeninhalte von 1166 Q.-Kl. sammt Gerinne wurde Anfangs August vollendet und am 23. August mit Wasser von circa 40000 Eimern angelassen. In dem ganzen Parke wurden neue Wasserablaufskanäle hergestellt, eine Wasserleitung angelegt, die Gasbeleuchtung eingeführt und ein zierlicher Kiosk aus Gußeisen aufgestellt.

Für diese Parkanlage wurde in dem V. J. 1862 eine Summe von 159.856 fl. 42 kr. verausgabt, wobei jedoch nicht unbemerkt gelassen werden kann, daß noch einige Rechnungen erst im Verw. Jahre 1863 zur Auszahlung gelangten.

Daß es möglich wurde eine so großartige Parkanlage, welche von Seite des Publikums allgemein günstig beurtheilt wird, in einem Zeitraume von fünf Monaten herzustellen, ist dem Umstande zuzuschreiben, daß die ganze Ausführung den vom Gemeinderathe aus seiner Mitte bestellten und bereits erwähnten Park-Komité mit unbeschränkter Vollmacht übertragen wurde, welches alle Details der Ausführung zu genehmigen, Arbeiten und Lieferungen zu akkordiren und abzuschließen und mit Vermeidung eines weitwendigen Geschäftsganges zu genehmigen in der Lage war, daß eine unbeschränkte Anzahl von Arbeitsleuten und Fuhrwerken aufgenommen und von Seite des Park-Komité's, der Bauleitung und dem Stadtgärtner Alles aufgeboten worden ist, um diese Parkanlage so schnell als möglich dem Publikum zur Benutzung eröffnen zu können.

Zur Bewässerung des Stadtparkes und des im selben angelegten Teiches wurde ein eigenes Maschinenhaus mit Verwendung einer vorhandenen Dampfmaschine zur Hebung des Wassers aus dem zu diesem Zwecke gegrabenen Brunnen nächst der sogenannten Stubenthormühle hergestellt und hierfür sammt den nöthigen Röhrenleitungen und Wechseln ein Kostenbetrag von 31.319 fl. verausgabt.

Behufs der Ausführung eines Gebäudes als Erfrischungsort für das den Park besuchende Publikum und insbesondere für jenen Theilen des Publikums, welches die Mineralwasser-Trinkkur benöthigt, wurde beschlossen, einen Konkurs zur Überreichung von Plänen auszuschreiben, und sind die Verhandlungen hierüber noch im Zuge.

Nachdem aber der Stadtpark in seinen gegenwärtigen Raumverhältnissen für die immer mehr im Zunehmen begriffene Bevölkerung Wiens nicht ausreichend erkannt wurde, fand sich der Gemeinderath veranlaßt, bei dem hohen Staatsministerium einzuschreiten, daß der Kommune zur Vergrößerung des Stadtparkes ein Theil der an denselben anstoßenden Stadterweiterungsgründe gegen die Mondscheinbrücke überlassen werde.

---

51. Dr. Andreas Zelinka, „Approvisionirung und Marktpolizei", in: *Administrations-Bericht des Bürgermeisters der k. k. Reichshaupt- und Residenzstadt Wien für die Jahre 1861 und 1862*. Wien 1863, S. 67–68.

Die auf eine Ermäßigung der Lebensmittelpreise unablässig gerichteten Bestrebungen der Gemeindevertretung haben in den verflossenen Jahren die Veranlassung gegeben, in zahlreichen Gutachten und Elaboraten nicht nur jene wirthschaftlichen Grundsätze darzulegen, welche bei der ämtlichen Thätigkeit in diesem Administrazionszweige beobachtet werden, sondern auch die Beschaffenheit der Anstalten und Einrichtungen zu erörtern, welche in dieser Hinsicht zur Erleichterung des Verkehres, Vermehrung der Konkurrenz, Sicherung der öffentlichen Sanität und Handhabung der Ordnung bestehen. Alle diese Erwägungen hatten sehr wichtige und für das Approvisionirungswesen der Residenz nachhaltige Beschlüsse im Gefolge. So hat der Gemeinderath schon im November 1861 über einen in seiner Mitte eingebrachten Antrag wegen Errichtung einer Central-Markthalle zum Verkaufe von Lebensmitteln im Großen und einer dem Bedarfe entsprechenden Zahl von Detail-Markthallen beschlossen, eine aus fünf Mitgliedern des Gemeinderathes bestehende Kommission aus seiner Mitte zu wählen, welche mit der Feststellung der dahin gehörigen Maßregeln betraut wurde und die darauf bezüglichen Entwürfe und Vorschläge zu prüfen und dem Gemeinderathe zur Schlußfassung vorzulegen hatte. Dieser Kommission wurde zur Durchführung ihrer Arbeiten ein entsprechender Kredit bewilliget und ein eigenes Bureau beigegeben. Die Kommission hatte in einem seinerzeit an den Gemeinderath vertheilten gedruckten Bericht jene Grundsätze festgestellt, nach welchen bei Errichtung einer Central-Markthalle, so wie der Detailhallen vorgegangen werden soll, und haben diese grundsätzlichen Bestimmungen im Wesentlichen auch die Zustimmung des Gemeinderathes erhalten.

Eine wesentliche Bedingung zur Errichtung der Zentralhalle war die Ausmittelung eines entsprechenden, den Bedürfnissen genügenden Platzes, und wurde auf jene Plätze hingewiesen, welche nächst dem Hauptzollamte an der Verbindungsbahn gelegen sind. Nach den mit dem hohen Staatsministerium diesfalls eingeleiteten Unterhandlungen hatte sich dasselbe auch bereit erklärt, zur Erbauung einer provisorischen Zentralhalle jenen Platz an der Verbindungsbahn und am rechten Wienflußufer, welcher zwischen der zur Landstraßer Hauptstraße und der zur Ungergasse führenden Straße gelegen ist, auf 10 Jahre unentgeltlich der Kommune zu überlassen, da durch die eigentümlichen Rechtsverhältnisse der an der Verbindungsbahn gelegenen Plätze solche Schwierigkeiten obwalten, welche eine definitive Besitzerlangung dieses Platzes gegenwärtig nicht ermöglichen lassen. Der Gemeinderath hat zwar anerkannt, mit welchen Übelständen diese nur zeitweise Überlassung des fraglichen Platzes für die Kommune verbunden ist, allein da ein anderer geeigneterer Platz dermal nicht ermittelt werden konnte, die Errichtung der Zentralhalle auch vorläufig nur eine provisorische Maßregel ist, weil die gewonnenen Erfahrungen erst zeigen werden, ob das System der Markthallen auch für den hiesigen Platz den Bedürfnissen vollkommen entspricht, so wurde beschlossen, auf die von Seite des hohen Staatsministeriums gestellten Bedingungen einzugehen, zugleich aber auch jene Schritte zu veranlassen, wodurch eine definitive Überlassung des fraglichen Platzes in das Eigenthum der Kommune erreicht werden könnte.

---

52. o. A., „Die Privatbauten“, in: *Wiener Kommunal-Kalender und Städtisches Jahrbuch für 1864*, 2. Jg. Wien 1864, S. 263–264.

Mit aufrichtiger Freude muß es begrüßt werden, daß, auch für die Privatbauten Wiens die Stadterweiterung von heilsamem Einfluß wurde. Eine Reihe angesehener Namen aus den Kreisen des Adels, der Geldaristokratie und der Bürgerschaft bewarb sich um Bauplätze auf den Stadterweiterungsgründen in der Absicht, dort glanzvolle, der Bedeutung des neuen Stadttheiles entsprechende Bauten aufzuführen und verdrängte damit die bloßen

„Opern-Ring“, in: *Ansichten von Wien und der Weltausstellung 1873*, undatiert [1873].

Häuserspeculanten, denen weniger um ihre Ehre als ihren Vortheil zu thun war. Nebst mehreren älteren durch ihre hervorragenden Leistungen bekannten Architekten tauchten jüngere, tüchtig geschulte und künstlerisch gebildete Talente auf, und legten großentheils gelungene Proben ihres Geschmackes und ihres Formensinnes an den Tag.

Doch zeigt sich bei der Mehrzahl der Architekten eine Hinneigung zur Renaissance – eine Erkenntiß, welche in Bezug auf Werke der Privatarchitektur als richtig bezeichnet werden muß, weil sie den modernen Anschauungen und Bedürfnissen naheliegt. Ein wichtiger Bestandtheil der neuen Privatbauten ist das aus den Flächen der Façade hervortretende Risalit oder an manchen Gebäuden auch der förmlich ausgebildete Erker. Es läßt sich nicht läugnen, daß diese dem Mittelalter entlehnten Motive – wenn sie mit vollem Verständnisse angewendet werden – eine Zierde der Neubauten bilden. Sie beleben die Einförmigkeit der Façaden, geben den Wohnungen einen besonderen Reiz und dem Künstler Gelegenheit zu schönen, gefälligen Details. Ein wesentliches Erforderniß dieser Risalite und Erker ist allerdings, daß sie sich mit dem Ganzen der Façade verbinden, die Verhältnisse des Baues nicht stören, frei von groteskem, überladenem Zierwerke sind, und dem angestrebten Zwecke entsprechen. Und in dieser Beziehung lassen allerdings manche dieser architektonischen Bildungen viel zu wünschen übrig und scheinen mehr Auswüchse als ein organisch mit der Façade verwachsener Theil des Ganzen zu sein.

Eine nach unserer Überzeugung sehr unglücklich Erfindung sind die Halbstöcke, welche an den meisten Zinshäusern in Anwendung kommen, weil sie den ungünstigen Einfluß auf die Verhältnisse des Aufbaues machen, die Hauptlinien unmäßig in die Höhe ziehen und stets eine gewaltsame Trennung der Erdgeschosse von dem ersten Hauptstocke herbeiführen. Zum entschiedenen Vortheile der neuesten Zinsbauten gereicht es hingegen, daß in der Regel auf eine kräftige Profilierung der Gesimse, eine geschmacksvolle Einrahmung der Fenster und eine wirksame Belebung der Hauptpartien der Façade Rücksicht genommen wird.

Den imposantesten Eindruck gewähren bis jetzt der Kärnthner- und Opern-Ring und die dort zur Ausführung gelangten Privathäuser zeichnen sich der Mehrzahl nach durch eine reiche und geschmacksvolle Ausstattung aus; weit einfacher sind jene am Franz-Joseph-Quai gehalten, der Schmuck ihrer Façaden beschränkt sich auf das nächste Bedürfniß, und die wenigen Bauten, welche davon abweichen, leiden daher auch in ihrem Gesammteindrucke durch die isolirte Stellung.

(134)

Den hervorragendsten Rang nimmt unter allen Privatbauten der Heinrichshof ein, welchen der Architekt Theophil Hansen im Auftrage des Fabriksbesitzers Heinrich Drasche gebaut hat. Der Heinrichshof – auf einer aus sechs Baustellen zusammengesetzten Gruppe gebaut – ist ein colossales Zinshaus mit vorspringendem Mittelbaue und Eckthürmen, geschmückt mit figuralischen Fresken und plastischen Ornamenten, die dem Ganzen mehr den Charakter eines Palastes als eines bürgerlichen Wohnhauses geben. Er zeichnet sich durch eine bis in das kleinste Detail reichende geistvolle Durchführung dieser schwierigen Aufgabe aus, und läßt kaum errathen, daß auch derselbe Künstler die Pläne zum protestantischen Schulhause, – ganz nahe dem Heinrichshof gelegen – entworfen hat. Erwähnen müssen wir übrigens, daß die Fresken an der Fläche der oberen Stockwerke nach den Entwürfen des Professors K. Rahl ausgeführt wurden.

Unter den größeren Privatbauten muß auch das noch im Bau begriffene neue Palais Sr. k. Hoheit des Erzherzogs Albrecht erwähnt werden, welches gegenüber des jetzigen Palais die ganze Länge an der Seitenfronte des Kaisergarten einnimmt. Zwischen diesem und der noch stehenden Augustinerbastei wird eine Straße angelegt, und letztere vor dem gegenwärtigen erzherzoglichen Palais in eine Terrasse umgewandelt, welche die Einsicht in die zu ihren Füßen liegenden Neubauten gewähren wird.

Dann ist nunmehr das von der Gartenbau-Gesellschaft herzustellende Gebäude in Angriff genommen und wird im Laufe des künftigen Sommers vollendet werden.

Der hierzu von Sr. Majestät der k. k. Gesellschaft geschenkte Grund vor dem ehem. Karolinenthore umfaßt einen Flächenraum von nahezu 3700 [Q.] Klftr.

---

53. Franz Hochegger, *Zur Erinnerung an die feierliche Eröffnung des neuen k. k. akademischen Gymnasiums in Wien.* Wien 1866, S. 33–36.

Der Neubau des akademischen Gymnasiums.

Das neue akademische Gynmasialgebäude ist zufolge Allerh. Entschliessung vom 12. Jänner 1862 auf der dem Stadterweiterungsfonde gehörigen, jedoch unentgeltlich überlassenen Bauparzelle am vormaligen Glacisgrunde nächst der Schwarzenberg-Brücke nach den Plänen und unter der Leitung des k. k.

Oberbaurathes und Dombaumeisters Friedrich Schmidt ausgeführt worden.

Der Bau selbst wurde nach den getroffenen Voreinleitungen am 5. October 1863 in Angriff genommen, und hierauf mit allen hiebei sich geltend machenden Rücksichten dergestalt betrieben, dass das Gebäude in der ersten Hälfte des Monats October 1866 seiner Bestimmung übergeben werden konnte.

Dieses Gebäude, aus zwei Stockwerken bestehend, ist im gothischen Style ausgeführt und bildet im Grundrisse ein Viereck, dessen eine Seite 25 Klafter misst.

Die Hauptfaçade ist gegen den Stadtpark gerichtet; von dieser aus gelangt man durch drei spitzbogige Eingangsthore in das durch Säulen in drei Räume getheilte Vestibule, und von dort in eine durch Säulen getrennte Doppelhalle.

Gegenüber dem Vestibule baut sich die Halle gegen den Hof zu in einen Erker aus, der im Viereck einsetzt, im letzten Geschosse ins Achteck übergeht, und in Giebel, zwischen welchen eine Gallerie und ein schlanker Thurmhelm hervortreten, endiget.

An die Halle, an deren Enden die beiden zweiarmigen Haupttreppen liegen, schliessen sich die den Hof umgebenden Gänge an, welche die Verbindung der Schullocalitäten mit den Stiegen vermitteln.

Diese Gänge, durchaus eingewölbt, haben eine Breite von 9 Schuh, und da der Hof 12 Klafter, 4 Schuh, 6 Zoll lang und 11 Klafter, 2 Schuh, 6 Zoll breit ist, so werden dieselben auch hinlänglich beleuchtet. Eine gleiche Anlage zeigt der erste Stock.

Im zweiten Stockwerke führen die Hauptstiegen zu dem grossen Prüfungssaale, welcher schon nach aussen durch den vorspringenden Mittelbau gekennzeichnet ist.

Der Prüfungsaal, der zugleich, für den täglichen Frühgottesdienst zu dienen hat, erhält durch den vorerwähnten Erker-Ausbau einen Kapellenraum, worin der Altar sich befindet, der nach dem Gottesdienste von dem Saale durch einen Teppichvorhang, abgeschlossen wird.

Unter dem Kapellen-Erker dient der Ausbau des Erdgeschosses und des ersten Stockwerkes zur Aufnahme von kleinen Brunnen.

Die verschiedenen Stockwerke umfassen der Reihe nach folgende Räumlichkeiten.

Im Erdgeschosse fünf Lehrzimmer, einen Turnsaal, ein Turnrequisitenzimmer, die Bibliothek mit einem Lesezimmer, zwei Dienerwohnungen. Im ersten Stockwerke sieben Lehrzimmer, den Saal für Physik, ein physikalisches Cabinet mit dem Laboratorium, und den Zeichnungssaal. Im zweiten Stockwerke den Prüfungssaal, eine Sacristei, ein Lehr- und ein Empfangszimmer, den naturhistorischen Saal mit einem Cabinette, das Conferenzzimmer mit der Directionskanzlei und die Directorswohnung.

Für den Zugang in die Directorswohnung und in die Kanzlei besteht eine eigene Wendeltreppe, welche in einem Ausbaue zwischen dem südlichen und östlichen Hoftracte liegt. Die sämmtlichen Localitäten haben eine entsprechende Höhe, zu ebner Erde 16 Schuh, im 1. und 2. Stocke 15 Schuh.

Die grosse Zahl und Ausdehnung der Schullocalitäten war bedingt durch die an dieser Lehranstalt schon bestehenden Parallelclassen bis einschliesslich des VI. Jahrganges, und dieselben sind auf einen Besuch von 800 Schülern berechnet.

Auf die Bedürfnisse einer zweckmässigen Beheizung und Ventilation wurde insbesondere Rücksicht genommen und in dieser Beziehung für die sämmtlichen Lehrzimmer und Säle die Calorifères-Heizung angewendet, welche das Bedeutendste leistet, was in Bezug auf Productionskosten, Wärmeeffect und Ventilation verlangt werden kann. Nur die Wohnung des Directors und der beiden Schuldiener, so wie die Kanzleien werden mittelst Kachelöfen beheizt.

Auch die hergestellte Wasserleitung mit einem täglichen Quantum von 250 Eimern ist für dieses Gebäude nicht blos eine nützliche und wohlthätige Massregel, sondern eine ebenso zweckmässige als nothwendige Vorkehrung. Es besteht nämlich die Einrichtung, dass die vorerwähnte Wassermenge je nach dem wechselnden Bedarfe entweder zur Speisung der in den Gängen angebrachten vier Auslaufbrunnen oder zum sonstigen Haushalte verwendet werden kann.

Bemerkenswerth ist auch die Gasbeleuchtung, die in allen Räumlichkeiten auf eine einfache aber zweckmässige Weise in Ausführung gebracht worden ist.

Anbelangend das Äussere dieses Gebäudes, so tritt vornehmlich an der Hauptfaçade der Mitteltheil in einer reicheren decorativen Ausstattung hervor.

Derselbe theilt sich in sieben Felder mit vorspringenden Pfeilern, die über das Dachgesimse hinaus mit einer Gallerie und mit schlanken, durch zierliche Giebel untereinander verbundenen Fialen abschliessen. Das Feld des mittleren Giebels ist mit dem kaiserlichen Adler in bemaltem Steinrelief ausgezeichnet. Bei diesem Risalitbaue erhielt nur das zweite Stockwerk breite spitzbogige Fenster mit Masswerk in den Bogenfüllungen. Oberhalb dieser Fenster sind in Steinrelief und polychromirt die Wappen der verschiedenen Kronländer angebracht.

Einfacher sind die Seitenfaçaden gehalten, an welchen nur die Risalite mit oberhalb des Daches abschliessenden Giebeln versehen wurden.

Friedrich von Schmidt (Architekt), Akademisches Gymnasium, 1863.

Die Aussenseite des Gebäudes wurde in Ziegelrohbau durchgeführt und nur der Sockel und die sämmtlichen Gesimse und sonstigen Constructionstheile sind von Stein. Ungleich reicher ist die Architektur im Inneren.

Die Säulen im Vestibule und in der vorderen Halle sind nämlich aus geschliffenem Granit und durch reich ornamentirte Capitäle aus Möllersdorferstein abgeschlossen, auf welchem die Kreuzgewölbe mit einfach profilirten Rippen ruhen. Die Gewölbe der Hallen, Gänge und Stiegenhäuser so wie die Schulräume wurden mit einfacher Decorationsmalerei ausgestattet.

---

54. o. A., „Die Centralmarkthalle.“, in: *Wiener Kommunal Kalender und Städtisches Jahrbuch für 1866*, 4. Jg. Wien 1866, S. 157–158.

Die noch im Laufe des Jahres 1865 bevorstehende Eröffnung der Centralmarkthalle bildet ein Ereigniß von großer Bedeutung für die künftige Versorgung unserer Stadt mit Lebensmitteln; sie ist der erste über locale Maßregeln hinausgehende Erfolg der Bemühungen unserer Gemeindevertretung, die Bezugsquellen für Lebensmittel zu erweitern, die freieste Concurrenz im Handel mit Nahrungsproducten hervorzurufen und dadurch unter allen Umständen eine unnatürliche Vertheuerung der Letzteren zu verhüten. Das hervorragendste Verdienst an der energischen Bewältigung der schwierigen und mühevollen Arbeiten zur Verwirklichung der Centralmarkthalle darf mit Recht der Obmann der Markthallen-Commission, Gemeinderath Herr Wilhelm Frankl, für sich in Anspruch nehmen.

Die durch die Centralhalle zu erreichenden Vortheile lassen sich unter dem doppelten Gesichtspuncte des Producenten und Consumenten von Eßwaaren auffassen. Was insbesondere die mit Lebensmitteln Handel treibenden Wiener Gewerbsleute anbelangt, so wird ihnen hier zum erstenmal Gelegenheit geboten, daß sie sich auf einem einzigen Puncte stets mit ihrem Bedarf vollständig versehen können, wo sie gewissermaßen selbst die Preise bestimmen, indem sämmtliche Hallenwaaren im Auctionswege verkauft werden.

Für das verzehrende Publikum der Hauptstadt liegt eine große Beruhigung darin, daß der öffentliche Verkauf jederzeit unter unmittelbarer Controle der städtischen Aufsichtsbeamten stattfindet, was ausreichende Sicherheit gewährt, daß nur frische und gesundheitsunschädliche Waaren zum Ausbote gelangen, nachdem kein Artikel zur Auction zugelassen wird, bevor er nicht früher in sanitärer Beziehung vorschriftsmäßig geprüft wurde. Hiebei darf nicht unbemerkt bleiben, daß auch die Erhebung des Maßes, Gewichtes und der Stückezahl stets unter amtlicher Überwachung geschieht, daß das Publikum sonach auch von dieser Seite vor jeder Übervortheilung geschützt wird.

Aber auch die Producenten der nächsten Umgebung wie der entfernteren Kronländer kommen dadurch in die angenehme Lage, ihre Erzeugnisse, ohne vorhergegangene Anfrage, zu jeder Stunde und unter Vermeidung jedes wie immer gearteten Zwischenhandels an die Centralmarkthalle einsenden und nach erfolgtem Verkauf derselben den Betrag dafür in kürzester Frist baar empfangen zu können, wobei bloß die kleinen Provisions-Gebühren und einige andere, verhältnismäßig gegen früher sehr unbedeutende Auslagen in Abzug gebracht werden dürften.

Zur Erreichung der Vortheile, welche wir hier geschildert, hat der Gemeinderath die Halle selbst derart eingerichtet, daß die einlangenden Waaren leicht, gut und sicher behandelt und das dort verkehrende Publikum wie das amtirende Publikum bequem verkehren kann. [...]

Das Terrain des Bauplatzes senkt vom Wienfluße gegen den Viaduct zu ab, u. z. in dem Maße, daß der Höhenunterschied gegen 14 Fuß beträgt; der Viaduct liegt ungefähr in gleicher Höhe, wie die Brücke über den Wienfluß.

Diese Höhenlage machte es möglich, die Halle so anzulegen, dass der Waarenverkehr in dieselbe sowohl durch die Eisenbahn, als auch von der Straße stattfinden kann. Zu diesem Zwecke wurde ein Plateau gebildet in der Höhe der Schienen, und dasselbe beiderseits mit Futtermauern eingeschlossen; in der Höhe dieses Plateau's liegt der Fußboden der Halle, welche auf diese Weise von der Lastenstraße für Frachtwagen, von dem Eisenbahn-Viaducte aus mittelst einer Überbrückung für die Lastwägen der Bahn zugänglich ist.

55. R[udolf]. Eitelberger v. Edelberg, *Denkschrift über den Bau und die Organisation des Museums für Kunst in Wien.* Wien 1867, S. [3]–4, 34.

Unter den Aufgaben, welche durch die Stadterweiterung zur Lösung kommen sollen, ist wohl keine so wichtig, als die des Baues der Reichsmuseen. Der eben abgelaufene Concurs über die Musealprojecte hat zur Genüge gezeigt, dass das Programm, nach welchem die vier concurrirenden Architekten gearbeitet hatten, ein durchaus ungenügendes war. Das einzige Positive, was geschaffen wurde, sind die zahlreichen Anhaltspunkte über die Anforderungen der Beleuchtung, der Raumverteilung und Anordnung in den verschiedenen Abtheilungen der Museen, welche in dem neu zu entwerfenden Programme aufgenommen werden müssen.

Bevor man aber weiter zur Feststellung dieses Programmes schreitet, wird noch eine Reihe von Fragen untersucht werden müssen, die bisher nicht in genügender Weise Gegenstand einer eingehenden Würdigung geworden sind. Es hat sich nämlich bei dem ersten Programme offenbar nur darum gehandelt, alle jene Sammlungen, welche man unter dem Titel der Hofsammlungen kennt, aus ihren bisherigen Räumen zu entfernen, sie in neue Gebäude zu bringen und dieselben auf jenem Platze zu situiren, der in dem Stadterweiterungs-Programme zum Baue der Museen angewiesen wurde. Ob es aber nützlich und gut ist, alle Museen auf diesem Punkte zu vereinigen; in wie weit eine solche Vereinigung dort wünschenswerth ist; ob und in wie weit auch andere Sammlungen, welche nicht den Titel Hofsammlungen führen, in den Kreis dieser Sammlungen hineingezogen werden sollen oder nicht: das alles scheint nicht untersucht worden zu sein, so wichtig auch diese Punkte für die definitive Feststellung des Programmes sein mögen.

Vorerst scheint es nöthig, folgende Gesichtspunkte festzuhalten:

1. Naturwissenschaftliche Sammlungen verlangen Gebäude ganz anderer Art als Kunstsammlungen.
2. Naturwissenschaftliche Sammlungen dürfen nicht blos betrachtet werden als Sammlungen im engeren Sinne des Wortes, sondern als wissenschaftliche Institute.

In einer Stadt wie Wien, wo die naturwissenschaftlichen Sammlungen noch nicht Institute sind, müssen dann selbstverständlich diese Sammlungen mit jenen Instituten in engste Verbindung gebracht werden, die, sei es nun die Universität oder die geologische Reichsanstalt, Institute für naturwissenschaftliche Forschung geworden sind. Die naturwissenschaftlichen

Sammlungen unterscheiden sich auch wohl von den Kunstsammlungen dadurch, dass die letzteren, die Kunstsammlungen, immer als Hofanstalten betrachtet, als solche geleitet, als zum Glanze des Hofes gehörig betrachtet werden können und auch überall angesehen werden; dass bei naturwissenschaftlichen Sammlungen hingegen es dringend zu wünschen ist, dass dieselben so rasch als möglich unter die Leitung des Staates gestellt werden. In Österreich kann diese Bedingung um so leichter erfüllt werden, als die Museen, die jetzt erbaut werden sollen, Staatsgebäude sind, da der Stadterweiterungsfond ein Staatsfond ist, und da wohl auch ein grosser Theil der naturwissenschaftlichen Sammlungen, insbesondere die der geologischen Reichsanstalt, Eigenthum des Staates ist.

Über die Frage, wie in Wien die Museen für die naturwissenschaftlichen Sammlungen und wo sie gebaut werden sollen, ist die Stadterweiterungs-Commission wohl die Körperschaft, welche legal und formell berufen ist, insoweit zu entscheiden, als ein Theil der Area des Stadterweiterungs-Terrains dabei in Betrachtung kommt. Sachlich und wissenschaftlich genommen hat sie gar keinen Anspruch, diese Frage in die Hand zu nehmen, und es wäre wünschenswerth, dass zu diesem Behufe eine Commission zusammentreten würde, gebildet aus anerkannten Naturforschern von unabhängiger Lebensstellung, um sich über diese Fragen auszusprechen und ein Votum abzugeben, welches mit Recht auf allgemeine Anerkennung Anspruch machen kann. Die Akademie der Wissenschaften, die geologische Reichsanstalt, die Universität haben gleichmässig ein ganz besonderes Interesse, die Frage des Baues der naturwissenschaftlichen Museen in dem Sinne gelöst zu sehen, als es die Wissenschaft verlangt. [...]

Wir wissen, dass die Zeiten keine günstigen sind, dass das Vertrauen vertrauensstarker Männer erschüttert ist. Lassen wir uns aber trotzdem in edlen Bestrebungen nicht irren, rufen wir das „Sursum corda“ jenen Männern zu, die in der Culturentwickelung Österreichs in dieser Angelegenheit ein entscheidendes Wort zu sprechen haben. Auf der geistigen Erhebung Österreichs ruht all' unsere Hoffnung, all' unser Vertrauen, – es wird dieses Mal nicht getäuscht werden.

56. D[aniel]. Spitzer, „Das neue Rathaus“ (14. November 1869), in: ders., *Wiener Spaziergänge. Erste Sammlung*. Wien-Leipzig, Julius Klinkhardt, 1880, S. 83–86.

Der Streit, welcher seit einiger Zeit unter den Ästhetikern der Landeshaupt- und Residenzstadt Wien geführt wurde, ist endlich entschieden, indem sich die Bausection des Gemeinderaths für den Bau eines neuen Rathhauses im gothischen Style erklärt hat.

Was mich betrifft, so ist es mir, da man einmal entschlossen ist, den sechs Millionen Österreichischer Währung unter Anwendung architektonischer Hülfsmittel ein Ende zu machen, einerlei, ob dies im gothischen, im Renaissance-, im byzantinischen oder im Pyramiden-Geschmacke geschieht, denn auch von den Architektur-Arten gilt, was die Epikuräerinnen der Strafanstalt Neudorf einander in ihrem so rasch populär gewordenen Rundgesange nachrühmen: „Die Eine hat dies, und die Andere hat das, aber jede hat was.“

Nur habe ich durch häufigen Besuch des Theaters so viel gelernt, daß die Costume mit den Decorationen in eine gewisse Harmonie gebracht werden müssen, und ich würde mir daher, falls man sich für den gothischen Bau endgültig erklären sollte, den Vorschlag erlauben, daß man den Costumezeichner des Hoftheaters, Herrn Franz Gaul, schon gegenwärtig beauftrage, den P. T. Mitgliedern des Gemeinderaths auf ein paar gothische Beinkleider das Maß zu nehmen.

Erhält das neue Rathhaus aber den kirchlichen Charakter, welchen der Herr Dombaumeister Schmidt für dasselbe als zweckmäßig erkannt hat, dann bekommen wir vielleicht einmal folgenden Bericht über eine Gemeinderathsitzung zu lesen:

Herr Gemeinderath X referirte über den Antrag auf Errichtung einer städtischen Wurstsiederei, und die Strahlen der untergehenden Sonne, welche durch die hohen gothischen Fenster in die hehren Communalräume fielen, verklärten das Antlitz des Herrn Referenten. Der Moment war so überwältigend, daß mehrere Gemeinderäthe ihre Andachtsbücher aus der Tasche zogen, und daß ein Mitglied des rechten Centrums nur durch seine neben ihm sitzenden Parteigenossen daran verhindert wurde, einige Bußübungen vorzunehmen. Der Herr Berichterstatter wurde wiederholt durch einige beifällige „Amen“ unterbrochen.

Ich will jedoch über den Geschmack, in welchem das neue Rathhaus erbaut werden soll, nicht viele Worte verlieren, denn der Geschmack, ich wiederhole es, ist reine Geschmackssache. Wohl aber würde ich mir die eines Kunstbarbaren würdige Frage erlauben, weshalb denn eigentlich ein neues Rathhaus im alten Style erbaut wird, da wir uns ja noch immer eines alten Rathhauses im neuen Style erfreuen?

Ich bin erst unlängst auf einer sehr elenden Straße nach Hütteldorf gegangen, welche wahrscheinlich mit Rücksicht darauf, daß dort jeder Postwagen umwerfen würde, den Namen „Poststraße" führte. Ich muß jedoch aufrichtig gestehen, daß mir, als ich über die im strengsten gothischen Style beschotterte Straße stolperte, die Nothwendigkeit eines neuen Rathhauses im Style desselben Jahrhunderts keineswegs einleuchtete.

Ich glaube auch nicht, daß es die armen Kleinen, die in unseren fast durchgehends ungesunden Schulstuben zu Märtyrern des ABC gemacht werden, besonders erbauen würde, wenn ich ihnen erklärte: Es ist wahr, mit den Zinsen des Capitals, welches das neue Rathhaus im gothischen Geschmacke auffrißt, könnte Euch geholfen werden, aber Ihr werdet selbst einsehen, liebe Kleinen, daß unser Streben vor Allem dahin gerichtet sein muß, den Vätern der Stadt Wien einen bequem eingerichteten Festsaal zu bauen, in welchem sie ohne Nachtheil für ihre Gesundheit Bankette abhalten und vorkommenden Falls Polka-Mazur tanzen können. Vielleicht liefe ich sogar Gefahr, daß mich ein sechsjähriger süddeutscher Demokrat bei dem Rockschoße erwischen und mir sagen würde:

Aha, Du bist gewiß auch bestochen, wie der Papa!

In der letzten Gemeinderathsitzung wurde auch auf die Wohnungsnoth, deren sich unsere Hausherren erfreuen, hingewiesen, und der Herr Bürgermeister interpellirt, ob er nicht für die Abhülfe derselben sorgen wolle. Hierauf erwiederte der Bürgermeister: „Es könne nicht Sache der Commune sein, sich in Bauunternehmungen einzulassen, und der Bau billiger Wohnungen müsse der Privatthätigkeit überlassen bleiben." Diese Bemerkung ist im Allgemeinen sehr richtig, nur darf in dem Augenblicke an der Weisheit derselben gezweifelt werden, wo die Commune sich „in eine Bau-Unternehmung einläßt", welche nach dem Voranschlage nicht mehr als sechs Millionen kosten soll, das heißt also, nicht weniger als zehn Millionen kosten wird, für welche aber allerdings der Milderungsumstand geltend gemacht werden kann, daß durch sie Niemand eine billige Wohnung erhalten wird, als der jeweilige Herr Bürgermeister der Stadt Wien.

Kapitel 8: Verkehr

Fremdenführer können durchaus fruchtbare Quellen für die Darstellung wenig dokumentierter Alltagspraxen sein. Im Falle von „Das neue Wien" werden die kompliziert anmutenden Erfahrungen, denen sich ankommende Reisende am Bahnhof in Wien unterwerfen mussten, sowie die Weiterfahrt in die Stadt auf das Eindrücklichste geschildert. Der Beamte und auch Teilnehmer am Wettbewerb zur Ringstraßenzone, Valentin Streffleur, beschreibt die Probleme der Eisenbahnentwicklung im Rahmen des Stadtwachstums von Wien, in dem er unter anderem statistische Daten des Warenverkehrs zur Anschauung brachte. Auch Bürgermeister Zelinka besprach die drängenden Fragen der Verkehrsagenden, die jedoch im Zeitalter des Liberalismus durch privatwirtschaftlich agierende Unternehmen übernommen wurden. So wurde ein mögliches Liniennetz von Straßenbahnen im Pferdebetrieb anvisiert, das radiale und tangentiale Strecken vorsah. Zur selben Zeit besprach man auch eine solche Bahnverbindung für Dornbach, das damals ein Ausflugsziel der Bevölkerung Wiens war. Ein anderes Verkehrsmittel war der Omnibus, der, wie der Name sagt, für alle als schienenfreies Fuhrwerk zur Verfügung stand. Dieses Zusammentreffen von Personen aus unterschiedlichen sozialen Milieus schildert die Schriftstellerin Florentine Galliny in ihrem Text besonders gut. Firmiert hat sie jedoch nicht unter ihrem eigenen Namen, sondern mit einem männlichen Pseudonym: Bruno Walden. Als der Verein der deutschen Eisenbahnverwaltungen Wien zu seinem Durchführungsort der Generalversammlung von 1869 auserkoren hatte, erschien zu diesem Behufe ein *Führer durch Wien*, der ebenso den Verkehr der Stadt beleuchtete und die Unterschiedlichkeiten von Fiaker, Comfortable und Einspänner herausarbeitete. Überrascht wird man von einem Text aus dem Jahr 1872, der eine Idee aus dem städtebaulichen Wettbewerb zur Ringstraßenzone aufgenommen hatte, nämlich die Anlage einer Untergrundbahn. Auch William E. Thursfield nahm mit seiner Beschreibung aus dem Jahr der Weltausstellung ein später realisiertes Projekt vorweg. Er überlegte, wie man entlang des Donaukanals und des Wienflusses auf dem Bereich der bislang ungenutzten Böschungen Bahntrassen anlegen könnte. Gerade entlang des Wienflusses sah er vor, dass die Strecke teilweise unterirdisch geführt werden würde. Ein besonders eindrückliches Zeugnis stellt der Text „Fahr'n m'r E'r Gnaden?" dar, in dem der Publizist und Schriftsteller August Silberstein ein genaues Sitten- und Verhaltensbild des Fiakers, eines der wienerischen Topoi, beschreibt.

57. o. A., *Das neue Wien. Praktischer Fremdenführer mit einem neuen Plane von Wien.* Wien: Carl Schönewerk [1864], S. 9–15.

Ankunft und Einrichtung des Reisenden in Wien.

Bei seiner Ankunft in Wien hat der Reisende nicht Zeit, den Eisenbahnhof und dessen Umgebung zu bewundern. Er kann da weder an Wien, noch an sich selbst denken, sondern gehört ausschließlich seinem Gepäcke an. Man muß es vor Allem in dem Saale, wo die Träger es niederlegen, durch Vorweisung des bei der Aufgabe erhaltenen Scheines aufsuchen und durch einen Finanz-Aufseher revidiren lassen, worauf man es durch einen der zahlreich anwesenden Träger, dessen Nummer, die an seinem Arme oder an der Kappe angebracht ist, man sich wohl merken muß, um denselben im Gedräng nicht zu verlieren, aus dem Bahnhofe zu einem der stets bereit stehenden Fiaker oder Einspänner bringen läßt. Dem Träger zahlt man, je nach der Menge oder Schwere des Gepäckes, für seine Mühe 10 bis 20 Nkr. Der Preis für den Miethwagen ist aus der Fahr-Taxe der Fiaker und Einspänner zu ersehen.

Bei der Ankunft in Wien wird eben so wenig wie in allen übrigen Orten der Monarchie die Vorweisung einer Reise-Legitimation verlangt, sondern man hat in dem Absteigquartier bloß den Meldzettel, welchen der Wohnungsgeber vorzulegen verpflichtet ist, den darauf befindlichen Rubriken gemäß, auszufüllen.

Es ist sehr wichtig den Bezirk und Gasthof, den man in Wien bewohnen will, richtig zu wählen. Ist man durch besondere Geschäfte nicht etwa an einen Bezirk gebunden, so ist es, besonders für jene, welche zum Vergnügen reisen, am zweckmäßigsten, sich in der innern Stadt, oder wenigstens so nahe als möglich derselben einzulogiren, oder doch einen Gasthof zu wählen, welcher durch vorüberfahrende Omnibusse in steter Verbindung mit allen Bezirken ist.

Wagen.

In einer Stadt, wo man fast zwei Stunden Weges in gerader Richtung gehen kann, sind die Wagen fast ein Gegenstand erster Nothwendigkeit.

Man findet in allen Bezirken auf den frequentesten Plätzen zweispännige Fiaker oder Einspänner, während die nach allen Richtungen und mit den nächstgelegenen Ortschaften verkehrenden Omnibusse, über 1000 an der Zahl, die fortwährende Verbindung zwischen allen Bezirken herstellen.

Die zweispännigen Fiaker sind meist elegant und wegen ihres schnellen und sicheren Fahrens berühmt. Dieselben sind für zwei und manche für vier Personen eingerichtet.

Die Einspänner haben etwas kleinere Wagen und sind nicht so schnell wie die Fiaker, doch viel billiger als jene; in selben haben immer nur zwei Personen Platz.

Der Fahrpreis-Tarif im Auszuge muß im Innern des Wagens eines Fiakers oder Einspänners, dem Fahrgaste völlig sichtbar, angebracht sein, nebstbei auch der vollständige Taxtarif vom Kutscher zur Einsicht des Fahrgastes bereit gehalten werden.

Jeder auf seinem Standorte aufgestellte Fiaker oder Einspänner ist auf die Aufforderung der Partei zum Fahren nach der bestimmten Taxe verpflichtet. Die Wahl unter den aufgestellten Wagen ist der Fahrpartei überlassen.

Beim Einsteigen am Standplatz hat der Kutscher den Fahrgast auf die Zeit, allenfalls mittelst Hinweisung auf die Uhr aufmerksam zu machen.

Der Beginn der Fahrt bei Bestellung zu einem Hause wird von dem Zeitpunkte an gerechnet, als der Fiaker oder Einspänner von seinem Aufstellungsplatze unmittelbar abberufen wurde; außerdem aber von der Zeit, zu welcher er zu erscheinen bestellt worden ist.

Der Fahrpreis bleibt derselbe, ob eine oder mehrere Personen fahren.

Die Fahrpreis-Bestimmungen gelten für alle Tage, bei jeder Witterung und zu jeder Jahreszeit von 7 Uhr Morgens bis 10 Uhr Abends – von 10 Uhr Abends bis 7 Uhr Morgens ist die Hälfte der Taxe mehr zu bezahlen.

---

58. V[alentin]. Streffleur, *Das bisherige Wien und dessen mögliche künftige Entwickelung.* Wien: Carl Gerold's Sohn, 1864, S. 9–10.

Eine eben so mangelhafte Entwickelung als die Schifffahrt hat leider auch das Eisenbahnwesen erfahren. Man hatte dabei an eine äussere Thätigkeit, an Handel und Erwerb nicht gedacht. So wie die Schifffahrtsanstalten nie auf den Grosshandel, sondern nur auf die Approvisionirung Wiens berechnet waren, so hatte man auch bei der Entstehung der Eisenbahnen nur die Zufuhr von Lebensmitteln im Auge.

Die Nordbahn wollte man nicht nach den Weltmärkten: Hamburg, Leipzig etc. leiten, sondern ihr ursprünglicher Zweck war eine Verbindung mit Galizien, um den Wienern billiges Schlachtvieh zuzuführen.

Ebenso war die Südbahn ursprünglich nur eine Wien-Raaberbahn, um Wien von den Frucht-Stapelplätzen Raab und Wieselburg aus wohlfeil mit Getreide zu versehen. Auch bei der Anlage der Gloggnitzer Bahn hatte man den Nutzen der grossen Industrie übersehen, die ihren Hauptsitz an der Neustädter Fischa (Ebenfurt) und an der Fischa-Dagnitz hat. Statt derselben durch eine directe Bahn oder wenigstens durch Zweigbahnen zu Hilfe zu kommen, legte man die Bahn so nahe als möglich an den Fuss des Wienerwaldes, um aus Spazierfahrern und Touristen den grössten Nutzen zu ziehen.

Ebenfurt und Neufeld allein verfrachten jetzt jährlich über zwei Millionen Zentner. Aus der Ebenfurter Mühle geht Mehl sogar nach Frankreich. Bis zum Jahre 1850 hatte dieser Bezirk aber gar keine ordentlichen Strassen. Nachdem seit dem Jahre 1853 bessere Wege ins Leben gerufen wurden, gehen, statt wie früher mühsam und vereinzelt, jetzt Wagen an Wagen in vier Richtungen: gegen Ödenburg, Neustadt (Gloggnitz), Wien und Raab. Bald werden in diesen Richtungen auch Eisenbahnen sich erheben, denn es liegen in diesem Gebiete 17 grosse Baumwollspinnereien und Webereien, 5 Papierfabriken, Alaunsiedereien, viele grosse Mühlen und ausserdem mächtige Kohlengruben, Ziegeleien und Steinbrüche, so dass der gegenwärtige Verkehr an Roh- und Industrie-Producten bei den verbesserten Strassen schon über fünf Millionen Centner jährlich gestiegen ist und nach den Eisenbahnanlagen sich noch bedeutend heben wird. Bis jetzt müssen z. B. Getreidesorten, Wolle, Hadern etc., die man aus dem Ödenburger Comitate nach dem Ebenfurter Bezirk bringen will, erst nach Raab. und von da über Wien spedirt werden, was nach einer Eisenbahnverbindung directe geschehen kann.

Wir sehen aus diesem Beispiele, wie schnell und mächtig verbesserte Communicationen auf die Hebung von Handel und Industrie wirken, und müssen daraus abnehmen, dass in dieser Beziehung in dem Centralpunkte Wien, wo alle Eisenbahnen und die Dampfschifffahrtslinien sich concentriren, nicht leicht genug geschehen kann. Nach den bisherigen Zuständen ist aber Wien – im Vergleiche zu andern Grossstädten – auffallend zurückgeblieben. Die nach Wien ziehenden Eisenbahnen enden gleichsam in Kopfstationen; die Schienenverbindungen der Südbahn mit der Nord- und Westbahn sind unbedeutend, nicht für einen Hauptverkehr eingerichtet.

Die sogenannte Verbindungsbahn ist die einzige Schienenverbindung aller südlichen, westlichen und östlichen Eisenbahnen mit jenen nördlich der Donau liegenden; sie war aber in der ersten und noch bestehenden mangelhaften Anlage nicht für den Grossverkehr zwischen den Bahnen auf beiden Ufern bestimmt, sondern sollte zuerst nur dazu dienen, die Waaren vom Süd- und Nordbahnhofe zu dem Zollamtsgebände zu überführen. Sie gehört zu den Nothstandsbauten des Jahres 1848, in welchem man in Verlegenheit war, Bauten zu entdecken, um die brodlosen und revoltirenden Arbeiter zu beschäftigen. Nach Beseitigung der Gefahr wurde sie wieder liegen gelassen; ein Beweis, dass man an ihre Benutzung für den Welthandel nicht dachte: 1848 begonnen, war sie 1859, wo die nach Italien ziehenden Truppen mit grossem Zeitverlust zu Fuss das Weichbild Wiens passiren mussten, noch nicht zur Vollendung gebracht.

Die Staatseisenbahn-Gesellschaft hat ihre südlichen und nördlichen Linien heute noch ohne alle eigene Verbindung; keine der Bahnen hat eine Verbindung mit den Dampfschiffen; keine Circumvallationsbahn umschliesst Wien, kein Centralbahnhof erleichtert den Verkehr der Stadt mit den vereinzelten Bahnhöfen!

---

59. Dr. Andreas Zelinka, *Administrazions-Bericht des Bürgermeisters der k. k. Reichshaupt- und Residenzstadt Wien für das Jahr 1864.* Wien 1865, S. 120–122.

Die Wichtigkeit und Tragweite des hierdurch in Anregung gebrachten Gegenstandes, der große Einfluß, den die Einführung der Pferdeeisenbahnen in Wien auf das ganze Verkehrswesen ausüben würde, die nothwendige Bedachtnahme auf die dadurch vielseitig berührten öffentlichen und Privatverhältnisse machten die eingehendsten Berathungen vor der Abgabe des abgesonderten wohlerwogenen Gutachtens unerläßlich. Hierbei glaubte die Gemeindevertretung vor Allem einen prinzipiellen Standpunkt einnehmen zu müssen. Sie erklärte sich für die Zulässigkeit der Anlage von Pferdeeisenbahnen in Wien überhaupt, indem die in andern Städten, wo solche Bahnen bestehen, gesammelten Erfahrungen ein günstiges Resultat in Bezug auf die Zweckmäßigkeit dieses Transportmittels geliefert hatten. Die Gemeindevertretung verkannte nicht die Schwierigkeiten, welche namentlich in Wien bei dem vielfach koupirten Terrain, den ungleichen

Niveau-Verhältnissen und den vielen engen und gewundenen Straßenzügen sich ergeben würden, wenn man diese Bahnen in allen und jeden Straßen ohne Berücksichtigung der thatsächlichen Verhältnisse einzuführen gestatten würde. Aus diesem Grunde hielt sie es für dringend nöthig, in ihrem Gutachten darauf hinzuweisen, wie unerläßlich nothwendig es sei, bevor irgend einer Unternehmung eine definitive Konzession für die Herstellung einer solchen Pferdeeisenbahn ertheilt werde, vorher Erfahrungen über den Betrieb derselben zu sammeln.

Nachdem dieser Zweck nur durch die Vornahme einer Probe, eines Versuches erreicht werden konnte, so wurde vom Gemeinderathe beantragt, die hohe Staatsverwaltung wolle vorerst die Anlage von Probebahnen bewilligen und jedem Bewerber, welcher um die Bewilligung zur Anlage einer solchen Probebahn ansucht, diese Bewilligung unter gewissen Vorsichten und Bedingungen und in den von der Kommune in Vorschlag gebrachten Straßenstrecken ertheilen.

Über die Frage der definitiven Konzessionsertheilung hielt sich der Gemeinderath sein Votum ausdrücklich bevor, indem es ihm bei der großen Tragweite, welche eben die Einführung der Pferdeeisenbahnen auch für die kommunalen Interessen hat, eine doppelt gebotene Vorsicht erschien, mit seinem Urtheile über die definitive Konzessionirung in solange zurückzuhalten, bis die gesammelten Erfahrungen das erforderliche Substrat hiefür abgegeben haben würden.

Als Probelinien wurden in Vorschlag gebracht:

a) die Praterstraße von der Aspernbrücke an bis zur Nordbahn und Schwimmschule;
b) die Landstraßer Hauptstraße;
c) die Ring- oder die Lastenstraße;
d) die Straße vom Kärnthnerring zum Südbahnhofe;
e) die Alserstraße vom Schottenring bis zur Hernalserlinie;
f) die Straße nach Döbling;
g) die Augartenstraße;
h) die Mariahilferstraße mit Ausschluß der Strecke von den k.k. Hof-Stallgebäuden bis zur Kirche auf der Laimgrube, weil dieselbe zu steil und schmal, und bei einem sehr ungünstigen Profile ohne dem von Fuhrwerken aller Art zu stark benützt ist.

Weil jedoch gerade die Mariahilferstraße, eine der frequentesten der Stadt, den Verkehr der inneren Stadt mit den außerhalb der Linien gelegenen Ortschaften, dem Westbahnhofe, dem k.k. Lustschlosse Schönbrunn vermittelt, so wurde in Vorschlag gebracht, den Ausgangspunkt für die die Mariahilferstraße durchziehende Probebahn so viel wie möglich in die Nähe des

Burgringes zu verlegen und mit Umgehung der obbezeichneten ungeeigneten Strecke eine andere entsprechende Trace allenfalls durch die breite Gasse zu wählen, welche sodann in die Mariahilfer Hauptstraße an einem geeigneten Punkte einzumünden hätte.

---

60. J[osef]. Wimmer (Hg.), *Dornbach. Die Pferdebahn. Ein praktisches Büchlein für Einheimische und Fremde.* Wien: Selbstverlag, 1866, S. 14–16.

Die Pferdebahn.

Die Heimat der Pferde-Eisenbahnen, als Straßenbahnen benützt, ist Amerika. Dort gibt es keinen nur halbwegs namhaften Ort, der nicht eine solche besitzt. Die hiesige Unternehmung, die Genfer Firma Schaeck und Jacquet, besteht aus den Herren: Carl Schaeck und N. Jacquet, Ingenieurs, dem Herrn Adolf Schaeck, k. k. österreich. Consul in Genf, und dem Herrn Grafen Gabriel Diodati. – Diese Gesellschaft bewirbt sich seit dem Jahre 1860 um die Bewilligung zur Errichtung von Straßenbahnen in Wien und Umgebungen, und hat das System aufgestellt, die Ringstraße in ihrer ganzen Ausdehnung mit strahlenförmigen Ausläufern zu den Linien und den benachbarten Sommeraufenthalten zu verbinden. Dieses System zerfällt in folgende Hauptlinien: 1. Ringstraße, 2. Alserstraße, 3. Währingerstraße, 4. Augarten-, 5. Praterstraße, 6. Landstraße, 7. Rennweg, 8. Favoriten-, 9. Mariahilfer-, 10. Kaiserstraße. Die meisten, ja beinahe einzigen Schwierigkeiten legte diesem Unternehmen die Commune Wien in den Weg. Nachdem in der am 9. April 1864 gepflogenen commissionellen Verhandlung der nied. österr. k. k. Statthalterei eine Probelinie auf der Mariahilferstraße der zuerst vorgeschlagenen auf der Alserstraße vorgezogen wurde und nachdem man später wieder auf die Linie Schottenring – Dornbach zurückkam, wurde der Bau dieser Strecke am 28. Juni 1865 begonnen und binnen 13 Wochen in der Ausdehnung bis Ende Hernals vollendet. Der Pünctlichkeit und Thätigkeit sämmtlicher betheiligten Geschäftsleute ist es zu danken, daß diese Strecke in verhältnißmäßig so kurzer Zeit hergestellt werden konnte. – Sämmtliche zum Baue und zur Inbetriebsetzung der Bahn erforderlichen Materialien wurden aus dem Inlande bezogen und zwar in Wien selbst von Wiener Industriellen angeschafft. Die Schienen sind, aus Puddelstahl erzeugt, von österreichischen Walzwerken bezogen; die Waggons aus der rühmlichst bekannten Fabrik des Herrn Spiering hervorgegangen.

Die Eröffnungsfahrt auf der Strecke Schottenring–Hernals fand unter Anwohnung des k. k. niederösterr. Statthalters, mehrerer Minister, sonstiger Notabilitäten, Vertreter der Journalistik u. s. w. bei massenhaftem Zudrange des Publicums am 4. October 1865, jene der verlängerten Strecke bis Dornbach am 26. April 1866 statt. Der Herr Bürgermeister von Wien, als auch die Herren Vice-Bürgermeister refüsirten die zur ersten Fahrt ergangenen Einladungen.

Fahrpreise. Vom Schottenring bis Hernals (Ausmündung der Dorotheergasse in die Hauptstraße) im Waggon 8 kr., Dachplatz 6 kr; vom Schottenring bis Dornbach im Waggon 15 kr., Dachplatz 10 kr; von Dornbach bis Hernals (obige Stelle der Dorotheergasse) im Waggon 8 kr., Dachplatz 6 kr.; von Dornbach bis zum Schottenring im Waggon 15 kr ., Dachplatz 10 kr. […]

Projectirte Strecken. Nachdem sich die Linie Wien–Dornbach so glänzend bewährt, sollen in nächster Reihe die Strecken nach Simmering, respektive Schwechat und die in den Prater ausgeführt werden. Die diesbezüglichen Unterhandlungen sind bereits im Zuge. […]

Betriebsmittel. Die Gesellschaft besitzt 104 Pferde; überdies werden an besonders frequenten Tagen noch 12–14 Paare von Privaten ausgeliehen.

Die Gesammtzahl der bis jetzt in Verkehr kommenden Waggons beläuft sich auf 28 und zwar:

10 grosse Waggons,	Gewicht	eines	solchen	60	Ztr.,	Preis	3000 fl.
12 kleinere „	„	„	„	37	„	„	2500 „
6 offene „	„	„	„	24	„	„	1500 „

[…]

Der Einfluß der Pferdebahn auf Dornbach.

Unter jenen Gegenden in der nächsten Umgebung Wiens, welche dem Naturfreunde die reichsten Genüsse gewähren, muß vorzugsweise Dornbach genannt werden. Die prachtvolle Lage, der herrliche Park, Alles vereint sich, den Reiz zu erhöhen. Wer kühlen Waldesschatten, herrliche Baumgruppen, Reichthum an interessanten Bildern und Fernsichten, liebliche stille Plätzchen, mit einem Worte jene Reize sucht, die der Waldnatur in so hohem Grade eigen sind, der wird einstimmen: Dornbach verdient den ersten Rang in den Umgebungen Wiens! – Und dennoch wurde selbst diese Perle in dem Diadem der Umgebungen der Kaiserstadt von den Launen der Mode nicht geschont. F. C. Weidmann stößt in seinem, im Jahre 1839 erschienenen Werkchen: „Die

Umgebungen Wiens" folgenden Schmerzensschrei aus: „Einst erkannte man die Vorzüge Dornbachs lebhaft! Es gab eine Zeit, wo es zum guten Ton gehörte, ein Villeggiatura in Dornbach zu machen. Die Mode übt auch hier ihr Recht, denn Hietzing, Meidling, Döbling und Mödling sind jetzt an der Tagesordnung." Ähnlich äußert sich Schmidl in seinen 1835 erschienenen „Wiens Umgebungen": „Dornbach! Ein trauriger Beweis, wie schnell die Mode mit ihren Lieblingen wechselt! ... heutzutage geht das Dorf sichtlich zurück."

Kann man sich, wenn man diese Zeilen liest und dagegen die riesige Frequenz, die heute zwischen Wien und Dornbach herrscht, betrachtet, eines Lächelns enthalten? – Nachdem einige im Laufe der zwei letzten Jahrzehnende vorgenommene Communications-Verbesserungen die Beliebtheit Dornbachs wieder zum Theile rehabilitirt, wurde dieselbe durch die Errichtung der Pferdebahn auf den höchsten Punct gesteigert.

---

61. Bruno Walden [eig. Florentine Galliny], „Im Omnibus", in: *Wiener Studien.* Wien: Friedrich Beck, 1869, S. 140–147.

Öfter schon wurde der Omnibus das Symbol der Demokratie genannt, und in der That hat seine nivellirende Tendenz die Fusion jener Stände, in welchen man so unvorsichtig ist, ohne Equipage zur Welt zu kommen, schon glücklich herbeigeführt, für Momente mindestens. Allerdings wird diese Fusion von dem sich vornehmer dünkenden Theil nicht immer de bone grace vollzogen und die mannigfache Art, wie die Fahrgäste der Stellwagen sich geberden, ist für den Beobachter höchst ergötzlich. Jedenfalls aber beweiset Wien durch seine reich, wenn auch nicht immer schön entwickelte Omnibusblüthe, daß es an Liberalismus um etliche tüchtige Pferdelängen dem feudalen Prag voran ist, in dem ein solches Unternehmen eingehen mußte, weil die Wenigen, welche den Muth besaßen, das plebejische Gefährt zu besteigen, von ihren zu Fuß gehenden Mitbürgern derart ausgelacht und gehöhnt wurden, daß auch sie wieder es vorzogen, auf Schusters Rappen ihren Weg zurückzulegen.

Bei uns ist man weit weniger exklusiv, und gar Mancher und Manche, welche sich dieses unfashionablen Vehikels bedienen, werden nur durch die Furcht, mit der Impertinenz taxfeindlicher Fiaker und Comfortables in Konflikt zu kommen, von dem Gebrauch der letztgenannten Gefährte zurückgehalten. Der Omnibus ist bei uns ein so natürliches Verkehrsmittel geworden, daß es Niemand mehr einfällt, bei seiner Benützung an Verschämtheit zu laboriren; sogar die rigorose, elegante Welt fühlt sich nicht zum Ostrazismus verpflichtet, wenn eines ihrer Glieder durch Zufall oder Laune dieses Symbol der Gleichheit mit seiner Anwesenheit beehrt, besonders seit uns aus Paris die Kunde geworden, daß sogar blaublütigste Besitzer prachtvoller Vollblutpferde sich den Spaß machen, seine Imperiale zu erklimmen, um sich das Straßentreiben in der Vogelperspektive zu betrachten.

Das schließt aber wieder nicht aus, daß sich Manche dieses Verkehrsmittels mit einer höchst komischen Miene der Herablassung bedienen. Namentlich im internen Stadtverkehr werden hier die verschiedenartigsten sozialen Elemente zusammengewürfelt. Jedem ist es nur darum zu thun sein Ziel zu erreichen, und er stürzt sich kopfüber in den menschlichen Transportwagen, ohne erst seine früheren Insassen zu inspiziren. Wozu auch? Es ist ja nur ein Nebeneinander, kein Miteinander. [...]

Während der Handwerksmann, der seinen müden Gliedern auf kurze Zeit seltene Rast gönnt, entweder in seiner Ecke schlummert oder ruhig bescheiden vor sich hinsieht, spielt der junge Handelsbeflissene in schönblauer Kravate und ziegelfarbenen Handschuhen eine wohlüberdachte Rolle. Der Knopf seines Spazierstöckchens wandert immer zwischen dem Kinne und dem vornehm geschlossenen Munde hin und her, durch das Binocle sieht er beständig zum Fenster hinaus, ohne sich um die übrigen Insassen des Wagens zu kümmern. Er spielt den Prinzen Incognito, höchstens, wenn eine noch ziemlich junge Dame in ihrer Toilette einige Wahlverwandschaften zu der seinen verräth, daß er sich zu ein paar kleinen Courtoisien herbeiläßt; doch läßt er sich auch in diesem Falle zu keiner Konversation verleiten, er murmelt nur, wie blasirt, hie und da ein paar Sätze, während er die ziegelrothen glatt streift.

Die Arbeiterin oder Handwerksfrau in der schlechten Haube mit dem schweren Korbe auf dem Knie, blickt so vergnügt d'rein und freut sich offenbar ebenso sehr des „Fahrens", wie jene Kinder, die immer beängstigend an den durchaus nicht schlußsicheren Wagenthüren lehnen.

Dafür aber wird sie von jenem geputzten Dämchen, das einsteigt, geringschätzig gemessen, es rückt sich und seinen Flitter von dem braven Weibe so weit weg, als fürchte es von dessen Arbeitsamkeit betrübsam angesteckt zu werden. Es hüllt sich gleichfalls möglichst lange in vornehm sein sollendes Schweigen, beginnt es aber zu sprechen, dann ist der Schwall nicht mehr zu dämmen und der Accent vom derbsten Wienerisch.

Dazwischen mischen sich Glieder der Gentry – die Engländer sind die Einzigen, welche für gebildete Leute ohne Unterschied der Lebensstellung ein Sammelwort geschaffen haben – und kennzeichnen sich durch eine höflich passive Haltung. Ohne je die Initiative zu einem Gespräch zu ergreifen, lehnen sie doch keine allfällige Bemerkung schroff und würdebeängstigt ab, während ihre ruhige Höflichkeit der beste Preserver gegen Zudringlichkeit ist.

Im Rauchcoupé geht es viel ungezwungener her. Auch die Cigarre ist ein modernes Nivellirungsmittel. Der Höchsten Einer verschmäht es nicht, vom Geringsten Feuer zu begehren, wenn er sein Zündzeug – vergessen, und es fällt ihm auch nicht ein, ihm dieses zu verwehren. Die dichten Dampfwolken scheinen die Standesunterschiede zu verhüllen und, wird auch nur wenig gesprochen, der Verkehr im Ein- und Aussteigen, beim Rücken ist ein ungezwungen höflicher. Wird aus Mangel an Platz eine Dame hineingeschoben, so wird sie im ersten Augenblicke scheel betrachtet, ob es ihr nicht etwa einfällt, in schweigendem Protest gegen das unanfechtbare Rauchrecht ohnmächtig zu werden, erweist sie sich aber ohne Nasenrümpfen feuer- und dampffest, dann ist sie respektvoller Courtoisie sicher.

Ist im Internverkehr das Publikum der Omnibusse naturgemäß ganz zufällig kaleidoskopartig zusammengewürfelt, so gewinnt es im Sommer auf dem Wege von der Stadt nach den sie umgebenden Landaufenthalten ein stabileres Ansehen, ja, da organisirt sich mitunter sogar Geselligkeit. Die Männer, Väter, Brüder, Söhne, welche ihr Beruf jeden Tag in der Stadt erfordert, und die darum doch nicht auf das Familienleben gänzlich verzichten wollen, finden sich je nach den Bureaustunden zusammen und krystallisiren sich zu Gruppen.

Des Morgens, bei der Fahrt zur Stadt, sind sie nicht sehr redselig, nur ein Thema wird Tag für Tag mit Wärme abgehandelt, eine Jeremiade über die Strapaze dieser Fahrten ist obligat. Wenn man sie hört, muß man staunen, dieses schwere Opfer dennoch gebracht zu sehen, regelmäßig heißt es: „Dies ist aber das letzte Jahr," und im nächsten fahren sie mit demselben Jammer und Vorhaben wieder. Namentlich die jüngeren Männer tragen verschlafene Märtyrermienen zur Schau und geberden sich am ungeberdigsten, die älteren Herren sind tapferer und sehen der Morgensonne mit weniger Mißmuth in's glänzende Gesicht, betonen auch ihre Heldenthat etwas minder opferstolz und gerathen nur außer sich, wenn es der Frau oder Tochter gelungen, ihnen irgend eine „dringend nothwendige Besorgung" anzuschmeicheln. Bei jüngeren Männern versuchen Mutter und Schwestern dies vergeblich, nur gegen die schöne Tochter einer Mitpartei sind sie diensteifrig und versorgen Noten und Bücher hin und her, aber in verschämter Heimlichkeit vor der eigenen Familie.

Die Rückfahrt gestaltet sich schon um Vieles reger. Das Tagwerk ist vollbracht, man geht der wohlverdienten Behaglichkeit entgegen und fühlt sich daher auch behaglich, was selbstverständlich nicht ausschließt, daß man wieder über die drei W: Wetter, Weg und Wagen sich in bittere Klagen ergießt und Staub und Hitze wie Regen oder Wind anathemisirt. Doch hat die Beschäftigung und der Verkehr tagsüber Neuigkeiten und Stoff genug geliefert, die Konversation in Gang zu halten; überdies tauscht man noch die Abendblätter und Kombinationen über deren Inhalt. Kommt ein Fremdling in den Wagen solcher Stammfahrgäste, so weiß er nach den ersten fünf Minuten, mit wem er es zu thun hat. Hier geben Valuten und Devisen, Nordbahn- und Staatsbahn das Thema ab, und würde man die Augen schließen, man müßte sich unfehlbar in der Strauchgasse glauben. Auch die Politik, welche man da treibt, wird nur vom Standpunkte der Papiere aus behandelt, ihr Wohl und Wehe ist das Wohl und Wehe Europa's; man wird ganz wirbelig von den Zahlen, welche da mit nonchalanter Leichtigkeit gehandhabt werden, d.h. wohl nur redefigürlich gehandhabt. Meist hält dieses Thema bis an das Ziel vor, aber ist es einmal durch besondere „Flauheit" früher erschöpft, so erfrischt man sich mit etwas stark pikantem Klatsch aus Theaterkreisen, wobei nur zu bemerken ist, daß dabei nie der Bühnendichtungen gedacht wird.

Aus anderer Tonart geht es in jenem Wagen dort her, der die Bureauluftathmenden in's Freie trägt. Ihr Gespräch dreht sich zum größten Theil um die administrative Thätigkeit der Regierung, und wenn man so indiskret ist zu lauschen, kann man erlauschen, warum Dieser einen Orden bekommen und Jener in seinen Hoffnungen darauf getäuscht wurde. Auch Avancements-Angelegenheiten werden frei, wenn auch mit gedämpfter Stimme – diese Gruppe spricht immer gedämpft – verhandelt und verschiedenes überraschend Neue, das dem Avancement oft förderlich sein soll. Auch über den Reformeifer der neuesten Excellenz wird gesprochen, zustimmend und unheilverkündend in einem Athem. Im Übrigen kommt man auch hier über den Zeitungsinhalt nicht hinaus. Etliche Professoren, welche gleichfalls die tägliche Pilgerfahrt mitmachen, sind daran zu erkennen, daß sie schweigen und sich statt in eine Zeitung, in ein Buch vertiefen, auch bedienen sie sich, allein, gewöhnlich eines Plaids statt eines Überziehers, eine Konzession, meist die einzige, an den romantischen Sinn ihrer Hörer.

62. Carl Rick (Red.), *Führer durch Wien. Aus Anlass der Generalversammlung des Vereins deutscher Eisenbahnverwaltungen 1869.* Wien: Selbstverlag, 1869, S. [1]–2.

Zur Orientirung.

1. Fuhrwerke.

Die bei der Ankunft in einer fremden Stadt eminent wichtige Frage wohnlicher Unterkunft trägt der moderne Tourist von Stadt zu Stadt schon vorentschieden in seinem Notizbuche.

Es handelt sich also für ihn, nachdem er Waggon oder Dampfschiff verlassen hat, zunächst nur um die Art, rasch, bequem und möglichst unvermittelt die notirte Adresse zu erreichen. Zu diesem Zwecke bieten den Reisenden auch in Wien am Ausgange der Bahnhofsarcaden, oder an den Landungsplätzen der Dampfschiffe momentan sehr artige Rosselenker ihre diversen Fuhrwerke an. Die gediegene Localkenntnis derselben macht es ihnen leicht, den Passagier nach jedem Quartier in der Stadt und den Vorstädten zu befördern.

Also vom Perron in den Fiaker! Denn nur der Fiaker (Zweispänner) ist zu empfehlen, obwohl seine Fahrtaxe die Gebühr des Comfortable oder Einspänners um ein Geringes übersteigt.

Am Wenigsten conveniren in diesem Falle die Omnibus oder Stellwagen, bei deren Benützung der Fremde, der mit Gepäck ankömmt und die Stadt nicht kennt, Gefahr läuft, strassenweit von dem bestimmten Hôtel abgesetzt zu werden und sodann einem Träger mehr zahlen zu müssen, als was durch die allerdings sehr billige Fahrt (10–15 kr.) erspart worden ist.

Der Wiener Fiaker besitzt die Renommée des Schnell- und Sicherfahrens, und ist thatsächlich in Beidem virtuos. Auch der Comfortable lässt diesfalls seine Berufsgenossen in den meisten anderen Städten weit hinter sich zurück. Aber der Verkehr mit dem Letztgenannten erschwert sich namentlich für den Fremden durch den fatalen Umstand, dass man ohne Differenzen selten loskommt; er perhorrescirt jede Taxe.

Etwas über die Vorschrift zu verabreichen, ist leider ohnehin Gebrauch geworden, aber den Kutscher befriedigt es selten.

Empfänglich für einen humoristischen Einfall und auf gütliche Vorstellungen zum Nachgeben bereit, wird er grob, wenn ihm der Fremde imponiren will.

Im Nothfalle wende man sich an den nächsten Wachposten, welcher zur Intervention strenge verpflichtet ist, oder lasse sich zur Polizei-Direction fahren, wo mit dem Widerspänstigen kurzer Process gemacht wird.

Fiaker und Einspänner finden sich auf allen Plätzen und belebteren Strassen in Stadt und Vorstadt aufgestellt.

Wagen und Pferde sind der Mehrzahl nach im vortrefflichen Stande; besonders hält der Fiaker in erster Linie auf ein „fesches Zeugl".

---

63. Die erste österreichische Schifffahrts-Canal-Actien-Gesellschaft, Die k.k. priv. östr. Vereinsbank, *Denkschrift an den Gemeinderath der k. k. Haupt- & Residenzstadt Wien über die Herstellung einer normalspurigen Locomotiv-Bahn unter dem Niveau der Gürtelstrasse.* Wien: Die k.k. priv. östr. Vereinsbank, 1872, o. S.

Indem wir am heutigen Tage der hohen Regierung das General-Projecte für die von uns angesuchte Peripherie-Bahn in Wien vorlegen, fühlen wir uns verpflichtet, mit der diesbezüglichen Mittheilung die Darlegung jener Motive zu verbinden, welche bei unserem Projecte massgebend waren.

Es wäre eine unnütze Wiederholung, wenn wir uns hier auf eine ausführliche Darlegung des Hauptmotives, nämlich der durch den bedeutenden Aufschwung Wiens absolut bedingten Erleichterung des Verkehres und der Behebung der Wohnungsnoth weiters einlassen wollten, indem es ja ohnehin ein bereits vom löblichen Gemeinderathe anerkanntes Axiom ist, dass eine wahre Abhilfe für die Wohnungsnoth und eine bedeutende Erleichterung von den vielfachen durch die jetzige Form des Verkehres hervorgerufenen Übelständen nur durch Schaffung solcher Verkehrsmittel erzielt werden könne, welche die Stadt Wien mit ihren Vororten und den zunächst gelegenen Ortschaften in gesicherte, wohlfeile und rasche Verbindung zu bringen vermögen.

Von einer solchen Ansicht ausgehend, hat sich denn auch der löbliche Gemeinderath anlässlich der Frage, ob auf der Gürtelstrasse eine Pferde- oder Locomotivbahn herzustellen sei, für die letztere entschieden. – Zweifellos waren dem löblichen Gemeinderathe zu der Zeit, als er die vorangeführten Entscheidung fällte, die verschiedenen Übelstände vollkommen bekannt, welche durch Herstellung einer im Niveau der Gürtelstrasse laufenden Bahn hervorgerufen werden würde; er befand sich aber zu jener Zeit in die Lage, bloss zwischen den zwei Alternativen wählen zu können und musste sich sonach Angesichts der dringenden Verhältnisse für die bessere von beiden entscheiden.

Wenn wir uns im Folgenden erlauben diejenigen Motive anzuführen, welche zur Herstellung einer unter dem Niveau der Gürtelstrasse laufenden Peripherie-Bahn drängen, so sind wir uns wohl bewusst, bloss Bekanntes zu wiederholen, glauben aber doch uns einer Wiederholung nicht entziehen zu sollen, weil wir nur so die Entstehung unseres Projectes zu begründen vermögen.

Alle Erfahrungen, welche in Grossstädten bezüglich des Verkehres gemacht wurden, haben unter Hinblick auf die Verhältnisse Wiens ergeben, dass:

Die Hauptmasse des Verkehrs in radialen Richtung stattfinde, demnach radiale Communicationen mit Dampfbetrieb vor Allem nöthig seien wenn der Verkehr gegenüber dem bisherigen beschleunigt werden soll,

Der peripherische Verkehr mit Dampfbetrieb drängt nach Herstellung zweier verschiedener Linien,

und zwar:

Nach einer, welche die Stadt längs ihres äussersten Umfanges berührt und

nach einer anderen, welche ungefähr in halbem Radius in der Stadt herum läuft.

Der ersten dieser beiden Linien fällt vorzüglich der Transitverkehr der Bahnen und Dampfschiffe miteinander zu, während die zweigenannte Linie ihre vorzüglichste Bedeutung in dem Personen- und Güterverkehre der Stadt selbst zu suchen hat.

Diese zweite oder „innere Peripherie-Bahnlinie“ fällt bei Wien ungefähr mit dem Liniengraben beziehungsweise der durch die Gürtelstrasse markierten überein.

Die eigentlichen Stadtbahnen, das heisst die innere Peripherie und die von derselben auslaufenden und gegen die Stadt gerichteten Radialbahnen, müssen unter dem Niveau der Strassen geführt werden, weil:

nur solche Bahnen den Verkehr entlasten, während im Niveau gehende Bahnen den Verkehr bloss transformiren, wobei es im Vorhinein stets fraglich bleibt, ob und was durch diese Transformation gewonnen werden würde;

bei Bahnen, welche unter dem Niveau der Strassen gehen, allein jene zahllose Inconvenienzen vermieden werden können, welche im Niveau gehende Stadtbahnen mit sich führen und die – wie solches die Erfahrung beweist – absolut vermieden werden müssen;

im Niveau gehende Stadtbahnen in Folge der vielfachen Rücksichten, welche bei deren Betrieb beobachtet werden müssen, nicht schnell gehen können, demnach auch eine Zeitverschwendung herbeiführen, die Angesichts der ungeheuern Frequenz einer solchen Bahn riesige Summen an verlorener Arbeit repräsentiert, welchen Verlust gerade der Unbemittelte und der Arbeiter am stärksten empfindet. [...]

Wenn nun auch in Wien noch nicht jene Grösse und Dichte der Bevölkerung, sowie jene Höhe des Verkehres wie in London oder Paris existiert, so ist man doch andererseits eben jetzt, wo die Gürtelstrasse erst im Enstehen begriffen ist in der angenehmen Lage Vieles an jenen kostspieligen Bauten ersparen zu können, welche benöthigt werden würden, wenn die Gürtelstrasse ohne Rücksicht auf eine dem Verkehr nicht behindernde Locomotivbahn vollendet werden würde. Zwingt nun dieser Umstand einerseits die gefertigten Gesellschaften jetzt zu einer beschleunigten Vorlage ihres Projectes, so haben sie andererseits mit demselben so lange zurückhalten müssen, bis sie nicht einer ihr eigenthümlich von Wien ausgehenden Bahn versichert waren, welcher Umstand für die Rentabilität der unter dem Niveau laufenden Bahn einen entscheidenden Factor bildet.

---

64. William E. Thursfield, *Ein Vorschlag zu einer Regulirung des Donau-Kanales und Anlage eines Centralbahnhofes nebst Darlegung des Einflusses dieses Projectes auf die sanitäre, die Verkehrs- und Wohnungsfrage Wiens.* Wien: Selbstverlag, 1873, S. 8–12.

Der Hauptzweck dieses Projectes ist die Gewinnung der Ufer- und Böschungsgründe für die bestimmten Zwecke; das Zurücklegen des linken Ufers und Verlegen alles gewonnenen Terrains auf das rechte Ufer, sichert die Ausführung der Idee in ihrer Gänze ohne irgend welche Schwierigkeit.

Ich schlage vor, längs des rechten Ufers, unmittelbar hinter der Schutzmauer eine Eisenbahn zu führen, nämlich von irgend einem Punkte der Franz-Josef-Bahn zwischen Nussdorf und dem Bahnhofe stromabwärts bis zu einer Verbindung mit der Staats- und Südbahn, mit einer Zweigbahn zum Anschlusse an die projectirte Wienfluss- und Verbindungsbahn, möglichst nahe dem Hauptzollamte.

Nach ihrem Austritte aus der Franz-Josef-Bahn soll die projectirte Bahn sobald als möglich das aus dem Donaukanal gewonnene Termin erreichen und mit doppeltem Geleise bis zur Augartenbrücke fortgeführt werden. Hier soll der Centralbahnhof beginnen, welcher zwischen der Augarten- und Karlskettenbrücke zu liegen kommt, 4 Geleise, ein Aufnahmsgebäude mit Kanzleien im ersten Stockwerke enthält und nur für eine Passagier-Station verwendet werden soll.

Ich will mich hier nicht aufhalten, die projectirte Station zu beschreiben, da die Idee so einfach ist, und an der Metropolitan-Railway in London so oft ausgeführt wurde, dass die meisten meiner Leser damit bekannt sein werden. Während der fünfthalb Jahre, welche ich beim Bau der Metropolitan-Railway, bei Herrn J. Fowler beschäftigt war, habe ich jede Gelegenheit gehabt, die grössten Schwierigkeiten dieser Art gelöst zu sehen und im gegenwärtigen Falle würde der Anwendung dieses Systems nicht das Geringste entgegenstehen.

Von der Karlskettenbrücke wird die Bahn dem Kanale bis zu einem Punkte zwischen der Ferdinands- und der Aspernbrücke folgen, von wo die Zweigbahn zur Wienfluss-Bahn beginnt: dann geht sie längs des Kanals weiter bis unterhalb Erdberg zu einem Anschlusse an die Staatsbahn. Die Zweigbahn zur projectirten Wienfluss-Bahn wird theilweise den Charakter einer unterirdischen Bahn haben. [...]

Das Project, auch nur allein als Eisenbahn für sich betrachtet, scheint mir so ausserordentlich nützlich, da es ohne besondere Länge nicht nur alle gebauten und concessionirten Bahnen verknüpft, sondern sie auch an einem Centralpunkte in der Mitte der Stadt vereinigt.

Wenn die Trains dieser Uferbahn regelmässig zu den regelmässigen Zügen der grossen österreichischen Bahnen verkehren, so hätten die Passagiere die Möglichkeit, in der Stadt schon Karten für irgend welche Station in jeder Richtung zu lösen, und statt dass der Postwagen wie jetzt zur Bahn fährt, um dort umgeladen zu werden, könnte dann der leere Eisenbahnpostwaggon auf einem Schienenwege zum Postamt gebracht, dort geladen und zum Anhängen an den betreffenden Postzug gesendet werden.

Die Franz-Josefs-, die Nord-, die Süd-, die Staatsbahn und bald wohl auch die Westbahn könnten von irgend einer ihrer Stationen Waggons bis ins Herz der Stadt senden. – Auch der Bau von Häusern, Villen etc. längs der Hauptbahnen wird erleichtert, da die Baugründe daselbst noch billig sind im Vergleich mit diesen in der unmittelbaren Nähe Wiens. Und so wäre das auch ein Beitrag zur Abhilfe der Wohnungsnoth und Wohnungstheuerung.

Ohne einen ganz ausgearbeiteten Plan ist es wohl nicht gut möglich, die wirklichen Kosten des Projectes zu berechnen. Sie mögen beim ersten Blick bedeutend erscheinen; ich glaube aber bei Berücksichtigung der sanitären Vortheile, der Nützlichkeit, der Communications-Erleichterung und Vermehrung, der Reduction der Wohnungsnoth fallen alle diese Argumente weit schwerer in's Gewicht, als irgend eine pecuniäre Rücksicht.

Vorerst ist der grösste Theil des zur Ausführung des Projectes nöthigen Grundes heute vollkommen werthlos und uneinträglich. Er wird aber nicht zur Bahn allein verwendet, sondern auch zu Waaren-Depôts etc. welche bei ihrer centralen Lage an Kanal und Bahn reichliche Miethe einbringen müssen. Die Rentabilität der Bahn kann nicht angezweifelt werden, sie wird trotz ihrer Kürze alle Desiderien erfüllen, welche an lange Bahnen mit oft schwierigem Terrain gestellt werden, und zwar bei bedeutend minderen Auslagen. An bestehenden Gebäuden wird so viel wie nichts demolirt, die Störung bestehender Strassen ist höchst unbedeutend, und der Vortheil des erleichterten Transportes von einem Ende Wiens zum andern, oder besser vom ganzen Kaiserthume in's Herz der Stadt, wird sicherlich vom Publikum verstanden und gewürdigt werden.

---

65. August Silberstein, „Fahr'n m'r E'r Gnaden? Eine Rundfahrt", in: *Die Kaiserstadt am Donaustrand. Wien und die Wiener in Tag- und Nachtbildern*. Wien 1873, S. 179–187.

Fahr'n m'r E'r Gnaden?

So ruft es uns plötzlich, an, während wir nachdenklich oder sorglos über das Trottoir schreiten.

„Fahren wir Euer Gnaden?" lautet die Frage zu deutsch. Und wer sie an uns stellt, ist ein fast immer den Eindruck der Wohlgenährtheit und Gesundheit machender Mann, in jüngeren oder vorgeschritteneren Jahren, zuweilen sogar mit einer gewissen Eleganz herausstaffirt – ein Fiaker.

Ein Wiener Fiaker! Die Spezies bildet eine Berühmtheit, und wer je mit einem Wiener Fiaker gefahren, erinnert sich gerne daran – mit einer Ausnahme, bezüglich eines Punktes – und dieser heißt Taxe.

Betrachten wir das Fahrzeug, welches uns geboten ist, so werden wir finden, daß uns ein eleganter, ein moderner Wagen gegenübersteht. Sehen wir die Pferde an, so werden wir nur in seltenen Ausnahmen andere als gesunde, wohlgenährte, oft aber schöne, sogar ganz vorzügliche Pferde finden.

Der Wiener Fiaker ist der Aristokrat des öffentlichen Fuhrwerkes. Der Omnibuskutscher steht so tief unter seiner Würde, wie etwa der Plebejer unter der des Grafen. Der Einspänner oder Comfortable-Kutscher ist noch keineswegs annähernd seines Gleichen, er verachtet ihn ebenfalls. Nur wenn ein herrschaftlicher Wagen vorüberfährt, würdigt er ihn eines beachtenden Blickes, er besieht die Pferde und beurtheilt die Haltung des Kutschers, er fühlt etwas wie Rivalität, das heißt bezüglich der Equipage, aber der Fiaker ist ein freier Mann und haßt jede Livree.

Der Fiaker hat Standes-Ehre. Sogar bezüglich seines Standplatzes ist er aristokratisch. Die Fiaker eines bestimmten Standplatzes halten darauf sich sehen lassen zu können, wenn sie in einer Reihe aufgestellt sind. Und ein Fiaker, welcher mit einem schundigen alten Fahrzeug auf dem Platze steht, wird so lange von den Kameraden geplagt, bis er sich ordentlich sehen lassen kann. Und es ist vorgekommen, daß Alten, welche nicht mehr vorwärts konnten und hinter dem Geiste der Zeit zurückblieben, ein neuer Wagen und bessere Pferde auf gemeinsame Kosten angeschafft wurden.

Der Fiaker ist gleich dabei den Wagenschlag zu öffnen, sei es bei einer zweifelhaften Handbewegung eines Herankommenden, sei es zur Verstärkung der Fahr-Einladung. Denn er weiß, sobald der Wagenschlag geöffnet, blicken wir in ein wohlausgestattetes, oft zierliches und feines Innere, und dieses vermehrt die Lockung.

Der Wiener Fiaker hat etwas vom Hotelier oder Wirthe an sich. Er will uns nicht nur das Geforderte bieten, sondern noch eine gewisse Behaglichkeit und Zierlichkeit, eine gewisse Ausschmückung dabei. Er bietet uns einen Spiegel im Innern des Wagens, Zündhölzchen und Aschenbecher, ja sogar Zeitungen. Er fährt uns nicht nur wohin wir wollen, er nimmt noch gerne die Physiognomie an, als wären wir ihm ganz anvertraut, er will daß wir spüren und wissen, er entscheidet jetzt über unser Wohl und Wehe, über unsere Behaglichkeit beim Betrachten der vorüberhuschenden Dinge, über unser rasches Vorwärtskommen, dabei aber auch unser Ungefährdetsein inzwischen der mannigfachen Gefahren, worunter die von Seite der geehrten Fiaker-Collegen nicht die geringsten.

Seinen Wagen betrachtet er also wie eine Art fahrenden Hotels, mindestens einen Empfangsraum, in den er uns geladen, und am Ende einer Fahrt springt er schließlich vom Wagen und öffnet den Schlag mit einem Ausdrucke, als wollte er sagen: Hab' ich alles gut gemacht? Ist alles in Ordnung?

Nicht alle Menschen werden richtig in der Umgebung und in den Verhältnissen geboren, welche ihren Anlagen gebührt. So geht es dem echten, rechten und gerechten Fiaker.

Der Fiaker ist ein verdorbener Kavalier. Dagegen fehlt es nicht an Kavalieren, die auch nichts als verdorbene Fiaker.

Es ist ganz eigenthümlich, daß in der That Adelige, selbst Freiherren den Stand des Fiakers wählten, und bezügliche Geschlechter sind berühmt. Die Lust am Fahren, an Pferden, am Fahrzeuge war größer als das Vermögen, und da die Lust sich nicht auf eigene Kosten befriedigen ließ, mußte durch das Publikum für Bezahlung gesorgt werden.

Der Fiaker sitzt auf seinem Bocke mit demselben Bewußtsein, wie irgend ein Equipagenbesitzer, welcher sein nobles Eigenthum lenkt. Die Fiaker sind meist Eigenthümer des Zeuges, welches sie fahren, und wenn sie es nicht sind, ist ihr Verhältnis ein höheres als das eines Knechtes. Sie bezahlen dem Eigenthümer täglich eine bestimmte Summe. Wie ein solcher Fiaker fährt, wo, welche Gäste, das ist eine Sache, er ist wieder eine Art Hotelier, nur das Haus ist nicht sein fixes Eigenthum.

Deshalb ist auch die Phrase, mit welcher der Fiaker anfrägt, eine ganz eigenthümliche und muß von höherem Gesichtspunkte betrachtet werden. Er sagt nicht, „Fahren Sie, Euer Gnaden?" er sagt nicht einmal, „Fahren Euer Gnaden?" er sagt geradezu: „Fahren wir!" Er identificirt sich mit dem Gaste bezüglich des Fahrens, er deutet an, daß sogut der Gast fahren, auch er selbst fahren will, das heißt mit genießen, mit von der Partie sein will, so weit er es eben sein kann. Er will ausdrücken, mit dem Fahren vollzieht er für sich eine Nothwendigkeit und ein Vergnügen, sowie für den Fahrgast, und deshalb ist dieser durch ihn und mit seinem Wagen so gut besorgt. Fahr'n wir Euer Gnaden?

Zum Fiaker ist nicht der erste beste Mensch tauglich, welcher Zügel in der Hand zu halten versteht. Dies wäre gerade so viel, als ob jeder, welcher eine Feder in der Hand hält, zu kalligraphiren vermöchte. Ein echter Fiaker muß auch geboren sein, wie jedes Genie. Leider entartet bei den heutigen großen Bedürfnissen vielfach der alte Typus, nichts destoweniger ist das rechte Geschlecht der Wiener Fiaker noch immer zahlreich vorhanden. Und der echte Fiaker ist von seinen Kollegen im weiten Kreise der Stadt gekannt, geschätzt, er hat seinen ganz eigenen Namen, nicht etwa wie er im Tauf- und Conscriptionsbuche steht, sondern im Gedächtnisse seiner Standesgenossen, und da heißt er etwa der „Wald-Bur", der „Jucker-Franzl," der „fesche Poldl", der „Schimmel-Sepp", der „Bamlang" (Baumlange) u. s. weiter. Es gibt auch viele komische, satyrische Spitznamen, auf die wir uns aber, wegen ihrer sprachlichen Schwierigkeiten und den nöthigen Erläuterungen dazu, hier nicht einlassen können.

Zum echten Fiaker, der wie gesagt von Natur aus zu diesem edlen Berufe auserkoren sein muß, gehört vorerst ein vollkommen gesunder Mensch, welcher alle Tages- und Jahreszeiten, alle Witterungen und alle Getränke zu vertragen im Stande sein muß, wo er dieselben etwa auf seinen Fahrten findet. In ersterer Beziehung fühlt er etwas vom Gewählten des Militärs in sich. Ferner muß er Wien und dessen Umgebung, alle kleinen Kreuz- und Quergassen, deren eben hunderte im weiten Kreise sind, kennen, wie seine flache Hand. Ein echter Wiener Fiaker darf, wenn ihm ein noch so krauser Weg und seltsamer Straßenname gesagt wird, blos mit dem Kopfe nicken, mit den Augen verständnißreich zwinkern, oder ganz würdevoll keine Miene verziehen, denn fragen wo das ist, wie man hinzu gelangt, wäre eine Schande, mindestens eben eine solche, als wenn ein an Bord genommener Lootse fragen würde, wie er das Schiff durch die Klippen seines Gebietes auf hohe See lenken solle.

Hat ein Fahrgast etwa die unnöthige Schrulle und sucht unaufgefordert die Lokalkenntniss oder vielmehr die Wege zu entfalten, so wird der echte Fiaker mit einem „Eh' wissen!" (Ohnehin, ehevor wissen) kurz und mit gehöriger, pfiffiger Geberde die Angelegenheit erledigen.

Fahren muß der Fiaker, daß Jeder, der ihn sieht, eine Freude an ihm hat. Man muß in seiner Haltung, in der Art und Weise wie er die Zügel führt, Sicherheit, Standes-Elegance und Bewußtsein merken. Anfahren, Niederführen, Wackeln und Fackeln, nicht auf dem Fleck plötzlich halten, ist ihm eine Schande, neben allen andern Unannehmlichkeiten. Ein echter Wiener Fiaker sagt von sich und seinem Zeuge, er kehrt's auf einem Cylinder-Hutdeckel um, noch mehr sprichwörtlich: „ein guter Fiaker muß auf einem Sechser umkehren!"

Und was die Hauptsache ist, ein Wiener Fiaker muß eine ganz außerordentliche Menschenkenntniß entwickeln. Recht eingefahrene Fiaker haben Erlebnisse gehabt und Menschen gesehen, in, mit und durch ihren Wagen, daß Memoiren derselben ein ganz außerordentliches Interesse erregen müßten! Der echte Fiaker darf und wird nie einen Vorübergehenden belästigen. Er weiß aus den Vielen den Einen herauszufinden, welcher ihn bedarf oder bedürfen könnte und den er nicht ganz ungeschickt anspricht. Denn etwa, sich in den Weg stellen, zudringlich werden, anhalten, wird der Fiaker nie. Höchstens ein Rücken des Hutes, ein Compliment mit demselben und das berühmte, „Fahrn' m'r E'r Gnaden?" das ist Alles.

„Der Opernring in Wien“, in: *Neue Illustrirte Zeitung*, 23.11.1873.

(169)

Das „Fahr' m'r" muss ein ganz eigenthümliches Timbre, einen nur dem echten Wiener nachahmlichen Ton haben – jeder Andere wird es verpfuschen und Niemandem solchen Anstoß erregen, solchen endlosen Anlaß zum Spotte geben, wie gerade dem Fiaker-Collegen selbst.

Der Fiaker muss wissen Wen er fährt, mit dem ersten Blicke muß er es heraus haben, ob es sich um einen Geschäftsweg, um eine Spazierfahrt, um ein stolzes Vorwärtsjucken oder behäbiges Gleiten handelt. Vollends wenn er einen Herrn und eine Dame zugleich fährt, hat er im ersten Augenblicke heraus, ob er ein beruhigtes Ehepaar, ein abenteuerndes Pärchen, oder gar zwei Verliebte in seinen Wagen aufnimmt, ob es sich um eine eilige Verkürzung oder eine nachdenkliche Verlängerung der Fahrt handelt.

Der Fiaker hat eine so außerordentliche Menschenkenntniß, daß er wiederholt zu den merkwürdigsten Entdeckungen bei wichtigen Fällen Anlaß gab. Er behält einen Gast und einen Ort den er besucht, lange im Gedächtniß. Er hat ein Rechts- und Ehrgefühl, und in seinem Wagen vergessene Gegenstände von hohem Werth, selbst Summen von Bedeutung werden von ihm fast immer deponirt. Sein Stolz ist's, sich etwa in der Zeitung zu lesen mit einer Anerkennung. Nur in einem Punkte ist er abgestumpft und das ist bezüglich der Tax-Überschreitung.

„Tax" ist für ihn das Wort, wie für den Neger „Sklaverei!" Die Taxe und sei sie noch so respektabel, wird er immer behandeln, wie eine eiserne Fessel. Frei will er den Fiaker und aber auch den Fahrgast. Nichts kommt der Verachtung gleich, die er für den nur die Taxe Gebenden fühlt. Wer nicht mehr gibt, als die Taxe wird immer und ewig ein „Schmutzian" bleiben. Wenn dies der Fiaker nicht laut sagt, so hat er ohnehin schon seinem Gemüthe große Entbehrung auferlegt. Wer aber mehr als die Taxe und viel gibt, dem klingt das „Eur Gnaden" und das „Fahr'n m'r", so frisch, so schnellkräftig entgegen, daß es eine Freude ist.

Kapitel 9: Weltausstellung 1873

Wien war die Gastgeberin der fünften Weltausstellung, nachdem zuvor jeweils zwei solcher internationaler Schauen in London (1851, 1862) und in Paris (1865, 1867) stattgefunden hatten, und war daher die erste im deutschsprachigen Raum. Sie lief ein halbes Jahr, vom 1. Mai bis 31. Oktober 1873, und es wurden dafür nicht nur das riesige Ausstellungsgelände im Prater, sondern zahlreiche Hotels errichtet, von denen manche danach umgenutzt wurden, aber auch welche, die heute noch in Betrieb sind. Die Vorgeschichte der Gewerbe- und Industrieausstellungen, die keineswegs erst Anfang der 1850er Jahre begonnen hatte, sowie die Genese der Wiener Ausstellung werden in „Wanderungen durch die Weltausstellung" dargelegt. Der 1. Mai war im 19. Jahrhundert der Tag der Praterfahrt, die Ringstraße wurde an einem 1. Mai eröffnet und so war auch der Tag der Ausstellungseröffnung an einem 1. Mai. Doch die Weltausstellung stand nicht nur unter einem schlechten Stern, sondern auch unter zahlreichen Regenwolken. Die ersten Wochen waren geprägt von Schlechtwetter, das unter anderem auch die Fertigstellung der Ausstellungsarbeiten verzögerte. Die zum Behufe der Ausstellung herausgegebene *Allgemeine Illustrirte Weltausstellungs-Zeitung* berichtete bedauerlicherweise am Anfang öfters über das Wetter und die noch vorherrschenden Unzulänglichkeiten der Ausstellung. Von den erwarteten 15 Millionen Besucher:innen kamen am Ende nur etwas weniger als die Hälfte. Die Ausstellungszeitung berichtete jedoch hoffnungsfroh Ende Mai 1873, dass es bereits Tage mit 50.000 Besucher:innen geben würde. Was der Anfangsphase der Ausstellung ebenso unzuträglich war, stand in Zusammenhang mit dem Börsenkrach vom 9. Mai 1873. Die Ausstellungszeitung berichtete darüber und beschreibt die Zustände innerhalb der Börsianer vor und nach der Katastrophe. Auch ein satirischer und antisemitisch gefärbter Blick wurde in der ersten Phase der Ausstellung gezeigt, indem Franz Friedrich Masaidek die Aneignung des Praters und den Wandel des Publikums thematisiert. Nach dem ersten Monat der Ausstellung wurde Kassasturz gemacht und ein Resümee gezogen, dessen hoffnungsfroher Ton das Allerbeste zu erwarten gelassen hätte. Doch man täuschte sich, am Ende standen die Ausstellungsorganisatoren mit einem Defizit von knapp 15 Millionen Gulden da. Aber nicht nur der „Schwarze Freitag" trug das Seine dazu bei, dass die Wiener Ausstellung zu einem – finanziellen – Misserfolg wurde, auch die letzte Cholera-Epidemie, die mit dem Beginn der Weltausstellung zusammenfiel, setzte eine Negativspirale in Gang. Die ersten Erkrankungen traten just in einem Hotel auf, sodass viele Tourist:innen panikartig die Stadt verließen und zahlreiche Gäste ihre Reise nach Wien absagten. Insgesamt starben von Juli bis

Oktober 2.983 Menschen an der Seuche. In einem Zeitungsartikel, der kurz nach Schließung der Ausstellung in der *Deutschen Zeitung* geschalten wurde, wird bereits dem Ende der Ausstellungsbauten gedacht. Eine der wenigen Bauten, die die Weltausstellung überleben sollten, war die Rotunde, die erst durch ungeklärte Umstände 1937 einem Brand zum Opfer fiel.

---

66. o. A., *Wanderungen durch die Weltausstellung. Allgemeine Rundschau.* Wien: F. B. Geitler, 1873, S. 4–6.

Einleitung.

Die ersten gewerblichen Ausstellungen in Wien wurden in den Jahren 1835 und 1839 abgehalten; sie hatten einen so guten Erfolg und fanden so zahlreiche Betheiligung, dass man bereits im Jahre 1845 daran gehen konnte, eine die Industrie des gesammten österreichischen Kaiserstaates umfassende Ausstellung in's Leben zu rufen. Dieselbe wurde in dem k. k. polytechnischen Institute und in Zubauten, welche vor demselben zu diesem Zwecke aufgeführt wurden, installirt. Bei dieser Gelegenheit war es auch, dass die nachmals zu grossem Rufe gelangten Architecten van der Nüll und Siccardsburg ein System für Ausstellungsbaulichkeiten, das sogenannte Fischgrätensystem, ersannen, welches wir bei der heutigen Weltausstellung, nach einem Zeitraume von fast 30 Jahren, die Probe bestehen sehen.

Auch Baron Schwarz-Senborn, der Leiter der gegenwärtigen Ausstellung, war damals schon mitthätig und legte dort den Grund zu seinen reichen Erfahrungen, mit welchen er die österreichische Industrie bei den Weltausstellungen zu London 1851, Paris 1855 und London 1862 als Vertreter Österreichs wesentlich unterstützte.

Die Idee, eine Weltausstellung in Wien in Scene zu setzen, wurde Anfangs der 60er Jahre in's Auge gefasst und hiefür das Jahr 1869 in Aussicht genommen. Der Krieg von 1866 und die Pariser Ausstellung von 1867 bewirkten, dass diese Idee vertagt wurde. Die folgenden friedlichen Jahre und der staunenswerth schnelle Aufschwung der österreichischen Industrie liessen indess ihre neuerliche Aufnahme baldigst wieder zu. Die öffentliche Meinung und die Zustimmung des Kaisers bezeichneten in Baron Schwarz-Senborn diejenige Persönlichkeit, in deren

Hände das grosse Unternehmen mit vollem Vertrauen gelegt werden könne. Der Krieg von 1870–71 brachte abermals eine kurze Stockung, welche jedoch den designirten General-Director nicht abhielt, trotzdem er in dem belagerten Paris von der Aussenwelt vollkommen abgeschnitten war, an der Vorbereitung seiner grossartigen Pläne rüstig zu arbeiten. Im Sommer 1871 konnte er nach Wien übersiedeln und sich seiner schwierigen Arbeit, deren Vollendung in dem kurzen Zeitraume mit Recht angezweifelt wurde, völlig widmen. Seiner Energie in der Bewältigung der scheinbar unmöglichen Aufgabe, der schleunigen Heranziehung bedeutender Kräfte, seiner Kunst, das Interesse des Auslandes für das Unternehmen im vollsten Masse zu erregen, verdanken wir das grosse und würdige Werk, welches nunmehr vor unseren Augen sich entrollt und wir dürfen uns dieses Dankes niemals entschlagen, wenn wir auch in einzelnen Theilen der Installation und der Baulichkeiten Mängel oder Unschönheiten entdecken, welche, bizarr und baroc, uns entschieden missfallen oder unnöthig dünken, – sind doch auch diese Gedanken Ausfluss derselben Energie und derselben absoluten Willenskraft, der wir die Durchführung des Ganzen zu danken haben. Wir werden im Nachfolgenden keinen Anstand nehmen, auch diese Mängel und Einseitigkeiten an gehöriger Stelle hervorzuheben, wollen aber vor Allem jenen Hinweis auf den dem Träger des gesammten Unternehmens schuldigen Dank festgehalten wissen.

Auch der Verdienste des Handelsministers Dr. Anton Banhans, um das Zustandekommen der Weltausstellung, müssen wir mit vollster Anerkennung gedenken, dessen erfolgreiches Eingreifen in Momenten allgemeiner Opposition gegen die selbstständige Stellung des General-Directors, finanzieller Verlegenheiten oder gesunkenen Vertrauens das Unternehmen mehrmals vor dem Scheitern rettete.

Das System, nach welchem die Hauptindustriehallen erbaut sind, ist das sogenannte Fischgrätensystem. Ob dieses System, oder der bei der letzten Pariser Weltausstellung etablirte Rundbau zweckmässiger sei, darüber möge jeder für sich urtheilen. Wir wollen nur dies Eine hervorheben, dass auch der Pariser Bau seine Mängel hatte, dass die Eintheilung der Gruppen nach Kreisen und der Länder nach Segmenten nicht strenge durchgeführt werden konnte, kein grösserer Überblick zu gewinnen war und die Form des Gebäudes wenig Gefälligkeit hatte, – dass hingegen die gegenwärtige Weltausstellung, abgesehen von der Rotunde, an manchen Punkten Bilder landschaftlicher und architectonischer Schönheit bietet, die man nach den abscheulichen Zeichnungen, welche im Umlaufe sind, gar nicht erwartet. Dass die vier Hauptgruppen: Industrie, Maschinenwesen, Agricultur und Kunst von einander getrennt sind, kommt dem Überblick entschieden zu statten.

---

67. o. A., „Vom Ausstellungsplatze“, in: *Allgemeine Illustrirte Weltausstellungs-Zeitung*, 18. Mai 1873, S. 4.

Immer und immer wieder vom Wetter zu sprechen ist gegen den guten Geschmack, aber das Wetter ist auch nicht nach unserem Geschmack, ebensowenig wie es uns angenehm ist, immer über dasselbe Referate schreiben zu müssen. Ja, müssen; es lässt sich nicht umgehen, ebensowenig wie sich die natürlichen Seen am Ausstellungsplatze umgehen lassen. Ziffermässig genau lässt sich der Schaden, den das Ausstellungs-Unternehmen durch den fortwährenden Regen erleidet, nicht nachweisen, aber man gewinnt einen ziemlich festen Anhaltspunkt, wenn man sich vor Augen hält, dass es mindestens eine halbe Million Gulden ausmacht, was die Regenfluthen an Eintrittsgeldern der Cassa der General-Direction weggeschwemmt haben. Das Wetter ist uns leider mehr als ein Gesprächsstoff, es ist eine Calamität. Die Wege auf dem Ausstellungsplatze sind nicht zu passiren, die gedeckten Höfe stehen zum grossen Theile unter Wasser, die Dachhaut der Rotunde schliesst nicht dicht, auch da dringt der Regen durch und gefährdet kostbare Ausstellungs-Objecte in ernstlicher Weise. Und wenn der Regen in ausgiebiger Weise den allgemeinsten Verdruss erregt hat, dann fährt noch ein Sturmwind dazwischen und thut noch ein Übriges. So hat vor einigen Tagen ein überaus heftiger Sturm die Thorflügel des West-Portals zertrümmert. Mit elementarer Wucht warf er sich auf Alles, was ihm in den Weg kam, schleuderte grosse Holzstücke vor sich her und verwundete auf diese Weise mehrere Cassiere am West-Portal nicht unerheblich, nachdem er auch noch ein Tourniquet zerstört hatte. Ich glaube, unter solchen Verhältnissen haben wir das Recht zu sagen, was dereinst unverbürgten Nachrichten zu Folge Daniel in der Löwengrube gesagt haben soll: „Da hört denn doch die Gemüthlichkeit auf!“

Natürlich sind vorläufig beim West-Portale die eisernen Rouleaux heruntergelassen und ein Eintritt durch dieses Portal zur Unmöglichkeit gemacht. – Der Besuch ist, wie es sich unter solchen Umständen fast von selbst versteht, kein massenhafter, und die Aussteller, die nothgedrungen auf dem Platze verweilen müssen, machen lange, gelangweilte und verdriessliche Gesichter. Durchbricht die Sonne doch einmal auf eine Stunde den Wolkenschleier, so ist auch sogleich ein regeres Leben auf dem Platze wahrzunehmen. Das grösste Interesse, die naivste Bewunderung und ein wahrer Eifer beim Schauen ist dem weiblichen Theile der Gäste vom Gesichte herunterzulesen. Am stärksten ist das schöne Geschlecht durch die blondhaarigen Töchter Albions vertreten. Es sind auf dem Platze mehr Engländerinen als Wienerinen zu sehen. Auch Französinen sind nicht selten, dagegen sind die österreichischen Provinzen ausser den Ausstellern selbst noch fast gar nicht in ihren Repräsentanten oder Repräsentantinen erschienen.

Die Stimmung ist allüberall flau. Daraus ist es wohl zu erklären, dass die Aussteller, die noch sehr viel mit ihren Installations-Arbeiten zu thun hätten, diese nur säumig und nachlässig betreiben. Wenn auch Einzelne keine Mühe und Anstrengung scheuen, um endlich doch fertig zu werden, so gehen die Arbeiten im Allgemeinen doch viel langsamer von Statten als vor der Eröffnung.

Als kleine Ereignisse vom Platze seien folgende Thatsachen erwähnt: erstlich dass die Blumenausstellung am 15. d. M. geschlossen wurde, und dass an demselben Tage in der Maschinen-Halle die erste Dampf-Maschine in Betrieb gesetzt wurde. Eine neuerliche Blumenausstellung wird am 1. Juni eröffnet werden, doch wird die Halle inzwischen umgebaut werden.

---

68. o. A., „Vom Ausstellungsplatze.“, in: *Allgemeine Illustrirte Weltausstellungs-Zeitung*, 25. Mai 1873, S. 26.

Nun beginnt doch Alles den erwarteten und erhofften Gang zu gehen. Die Ausstellung fängt an als Zugmittel zu wirken, die Zugvögel stellen sich ein, die Zugluft in der Rotunde ist stellenweise auch noch da – kurz Alles ist im Zuge. Die Maschine geht, und wenn nicht noch ganz unerwartete Störungen hemmend in ihr Räderwerk eingreifen, dann wird sie ihre Arbeit erfüllen. Jetzt schon haben wir Tage mit 50.000 Besuchern und darüber zu verzeichnen, und allen denen, die das grosse Ausstellungswerk mit missgünstigen Augen betrachten, können wir zurufen: Es kommt noch ärger!

Was wir, auf bei früheren Ausstellungen gesammelte Erfahrung gestützt, vorausgesagt haben, ist eingetroffen. Jetzt schon sind die Wohnungen billiger, wie sie es vor Eröffnung der Weltausstellung waren, und die Hoteliers und Restaurateure haben eingesehen, dass sie auf dem anfänglich eingeschlagenen Wege nicht weit kommen würden. Der Druck, der von der heimischen Presse aus auf die Vertreter des Piraten-Systems unter den Restaurateuren geübt wurde, blieb nicht ohne Wirkung. In den meisten Restaurationen auf dem Weltausstellungs-Platze sind bereits annehmbare Preis-Tarife eingeführt, und die Hallen, die früher leer blieben, können jetzt die hungerigen und durstigen Gäste kaum mehr fassen. Freilich sind auch hier noch einige Restaurants, in welchen man nur ab und zu einen vereinzelten Gast wimmeln sieht. Diese Unternehmer haben sich noch nicht entschliessen können, mit den Preisen herabzugehen. Sie verfolgen eine besondere Politik, von welcher sie sich Erfolg versprechen. Sie reflectiren vorwiegend auf reiche fremde Gäste und gehen von der Ansicht aus, dass französische und russische Krösusse stolz sind und die Nachbarschaft eines beliebigen Kutscher, den billige Preise ebenfalls heranlocken könnten, nicht vertragen mögen. Es steht abzuwarten, ob ihr psychologischer Scharfblick sie nicht doch täuschen wird. So viel wir zu wissen glauben, werden die Rosselenker Wichtigeres zu thun haben, als die elegantesten Restaurants auf dem Weltausstellungs-Platze zu belagern.

---

69. o. A., „Die Wiener Börse-Katastrophe und die Weltausstellung“, in: *Allgemeine Illustrirte Weltausstellungs-Zeitung*, 25. Mai 1873, S. 27.

Es ist wohl noch nie eine Krise mit grösserer Bestimmtheit vorhergesehen worden als jene, von welcher die Wiener Börse seit Beginn des Monates heimgesucht worden, und dennoch hätte trotz alledem keine überraschender kommen können. Vom ersten Banquier angefangen, der sich bequem an den Börsenschranken lehnt, bis zum letzten Gallopin, der für wenige Kreuzer Curs-Notizen sammelt, machte man sich seit Monaten schon auf den gefürchteten „Krach“ gefasst, und doch und doch!! Der Banquier wie der Gallopin, beide wurden von dem gefürchteten Krache ereilt und überrascht.

Forscht man nach der Ursache dieser scheinbaren Paradoxe, so findet man diese selbst nicht so unerklärlich; es wusste

„Vor der Börse am 9. Mai 1873“, in: *Humoristische Blätter: Illustrirtes, satyrisch-politisches Wochenblatt*, 18.5.1873.

wohl Alles, dass wir uns in einem Börsetaumel befinden, allein die an der Börse erzielten Erfolge verdunkelten selbst das Urtheil des einsichtsvolleren und nüchterneren Theiles. Alles jagte nach Gold in fieberhafter Erregung. Jeder wusste, dass die gefürchtete Katastrophe eintreten müsse, aber Niemand hielt es für denkbar, dass gerade jetzt, wo viele günstige Umstände von der Börse nur eine Hausse erwarten liessen, die Auflösung der reichen, als tonangehend gerühmten Wiener Börse an die Tagesordnung gesetzt werden würde; im Gegentheile, die meisten hielten die Eröffnung der Wiener Weltausstellung, die durch die hier versammelten Fürsten ein grossartiges Symptom gekräftigter politischer Ruhe worden sollte, als den richtigen Zeitpunkt. um an die Realisierung der gesammelten Gewinne zu gehen.

Da wurde aber ein Haar in der Milch gefunden; es dachten nämlich Alle dasselbe, Alle wollten realisiren, denn Alle fühlten sich bereits auf einer schwindelnden Höhe, und weil eben Alle dasselbe dachten, waren kein Käufer aufzufinden. Mit 1. Mai, also mit Eröffnung der Weltausstellung, begann das Ausgebot in allen Werthen, und hatte nicht früher ein Ende, als bis nicht Actien fauler oder zweifelhafter Unternehmungen als völlig werthlos vom Handel ganz ausgeschlossen und selbst die solidesten Werthe so billig abgegeben wurden, dass nun allerdings selbst die vorsichtigsten Capitalisten zu deren Ankauf angelockt mussten.

Mir rasender Hast wurde die Wiener Börse von dieser Katastrophe erfasst und enorme Opfer hat sie gefordert; aber schon glauben wir constatiren zu dürfen, dass die Börse sich auf dem Wege der Reconvalescenz befindet, und da ist es jedenfalls noch ein Glück, wenn ein so grosses Unglück so schnell seine Schärfe verliert, und unsere volkswirthschaftlichen Zustände nicht alterirt.

Denn das Eine muss constatirt werden, die Krise blieb eine Börsen-Krise, und was man anfänglich gefürchtet hatte, dass sie sich auch auf unsere Handelswelt überhaupt, und bis auf die gewerblichen Kreise erstrecken werde, ist zum Glück nicht eingetroffen.

Die Börse-Katastrophe ist überhaupt kein Product unserer finanziellen Zustände. Diese waren nur günstig überhaupt in Cisleithanien; sie war der reine Ausfluss einer willkürlich kopflos und von egoistischen Zwecken geleiteten Speculation, die sich nun mit der verdienten Schärfe an ihrem Haupt-Acteur, einem hiesigen grossen Bankhaus, rächte.

Wir zweifeln nicht, dass unsere Börse recht bald wieder erstarken und den ihr gebührenden Rang wieder einnehmen wird; in dem glücklich gelegenen Österreich sind hiezu die wirthschaftlichen Factoren vorhanden, und wir glauben nicht, als Sanguiniker betrachtet zu werden, wenn wir die Überzeugung aussprechen, dass nur eine halbwegs gelungene Ernte in Ungarn und sonst ruhige Verhätnisse Alles vielfache ersetzen werden, was durch eine faule Über-Speculation verloren wurde.

---

70. F[ranz]. F[riedrich]. Masaidek, „Vom einstigen Prater und gegenwärtigen Weltausstellungsplatze", in: *Wien und die Wiener aus der Spottvogelperspektive. Wien's Sehens-, Merk- und Nichtswürdigkeiten.* Wien: R. v. Waldheim, 1873, S. 57–59.

Der Prater – dieser weltberühmte Wildpark, am Ausgang der Jägerzeile gelegen – existirt eigentlich nur mehr in der Erinnerung der Wiener. Die eine Hälfte des Praters ging durch die Donauregulirung verloren, die andere ist durch den Obersthofmeister Fürsten Hohenlohe und den Weltausstellungs-Mufti Baron Schwarz um die Wette „zerschönert" worden. Selbst das Veto des deutschen Dichterfürsten: „Laßt den Wienern ihren Prater, Weimar, Jena, da ist's gut!" konnte dessen grausames Schicksal nicht hintan halten. Eisenbahnen und breite Straßen durchschneiden den vor Kurzem noch so herrlichen Lustwald, Gasthäuser und Schaubuden werden – um dem lieben Ausstellungsfonds möglichst viel einzutragen – so nahe an einander gedrängt, daß oft kaum mehr ein Plätzchen für ein kleines Vorgärtchen übrig bleibt. Wo wirklich noch ein kleines Stückchen Natur übrig bleibt, wird es sorgfältig vergittert, eingeplankt und mit Warnungstafeln versehen – kurzum, die liebe freie Gottesnatur wird ringsum mit Brettern vernagelt. Besonders die Wirthshäuser, die früher im grünen Wald lagen, werden hermetisch eingeschlossen, damit in den „Garten" kein Hausirer hineinkomme, weil der Generalmufti von den Hausirern eine gefährliche Konkurrenz für die Weltausstellung besorgt.

Die Prater-„Verschönerung" erinnert an jene albernen Koketten, die ihren von Natur schönen Teint durch Schminken und Schönheitswässer so lang „verschönern", bis derselbe gänzlich ruinirt ist. Auf den Prater wird man anstatt des obigen Goethe'schen Zitates bald die Uhland'schen Verse anwenden können: „Und rings statt duft'ger Gärten, ein ödes Haideland, Kein Baum verstreuet Schatten, kein Quell durchdringt den Sand!"

Zur Entschädigung für den verlornen Naturgenuß sollen im Prater 517 neue Theater errichtet werden, darunter ein „Internationales", für welches die berühmten Komödianten Marx und Bakunin engagirt sind, und das mit Petroleum geheizt wird. Anstatt des Lusters wird täglich ein fetter Bourgeois aufgezogen.

Nur die Feder eines bezahlten Reklamenschreibers wäre im Stande, alle „Sehenswürdigkeiten" des Wurstelpraters zu schildern! Das Affentheater und Fürst's Volkstheater – das Hippodrom, ein Ringelspiel mit lebenden Pferden – den amerikanischen Velocipède-Zirkus, vor dem ein schwarz angestrichener Mohr steht, und wo die fahrenden „Damen" im scheinbaren eifrigen Verhüllen ihrer Reize sich die ärgsten „Blößen" geben, welche die zusehenden Herren mit Argusaugen verfolgen; und hundert andere Belustigungen bis zum „Wurstel" herab, der früher den Juden todtschlug, was aber jetzt aus Rücksicht für die Gleichberechtigung untersagt ist, weshalb beim „regulirten" Wurstel der Wurstel vom Juden bis auf's Hemd ausgezogen wird.

Rechts vom Wurstelprater liegt der „Nobelprater" (der Name rührt von dem noblen Publikum her, das einst hier zu sehen war) mit der „Hauptallee", einer doppelten Roßkastanien-Allee, in denen von Rossen aller Stände und Nationen Wettrennen, Wettfahrten und Korso's ausgeführt werden. Im Vormärz fand hier alljährlich am 1. Mai das Wettrennen der Läufer statt. Gegenwärtig laufen nur noch die Feuilletonisten um die Wette, damit sie keinen Generalsfederbusch und keinen Demimonde-Haarbeutel übersehen. Die große Vermehrung der Journalisten, deren jeder einen Baum, um sich anzulehnen, braucht, machte die Verlängerung der Hauptallee nothwendig, die jetzt in gerader Linie bis zum „Lusthaus" führt. Hier kutschirten einst die aristokratischen Magnaten und Kavaliere auf und ab; jetzt ersetzen sie die reichgewordenen Börsianer und Industrieritter mit ihren Maitressen, und diejenigen, die noch nicht reich sind und denen kein Fiaker pumpt, bilden Spalier und bewundern die Geschicklichkeit, mit der Freund Itzig und seine Rebekka den fashionablen „Chic"; nachahmen.

71. B. G–r., „Rückblick auf den ersten Monat der Weltausstellung.“, in: *Allgemeine Illustrirte Weltausstellungs-Zeitung*, 5. Juni 1873, S. 64–65.

Zu dem überaus schlechten Wetter gestellte sich die Theuerung, und was viel schlimmer ist, die Gerüchte über dieselbe. Auch bezüglich der Preise hat man sich von vorneherein einer Täuschung hingegeben; die Enttäuschung konnte nicht ausbleiben, ebensowenig wie die Gefühle, die eine solche im Gefolge zu haben pflegt. Alle, welche vom Frendenandrang zu profitiren glaubten, wiegten sich in der Hoffnung, dass es mit der Eröffnung der Weltausstellung einen plötzlichen grossen Ruck geben werde, durch welchen alle Verhältnisse verrückt werden. Dieser Ruck ist ausgeblieben, und die Speculanten können sich nun kaum aufrecht erhalten, sie stehen da, wo sie früher standen, nur nicht so fest, ähnlich wie Jemand, der noch eine Treppe höher steigen möchte, nachdem er bereits alle hinter sich hat. Die Preise haben sich schliesslich selbst regulirt, aber es wird noch einige Zeit dauern, bis die in alle Welt hinausposaunten, nunmehr aber übertriebenen und nur noch durch tendenziöse Böswilligkeit colportirten Gerüchte verstummt sein werden. Nie waren so viele Wohnungen frei in Wien, wie eben jetzt; es gibt fast kein Haus, an dessen Thor nicht der bekannte weisse Zettel hinge. Herrscht auch hier noch stellenweise ungerechtfertigte Theuerung, so kann man doch beruhigt darüber hinweggehen. Künstliche Machinationen richten bei Preisbestimmungen auf die Dauer nie etwas aus, das Verhältniss zwischen Angebot und Nachfrage schafft die allein giltigen Gesetze, die wohl oder übel auch hier werden befolgt werden müssen. Noch bewahren Tausende in der Fremde, die bereits bei uns erschienen wären, eine zuwartende Reserve, die Gerüchte über die abnorme Theuerung in Wien hat sie bisher mit heiliger Scheu vor der Ausstellung erfüllt, zu welcher nur durch so grosse Opfer zu gelangen sei.

Nicht genug an den Unbilden der Witterung und an der Theuerung, es kam noch etwas dazu, was nicht weniger wie die bereits genannten Factoren dazu beitrug, dass der Monat Mai so wenig von dem gehalten, was er versprochen hat. Jener schwere Schlag, der zunächst allerdings nur die Wiener Börse fast bis auf den Tod verwundete, der aber in seinen weiteren Consequenzen die ganze Monarchie betraf, er traf auch die Weltausstellung. Die wirthschaftlichen Verhältnisse des Staates schienen bedroht, bange Sorge trat allenthalben an Stelle jener Freude am Dasein, die uns vorzugsweise die Receptivität für den Genuss am Schauen schafft. Grosse und kleine Geld-Institute brachen zusammen und verwegene Spieler schossen sich die Hirnschale in Trümmer, den Charakter des Spielers bis zum letzten Augenblicke nicht verleugnend. Jeden Tag regten neue Schreckenskunden die Bevölkerung auf, die Sammlung zum Genusse war geschwunden. Hunderte von glänzenden Existenzen wurden vernichtet, kein Haus, in welchem die Wirkungen der Katastrophe nicht verspürt worden wären. Den gewaltsamen Erschütterungen und Krisen in der Hauptstadt folgten solche in den Provinzen. Die Reiselust war allenthalben geschwunden, an sehr vielen Stellen auch das Reisegeld.

Wir sehen, ungünstiger konnten die Dinge für den ersten Monat nicht liegen, wie stellt sich nun das Resultat? – Günstiger als bei irgend einer Weltausstellung vorher. Man beachte wohl, günstiger, trotzdem dass keine der vorhergehenden Ausstellungen mit so misslichen Verhältnissen zu kämpfen hatte. Es sei hier zu Bekräftigung des Gesagten gestattet, eine statistische Notiz zu citiren, nach welcher die Besucherzahl in den ersten zehn Tagen in Paris 102.564, in London 111.560, in Wien 68.910 betrug. Das Verhältniss der Besucherzahl in den ersten zwanzig Tagen stellt sich bereits anders: Paris 164.321, London 169.000, in Wien 148.000, im ersten Monat Paris 245.832, London 239.987, in Wien circa 230.000 (die Anzahl der Besucher am letzten Tage ist noch nicht bekannt). Nimmt man nun in Betracht, dass Paris und London ein viel grösseres Contigent einheimischer Besucher liefern konnte, da sie eine weit grössere Einwohnerzahl beherbergen, so liegt es klar auf der Hand, dass der Erfolg der Wiener Weltausstellung schon im ersten, so überaus ungünstigen Monate ein unübertroffener ist. Bemerkt sei noch, dass die genannten Zahlen sich nur auf jene Besucher beziehen, die mit bezahlten Karten den Platz betreten haben.

Dieses Resultat berechtigt, wie schon bemerkt, zu den besten Hoffnungen für den weiteren Verlauf der Ausstellung. Der Monat wurde wohl benützt, was noch nicht fertig ist, ist doch schon der Vollendung nahe. Das Wetter kann nicht ewig so bleiben, die Theuerung hat abgenommen, die finanzielle Krise beginnt endlich den gewünschten Verlauf zu nehmen, die Ausstellung selbst gewinnt mit jedem Tage an Zugkraft – ist es da ungerechtfertigt, sich der frohesten Zuversicht für die Zukunft hinzugeben?

72. o. A., „Spaziergang im Prater“, in: *Deutsche Zeitung, Morgenblatt*, 9. November 1873, o. S.

Noch einmal ist’s Sommer geworden, ein prächtiger Nachsommer, g’rad’ als ob der liebe Gott alle Heimsuchungen unserer guten Hauptstadt mit einer Extra-Betheiligung wieder hätte begleichen wollen. Auf den neuerlichen großen Ordensregen ist heiterster Sonnenschein gefolgt, und Jedermann führt sich denn auch jetzt bei diesen milden Frühlingslüften in seiner neuen, noch ungewohnten Herbst-Decoration durch den Prater spazieren. [...]

Ja, der Neid! Wie gerne möchte man den Ordensträgern ihr kindliches Vergnügen gönnen, wenn nur nicht leider immer verdienstvolle Mitmenschen übrigblieben, die keinen Orden erhielten. Da kommt gleich so Einer anspaziert: „Denken Sie sich diese unglaublichen Übergehungen – ich spreche nicht von mir – Sie müssen wissen, daß ich aus Princip keinen Orden annehme – aber jene trefflichen Ingenieure, diese ehrenfesten Industriellen und gar erst Männer, die nicht nur Alles mitmachten, sondern sogar selbst wöchentlich zwei Weltausstellungs-Diners gaben – darüber muß entschieden „geschrieben“ werden! Gewiß, die Sonne oder mindestens der Mond muß sich ob solcher Dinge verfinstern. Ich versprach ihm denn auch, darüber zu schreiben, und habe hiemit mein Versprechen gelöst.

Man muß Sorgfalt auf die Lecture seiner Zeitung verwenden in dieser gnadenreichen Zeit. Gar leicht könnte uns sonst das weltgeschichtliche Ereigniß, daß unser kluger Freund Herr

Wiener Weltausstellung. Auf dem Dach der Rotunde, 1873.

v. X von jetzt ab Herr *von* X heißt, entgehen, und man würde in den Ruf eines gänzlich Ungebildeten, eines Menschen gerathen, der niemals eine Zeitung zu Gesicht bekommt, außer etwa beim Einwickeln von Schinkenstullen. Übrigens macht sich die leidige Wiener Gewohnheit, alle anständig gekleideten Leute „von" zu nennen, jetzt recht fatal bemerkbar. Jedenfalls muss das „von" der nun wirklich obrigkeitlich als Edelmänner approbirten und geaichten Würdenträger mit dem Tone einer ganz besondern Hochachtung und Bewunderung ausgesprochen werden. Man erzählt auch, daß Einige derselben ihrer Dienerschaft zu diesem Behufe schon besondere Lectionen bei Herrn von Strakosch ertheilen lassen.

Die Ausstellungsstraße entlang wandernd, sehen wir die Rotunde vor unsern Blicken auftauchen, die Rotunde, welche, wenn Alles vergeht, allein bestehen bleiben wird als dritte Lösung des geistvollen Räthsels: „Oben spitz und unten breit – in der Mitt' voll Süßigkeit" (die beiden ersten Lösungen sind wohl Jedermann bekannt). Aber, àpropos! – kennen Sie schon die neueste Version über ihre demnächstige Bestimmung? Ein Schau-Turnier aller neuen Weltausstellungsritter soll darin abgehalten werden. Da indeß eine erhebliche Anzahl derselben, wie man sagt, noch niemals ritt, außer etwa Wechsel oder auf der Elle, so wollen sie sich die Rotunde sogleich nach der Ausräumung als nachträgliche Vorbereitungsanstalt für ihre neue Würde einrichten. Man sieht hieraus wiederum, wie Recht Diejenigen haben, welche die Ordensverleihungen philosophisch damit begründen, daß sie das geeignetste Mittel sind, den Ausgezeichneten für die Zukunft zu den ritterlichen Thaten anzuspornen, welche er etwa bisher noch nicht vollbracht haben sollte.

Kapitel 10: Urbanität

In der Gegenüberstellung von Berlin und Wien arbeitete Heinrich Pröhle, ein preußischer Lehrer und Schriftsteller, der Ende der 1840er Jahre eine Bildungsreise nach Österreich unternommen hatte, die Offenheit des „Österreichers“ sowie die Wesensmerkmale der Wiener Kellner heraus. Kurz vor seinem 32. Geburtstag kam Kaiser Franz Joseph I. von einer Inspektionsreise nach Ungarn unbeschadet nach Wien zurück. Bereits auf dem gesamten Weg wurden Triumphpforten aufgestellt und dem Kaiser gehuldigt. Die Fahrt durch Wien folgte einem ausgeklügelten und nicht unaufwendigen Zeremoniell, beim Stephansplatz wurde der Jubel-Gruß-Marsch von Johann Strauß Sohn intoniert, der just für die Heimkehr des Monarchen komponiert wurde – dieses Ereignis, das Teile der Stadtgesellschaft in helle Aufregung versetzte, schildert Johann F. Böhringer. Ein weiteres imperiales Ereignis fand zwei Jahre später statt, als am 24. April 1854 die Trauung des österreichischen Kaisers und der bayerischen Prinzessin Elisabeth vollzogen wurde. Der Bericht von Friedrich Schwyn von Glarus beschreibt die Ankunft Elisabeths in Wien am 22. April 1854 sowie das freudige Zusammentreffen des Brautpaares an Bord des Dampfers „Franz Joseph“. Der namhafte Wissenschaftler Eduard Suess legte ein Buch mit dem Titel *Der Boden der Stadt Wien* vor, von dem man meinen könnte, dass es sich um eine Publikation über Geologie handle. Dennoch finden sich darin interessante Anschauungen, wie etwa der Bezug von den Zahlen der Statistik zu den Individuen der Gesellschaft aussehen könnte. Der Topos des Todes im Leben der Wiener:innen ist längst zu einem schönen Klischee ausgewachsen. Daher darf ein Text zum Sterben und den Sterbefeierlichkeiten nicht fehlen. Daniel Spitzer hat seine scharfsinnigen Beobachtungen im Text „Die Entreprise des pompes funèbres“ dargelegt und zeigt die hierarchischen Unterschiede bei diesem nicht aus der Mode kommenden Geschäftszweig. Ein überaus anschauliches Dokument der Stadtbeobachtung legt Florentine Galliny, alias Bruno Walden, mit „Von den Photographien“ vor. In den Groß- und Kleinstädten Europas war die Fotografie als neue Technik omnipräsent, in Gartenpavillons, in Fotostudios und -ateliers, bis sie – im späteren 19. Jahrhundert – als gedruckte Abbildungen in Zeitungen und Zeitschriften Eingang fand. Galliny beschreibt hingegen die in Vitrinen gezeigten Porträtaufnahmen und liefert gleich eine Interpretation der und des Dargestellten. Betty Paoli firmierte in ihrem Zeitungsartikel „Unsere Stadt“ mit ihrem eigenen Namen und beschreibt die überaus positive Wirkung der Stadt auf die Tourist:innen, verschweigt jedoch auch nicht besondere Eigenheiten, wovon eine die kulturell variierenden Essenszeiten betrifft. Dem *Führer durch Wien* ist es zu danken, dass über die erkleckliche Anzahl von nationalen und internationalen Zeitungen, die im Café Griensteidl für die Gäste zur Verfügung standen, berichtet wurde. Die Beschreibung geht nach der Auflistung über in die Beschreibung der Besucher:innen und deren Gepflogenheiten und zeigt damit einen Einblick in ein Wiener Café, einem weiteren Stereotyp der Donaumetropole. Der deutsche Politiker und Schriftsteller Karl Theodor Ferdinand Grün ließ sich 1868 in Wien nieder und bearbeitete den Nachlass von Ludwig Feuerbach. Unter anderem verfasste er die Schrift *Glückliches Wien!*, in dem er die musikalische Kultur der Donaustadt zelebriert. Der Ringstraßenroman *Wien im Jahre 1870 oder Die Geheimnisse von Neu-Wien* spielt zu Beginn im Hotel Sacher, wo eine Frühstücksszene von neureichen Ringstraßenbewohner:innen in Worte gefasst wurde. Franz Friedrich Masaidek beschreibt im Jahr der Weltausstellung die Gesellschaft auf seine – oftmals sehr antijüdische und in diesem Text auch xenophobe – Art, mit viel Augenzwinkern und Querschlägen. Friedrich Schlögl beschreibt in seinem Buch *Wiener Blut* im Beitrag „Sperl – Walhalla – Dianasaal etc." das Wiener Nachtleben in den Etablissements, die Vergnügungsorte von Mitgliedern aus unterschiedlichen sozialen Milieus waren. Er feiert literarisch damit die Walzerseligkeit, die Tanzfreudigkeit und die Lebenslust der Wiener:innen, die als Phäaken lebend sich dem Müßiggang und dem Laster hingaben.

---

73. Heinrich Pröhle, *Berlin und Wien. Ein Skizzenbuch.* Berlin: Franz Duncker, 1850, S. 179–181.

Der lebhafte Antheil, den man in Wien an den Weltereignissen nimmt und von dem dies Institut [juridisch-politische Leseverein, Anm. d. A.] ein glänzendes Zeugniß ablegt, verdient besonders hervorgehoben zu werden. Man könnte sagen, in jedem gebildeten Österreicher steckt ein Diplomat.

Die Donau allein schon und gar mancher der österreichischen Politik günstige Umstand lenkt seinen Blick weit in die Ferne hinaus. Es liegt etwas Großartiges darin, wie er unausgesetzt mit dem lebhaftesten Interesse die gesammten Weltbegebenheiten verfolgt. Wir in der sandigen Mark können uns darin nicht mit ihm messen, die Vossische Zeitung trägt unsern Blick kaum über unsre Fichtenwälder hinaus, während ihn jene Augsburgerin in allen Ländern Europas, wo irgend nur ein flüchtiger deutscher Demagoge, ein Philhellene, ein Alterthumsforscher oder Kunstfreund umherirrt, oder ein rüstig abenteuernder Enkel Hermanns nach Gold sucht, so bekannt macht wie in seinem eignen Hause. Da ist kein Winkel im Kaukasus, den er nicht schon durchstöbert hat, kein Gebirge auf der Welt, das seine Gedanken nicht schon überstiegen.

Dazu kommt, daß die Kenntniß der neueren Sprachen in Wien weit allgemeiner ist als in Berlin. Jeder Kellner spricht in Wien gewiß seine drei bis vier Sprachen, nämlich französisch und italienisch und außerdem noch ungarisch oder einen der österreichisch-slavischen Dialecte. Nun rechne man nach Verhältniß, wie viel Sprachkenntnisse unter diesen Umständen auf die gebildete Bevölkerung kommen, man ziehe dann ab, was davon zum alltäglichen Bedarf in einer Stadt, wo die Barbiere durchgehends Kroaten und Slovaken sind, wo in jeglichem Stande mancher Ungar sich findet und Italiener in jedem Hause aus und eingehen, verbraucht wird, um das an sich der Cultur keineswegs günstige österreichische Sprachenbabel zu entwirren: so wird immer ein Überschuß bleiben, der der politischen Bildung zu Gute kommen muß, indem er auf die Lectüre fremder, namentlich italienischer und französischer, auch englischer Zeitungen, hinter denen die der deutschen noch immer in den Hintergrund tritt, verwendet wird.

---

74. J[ohann]. F. Böhringer, „Der Empfang", in: *Wien am 14. August 1852. Eine Denkschrift.* Wien 1852, S. 6–9.

Der 14. August 1852 war ein Tag, der ein eigenes Blatt in der Geschichte Österreichs finden wird; ein Tag der Größe und der Erhabenheit; ein Tag des Jubels und der Freude! – Schon am frühen Morgen verkündete die allgemeine Bewegung die hohe Bedeutung des Tages; die halbe Bevölkerung Wiens, welche sich durch die außerordentliche Zuströmung von Fremden noch bedeutend vermehrte, war auf den Beinen. Die Straßen wogten von Menschen, überall herrschte die größte Regsamkeit, um den Empfang des erwarteten Monarchen vorzubereiten. Die meisten Geschäfte wurden für diesen Tag eingestellt, viele Kaufläden wurden gar nicht geöffnet, die andern Mittags geschlossen; die Werkstätten ruhten, in den Ämtern und Bureaus wurden nur die dringendsten Angelegenheiten erledigt. Auf allen öffentlichen und vielen

Privatgebäuden flatterten die kaiserliche und die österreichische Nationalfahne.

Die k. k. p. Ferdinands-Nordbahn hatte die großartigste Vorbereitung getroffen, um den geliebten Monarchen auf allen Hauptpunkten der Bahn von Preßburg bis Wien mit den schönsten Festlichkeiten zu empfangen. Schon in Marchegg erwartete Sr. Majestät eine große Triumphpforte, die zweite in Gänserndorf, die dritte in Wagram, die vierte in Floridsdorf und die fünfte bei dem Eingange zum Bahnhofe in Wien. Außer dem Wiener Bahnhofe erhob sich wieder eine und in der Praterallee war eine Art Triumphpforte mit dem lebensgroßen Bildnisse Sr. Majestät angebracht. Außerdem ließ die Direction der Nordbahn alle Pfeiler und Joche der kleinen Taborbücke durch Fahnen, Flaggen und Blumen schmücken, so daß diese Brücken mit tausendfarbigen Wimpeln gezierten kolossalen Schiffen glichen. Alle Bahnhöfe, welche Se. Majestät auf Höchstihrer Reise berührten, wurden mit Blumen und lebendigen Bäumen geziert; in dem Wiener-Bahnhofe waren viele hundert lebendige Bäume aufgestellt, die Hallen selbst ganz mit blühenden Gesträuchen und Blumen geschmückt, und am Ausgange desselben war ein Springbrunnen angebracht, der seine Wasserstrahlen hoch in die Luft sendete. Von der Ausschmückung des Lokomotivs, das den Train führte, mit welchem Se. Majestät ankam, kann man sich nur dann einen Begriff machen, wenn man sich einen wandernden Blumenhügel vorstellt, denn es war nichts an demselben zu sehen, als Blumen und wieder Blumen.

Von Floridsdorf bis Wien waren neben der Bahn von zehn zu zehn Schritten Fahnen aufgestellt, von denen ein Theil die österreichischen Landes- , der Andere die kaiserlichen Hausfarben trug. In der Mitte des Bahnhofes war ein großer Hügel aufgeworfen, auf welchem eine hohe Signalstange mit einem in mannigfaltigen Farben weithin glänzenden Leuchtsterne angebracht war. Das Bahngeleise nächst dem großen Saale war durch Anschotterung dem Eingange desselben gleich gemacht und vor demselben ein prachtvoller Teppich aufgebreitet, ebenso war der Estrich im großen Saale mit einem für 800 fl. CM. angekauften Teppich überzogen. Beim Ausgange des Saales war eine neue Halle zeltartig errichtet, die ebenfalls geschmackvoll mit Blumen geschmückt war; die Saaleinrichtung wurde ganz neu angeschafft und die Wände mit vier großen Spiegeln und Blumenguirlanden geziert. Das erste Vorzimmer war weiß und roth decorirt, und in einen Garten mit englischen Anlagen verwandelt. Sämmtliche Stiegen und Vorhallen waren mit weißrothem Tuche überzogen und mit Blumen bestreut, ebenso waren vom Bahnhofthore bis zum Praterstern Teppiche gelegt.

(192)

Endlich 5 Uhr 35 Minuten verkündete Kanonendonner und Glockengeläute die Ankunft Sr. Majestät.

Mit sichtbar freudiger Überraschung verließ der Kaiser den Waggon und begrüßte die Ihn ehrfurchtsvoll empfangenden Directoren, so wie die ihn unter dem Baldachin erwartende Generalität, verfügte sich dann in den Vorsaal, wo ein zahlreiches Offizierkorps, so wie das im Bahnhof befindliche Publikum in lauten Vivatruf ausbrach und begab sich sodann in Begleitung der mit ihm eingetroffenen ungarischen Magnaten, unter denen sich auch der Fürst Primas von Ungarn befand, zu Fuße durch das von Grenadieren gebildete Spalier zu der für Sr. Majestät bereiteten Estrade, über welche bei Erscheinen des Monarchen sich ein Zelt ausspannen sollte. Dasselbe aber wurde leider Vormittags bei der Probe wahrscheinlich durch den Wind ruinirt, und der kurze Zeitraum bis zum Empfang Sr. Majestät erlaubte es nicht mehr den Schaden auszubessern, und so mußte dasselbe geschlossen bleiben.

Dort angelangt wurde der Allerhöchste Monarch vor den Stufen der Estrade von dem Herrn Bürgermeister, Dr. Ritter von Seiller, den beiden Vicepräsidenten des Gemeinderathes, Herrn Dr. Andreas Zelinka, und Franz Kuhn, und dem Präses des Magistrats, Herrn Ferdinand Ritter v. Bergmüller ehrerbiethigst begrüßt. Die Volksmassen auf den Tribunen und Grasplätzen aber brachen in ein kaum endenwollendes Vivat aus, daß beinahe zehn Minuten hindurch weithin erschallte. Sr. Majestät der Kaiser bestieg hierauf, den Versammelten in angestammter Herzensgüte freundlich Dank zuwinkend, während zwei aufgestellte Musikbanden die Volkshymne spielten, [die Estrade].

75. Fr. Freih. Tschudy von Glarus (Hg.), *Illustrirtes Gedenkbuch zur immerwährenden Erinnerung an die glorreiche Vermählungsfeier Seiner k. k. Apostolischen Majestät Franz Joseph von Oesterreich mir Ihrer königl. Hoheit der Durchlauchtigsten Frau Herzogin Elisabeth in Baiern, vollzogen in Wien am 24. April 1854.* Wien 1854, S. 22–28.

Spannung, frohes Erwarten.

Wer die überaus freudige Aufregung, welche sich in den letzten Tagen vor der hochbeglückenden Ankunft unserer jetzigen inniggeliebten Kaiserin auf aller Mienen abspiegelte; wer das emsige Schaffen, die tausend und tausend bewegten Hände, die fast fieberhaften auch die letztern Nächte in Anspruch nehmenden Anstrengungen, welche in den meisten Ateliers herrschten; das emsige, rührende Bemühen der Landbewohner ihre Häuser und Häuschen an den Straßen, auf welchen das hohe kaiserliche Brautpaar den Weg von Nußdorf nach dem k. k. Lustschlosse Schönbrunn zu nehmen hatte, ja recht nett zu übertünchen, zu scheuern und herauszuputzen; wer das nicht alles mit eigenen Augen gesehen; den patriotischen Wetteifer, welcher sich in allen Gemeinden in Sammlung von Spenden für die Bezirksarmen kundgab; die gleichsam unter allen Ständen gegenseitig unterhaltene Verständigung, zur Verherrlichung des feierlichen Tages der allerhöchsten Vermählung alle Kräfte aufbieten zu wollen, nicht selbst beobachtet, und nicht die vielseitig ausgesprochene loyale Denkungsweise selbst des schlichtesten Theiles der Bevölkerung mit eigenen Ohren gehört hat, der kann sich von der Spannung und der begeisterten Erregtheit, in welche die ganze Bevölkerung sich versetzt fühlte, keinen, auch nicht den entferntesten Begriff machen; denn Alle schienen nur von dem einen erhabenen Gedanken beseelt zu sein, den Tag der allerhöchsten Trauung ja recht festlich zu begehen, und so auch der mit freudiger Ungeduld erwarteten hohen Kaiserbraut schon bei ihrem glücklichen Eintreffen in Nußdorf den herzlichsten Empfang zu bereiten.

In dieser allgemeinen, fast alles andere vergessenden freudigen Aufregung erschien endlich der langerwartete 22. April, der denkwürdige Tag der glücklichen Ankunft unserer nunmehrigen hochgepriesenen Kaiserin Elisabeth!

An diesem für Österreich unvergeßlichen Tage, noch bevor die ersten Sonnenstrahlen über Wien sich ergossen, und noch lange vor Ankunft des festlich geschmückten Dampfers Franz Josef, welcher auf den sanften Wogen der Donau stolz und in feierlicher Ruhe einhergleitend die hohe Kaiserbraut an Wien's Gestade bringen sollte, glich die lange Straße nach Nußdorf und weit hinaus über Klosterneuburg einem vielbesuchten Wallfahrtsorte, dem Tausende und Tausende mit freudigem Gemüthe entgegen eilten. Die Regsamkeit in der inneren Stadt war unbeschreiblich, ein Wogen, ein Drängen, eine Geschäftigkeit, die sich bis weit hinaus über die Vorstädte Wien's verbreitete.

Viele Verkaufsgewölbe wurden gar nicht geöffnet oder doch bald wieder geschlossen; um 8 Uhr war kein einziger Lohnwagen mehr zu bekommen und ganz Wien war bald auf dem Wege, um die künftige Kaiserin von Österreich zu sehen und aus vollster Brust herzlichst zu begrüßen. Die nach dem Landungsplatze führenden Straßen, dann die etwa ¾ Meile betragende Wegesstrecke von Nußdorf nach der kaiserl. Residenz zu Schönbrunn waren in wenigen Stunden in ihrer ganzen Ausdehnung voll von Fußgehern und auf- und zufahrenden Wagen, und gegen Mittag boten besonders Nußdorf und seine Umgebung einen höchst interessanten Anblick.

Sämmtliche an der Chaussee liegenden Gebäude und Gartenmauern prangten mit Fähnchen und symbolischen Festzeichen; selbst die kleinsten Häuschen waren bis an den Giebel mit Blumengewinden und bildlichen, der Feier des großen Tages angemessenen Darstellungen ausgeschmückt. Kopf an Kopf gedrängt, standen dichte Menschenmassen an beiden Ufern des mächtigen Donaustromes, sogar die unwegsamen, ortsweise noch nie erkletterten Bergesgrücken des romantischen Josephiberges und alle Höhepunkte waren hochauf so sehr mit Menschen besetzt, daß man den überraschenden Anblick einer riesenhaften Tribune vor sich hatte. Der Andrang des Publikums auf diese Punkte war derart, daß die Passage für Wagen und Fußgeher schon um 10 Uhr Vormittags sehr erschwert, eine Stunde später beinahe unmöglich wurde. Trotz des ungeheuren Gewühles herrschte aber überall musterhafte Ordnung.

Der Landungsplatz der Donaudampfboote war im Quadrat abgeschlossen. Die hunderte von kostbaren Trophäen, prachtvollen Fahnen in weißblauen, gelbschwarzen und weißrothen Farben, mit welchen derselbe hochfestlich ausgeschmückt war, gewährten einen überraschenden Anblick. Das Ufer war unter einer Hecke von Blumenschmuck verschwunden, den Vordergrund des Landungsplatzes bedeckten reiche Teppiche, eine kostbar verzierte Stufenreihe führte zur Estrade, wo sich rechts und links weiß und roth decorirte Tribunen mit Sitzen für den hohen Adel und die Civil- und Militärautoritäten befanden. Auf der obersten

Linie des Ufers stand die riesige, von blauen Säulen im goldverzierten Sockel und Kapitälern getragene Triumphhalle, nach Außen mit den kunstvollen Wappenschildern von Österreich und Baiern, Kronen und den Reichsinsignien; – im Innern mit Spiegelwänden, Blumen, Draperien gleich einem Zaubertempel herrlich verziert. Der in der Mittelabtheilung für Ihre königl. Hoheit die durchl. Kaiserbraut angebrachte Ruheplatz erhob sich zwischen Blumen, und rechts und links von demselben zogen sich im Halbkreise zwei Reihen von Sitzen hin, die für die Mitglieder der a. h. kaiserl. Familie und für die höchsten Würdenträger des Reiches bestimmt waren. Die dieser Triumphhalle gegenüber liegenden Gebäude waren mit Laubgewinden und Blumenkränzen, die den Namen Elisabeth enthielten, beinahe überdeckt. Reich geputzte Damen hatten die Fenster und Balkone derselben besetzt; auch die Straße zierten Blumen, sinnreich nach den Farben, weiß und blau, dann wieder weiß und roth geordnet. Am jenseitigen Ufer erhob sich majestätisch aus dem Waldesdunkel eine zweite Triumphpforte, reich mit Fahnen geschmückt und der Inschrift: „Heil Franz Josef, Heil Elisabeth!“ Auch hier war unter zahlloser Menschenmenge eine Musikbande aufgestellt, welche abwechselnd das Volkslied spielte. In Mitte der Donau ankerte das ebenfalls reich beflaggte Dampfschiff „Albrecht“, dessen Mannschaft der später anlangenden hohen Kaiserbraut ein dreimaliges donnerndes Vivat darbrachte. – Vor 12 Uhr war der Herr Bürgermeister der k. k. Haupt- und Residenzstadt Wien, Dr. Ritter v. Seiller, mit den Gemeinderäthen in den Festhallen des Landungsplatzes erschienen, wo sich auch bald darauf der Herr Militärgouverneur Freiherr v. Kempen, General Graf Schlick, der Herr Statthalter Dr. Eminger und der Herr Fürst-Erzbischof von Wien, Othmar Ritter v. Rauscher, einfanden; das diplomatische Corps war beinahe vollzählig mit Familien erschienen. Der hohe Adel, so wie die meisten Chefs der höchsten Staatskörper waren mit ihren Familien als Gäste der Donau-Dampfschiffahrtsgesellschaft unter der Säulenhalle versammelt. Alle Chefs der großen Staatskörper, die meisten Generale, viele Stabs- und Oberoffiziere der k. k. Armee, die Gouverneure und Statthalter der Provinzen waren anwesend.

Um halb 1 Uhr ertönte ein Signal, und bald rauschte ein Dampfer heran, auf welchem Se. Majestät der Kaiser von Linz zurückkehrte. Se. Majestät wurde bei der Landung mit lautem Jubelruf empfangen, und fuhr sodann im kaiserl. Hofwagen nach der kaiserl. Burg.

Um 3¼ Uhr erschienen in langer Reihe die prachtvollen Leibwägen des a. h. Hofes mit Sr. Maj. dem Kaiser und den durchlauchtigsten Eltern und Brüdern Sr. Majestät, dem Herrn Erzherzog Franz Karl, Ihrer kaiserl. Hoheit der Frau Erzherzogin

Sophie, den Herren Erzherzogen Karl Ludwig und Ludwig Viktor, die sich innerhalb der Triumphhalle auf den für die a. h. Herrschaften vorbereiteten Platz begaben, und bis zur Ankunft des Dampfbootes, mit dem Herrn Bürgermeister Dr. Ritter von Seiller, so wie dem Statthalter von Niederösterreich, Dr. Eminger, sich zwanglos unterhielten.

Se. Majestät der Kaiser trugen die Marschalls-Uniform und das große Band des baierischen Hubertus-Ordens; Se. kais. Hoheit der Herr Erzherzog Karl Ludwig trug die Oberst-Uhlanenuniform Seines Regiments, und Se. kais. Hoheit Erzherzog Ludwig Viktor, jüngster Bruder Sr. Majestät, die Uniform eines Lieutenants des, den Allerhöchsten Namen führenden Dragoner-Regiments.

Es war 4 Uhr, als ferne Freudensignale das Herannahen des Festzuges verkündeten. Etwa eine Viertelstunde später fuhr derselbe am St. Leopoldsberge vorbei, von dessen Spitze herab die durchlauchtigste Kaiserbraut durch hochflatternde schwarzgelbe und weißblaue Fahnen begrüßt wurde. In wenigen Minuten darauf waren die Dampfer deutlich sichtbar. Die äußere Ausschmückung des Dampfbootes, welches, geleitet von dem Schiffsinspector und Kapitän Herrn I. Mayer, Ihre königliche Hoheit die durchlauchtigste Kaiserbraut führte, war großartig. Buntester Schmuck bedeckte das ganze Verdeck und die Räderkästen. An der Vorderseite waren vergoldete Adler und Kronen; unter einem geschmackvollen, reich verzierten Zelte befand sich ein herrlicher, mit Büsten gezierter Blumengarten mit einer Rosenlaube. Von den Höhen herab wehten die zahllosen farbigen Wimpel. Das Ganze umschlossen Rosenguirlanden, die bis zum Wasserspiegel herabreichten. Noch prachtvoller war das Innere des Schiffes geschmückt. Die Schiffsmannschaft stand in größter Gala auf ihren Posten.

Ihre königliche Hoheit die Herzogin Elisabeth stand an der Brüstung des Verdeckes, und indem Sie schon von Weitem nach allen Seiten hin dem Publikum und im Vorüberfahren Seiner Majestät, welcher ganz vorne am äußersten Ende der Ausschiffungsbrücke seinen Standpunkt gewählt hatte, die herzlichsten Grüße zuwinkte, hatte Sie im Augenblicke alle Herzen gewonnen.

Unter dem Donner der am jenseitigen Ufer aufgestellt gewesenen Pöller, und dem feierlichen Klange der österreichischen Volkshymne, hatte der mächtige Dampfer „Franz Josef“, dem in einigen Sekunden auch das Dampfboot „Hermine“ mit der Deputation des Landes-Kollegiums von Linz folgte, gegen halb 5 Uhr den Anker geworfen; die Landungsbrücke senkte sich, worauf Se. k. k. Apost. Majestät, gefolgt von Seinen durchlauchtigsten Eltern und Brüdern, den höchsten Reisenden entgegen eilte.

Die nun hierauf folgende Scene wird allen denjenigen, welche so glücklich waren, derselben beizuwohnen, niemals aus dem Gedächtnisse entschwinden. Denn kaum hatte sich die Brücke gesenkt, so schwang sich der Kaiser mit der ihm eigenthümlichen Lebendigkeit an Bord des „Franz Joseph" hinüber, sprang die auf das Verdeck führenden Stufen rasch hinan und drückte einen Kuss auf die Stirne seiner, in allen Reizen der Jugend und Anmuth strahlenden Braut. Dieser ergreifende Moment, wo der mächtige Beherrscher Österreichs, der Erbe so vieler Kronen, sich über die Schranken der Etiquette hinwegsetzend, blos dem zarten Drange seiner Neigung folgte, brachte auf die Gesammtheit der Anwesenden einen unbeschreiblichen Eindruck hervor. Man vergaß bei diesem Anblicke über den glücklichen Bräutigam ganz den Monarchen.

Als aber einige Secunden später die erhabene Mutter Seiner Majestät auf dem Decke anlangte, und die von Ihrem Sohne erkorne Lebensgefährtin mit tiefer Rührung an die mütterliche Brust drückte, da sah man auch in dem ganzen großen Umkreise kein Auge mehr trocken.

Unwillkürlich mußte man bei diesem erhebenden Schauspiele der großen Maria Theresia gedenken, welche einst zu Frankfurt am Main, als ihr zum römischen Kaiser erwählter Gemal Franz von Lothringen seinen festlichen Einzug in die alte Mainstadt hielt, auf dem Balcone ihres Hauses an der Zeile stehend, den Augenblick nicht erwarten konnte, bis der Festzug vorüber war, sondern als sie des Kaisers ansichtig wurde, auf die Straße herabeilte, und den lang Entbehrten vor den Augen des ganzen Volkes in ihre Arme schloß.

---

76. Eduard Suess, *Der Boden der Stadt Wien nach seiner Bildungsweise, Beschaffenheit und seinen Beziehungen zum bürgerlichen Leben.* Wien: Wilhelm Braumüller, 1862, S. 312–313.

Ein allgemeines Menschlichkeits-Gefühl und der Trieb der Selbsterhaltung haben zwar in Wien, wie in anderen grossen Städten, eine ernste und allgemeine Theilnahme an jenen Bemühungen geweckt, welche auf die Verbesserung der Gesundheits-Verhältnisse unserer Stadt gerichtet sind, aber es scheint mir dennoch als habe man die ganze Tragweite des Gegenstandes und die Wichtigkeit, welche er auch in staatlicher Beziehung besitzt, noch nicht in das rechte Licht gesetzt. Es wäre ein höchst lohnendes und verdienstliches Unternehmen, wenn irgend ein tieferer Kenner des socialen Lebens unserer Stadt es unternehmen wollte, nicht etwa den Ton, der in unseren Salons herrscht, Anekdoten, die grössere oder geringere Vorliebe für englische Pferde, italienische Opern oder französische Redensarten und was man sonst noch „Gesellschaft" zu nennen pflegt, sondern jene gesammte Vereinigung von Menschen, welche unsere Stadt bewohnt, nach ihren Lebensverhältnissen, nach ihrem moralischen und physischen Zustande, in Reichthum und Armuth, in Redlichkeit und Verbrechen, in Freude und Leid zu schildern.

Wichtige Materialien zu einer solchen ernstgemeinten Naturgeschichte des Wieners ruhen in den beiden bisher erschienenen Heften der amtlichen „Statistik der Stadt Wien"; es handelt sich darum zu zeigen, was diese Ziffern dem Leben bedeuten. Besässen wir heute eine Schilderung dieser Art, so würde ohne Zweifel die Theilnahme an den städtischen Angelegenheiten eine noch bei weitem regere und der Begriff von dem Verhältnisse unserer Stadt zu dem übrigen Kaiserthume ein anderer sein, als er thatsächlich ist.

Es ist bekannt, dass nicht nur die Namen der bürgerlichen Familien des Mittelalters in Wien so gut wie ganz erloschen sind, sondern dass nach der Volkszählung am Schlusse des Jahres 1856 abgesehen von den Militär-Personen weniger als ein Drittel derselben aus solchen Individuen bestand, welche von einheimischen Eltern in Wien geboren waren. Nur wenig mehr als die Hälfte der Bewohner Wiens besitzt die Heimathsberechtigung in dieser Stadt. Die neu in den Gemeindeverband aufgenommene Familie verschwindet nach einer sehr kurzen Reihe von Generationen wieder und es ist nicht die Fortpflanzung, sondern der neue Zuzug aus den Provinzen und dem Auslande, welcher die Zunahme der Bevölkerung bedingt. Wie Lichter in Gärten, so, scheint es, stehen diese Hauptstädte in ihren Ländern; von allen Seiten fliegen die Mücken herbei, um in denselben zu verbrennen.

77. D[aniel]. Spitzer, „Die Entreprise des pompes funèbres. (1867)“, in: ders., *Wiener Spaziergänge. Erste Sammlung.* Wien-Leipzig: Julius Klinkhardt, 1880, S. 50–52.

Man kann jetzt in Wien um einen Spottpreis und doch auf das Eleganteste begraben werden.

Man hat als armer Teufel gelebt und wird wie ein „Gremialvorstand“ zu Grabe getragen; man hat ein kleines Zimmer als „Afterpartei“ bewohnt, in dem man gefroren, gehungert und schlecht geschlafen hat, und bekommt jetzt um denselben Preis eine kleine Wohnung, in der man nicht friert und hungert, vortrefflich schläft und niemals gesteigert wird. Freilich kann man hier den Miethzins nicht mehr schuldig bleiben, und die Parteien, die diese letzte Wohnung beziehen, sind auch in der That sehr „solide Herren“, die keine Schulden machen, den Hausmeister nicht aus dem Schlafe wecken, und die Stubenmädchen der Nachbarn nicht küssen.

Wer so unscheinbar im Leben umherspaziert ist, daß ihm ein Fiaker gar niemals „Fahr'n mer Euer Gnaden!“ zugerufen hat; wer so niedrig gestellt war, daß er einen Offizial der Staatsbuchhaltung einen hochgestellten Gönner nannte; wer so wohlfeile Zigarren rauchte, daß er es nicht wagte, einen Kellner bei Daum um Feuer zu ersuchen; wer einen so ordinären Schuster hatte, daß die Sprachreiniger, welche in Wien den Titel „Herr von“ abschaffen wollten, bei ihm den Anfang machten; wer so schlechte Überröcke trug, daß man über seine Witze niemals lachte, und so einfach zu Mittag speiste, daß ihn der Tischnachbar zudringlich nannte, wenn er diesem „zur Genesung“ wünschte; der kann das im Leben so kostspielige Bedürfniß nach Comfort, Eleganz und höflicher Begegnung nunmehr im Tode um ein Billiges befriedigen, wenn er sich durch die Entreprise des pompes funèbres begraben läßt.

Seinen Leichenwagen ziehen dann Trauerpferde, die nur aus angeborner Schüchternheit nicht beim Handicap-Steeple-Chase mitrennen, seinen Sarg schmücken Kränze, wie sie selbst die Phantasie einer ersten Liebhaberin in der Theaterschule nicht größer winden kann, gutgenährte Trompeter traben hinterher und blasen den Trauermarsch aus „Dom Sebastian“ so feierlich, als wenn Dom Sebastian eine „doppelte Löhnung“ hätte auszahlen lassen, und ich zweifle nicht, daß die Unternehmung koulant genug ist, um gegen einen kleinen Mehrbetrag auch Leidtragende zur Verfügung zu stellen, welche die Nasen in Taschentücher besserer Qualität stecken, und etwa noch, wenn man eine gute Kundschaft ist, eine blasse Dame mit zwei Kindern dreingeben, die am Allerseelentage das Grab besuchen und bitterlich weinen. Wenn man ein kleines Kapital zur Verfügung hat, so kann man es wahrhaftig in dieser schlechten Zeit nicht besser und sicherer anlegen, als indem man in's Wasser springt und sich von der Entreprise des pompes funèbres begraben lässt.

Bei der Beliebtheit, deren sich der Selbstmord seit geraumer Zeit in Wien erfreut, kann vielleicht auch die Entreprise des pompes funèbres Manchen einen willkommenen Selbstmordanlaß geben.

Ein Herr, welcher durch seine eleganten Kravaten die Aufmerksamkeit des Theaterpublikums zu fesseln wußte, schießt sich, wie die Dinge gegenwärtig stehen, eine Kugel durch den Kopf, weil ein Engel in Trikots ihn nicht erhört; eine gefühlvolle Dame verschluckt, eines gewissen schwarzen Schnurrbarts wegen, alle Stecknadeln, die sie auftreiben kann; ein bürgerlicher Schlosser stürzt sich vom vierten Stockwerke herunter, weil das Küchenmädchen seines Herzens bei dem Auslaufbrunnen mit einem Jüngling liebäugelt, der der Militärbäcker-Fahne folgt und für das Vaterland Kommißbrod bäckt; Köchinnen umgürten sich mit der Krinoline und springen in die Donau, weil ein Guglhupf nicht zu seiner vollen Entfaltung gelangen wollte. Man bringt sich heutzutage in Wien aus allen möglichen Gründen um's Leben, von Appetit angefangen bis hinauf zu verschmähter Liebe, aus Trübsinn über die politische Lage, bis herunter zu ganz gewöhnlichen Krampfadern, aus Blasirtheit, oder weil die Rente aus Paris niedriger kam, weil einem die Haare ausgehen, oder blos um seiner Familie zu den Osterfeiertagen eine Überraschung zu bereiten.

Warum soll man sich nicht auch aus Eitelkeit selbstmorden, um durch ein solennes Begräbniß mit pompes funèbres Aufsehen zu erregen?

---

78. Bruno Walden [eig. Florentine Galliny], „Von den Photographien", in: *Wiener Studien.* Wien: Friedrich Beck, 1869, S. 25–29.

„Die Sonne bringt es an den Tag." Wer da glaubt, in seiner Photographie nur seinen äußern Menschen abspiegeln zu lassen, liegt arg im Irrthum, solch' eine kleine Visitkarte enthält ganz getreulich auch mit dem physischen Steckbrief einen geistigen und moralischen. Ehemals war ein Bildniß die Darstellung der Auffassung, welche ein Künstler von einer Persönlichkeit gewann; er idealisirte oder pfuschte an derselben, unwillkürlich that er etwas hinzu oder hinweg, aber die Photographie ist ganz matter of fact. Dieser Naturselbstdruck ist so subtil wie scharf, daß er hunderterlei Momente und Charakteristikons ausprägt, die das Original ahnungslos mit sich herumträgt, an denen man unzählige Male vorübergegangen ohne sie zu bemerken, die aber nun die Sonne unwiderleglich und unübersehbar an den Tag gebracht.

Wer beabsichtigt, sich einen tüchtigen Fond an Menschenkenntniß anzulegen, der vernachlässige das Studium der Albums nicht, sie enthalten auf jedem Blatt kostbares Material, man kann da in einer Viertelstunde auf kurzweiligste Art einen lehrreichen Kurs durchmachen. Nicht selten widerfährt es mir, von einer Person, mit der ich schon länger verkehrt, nur einen unpräzisirten Eindruck mit mir herumzutragen, plötzlich beim Anblick ihrer Photographie gestaltet er sich und wird zum Urtheil. Zu solchem Zwecke sind eigentlich die ersten, weniger guten Bilder, die naiven Anfänge der Photographie, die Anfänger unter den Photographen wie Photographirten die besten. Ehe noch Erfahrung und kunstsinniges Arrangement die Unbefangenheit vergiftet und jedes sich hinstellte nach eigenem Gutdünken und Ermessen, da war solch' ein Bildchen zehn Jahre der genauesten Bekanntschaft und sechs Bände Tagebücher und Bekenntnisse werth, denn es bekannte gar Mancherlei, dem Betreffenden selbst Unbekanntes.

Und wie leicht ist es solche Studien zu machen! Man braucht nicht einmal Albums zu durchblättern und Kunsthandlungen zu belagern, jede Straßenecke beinahe bietet in irgend einem Auslagrahmen ein Fülle Stoff. Welch' ungeheuerer Reichthum an Nuancen in diesen Schaukästen. Wenn man jene am Kohlmarkt oder Graben mit solchen vergleicht, welche den Neubau, die Josephstadt, die Favoritenstraße, die Jägerzeile oder Erdberger Landstraße zieren, so lernt man ein gutes Stück Wiener Kulturgeschichte kennen. Jeder Stadttheil wird genau dadurch charakterisirt, und es ließe sich, gestützt auf die Photographie, eine soziale Topographie Wiens zusammenstellen, die jeden Zug seiner vielbewegten Physiognomie getreulicher darstellen würde als alle statistischen Ausweise und Polizeibeobachtungen es vermöchten.

In der Stadt und ihren eleganten Annexen enthüllen diese Schaukästen Schätze an Geist, Phantasie, koketter Grazie und Abgründe von Blasirtheit; centrifugal dagegen entwickeln sie immer mehr und mehr die gemüthvolle Seite des Lebens. Am „Grund" lehren sie einem noch an patriarchalisches Familienleben, an dicke Freundschaft glauben. Man fühlt, daß, aller zersetzender Elemente zum Trotze, die Gesellschaft noch nicht verloren ist, wenn man eines der Familienbilder ins Auge faßt, wie sie dort zur Auferbauung ziemlich häufig in den Rahmen prangen. Der Grundstein des Hauses, der Vater, sitzt zur Rechten, ein breites und doch würdevolles Lächeln auf dem wohlarrondirten Gesicht zeigt eine der seltensten Erscheinungen hienieden: Zufriedenheit mit der Welt und sich selbst, die dicken Finger spielen mit der schweren Uhrkette, welche von der Sammtweste auf ein weißes Beinkleid hängt. Neben ihm sitzt die Gefährtin seines Strebens und Lebens, die stattliche Fülle in schwere Seide gehüllt, den Hals, dessen Epidermis an die Pflaume gegen Ende Oktober gemahnt, vielfach mit feinen Perlen umkränzt. Zwischen den Knieen der Beiden steht ein kleines Mädchen in weißem Kleide gepfercht, mit zwei kurzen, steifen, schleifengezierten Zöpfen, einen „festen" Blumenstrauß krampfhaft mit beiden Händen haltend. Im Hintergrunde gruppiren sich kerzengerade Söhne in weißen Gilets mit strangulirend engen Kravaten und Töchter in karrirten Kleidern. Wenn ein derartiges Bild auch nicht immer das Entzücken des Aesthetikers bildet, so muß es doch Balsam für das wunde Herz des Pessimisten sein.

Auch an die Freundschaft lernt man noch glauben in diesen Gefilden. Da stehen drei junge Mädchen, welche mit mehr Geschick als Grazie die schwierige Aufgabe lösen, sich zu umschlingen und sich doch, alle drei en facie zu zeigen. Auf den ersten Blick glaubt man an eine gymnastische Übung, auf den zweiten aber erkennt man Innigkeit und nicht Hygienie als das Motiv dieser abnorm nach rückwärts gerenkten Achseln. Nebenan sind zwei halbwüchsige Mädchen in weißen Kleidern, mit schiefgebundenen Schärpen, Kränze auf den dichten Locken, die, offenbar vom „Umgang" sogleich zum Photographen geeilt, den flüchtigen Moment der Pracht, wenigstens in Effigie fest zu halten. Aber auch die praktischen Tugenden bringt die Photographie zu Tage; hier ist eine ganze Nähschule, in kameradschaftlicher Entente cordiale abgebildet. Das niedliche Mädchen, das nun schon über Jahr und Tag mit gehobenem Arm die Nadel in der Luft hält, hat sicherlich den Laokoon nicht gelesen, sonst würde es diese auf die Dauer unhaltbare Position wohl vermieden haben.

Aber nicht nur Frauen allein fühlen hier noch tief und innig, dem Himmel sei Dank, auch Männer zeigen, daß ihnen das Band der Freundschaft noch heilig ist. Diese Gruppe hält offenbar seit ein paar Jahrzehenten schon einen bestimmten Tisch besteckt beim „Bock" oder der „Traube". Das korpulenteste Glied der Gesellschaft ist mit feinem Schönheitssinn zum Mittelpunkt des Halbkreises erwählt worden; da die Tafelrunde sich nicht gut als solche darstellen ließ, rangiren die minder ansehnlichen Mitglieder in zweiter Linie. – Ein halb Dutzend Turner, knapp daneben, sehen mehr steif, leinern und desparat als frisch, fromm, fröhlich und frei aus. – Sehr beliebt sind auch Gesangvereine pyramidal arrangirt. Im Vordergrund lagern ein Dutzend Sänger auf dem Teppich, auf Bänkchen, Stühlen, schließlich nach der Größe geordnet erheben sich keilförmig zugespitzt die Reihen; Alle halten Notenblätter in den Händen, einer der Hingestreckten hat den Arm erhoben, wie zum Taktiren. Auf einem dieser Bilder trieb die ganze Gesellschaft ihre realistische Gesinnungstüchtigkeit so weit, sich mit geöffnetem Munde abkonterfeien zu lassen. Ein Gesangslehrer müßte an der Form dieser bouches béantes erkennen, welchen Ton der Sängerbund angeschlagen. Photographirte Klangfiguren! Wenigstens hatte der Photograph auch einen kleinen Kunstgenuß. In unserer Zeit, wo die Vervollkommnung keine Grenzen zu kennen scheint, gibt es demnächst vielleicht auch photographirte Melodik!

---

79. Betty Paoli, „Unsere Stadt.“,
in: *Neue Freie Presse, Morgenblatt*, 1. Mai 1869, o. S.

Was nimmt ihm [dem Fremden; Anm.] hier Herz und Sinn so ganz gefangen, daß er sich nur mit Widerstreben losreißt und noch nach Jahren der Abwesenheit nicht von Wien spricht, ohne, je nach seiner Nationalität, ein „Quelle ville charmante!“ „What a pleasant place!“ „Che cara città!“ beizufügen? Ja, selbst den Berliner, den Mann der überwundenen Standpunkte, überkommt ein menschliches Fühlen, wenn er der hier verlebten Tage gedenkt. So war es früher, so ist es noch heute. Was aber ist die Grundursache dieser Wirkung? Und worin liegt Wiens so ganz eigenthümlicher, unverwüstlicher, von Jedem empfundener Reiz?

Niemand wird behaupten, daß unser Klima Theil daran habe, vielmehr gehört ein gewisser Grad von Leichtsinn oder Lebensverachtung dazu, sich seiner Tücke nicht durch rasche Flucht zu entziehen. Die architektonische Schönheit Wiens ist auch nicht danach angethan, jenen Zauber zu erklären. Es handelt sich hier nicht um einzelne Bauwerke von überwältigender Macht und Herrlichkeit, wie zum Beispiel unser St. Stephansdom allerdings eines ist, sondern um die Physiognomie der Stadt. Vergeblich würde man in Wien, dem mehrhundertjährigen einer reichen und mächtigen Aristokratie, nach so prachtvollen, im edelsten Geschmacke erbauten Palästen suchen, wie Venedig und Florenz deren viele besitzen, ebensowenig nach jenen reizenden, von Gärten umgebenden Villen, die in anderen Städten der Einförmigkeit des wüsten Häusermeeres so lieblich unterbrechen. Unsere Neubauten mögen in vielen anderen Stücken höchst preiswürdig sein, aber einen poetischen Eindruck machen sie im Ganzen nicht. Nirgends Grün! Nirgends ein freundliches Hereinwirken der Natur! „Kein Baum erquickt mit Schatten, kein Quell durchrinnt den Sand!" Es wäre denn, daß man die armen Krüppel auf der Ringstraße für Bäume und die verpestende Jauche im Bette der Wien für lebendiges Wasser erklären wollte. Auch an Promenaden ist Wien wahrlich nicht überreich. Zum Überflusse besteht in mehreren der vom Publicum mit Vorliebe besuchten Gärten die sinnige Einrichtung, daß sie nach Sonnenuntergang geschlossen werden, d. h. gerade zu der Zeit, in welcher die Abendkühle zum Aufenthalte im Freien einladet. Wer denkt dabei nicht an das mittelalterliche couvre-feu?

Ist nun etwa unser geselliges Leben derart, daß man darüber alle Mißlichkeiten vergessen könnte? Ich möchte es bezweifeln. Unsere Lebenseinrichtungen laboriren noch an allzu vielen Kleinstädtereien, die namentlich auf die Geselligkeit einen sehr störenden Einfluß ausüben. Bis jetzt hat die politische Umgestaltung Österreichs keine nennenswerthen socialen Reformen bewirkt; nach wie vor lebt man in seiner Coterie, seiner Kaste. Lieber als daß man die Scheu vor fremden Elementen überwinde, langweilt man sich jahraus, jahrein mit seinen werthen Bekannten. Ohne Frage wird die Fusion, die vorläufig nur die Damen der haute finance mit fortschrittlichem Eifer anstreben, schließlich zu Stande kommen; für's erste stößt sie aber noch auf vielfachen Widerstand, und noch immer ist man nicht zu der Einsicht gelangt, daß jeder exclusive Salon, sei er nun ein aristokratischer, ein literarischer oder ein Sammelplatz von Finanzgrößen, unvermeidlich dem Fluch der Langweiligkeit verfallen muß.

Bei der Aufzählung der Schattenseiten Wiens wären wol so manche hier fortwuchernden Unsitten aufzuzählen; ich begnüge mich damit, nur einer zu erwähnen, die den Verkehr mit Anderen wesentlich erschwert. In allen anderen Städten gibt es eine gewisse Speisestunde, der sich Jedermänniglich bequemt. Sei diese spät, wie in London und Paris, oder früh, wie in den meisten deutschen Städten, gleichviel, sie gilt für Alle und wird von Allen eingehalten. In Wien herrscht darin die vollkommenste Anarchie. Man ist genöthigt, die Speisestunde seiner sämmtlichen Bekannten – Jeder hat eine andere – genau im Kopfe zu behalten, wenn man nicht zugleich mit der Suppe bei ihnen erscheinen will. Die Stunde, zu der man in Wien zu Tische geht, variirt von 1 bis 6 Uhr. Man glaubt kaum, wie viele Störungen und wie großen

„Ringstrasse am Sonntag", in: *Humoristische Blätter: Illustrirtes, satyrisch-politisches Wochenblatt*, 18.5.1873.

A. GÖSCH

Zeitverlust diese Planlosigkeit nach sich zieht. Bevor sie, und mit ihr noch verschiedene andere, nicht abgeschafft sein wird, dürfte sich das Ideal einer wahrhaft comfortablen Existenz schwerlich verwirklichen lassen.

---

80. Führer durch Wien. *Aus Anlass der Generalversammlung des Vereines deutscher Eisenbahnverwaltungen 1869.* Wien 1869, S. 22–25.

Das Café Griensteidl hält 26 Wiener Zeitungen und 12 Journale der österr. Provinzen und Ungarns.

Von *ausländischen* Blättern

liegen daselbst auf den Lesetischen:

Allgemeine Augsburger Zeitung.
Ausland.
Berliner National-Zeitung.
Berliner Theater-Moniteur.
Berliner Volkszeitung.
Berliner Vossische Zeitung.
Blätter für Literar. Unterhaltung.
Demokratisches Wochenblatt.
Deutsche Allgemeine Zeitung.
Dresdener Journal.
Dresdener Theaterzeitung.
Familien-Journal.
Fliegende Blätter.
Frankfurter Journal.
Frankfurter Theaterzeitung.
Gartenlaube.
Hamburger Nachrichten.
Kladderadatsch.
Kölnische Zeitung.
Leipziger Illustrirte Zeitung.
Leipziger Theater-Chronik.
Münchner neueste Nachrichten.
Münchner Punsch.
Münchner Theater-Correspondenz.
Münchner Journal.

Münchner Volksbote.
Musik-Zeitung von Bagge.
Musik-Zeitung von Brendl.
Nürnberger Anzeiger.
Nürnberger Correspondent.
Neue Preussische Zeitung.
Schlesische Zeitung.
Schwäbischer Mercur.
Über Land und Meer.
Weser Zeitung.
Zukunft.

Von *französischen Journalen:*

Figaro.
La France.
Illustration.
Indépendance.
Journal amusant.
Journal des débats.
Journal Petit.
Lanterne.
La Liberté.
L'Opinion.
La Patrie.
L'Union.

Von *englischen:*

Illustrated London News.
Punch of London.
The Times.

Von *italienischen:*

Gazetta di Venezia.
L'opinione.

Von *russischen:*

Golos.

Servirt werden Kaffee, Thee, Chocolade, Sahne, Soda, Eis; alle Gattungen Liqueure, Schinken, Eier und das mit Recht berühmte Wiener Gebäck in seinen zahlreich verschiedenen Formen.

Obwohl allen Schichten der Gesellschaft zugänglich und ohne Exclusivität vom Publikum besucht, gibt es doch Kaffeehäuser, wo vorwiegend Officiere oder Beamte, Künstler oder Speculanten, Studenten oder Gewerbsleute etc. den Stamm der Gäste bilden.

Selbstverständlich bestimmt dies sofort auch Ton und Farbe des Locales; und der Fremde, welcher auf diesem Felde Studien machen will, kann z. B. die Wiener Democraten und die Wiener Ultramontanen reinsten Wassers durch die blosse Gefälligkeit des nächst besten Marqueurs bequem belauschen.

Bei Nicola Färbergasse Nr. 8, beiläufig zwei Stunden nach Mitternacht eintretend, wird er die ehrsamen Gärtnersfrauen und Gemüsehändlerinnen in einen „soliden Tratsch" versunken; bei Römer Naglergasse Nr. 9, und noch mehr bei Fritzmann Währingergasse Nr. 2, beiläufig um dieselbe Zeit, verspätete Dämchen der Halbwelt finden, die eben bei dem letzten Glas Punsch mit ihrem Louis Abrechnung pflegen.

Endlich gibt es in der Rothenthurmstrasse ein Kaffeehaus, in welchem es ihm sogar passiren könnte der polizeilichen Razzia zu verfallen; denn wenn Tagsüber ein frecher Diebstahl verübt ward, nach dessen Thäter die Behörde fahndet; oder wenn es gilt, Hehler, Falschspieler und steckbrieflich photographirte Vagabunden aufzugreifen; so hat sich gewiss dieses Locale in erster Linie der Aufmerksamkeit der Sicherheitsorgane zu erfreuen. Ländlich-sittlich! Man befindet sich also, selbst solche äusserste Begegnisse ausser Acht gelassen – mindestens in sehr gemischter Gesellschaft, welche die Lehre des Socialismus ganz eigenthümlich aufzufassen gewohnt ist.

Harmloser bleibt der Besuch der „Limonadehütten", welcher wir noch schliesslich gedenken müssen. Es sind dies die offenen Kaffeezelte am Graben, durch ihren Blumenaufputz und die reizende Staffage schöner Mädchen an und für sich fesselnde Aufenthalte.

Neben tugendfesten Hausmüttern und eleganten Frauen, die ihren Kindern en passant das längst versprochene „Gefrorne" abtragen; neben Virginierrauchenden, Tschaugrüssenden Officieren, neben Journalisten und Schauspielerinnen, bemonocleten Attaché's und Börsianern, lieben es namentlich die Töchter der Emancipation, in diesen Salons Siesta zu halten.

Hier theilen sie als die wahrhaftigen arabischen Märchen-Erzählerinnen unserer guten Stadt Wien, den versammelten Gönnern die Räubergeschichten ihrer Jugend mit, schlürfen ihr Eis und zerbröckeln eine Carlsbader Zuckeroblate nach der andern.

Weniger umworben oder augenblicklich vereinsamt lassen sie mit der Überlegenheit vollendeter Routine die türkische

Blick über den Graben in Richtung Stock-im-Eisen-Platz, um 1870.

Cigarrette durch ihre weissen Finger gleiten, erlaben sich an irgend einem duftigen Sorbet allerneuester Erfindung und notiren Malicen aus dem Floh; – oder sie gaffen mit nur halbverschleierter Ungeduld auf den Menschenstrom, der draussen vorüberrollt, auf die kaleidoscopische Bewegung der Massen, bis sich endlich eine Gestalt daraus ablöst, und über das suchende Auge den Strahl süsser Befriedigung verbreitet.

Es weilt sich ein Stündchen ganz wohlig in diesen Zelten; ihre Lage auf dem unablässig vom lebendigsten Verkehre durchwogten „Graben“ macht sie zu interessanten Observatorien, deren letzter Ausblick nicht selten auf heitere Nachklänge von Abdera fällt – freilich oft auch eine Rose sterben sieht!

---

81. Karl Grün, *Glückliches Wien! Die Stadt und ihre Kunstschätze.* Wien: Friedrich Beck, 1869, S. 22–23.

Glückliches Wien! Du bist die musikalische Kapelle Europa's. Wer wissen will, was Musik ist, der muß zu Dir hinpilgern, und wer eine Ahnung vom Zauber der Töne hat, der kann in deinem Schooße die volle Offenbarung empfangen. Geschauspielert wird heuer in der ganzen Welt fast gleich gut und gleich schlecht, die Klassizität der „Burg“ habe ich nicht ausfindig machen können, trotz Laube's Direktion und trotz Laube's Weggang; aber Musik versteht man in Wien, weltliche wie geistliche, vokale wie instrumentale, Blech und Holz, Saiten und Tasten, Solo und Symphonie. Ich habe mir nichts entgehen lassen, so weit meine Zeit und meine Füße reichten, und nichts hat mich so unwirsch gemacht, als wenn zwei Aufführungen zu gleicher Zeit stattfanden, ein Stabat mater in Altlerchenfeld und ein Stabat mater bei den Minoriten.

Ganz piano haben mich die guten Elfen eingeführt durch eine Soirée zum Besten des Pensionsfonds der Professoren am Konservatorium, im Saale der „Musikfreunde.“ Es begann mit einem Konzert von Spohr, gravitätisch frasirt, in strenger Grazie hinwallend. Herr Hellmesberger, Violine, der liebenswürdigste erste Geiger, den ich kenne, der selbst in sein Mitspiel die volle Akkuratesse und die vollendete Empfindung des Solo legt. Lieder von Schubert und Schumann, reizend gesungen von Herrn Walter. Dann die Gounod'sche Parafrase eines Bach'schen Präludiums, sonstwo „Ave Maria“ genannt, hier „Adagio“ für Harmonium,

Harfe und Geige. Endlich trieb mich, ich gestehe es, die alte Haizinger mit ihren Plattheiten in „Pfälzer Mundart" von dannen.

Dann kam der musischen Kunst ganzer Segen auf mich herab im Redoutensaale der Burg: die Neunte, die große, die letzte, die Vollendung aller Symphonie, nach welcher eigentlich keine wieder gedichtet worden ist.

---

82. o. A., *Wien im Jahre 1870 oder Die Geheimnisse von Neu-Wien. Socialer Roman aus der Gegenwart Wien's*. I. Theil: Ringstraße und Vorstadt. Wien 1871, S. 3–6.

Ein Frühstück bei Sacher.

Sacher ist nicht bloß der Inhaber der berühmten, von Einheimischen und Fremden hoch geehrten Restauration, er ist für den echten Wiener eine Art Ideal. Bei Sacher einmal zu speisen, bei Sacher einmal zu soupiren, wünschen sich die Meisten, welche an seinem Schaufenster an der verlängerten Kärntnerstraße vorübergehen und mit sehnsuchtsvollen Blicken die ausgestellten und so geschmackvoll arrangirten Delikatessen betrachten. Hat man schließlich dieses Ideal erreicht, so entdeckt man, daß es in Wien sehr viele Restaurationen gibt, in denen man besser und billiger speist als bei Sacher, man wird aber trotz dieser Erscheinung bei außerordentlichen Gelegenheiten wieder zu Sacher gehen. Selbstverständlich gibt es aber auch einen Kreis von Stammgästen, welche die täglichen Gäste Sacher's bilden. Sie lassen sich in zwei scharf getrennte Parteien scheiden: in Finanzmänner und in Aristokraten von Geburt. Der glücklich speculirende Börsianer, in dessen Träumen bereits die zukünftige Ritterkrone eine Rolle spielt, und der Cavalier, sowohl der junge, leichtsinnig Schulden machende, wie der alte aristokratische Lebemann, der immer noch die Gewohnheiten der Jugend beibehält, sie bilden das Stammpublicum Sacher's.

Wir führen unsere Leser in einen der kleinen, eleganten Salons, den für heute, es ist im Herbst des Jahres 1867, eine kleine Gesellschaft ausschließlich für sich in Beschlag genommen. Es dürfte selbst einem scharfblickenden Menschenkenner nicht ganz leicht sein, die Herren, welche da an dem mit Tellern und Flaschen, den Resten eines splendiden Frühstücks, bedeckten Tisch Platz genommen haben, ohne Weiteres zu classificiren. Doch da wir sämmtliche Anwesende kennen, wollen wir alles Nachgrübeln unnöthig machen, indem wir die Einzelnen schildern.

Da sitzt der lange, lebenslustige ewig jugendliche Baron von Hönigsberg, seine langen, schwarzen Bartcoteletten sorgfältig streichelnd und von Zeit zu Zeit aufmerksam seine zarten weißen Hände, auf welche er ebenso stolz ist als der Reichskanzler Graf Beust auf seine kleinen Füße, betrachtend und dann die rothe Nelke, welche er im Knopfloch trägt, sorgfältig befestigend. Wer kennt ihn nicht, den Liebling der halben, den der ganzen Welt, ihn, der auf dem Graben, ewig heiter, eben so gern flanirt, wie auf der Ringstraße reitet. Neben ihm sitzt ein Mann, ein Recke von Gestalt, mit massiven Gesichtszügen, ein Gewaltiger der Börse, Herr Nemetz-Müller, freilich seit einiger Zeit durch waghalsige Speculationen etwas discreditirt, aber immer noch Einer, von dem die bösen Zungen behaupten, daß er sein Schäfchen ins Trockene, seine Gläubiger ins Nasse gebracht habe. Er schaut sinnend in sein Champagnerglas und beobachtet die aufsteigenden Schaumperlen, als wenn er philosophische Betrachtungen anstellen wollte über aufsteigende und absteigende Lebensläufe. Einer, der einen aufsteigenden Lebenslauf hinter sich hat, sitzt neben ihm, einen rasch aufsteigenden, wenn es dabei auch nicht ohne einige krumme Wege, ohne einiges Zickzack abgegangen sein mag. Der Herr fabricirt feuerfeste Cassen für Millionäre, für solche, die es werden wollen, und für die, welche sich den Anschein geben wollen, als müsse mit dem Besitz einer feuerfesten Casse auch der Besitz von Capitalien verknüpft sein. Roth ist sein Haar, sein Gesicht ist zwar unangenehm, da es sehr unregelmäßige Züge hat, jedoch blitzt aus dem kleinen grauen Auge viel Intelligenz hervor. Es ist dies der Ritter von Festheim, Gemeinderath und Besitzer unzähliger Orden. Dieselbe Manie der Ordensjägerei theilt mit ihm der kleine alte Herr mit schon stark ergrautem, kurz geschnittenem Backenbart und stark jüdischem Profil, der k. k. Truchseß Ritter von Friedberg. Er hat klein angefangen, der Herr Baron, als Hausirer, Friedberger hieß er damals, jetzt ist er Millionär. Friedberger aber, da er noch nicht getauft ist, heißt auch sein Neffe, der neben ihm sitzt, ein Bulldogggesicht, jedoch mit klugen, blitzenden Augen. Er gilt für ein ungewöhnliches Schriftstellertalent und ist mit Hilfe des Geldes seines Onkels Besitzer eines der größten Blätter Wiens.

83. F[ranz]. F[riedrich]. Masaidek, „Was der Fremde von der Kaiserstadt im Allgemeinen zu wissen braucht", in: *Wien und die Wiener aus der Spottvogelperspektive. Wien's Sehens-, Merk- und Nichtswürdigkeiten.* Wien: R. v. Waldheim, 1873, S. 4–6.

Was ist Wien? Die offizielle Schulbücherformel: „Wien ist die k. k. Haupt- und Residenzstadt der österreichischen Monarchie" hat sich bereits Wort für Wort überlebt. „Wien ist die erste Vorstadt des Königreiches Böhmen," heißt es in der neuesten Auflage von K. Ralowats czechischer Staatenkunde, „worin sich einige deutsche Eindringlinge angesiedelt haben, um daselbst die bekannte Wiener Clique zu bilden." „Wien ist ein abfaulender Misthaufen," erklärt die Kirchenzeitung, einen wohlwollenden Ausspruch des „Ehrenbürgers" Baron Welden der Vergessenheit entziehend. Wien ist Neu-Jerusalem sagte einmal ein ausgezeichneter Humorist. Der hier aus übertriebener Bescheidenheit seinen Namen verschweigt.

Also Wien, oder richtiger Neu-Jerusalem ist vorderhand die Hauptstadt des Erzherzogthums Niederösterreich und dann und wann – d. h. wenn die Residenz nicht in Ofen, Gödöllö, Ischl oder Meran ist – auch die k. und k. Residenzstadt der österreichisch-ungarisch-wenzelskindisch–hannakisch–polakisch–rußniakisch–rumänisch–bockeselisch–gottscheewerisch–pinzgauerisch-bandelkramerischen Monarchie.

Wien hat nach der neuesten Volkszählung – die Umgebung bis Gablitz, Tribuswinkel, Kledering und Kagran mitgerechnet – 901.380 Selen, ohne die Materialisten, welche gar keine, und ohne die unzähligen Denunzianten, welche blos Hundeseelen besitzen, mithin um 73.000 Seelen mehr als Berlin. Bei der nächsten Volkszählung dürfte Wien auch Paris und London überflügeln, weil man bei derselben auch die „Vorstädte" Preßburg, Wr. Neustadt, Krems u. s. w. einbeziehen will.

In Hinsicht ihrer Nationalität sind die Wiener größtentheils Czechen – außerdem Juden, „Kosaken", Slowaken, Gottscheewer, Krainer u.s. w. Es gibt auch einige Deutsche, die sich von Zeit zu Zeit im „Deutschen Verein" zusammenfinden und allmälig zum Bewußtsein ihrer Nationalitäten gelangen. Reindeutsch sprechen blos die Mitglieder des Laube-Theaters und die gerichtlichen Vertheidiger. Letztere indessen nur bei ihren Plaidoyers im k. k. Landesgerichte.

Wien zählt gegenwärtig 18.398 Häuser, worunter 18.390 Bank- und Wechselhäuser; von letzteren sind zwei in den Händen von Nichtjuden, die jedoch abgeschafft werden sollen, um die Gleichberechtigung der Juden herzustellen. Außerdem unzählige Kaffee-, Wein-, Bier-, Bet- und Narrenhäuser.

Wien soll nach einigen Angaben von den Römern – richtiger wohl von den „Römlingen“ – nach anderen von den Juden gegründet worden sein. Wenn auch letzteres nicht historisch erwiesen ist, so ist doch so viel sicher, daß Wien in neuster Zeit von den Juden neu „gegründet“ worden ist. Wien entging zweimal (1529 und 1683) mit Mühe der Eroberung durch die Osmanen, um endlich einer dritten orientalischen Invasion zum Opfer zu fallen.

So wissensdurstiger Fremder! Nun weißt Du genug, um Dich in Wien als ein in der Geschichte und Topographie dieser Stadt außerordentlich unterrichteter Mann anstaunen lassen zu können.

---

84. Friedrich Schlögl, „Sperl – Walhalla – Dianasaal etc.“, in: *„Wiener Blut.“ Kleine Culturbilder aus dem Volksleben der alten Kaiserstadt an der Donau.* Wien: L. Rosner, 1873, S. 105–108.

Von Zeit zu Zeit bringen gewisse lithographirte Lokal-Korrespondenzen, welche besser mit der Nomenklatur der gesammten Wiener Demimonde als mit deutscher Syntax und Grammatik vertraut sind, ganz eigenthümliche Sensations-Notizen, die sowohl durch Inhalt als drastische Stylisirung auf das Gemüth des sensiblen Lesers mächtig einwirken. Derlei gepauste Nachrichten erzählen in ölgetränkter, verdächtiger Orthographie, daß: sich vorgestern nach Mitternacht in der Nähe des Karl-Kettensteges eine „Dame“ nach heftigem Wortwechsel von dem Arme ihres Begleiters losgerissen habe und mit einem hellen Aufschrei dem Ufer des Stromes zugeeilt sei, allwo sich ein neuer Kampf mit ihrem Verfolger oder Rettungs-Beflissenen entspann, worauf sich die im höchsten Grade Aufgeregte richtig in die schmutzigen Kanalfluthen der „schönen blauen Donau“ gestürzt habe. Meist gelingt es jedoch, die Lebensüberdrüssige aus dem „murlenden“ Wellengrabe und von den drohenden Kiemen der heißhungerigen Karpfen zu befreien, ein schnell herbeigeholter Fiaker nimmt den durchnäßten Retter und die ebenso nasse Gerettete, in welch Letzterer die mit unleugbarer Personenkenntniß begabte Lokalkorrespondenz diese oder jene „Rosel“ oder „Resel,“ eine Stammgastin des „Sperl,“ der „Walhalla“ oder des „Dianasaales“ erkannt haben will, in sich auf, das versöhnte Pärchen fährt nach Hause und – die Welt- und Tagesgeschichte geht ihren Gang ungestört weiter.

Nun weiß ich nur zu gut, dass man allseits die vollwichtigsten Gründe hat, die historischen und biographischen Mittheilungen aus solchen lithographirten Quellen nur mit größtmöglicher Vorsicht aufzunehmen, nichtsdestoweniger darf ich meinen theuren Lesern versichern, daß sich gerade derlei soziale Effektnotizen unter zehn Fällen neun Mal bestätigen. Ja wohl, viele jener unregulirten, lebenslustigen Damen, die sich allabendlich auf den obgenannten drei Sammelplätzen einzufinden pflegen, enden nicht selten sehr lebenssatt freiwillig, wenn sie die irdische Laufbahn nicht im Spitale oder in einer der ihnen behördlich oktroyirten Villeggiaturen beschließen.

Diese tragische Perspektive, welche unseren auf verschiedene Art büßenden Magdalenen mitten im „Wirbelwinde der Leidenschaften" entgegengrinst, ist übrigens bei meinen diesmaligen Schilderungen Nebensache. Ich will ja nur zeigen, wie und wo sich das heutige Wien unterhält; aber indem ich eine Episode aus den bunten Memoiren einer „Sperl-, Walhalla- oder Dianasaal-Heldin" skizzirte, habe ich eben angedeutet, welches Damenkontingent die erwähnten drei Lustasyle meistens füllt, und wo sich jenes männliche Publikum unterhält, das mit einem solchen weiblichen Publikum sich zu unterhalten gewohnt ist.

Warum ich aber als Cicerone mit dem bedenklichen „Sperl" beginne? Nun, weil Gefahr im Verzuge, weil meine beabsichtigte Schilderung bald eine Leichenrede würde, indem es, wie die Nachricht lautete, die vor ein paar Tagen, zwar zum hundertsten Male, aber diesmal in ernsthaftester Form durch alle Blätter lief, nunmehr doch beabsichtigt sei, daß der „Sperl" endlich demolirt werden, und aus dem Schutte seiner bereits anrüchig gewordenen Mauern eine Realschule erstehen lassen soll. Aus dem „Sperl", der realsten und frivolsten Schule für angehende Kankanistinnen – eine Schule für Algebra-Novizen und physikalisch-chemische Jünglinge! Welch wunderbare Wandlung, welch bizarr sittlich-kommunales Programm, das aber leider befürchten läßt, die muthwilligen Kobolde des Dreivierteltaktes, die auf diesem Territorium durch ein halbes Jahrhundert ihr Unwesen trieben, und Tausende erfahrene Köpfe verwirrten, möchten vielleicht auch in Zukunft die respektiven unerfahrenen Köpfchen umschwirren und ihnen die obligate Lust an den unmelodischen mathematischen Lehrsätzen und Formeln gründlich vergällen. Wie dem auch sei, begrüßen wir das Projekt!

Der alte Sperl! Fast hundert siebzig Jahre der sozialen Geschichte „Wiens und der Wiener" repräsentirt das „alleweil fidele" Haus. Im Jahre 1701 war es Eigenthum des Hofjägers Sperlbauer, weshalb es den (abgekürzten) Namen „Sperl" bekam. Die Besitzer des schon damals populären Wirthsgeschäftes wechselten jedoch rasch, aber seinen Namen behielt es stets, und als nach einem Jahrhundert, am 29. September 1807 Johann Georg Scherzer das gänzlich umgestaltete Etablissement als „Tanzlokale" eröffnete, da strömte halb Wien herbei, um seinen soliden „Deutschen" daselbst zu tanzen. Eine glorreiche Zeit kam für den hübschen Saal. Wiens ehrbarste Familien gaben sich dort Dezennien lang ihr Rendezvous und noch vor circa zwanzig bis dreißig Jahren wurden in den Sperlräumen nicht nur die schönsten Bälle und Feste, sondern auch die weltberühmten patriarchalischen Backhendl-Bachanalien abgehalten. Was für Triumphe feierte nur Johann Strauß, der geniale Begründer der heutigen Walzerdynastie gleichen Namens, gerade beim Sperl, und – welch' adelige und bürgerliche Eleganz und anständigste Pracht entfalteten sich Anno „Kettenbrücken-Walzer", „Heiter auch in ernster Zeit," „Das Leben ein Tanz" und wie die jedem älteren Wiener unvergeßlichen reizenden Weisen heißen, in diesen heiteren Räumen!

Das ist nun eben durchgängig anders geworden. Der Sperl, einst das Vergnügungs-Eldorado der besseren Stände, eilte in der letzten Zeit mit Riesenschritten seinem Verfalle entgegen und kann sich heute nur mehr halten, indem er zum ungenirten Stelldichein und lärmenden Tummelplatze der weiblichen und männlichen Halbwelt geworden. Und da geschah denn auch die zwar unabsichtliche, aber nichtsdestoweniger ungeheuerliche Anomalie, daß die leichtfertigste Frivolität so zu sagen unter kommunalem Schutze eben hier ihre tollen Gelage feiert, daß der Sperl die kommunale Pflanzstätte des Kankan wurde, und daß die lokalen Phrynen und ihr Anhang gerade auf städtischem Grundbesitze ihren unsauberen Handel treiben. Der Sperl wurde nämlich, wie männiglich bekannt, schon vor Jahren, als die Zeit seines historischen Glanzes längst vorüber, behufs Demolirung von der Kommune angekauft und sollte bis zum Eintritte der „Katastrophe" als Fruchtmagazin etc. vermiethet werden. Da erhoben sich aber die städtischen Biedermeier und jammerten ob solcher unpatriotischen Tendenzen und weinten und meinten, daß auf solche brutale Weise wieder ein „Stück Altwien" den herz- und fühllosen Neuerern zum Opfer falle, und was der restlichen Gemüthsfrasen aus der Ex-Gemüths-Aera noch mehr sind. Nun, ihr Wille geschah, der Sperl-Existenz wurde noch eine kurze Frist geschenkt, und der gute liebe Sperl, in dem einst so viel getanzt und so viel Champagner getrunken wurde, brauchte in seinen alten Tagen kein „Fruchtmagazin" etc. zu werden – nein, er wurde ein „Früchtel"-Magazin und läßt die Kommune in einem ihrer Säle sogar die „Fiaker-Milli" ostensible Hof halten...

(219)

VOM LIBERALISMUS ZUM MUNIZIPAL-SOZIALISMUS 1874–1918

Iain Boyd Whyte

> *Von den Steuern, die mein armer Vetter, der Maronibrater Joseph Branco Trotta aus Sipolje, von den Steuern, die mein elendiglich lebender jüdischer Fiaker Manes Reisiger aus Zlotogrod bezahlten, lebten die stolzen Häuser am Ring, die der baronisierten jüdischen Familie Todesco gehörten, und die öffentlichen Gebäude, das Parlament, der Justizpalast, die Universität, die Bodenkreditanstalt, das Burgtheater, die Hofoper und sogar noch die Polizeidirektion.*[1]

Am 1. Mai 1873 wurde die Wiener Weltausstellung eröffnet. Auf einem ausgedehnten Gelände im Prater, fünfmal so groß wie das der vorangegangenen Weltausstellung fünf Jahre zuvor auf dem *Champ de Mars* in Paris, wurden die neuesten Errungenschaften der Industrie, der Landwirtschaft und der Kultur präsentiert. Eine Woche nach der Eröffnung, am 9. Mai, brach die Wiener Börse zusammen. Es folgte eine tiefe Rezession, die das Ende des Spekulationsfiebers der vorangegangenen zwei Jahrzehnte bedeutete. Die Stagnation der Wirtschaft beeinträchtigte auch das Ansehen der Deutschliberalen Partei; mit dem Rücktritt des liberalen und antiklerikalen Ministerpräsidenten Fürst Auersperg 1879 endete die Ära der Vorherrschaft des deutschsprachigen Liberalismus. Aus dem darauffolgenden politischen Vakuum der 1880er Jahre heraus formierten sich drei neue Bewegungen: die Deutschnationalen, die Sozialdemokraten und die Christlichsozialen. In Wien gewannen Letztere die Oberhand, nicht zuletzt dank der Wahlrechtsreform von 1882, in der die für das aktive Wahlrecht erforderliche Steuerleistung von zehn auf fünf Gulden (fl) heruntergesetzt wurde. Dadurch erlangte ein breiteres Spektrum an Einwohnern das Wahlrecht, unter ihnen vor allem kleine Ladenbesitzer, Handwerker und Kleinbürger, wodurch wiederum das deutschsprachige Bürgertum an politischem Einfluss verlor.

Nach dem Wegfall der Beschränkungen durch die Stadtmauern wurden die Wien umgebenden Vorstädte 1850 rechtlich als Bezirke 2 bis 8 in die Stadt eingemeindet. 1861 folgten der 9. Bezirk und 1874 Favoriten als 10. Bezirk, der aus einer Abtrennung vom 4. und 5. Bezirk hervorgegangen war. Die Vororte am rechten Donauufer wurden 1892 als Bezirke 11 bis 19 ein Teil Wiens. Damit vergrößerte sich das Wiener Stadtgebiet am 1. Jänner 1892 auf einen Schlag um das Dreifache. 1900 folgten einige verwaltungstechnische

1 Joseph Roth, *Die Kapuzinergruft* (1938). München: Deutscher Taschenbuch Verlag, 1979, S. 53–54.

Änderungen der Bezirksgrenzen und 1905 wurden schließlich die schnell wachsenden Vororte links der Donau – Floridsdorf, Leopoldau, Kagran, Hirschstetten, Stadlau und Aspern – unter dem Namen Floridsdorf eingemeindet. Zwischen 1870 und 1910 vergrößerte sich die Stadtbevölkerung so von 843.000 auf 2.005.000 Einwohner, wobei 1890 nur ein Drittel dieser Bevölkerung aus gebürtigen Wienern bestand. Eine solche Expansion musste zwangsläufig dazu führen, dass die Bereitstellung von Wohnraum zu einem dominierenden politischen und kulturellen Anliegen wurde.

Der administrative Zusammenschluss Wiens ging mit einer wirtschaftlichen Erholung in den 1890er Jahren sowie dem Erfolg der Christlichsozialen Partei bei den Wiener Kommunalwahlen von 1895 einher. Theoretisch bedeutete dieser Wahlerfolg, dass der Kandidat der Christlichsozialen Partei, Karl Lueger, zum Bürgermeister von Wien hätte ernannt werden sollen. Mächtiger politischer Gegenwind verhinderte dies jedoch. Erst nachdem er fünfmal hintereinander als Bürgermeister gewählt worden war und die Liberalen sich in Wien praktisch in Luft aufgelöst hatten, stimmte Kaiser Franz Joseph im Jahr 1897 seiner Ernennung zu. Als Bürgermeister stimmte Lueger, der zuvor als populistischer Radau-Liberaler aufgetreten war, sein politisches Programm auf den Geschmack des Wiener Bürgertums ab, das sich selbst als steuerzahlende, politisch mündige, christliche und gesetzestreue Gruppe von Staatsbürger:innen verstand. Das Wiener Bürgertum war kulturell konservativ und empfindlich gegenüber dem Verlust der alten städtischen Struktur. Als die Stadt beispielsweise 1908 einen hohen Kredit aufnahm, wurde ein nicht unerheblicher Teil davon für den Ankauf von alten städtischen Gebäuden verwendet, um wichtige Elemente Alt-Wiens zu erhalten. Gleichzeitig war Luegers Blick jedoch entschieden in die Zukunft gerichtet: Er setzte auf neue Technologien, die die städtische Infrastruktur und den Alltag in der Stadt verbessern sollten. Während die Liberalen in den 1870er und 1880er Jahren mit effektvollen architektonischen Eingriffen rund um die Ringstraße prächtige Denkmäler der bürgerlichen Kultur geschaffen hatten, war Lueger fest auf die pragmatische Modernisierung der städtischen Infrastruktur fokussiert. Architektur war ihm dabei zweitrangig. Im Laufe ihrer Amtszeit näherten sich die Christlichsozialen der katholischen Kirche an und schlossen sich schließlich 1907 mit den Konservativen zusammen, was ihnen in den Wahlen 1911 empfindliche Stimmenverluste im städtischen Raum einbrachte. In Wien blieb die Christlichsoziale Partei dennoch bis 1918 an der Macht.

Luegers Partei konnte vor allem bei der Kommunalisierung der öffentlichen Dienstleistungen in Wien große Erfolge und Veränderungen vorweisen, besonders im Bereich der Wasserversorgung, der öffentlichen Verkehrsmittel sowie der Gas- und Elektrizitätsversorgung. Die Verbesserung der städtischen Wasserversorgung war jedoch schon

Häuserzahl Wien's vom Beginne bis zum Ende des XIX. Jahrhunderts: Anton Leo Hickmann, Historisch-Statistische Tafeln aus den wichtigsten Gebieten der geistigen und materiellen Entwicklung der k.k. Reichshaupt- und Residenzstadt Wien im neunzehnten Jahrhundert, Wien: Alfred Hölder, 1903, Tafel 25.

Zunahme der Häuseranzahl WIEN'S vom Beginne bis zum Ende des XIX. Jahrhunderts.

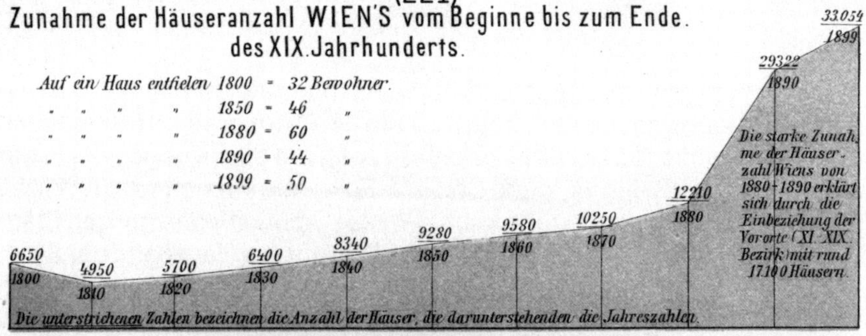

Vergleich der Anzahl der Wohnbestandtheile bei den Häusern WIEN'S nach Procenten, als Zimmer, Cabinette, Vorzimmer und Küchen.

	Zimmer	Cabinette	Vorzimmer	Küchen
I. Innere Stadt	40.407 Zimmer = 44·6 %	25.160 Cabinette = 27·8 %	11.839 Vorz. = 13 %	13.053 Küch. = 14·4 %
II. u. XX. Leopoldst.	57.678 „ = 41·1 %	29.793 Cab. = 21·2 %	13.215 = 9·4 %	39.598 Küchen = 28·2 %
III. Landstrasse	44.874 „ = 41·0 %	24.313 „ = 22·2 %	10.032 = 9·1 %	30.142 „ = 27·5 %
IV. Wieden	26.345 „ = 41·2 %	15.327 „ = 24 %	7.235 = 11·3 %	14.999 „ = 23·4 %
V. Margarethen	29.785 „ = 40·6 %	15.447 „ = 21 %	3.901 = 5·3 %	24.215 „ = 33 %
VI. Mariahilf	25.398 „ = 44·0 %	12.305 „ = 21·3 %	5.061 = 8·7 %	14.944 „ = 25·9 %
VII. Neubau	29.775 „ = 43·6 %	14.115 „ = 20·6 %	6.571 = 9·6 %	17.806 „ = 26 %
VIII. Josefstadt	19.869 „ = 41·6 %	10.548 „ = 22·1 %	5.174 = 10·8 %	12.075 „ = 25·3 %
IX. Alsergrund	34.306 „ = 41·7 %	17.841 „ = 21·7 %	9.748 = 11·8 %	20.252 „ = 24·6 %
X. Favoriten	27.310 „ = 41·8 %	12.108 „ = 18·5 %	1.214 = 1·8 %	24.626 „ = 37·7 %
Farben-Erklärung	Zimmer	Cabinette	Vorzimmer	Küchen

Die Häuseranzahl WIEN'S nach der Höhe der Stockwerke zu Ende des XIX. Jahrhunderts in Procenten, der einzelnen Bezirke.

A. I.–X. Bezirk.

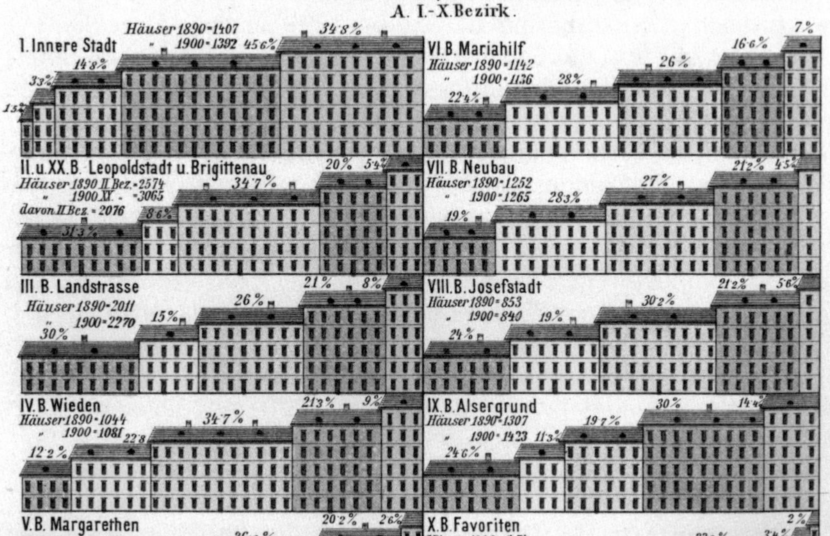

vor dem Amtsantritt Luegers in vollem Gange. Die 95 Kilometer lange Erste Wiener Hochquellenleitung war am 24. Oktober 1873 fertiggestellt worden, bedauerlicherweise jedoch zu spät, um etwas gegen die in diesem Sommer in Wien wütende Cholera-Epidemie ausrichten zu können. Dank der Hochquellenleitung konnte Wasser schnell in der ganzen Stadt verteilt werden, sodass bereits 1883 80 Prozent der Haushalte der Stadt ihr Wasser aus den neuen Leitungen bezogen. Innerhalb der nächsten sechs Jahre stieg dieser Anteil sogar auf 91 Prozent an. Um den durch die Eingemeindung der Vorstädte und Vororte stark angestiegenen Bedarf an Frischwasser zu decken, gab Bürgermeister Lueger im Jahr 1900 eine zweite Hochquellenleitung in Auftrag. Sie war rund doppelt so lang wie ihre Vorgängerin und ermöglichte es, das Wasser allein durch die Nutzung der Schwerkraft innerhalb von 36 Stunden vom steirischen Salzatal nach Wien zu transportieren. Schwerkraft beförderte das Wasser in die Stadt und wieder hinaus.

Die Schwerkraft war jedoch keine Hilfe bei der Beleuchtung und Beheizung von Wohnhäusern oder dem Betrieb von Maschinen. Wie in jeder Großstadt des späten 19. Jahrhunderts war die Versorgung mit Gas und Elektrizität auch in Wien eine Angelegenheit höchster Priorität. Lueger hatte sich schon seine ganze politische Laufbahn hindurch antisemitischer Ressentiments bedient und er nutzte sie auch dann erfolgreich, als er dafür eintrat, die Wiener Straßenbahn- und Gasbetriebe der Kontrolle ausländischer Unternehmen zu entziehen, um sie in lokalen Besitz und unter lokale Verwaltung zu bringen. Als der Vertrag mit dem britischen Versorger am 31. Oktober 1899 auslief, wurde die Gasversorgung in Form der Städtischen Gaswerke in öffentlichen Besitz gebracht, mit dem Gaswerk Simmering als zentraler Produktionsstätte. Waren die gusseisernen Tragwerke früherer Gasbehälter noch vollständig sichtbar, so wurden hingegen die vier 1896 in Simmering errichteten, massiven Glockengasbehälter – jedes mit einem Gasvolumen von 90.000 Kubikmetern – von imposanten Mauerwerken umgeben. Hier deuteten sich mittelalterliche Wurflochreihen und Zinnen an. Ungeachtet ihres pompösen Historismus stellten die vier massiven Behälter ein spektakuläres politisches Bekenntnis der christlichsozialen Regierung zur Kommunalisierung der Versorgungseinrichtungen und öffentlichen Dienstleistungen Wiens dar. Um den erhöhten Bedarf an Stadtgas nach der Eingemeindung der westlichen Vororte 1890 und 1892 sowie jener auf der linken Seite der Donau 1904–1905 zu decken, wurde 1911 ein zweites Gaswerk in Leopoldau eröffnet.

Eine vergleichbare Verschiebung von privatem zu kommunalem Eigentum erfolgte um die Jahrhundertwende auch in der eng mit der Elektrifizierung des Straßenbahnnetzes verbundenen Wiener Stromerzeugung. Die ersten Pferdestraßenbahnen wurden 1865 auf einer Strecke entlang der Ringstraße und Richtung Westen durch die wohlhabenden Vororte bis Dornbach eingesetzt, gefolgt von

Dampfstraßenbahnen in den 1880er Jahren und schließlich von elektrisch betriebenen Straßenbahnen. Als Karl Lueger 1897 zum Bürgermeister gewählt wurde, lag die Wiener Stromversorgung in den Händen dreier privater Unternehmen: der Allgemeinen Österreichischen Elektrizitätsgesellschaft, der Internationalen Elektrizitätsgesellschaft und der Wiener Elektrizitätsgesellschaft. Die drei Gesellschaften nutzten unterschiedliche Stromspannungen und versorgten ausschließlich die Innenbezirke – und das zu hohen Preisen. Es überrascht nicht, dass der von diesen Unternehmen produzierte Strom fast ausschließlich von den wohlhabenden Gesellschaftsschichten für Beleuchtungszwecke eingesetzt wurde. Bis 1914 wurden diese drei privaten Unternehmen als Städtisches Elektrizitätswerk kommunalisiert. Das öffentliche Versorgungsunternehmen war im Mai 1900 gegründet worden, als der Gemeinderat einen Beschluss zum Bau eines Kraftwerks verabschiedet hatte, das sowohl den Strombedarf des wachsenden elektrischen Straßenbahnnetzes als auch den der Straßenbeleuchtung decken sollte. Als Standort wurde ein weitläufiges Gelände in der Simmeringer Heide, direkt am Donaukanal, gewählt, das für die Wasserkühlung und die Anlieferung von Kohle aus den mährisch-schlesischen Revieren besonders geeignet war. Man entschied sich für den Bau von gleich zwei Kraftwerken auf dem Areal. Das Bahnwerk war Ende Dezember 1901 betriebsbereit, im August 1902 folgte die Lichtwerkszentrale. Am 8. April 1902 wurde die Straßenbahn zum ersten Mal mit Strom aus dem Kraftwerk versorgt. Ein Jahr später, am 26. Juni 1903, fand die letzte Fahrt einer Pferdestraßenbahn auf den Straßen Wiens statt.

Zur gleichen Zeit wurde die prächtige Wiener Stadtbahn eingeweiht. Ihr Netz war in Hauptbahnen und Lokalbahnen aufgeteilt, die alle zwischen Mai 1898 und August 1901 in Betrieb gingen. Die Hauptbahnen setzten sich aus der „Gürtellinie“ von Heiligenstadt nach Meidling-Hauptstraße sowie der „Vorortelinie“, die von Penzing über Breitensee, Ottakring, Hernals, Währing und Döbling nach Heiligenstadt führte, zusammen. Die längste der vier Lokalbahnen war die elf Kilometer lange kombinierte „Obere und Untere Wientallinie“ von Hütteldorf nach Hauptzollamt (heute Bahnhof Wien Mitte), gefolgt von der „Donaukanallinie“ mit 5,6 Kilometern und dem 1,4 Kilometer kurzen Verbindungsbogen von der Nußdorfer Straße zur Brigittenbrücke (der heutigen Friedensbrücke). Die Schlüsselfigur der architektonischen Gestaltung der Stadtbahn war Otto Wagner. Er wurde von der Kommission für Verkehrsanlagen im Mai 1894 und ein weiteres Mal im Dezember 1899 dazu beauftragt, alle mit dem Bahnsystem verbundenen Bauwerke zu entwerfen. Neben der Gestaltung der Stationen und deren Ausstattung war er auch für die Brücken, Viadukte und Tunnelportale verantwortlich. Wagner und seine Assistenten, die er vor allem aus den begabtesten Studenten seiner Meisterschule an der Akademie der bildenden Künste rekrutierte hatte, fertigten rund 2000 Zeichnungen für die Stadtbahn

Stadtbahnbau am Donaukanal, 1901.

(225)

an. Die dreißig Stationen entlang der insgesamt 45 Kilometer langen Strecke variierten in Intention und Wirkung. So folgten die klassizistischen Hochbahnstationen der Gürtelbahn dem Verlauf der früheren Befestigungsanlagen und nahmen symbolisch sowohl die Funktion von Stadttoren als auch von Orten des Verweilens und der Ruhe inmitten des städtischen Tumults ein. Im Gegensatz dazu waren die Stadtbahn-Pavillons am Karlsplatz, die zu den unterirdischen Gleisen hinunterführten, üppig gestaltet. Sie wurden von Joseph Maria Olbrich in detailliertem Jugendstil ausgeführt, in dem Gottfried Sempers Aussage, dass die Architektur als expressive Kunstform ihre Wurzeln im ausgeschmückten Festzelt hätte, aufgegriffen wurde. Wagner betonte stets, dass es die Aufgabe des Architekten sei, den Werken des Ingenieurs symbolische und expressive Form zu verleihen. Es gelang ihm, dies nicht nur mit seinen Stationsentwürfen, sondern auch mit seinen Stadtbahnbrücken in hervorragender Weise umzusetzen.

Die im Jahr 1870 noch relativ stabile Wiener Wirtschaft wurde durch den Börsenkrach 1873 schwer getroffen und stagnierte bis in die 1880er Jahre. Österreichische Investitionen flossen vor allem in ungarische statt in österreichische Unternehmen. Das änderte sich erst in den späten 1880er und den 1890er Jahren. Um die Jahrhundertwende setzte sich die Wirtschaft Wiens aus einer Mischung traditioneller Kleinunternehmen und einem wachsenden Industriesektor zusammen. Ein Zeitgenosse schrieb: „Die Bedeutung der Wiener Industrie [liegt] mit wenigen Ausnahmen nicht so sehr in der vorherrschenden Entwicklung einzelner ihrer Zweige als insbesondere in der Vielseitigkeit und Mannigfaltigkeit der gesamten gewerblichen Betätigung."[2] Die 1910 durchgeführte Volkszählung zeigte, dass fast die Hälfte der Wiener Bevölkerung im industriellen und verarbeitenden Gewerbe, ein weiteres Viertel in Handel und Transport und 14 Prozent als ungelernte Hilfsarbeiter oder Hausangestellte beschäftigt waren. Der Ausbau des städtischen Transportsystems zeigte positive Auswirkungen auf den Wiener Industriesektor. Die Produktion von Straßenbahnschienen, die Errichtung von Kraftwerken zur Stromversorgung der Straßenbahnen, der Bau von Dampflokomotiven für die Stadtbahn, die Herstellung einer riesigen Anzahl an Glühbirnen sowie viele Kilometer an Kabeln, um Straßen und Häuser beleuchten zu können – all das kurbelte die Schwerindustrie der Stadt an. Die Kabelindustrie profitierte zusätzlich von Fortschritten in der Haushaltstechnik: Telefone – in Wien eingeführt in den 1880ern – und Aufzüge. 1913 konnte die Stadt bereits 60.000 Telefonanschlüsse und etwa 3000 Häuser mit Aufzügen vorweisen.

Das Presse- und Verlagswesen war gegen Ende des 19. Jahrhunderts ein sehr stark wachsender Wirtschaftszweig. 1895

2 Otto Kunze, „Industrie und Gewerbe", in: Martin Paul (Hg.), *Technischer Führer durch Wien*. Wien: Gerlach & Wiedling, 1910, S. 561.

lag die Gesamtanzahl verkaufter Tageszeitungen bei 40.000, 1905 war sie auf über 70.000 gestiegen und 1910 wurden fast 100.000 Exemplare pro Tag verkauft.[3] Die führende Zeitung der späten Kaiserzeit war die 1864 von Max Friedländer, Michael Etienne und Adolf Werthner gegründete *Neue Freie Presse*. 1912 brachte sie täglich 66.000 Exemplare in Umlauf. Die politisch und wirtschaftlich liberal ausgerichtete *Neue Freie Presse* beinhaltete politische Leitartikel, ein literarisches Feuilleton, lokale und internationale Nachrichten sowie einen Inseratenteil. Damit war die Zeitung „nicht nur eine Enzyklopädie alles dem Tage Wissenswerten in gefälliger Form, sondern gleichzeitig die wesentliche geistige Nahrung einer Schicht, die in ihr – bis in den Tonfall ihrer Sprache hinein – vollkommenste Spiegelung und Bestätigung ihres eigenen Fühlens und Denkens fand".[4] Ein ähnlich inniges Verhältnis entwickelte sich auch zwischen der 1889 von Victor Adler gegründeten *Arbeiter-Zeitung* und deren Leserschaft. Sowohl Tagespresse als auch Fachzeitschriften profitierten von der Einführung des Druckverfahrens der Halbtonabbildung in den 1890er Jahren, dank dem es gewerbsmäßig möglich wurde, überzeugende Abbildungen von Fotografien zu drucken. Auch Kunst- und Architekturzeitschriften wie *Der Architekt: Wiener Monatshefte für Bauwesen und decorative Kunst* (gegründet 1895 in Wien), die bei der Verbreitung moderner Architektur-, Städtebau- und Gestaltungsideen zu Beginn des neuen Jahrhunderts einen enormen Einfluss ausübten, gehörten zu den Nutznießern des neuen Verfahrens.

In den 1890er Jahren verwandelte sich Wien, teilweise widerwillig, in eine Metropole. Die Stadt bewältigte diese Herausforderung mit einem einzigartigen wienerischen Aushandlungsprozess zwischen dem Rückbezug auf Geschichte und Tradition und den Anforderungen städtischer Modernisierung. Dieser Prozess rief sowohl Forderungen nach einem Generalregulierungsplan als auch eine Welle sentimentaler Klagen über den Verlust des alten Wiens hervor. Die Kritik von Joseph August Lux war für diese Debatte symptomatisch: „Ich muß in der Tat die Wiener Architektenschaft samt dem Stadtbauamt und dem Stadtregulierungsbureau anklagen, daß sie unsre Stadt künstlerisch auf den Hund gebracht hat."[5] Eines der Ergebnisse dieser Debatte war die Erkenntnis, dass die Stadtplanung, wie die Versorgung mit Gas und Elektrizität, eine kommunale Aufgabe war. Es entstanden zwei miteinander konkurrierende Narrative über die Zukunft Wiens, das eine vertreten von Camillo Sitte, das andere hervorgebracht von Otto Wagner. Sittes Buch *Der Städtebau nach seinen künstlerischen Grundsätzen* erschien 1889 und erreichte

3 Gabriele Melischek, Josef Seethaler, *Auflagenzahlen der Wiener Tageszeitungen 1895–1933, in quellenkritischer Bearbeitung*. Wien: Kommission für historische Pressedokumentation, Österreichische Akademie der Wissenschaften, 2001, S. 2.

4 Hans Tietze, *Wien*. Wien-Leipzig: Verlag Dr. Hans Epstein, 1931, S. 357.

5 Joseph August Lux, „Die Rettung Wiens", in: *Neues Wiener Tagblatt*, 28. März 1909.

1909, sechs Jahre nach dem Tod Sittes, seine vierte Auflage. Wagners *Moderne Architektur* erschien zwischen 1896 und 1914 ebenfalls in vier Auflagen, die letzte in erweiterter Fassung unter dem Titel *Die Baukunst unserer Zeit*. In der Geschichtsschreibung wird Sitte oft verkürzt als pangermanischer, romantischer Nationalist und Wagner als Rationalist und Funktionalist dargestellt. Typologisch bedeutete das, dass Sitte geschwungene Kurven und mäandernde Straßenzüge bevorzugte, während Wagner für die gerade Linie und das Raster plädierte. Beide sahen ihre Positionen jedoch historisch begründet, wenn auch durch unterschiedliche Traditionen der Vergangenheit. Sitte schätzte das mittelalterliche Stadtbild, Wagner fühlte sich eng verbunden mit den Prinzipien der Hochrenaissance, der Achsensymmetrie des Barock und der reduzierten, fast enthaltsamen Ausgestaltung der Architektur des Empire und des Biedermeier. Und doch sahen sich beide als Modernisten. Wie Sitte zusammenfasst: „Alt-Wien gehörte Österreich; Neu-Wien gehört der Welt und auch der Altwiener, welchem es noch immer sympathischer ist, gemüthlich daheim zu bleiben und zu wirken, wird sich daran gewöhnen müssen, seinen Blick in die weite Ferne zu richten."[6]

6 Camillo Sitte, „Neu-Wien – ein Willkomm", zit. nach Ruth Hanisch, *Moderne vor Ort: Wiener Architektur 1889–1938*. Wien: Böhlau, 2018, S. 33–34.

Kapitel 11: Wien als Hauptstadt der Monarchie

Die Entwicklung Wiens im späten 19. und frühen 20. Jahrhundert bestätigt die grundlegende Einsicht, dass Architektur und städtische Gestaltung den greifbarsten Ausdruck des Reichtums und der Lebendigkeit einer Stadt darstellen. 1886 schrieb Carl von Lützow dazu, dass „[d]ie Architektur […] sich auch im neuen Wien als die Führerin und Erzieherin aller übrigen Künste bewährt [hat]". Die Szenografie der Macht drückte sich in der wiederkehrenden Verknüpfung urbanistischer und geopolitischer Begriffe aus, wie im Fall der „weltstädtischen Ringstraße", auf der zugleich die Verschiebungen monarchischer und politischer Macht auf spektakuläre Weise in Stein gemeißelt wurden. Mit dem Inkrafttreten der Staatsgrundgesetze im Dezember 1867 wurde die Reichshaupt- und Residenzstadt Wien sowohl zum Sitz der dynastisch-kaiserlichen Macht als auch zur Hauptstadt eines zentralistischen Staates. Das von Theophil Hansen entworfene und zwischen 1874 und 1883 errichtete neohellenistische Reichsratsgebäude kann als Symbol der zeitgenössischen Transformation einer absolutistischen in eine parlamentarische Regierung gesehen werden. Es wurde trotz der Feindseligkeit von Kaiser Franz Joseph gegenüber demokratischen Institutionen gebaut.

Historismus im Allgemeinen und die Imitation historischer Baustile im Besonderen wurden jedoch nicht als altmodisch oder überflüssig angesehen. Der Künstler Hans Makart, verantwortlich für die Gestaltung des Festzuges anlässlich des silbernen Hochzeitsjubiläums von Kaiser Franz Joseph und Kaiserin Elisabeth, kleidete die Teilnehmer:innen in prachtvolle, an Dürer erinnernde Renaissance-Kostüme. Im Nachhinein wurde diese phantastische Szenografie oft als „scheinheilig" verurteilt. Die Reaktionen der Zeitgenoss:innen waren hingegen viel positiver: Sie verstanden den historistischen Festzug als Ausdruck von Selbstbewusstsein, nicht von Scheinheiligkeit. Passend dazu hatten zeitgenössische deutschsprachige Historiker wie Jacob Burckhardt die italienische Renaissance bereits als Auftakt einer rational organisierten, auf einem säkularen Individualismus gründenden Welt reinterpretiert. Auch die zeitgenössische Architektur bezog sich auf die Renaissance. Deren Praxis, Rohbauten aus Stein mit dekorativen Elementen zu ummanteln, stellte sich als besonders passend für Gebäude heraus, die eine feuerfeste Fassadenverkleidung für ihre Eisen- oder Stahlgerüste benötigten. Gute Beispiele dafür sind Heinrich von Ferstels Universitätsgebäude aus den 1870er Jahren sowie das 1905 fertiggestellte Polizeigebäude.

Radikalere Stimmen wie Joseph August Lux waren gegenüber dem, was sie als „Parvenüschmuck" ansahen, entschieden kritisch eingestellt. Doch trotz dieses zur Schau gestellten polemischen Zorns waren die Kräfte monarchistischen Exzesses und die neue modernistische Haltung in keiner Weise unvereinbar. Otto Wagner zum Beispiel gestaltete das Festzelt des erwähnten Festzuges 1879 und war gleichzeitig für die Dekorationen zum Einzug der Prinzessin Stephanie 1881 zuständig. Zudem entwickelte er 1893 den Generalregulierungsplan für das neue Wien. Ein Jahr später gründete er die Wagnerschule an der Akademie der bildenden Künste, die zu Recht als die fortschrittlichste Bildungsinstitution für Architektur und städtische Gestaltung der damaligen westlichen Welt gilt. Wien stellte ohne Zweifel das zentrale Bindeglied zwischen den gestalterischen Kulturen des 19. und denen des 20. Jahrhunderts dar.

---

85. o. A., „Wiener Neubauten. Parlamentsbau", in: *Österreichisch-Ungarische Kunst-Chronik*, 3. Band, Nr. 4, 1879, S. 84–85.

Se. Majestät der Kaiser besichtigte am 27. November den Parlamentsbau; der bekannte Kunstschriftsteller Dr. Köhler schreibt hierüber in der „Presse": „Auf dem Bauplatze waren zum Empfange Sr. Majestät folgende Herren anwesend: Der Minister-Präsident Graf Taaffe, die Präsidenten und Vice-Präsidenten des Herrenhauses, Fürst Trauttmansdorf, Fürst Schönburg und Fürst Czartoryski, der Präsident des Abgeordnetenhauses Graf Coronini, die Mitglieder des Baucomités des Reichsraths, ferner Geheimrath Freiherr v. Wehli als Präses-Stellvertreter der Stadterweiterungs-Commission, Sections-Chef v. Matzinger, Sectionsrath Eisenreich, dann Oberbaurath Ritter v. Hansen, Oberbaurath Wilt und die Architekten der Bauleitung.

Se. Majestät der Kaiser, begleitet von dem Flügeladjutanten Oberstlieutenant v. Arbter, fuhr um 1 Uhr Nachmittags bei der Bauhütte vor, wurde von dem Minister-Präsidenten an der Spitze der übrigen anwesenden Persönlichkeiten begrüsst und besichtigte zunächst das im Erdgeschoss der Bauhütte aufgestellte Modell des Baues und begab sich von da in das Bildhauer-Atelier, wo soeben die sechzehn colossalen Karyatiden ausgeführt werden, welche theils von Benk, theils von Pilz entworfen sind und die Bestimmung haben, in Gruppen zu je vier die Portale der beiden

Seitentracte zu schmücken. Es sind Gestalten nach den bekannten Vorbildern vom Erachtheion, von denen immer je zwei einander mit den Armen umschlungen hatten. Der Kaiser sprach sich sehr beifällig über diese Statuen aus. In der Bauhütte befindet sich auch ein Modell für die Reconstruction der Rampe, die bekanntlich ursprünglich zu steil angelegt war und zur Behebung dieses Fehlers nun über den Gehweg bis zum Reitsteig der Ringstrasse verlängert werden soll.

Aus dem Atelier wurde über die Auffahrtsrampe der Rundgang durch den Bau selbst angetreten, wobei Herr Oberbaurath Hansen die Ehre hatte, Sr. Majestät dem Kaiser als Führer zu dienen und die gewünschten Auskünfte zu geben. Gleich an der vorderen Ecke des Gebäudes wurde die Aufmerksamkeit des Kaisers durch die daselbst versuchsweise angebrachte Probe der Polychromirung und Vergoldung erregt und er liess sich von Hansen erklären, wie sich derselbe die Ausführung dieser Decoration an dem ganzen Gebäude denkt, soll aber kein Urtheil darüber ausgesprochen haben. Durch den grossartigen Säulen-Porticus betrat Se. Majestät die Mittelhalle, wo bereits sämmtliche vierundzwanzig Riesensäulen aus prachtvoll gefärbtem und gezeichnetem Salzburger Marmor sammt den korinthischen Capitälen aus blendend weissem Istrianer Stein aufgerichtet sind. Dieser Prachtraum erregte das Wohlgefallen Sr. Majestät in besonders hohem Grade.

Von hier aus wurde Se. Majestät in den Sitzungssaal des Abgeordnetenhauses im nördlichen Seitentract, auf die vordere Säulenterrasse desselben und dann durch die Corridore des weitläufigen Gebäudes in den Sitzungssaal des Herrenhauses geleitet. In beiden Sälen sind die äusseren Umfassungsmauern der Galerien im Halbrund bis zur Höhe der Decke emporgeführt. An den geraden Hauptwänden ist in jedem Saal ein von sechs jonischen Säulen getragener marmorner Giebelbau angebracht, vor dem sich die Estrade für das Präsidium erheben wird. Auch in den Corridoren rings um die Sitzungssäle sind die das Deckengebälk tragenden dorischen Säulen aus rothbraunem Marmor schon aufgestellt. Im Ganzen ist der Bau bereits in allen seinen Theilen innen und aussen bis zur Dachhöhe gediehen.

Parlamentsgebäude, Ringstraße, um 1900: Detroit Publishing Company 1905.

86. o. A., *„Der Festplatz“, Programm für den Huldigung-Festzug in Wien zur Feier der silbernen Hochzeit Ihrer Majestäten des Kaisers und der Kaiserin.* Wien: Selbstverlag der Festkommission, 1879, S. 5–6.

Der Festplatz.

Als Festplatz wurde der Raum zwischen dem äußeren Burgthore und den beiden Hof-Museen gewählt.

Im Mittelpunkt der ganzen Anlage erhebt sich ein Prachtzelt; an dasselbe schließen sich zwei verglaste Pavillons. Zwei Bogen-Kolonnaden mit zwei Pavillons und terrassirten Tribünen bilden den Abschluß der einen Seite, während die gegenüberliegende große Fest-Tribüne, mit Obelisken flankirt und an der äußeren Peripherie mit zehn adlerbekrönten Säulen eingefaßt, den zweiten Theil der elipseähnlichen Kurve darstellt.

Die Bauten haben den Charakter der Steinarchitektur. Die Anlage gibt mit ihren bewegten Formen, Kuppeln, Genien und reliefgeschmückten Pavillons, Trophäen, Festons, Kränzen, Standarten, Flaggen, Wimpeln und reichem Pflanzenschmucke ein der Feier würdiges Bild.

Das Prachtzelt steht auf einem Roste, auf welchem sich zehn reich dekorirte eichene Zeltmasten erheben, die durch ein Kranzgesimse und starke Diagonal und Zugschließen verbunden und versteift sind. Hierüber liegt vielfach befestigt das Zeltdach; drei Seiten des Zeltes sind geschlossen, die vierte gegen den Festplatz gekehrte Seite ist offen; die rückwärtige geschlitzte Zeltwand bildet den Eingang, während die beiden Seitentheile durch Zeltwandausschnitte die gedeckte Verbindung mit den anstoßenden Pavillons ermöglichen.

Über die vor dem Zelte liegende Terrasse, auf welche zwei Freitreppen führen, spannt sich, getragen von vier Stützen, ein Baldachin.

Der gedeckte Raum ist mit den Wappen des Kaiserpaares gekrönt, mit Lorbeerkränzen, Rosen- und Epheuguirlanden geschmückt, mit Stickereien, Prachtdecken etc. ausgestattet. Dach, Wände und Draperien des Zeltes sind aus rothem Tuche, welches mit gestickten und applicirten Bordüren und reicher Posamenterie dekorirt ist.

Im Innern sind die Zeltwände mit Gobelins behängt. Divans, Fauteuils und Gartenstühle bilden das Ameublement. Die Masten sind mit Trophäen dekorirt. Teppiche, Vasen, Blumen etc. vervollständigen die Ausstattung.

Der Akt der Huldigung.

Nachdem Ihre Majestäten in dem Festzelte erschienen sind, hält der Bürgermeister an Seine Majestät den Kaiser eine Ansprache. Hierauf intonirt der Wiener Männergesangverein, in Begleitung der Militärmusikkapelle folgende von Josef Weilen gedichtete und von Rudolf Weinwurm komponirte Kantate:

Banner wehen, Fahnen wallen,
Bei Musik und Jubelschallen
Drängt sich heute Schaar an Schaar;
Von der Treue Band umschlungen,
Bringet seine Huldigungen,
Oest'reich seinem Kaiser dar,
Festlich sich der Zug entfaltet
Durch Sein Wien, das umgestaltet
Und verjüngt durch Ihn erstand;
Oesterreich hat Er erneuet,
Licht und Freiheit ausgestreuet,
Mit stets off'ner Segenshand.
Ihm zur Seite, die Er wählte,
Jugendlich Sich anvermälte,
Der Er ganz Sein Herz geweiht,
Die mit Kindern Ihn beglücket,
Und die mehr als Kronen schmücket
Anmuthvolle Lieblichkeit.
Fahnen flattern, Glocken schallen,
Und von Oestreich's Völkern allen,
Tönet wie aus Einem Mund,
Heut' das Lied, das schöne, alte:
Gott beschütze, Gott erhalte,
Uns'res Kaisers Ehebund.

Nach Beendigung der Kantate ziehen sich die Gemeindevertretung, der Wiener Männergesangverein und die Musikkapellen auf ihre Plätze zurück und auf ein gegebenes Zeichen passirt vor Ihren Majestäten der Festzug in nachfolgender Ordnung. [...]

Architekt Otto Wagner entwarf die Pläne für den Festplatz einschließlich des Kaiserzeltes; derselbe arbeitete nach deren Genehmigung durch die Festkommission alle Detailpläne aus und führte die Leitung des Baues.

Professor Hans Makart übernahm die Ausarbeitung der Skizzen für sämmtliche in dem Festzuge vertretenen Gruppen und für die Banner und besorgte die Auswahl der Costüme.

Die künstlerische Anordnung des Festzuges und die Ausführung der Festwägen und Embleme leitete und überwachte Architekt Andreas Streit.

Für die Ausführung der Kostüme, der Banner und Standarten bestellte die Festkommission im Einvernehmen mit Prof. Makart, den Maler Eduard Stadlin.

---

87. Karl von Lützow, „Die Wiener Architektur des XIX. Jahrhunderts“, in: *Die österreichisch-ungarische Monarchie in Wort und Bild.* 1. Abtheilung Wien. Wien: Kaiserlich-königliche Hof- und Staatsdruckerei, 1886, S. 70–90, hier 84–90.

Im Beginn der Stadterweiterung träumte man von einer möglichen Rettung des Familienhauses, nach deutschem oder englischem System, auch für das neue Wien. Ferstel trat, im Verein mit Eitelberger, durch That und Wort für die Sache ein; sein Haus am Franz Josephs-Quai gibt ein Beispiel dessen, was er wollte. Nur außerhalb der Stadt, in den freundlichen Familienhäusern des Cottagevereins in Währing, welcher nach Ferstels Vorgang jetzt unter Schmidts Ägide seine erfolgreiche Thätigkeit entfaltet, hat sich der Gedanke mit Erfolg verwirklichen lassen. Die Baugründe der Stadterweiterung boten ihm keinen Raum. Hier erhoben sich in ununterbrochenen Linien die „Zinspaläste“ als steinerne Zeugen der modernen Geldherrschaft. Die Gefahr lag nahe, daß der öde Speculationsbau sich der gesammten Wiener Privatarchitektur bemächtigte. Es ist das Verdienst unserer Architekten, das drohende Unheil abgewehrt und im entscheidenden Augenblicke der Kunst auch im Wohnhausbau zur Herrschaft verholfen zu haben.

Epochemachend steht in dieser Hinsicht vor allem Hansens Heinrichshof da, die Gründung Heinrich von Drasche's; in ihm sehen wir einen riesigen Complex großer, vierstöckiger Zinshäuser durch Massengliederung und edlen Schmuck in ein wahrhaftes Kunstwerk umgewandelt, welches den Charakter seiner Bestimmung und seiner Zeit nirgends verleugnet, dabei aber Jedermann entzückt durch sein echt großstädtisches, heiteres und glänzendes Gepräge. Das Motiv des Heinrichshofes, die Anordnung von Eckthürmen und Mittelrisaliten, die Durchbildung der Façaden in verputztem Ziegelbau mit vortrefflich ausgeführtem

Terracottaschmuck, die wirkungsvolle Anwendung von Farbe und Gold, sind für zahlreiche ähnliche Wiener Neubauten vorbildlich geworden. Besonders am Schottenring finden sich mehrere Varietäten gleicher Gattung. Auch das Haus des österreichischen Ingenieur- und Architektenvereins von Thienemann gehört in diesen Zusammenhang. Andere Versuche der Bewältigung umfangreicherer Gebäudemassen bieten desselben Architekten Grabenhof und das Kommandanturgebäude von Doderer; hier erscheint als Hauptmotiv die sonst nur selten angewendete Säulenstellung. – Neben dem Gruppenbau und der größeren Massenarchitektur erhielt dann auch der einzelne Palast seine künstlerische Physiognomie. Hier sind namentlich die Bauten Schwendenweins und Romanos mit Auszeichnung zu nennen: das adelige Casino am Kolovratring, das frühere Palais Schey, das Wiener'sche Haus am Schwarzenbergplatz und viele andere. Verwandten Geist bekunden das Grand Hôtel von C. Tietz, ein Wohnhaus von demselben Architekten am Schottenring, die schönen Bauten von Schachner in der Alleegasse und Waaggasse auf der Wieden, Ferstels Palais Leon am Schottenring, das früher gräflich Lützow'sche Palais von Hasenauer, das Palais des Grafen Chotek in der Währingerstraße von Abel, das Rapp'sche Haus am Rennweg von Streit, verschiedene Paläste und Miethhäuser von Tischler, Claus und Groß, Wagner, Schumann, Dörfel und Anderen. Die Architektur dieser Häuser ist im Allgemeinen einfach, das Material gewöhnlich verputzter Ziegelbau mit Hausteingliederung. Letztere beschränkt sich meistens auf giebelverdachte Fenster und kräftige Gesimse; nur selten dienen Pilaster, Portalbauten mit Säulen und Balkonen zur weiteren Belebung der Façaden. Im Ganzen und Großen halten die Architekten dieser Gruppe an den Traditionen der italienischen Hochrenaissance fest, und es ist nicht zu leugnen, daß es in erster Linie ihren Bestrebungen zu verdanken ist, wenn die Privatbauten der Wiener Ringstraße den Eindruck vornehmer Gediegenheit machen.

Bald empfand man jedoch die Lust, das Schöne auf diesem Gebiete auch in anderen Stilweisen zu suchen. Eduard van der Nüll mit seinem Waarenhaus der Firma Haas & Söhne, mit seinem Palais Larisch ging voran. Es folgten Hasenauers Aziendahof, das Wasserburger'sche Haus in der Kantgasse von Wurm, die Häuser von Stattler und andere mehr. Vielfach wurde bei diesen Bauten der sonst übliche Putz durch den Steinbau verdrängt, auch der Wechsel farbiger Steine angewendet, wie z. B. bei dem von Fellner und Helmer erbauten Hause der Herzogin von Castries, dessen Façade ganz mit Granit und Marmor bekleidet ist. Wie im Material, so machte sich allmälig auch in den Formen ein Verlangen nach Opulenz und Verfeinerung geltend. Die französische Renaissance, das moderne Pariser Wohnhaus der vornehmen Stände, wie es z. B. in den beiden Palais Rothschild auf der Wieden von Girette und Destailleurs trefflich repräsentirt ist, endlich die deutsche Renaissance und der Barockstil fanden sich ein. Das mannigfache Wechselspiel dieser Einwirkungen hat zu einem bunten Stilgemisch geführt. Im Gefolge der nordischen Renaissance, welche mit den Constructionen des Mittelalters innig verwachsen blieb, erschienen Mansardenbächer und Erker, Spitziebel und Kuppelthürme, die letzteren in jüngster Zeit mit großer Aufdringlichkeit.

Für die deutsche Renaissance hat vornehmlich Alexander von Wielemans, der Erbauer des Justizpalastes, seine Kraft eingesetzt; in verwandtem Sinne wirkt Franz Neumann, der Schöpfer mehrerer opulent ausgestatteter Häuser am Rathhausplatz, deren Arcadengänge vor Allem als willkommene Neuerung zu begrüßen sind, ferner Ernst und Wächtler, die schon erwähnten Erbauer des abgebrannten Stadttheaters Fellner und Helmer, Roth, Wendeler, Hieser und Andere. Bei der Decoration der im Stile der deutschen Renaissance errichteten Häuser hat die zur Vorherrschaft gelangte malerische Tendenz auch am Äußeren zur Wiederanwendung figürlicher Malerei nach alter Weise geführt, wie vornehmlich das Eckhaus am Stockimeisenplatz von Wielemans sie zeigt. Nebenher laufen die zuerst von Ferstel mit großem Glück angewendete Sgraffito-Decoration, die Bekleidung mit Majoliken, mit Porzellan und dergleichen. Unter den reicheren Häusern der jüngsten Epoche sind besonders die Bauten einiger großer Geldinstitute hervorzuheben: die Länderbank von Wagner, die Verkehrsbank von Schachner, der Bau des Giro- und Cassenvereins von E. von Förster, dem Architekten des durch Brand zerstörten Ringtheaters, an dessen Stelle Schmidts Stiftungshaus sich erhebt. Zu den stattlichsten Bauten in den Vorstädten zählt der von Fellner und Helmer errichtete Margarethenhof.

Eine besondere Beachtung vom künstlerischen wie vom localgeschichtlichen Standpunkt verdient die in letzter Zeit erfolgte Wiedereinführung des Barockstils. Nicht nur die zierlichen Schnörkel, die zeltförmigen Fensterbedachungen, das muschelartig gewundene Holz- und Eisenwerk tauchen wieder auf, sondern wir stoßen auch auf einzelne im Stil der Spätrenaissance gedachte und mit großer Feinheit und Sachkenntniß durchgeführte Façadenbildungen, welche den besten einheimischen Mustern mit Erfolg nacheifern. Das hervorragendste Werk dieser Art ist das kürzlich in den Besitz des Markgrafen Pallavicini übergegangene Zinshaus in der Augustinerstraße von K. König, dessen streng im Charakter des Steinbaues gehaltene, schön gegliederte Façade gegen den Albrechtsplatz zu eine an Fischer von Erlachs berühmtes Kuppelzeltdach mahnende Bekrönung trägt. – Als geschickte Vertreter des ausgesprochenen Barokstils mögen schließlich Rumpelmayer, Korompay und Adam genannt werden.

Der unaufhaltsam fortschreitende Neugestaltungsproceß der Stadt hat außer den von uns durchwanderten Gebieten in allen höheren und niederen Sphären des Bauwesens großartige Schöpfungen hervorgerufen. Die Markthallen, die Bahnhöfe, die Spitäler, die Ausstellungsbauten, die Brücken über die Donau und die Wien – sie alle haben ihren Antheil an der Entwicklung der Kunst. Wir können sie jedoch hier nicht im Einzelnen betrachten.

Nur einer Erscheinung sei zum Schlusse noch gedacht, welche sich an der äußersten Peripherie des großstädtischen Lebens zeigt: des Baues der Landhäuser und eleganteren Villen. Wir geben als Beispiel derselben die reizende, in Waldesgrün gebettete Villa Moriz Gerold in Neuwaldegg von Hasenauer. In jüngster Zeit entstanden ähnliche zierlich und reich ausgestattete Villen von Theyer und Anderen, in Hietzing, Unter-St. Veit und an anderen Orten. Aber leider ist die Zahl solcher ländlicher Wohnhäuser, bei denen die Kunst ein entscheidendes Wort mitzureden hat, in der näheren Umgebung der Stadt immer noch eine verhältnißmäßig sehr geringe. Die Bauspeculation drängt sich auch hier zerstörend ein. Je unentbehrlicher jedoch dem Wiener die Sommerwohnung ist und je deutlicher die Unmöglichkeit sich herausstellt, in der Stadt den Zinspalast aus seiner Herrschaft zu vertreiben, um so energischer wird sich zweifellos bei der Beschaffung von ländlichen Wohnungen der in der Bevölkerung lebende Sinn für heitere Schönheit geltend machen und der Baukunst neue Aufgaben zuführen.

Die Architektur hat sich auch im neuen Wien als die Führerin und Erzieherin aller übrigen Künste bewährt. Nicht nur der decorativen Plastik und Malerei, sondern auch den Baugewerben und der gesammten Kunstindustrie gab sie mächtige Impulse. Die Reform des Wiener Kunsthandwerks wird mit in erster Linie den Architekten verdankt. Ein von der Nüll und Siccardsburg, ein Hansen, Schmidt, Storck, Gugitz, Valentin Teirich, Schmoranz, A. Hauser, Feldscharek, Riewel, König, Claus, Herdtle und viele Andere lieferten die Zeichnungen und bildeten die ausführenden Kräfte heran für zahlreiche Arbeiten der Kunstgewerbe, welche den Ruhm Wiens in aller Welt verkünden.

88. Julius Deininger, „Unsere Kunstpflege“, in: *Gegen den Strom. Flugschriften einer literarisch-künstlerischen Gesellschaft*, hg. von Albert Ilg, 1. Band, Heft V. Wien: Carl Graeser, 1887, S. 77–114, hier 89–91.

Wer mit aufmerksamem Auge die Wandlungen in unserer modernen Zinshaus-Architektur verfolgt, wird mit Staunen bemerken, welche Verwilderung und Verrohung des Geschmackes sich allenthalben breit zu machen versteht. Kurzsichtige Beurtheiler dieser Erscheinung sehen die Ursache derselben in der Stilwandlung – um einen eben nicht passenden, aber doch verständlichen Ausdruck zu gebrauchen –, welche sich in den letzten Jahren an unseren architektonischen Gebilden vollzogen. Sie donnern, höhnen oder geifern gegen den vermaledeiten Zopf, welcher unseren modernen Künstlern plötzlich an den Kopf geflogen kam oder ihnen angebunden wurde und unsere so schöne, massvolle, wienerisch-italienische Früh- oder Spätrenaissance über den Haufen zu werfen droht.

Die Herren sind im Unrecht, der Grund des Übels liegt anderswo, und wir sind der vielgehassten und doch wieder vielgeliebten Barocke nur zu Dank verpflichtet, dass sie uns diesen Grund aufdecken hilft. Der Schritt, den unsere architektonische Formengebung in den letzten Jahren zur Barocke und zum Rococo gemacht, ist ein vollständig logisches und nothwendiges Glied in der ganzen Entwickelungsreihe unseres modernen Stiles, und ebenso ein Fortschritt wie jeder andere, welcher früher gethan wurde.

Freilich haben wir einzelne Kunstpropheten, für welche der Fortschritt unserer Kunst in der Umkehr liegt. Sie predigen Rückkehr zu den „reinen Formen“, obwohl sie uns in ihren Worten und Werken die Aufklärung schuldig bleiben, was sie unter „reinen Formen“ verstehen. Wir glauben das Richtigere zu treffen, wenn wir sagen: Das Heil unserer Kunst liegt nicht in der Umkehr zu den sogenannten „reinen Formen“, sondern in dem Fortschritte zum Wahren.

Unser Ideal darf keine schön frisirte, wohlgeformte Puppe sein, wenn sie selbst der „schönen Helena“ zum Verwechseln ähnlich sehen mag, sobald es uns ernstlich um die Zukunft unserer Kunst zu thun ist, denn Puppen sind nicht zeugungsfähig, das hat sich seit Schinkel nun schon mehrfach erwiesen.

Es soll uns nicht um ein prächtiges Kleid zu thun sein, welches geschickt alle Mängel des Körpers verdeckt, sondern um den schönen Körper selbst, um einen lebensfähigen, schöngeformten

Organismus; und wenn derselbe schon aus mancherlei Rücksichten bekleidet sein muss, so soll er sich die Lappen zu seinem Kleide herholen, wo er will, aber er soll sie seinem Körper anpassen und weder in das erborgte Kleid eines Anderen schlüpfen, noch auch sich mit unnöthigem Firlefanz oder närrischem Putz behängen. Nach unserer Meinung darf daher der Stil keines bestimmten Jahrhunderts unser Abgott sein, der keinen anderen neben sich duldet; sondern es sollen vielmehr alle vergangenen Jahrhunderte unsere Lehrmeister und alle Stilrichtungen Objecte unseres Studiums sein. Die griechische wie die römische Antike, aber ebensogut die constructionsgewaltige Baukunst des Mittelalters, die Früh- und Spätrenaissance, aber ebensogut die Barocke und das Rococo, welche ja auch in sehr vieler Hinsicht einen heute nicht mehr geleugneten Fortschritt gegen die früher genannten Richtungen bedeuten.

Bekanntlich hängt aber der Erfolg eines Unterrichtes nicht allein vom Lehrmeister, sondern auch einigermassen von dem Talente und dem Fleisse des Schülers ab. Ganz unbedeutende Meister, von welchen sonst die Kunstgeschichte kaum Notiz nehmen würde, haben bekanntlich die grössten Schüler gehabt, und umgekehrt haben die grössten Meister nicht lauter hervorragende Schüler erzogen, wenn sie es auch in der Regel verstanden, eine Anzahl sonst vielleicht unbekannt gebliebener Talente zu wecken, indem sie ihnen „Geist von ihrem Geiste" einzuhauchen verstanden.

In den elementaren Wissenschaften gibt es gewisse Klippen, welche als Probsteine für das Talent des Schülers gelten. Die Minderbegabten kommen nicht oder doch sehr schwer darüber hinweg. Die Barocke nun ist zu einem solchen Probstein für die Begabung und das fleissige Studium unserer modernen Architekten geworden. Wir haben noch weit, auf dem Wege uns eine selbstständige, selbstbewusste Kunstrichtung zu schaffen; noch sind wir mit den elementaren Studien früherer Kunstepochen und dem Nachahmen derselben nicht fertig, und schon kommt eine Anzahl unserer ausübenden Künstler über das allerdings schwierigste Problem dieses Studiums nicht hinweg. Sie verstehen die Aufgabe nicht zu erfassen, verwechseln das Unwesentliche mit dem Wesentlichen, vertiefen sich in das Nebensächliche und übersehen die Hauptsache. Es scheint, dass ihnen noch der Correpetitor fehlt, der ihnen die Sache handgerecht zu machen versteht.

89. Julius Laurenčič (Hg.), „Ringstrassen-Bilder“, „Hofburg-Theater“, in: *Unsere Monarchie. Die Österreichischen Kronländer*, 2. Bd. Wien: Georg Szelinski, k. k. Universitäts-Buchhandlung, 1898, o. S.

Ringstrassen-Bilder.

Wo einst die Festungswerke die alte innere Stadt gegen die ehemaligen Vorstädte abschlossen, zieht seit der Erweiterung Wiens die weltstädtische Ringstrasse hin. Die kreisförmige Anlage, welche aus dem Schottenring, Franzensring, Burgring, Opernring, Kärntnerring, Kolowratring, Park- und Stubenring besteht, wird durch den Franz Josephs-Quai am Donaucanal ergänzt. Die letztgenannte Strasse, die allerdings nur auf der Stadtseite von imposanten Zinshäusern begrenzt ist, während die dem Donaucanal zugewendete die Trace der Stadtbahn aufweist, war die erste, die aus Anlass der Stadterweiterung 1860, durch den Kaiser Franz Joseph selbst eröffnet wurde. – Der Franzensring, der die prächtigsten Monumentalbauten des neuen Wien aufweist und den zwei Detailansichten unseres Bildes zeigen, ist nächst dem Burgring wohl der imposanteste Theil der Ringstrasse. Wir sehen auf dem einen Bilde die gewaltigen Bauten des Parlaments, des Rathhauses, der Universität und des Burgtheaters, auf dem andern die Universität und das Burgtheater, das gleichfalls eine effectvolle Ansicht gewährt. Der Kärntnerring, welcher von der verlängerten Kärntnerstrasse bis zur Schwarzenbergstrasse reicht, wird an schönen Sommerabenden und freundlichen Winternachmittagen zum belebten Corso, auf dem sich die „schöne Welt“ Wiens gerne sehen lässt. Hier fluthet ein lebendiger Menschenstrom auf und nieder, in dem reizvolle Mädchen- und Frauengesichter Zeugniss ablegen für den Reichthum Wiens an berückender Lieblichkeit. Auf dem Kärntnerring befinden sich die drei vornehmsten Hotels Wiens: das „Hotel Imperial“, ehemals Palais des Herzogs von Württemberg, das „Grand Hotel“ und das in den letzten Jahren entstandene „Hotel Bristol“.

Hofburg-Theater.

Gegenüber dem neuen Rathhause erhebt sich der feingegliederte und doch so imposante Bau des Hofburgtheathers, welches Hasenauer nach den ursprünglichen Plänen des genialen Semper errichtet hat. Das neue Hofburgtheater bildet gleichsam den Abschluss der zweiten monumentalen Bauperiode Wiens und gibt ein Spiegelbild moderner Wiener Architektonik. Es ist ein Prachtbau voll zartem Geist, der mit seinem oblongen Mitteltract, mit seinen reichen, die edle Attika krönenden Sculpturen und den nach beiden Seiten auslaufenden Flügelgebäuden ein äusseres Bild gibt, das man sich kaum duftiger und freundlicher denken kann. Die Kolossalgruppe auf der Attika von Meister Kundtmann stellt Apollo mit der Muse des tragischen und komischen Dramas dar. Ein figurenreicher Fries, ein Basrelief von Weyr über den Haupteingängen, zeigt den Triumphzug des Bacchus und der Ariadne. An zahlreichen Stellen der Facade sind Allegorien der Tugenden und Leidenschaften angebracht, welche den Dichtern aller Zeiten die Motive für ihre Werke gegeben haben. Eine Reihe meisterhaft ausgeführter Marmorbüsten der bedeutendsten Bühnendichter, sowie Gestalten aus den Dramen dieser Poeten zieren den harmonischen Mitteltract. Mit verschwenderischer Pracht ist das Innere des Baues ausgestattet. Architektur und Malerei haben hier vollwichtige Proben ihrer Meisterschaft abgelegt. Unser Bild bringt die vorzügliche Detailansicht eines der beiden grossartigen Treppenhäuser, dessen herrliche Gemälde von Matsch und Klimt hier freilich nicht zum Ausdruck gelangen können. Das Foyer und die gleich prunkvollen Nebenräume zieren die Porträts berühmter Hofschauspieler. Ein vielbewundertes Meisterwerk ist Benk's Statue der „Klytia", welche Beleuchtungszwecken dient.

---

90. Ludwig Abels, „Wagnerschule", in: *Der Architekt*, 4. Jg., Supplement-Heft, 1898, o. S.

WAGNERSCHULE! Welch eigenen Reiz hat der Klang dieses Wortes für unser Ohr, der Begriff des Wortes für unsern inneren Sinn gewonnen! Von dem odiosen Beigeschmack der „Schule" ist in dieser Zusammensetzung, in der Gemeinschaft eines hochragenden Meisters mit auserwählten Jüngern kaum eine Spur geblieben.

Von den schwellenden Blüten, welche über die zerbröckelnde Gartenmauer des alten Jahrhunderts hinüberhängen in das unbebaute Revier einer neuen Zeit, ist diese die herrlichste, reifste: Der moderne Kunstgeist. Ein holdes Selbstgefühl, den neu erwachten Sinnen zu vertrauen, den neu sich regenden Kräften übermüthig Raum zu schaffen, ist in den Ländern europäischer Cultur seit wenigen Jahrzehnten herangereift.

„Der Zeit ihre Kunst!“ – Die erste Künstlergruppe, welche dieses Programm nach Österreich verpflanzte und es wie einen Hort gehütet hat, ist die Wagnerschule. Aus ihr kam dann der Anstoss zur Gründung der „freien Künstlervereinigung“ hervor, aus ihr holte sich das österreichische Museum, das neue Kunstgewerbe seine anregenden Kräfte. In allen Straßen Wiens erstehen neue Formen, an Häuserfronten und in Interieurs. Rings um die Stadt spannt sich ein Netz für Bahnverkehr, und auf der Dampfwolke, die aus dem Schlot der Locomotive aufsteigt, reitet ein neckischer Kobold, der den Leuten das Zauberwort von der modernen Kunst in die schläfrigen Köpfe trompetet – –

Ein neuer Jahrgang, der fünfte, liegt dem Publicum vor. Zinshaus, Volksbank, Universität, Lustschloss, Weltausstellung, Spectakelbühne, Thiergarten – für jede Anforderung des bunten neuzeitlichen Lebens sind die Künstler ausgerüstet. Herbei mit den Aufträgen! Lasst uns einmal solch ein Portal, solch eine hohe Halle, solch einen Monumentalschmuck in Wirklichkeit bewundern, wie sie der rege Geist so gern erschaffen möchte, auf dem Papier bereits erschaffen hat!

Gebt Raum der Jugend! Oh, es ist gut, dass Österreich wieder eine Jugend hat. In diesem Lande, wo der schwere Athem des Alltags über der Erde lastet, dass man kaum an das Morgen zu denken wagt, geschweige denn an die Erfüllung von Zukunftsträumen! Die Jugend aber träumt und wacht zugleich, sie hat den Muth, den Traum ans Licht zu tragen, den Nebel zu durchhauen, dass warme, würzige, segenspendende Lüfte unser Land wie ein Italien des Cinquecento durchwehen –.

Gebt Raum der Jugend!

---

91. o. A., „Das neue k. k. Polizeigebäude, Elisabethpromenade, Wien“, in: *Der Architekt*, 11. Jg., 1905, S. 3–5.

Das Gefangenhaus besteht aus einem Ebenerdgeschosse, einem Hochparterre und vier Stockwerken; es wurde im Hofe derart eingebaut, daß der Trakt für Männereinzelhaft für sich als Zellentrakt mit durchgehender Mittelhalle ausgebildet ist, während die Räume für die gemeinsame Haft in anderthalbfachen Trakten um den Zellentrakt angeordnet sind und eine bequeme Verbindung mit den Amtslokalitäten ermöglichen.

Sämtliche Arrestfenster gehen gegen die inneren großen Höfe; gegen die Anrainer zu sind lediglich die Korridore angeordnet, aus deren hochgestellten Fenstern ein Ausblick gegen den Nachbar unmöglich ist.

Der Einzeltrakt dient nur für Männer. In den Trakten für gemeinsame Haft sind das Hochparterre und der erste Stock für Männer, der zweite und dritte Stock für Weiber bestimmt, für welche auch einige Einzelzellen angebaut sind. Im dritten Stock befindet sich außerdem die Krankenabteilung, im vierten Stock die Waschküche nebst Wäschekammer und Nähzelle, der Kleiderreinigungsapparat sowie zwei große Reserveapparate.

In dem an das Gassengebäude anschließenden Trakt der gemeinsamen Haft befinden sich im Parterre das Bureau und Untersuchungszimmer des Arztes, im ersten Stock einige Handzellen und im zweiten Stock die Untersuchungsräume für die weiblichen Häftlinge.

Im Erdgeschosse des Gefangenhauses, welches durch den Zellenwagenhof abgesondert zugänglich ist, liegt ein großes Sammellokal (170 m^2), an das sich die zur Aufnahme der Häftlinge nötigen Kanzleiräume, Depots und unter dem Einzeltrakte die Bäder anschließen, während sich auf der anderen Seite die Gefangenhausküche samt Nebenräumen und ein Stall für vier Pferde befinden.

Nebst dieser großen Sammelhalle befindet sich ein zweites kleineres Sammellokal, in welchem die an die Gemeinde Wien zu überstellenden Schüblinge gesammelt und dann durch eine vorgesehene Verbindungstür in das Gefangenhaus überstellt werden.

Im Souterrain des Gefangenhauses sind die Wirtschaftsräume und das Kesselhaus untergebracht.

Das ganze Gefangenhaus enthält 148 Zellen, davon sind im Einzeltrakte 50 Arreste von 3 m Länge, 2 m Breite und 3,20 m Höhe von 21,8 m^3 und 31 Arreste von 2,40 m Breite und je 28 m^3. Die Einzelzellen für Weiber haben je 48 m^3, die 48 Kumulativarreste für je sechs Köpfe je 102 m^3. Der normale Gesamtfassungsraum des Gefangenhauses beträgt 300 Köpfe. Der Luftraum, welcher auf den einzelnen Häftling entfällt, übersteigt somit das gewöhnlich geforderte Ausmaß von 22 m^3 für Einzeln- und 16 m^3 für Kumulativhaft.

Ein zweites, vierstöckiges Hofgebäude dient als Kaserne für die Sicherheitswache; es umfaßt zu ebener Erde den Menagesaal, ein kleines Speisezimmer und Wohnräume für das Küchenpersonal, im Hochparterre die Wohnung des Verwalters, das Schulzimmer, ein Marodenzimmer und in den weiteren drei Stockwerken je vier Mannschaftszimmer à 26,5 m^2, sowie zwei Waschräume und Nebenräume, im obersten Geschosse sechs

Mannschaftskabinette à 17,5 m^2 nebst den Waschräumen u. dgl. [...]

Das Polizeigefangenhaus ist der erste derartige Bau in Österreich, bei welchem sich in den Arresten selbst Klosettanlagen befinden.

Es mußte ein Klosett gewählt werden, welches bei dem geringsten Wasserverbrauche eine kräftige Durchspülung ermöglicht, es mußte aber auch ein freiliegender oder komplizierter Mechanismus vermieden werden. Diese Bedingungen scheinen durch das angewendete sogenannte Urlklosett erreicht worden zu sein. Das in einer Mauernische angebrachte Spülreservoir ist mit einer eisernen Tür für die Zelleninsassen unzugänglich gemacht. Die Spülung des Klosetts wird nur mit einer geringen Fingerbewegung betätigt, wodurch auch hier Angriffspunkte vermieden sind. Als Massenaborte wurden statt des sonst üblichen Trogklosetts im Hause Reitklosetts verwendet, wobei das Reservoir und die Zugvorrichtung in ähnlicher Weise wie bei den Urlklosetts installiert sind. Die Aborte im Bureautrakte und Kaserntrakte sind als Fayence-Hochspülklosetts durchgeführt. In den Vorräumen befinden sich kleine Waschbecken. Als Pissoire wurden durchwegs Ölpissoire mit Schieferplatten hergestellt. [...]

Die Anlage ist an das Gleichstromnetz der Elektrizitätswerke (2 × 220 Volt) angeschlossen. Um jedoch auch von der Zentrale im Falle einer Betriebsstörung im Straßenkabel unabhängig zu sein, und um namentlich für das jederzeitige Funktionieren der Beleuchtung im Gefangenhause eine Garantie zu haben, ist im Keller noch eine Akkumulatorenbatterie aufgestellt, an welche

Polizeigebäude, Roßauer Lände, Alsergrund, um 1905.

die Ringleitung angeschlossen werden kann. Von derselben wird auch der für die diversen einzeln brennenden Bogenlampen (im Zellenwagenhofe, im photographischen Atelier, im Vortragssaale des Polizeimuseums etc.) nötige Strom von niedriger Spannung abgenommen.

---

92. o. A., „Das Hauptgebäude der Universität", in: *Wien am Anfang des XX. Jahrhundert*, 2. Bd., red. v. Paul Kortz. Wien: Gerlach und Wiedling, 1906, S. 176–178.

Die Wiener Universität, die zweitälteste auf deutschem Boden, 1348 von Herzog Rudolf dem Stifter gegründet, hatte gleich von Anbeginn mit empfindlichem Raummangel zu kämpfen.

Das Hauptgebäude der Universität, das die Hörsäle der vier Fakultäten – soweit sie nicht in den einzelnen wissenschaftlichen Instituten untergebracht sind – die Säle für Staatsprüfungen und Rigorosen, die Kanzleien der Dekanate und des Rektorates mit den dazugehörigen Sitzungssälen, die Aula mit ihren Nebensälen, einzelne Museen, kleinere Institute, die Bibliothek mit den Bücherspeichern und Lesesälen und die nötigsten Dienerwohnungen enthält, wurde von H. von Ferstel in den Jahren 1871–1872 entworfen. 1873 begannen die Bauarbeiten, im September 1883, kurz nach Ferstels Tod, wurde der linksseitige Trakt seiner Bestimmung übergeben, während der gegen die Universitätsstraße gewendete Flügel erst im folgenden Spätherbst bezogen werden konnte. Der statuarische Schmuck wurde in den nachfolgenden Jahren nach und nach ergänzt, während die Vollendung des malerischen im großen Festsaal teilweise noch aussteht. Der gewaltige, 161:133 m messende, an vier Straßen gelegene Baublock mit einer Bodenfläche von 21.412 m², von denen 14.530 m² verbaut sind, gliedert sich der Hauptsache nach in zwei, an der Grillparzerstraße respektive Universitätsstraße gelegene. vornehmlich Lehrsäle enthaltende Längsflügel, die, an der rückwärtigen Front durch den Bibliotheksbau, an der Ringstraße durch den reich gegliederten Flügel des Festsaalbaues verbunden, einen großen, von Arkaden umgebenen Hof einschließen, der nach jeder Richtung hin als Kristallisationspunkt der ganzen Anlage zu betrachten ist; er ersetzt der Studentenschaft den mangelnden Universitätsplatz, er erleichtert die Orientierung in dem weitläufigen Gebäude, da von hier aus sämtliche

Hauptkommunikationen zugänglich sind; von hier aus entwickeln sich die architektonischen Hauptmotive des vornehmlich als Innenbau geplanten Hauses auch nach außen.

Wie sehr Ferstel bemüht war, den praktischen Anforderungen dieses von 5000 bis 6000 Hörern frequentierten Gebäudes gerecht zu werden, zeigt sich in der klaren Anordnung sämtlicher Kommunikationen, in erster Linie in der Disposition und dem Aufbau der Treppen: auf diesen, namentlich den beiden großen, dem Hauptverkehr dienenden Treppenhäusern liegt der stärkste Akzent, während der äußere Aufbau, den relativ knapp bemessenen Mitteln Rechnung tragend, bescheidener gehalten werden und sich im Wesen auf das künstlerische Durcharbeiten der Silhouette der einzelnen sehr heterogenen Baugruppen beschränken mußte. Die Baukosten beliefen sich, einschließlich der inneren Ausstattung und der Bauregie, auf 15,400.000 K.

---

93. Joseph August Lux, „Die Meister des Wiener Bodens (Die neuen Architekturwerke)", in: ders., *Wenn du vom Kahlenberg*. Wien-Leipzig: Akademischer Verlag, 1907, S. 137–138.

Eine Architektur, die wie bei den Hofmuseen in einer imposanten Stiegenanlage den künstlerischen Zielpunkt sucht und diesem falschen Pathos jede sachliche und persönliche Rücksicht opfert, konnte bestenfalls dem protzigen Parvenügeschmack vor zwanzig bis dreißig Jahren genügen; es ist dem Kaiser nicht zu verdenken, daß er die vornehme Zurückhaltung der alten Burg mit der aufdringlichen und künstlerisch wenig gehaltvollen Architekturmacherei nicht vertauschen will. Diese stillschweigende Ablehnung des Kaisers ist in der Tat die empfindlichste und gerechteste Verurteilung einer bombastischen Stilmacherei, die gleichsam aus der Lade, wo die palladianischen Architekturkopien liegen, herausgezeichnet wird und deren Anwendung heute als unfehlbares Merkmal künstlerischer Unfruchtbarkeit und Mangel eigenen schöpferischen Empfindens anzusehen ist. Heute, da jeder König vom Schottenring sich ein ebenso effektvolles Haus wie der Kaiser von Österreich bauen lassen kann und bauen läßt, ist das Architekturideal der siebziger und achtziger Jahre kein Ziel mehr. Daß der Kaiser als eigentlicher Bauherr sein Interesse an dem Neubau aus begreiflichen Gründen versagt, ist der tiefere Grund, der dem lähmenden Bureaukratismus Gelegenheit gibt,

Schottenring Richtung Sühnhaus, um 1900.

sich wie ein Schimmelpilz reichlich auszuleben und das Wachstum namentlich in künstlerischer Hinsicht zu hemmen. Die Eunuchenhaftigkeit, die immer die Äußerlichkeit eines vergangenen Stils nachzuäffen sucht, für Staats- und Hofgebäude die Formen des Renaissancepalastes oder Barockschlosses als Abglanz absolutistischer Selbstherrlichkeit, vergißt völlig, daß sich eine solche heute bereits lächerlich gewordene Architekturkomödie jeder Börsianer leistet und daß die edle und gehaltsvolle Einfachheit mancher Räume der alten Burg ungleich kaiserlicher erscheint und den puritanischen Lebensgewohnheiten des Bauherrn durchaus angemessen ist.

---

94. o. A., *Die Widmungen und Veranstaltungen der Gemeinde Wien zum 60jährigen Regierungsjubiläum seiner Majestät des Kaisers Franz Josef I. im Jahre 1908.* Wien: Gerlach und Wiedling, o. J., S. 97–100.

Außerdem wurden von der Gemeinde nach den Plänen des städtischen Architekten Serve mehrere Beleuchtungsobjekte errichtet. Auf dem Aspernplatze erhob sich ein mächtiger Obelisk, dessen Spitze einen aus Hunderten von Gasflammen gebildeten Reichsadler trug, der sich auf eine ebenfalls durch Gasflämmchen gebildete Kuppel stützte. An den vier Seiten des Obelisken waren, gleichfalls aus Gasflämmchen gebildet, die Initialen Seiner Majestät. Die Seitenkanten sowie die vier Flächen wurden durch Gasflammen, die sich teils in weißen, teils in roten Gläsern befanden, markiert. In halber Höhe des Obelisken waren die Jahreszahlen 1848–1908 in Flammenschrift zu lesen. Der Sockel trug in transparenter Ausführung an zwei Seiten das Reichswappen, an den anderen zwei Seiten die Zahl 60. Um den Obelisken waren vier große, durch Ketten verbundene Pylonen mit Gasflambeaux und darunter angeordneten Glühlampenkränzen aufgestellt. Der Obelisk brachte auch zum Ausdruck, wie wirkungsvoll sich ein großes Denkmal, etwa das geplante Asperndenkmal, auf dem Aspernplatze ausnehmen würde.

Ferner war auf dem äußeren Burgtore über dem ganzen Mitteltrakte ein Aufbau in einer Breite von 40 Meter errichtet. In der Mitte desselben war ein transparentes Reichswappen, überdeckt von einer Kaiserkrone und flankiert von zwei Adlern. Darüber erhob sich eine aus Gasflammen geformte Sonne, deren

Mitte die Zahl 60, umgeben von dem Wahlspruche: „Viribus unitis“, einnahm. An den beiden Seiten waren zwei Standartenständer, die die Jahreszahlen 1848 und 1908 trugen und in Adlern aus Gasflammen endeten. Der ganze Aufbau war in seinen Konturen durch verschiedenfarbige Glühlampen beleuchtet. Vor dem Objekte standen zwei Pylonen, die teils durch Kränze und Reihen elektrischer Glühlampen, teils durch Transparente illuminiert waren und deren Spitze in einer aus Gasflämmchen gebildeten Krone endigte.

Gleichsam den Abschluß des illuminierten Festplatzes vor dem Burgtore bildeten zwci kleinere Obelisken, die auf der Ringstraße, an den Kreuzungspunkten bei der Bellaria- und Babenbergerstraße, errichtet waren und Kronen aus Gasflämmchen trugen.

In besonders wirkungsvoller Weise war das Rathaus beleuchtet. Während die Türme, Arkaden, Loggien, Dach- und Turmgalerien durch unsichtbar montierte Glühlampen erhellt waren, wurden die äußersten Turmspitzen und der eiserne Mann durch Scheinwerfer bestrahlt. Die Fenster der Hauptfassaden waren mit ebenfalls von außen nicht wahrnehmbaren Glühlampen beleuchtet und überdies zur Erhöhung der Wirkung im Innern mit weißen Tüchern abgedeckt. Bei dieser Beleuchtungsart kam die architektonische Schönheit des herrlichen Bauwerkes voll zur Geltung und gab demselben ein märchenhaftes Aussehen.

Einen ebenso mystischen als prächtigen Anblick gewährte der durch elektrische Scheinwerfer bestrahlte Stephansturm und der durch bengalische Fackeln beleuchtete Dom.

Ferner wurden bengalisch beleuchtet: das Deutschmeisterdenkmal, der Donnerbrunnen auf dem Neuen Markt, das Tegetthoffmonument, die Kaiserjubiläums-Kirche in der Donaustadt, die Herz Jesu-Basilika in Kaisermühlen, die Otmarkirche unter den Weißgerbern, die Karlskirche, die Matzleinsdorfer, die Breitenfelder, die Piaristen-, die Votiv- und die Servitenkirche, der Wasserturm in Favoriten, die Hietzinger Kirche, die Kirche des Wiener Versorgungsheimes in Lainz, die Rudolfskirche am Kardinal Rauscher-Platze, die Kirche Maria vom Siege am Sechshausergürtel, die Redemptoristenkirche am Klemens Hofbauer-Platze, die Brigittakirche.

Der Obelisk, welcher zur Erinnerung an die Vollendung der Gartenanlagen des Gürtels an der Kreuzung der Mariahilferstraße mit dem Gürtel errichtet ist, wurde an den Kanten und Bildflächen mit elektrischen Glühlampen wirkungsvoll beleuchtet.

Eine große und schöne Wirkung hatte auch die mit bengalischen Fackeln erzielte Beleuchtung der Donaukanalufer und der Brücken in der Strecke von der Augarten- bis zur Franzensbrücke.

95. Horace Rumbold,
The Austrian Court in the Nineteenth Century.
London: Methuen, 1909, S. 299–300.

A few years later the Austrian capital was the scene of an International Exhibition of Art and Industry of unprecedented proportions. The wide sylvan glades of the Prater lend themselves admirably to such an undertaking, and the vast Rotunda, built by the well-known English engineer Scott Russell – which rivals, if it does not exceed in size, though assuredly not in beauty, the cupola of St. Peter's – still remains to show the scale and character of this gigantic – and, it is to be feared, financially not very successful – venture. The exhibition unfortunately coincided with a severe monetary crisis, and with a sharp visitation of cholera, and was further darkened by the destruction of the Ring-Theatre by fire, with a great loss of life. It none the less drew crowds of visitors from all parts to the Danube city. Among the illustrious personages who visited it were the Prince of Wales, the Czar Alexander II., the Shah of Persia, the King of Italy, and the German Emperor Wilhelm I. At the close of the same year (1873) the twenty-fifth anniversary of the Emperor's accession was celebrated with much *éclat*. But probably the grandest of its kind was that arranged in honour of the silver wedding of the Imperial couple. All the marvelously picturesque grouping and details of the procession – with its great symbolical cars and swarms of horsemen in costume – which wended its way along the great broadway of the Ring, and passed before the Imperial tribune, had been designed by that master of colour, the historical painter Hans Makart, and other great artists of the day. On the occasion of the silver wedding, too, the fine Gothic *Votiv Kirche*, built in commemoration of the Emperor's escape from assassination, was solemnly consecrated.

96. o. A., „Österreichische Adria-Ausstellung“, in: *Der Bautechniker* 32, Nr. 48, 29. November 1912, S. 1202–1203.

Die nächstjährige Adria-Ausstellung, deren Bauten schon weit fortgeschritten sind, wird eine der originellsten und schönsten Ausstellungen werden, die bisher auf dem Ausstellungsterritorium in und um die Rotunde entstanden sind. Bei der Endstation der Straßenbahn Hauptallee ist ein großes Portal errichtet, das dem alten Stadttor von Zara nachgebildet ist. Vor der Rotunde zur Rechten erhebt sich der Pavillon für die Feuerwehr und die Freiwillige Rettungsgesellschaft. Auf dem Süd-Plateau selbst werden Ausgrabungen vom Solona und anderen Orten, vor den Arkaden der Rotunde Geschütze zur Aufstellung gelangen. Der Eingang durch das Südportal der Rotunde wird die Kommandobrücke eines Kriegsschiffes vorstellen, von der aus man den Spiegel und die Rundgalerie der Rotunde betritt. Hier werden die Kriegs- und die Handelsmarine ihre Exposition unterbringen; an diese soll sich die Ausstellung „Schiffbau“ anschließen. Für die naturwissenschaftliche und archäologische Abteilung sind große Räumlichkeiten der Rotunde reserviert. In der naturwissenschaftlichen Abteilung werden die Tiefseeforschung, das Seewasser-Aquarium und das Terrarium große Anziehungskraft ausüben. In der Nordgalerie der Rotunde werden die Abteilungen „Ex- und Import“ und „Maschinen im Betrieb“ untergebracht sein. Die Ostgalerie wird die Ausstellungsobjekte der Südbahngesellschaft, einen Salon-, Speise- und Schlafwagen der Schlafwagengesellschaft sowie einen Aussichtswagen der Canadian Pacific aufnehmen. Im südlichen Teile der Ostgalerie werden die Abteilungen „Touristik, Jagd und Fischerei“ installiert. Die Halle beim Westportal der Rotunde ist den Abteilungen „Kurorte“, „Hygiene“ und „Rettungswesen“ vorbehalten. Vom Westportal gelangt man in den Ausstellungspark. Von einer großen Terrasse aus, die dem Westportal vorgebaut ist, wird sich ein Ausblick auf den Canal grande und die zu seinen beiden Seiten errichteten küstenländischen Baulichkeiten bieten. In einer Front von 180 m werden die Ausstellungshallen für Gewerbe, Industrie, Flora und Fauna der Adria erbaut. Die Pavillons sind Nachbildungen historischer Bauten Istriens und des Küstenlandes. In der Nähe des Westportals wird sich eine Nachbildung des Rektorenpalastes von Ragusa erheben. Im Stadtteil auf der linken Seite des Kanals, über den drei Brücken im Stil der Rialto-Brücke führen, werden sich das Ca d’oro von Pirano, das St. Georgs-Haus von Lovrana, das Gemeindehaus von Spalato und der Hof des Dominikanerklosters von Ragusa befinden. In einer Kirche, neben der ein 40 m hoher Kampanile aufsteigt, sollen dalmatinische Kirchenschätze zur Ausstellung gelangen. Ein weiterer Stadtteil wird als Mittelpunkt das Landhaus von Capodistria mit seinen hohen maurischen Fensterbogen erhalten. Eine Volkshalle. ein Kaffeehaus und eine Konditorei werden sich an das Gebäude anschließen. In der Nähe des Rektorenpalastes errichtet die „Austro-Americana" ein Kinotheater, und daran anschließend einen Pavillon, in dem eine Luxuskabine, ein Damensalon der Schiffe dieser Gesellschaft etc. ausgestellt werden. Der Kanal führt zu einem kleinen See, an dessen Ufern prächtige exotische Gewächse angepflanzt werden. Auf einer Halbinsel wird ein Kaffeehaus errichtet. Am Molo verankert wird der Salondampfer „Wien" des Österreichischen Lloyd liegen. Dieses Schiff, in einer Länge von 75 m und einer Breite von 18 m wird mit Rettungsbooten, Luxuskabinen etc. ausgestattet sein. Das Schiff selbst wird vom Kai über die Landungsbrücke, oder von der Wasserseite für die mit Barken oder Motorbooten Ankommenden über Falltreppen zugänglich sein. Kanal und See haben einen Flächeninhalt von 12.000 m^2. Mit dem hier ausgehobenen Erdmaterial wird am Nordufer des Sees ein ansehnlicher Hügel angelegt, in dem ein Stollengang in eine Höhle führt, welche Funde aus vorchristlicher Zeit enthalten wird. Auf dem gegenüberliegenden Teile des Strandes werden Fischerhütten errichtet, nicht weit davon ein orientalisches Kaffeehaus und ein Pavillon für orientalische Industrieartikel. Die Pavillons der Ernährungsavenue werden sich den Baulichkeiten der Küstenländer anpassen. Eine der größten Attraktionen dürfte die küstenländische „Altstadt" werden: ein Komplex kleiner Häuschen mit alten Basargäßchen, Schenken, Geschäftsläden für Hausindustrie und Werkstätten. Das Ende der Südportalstraße schließt ein großes Tor nach Motiven dalmatinischer Stadttore gegen die Zufahrtsstraße in den Volksprater ab. In der Nähe dieses Portals wird das Objekt der „Cunard Line" errichtet. Es stellt einen Teil des Schiffes „Karpathia" in Originalgröße mit Luxuskabinen, Rauch- und Speisesalon etc. vor. Auf dem westlichen Territorium des Ausstellungsparkes wurde der Bau verschiedener Vergnügungs-Etablissements, darunter eines großen Karstwirtshauses, in Angriff genommen. Gegen die Ausstellungsstraße zu wird ein großes Portal, nachgebildet dem Uskoken-Turm der Insel Veglia, aufgeführt. Bei der Tramwayschleife in der Nordportalstraße wird sich ein großes Portal erheben, für welches ein Stadttor von Trau zum Muster diente. Zu beiden Seiten des Portals werden große Perrons für den Straßenbahn- und Wagen-, beziehungsweise Automobilverkehr angelegt.

97. Walburga, Lady Paget, *Scenes and Memories.* London, Smith, Elder & Co., 1912, S. 452–453.

When I returned to Vienna from Florence at the end of April [1888] I found the town in a ferment about the Marie Therèse festivities which were approaching. Every night there were balls and what they call picnics. The days were filled by races, lawn tennis parties, etc., etc.,

The day of the unveiling of Zumbush's fine monument [13 May] broke with a glorious sun, fortunately for our fine dresses and gala liveries. We were told by Princess Metternich to wear our very smartest, as the Empress would appear in a pale grey and silver, so we obeyed. I donned a dress of pale grey *peau de soie* trimmed with gold, and Princess Reuss, next to me, had modified her mourning for the Emperor William, her uncle and sovereign, into white crape and jet. The tent in which the Imperial family assembled looked like a bed of tulips with the Archduchesses' pink, blue and yellow dresses. What, then, was the astonishment of this brilliant and glittering multitude when the Emperor and Empress arrived in a two-horse landau, the Empress attired in a short dark-brown walking dress with bonnet and confection to match and a brown parasol with a thin whitey-brown fringe completing the whole. A respectable maid in her Sunday attire, that was the impression! The Austrian ladies were furious, the ceremony was dull and wanted "go". There were more than seventy Archdukes and duchesses present, amongst them a great many small children. The Emperor, who always thinks of everything, asked Prince Hohenlohe whether there was a retiring chamber for these children. The answer was: "Only the tent where the cardinals and archbishops disrobe after the ceremony!"

98. O. A., „Die Wiener Kriegsausstellung (Erbaut von Professor Karl Witzmann)“ [1916], in: *Der Architekt*, 21. Jg., 1916/1918, S. 123, 128.

Bei der Planverfassung zum Baue der Kriegsausstellung hatte man mit Schwierigkeiten zu rechnen, die in Friedenszeiten überhaupt nicht, oder zum Teil nur in sehr geringem Maße auf die Gestaltung von Einfluß sind: Es mußte mit Arbeitern und Baumaterial das Auslangen gefunden werden, das für Kriegszwecke unbedingt entbehrlich war. Es war ferner mit sehr knapper Bauzeit zu rechnen, denn die alten Bauten von „Venedig in Wien“ und ihre sämtlichen Nachkommen bis zum Jahre 1914 wurden erst im Jänner 1916 demoliert, und schon am 1. Juli 1916 wurde die Ausstellung eröffnet. Bei der Grundrißgestaltung mußte der Baumbestand berücksichtigt werden, und es war daher schwierig, eine klare, übersichtliche Anordnung der Hallen und der für eine Ausstellung unerläßlichen Nebenbauten zu geben. Der bestimmende Grundgedanke war: die Ausstellungshallen so anzuordnen, daß sie ein zusammenhängendes Ganzes geben, damit die Besucher auch an Regentagen, ohne ein schützendes Dach zu verlassen, die Ausstellung besichtigen könnten und diese doch alle für das Freie notwendigen Kommunikationen erhalte.

Die Bauten selbst sind ganz schlicht gestaltet; der Turm über dem Haupteingang ist das einzig Überragende im ganzen Hallensystem. Dieser Turm sollte die unmittelbar an dem Ausstellungsterrain hochliegende Verbindungsbahn und die hohen Bäume überragen, als Gegensatz zu der gegenüberliegenden Kuppel des Zirkus-Busch-Gebäudes wirken, schon von weitem, von der Praterstraße und anderen Verkehrsstraßen gesehen werden und den Weg zur Ausstellung zeigen.

Der Unterbau des Turmes wurde für die Unterbringung sämtlicher Direktionsräume verwendet; hier ist alles, was zur Leitung und Überwachung gehört, vereinigt.

Durch den Haupteingang tritt man in die Vorhalle, gelangt dann in die Kaiserhalle, und von da durch breite Durchgänge in die große Trophäenhalle. Hier sollten Bruchteile der Beute von allen Kriegsschauplätzen, im Anschluß daran die Kampfmittel, Infanterie, Artillerie und Marine, die zu dem Erfolg geführt, zur Schau gestellt werden.

In der weiteren Folge sind alle Spezialwaffen und Hilfsmittel, wie Flug-, Auto- und Trainwesen, die Eisenbahntruppe, Ausrüstung im allgemeinen, Sanität, Rotes Kreuz, Verpflegung, Bauwesen im Kriege, Kriegsgefangenenwesen, dann Spezialgruppen: die Militärseelsorge, und wegen Raummangels abwechselnd das Kriegspressequartier, M.-G.-G. Belgrad, M.-G.-G. Lublin, die Kriegsgräberabteilung, Photographie und Literatur untergebracht. [...]

Für die Zerstreuung in den Abendstunden ist noch ein Kino und ein Theater errichtet. Beide Bauten sind wie alles übrige in Holz und Gipsverkleidung ausgeführt. Das Kino faßt 760 Personen, hat seinen Haupteingang vom großen Platz, die Ausgänge seitlich gegen die Restauration und einen Verbindungsgang. Das Theater liegt senkrecht zur Ausstellungsstraße, mit den Garderoben und der Bühnenrückwand gegen diese, der Rücken des Zuschauerraumes liegt gegen den Trophäenplatz, auf welchen auch die Zu- und Ausgänge münden. Es faßt 1360 Zuschauer, ist, soweit es die Holzkonstruktion zuläßt, gegen den Platz ganz offen, bei schlechtem Wetter mit Holzrollbalken zu schließen. Für größere Garderoben war, da es nur ein Sommertheater ist, nicht zu sorgen; es genügte die eine im Vorraume neben der Ausstellungsvorhalle. Eines sei hier der Kuriosität halber erwähnt: es wurde verlangt, daß trotz des Holzbaues als Abschluß zwischen Zuschauerraum und Bühne eine eiserne Kurtine eingebaut werde, und dies wurde damit begründet, daß es wegen der Holzrollbalken ein geschlossenes Theater sei. Alle Gegenargumente nützten nichts; es steht eben so im Theaterbaugesetz.

---

99. Joseph Roth,
Die Kapuzinergruft (1938),
Köln: Kiepenhauer & Witsch, [13]1999, S. 111–112.

Am Weihnachtsabend des Jahres 1918 kehrte ich heim. Elf zeigte die Uhr am Westbahnhof. Durch die Mariahilfer Straße ging ich. Ein körniger Regen, mißratener Schnee und kümmerlicher Bruder des Hagels, fiel in schrägen Strichen vom mißgünstigen Himmel. Meine Kappe war nackt, man hatte ihr die Rosette abgerissen. Mein Kragen war nackt, man hatte ihm die Sterne abgerissen. Ich selbst war nackt. Die Steine waren nackt, die Mauern und die Dächer. Nackt waren die spärlichen Laternen. Der körnige Regen prasselte gegen ihr mattes Glas, als würfe der Himmel sandige Kiesel gegen arme, große Glasmurmeln. Die Mäntel der Wachtposten vor den öffentlichen Gebäuden wehten, und die Schöße blähten sich trotz der Nässe. Die aufgepflanzten Bajonette erschienen gar nicht echt, die Gewehre hingen halb schief an den Schultern der Leute. Es war, als wollten sich die Gewehre

Josef Engelhart, „Wien im Jahre 1918“, vermutlich aus der *Leipziger Illustrirten Zeitung*.

Engelhart
Wien im Jahre 1918

schlafen legen, müde wie wir, von vier Jahren Schießen. Ich war keineswegs erstaunt, daß mich die Leute nicht grüßten, meine nackte Kappe, mein nackter Blusenkragen verpflichteten niemanden. Ich rebellierte nicht. Es war nur jämmerlich. Es war das Ende.

Kapitel 12: Stadtverwaltung und Stadtplanung

Industrialisierung und rapider Bevölkerungszuwachs führten erwartungsgemäß zu großer Wohnungsnot und zur Verbreitung von Krankheiten; beides regte eine Stadtplanungsreform in Wien an. Nach dem Börsenkrach von 1873 und der darauf folgenden Wirtschaftskrise dauerte es ein ganzes Jahrzehnt, bis die Wirtschaft Wiens wieder so vital war wie zuvor. Die Eingemeindung der Vorstädte ließ die Bevölkerung Wiens stark ansteigen. Das Baugewerbe wurde entsprechend aktiv, begünstigt durch die Änderungen in der Bauordnung von 1859, 1868 und 1883, die einen besseren Zugang zu Luft und Licht gewährleisten sollten. Der starke Anstieg der Bauaktivitäten wurde zusätzlich durch technische Neuerungen im Gebäudebau angekurbelt. Dazu zählten ein verbesserter Brandschutz, fließendes Wasser auf jedem Stockwerk und sogar Personenaufzüge in den Gebäuden.

Obwohl die Verbreiterung der Kärntner Straße im Bericht der Baupolizei von 1884 als „ein nicht unbeträchtliche[r] Fortschritt" bezeichnet wurde, war dies doch im Vergleich mit den weltstädtischen Ambitionen Wiens nur eine kleine Errungenschaft. Viel größere Eingriffe waren erforderlich. Die Notwendigkeit eines umfassenden Stadtentwicklungsplans gab Anlass zu mehreren Vorstößen in den 1890er Jahren. Der Gemeinderat schrieb im Mai 1892 einen Wettbewerb für einen Generalregulierungsplan aus, aber schlussendlich wurde keiner der dafür eingereichten Entwürfe umgesetzt. Im Endeffekt führte der Wettbewerb vor allem zu der Erkenntnis, dass Stadtplanung eine kommunale Unternehmung sein musste, was 1894 die Gründung eines Regulierungsbüros zur Folge hatte. Im Jahr 1900 wurde das Büro als *Stadtbauamts-Abteilung XIII. für die Stadtregulierung* formalisiert. Mittlerweile lagen zwei sehr gegensätzliche stadtplanerische Konzepte für Wien vor: das eine von Camillo Sitte, das andere von Otto Wagner. Obwohl Sitte der modernen, verkehrsorientierten Stadt in keiner Weise feindselig gegenüberstand, sah er doch in einer pittoresken Ästhetik ein Mittel, der Monotonie eines Rasterplans entgegenzuwirken. Wagner plädierte dagegen für die gerade Linie und das Raster. Er verwies auf die richtungsweisende Axialität des Barock sowie auf die Nüchternheit der Architektur des Biedermeier und des Empirestils, deren glatte Flächen und gerade Linien gut zur modernen Metallrahmenbauweise passen würden. Seiner Begeisterung für den Plan, einen großen Boulevard nach Pariser Vorbild vom Prater bis zum Stephansplatz zu ziehen, war jedoch die Unmöglichkeit eingeschrieben, einer Stadt mit einem offensichtlich pittoresken Zentrum eine Rasterstruktur mit achsenförmig angeordneten Boulevards überzustülpen. In seinem polemischen Buch *Die Großstadt* präsentierte er seine Vision vom Wien der

Zukunft in deutlich vergrößertem Maßstab, erweitert auf 39 Bezirke entlang strahlenförmiger Boulevards. Aussicht auf die Realisierung seines Plans bestand allerdings nicht, da die regierende Christlichsoziale Partei weder die Mittel noch den Willen besaß, ihn umzusetzen. Diese konzentrierte sich stattdessen lieber auf die Kommunalisierung der öffentlichen Versorgung: Wasser, öffentliche Verkehrsmittel, Gas und Elektrizität.

---

100. Elim Henry d'Avigdor, *Das Wohlsein der Menschen in Grosstädten: Mit besonderer Rücksicht auf Wien.* Wien: Carl Gerold's Sohn, 1874, S. 23–25.

Besuchen wir als Beweis hiefür den Arbeiter oder sogar den kleinen Gewerbetreibenden im Winter in seiner Wohnung. Gewöhnlich tritt man zuerst in eine kleine Küche, in welcher natürlich die Luft mit allerlei Dünsten geschwängert ist. Der Dampf des heissen Wassers und der Speisen, der Rauch vom Ofen und der durch die Hitze entwickelte Dunst der Bewohner zwingen uns, schnell durch diese Küche zu eilen. Von der frischen Luft eben hereingetreten und an eine solche Atmosphäre nicht gewohnt, können wir sie gar nicht ertragen, und wundern uns, wie Menschen darin leben und athmen können. Im Wohnzimmer, welches zugleich das Schlafzimmer des Ehepaares ist, geht es nicht besser zu. Man scheut sich die Fenster zu öffnen, weil, wie gesagt, die hereintretende Kälte den Bewohnern augenblicklich empfindlich wird, und damit durch die grosse Abkühlung der Luft nicht allzuviel Heizmaterial wieder nöthig werde. In den meisten kleinen Wohnungen werden die Fenster des Wohnzimmers, wo zwei oder mehr Menschen bei Nacht schlafen und am Tage sitzen, Monate lang, ja, den ganzen Winter über nicht geöffnet. Der von den Bewohnern ausgeathmete Stickstoff, die Ausdünstungen von ihrer Haut, die Dünste, welche von der Küche hineinziehen, die Gerüche der häuslichen Verrichtungen, alter Tabakrauch von dem erbärmlichsten Canaster, bleiben wie ein giftiger Nebel in dem Local hängen; dazu kommt noch, dass die Mauern im Winter nach und nach von Feuchtigkeit gesättigt und undurchlässig werden, so dass sie nicht allein die Ventilation verhindern, sondern auch einen nassen Dunst abgeben. Ja, die Spalten der Thüren, der enge Raum unter dem Fensterschluss, wo etwas frische Luft hinein, und etwas Dunst hinauskönnte, werden bei kaltem Wetter mit Sandwürsten oder Fetzen sorgfältig verschlossen, so dass bei einem andauernden Frost Tage lang kaum ein Atom frischer Luft in den Raum dringen kann. Was sind die Folgen eines solchen Vorganges? Die Temperatur steigt selbst bei strenger Kälte auf 15 oder 16 Grad Réaumur, die Bewohner finden das gemüthlich und angenehm. Aber ihre Lunge, welche bei jedem Athemzug zu wenig Sauerstoff erhält, leidet darunter. Alle müssen schneller athmen, sie verlieren ihre gesunde Gesichtsfarbe, sie werden entweder mit ungesundem Fett überladen und die Leber leidet, oder sie magern auffallend ab. Sie wachen mit Kopfweh auf, ihre Glieder werden matt und weich. Wenn sie hinaustreten, wirkt die frische kalte Luft wie ein Sprung in eiskaltes Wasser. Die Lunge, an warme, ungesunde Luft gewöhnt, wird durch den plötzlichen Zudrang erschüttert; das schnelle Athmen, welches durch die enge Wohnung bedingt war, kann nicht sogleich aufhören; die Luftorgane werden afficirt; der schwache engbrüstige Mensch, dessen Entwicklung durch den Mangel an Sauerstoff gehindert wurde, flüchtet sich sobald als möglich in seine Spelunke zurück; jedesmal jedoch, dass er hinausgeht, tritt dieselbe Wechselwirkung ein, seine Lunge wird endlich angegriffen, er bekommt Tuberculose, und siecht noch einige Monate dahin, um bei dem nächsten eintretenden Herbst zu sterben. Der stärkere Mensch, dessen Körperbau den widrigen Einflüssen seiner Wohnung widerstanden hat, oder welcher schon erwachsen vom flachen Lande vielleicht eingewandert ist, bekommt eines schönen kalten Tages, wo er aus seiner dunstigen Kammer in eine frische Luft von 6 oder 7 Grad unter dem Gefrierpunkt heraustritt, ein heftiges Frösteln, welches schnell zur Erkältung und eventuell zur Lungenentzündung sich entwickelt. Dieser stirbt in einigen Tagen, und hat daher noch ein besseres, obzwar schnelleres Schicksal als sein engbrüstiger Collega. Oder aber widersteht seine Lunge selbst den Einflüssen der Temperatur und der Luftveränderung – dann wird häufig die Leber angegriffen oder die Bright'sche Nierenkrankheit entwickelt und er stirbt weniger schnell, jedoch ebenso gewiss.

Es leidet keinen Zweifel, dass Lungenkrankheiten aller Arten jederzeit in Wien grassiren. Doch wird der schreckliche Verlust an Menschenleben, welcher durch die Entartung der Hals- und Athmungsorgane jährlich entsteht, nie durch die schlechte Luft der schlechten Wohnungen, sondern immer durch die kalten Winde, den Staub und den häufigen raschen Temperaturwechsel des Wiener Klima's erklärt. Man sagt; „der arme Mensch hat sich verkühlt“, oder „das liebe Mädchen hätte an dem und jenem Tage sich eine Lungenentzündung durch den kalten Wind zugezogen“. Oder, heisst es bei den ärmeren Leuten: sie hätten nicht genug Kleidung gehabt, um sich gegen die Kälte zu schützen, oder sie hätten kaltes Wasser getrunken, während sie erhitzt waren, oder endlich, was am aller dümmsten ist, sie hätten sich einem Luftzug ausgesetzt. Ein Luftzug ist nur dann schädlich, wenn durch ihn der erhitzte Körper oder ein Theil desselben plötzlich einem kalten Strome ausgesetzt wird. Der von allen so verabscheute Luftzug ist oft durch den Luftwechsel, welchen er bringt, gesund, und fast nie entspringen die obenerwähnten Krankheiten aus dieser Ursache.

---

101. o. A., „Auszug aus der Wiener Bauordnung vom 17. Jänner 1883", in: Joseph Stübben, *Der Städtebau, Handbuch der Architektur*, 9. Halbband. Stuttgart: Körner, ²1907, S. 642–643.

§ 3. Zur Abteilung eines Grundes auf Bauplätze muss, bevor um die Baubewilligung für die einzelnen Gebäude angesucht wird, die Genehmigung der zur Erteilung derselben berufenen Behörde erwirkt werden.

Diese *Grundabteilung* ist *entweder*:

eine Parzellierung, wenn die Eröffnung neuer, über den Grund führender, oder denselben begrenzender, oder die Verlängerung bestehender Straßen, Gassen oder Plätze beantragt wird, oder

eine Unterabteilung, wenn ein an bereits bestehenden Straßen, Gassen oder Plätzen gelegener Baugrund in mehrere Baustellen zerlegt werden soll, ohne daß hierdurch derlei neue oder verlängerte Straßen, Gassen oder Plätze entstehen.

§ 5. Bei der Prüfung des Abteilungsentwurfes ist von der Baubehörde darauf zu sehen, dass die Baustellen eine solche Gestalt und Größe enthalten, um darauf zwecksmäßige, den Anforderungen an Licht und Luft entsprechende Gebäude aufführen zu können.

§ 7. Die Abteilungsbewilligung wird unwirksam, wenn binnen 3 Jahren, vom Tage und Zustellung derselben gerechnet, die Verbauung der abgeteiltem Baugründe nicht begonnen wird oder die grundbücherliche Durchführung während dieses Zeitraumes nicht stattgefunden hat.

102. Eduard Uhl,
Verwaltungsbericht der Reichshaupt- und Residenzstadt Wien für das Jahr 1884.
Wien: Verlag des Gemeinderathes der Stadt Wien, 1885, S. 129–131.

Bauthätigkeit und Handhabung der Baupolizei.

Die Bauthätigkeit hat im Jahre 1884 gegenüber dem Vorjahre keinen Rückgang erfahren. Es ergibt sich dies aus den Ziffern der Gruppen der einzelnen Amtshandlungen, die eine Steigerung gegenüber dem Vorjahre ersehen lassen und aus denen nur bei den Um- und Zubauten, sowie bei den Adaptierungen ein kleiner Rückgang ersichtlich wird, woraus aber nur die erfreuliche Thatsache folgt, dass sich die Bauthätigkeit den Bauten auf grünem Anger zugewendet hat. [...]

Auf den II. Bezirk allein entfallen von den 306 Neubauten 141 und von letzterer Ziffer fällt der größere Theil auf die Brigittenau ab. Dieser Bezirkstheil hat im abgelaufenen Jahre einen solchen Aufschwung in baulicher Beziehung genommen, daß die Wallensteinstraße und ein Theil der angrenzenden Straßen, die der Pferdebahn zunächst liegen, nahezu ganz ausgebaut worden sind und auch längs des k. k. Augartens und der Augartenstraße eine Häusergruppe entstanden ist.

Eine besondere Erwähnung verdient der Versuch, Häusergruppen mit Vorgärten und umrankten Veranden herzustellen, welcher durch Aufführung von drei Häusergruppen auf dem Areale des ehemaligen Margarethener Brauhauses durch die Architekten Fellner und Helmer unternommen wurde.

Abgesehen davon, dass diese Art der Verbauung in praktischer Beziehung einen Fortschritt gegenüber der bisherigen Bauart bedeuten dürfte, worüber übrigens erst die Zukunft entscheiden muß, so kann doch jetzt schon so viel als feststehend angenommen werden, daß diese Bauart in sanitärer Beziehung bei genügender Pflege der Vorgärten durch Verbesserung der Luft von hoch anzuschlagendem Werte ist und namentlich von solchen Parteien mit Freude begrüßt werden wird, die sich im Sommer entweder deshalb, weil sie Wien als den Arbeitsort nicht verlassen können oder weil sie nicht die nöthigen Mittel besitzen, sich einen Landaufenthalt zu gönnen.

Industriebauten wurden im Jahre 1884, und zwar in isolierter Lage 4, in nichtisolierter Lage 70 zur Ausführung gebracht. Von diesen entfallen auf den II. Bezirk 3 in isolierter und 24 in nichtisolierter Lage.

Betriebsanlagen wurden 25 bewilligt, welche sich nach den Motoren auf 20 Dampfmaschinen, 3 Gaskraftmaschinen und 2 Anlagen mit Wasserkraft vertheilen.

Von den im Jahre 1884 vorgenommenen Bauten verdienen die nachbenannten hervorgehoben zu werden:

Im I. Bezirk der Umbau der Häuser O.-Nr. 1, 3 und 5 Wipplingerstraße, wodurch die Wipplingerstraße der lang ersehnten Verbreiterung zugeführt wurde; ferner der Umbau von O.-Nr. 12 und 18 Wipplingerstraße, 9, 15 und 25 Kärnthnerstraße, 3 Teinfaltstraße und 9 Stephansplatz (Rothberger Haus).

Für den Verkehr von außerordentlichem Interesse, für die Commune aber auch mit großen Opfern verbunden sind die in Angriff genommenen Umbauten in der Kärnthnerstraße; durch die Durchführung dieser Bauten hat die Erweiterung dieser Straße einen nicht unbeträchtlichen Fortschritt gemacht.

Im II. Bezirke ist der Zubau zu dem Spitale der barmherzigen Brüder in der Großen Mohrengasse Nr. 9 der Vollendung entgegengeführt worden. Erwähnung verdienen in diesem Bezirke noch der Bau des Gebäudes für die A. M. Pollak Ritter von Rudin'sche Kindergartenstiftung auf der Baustelle VI an der Ecke der Castellezgasse und Lessinggasse und der Bau eines israelitischen Bethauses O.-Nr. 16 Malzgasse.

Ferner sind noch hervorzuheben:

im IV. Bezirke der Bau Sr. Durchlaucht des Fürsten Johann Adolf Schwarzenberg. O.-Nr. 18, 18 a und 20 Heugasse;

im V. Bezirke der schon oben erwähnte Bau auf den Gründen des Margarethener Brauhauses;

im IX. Bezirke der Bau eines palastartigen Wohnhauses (Maria Theresienhof benannt) an der Ecke der Währingerstraße, der Maria-Theresienstraße und Kolingasse auf zwei durch Parcellierung der Baufläche des alten Abgeordnetenhauses entstandenen Baustellen, der sich würdig der Umgebung des angrenzenden Stadttheiles anreiht.

Von den in der abgelaufenen Periode neuerbauten Fabriksgebäuden sind besonders zu erwähnen:

im II. Bezirke Leopoldstadt zwei grosse Petroleummagazine am Wiener Frachtenbahnhof der Kaiser Ferdinands-Nordbahn; die Maschinenfabrik sammt Wohngebäude des August Kroi in der Marchfeldstraße auf den Donauregulierungsgründen; die Vergrößerung der Gasfabrik der Imperial-Continental-Gas-Association in der Donaustadt; die Lederfabrik des Herrn Otto Bergmann in der Krieau auf den Donauregulierungsgründen am Handelsquai und jene von Julius Rieß; ebendort die Stärkefabrik von

Herrn Weiß & Comp. oberhalb der Nordbahnbrücke und die Eisfabrik des Moriz Faber in der Klosterneuburgerstraße Nr. 95 in der Brigittenau;

im III. Bezirke Landstraße das Eisenconstructions-Etablissement von Biro in der Fasangasse mit einer Dampfmaschinenanlage von 50 Pferdekräften;

im X. Bezirke Favoriten die Eisen- und Drahtwaarenfabrik der Firma Hutter & Schrantz an der Laxenburgerstraße.

An der Bauführung selbst haben sich von den Baugesellschaften nur drei, und zwar vornehmlich die Wiener Baugesellschaft, sodann die Union-Baugesellschaft und die Baugesellschaft zur Herstellung billiger Wohnungen betheiligt. Als Bauführer haben bei dem weitaus größten Theil der Bauten Baumeister, bei kleineren Bauten Maurermeister und in den seltensten Fällen Civilingenieure fungiert.

---

103. Gemeinderathe der Stadt Wien (Hg.),
Wien 1848–1888. Denkschrift zum 2. Dezember 1888.
Wien: Carl Konegen, 1888, S. 276–278.

Zweifellos wäre nach dem Jahre 1869 eine Krisis in den Baugewerben eingetreten, wenn nicht andere, die Bauthätigkeit belebende Elemente in die Bewegung eingetreten sein würden. Ein wichtiges Element bildete der grosse Aufschwung auf fast allen Gebieten der Industrie, des Handels und des Verkehrs und die durch die gesetzliche Erleichterung der wirthschaftlichen Association begünstigte Bildung von Baugesellschaften. Schon im Jahre 1864 wollte ein Wiener Bankhaus in Wien eine Baugesellschaft nach dem Vorbilde ähnlicher im Auslande bestehender Unternehmungen ins Leben rufen. Erst im Jahre 1869 brachten fast gleichzeitig die allgemeine österreichische Baugesellschaft und die Wiener Baugesellschaft diese Idee zur Ausführung, worauf in den Jahren 1870 und 1871 die Union-Baugesellschaft und der Wiener Bauverein folgten. Wenn von einem wohlthätigen Einflusse der Baugesellschaften auf die Bauthätigkeit in Wien gesprochen werden kann, so kommen aber fast nur ersterwähnte Gesellschaften in Betracht. Die Mehrzahl der übrigen vierzig Gesellschaften, welche bis Ende October des Jahres 1873 in Wien gegründet wurden, waren Producte des Börseschwindels in Grund- und Häuserwerthen, Lockrufe für Menschen, welche auf dem Wege der Geldspeculation zu Reichthümern gelangen wollten.

Selbst nach dem Jahre 1873, als der Unternehmungsgeist erlahmt war, setzten erstere Gesellschaften – wiewohl in beschränktem Masse – ihre Thätigkeit fort. Insbesondere war es die Wiener Baugesellschaft, welche sich mit der Erbauung von Wohnhäusern auf eigene Rechnung beschäftigt hatte. Im Ganzen verbauten in den Jahren 1869 bis 1886 die erst erwähnten Baugesellschaften im Wiener Gemeindegebiete mehr als 120.000 Quadratmeter für 201 Privathäuser, wovon auf die innere Stadt allein 51.608 Quadratmeter entfielen. Im Allgemeinen fühlbar wurde der Rückschlag der grossen Krisis des Jahres 1873 auf die Privatbauthätigkeit aber erst vom Jahre 1876 an mit der Dauer bis ungefähr zum Jahre 1882. Es war ein Glück für die Baugewerbe, dass damals eben die grossen öffentlichen Bauten im vollen Gange waren. Seit dem Jahre 1883 stieg wieder erheblich der Unternehmungsgeist durch die relative Besserung der wirthschaftlichen Verhältnisse.

Ein wichtiger Moment der Hebung der Baulust waren auch die bautechnischen Fortschritte und die Bauordnungen der Jahre 1859, 1868 und 1883, indem diese die Bauführung erleichterten. In ersterer Hinsicht gehören hierher die ausgedehnte Anwendung der Eisenconstructionen bei Gewölben und bei den Decken der obersten Geschosse, die Fabrication der Ziegel mittelst Dampfkraft, die Anwendung geschlemmter Ziegel, des hydraulischen Kalks, der Terracotten und Zinkornamente. Die neuen Bauordnungen verringerten das Mass der Mauerziegel, die Stärke der Haupt- und Nebenmauern und den Umfang der Haushöfe. Die meisten Häuser erhielten feuersichere, bequeme und lichte Stiegen und Verbindungsgänge, erhöhte und gut ventilirte Wohnungen zu ebener Erde und unter dem Strassenniveau. Die Benützung der Dachböden zu Wohnungen und zur Aufspeicherung von Brennmaterialien wurde untersagt. Hauscanäle mussten vollständig wasserdicht hergestellt werden. Den Architekten gestatteten die Bauordnungen eine freiere Bewegung bei der Decorirung der Façaden, der Anbringung von Balconen, Säulenportalen, Erkern und erhöhten Eckpavillons. In den Wohnungen verschwanden die schliefbaren Rauchfänge, die Mantelgewölbe und die offenen Herde, welche Rauchbelästigung in den Küchen und in den anstossenden Zimmern zur Folge hatten. An die Stelle der alten Rauchfänge traten die sogenannten russischen, welche diese Übelstände beseitigten und zugleich die Anwendung der Kohlenheizungen erleichterten. Gemeinsame, von den Wohnungen weit entfernte Aborte wurden weniger und diese überhaupt thunlichst mit den Wohnungen in Verbindung gebracht. Die Einleitung der Hochquellenleitung bis in die obersten Stockwerke und in die Wohnungen förderte ausserordentlich die Reinlichkeit und Gesundheit. In jüngster Zeit tragen auch Personen- und Lastenaufzüge zur Bequemlichkeit der Bewohner der obersten Stockwerke bei.

Ebenso wurden die neuen Bedürfnisse in der Anordnung der Wohnräume berücksichtigt. In den Strassen, welche sich für den industriellen und Handelsverkehr besonders eigneten, erhielten die Häuser hohe Verkaufsräume, Localitäten zu Magazinen und Niederlagen, und zwar derart eingerichtet, dass sie nach ihrer Höhenlage abgetheilt und die oberen Räume zu Comptoirs oder Werkstätten verwendet werden konnten. Auf einer verhältnissmässig kleinen Grundfläche wurden mehr Wohnräume wie früher geschaffen, damit diese für eine grössere Anzahl von Familienmitgliedern benützt und das Erträgniss der Häuser gesteigert werden konnte. Während früher Vorzimmer und Dienstbotenzimmer nur bei Wohnungen für die wohlhabenden Classen der Bevölkerung bestanden, finden wir erstere häufig auch bei kleineren Wohnungen. Mindestens Vorzimmer entbehren selbst unbemittelte Familien schwer. Flügelthüren, Parquetten, zum Theile elektrische Signale und Gasbeleuchtung erhöhen die Schönheit und die Bequemlichkeit der Wohnungen. [...]

Seit den letzten Jahrzehnten ist in beider Hinsicht eine entschiedene günstige Wendung eingetreten, die hauptsächlich nur den Verbesserungen der öffentlichen Einrichtungen gut zu schreiben ist. Speciell die Lungentuberculose, diese eigentliche Wiener Krankheit, hat sich während der letzten 20 Jahre bedeutend vermindert, denn während an derselben 1867 von je 10.000 Einwohnern 77 starben, sank die Zahl der Todesfälle im Jahre 1887 auf 61 herab. Waren es hier vorzugsweise die Verbesserungen im Wohnungswesen durch die Bauordnungen und seit der Stadterweiterung die Verbreiterung der Strassen, die Anlage öffentlicher Gärten und die Beseitigung von vielerlei Hindernissen, welche dem Zutritte von Licht und Luft entgegenstanden, so haben die Einleitung der Hochquellen, sowie die Regulirung der Donau und nicht zum Geringsten auch die sanitätspolizeiliche Überwachung der Nahrungs- und Genussmittel auf die Verminderung der Krankheiten des Magens und Darmtractes nicht weniger erfolgreich gewirkt, denn während 1873, also im Jahre der Einleitung der Hochquellen von je 10.000 Bewohnern 34 an Magen- und Darmtract-Entzündungen starben, hatten sich die Todesfälle im Jahre 1887 im gleichen Verhältniss zur Volksmenge auf 19 verringert. Gerade die Abnahme dieser mit den klimatischen und den Bodenverhältnissen der Stadt in enger Verbindung stehenden, ununterbrochen auftretenden Krankheiten, die in der Heftigkeit nach den Jahreszeiten abwechseln, zeigt, dass die intensive Verbesserung der Salubrität mit der Thätigkeit der

Sanitätsverwaltung zusammenhängt, sie zeigt auch, dass trotz der Anspannung der geistigen wie der physischen Kräfte und trotz so mancher Schattenseite der Civilisation sogar jene Krankheiten in Abnahme gekommen sind, die in vergangener Zeit sich mit echt vormärzlicher Behaglichkeit ausgebreitet haben.

Mit noch grösserem Erfolge als gegen diese Krankheiten, welche sich auf dem Wiener Boden eine Heimat erzwungen haben, ist die Sanitätsverwaltung gegen jene, organischen Wesen aufgetreten, welche in steter Wanderung sich dort einzunisten pflegen, wo ihnen kein oder doch nur ein geringer Widerstand entgegengesetzt wird. Einige dieser infectiösen Parasiten, deren Natur die Wissenschaft erst in unseren Tagen zu ergründen begonnen hat, sind auch während der letzten vier Decennien wiederholt in epidemischer Form aufgetreten, andere dagegen haben sich zu stationären Krankheiten entwickelt, sind aber in ihrer Heftigkeit und Ausbreitung durch die prophylaktischen Vorkehrungen der Sanitätsbehörde gehindert worden. Die meisten dieser infectiösen Krankheiten haben bereits eine Vergangenheit hinter sich; Cholera, Typhus und Blattern sogar ihre Geschichte, von den alten Infectionskrankheiten nicht zu reden, die in verflossenen Jahrhunderten viel Kummer und Leid in unsere Stadt verpflanzt hatten. Alter und Ausbreitung räumen den Blattern den ersten Rang in der Geschichte der modernen Seuchen ein, ihnen reihen sich sodann der Typhus, der unter den zymothischen Krankheiten in den Grossstädten als Gradmesser der Gesundheitsverhältnisse betrachtet werden kann, und zuletzt, aber durchaus nicht als letzte in ihren Wirkungen, die Cholera an, als eine Erscheinung, die zum ersten Male in der vormärzlichen Zeit 1831 aufgetreten ist, sich bis zum Jahre 1850 noch viermal gezeigt und an Menschenleben während dieser Periode im Ganzen 8545 Opfer gefordert hat. Von 1850 an ist die Wiener Bevölkerung von ihr abermals viermal, und zwar in den Jahren 1854, 1855, 1866 und zuletzt 1873 überrascht worden und musste im Ganzen einen Verlust von 11.088 Menschen beklagen. So gross auch diese Gesammtziffer ist, so ist immerhin die bemerkenswerthe Thatsache in Betracht zu ziehen, dass, während 1833 von 1000 Personen acht an Cholera starben, im Jahre 1873 auf dieselbe Anzahl nur mehr vier Sterbefälle entfielen. Es ist auffallend, dass auch die Cholera seit der Wirksamkeit der Hochquellenleitung nicht mehr den Weg nach Wien genommen hat. Wenn man noch die Erfahrungen über den Zusammenhang zwischen Trinkwasser und Choleraverbreitung m Erwägung zieht, welche in Manchester, Glasgow und Salford gemacht wurden, so lässt sich wohl annehmen, dass nächst der Beschaffenheit des Bodens das Trinkwasser von ätiologischer Bedeutung ist. Unzweifelhaft ist aber der Einfluss des Wassers hinsichtlich des Typhus und der Dysenterie. Denn als in Folge der 1877 eingetretenen Wassernoth in einigen Bezirken wieder die Hausbrunnen benützt wurden, hatten sich auch die Fälle des Unterleibs-Typhus vermehrt; eine Untersuchung der Brunnen ergab bei vielen einen hohen Gehalt an organischen und Moderstoffen sowie salpetersauren Salzen. Die Ätiologie des Typhus hat auch eine zeitliche, sowie örtliche Disposition nachgewiesen, indem der Zunahme der Erkrankungsfälle ein hoher Wasserstand der Donau und die Überfluthung der im Inundationsgebiete gelegenen Gemeindebezirke unmittelbar vorausgegangen ist. Seit der Abwehr der Überschwemmungsgefahr durch die Regulirung der Donau haben sich aber jene Krankheiten vermindert, deren Entstehung mit der Einwirkung stagnirender Gewässer, überschwemmt gewesener Wohnungen, oder des durchfeuchteten Untergrundes im ursächlichen Zusammenhange stehen. Die Statistik leitet auch hier zur unumstösslichen Wahrheit und weist nach, dass das Maximum der Typhusfrequenz innerhalb der letzten 40 Jahre regelmässig mit dem Eintritte der Wasserkatastrophen zusammenfällt. Im Jahre 1862 wurden 840 Menschen ein Opfer des Typhus, nach der Überschwemmung im Jahre 1871 starben an dieser Krankheit 1149; im gegenwärtigen Jahrzehnte sank die Jahressumme der Sterbefälle von 113 im Jahre 1881 auf 63 im Jahre 1887. Gleich erfreulich ist die Abnahme der Mortalitätsziffer bei der Dysenterie, die in den Jahren 1851 und 1857 epidemisch aufgetreten, in den folgenden Jahren mit einer allerdings geringen Ziffer stationär geworden, 1867 noch in 97 Fällen, 20 Jahre darnach aber nur mehr in drei Fällen einen tödtlichen Verlauf genommen hat.

---

104. G. J. Guttmann, „Die Frage der Wiener Stadterweiterung“, in: *Kritische Revue aus Österreich*, Heft 1, 1891, S. 17–22, hier 18–20.

Der unzweifelhaften Stagnation Wiens soll nun durch eine Reihe von Staatsacten abgeholfen werden, deren wichtigster, ebenso wie die segensreiche That der ersten Stadterweiterung, auf die Initiative des Kaisers zurückgeführt wird. Ein kaiserliches Wort einlösend, hat der Reichsrath die Aufhebung der Linienwälle votirt, damit eine Reform der Verzehrungssteuer verbindend, die für die Bewohner von Alt-Wien eine ansehnliche Entlastung, für die der Vororte allerdings eine nicht unempfindliche Mehrbelastung bedeutet. Der Fall der Linienwälle bedeutet eine Local-Revolution. Es würde sich vielleicht empfohlen haben, die Resultate einer solchen abzuwarten, ehe man einen weiteren Schritt thut, indessen macht man bei uns ja manchmal durch lange Zeit keinen Schritt, dafür aber dann zwei zu gleicher Zeit, und so hat man sich denn mit einem gewissen frohen Wagemuth daran begeben, an die Lösung des einen grossen, gleich die Lösung eines zweiten noch grösseren Problems zu knüpfen, an die Hinausrückung der Verzehrungssteuerlinien die Hinausrückung der Gemeindegrenzen, die Schaffung eines erweiterten Neugross-Wien, durch Einverleibung von vierzig Gemeinden in die bisherige Commune. [...]

Es will uns scheinen, als ob das Resultat der Localrevolution, der wir entgegengehen, ein gemischtes sein dürfte, vortheilhaft und nachtheilig. Der erwartete „wirthschaftliche Aufschwung" (wenn man darunter nicht nur Bauschwindel und Häuserspeculation verstehen will) kann indessen kaum eintreten. Woher sollte er kommen? Die Lebensführung wird in der Altstadt durch die Ermässigungen in der Verzehrungssteuer allerdings etwas erleichtert, dagegen in den Vororten nicht unwesentlich erschwert werden. Die Regierung hat eine Herabsetzung der Hauszinssteuer für Wien in Aussicht gestellt. Diese kömmt nicht zu früh, nachdem die Hauszinssteuer mit den Zuschlägen schon einige vierzig Procente vom Erträgniss verschlingt, d. h. fast den Charakter einer Vermögens-Confiscation angenommen hat. Nichtsdestoweniger ist es klar, dass durch die Aufhebung der Linienwälle, durch das Freiwerden grosser Bauplätze und durch die künstliche Stimulirung der Baulust der Werth der Häuser in Alt-Wien reducirt werden muss, während der der nächstgelegenen Vororte allerdings eine Erhöhung erfahren dürfte. Die Häuser in Mariahilf werden weniger werth sein, die in Rudolfsheim und Fünfhaus etwas mehr. Der Häuserwerth in jenen Gemeinden, die bisher Villegiaturen waren, muss aber nothgedrungen sinken, wenngleich die Regierung durch Bauverbote dort die Anlage von Zinskasernen und Industrie-Etablissements hemmen will. Man kann mit ziemlicher Ruhe sagen, dass beispielsweise Grinzing oder Neuwaldegg oder St. Veit aufhören dürften, Villegiaturen zu sein, ob sie deswegen Villenvorstädte nach Art von Pimlico oder West-Brompton oder dem Berliner Thiergarten-Viertel werden, bleibt abzuwarten. Dass man bei allen diesen gewaltigen Weltverbesserungs- und Stadterweiterungsplänen, die in Enqueten und „parlamentarischen" Debatten behandelt wurden, nicht einen Augenblick an die Anlage von Arbeiterhäusern (nicht Arbeiterkasernen, sondern Arbeiterhäusern) gedacht hat, sei nur vorübergehend erwähnt. Ein englischer Exminister, Sir William Harcourt, hat gesagt: „Wir sind jetzt alle Socialisten."

Nun offenbar ist dieser Satz nicht über Bodenbach, wo ja nach Dr. Giskra „die sociale Frage aufhören" sollte, hinausgekommen; Dr. Prix und Dr. Grübl sind, wie sich zeigt, noch keine Socialisten. In London arbeitet eine Commission, deren Präses der Prinz von Wales ist, der Lord Salisbury, der Primas und Cardinal Manning angehören, an einem Plane zur besseren Behausung der arbeitenden Classen. Für uns existirt diese Frage noch nicht und man lässt leider eine herrliche Gelegenheit vorübergehen, uneingedenk des Satzes, dass das, was man dem Augenblicke ausgeschlagen, uns keine Ewigkeit wiederbringen kann.

---

105. Camillo Sitte, „Die neue Stadterweiterung", in: *Neues Wiener Tagblatt*, 27. September 1891.

Die zunächst vor uns stehende Aufgabe in Betreff der großen Neugestaltung Wiens ist zweifellos die Herstellung eines Generalregulirungsplanes. Gerade diese Aufgabe kann man sich aber nicht schwer genug vorstellen, nicht ernst genug nehmen. Die ganze zukünftige Entwicklung wird durch die zarten, unscheinbaren Linien dieses Planes vorherbestimmt. Welche ungeheure Verantwortung liegt da auf den Schultern derjenigen, welche berufen sind, an einem solchen Werke theilzunehmen. Das Pulsiren des öffentlichen Lebens, aber auch die Behaglichkeit am häuslichen Herde; Gesundheit und Wohlfahrt der Bevölkerung, aber nicht minder die Freude an der Schönheit und Zweckmäßigkeit der Vaterstadt, diese Wurzel schönen patriotischen Stolzes und gesunden Heimatsgefühles, alle diese wichtigen Dinge stehen in festem Zusammenhange mit dieser ersten Gesammtanordnung des Aufbaues. Die Anforderungen, welche man gegenwärtig an einen solchen Plan stellt, sind ungleich höher als noch vor nicht ganz fünfzig Jahren, als man noch meinte, Alles gethan zu haben, wenn einige Normalstraßenbreiten und Häuserhöhen vorschriftsmäßig festgesetzt und alle Straßen kreuz und quer schön gerade und schön senkrecht aufeinander gezogen wurden. Recht bequem wäre dieses Verfahren auch heute noch, denn etliche Gemeinderathsbeschlüsse über Hausblockgröße und ähnliche gewaltig wichtige Punkte dazu fertiggestellt, könnte man dann einen solchen sogenannten Stadtplan in Gemüthsruhe vom Amtsdiener herunterrastriren lassen. So bequem, wie man es sich noch bis vor Kurzem bei uns und überall machte, geht dies aber nicht mehr, denn die gesammte Öffentlichkeit verwirft bereits dieses Häuserkastensystem, das in seiner Verkörperung langweilig bis zum Überdruß nur Wind und Staub und Verkehrsstörungen bietet, während es zugleich die Aufstellung von Monumenten und die wirkungsvolle Gruppirung von Gebäuden geradezu unmöglich macht. Alle Welt stellt heute überzeugungsvoll die Forderung, daß es in einer neuen Stadt nicht nur gesund und zweckmäßig, sondern auch behaglich und angenehm wohnen sein soll; daß sich der Plan den gegebenen natürlichen Bedingungen anschmiegt, daß Abwechslung in den Stadtbildern entstehe, welche charakteristisch wirken und die Orientirung erleichtern soll; daß vorhandene Fernsichten und sonstige Schönheiten zur Geltung gebracht werden und überhaupt die ganze Flächen- und Raumgliederung auch nach künstlerischen Grundsätzen erfolgt; daß Silhouetten, Verschneidungen und Perspektiven berücksichtigt werden, ein stetiges Fahren und behagliches Spazierengehen ermöglicht wird, was Alles wieder ein förmlich ziffermäßig statistisches Studium der Verkehrsrichtungen und der Lebensbedingungen der Bevölkerung voraussetzt, sowie ein genaues Eingehen auf das von der Natur aus Gegebene, auf Wind, Himmelsrichtung und endlich sogar auf dasjenige, was unter der Erde steckt: Baugrund, Grundwasser, alte Festungsfundamente oder Gräben etc. [...]

Der geradezu majestätisch großen Aufgabe entsprechen vorläufig nur die mit sicherem Schritt aufeinanderfolgenden gesetzlichen Maßnahmen und die von den Hofämtern geleiteten Werke, der so staunenswerth rasch geführte prächtige Burgbau gegen den Michaelerplatz und die Förderung des großartigen Volksparkes bei Schönbrunn. Im Übrigen wird noch Vieles erst in den rechten Fluß zu kommen haben, wozu in erster Linie die Förderung der Donaustadt an der Reichsbrücke gehört. Freilich werden hier fort und fort Baublöcke parzellirt und Bauplätze veräußert, ja sogar durch Hypothekardarlehen und Tramway-Subventionen die Baulust künstlich zu fördern gesucht; aber entspricht denn das nur im Entferntesten der hier zu lösenden Aufgabe? Muß nicht hier nothwendigerweise dereinst eine Hauptstelle des Wiens der Zukunft liegen? Schon rückt in greifbare Nähe die Vollendung der Donauregulirung in ihrem ganzen unteren Laufe, die weitere Hebung der Schifffahrt durch den Donau-Oderkanal, die Bildung eines mächtigen Eisenbahnknotenpunktes an dieser Stelle und der engere Anschluss der Donaustadt an die Altstadt ist doch auch nur eine Frage der Zeit. Es muß die Ausdehnung Wiens sich endlich auch dieser Seite zuwenden, es muß sich hier ein reges Leben vornehmerer Art entwickeln gerade an dieser herrlichsten Stelle mit den schönen Fernsichten auf das Kahlengebirge und über den mächtigen Strom. Gewiß, es wird dieses Ufer dereinst eine weit höhere Bedeutung besitzen; wenn man aber von diesem Gesichtspunkte aus den jetzigen Baulinienplan betrachtet, so fällt es Einem schwer aufs Herz, gerade hier ein Blockrastrum aus der schlimmsten Periode des Städtebaues vor Augen zu haben. Nach diesem unglücklichen Plan zu Ende geführt, wird die Donaustadt unpraktisch, windig, staubig, langweilig bis zum Äußersten, das reine Ebenbild des zehnten Bezirkes, den doch gewiß Niemand wagen würde als ein Beispiel der Poesie des Städtebaues zu preisen. Und wie leicht könnte hier sofort Hilfe geschafft werden, sogar ohne jede Störung der bisherigen Bauspekulation. Alles Materiale zur raschen Verfassung eines neuen Verbauungsplanes liegt vor, denn die Situation ist hier ganz klar und einfach. Binnen wenigen Tagen könnte hiefür eine Konkurrenz ausgeschrieben werden und bei kürzestem Termine von wenigen Wochen könnte jeder Projektant mit einem vollständig durchdachten Plan fertig werden. Es würde sich nur um eine Kleinigkeit handeln: um den guten Willen zu dieser nothwendigen That, und diese That ist nothwendig, denn heute ist die Bedeutung dieser kostbaren Fläche von Baugründen eine ganz andere, als zur Zeit der Sanktionirung des ersten Verbauungsplanes, heute sind unsere Einsichten in das Wesen solcher Arbeiten weitaus tiefere, unsere Kenntnisse und Erfahrungen reichere, heute wäre es unverantwortlich, ja unmöglich, ein so gedankenloses Blockrastrum einen Stadtplan nennen zu wollen. Diese sofortige kleinere Konkurrenz wäre auch ein geeignetes Vorspiel für die große bevorstehende Konkurrenz und alle betheiligten Kreise würden gewiß dabei Ersprießliches lernen können. Durch solche Maßregeln größeren Styls müßte Leben in die Sache gebracht werden, nicht blos durch ein paar Hypothekaranlehen und sonstige kleine Verfügungen von Tag zu Tag. Es muß das Bewußtsein geweckt werden, daß es sich hier um eine große Zukunft handelt, daß hier Wien mit dem Weltverkehre zusammenhängt, und das herrliche Denkmal Tegetthoff's soll uns an der Schwelle dieses Bezirkes ein Sinnbild dieses stolzen Bewußtseins darstellen. Nicht soll Vindobona vor dem großen Seehelden verschämt an der Schürze zupfend stehen bleiben, sondern froh und festen Muthes hinaussehen in die offene Bahn, denn hier liegt die Zukunft Wiens, und nicht auf der entgegengesetzten Seite im Krapfenwaldel oder auf der Knödelhütte.

106. Otto Wagner,
„Erläuterungs-Bericht zum Entwurfe für den General-Regulierungs-Plan über das gesammte Gemeindegebiet von Wien" (1893);
Wien: Friedrich Jasper, ²1894, aus: Otto Antonia Graf, *Otto Wagner, Bd. 1, Das Werk des Architekten 1860–1902.* Wien: Böhlau ²1985, S. 88–121, hier 92–93, 94, 97, 108, 119.

Ohne Kunst ist eben das Aufblühen und der Wohlstand einer Stadt undenkbar, und gerade darauf wird in den meisten Fällen vergessen. Noch muss ich hier von einer, aber leider weit verbreiteten Ansicht Erwähnung thun. Es ist dies die über „malerische Strassen." Unsere Zeit erfordert gebieterisch grosse Verkehrszüge; dass durch Eröffnung solcher hin und wieder ein trauter Winkel fallen muss, ist wohl selbstverständlich; aber eben so sicher ist es, dass auch Neues, Schönes geschaffen werden kann. So frevelhaft es nun ist, irgend ein Kunstwerk ohne zwingend Grund anzutasten, ebenso lächerlich ist es, wegen jedes fallenden Schmutzwinkels, weil er „malerisch" ist, ein Geschrei zu erheben. Würden diese Vertreter des Malerischen die Augen öffnen, so wären sie schon lange zur Überzeugung gekommen, dass die gerade, reine, praktische Strasse, zeitweilig unterbrochen von Monumentalbauten, mässig grossen Plätzen, schönen, bedeutenden Perspectiven, Parks etc., die uns in kürzester Zeit ans Ziel führt, auch weitaus die schönste ist.

Die verlangten, grösstentheils von selbst entstehenden malerischen Punkte können ja ganz gut mit grossen geraden Strassen abwechseln, haben aber, häufig und absichtlich durchgeführt, nicht die geringste Berechtigung, und passen derartige kleinliche Dinge in den modernen grossen Zug eines Stadtplanentwurfes absolut nicht hinein (Stübben).

Unser Realismus, unser Verkehr, die moderne Technik, sie begehren heute gebieterisch die gerade Linie, und nur durch deren Anwendung können jene Verkehrszüge entstehen, welche keine Grossstadt entbehren kann, und auch nur so werden Häuser, Strassen und Menschen zusammenpassen. Mode und Styl sind eben nicht nur nahe verwandt, sondern sind beinahe ein und dasselbe. Wir können uns nur in gutgemachten, praktischen Kleidern wohl fühlen und würden uns in geschlitzten Wämsern oder in Tunicas mit nackten Beinen sehr hanswurstartig vorkommen. Warum also bei künstlerischen Bestrebungen nach unpraktischen Dingen greifen, statt uns zu geben wie wir sind. Es wird doch stets Alles der veredelnden Hand des Künstlers bedürfen, damit Zweck und Geschmack gepaart bleiben.

Wenn also beispielsweise K. Henrici sich zu dem Satze: „Es ist langweiliger und ermüdender, zwei Stunden in einer schnurgeraden und durch die Ebene sich hinziehenden Pappelallee, als zwei Stunden im Hochgebirge zu wandern," aus lauter Begeisterung für das Malerische hinreissen lässt, so hat das Wort: *schnurgerade* mit dem Ganzen gar nichts zu thun; das nicht Langweilige liegt eben immer in der Abwechslung, und das Angenehme in einer schönen Abwechslung. Ich speciell kenne von modernen Stadtbildern nichts Schöneres, nichts Anheimelnderes, als den Anblick, den der 7000 m lange grandiose Strassenzug in Paris an einem schönen sonnigen Frühjahrstage gewährt, der mit der Place de la Concorde beginnt, durch die Champs Élysées, Rond point, Place de l'Étoile. Avenue de la grande Armée, de Neuilly und so fort sich hinzieht, erfüllt von einer wogenden Menge, mit all den zahlreichen Vehikeln. Würde dieser Strassenzug Brüche haben, könnte er nur an seiner Wirkung verlieren.

Zum Schlusse noch Eins: Wien krankt an einer gewissen Unsalubrität; unsere Strassen, Plätze, Märkte u. dgl. sind nicht rein, schlecht gepflastert, nicht correct, nicht nett; man sehe sich beispielsweise den Platz „Am Hof" an windigen Tagen, Nachmittags gegen 3 Uhr, an, wie Tausende von Papierchen, Blätter etc., mit Kehricht und Staub durchmengt, in der Luft herumflattern; es ist geradezu unerhört, dass Solches vorkommen kann. [...]

Von einer eigentlichen Neuprojectirung des künftigen Stadtplanes kann, wie schon erwähnt, nur an der Peripherie die Rede sein, da die Tracen der Radialstrassen daselbst ziemlich in unserem Belieben liegen und die Theile zwischen denselben ganz unserem Ermessen anheimgestellt bleiben. Auch hier ist die einfachste Lösung die beste. Es werden nämlich die wichtigsten Punkte, wo dies nur halbwegs möglich ist, geradlinig miteinander verbunden und dieserart ein Diagonalsystem geschaffen, welches uns am nächsten Wege und in kürzester Zeit unser Ziel erreichen lässt und die schachbrettartige Verbauungsweise aus der Welt schafft.

Parks, Kirchen, öffentliche Gebäude, Monumente, Aussichtspunkte etc. werden, im Vereine mit der oben angeführten Lösung, dem Stadtbilde jede Langweiligkeit nehmen, die Orientirung erleichtern und uns bei den zwei wichtigsten modernen Factoren „Zeit und Geld" sparen helfen, während die resultierenden grossen Dreiecksflächen leicht speciellen Studien überantwortet werden können, bei denen allen öffentlichen und Privatinteressen bestens Rechnung getragen werden kann. [...]

Mit der Zunahme der Bevölkerung und mit ihren Wohnbedürfnissen halten die Monumentalbauten nicht gleichen Schritt, da eine Grossstadt, ob sie nun eine oder drei Millionen Einwohner hat, nur *eine* Residenz, *ein* Parlament, *eine* Universität, *ein* Rathaus etc. haben kann. Gewiss wird sich das Bedürfniss nach einer ziemlichen Anzahl monumentaler Bauwerke fühlbar machen; die bis zum Schematismus herabgesunkene Bauweise kann aber bezüglich derselben nicht mehr auf die erforderlichen, für das Auge wohlthuenden Unterbrechungen rechnen, es muss daher zu anderen Mitteln gegriffen werden, um das Eintönige der Strassenzüge hintanzuhalten. Bedeutende Perspectiven, Parks, gutsituirte und combinirte Strassenaxen, Aussichtspunkte etc. ergeben mit der noch restirenden Anzahl von Monumenten und monumentalen Bauwerken auch hier die gewünschte und nothwendige Abhilfe. [...]

Vom ästhetischen Standpunkte wichtiger als alle Tracenführungen sind die Hochbauten der Bahnen selbst. Schon ihre Lage und Grösse, ihr Verhältniss zu den umliegenden Gebäuden kann nicht genug erwogen werden. *Viele dieser Bauwerke haben neben ihrer praktischen Bedeutung den ganz bestimmt ausgesprochenen Zweck, eine künstlerische Zier zu bilden.* [...]

Schlussbemerkung.

Überzeugt, dass Wien nur durch die ausgiebige Einbeziehung des linken Stromufers in das zu regulirende Gebiet endlich die gebührende Bedeutung als Welthandelsstadt erreichen wird, habe ich mein Project auch nach dieser Richtung hin ausgedehnt. Dort ist die Stelle, auf welcher unsere Stadt in nicht allzu ferner Zukunft zu grossen Schöpfungen schreiten muss.

Aus dem Erläuterungsbericht ist ersichtlich, dass für mich die künftige bauliche Gestaltung Wiens in künstlerischer Beziehung die Hauptsache war; ich glaube jedoch, beifügen zu können, dass ich über diese Betonung, im Streben nach der richtigen Lösung der grossen Aufgabe, nirgends die praktische oder die hygienische Seite vernachlässigte. Hoffentlich sind im Projecte und im Erläuterungsberichte alle Fragen berührt und auch für das voraussichtlich Kommende, uns heute noch Unbewusste, Sorge getragen.

Möge meine Arbeit beitragen, ein richtiges gewaltiges Fundament zu schaffen, auf welchem wir getrost weiter bauen können. *Das mit dem Schwarzen Meere durch die Donau, mit der Nord- und Ostsee durch Canäle verbundene, also zum Hauptknotenpunkte des europäischen Wasserstrassennetzes erhobene, mit einem engmaschigen Bahnnetze versehene Wien, welches in*

Bezug auf Verkehr den grössten Anforderungen genügen wird, das mit Wasser reichlich versorgte und in hygienischer Beziehung so gründlich regenerirte, das durch seine malerische Umgebung und durch Meisterwerke der Kunst schönheitlich so reich ausgestattete Wien; möge es blühen und gedeihen! Dies der Wunsch des Verfassers des General-Regulirungsplanes mit dem Motto: „Artis sola domina necessitas."

---

107. Alfred Riehl,
Eine Avenue Tegetthoff–St. Stephan in Wien.
Wien: Selbstverlag des Verfassers, 1895,
S. 20, 21–23, 62–63.

Von unseren beiden Hauptstrassen nun ist die eine – die Praterstrasse – die einzige gerade Radialstrasse Wiens! [...]

So besitzt Wien keine einzige Strasse, welche man auf längerer Strecke übersehen könnte, und präsentirt sich überall nur ein kleiner Theil seiner Grösse, seines Lebens dem Auge unmittelbar! Nirgends also, auch nicht auf den kurzen Polygonseiten der Ringstrasse bietet sich das, was dem modernen Bedürfnisse nach weiten Überblicken und grossen Gesammtbildern am besten entspricht, das sind die imposanten Strassenbilder, welche zugleich mit den Dimensionen, der Masse der gemeinsam wirkenden Architekturen nach den sie erfüllenden Verkehr zur Wirkung bringen und dadurch ganz allein die Grossstadt geradezu demonstriren. Nur die Grossstadt ist ja ähnlicher Effecte fähig! [...]

Von Paris nahm das Motiv seinen Ausgang und heute ist Wien fast die einzige Grossstadt Europas, welche ähnlicher Schönheit entbehrt und dies trotz so mancher Gelegenheit, die sich ihm bot, sie zu erwerben! [...]

Die gradlinige Fortsetzung nun dieser Praterstrasse trifft im I. Bezirk genau den Anfangs- und Endpunkt jener Strasse, welche wir zur Fortsetzung der Hauptverkehrsader der heute verbauten Donaubezirke und insbesondere im Hinblicke auf die Zukunft Wiens so nöthig fanden! Sie tritt in das Gebiet der „Stadt" am „Laurenzerberg" ein und mündet in den hinteren Theil der Stephansplatzes, genau wie jene Enquête über die Regulirung des Stubenviertels es auch forderte!

Der „Laurenzerberg" gibt ihr die, wie wir sehen, günstigste Steigung, welche sich in der Richtung vom Geschäftscentrum

Wiens zu dessen Hafenterrain finden lässt, eine Steigung von 2 auf 100 Meter, gleich jener also, welche auf glatter Schiene die Adhäsionsbahn z. B. am Semmering überwindet – für die Fahrstrasse also kaum fühlbar, und in dieser Steigung besitzt sie das wesentlichste Moment der Schönheit ihres Totaleindruckes, ihrer Perspective!

Krönend aber auf der Höhe dieses Laurenzerberges erhebt sich das grossartigste Werk unseres mittelalterlichen Wien – erhebt sich der Metropolitan-Dom Österreichs, erhebt sich über allem Machwerk bürgerlichen Könnens das weltberühmte Werk jenes Kunstsinne des mittelalterlichen Gemeinwesens, das mit seiner imposanten Masse das Bild „unserer Avenue" ideal beschliesst! [...]

Vom Tegetthoff bis zu unseren Füssen heranfluthendes Strassenleben erfüllt das Bild, dessen Seiten malerisch die keilförmigen Einbauten mit ihren freigestalteten Stirngebäuden und dem Johannisthurm auf das Angenehmste belebt sind!

Zu unseren Häupten der Thurm, sendet seinen Gruss hinaus in den Hafen, die Hastenden dort erinnernd an das Symbol des in Allem Vollkommenen, das wir Menschen vergebens zu erreichen streben! Vollkommenere Harmonie der schönheitlichen mit den wirthschaftlichen Interessen hat wohl ein Kunstwerk nie herzustellen vermocht, als diese letzte der Avenuen in Wien! Möge die Lust am schönen Leben, die den Wienern aus den Augen leuchtet, im Stande sein, den Pessimismus zu bewältigen, der allein verschuldet, bis er die Männer fand, die zur Begeisterung nun auch die Kraft gesellen. Möge das vollendete Werk recht bald Ihnen den Dank künden, welchen auszusprechen anderswo der Ort sein wird, und den er empfindet, indem er dieses Resultat mehrjähriger Studien ihrem Wirken übergibt!

108. Ludwig Hevesi, „Alt-Wien – Neu-Wien. Bemerkungen zum Bauleben des Tages", in: *Fremdenblatt*, 8. März 1895; wiederabgedruckt als Die „Vorbereiter" und „Durchstecher", in: Arnold Klaffenböck (Hg.), *Sehnsucht nach Alt-Wien*. Wien: Czernin, 2005, S. 79–85.

Es gärt in Groß-Wien. Erfindungsreiche Köpfe brüten über die Mittel, das Blut dieses so gewaltig vergrößerten Körpers in Bewegung zu bringen, dem Blutumlauf für eine vielversprechende Zukunft bequeme Bahnen zu weisen. Während die einen für Arterien sorgen möchten, die den Strom des Lebens nach der Peripherie leiten sollen, planen die anderen Venen, die ihn nach dem Herzen zurückführen. Es ist eine geistige Bewegung von Regulierungsplänen, Preisbewerbungen, Enqueten, Projekten und entsprechenden Debatten der Fachvereine entstanden, wie man sie hier noch nie gesehen. Leider sind die Entwürfe weit schnellfüßiger als die Durchführung. Es werden eine Menge Fragen studiert und akademisch gelöst, und das schätzbare Material wächst nachgerade zu Bergen an, die man nur als neues Verkehrshindernis für das praktische Schaffen betrachten kann. [...]

In den letzten vierzehn Tagen war es hauptsächlich eine „Avenue Tegetthoff – Sankt Stephan", welche die Architekten und Ingenieure in Atem hielt. Tausende Gründe wurden für und gegen die Idee beigebracht, die Praterstraße bis zum Stephansplatz zu verlängern, wie sie in einer ausführlichen Studie Alfred Riehls warm verfochten wird. „Es ist", sagt der Verfasser, „jene Entwicklung, welche aus der ökonomischen, daher unerbittlichen Notwendigkeit, über die Ästhetik hinweg, sich ergibt." Ihm schwebt „die kürzeste Verbindung des Zentrums der Donaustadtfläche mit dem Stephansplatz" vor. Er denkt weit voraus, an eine ausgebaute Donaustadt, die einen Mittelpunkt des Donauhandels bilden wird, einen Stapelplatz des Welthandels nach dem Orient. Er will die „letzte Gelegenheit" nicht versäumen, diese Straße bis in das „Geschäftszentrum" zu führen, ehe Neubauten den Weg verstellen. [...]

Man begreift es um so weniger, wenn man zusieht, was an die Stelle des abgeräumten Alten gesetzt wird. Himmelhohe Wände mit unzähligen, möglichst kleinen Löchern. Der Baugesellschaftsstil, der sich nachgerade in Wien ausgebildet hat, ist ein starker Rückschritt hinter die unleugbar große Baukunst des vorausgegangenen Zeitabschnitts. Ein Zinspalast modernster Art ist ein ganzes Dorf, dessen Gassen übereinandergelagert sind, und in dem jede Wohnung ein Haus ist. Glaubt man wirklich, daß ein solches Pferchsystem Zukunft habe? Die Zeit ist nicht mehr fern, wo die oberen Wohnungen dieser Häuser weit billiger zu haben sein werden als entsprechende Räume im XV. oder XIX. Bezirk. Der schönste Lift wird eine gute Luft nicht ersetzen. Wenn vollends die ganze innere Stadt in dieser Weise modernisiert würde, wäre das Gegenteil von Werterhöhung der Objekte erreicht. [...]

Im Interesse der Durchstecher und Erweiterer liegt es natürlich, das Wien des achtzehnten Jahrhunderts bauästhetisch so schlecht als möglich zu machen. Meister Rudolf Alt denkt anders. Auch Herr Riehl ist auf dieses „Alt-Wien" sehr schlecht zu sprechen. Er findet im ganzen ersten Bezirk, unter 1600 Objekten, nur 12 Kirchen und 20 Häuser, die er als „Alt-Wien" gelten läßt. „Dieses Alt-Wien also ist ein Märchen", sagt er. Wir finden, mit Verlaub, weit mehr Altwienerisches und Erhaltenswertes; darunter namentlich auch ganze Ensembles, eigentümlich zusammengewachsene Gebilde, die der ästhetische Zufall geradezu meisterhaft komponiert hat.

---

109. Regulierungsbureau des Wiener Stadtbauamtes, „Entwürfe zur Wiener Stadtregulierung", in: *Der Architekt*, Supplement-Band 3, 1899, S. 5–6.

Große Theile des Generalregulierungsplanes von Wien wurden mit Verwertung mancher Gedanken aus den prämiierten Concurrenzprojecten unter der künstlerischen Leitung des Professors Karl Mayreder und der technischen Leitung des Oberingenieurs Heinrich Goldemund bereits ausgearbeitet und auch vom Gemeinderathe genehmigt. Besonders die Pläne für jene Stadttheile, die sich an die in Entstehung begriffene Stadtbahn anschließen, drängten nach baldiger Feststellung, da die Stadtbahn die Führung künftiger Straßenzüge wesentlich bedingt. Hierher gehören die Gebiete längst der Wien und des Donaucanales, wo es sich hauptsächlich um die Regulierung alter Stadttheile handelt, wie nicht minder jene Gebiete an der Peripherie der Stadt längst der äusseren „Vororteline", wo mehr die Anlage neuer Stadttheile in Betracht kommt. Aber auch für größere Partien von inneren Bezirken wurden bereits Regulierungspläne ausgeführt und genehmigt.

Von besonderer Schwierigkeit sind die Verhältnisse in der Inneren Stadt, wo das enge Gewirre alter, schmaler Straßen und die Nothwendigkeit einiger radicaleren Regulierungen in Form von Durchbrüchen einander gegenüberstehen. Die wichtigsten Vorschläge des amtlichen Projectes bestehen hier in einer breiten Verbindung des Grabens mit der Naglergasse, in der Herstellung eines grossen Durchzuges vom Laurenzerberg durch die Blutgasse und über den Franziskanerplatz zur Akademiestraße; endlich in einem Durchbruche als Fortsetzung der Brandstätte über den Wildpretmarkt, den Schulhof und den Hof zur Hohenstauffengasse. Diese und andere Vorschläge sind nun zwar seit Jahren schon erbracht; es fanden viele Debatten in Fachvereinen über die Möglichkeit anderer Straßenführungen, über die Schonung kunsthistorischer Bauten u. s. w. statt; ja eine von der Gemeinde einberufene Enquête von hervorragenden Fachmännern billigte im wesentlichen den Plan und machte neue Vorschläge für eine radicalere Lösung des Durchzuges Laurenzerberg–Akademiestraße, sowie für die Führung einer Straße von der Liebenberggasse zum Stefansplatze. Aber trotz aller dieser Vorarbeiten ist der Plan noch nicht in seiner Gesammtheit genehmigt, und zwar aus dem Grunde, weil ein Expropriationsgesetz für Wien heute noch nicht erlassen und ein Regulierungsfond noch nicht gegründet wurde. So zögert denn die Gemeinde, obschon die Schaffung von Präjudicien stets gefährlicher wird, noch immer mit der Regulierung der Altstadt, also mit jener Arbeit, die zu den glänzendsten Thaten anderer Großstädte zählt.

---

110. Franz Stauracz, *Dr. Karl Lueger. Zehn Jahre Bürgermeister.* Wien: Wilhelm Braumüller, 1907, S. 58–59, 76–78.

„Während Luegers Amtsführung gelangten“ schreibt Stadtbaudirektorat Dr. Franz Berger im Jahre 1904, „bisher Fragen zur Lösung und Projekte zur Ausführung, welche die Techniker der Gemeinde in außerordentlicher und aufreibender Weise in Anspruch nahmen. Ich will nur die wichtigsten derselben nennen. Die großartige Umgestaltung des Beleuchtungswesens, die Verstadtlichung von drei Straßenbahnunternehmungen und die Umwandlung der Bahnlinien für elektrischen Betrieb; die umfassende Transaktion, welche die Beseitigung des den Verkehr arg hemmenden und die hygienischen Verhältnisse eines ganzen Stadtteils gefährdenden Polizeigefangenhauses in Verbindung mit der Verlegung des städtischen Versorgungshauses in Wien, sowie des Allgemeinen Krankenhauses zur Folge hatte. Ich erwähnte die im Zuge befindliche Ausgestaltung des Zentralfriedhofes und die Beseitigung des Neugebäudes in Simmering, weiter – ohne vollständig sein zu können – die vielen Straßenregulierungen und Straßendurchbrüche, die Schaffung zahlreicher Parkanlagen, endlich aber die großartigste Schöpfung der städtischen Verwaltung in letzter Zeit: die zweite Kaiser Franz Josefs-Hochquellenleitung, deren Ausführung bereits in Angriff genommen wurde."

Aus den in den Händen einzelner Spekulanten gelegenen Betrieben floß immenser Nutzen in die Hände einzelner, zumeist Ausländer. „Den Kampf gegen die Volksausbeutung führte unerschrocken Bürgermeister Dr. Lueger, indem er die Großbetriebe betreffend Gas, Elektrizität und Tramway den Ausbeutern entriss und den Gewinn dieser Unternehmungen der Allgemeinheit zuwendete. [...]"

Durch die Elektrizitätswerke war es möglich, wichtige Straßenzüge mit Bogenlampen zu beleuchten. Von allen Straßen hat die Ringstraße am meisten an abendlicher Schönheit mit dieser Beleuchtung gewonnen. Doch auch die Kärntnerstraße, der Stephansplatz, Graben, Kohlmarkt, Michaelerplatz, Schwarzenbergplatz etc., mithin die belebtesten Straßen und Plätze, erstrahlen allabendlich im elektrischen Lichte. Ebenso wurden in den anderen Bezirken auf belebteren Plätzen und Straßen Bogenlampen aufgestellt. [...]

Freilich werden hämische Gegner darauf hinweisen, dass für alle Schöpfungen Geld aufgenommen werden mußte; das ist richtig, es wurde Geld zu äußerst günstigen Bedingungen aufgenommen, aber alle diese Unternehmungen werden – besonders in ihrer Ausgestaltung – zu lukrativen Einnahmsquellen der Gemeinde werden.

Die liberalen Vorgänger haben auch Schulden gemacht und nichts geleistet; die jetzigen Anlehen aber werden, ohne einen Heller der Bevölkerung in Anspruch zu nehmen, aus den Erträgnissen der Unternehmungen verzinst und amortisiert.

Früher flossen die Einnahmen aus den Gaswerken, der Tramway etc. alljährlich zumeist in die Taschen englischer Juden, heute kommen sie der Allgemeinheit zugute. Früher stand die Gemeinde schier übermächtigen Privatgesellschaften ohnmächtig gegenüber, heute sind diese für Wien notwendigsten und größten öffentlichen Einrichtungen von der Privatspekulation unabhängig.

Im Grazer Hausherrenverein konnte ein politischer Gegner Luegers nicht umhin, zuzugestehen, dass derselbe auf dem Gebiete der Städteverwaltung eine Autorität ersten Ranges sei.

Beim Semmeringjubiläum war es niemand geringerer als der Führer der deutschen Volkspartei, der nunmehrige Minister Dr. Derschatta, der die ausgezeichnete Verwaltung von Wien unter Luegers Führung anerkannte.

Die Bilanz des städtischen Gaswerkes für das Jahr 1904 schloß mit einem Überschuß von 2,848.000 K. Nach dem Voranschlage sollten es 2,079.490 K sein. Nach Abzug der Tilgungskosten der Anleihen und der Investitionsanleihe wurden 1,935.000 K als Reinertrag dem kommunalen Säckel zugeführt.

Nach dem Voranschlage für 1905 sollten die Einnahmen 2,431.000 K betragen; die Bilanz schloss mit einem Reingewinn von 3,508.541 K, davon zur Abfuhr an die Gemeinde Wien 2,740.275 K.

Die Elektrizitätswerke, die im Jahre 1903 einen Reingewinn von 975.242 K aufwiesen, wiesen im Jahre 1904 einen Reingewinn von 1,542.030 K auf; im Jahre 1905 einen Reingewinn von 2,582.689 K; zur Abfuhr an die Gemeinde Wien kamen 2,474.105 K.

Die beiden Unternehmungen brachten somit in einem Jahr der Gemeinde 6 Millionen Kronen Reingewinn.

Bei der Straßenbahn wurde im Jahre 1905 ein Reingewinn von 3,090.470 K erzielt, mithin um 1,256.940 K mehr, als präliminiert war. Trotzdem ist eine sinkende Tendenz bei diesem Unternehmen zu beobachten. Die Gründe haben wir bereits angeführt. Dazu kommt, dass die Zahlungen für den Wohlfahrtsfonds 722.362 K betrugen, mithin gegen das Vorjahr um fast 200.000 K gestiegen sind.

Ohne Erhöhung der Gemeindelasten wurden große Werke geschaffen und mit weiser Sparsamkeit die Gemeinde verwaltet.

---

111. Otto Wagner, *Die Großstadt.* Wien: Schroll, 1911, S. 3–7, 10, 16–17.

Unser demokratisches Wesen, in welches die Allgemeinheit mit dem Schrei nach billigen und gesunden Wohnungen und mit der erzwungenen Ökonomie der Lebensweise eingepreßt wird, hat die Uniformität unserer Wohnhäuser zur Folge. Deshalb wird auch diese im künftigen Stadtbilde stark zum Ausdrucke kommen. Die Einzelwohnung ist bei gleichem Kubikinhalte und gleichem Grundrisse bei vielgeschoßigen Häusern in bezug auf den Herstellungs- und Vermietungspreis billiger als in Häusern mit wenig Geschoßen; stehen doch Grundpreis, Fundierung und Dach nur einmal in Rechnung. Da überdies der Spruch: „Zeit ist Geld", heute mehr als je in Betracht kommt, ist die Mehrung der Stockwerke bei Wohn- und Geschäftshäusern bis zu 7 oder 8 Geschoßen, ja bis zum Wolkenkratzer (wenn es die Gemeinde gestattet) im Stadtzentrum naturgemäß.

Die Zahl der Wohnhäuser wird in jeder Großstadt die Anzahl der öffentlichen Bauten weit überwiegen; aus ihrer Zusammenlagerung entstehen daher lange und gleiche Straßeneinfassungsflächen. Die Kunst unserer Zeit hat durch breite Straßen diese Uniformität zur Monumentalität erhoben und weiß dieses Motiv durch glückliche Unterbrechungen künstlerisch voll zu verwerten. Es kann daher kein Zweifel darüber obwalten, daß, wenn die Kunst in solchen Fällen richtig eingreift, nie von einer „Stadtschablone" die Rede sein kann. Diese entsteht immer nur dann, wenn die Kunst nicht zu Worte kommt. Die zwecklich und ökonomisch bedingte Uniformität der Wohnhäuser hat leider zu einem ganz verwerflichen, gegenseitigen Übertrumpfen im Außendekor dieser Nutzbauten durch zweckwidrige Dinge, wie Risalite, Türme, Giebel, Säulen, Ornamentierung etc. geführt. Es ist gut, daß die moderne, breite Straße, die Wirkung solcher protziger Lächerlichkeiten etwas dämpft.

Ebensowenig berechtigt und ebenso künstlerisch verwerflich sind absichtliche, unmotivierte Straßenkrümmungen, unregelmäßige Straßen und Platzlösungen etc. um angeblich malerische Straßenbilder zu erzielen. Jede Großstadt wird mal mehr oder weniger solche gekrümmte Straßen und Unregelmäßigkeiten haben müssen; sie seien aber nur dann künstlerisch begrüßt, wenn sie aus dem Straßen- oder Verkehrsorganismus entstanden oder durch Terrainverhältnisse etc. bedingt sind. Der repräsentative Ausdruck einer Stadt entsteht durch das bestehende Schöne und durch das neuzuschaffende Schöne. [...]

Je besser eine Großstadt ihren Zweck erfüllt, je größeres Behagen ihrer Bewohner sie hervorruft und je mehr die Kunst dabei zu Worte kommt desto schöner ist sie. Ihr adrettes Aussehen, ihre peinliche Reinlichkeit gehen mit der Städtekunst stets Hand in Hand. Darin liegt der Fingerzeig für jede Stadtverwaltung.

Ein Einfluß der Kunst auf das Werden der Großstadt, also auf deren künftige Gestaltung ist heute nahezu ausgeschlossen. Nicht der Zwang der Ökonomie bildet hiebei den Hauptgrund dieser Tatsache, er liegt vielmehr in der völligen Gleichgiltigkeit der Allgemeinheit für künstlerisches Schalten, also im Mangel des Kunstempfindens. Die Menge war durch Jahrtausende gewohnt die Kunst im Städtebau den Machthabern zu überlassen und übersieht jetzt, daß die autonome Gemeinde an deren Stelle getreten ist, daß also diese jetzt das erforderliche Kunstempfinden beizubringen hat. [...]

Es ist hieraus zu ersehen, daß die Ausgestaltung der Großstadt nicht Zufällen anheimgegeben werden darf, sondern wohlerwogene Bestimmungen ihre Grundlage bilden müssen. Diese Grundlage zu schaffen und den Weg zu zeigen, wie dieses Ziel zu erreichen ist, mag als Hauptzweck dieser Schrift gelten.

Es besteht wohl kein Zweifel darüber, daß die Mehrzahl der Menschen lieber in einer Großstadt wohnt, als in einer kleinen Stadt, oder auf dem Lande. Ein Großteil der Großstadtbewohner wird durch den Beruf hiezu gezwungen. Erwerb, gesellschaftliche Stellung, Komfort, Luxus, eine niedrige Sterblichkeitsziffer, das Vorhandensein aller geistigen und physischen Hilfsmittel, Zeitvertreib im guten und schlechten Sinne und schließlich die Kunst sind die Motive dieser Erscheinung

Die Mehrzahl der Triebfedern, welche das Anwachsen der Großstädte veranlassen, ergänzen sich in Ihrer Wirkung.

Das volkswirtschaftliche Moment steht damit im innigen Zusammenhange. Es darf daher nicht Wunder nehmen, daß die Stadtvertretungen das Anwachsen der Großstädte fördern. Die Einflußnahme jeder Stadtverwaltung auf den Zufluß von Bewohnern und Fremden ist daher etwas Selbstverständliches. [...]

Bei der systemmäßigen Regulierung der Großstadt ist vor allem darauf zu sehen, daß die Haupt-Radialstraßen die auch künftig genügende Breite, welche der Verkehr etc. fordern, erhalten, während die Zonenstraßen das zu Erwartende, Unbekannte in sich aufzunehmen hätten. Die Breite der Zonenstraßen kann mit 80 bis 100 Meter angenommen werden. In der bereits bestehenden Verbauung einer Großstadt wird die Einschiebung von Zonenstraßen große Schwierigkeiten bereiten. Doch können diese an bestehende Straßen angegliedert werden und wohl auch unter oben erwähnter Dimensionierung zurückbleiben. [...]

Es kann nicht Aufgabe dieser Schrift sein, alle Fragen, die Großstadt betreffend, in erster Linie die Niveaufragen der einzelnen Großstädte vollkommen zu klären, so viel ist jedoch sicher, daß die bestehenden Bahneinmündungen künftig Hoch- oder Tiefbahnen werden müssen und daß die bestehenden Kanalisierungssysteme nicht zu alterieren sind. Desgleichen kann hier nur die Andeutung erfolgen, daß es Aufgabe der Stadtvertretungen sein wird, alle Verkehrsmittel in ihre Hand zu bekommen.

Dies vorausgesetzt, ist an einen Schnellverkehr in dem Sinne zu denken, daß ein konstanter Zonenverkehr und ein konstanter Radialstraßen-Pendelverkehr stattfindet, also jeder beliebige Punkt mit einmaligem Umsteigen erreicht werden kann. Die Möglichkeit des Umsteigens in Hoch, Straßen- und Tiefbahnen vermitteln Aufzüge.

Wird das hier Vorgeschlagene durchgeführt, so ist mit Sicherheit zu behaupten, daß jeder Großstadt durch die Systemisierung der Regulierung die freie Entwicklung für immerwährende Zeiten gesichert erscheint und das ominöse „zu spät" vom Schauplatze verschwindet.

Eines aber wird unbedingt bei jeder Großstadtregulierung zur Hauptsache werden müssen: Kunst und Künstler zu Worte kommen zu lassen, den die Schönheit vernichtenden Einfluß des Ingenieurs für immer zu brechen und die Macht des Vampyrs „Spekulation", der heute die Autonomie der Großstädte nahezu illusorisch macht, auf das Engste einzudämmen.

---

112. o. A., „Generalstadtplan der Gemeinde Wien",
in: *Der Bautechniker* 32,
Nr. 47, 22. November 1912, S. 1210.

Dieser Riesenatlas von Wien, der alle 21 Bezirke umfaßt, besteht aus 166 Karten im Maßstabe von 1:3500, Kartenformat 62:47 cm. Er enthält alles, was für einen Katasterplan von Wichtigkeit ist: Alle Straßen, Häuser mit ihren Orientierungsnummern und Baujahren, alle genehmigten und projektierten Parzellierungen, Baulinien, Straßenbreiten in Meter, Straßenbahnlinien, die Grenzen der früheren Vororte-Gemeinden, die Gemeindebezirksgrenzen, die bestehenden Straßenhöhen in Meter über dem Nullpunkte des Donaukanalpegels an der Ferdinandsbrücke, alle Parzellennummern der unverbauten Gründe und anderes. Der Generalstadtplan wurde von der Verlagsfirma nach dem Stande vom 30. April 1912 ergänzt und richtig gestellt.

Es ist ein großes Verdienst der Verlagsfirma, diesen bisher wie ein Dornröschen im Wiener Stadtbauamte schlummernden, klassischen Plan Wiens dem allgemeinen Verkehre dienstbar gemacht zu haben. Dieser Plan wird zweifellos bei jeder Häuser- und Baustellentransaktion in Wien ein überaus wertvolles Hilfsmittel und daher für Realitätenbesitzer und -Händler, für Institute, Baugesellschaften, Architekten, Baumeister, Ämter, für jede Wiener Bibliothek eine vorzügliche Akquisition sein.

Das komplette Werk, Häuserkataster und Generalstadtplan von Wien ist bis zum 15. Dezember noch zum Subskriptionspreise von 400 K zu beziehen, nach diesem Termine trifft der Ladenpreis von 500 K für das komplette Werk in Kraft. Der Generalstadtplan der Gemeinde Wien allein bezogen, kostet 300 K.

---

113. o. A., *Wien nach dem Kriege. Denkschrift verfaßt vom ständigen Ausschusse für die bauliche Entwicklung Wiens des Österr. Ingenieur- und Architekten-Vereines.* Wien: Verlage des Österreichischen Ingenieur- und Architekten-Vereines, 1916, S. 34–35.

Unmittelbare Bodenpolitik in der Stadt.

Hat die mittelbare städtische Bodenpolitik die Steigerung der heimischen Nahrungsmittelerzeugung, deren günstigere Verteilung und Verwertung und die Verhütung zu raschen Steigens der Nahrungsmittelpreise zum Zwecke, so soll die unmittelbare Bodenpolitik, deren Gebiet der Stadtboden selbst ist, das Wohnen bessern helfen, und zwar nicht nur bezüglich der Art des Wohnens, sondern auch bezüglich der Verlangsamung des Steigens der Mietpreise. Man darf sich nicht wundern, daß mächtige Interessentenkreise gerade das zum Leben Notwendigste: Nahrung, Kleidung, Wohnung, aussuchten, um mit deren Beschaffung ein sicheres, steigendes Geschäft zu machen. Diesen Kreisen ist es gelungen, Brauch und Einrichtungen nach ihren Wünschen zu bilden und die mit der Kopfzahl immer steigende Nachfrage so auszunützen, daß die Steigerung der Preise wenigstens für das Wohnen und das Wohnland eine gefährlich hohe wurde. Gefährlich darum, weil diese Steigerung nicht überall stattfindet, wie z. B. in England, Holland und einzelnen Teilen Westdeutschlands. Gefährlich auch darum, weil der größte Teil der Einwohner gezwungen ist, dringende Bedürfnisse zurückzustellen, um den Wohnungswucher zu befriedigen, und sich in der Wohnungsbenützung Einschränkungen auferlegen muß, welche für die Gesundheit und Sittlichkeit von bedenklichsten Folgen, insbesondere bei der heranwachsenden Jugend begleitet sind.

Diese einseitige, immer ärger werdende Teuerung führt zu der bedenklichen Erscheinung einseitiger Verteuerung der Warenerzeugnisse unserer Städte und gefährdet immer mehr unsere Wettbewerbskraft im Welthandel und unsere Handelsbilanz. Würde dieser einseitigen Teuerung nicht gesteuert, so wären wir aus dem Welthandel bald ausgeschaltet, denn die Erzeugungskosten der Waren sind mit wenigen Ausnahmen der gewichtigste Teil ihres Preises.

Darum ist die Erwägung, sollen die Stadtverwaltungen der übertriebenen Preissteigerung ihres Bodens entgegenarbeiten oder nicht, gleichbedeutend mit der Frage, sollen sie weit- oder kurzsichtig vorgehen, sollen sie den Willen zum Leben oder zum Sterben haben!

Daß Grundbesitzer und Grundhändler, die nur an ihre Lebenszeit denken und darnach handeln, ohne eigene Arbeit und ohne eigenes Verdienst jährliche Grundwertsteigerungen von 5% und darüber anstreben, ist Tatsache.

Die Stadtverwaltungen haben aber die Pflicht, über das gemeingefährliche Sonderinteresse eines Teiles ihrer Bürger hinwegzuschreiten, weiter zu schauen, weiter zu rechnen als über ein Lebensalter hinaus und alles anzuwenden, was ungesunde Grundwertsteigerungen des zur Verbauung in Betracht kommenden Geländes ausschließen kann.

Die vielen Nichtinteressenten, die sich mit dieser schon so reichlich besprochenen Sache befaßten, sind derzeit darin einig, daß diesem Ziele nur dann näher zu kommen ist, wenn die Stadtgemeinden reichlich Grund aufkaufen und ihn dauernd dem Handel entziehen, und selbst, am besten durch Baurechtseinräumungen, verwerten. Trotzdem der Grund- und Hausbesitzerstand wohl in jeder Stadtvertretung es versteht, sich die Wahrung seiner Interessen zu sichern, konnte im Wiener Gemeinderate der Finanzreferent bei der Voranschlagsverhandlung im Juli 1914 die Erklärung abgeben, daß die Gemeinde Wien in den letzten Jahren nicht nur rund 11 Millionen für Grundankäufe zu verschiedenen Zwecken verwendete, sondern auch das Bestreben habe, mit den Grundankäufen fortzufahren, mit den Grundverkäufen tunlichst zurückzuhalten und im Stadtboden Baurechtseinräumungen zu fördern.

Der von dem Bürgermeister zielbewußt geleitete Wille der Gemeindeverwaltung, das Volkswohl allem voranzustellen, hat dazu geführt, daß trotz der schon im Mai 1914 schwierigen Geldbeschaffung in den damaligen Kreditanspruch eine namhafte Summe für Grund- und Hausankäufe eingesetzt wurde, und berechtigt zu der Hoffnung, daß den bisherigen bodenpolitischen Maßnahmen weitere und noch ausgiebigere folgen werden.

Soll die erstrebte Wirkung schon in absehbarer Zeit Früchte tragen, so sind so große Summen erforderlich, daß unter allen Umständen der schon beschrittene Anlehensweg weiter zu verfolgen ist. Die die Erfolge genießenden Nachkommen werden leicht einen Teil der Zinsen- und Tilgungskosten tragen können.

Ob den bodenpolitischen Zwecken immer ein Teil all- gemeiner Anleihen zugewiesen oder ob mit Anlehensgeldern ein eigener Wohnungsfürsorgefonds geschaffen wird, dürfte die gleiche Wirkung haben.

(295)

Kapitel 13: Verkehr und technische Infrastruktur

Städte brauchen Wasser, Energie und Transportmittel. Als Antwort auf diese unumgänglichen Anforderungen erfuhr die städtische Infrastruktur Wiens um die Jahrhundertwende eine tiefgreifende Umgestaltung, die zum einen durch technische Neuerungen, zum anderen durch die von der Christlichsozialen Partei unter Karl Lueger in Angriff genommene Kommunalisierung angestoßen wurde. Die Gasversorgung Wiens wurde ursprünglich von der Londoner *Imperial Continental Gas Association* bereitgestellt, deren Wiener Büro sich im Palais Epstein befand. Als der Vertrag mit dem britischen Unternehmen am 31. Oktober 1899 auslief, wurde die Gasversorgung in Form der *Städtischen Gaswerke* in öffentlichen Besitz gebracht. Das Gaswerk Simmering wurde die zentrale Produktionsstätte. Auch die Elektrizitätsversorgung lag vorerst in der Hand dreier privater Unternehmen, als Karl Lueger 1897 das Amt des Bürgermeisters antrat. Die Unternehmen nutzten jeweils unterschiedliche Stromspannungen und versorgten ausschließlich die Innenbezirke – und das zu hohen Preisen. Im Mai 1900 beschloss der Gemeinderat den Bau eines großen Kraftwerks auf der Simmeringer Heide, das sowohl für die Straßenbeleuchtung als auch das wachsende Straßenbahnnetz – beide in öffentlicher Hand – genug Strom erzeugen sollte. Das bedeutete den Anfang vom Ende des traditionellen Fiakers als bevorzugtes städtisches Verkehrsmittel, dem im berühmten *Fiakerlied* von Alexander Girardi 1885 ein Denkmal gesetzt worden war: „Mei Stolz is, i bin halt an echt's Weaner Kind, / an Fiaker so wia man net alle Tag find't, / und mei Bluat is so lüftig, so leicht wia da Wind, / i bin halt an echt's Weaner Kind!" Nach ihrer Fertigstellung 1869 brachte die Erste Wiener Hochquellenleitung täglich 138.000 Kubikmeter Wasser in die Stadt. Das führte zu einem entsprechenden Anstieg an Abwasser, weswegen 1893 der Bau des linken Sammelkanals am nördlichen Ufer des Donaukanals begonnen wurde, gefolgt von dem größeren rechten Sammelkanal südlich des Donaukanals, der 1904 fertiggestellt wurde. Auch die Regulierung und Kanalisierung des Wienflusses von 1895 bis 1899 war eine Antwort auf das zunehmende Abwasser. Die Entwässerung und der Ausbau des Transportsystems waren eng miteinander verbunden, weswegen im Juli 1892 die *Commission für Verkehrsanlagen* in Wien gegründet wurde. Sie sollte drei große und eng miteinander verbundene Ingenieursprojekte koordinieren: die Stadtbahn, die Wienflussregulierung und den Ausbau des Donaukanals. Der Schrecken der neuen, unterirdischen Stadt wurde durch Max Winter eindrucksvoll dargestellt: „Wasser tritt mir in die Augen, meine Beine zittern ..." Die zentrale Figur für die architektonische Gestaltung der Stadtbahn war Otto Wagner, der mit dem Entwurf aller mit dem Bahnsystem zusammenhängenden Strukturen beauftragt wurde: Brücken, Viadukte, Tunnelportale sowie die Stationen selbst, einschließlich deren Beleuchtung und aller Ausstattungselemente. Das von ihm entworfene wegweisende Bahnsystem wurde zu einer modernen ästhetischen Erfahrung für die durch die Stadt rasende Bevölkerung: „Das Thal des Donaukanals und des Wienflüsschens sind für das Stadtbild neu entdeckt worden."

---

114. Victor Adler, „Das Manifest der Tramwaygesellschaft", in: *Gleichheit*, Nr. 16, 19. April 1889, hier aus: ders., *Unaufhaltsam geht es vorwärts! Texte aus der Frühzeit der Arbeiterbewegung*, Bd. 2, hg. v. Peter Glanninger. Wien: Edition-Mokka, 2014, S. 176–183, hier 178–179.

Nehmen wir einmal die 10 Stunden Fahrzeit blind und gläubig hin. Die anrepartierte Leistung des freien Tages ergibt, dass in 6 Tagen 70 Stunden gefahren wird, für den Tag 100 Minuten. Die Essenszeit hat vor dem Streik doch 30–45 Minuten betragen – oder nicht einmal soviel, hochlöblicher Verwaltungsrat? – sagen wir also 40 Minuten. Die „Stehzeit" ist auf verschiedenen Strecken verschieden; nehmen wir die niedrigste Angabe: 30 Minuten Ein- und Ausspannen, wobei der Kutscher helfen muss, laut den allgemeinen Vorschriften", das erfordert zusammen mindestens 15 Minuten; weitere 15 Minuten ergeben sich, weil jeder Kutscher eine Viertelstunde vor Dienstantritt zur Stelle sein muss. Dann kommen die „Rundfahrten" von der Remise zur Kopfstation und zurück, welche auf manchen Strecken bis zu 50 Minuten ausmachen, wir wollen sie im Durchschnitt auf nur 30 Minuten veranschlagen. Das macht 100+40+30+15+15+30=230 Minuten, das sind 3 Stunden und 50 Minuten. Mit den herausgerechneten 10 Stunden Fahrzeit, also 13 Stunden 50 Minuten Dienst also schon um 1 Stunde 20 Minuten mehr als der löbliche Verwaltungsrat berechnet.

Wie siehts aber in Wirklichkeit aus? In Weinhaus z. B. werden täglich 143 Touren gemacht, die von 20 Kutschern bestritten werden. Da eine Tour nach der Vorschrift 107 Minuten in Anspruch nimmt, kommt auf jeden Kutscher eine reine Fahrzeit von 14 Stunden 5 Minuten. Dazu „Rundfahrt" 45 Minuten; Esszeit 45 Minuten; Stehzeit 40 Minuten; Ein- und Ausspannen, Früherkommen, zusammen 30 Minuten, gibt in Summa 16 Stunden und

45 Minuten. Und wohlgemerkt, das ist ein Durchschnitt; für jeden Kutscher der etwa nur 14 Stunden im Dienst ist, muss ein anderer 18 Stunden roboten. Von der Remise Hernals aus werden 377 Touren von 56 Kutschern besorgt. Die Ringtour dauert 145, die Quaitour, die etwas weniger oft gemacht wird (das Verhältnis ist 3:3,8), 109 Minuten. Auf den Kutscher kommt eine reine Fahrzeit von 14 Stunden 38 Minuten; dazu Esszeit, Rundfahrt, Stehzeit, Ein- und Ausspannen; zusammen 2 Stunden 30 Minuten, gibt in Summa als wirkliche Durchschnittsleistung des Kutschers 17 Stunden 8 Minuten. Und so fort durch alle Etablissements.

---

115. Otto Wagner, *Moderne Architektur* (1896), Wien: Schroll, 1903, S. 150; wiederabgedruckt in: Otto Antonia Graf, *Otto Wagner, Bd. 1, Das Werk des Architekten 1860–1902*, Wien: Böhlau, [2]1985, S. 263–287, hier 282.

Die Aufgabe des Architekten ist aber durch die künstlerische Behandlung der Strassen und Plätze einer Stadt noch nicht beendet. Die neueste Zeit hat so manche Institution, so manche Neuerung hervorgebracht, welche der künstlerischen Durchbildung harrt. Hier sind in erster Linie die Bahnen zu nennen, deren Einfluss auf das Strassenbild ein nur zu oft verhängnissvoller ist. Bahnen im Strassenniveau, ob es nun Pferdebahnen, Dampfbahnen oder solche mit elektrischem Betriebe sind, verunzieren fast immer, abgesehen von allen durch sie verursachten Verkehrsstörungen, das Strassenbild.

Diese Ansicht ist in den grossen Metropolen bereits zur Überzeugung geworden. So würden beispielsweise die Pariser auf der Place de la Concorde und in den Champs-Élisées, die Berliner unter den Linden eine derartige Anlage nie gestatten. Vollbahnen, zu denen sich jede Grossstadt wird bequemen müssen, können entweder Hoch- oder Tiefbahnen sein. Die Wahl des einen oder andern Systems hängt nur von localen Vorbedingungen und technischen Gründen ab. Die resultirenden Pro und Contra lassen sich in wenige Hauptpunkte zusammenfassen.

Die Untergrundbahn, besonders wenn sie gedeckt ist, beeinflusst das Strassenbild beinahe gar nicht, sie ist bequemer, was den Zutritt anlangt, gewöhnlich theuerer in der Anlage und für das fahrende Publicum unangenehm.

Die Hochbahn entstellt zuweilen in sehr empfindlicher Weise eine Strasse, sie ist etwas billiger als die Tiefbahn und bietet dem Fahrenden durch einen freien und wechselreichen Ausblick manchen Genuss.

Dem Städtebewohner wird aber in erster Linie immer um die Erhaltung eines möglichst schönen Stadtbildes zu thun sein, es wird daher die Hochbahn bei ihm nie Anklang finden, und dies ist auch selbstverständlich immer der Standpunkt des Baukünstlers.

---

116. Kaiser Franz Joseph, Brief an Kaiserin Elisabeth, Mai 1898, aus: Hartmut Scheible (Hg.), *Literarischer Jugendstil in Wien*. München: Artemis, 1984, S. 20.

„Am Bahnhofe in Michelbeuern wurde ich von den Erzherzogen, den Ministern und einer Menge hohen Herren nebst zahlreichem Publikum empfangen, der Cardinal Gruscha nahm die Einweihung vor, dann hielten der Landmarschall Baron Gudenus und der Bürgermeister Lueger Ansprachen, worauf die Eisenbahnfahrt begann, die zuerst auf der Gürtellinie bis zum großen und schönen Bahnhof Heiligenstadt (...) ging (...). Dann wurde die Fahrt nach Hütteldorf fortgesetzt, worauf wir in der Wienthallinie über Hietzing, Schönbrunn, Meidling und anschließend auf der Gürtellinie zur Station Alserstraße fuhren, wo die Rundfahrt ihr Ende nahm (...). Die ganze Bahn ist sehr schön gebaut mit schönen Brücken und éléganten und praktischen Bahngebäuden. Längst der ganzen Strecke, die meistens durch Arbeitervierteln führt, waren die Häuser geschmückt und beflaggt und Tausende standen in den Straßen, den Gärten, an den Fenstern und auf den freien Plätzen, rufend und Tücher schwenkend. Es war eine schöne Ovation der untersten Klassen."

117. [Theodor] H[erzl]., „Der Sterbende Fiaker“, in: *Neue Freie Presse*, 17. April 1898, S. 1–3, hier 1.

Wol ist in diesen erschütternden Zeiten der Umwandlung die Stadt ungeheuer viel größer geworden. Aber was da an Menschen zufloß, war kein Gewinn für die Fuhrleute des conservativen alten Schlages. Das Wiener Fuhrwerk verlor allmälig viele seiner alten Gäste und bekam keine neuen. Und das wird unaufhaltsam weiter gehen, ja sogar mit zunehmender Geschwindigkeit. Stadtbahn, elektrische Linien, das flink bösartige Zweirad, das sind die siegreich vordringenden Feinde. Es ist eine Frage, deren Entscheidung man von einem Tag auf den andern erwarten kann, daß ein für das Dreirad brauchbarer Petroleum-Motor oder elektrischer Accumulator gefunden wird. Dann wird nicht einmal mehr die kleine Geschicklichkeit des Bicyclisten zum Vorwärtskommen erforderlich sein. Das Pferd wird aus der Stadt verschwinden, wie es von der Landstraße verschwunden ist. Das mag ja heute noch einer fernen Perspective gleichen, und der Philister in der engen Gasse lacht vielleicht stumpfsinnig darüber. Weil er so lacht, weil er die Zeichen nicht versteht, darum geht er ja immer elendiglich zu Grunde. Wagt heute wirklich noch Jemand, der nicht die Rechtswohlthat der Geistesarmuth für sich anruft, an der Ausgestaltung der Verkehrsmittel zu zweifeln? Das sind nicht mehr Fragen von Jahrzehnten, sondern von Jahren, von Monaten.

Am Hof mit Fiakern, um 1885.

118. o. A., „Die Eröffnung der städtischen Gaswerke", in: *Neue Freie Presse*, 1. November 1899, S. 7.

Das neue städtische Gaswerk Simmering wurde heute Vormittags kirchlich geweiht, und Nachmittags fand im Rathhause ein Monstre-Bankett statt, das sowol durch die Zahl der Festtheilnehmer als die der dabei gehaltenen Reden aus der Rede ähnlicher communaler Veranstaltungen hervorsticht.

Über den Einweihungsact wurde bereits im Abendblatte berichtet. Die Rede, die der Bürgermeister bei diesem Anlasse hielt, gipfelte in der Anerkennung seines eigenen Muthes, der zur Erbauung eigener städtischer Gaswerke in Wien geführt habe. Nach einigen Ausfällen gegen „die Feinde dieser Stadt" und Dankesworten für Gemeinderath, Stadtrath, Gascommission und alle anderen Mitarbeiter an dem Baue schloß Dr. Lueger mit folgendem Worten: „Jetzt wollen wir, eingedenk des Spruches: ‚An Gottes Segen ist Alles gelegen', diesem Werke die kirchliche Weihe geben. Und wir wollen beten: Gott segne dieses Werk Gott schütze, Gott erhalte es zum Wohle von ganz Wien." Sodann vollzog Weihbischof Dr. Schneider mit seiner Assistenz den Weihe-Act und hielt eine Ansprache an den Bürgermeister, in der er betonte, was ihm besondere Freude mache, sei der Umstand, daß der Gemeinderath und der Herr Bürgermeister an der Spitze gewünscht habe, daß dieses schöne Werk auch öffentlich unter den Schutz Gottes gestellt werde, daß es die Weihe und den Segen der Kirche für dieses schöne Werk erbeten habe; „so wie von heute an dieses schöne neue Licht leuchten wird, so möge das geistige Licht wahrer Weisheit, wahrer Wissenschaft und wahren Fortschrittes leuchten über unsere liebe Vaterstadt, das Licht des wahren katholischen Glaubens". Der Redner forderte dann auf, ehrlich, standhaft und muthig den katholischen Glauben zu bekennen. Er sei überzeugt, daß das feste Zusammenhalten aller Katholiken Wiens die siegreichste Waffe sein werde „gegen alle Feinde in der Welt".

Dr.Lueger's Dankrede klang in ein dreimaliges Hoch auf den Kaiser aus. [...]

Heute um 12 Uhr Nachts lief der Vertrag der englischen Gasgesellschaft mit der Commune ab. Bis zu der erwähnten Stunde hatten somit die „Engländer" die Straßenbeleuchtung Wiens zu besorgen, während die Commune erst von Mitternacht an die Beleuchtung in den Bezirken von I bis XI zu übernehmen hatte. In den übrigen Bezirken von XII bis XIX, sowie in Floridsdorf wird, wie bekannt, die englische Gasgesellschaft die Straßenbeleuchtung weiters bis zum Jahre 1911 zu besorgen haben. Bei eintretender Dunkelheit wurden heute Nachmittags die englischen Gasflammen, und zwar zum letztenmale, angezündet. Bis Mitternacht brannten sie unter dem Einflusse des normalmäßigen Druckes, dann wird man das noch in den alten Gasrohren befindliche Gas ausbrennen lassen. Es dürften somit diese Flammen, allerdings mit fortwährend verminderter Leuchtkraft, noch einen großen Theil des morgigen Tages weiterbrennen, bis sie endlich von selbst verlöschen.

Die städtischen Flammen wurden, nachdem der neue Beleuchtungs-Apparat schon seit Wochen erprobt worden war, nach und nach von 6 Uhr Nachmittags an entzündet. Nur vor dem Rathhause und in den zunächst gelegenen Straßen, sowie am Franzensring brannten die Flammen schon von ¼5 Uhr Nachmittags an. Auf dem Rathhausplatze hatte die Gasgesellschaft auch ihre Flammen mit Auer-Brennern montiren lassen. Hier konnte man also den Unterschied im Lichteffecte zwischen dem alten und neuen Gas bei Anwendung von Glühlichtstrümpfen genau beobachten. Der Unterschied war für Jedermann deutlich bemerkbar – gleich Null. Bekanntlich ist man vor zwei Jahren auf das Anerbieten der englischen Gasgesellschaft, bei der gesammten Straßenbeleuchtung Wiens das Auer-Licht in Anwendung zu bringen, nicht eingegangen. Dafür rächen sich die Engländer, indem sie in den Vororten verschwenderisches Gaslicht mit Auer-Brennen über alle Straßen und Plätze ausgießen.

Während nun heute um Mitternacht die Straßenbeleuchtung der Bezirke Wiens (I bis XI) von der Commune übernommen wurde, wird die Beleuchtung in den Häusern vielleicht noch einige Wochen hindurch von der englischen Gesellschaft besorgt werden müssen. Wol hat man, wie wir bereits gemeldet haben, schon vor acht Tagen mit der Übernahme der Hausbeleuchtung seitens der Commune begonnen. Die Übernahme vollzog sich aber überaus langsam und konnte bis heute nur im VIII. und IX. Bezirke durchgeführt werden. Bis zur vollständigen Übernahme wird die Gasgesellschaft für die Beleuchtung in den Häusern das Gas beistellen müssen.

Simmeringer Hauptstraße, Blick gegen Städtische Gaswerke, 1909.

(307)

119. o. A., „Die Städtischen Electricitätswerke", in: *Die Wasserversorgung, sowie die Anlagen der städtischen Elektricitätswerke, die Wienflussregulierung, die Hauptsammelcanäle, die Stadtbahn und die Regulierung des Donaucanales in Wien. Im Auftrage des Herrn Bürgermeisters Dr. Karl Lueger bearbeitet vom Stadtbauamte.* Wien: Im Selbstverlag des Gemeinderathes, 1901, S. 169–170.

Die Frage der Erbauung städtischer Elektricitätswerke ist für die Stadt Wien nicht erst in den letzten Jahren aufgerollt worden. Sie beschäftigte bereits im Jahre 1887 unsere Gemeindevertretung. Das Ergebnis war jedoch die Concessionierung dreier Privatunternehmungen für die Lieferung von elektrischem Strom.

Im Jahre 1895 beantragte das Stadtbauamt, an der Erdberglände ein großes städtisches Elektricitätswerk zu errichten, welches Strom für verschiedene Zwecke liefern sollte. Der Ausführung dieses Gedankens wurde aber erst in dem Zeitpunkte näher getreten, als die Gemeinde durch die Erbauung städtischer Gaswerke die Besorgung der öffentlichen und privaten Beleuchtung an sich zu ziehen begann.

Man verschloss sich nicht der Erkenntnis, dass das Gasunternehmen heute einer Ergänzung durch die elektrische Beleuchtung und Kraftübertragung bedarf, und dass die Stadt die Regelung der Absatzbedingungen für Gas und Elektricität in ihrer Hand haben müsse.

Ihre volle Wichtigkeit aber erlangte die Frage durch den Abschluss des Vertrages mit der Bau- und Betriebsgesellschaft für städtische Straßenbahnen, welcher die Gesellschaft verpflichtet, im Falle der Errichtung städtischer Kraftwerke den zum Bahnbetriebe nöthigen elektrischen Strom von der Gemeinde um die Selbstkosten zuzüglich eines 20%igen Nutzens zu beziehen.

Die Gemeinde schrieb deshalb im Mai 1899 eine Offertverhandlung aus, wobei den Bewerbern das Stromvertheilungssystem, sowie die Leistungsfähigkeit der Anlage vorgeschrieben war. Auf Grund dieser Offertausschreibung langten im August 1899 von nachbezeichneten Firmen Offerte ein:

1. Union-Baugesellschaft in Wien.
2. Allgemeine österr. Elektricitäts-Gesellschaft in Wien.
3. Österreichische Schuckertwerke in Wien.
4. Österr. Union-Elektricitäts-Gesellschaft in Wien.
5. Elektricitäts-Actien-Gesellschaft vorm. Kolben & Co. in Prag.

In der Gemeinderathssitzung vom 4. Mai 1900 wurde die Erbauung eines städtischen Kraftwerkes zur Abgabe von Strom für den Betrieb der städtischen Straßenbahnen mit vorläufig fünf Maschineneinheiten zu je 3000 PS und 20 Kessel mit je 300 m^2 Heizfläche, ferner der Bau eines städtischen Lichtwerkes mit vorläufig drei Maschineneinheiten und 12 Dampfkessel gleicher Größe und Construction wie für das Bahnwerk beschlossen und der Bau dieser Werke der k. k. priv. österr. Länderbank und den Österr. Schuckertwerken in Wien übertragen. [...]

Bauausführung.

Am 5. Juni 1900 wurde mit dem Erdaushube für das Betriebsgebäude des Bahnwerkes begonnen. Die Arbeiten für das Lichtwerk wurden am 10. December 1900 in Angriff genommen. Die Unternehmer gewährleisteten die Inbetriebsetzung des Bahnwerkes mit Ende 1901, die Inbetriebsetzung des Lichtwerkes mit 1. August 1902. Die Baukosten des Bahnwerkes sind mit 19,350.000 K, jene des Lichtwerkes mit 14,680.000 K veranschlagt, so dass die Kosten des ersten Ausbaues beider Werke 34,030.000 K betragen werden. An der Verfassung des Detailprojectes betheiligen sich die Österr. Schuckertwerke und die Union-Baugesellschaft im Vereine mit dem Stadtbauamte.

---

120. A.G., „Landschaften an der Wiener Stadtbahn“, in: *Neue Deutsche Rundschau (Freie Bühne)*, 12. Jg., Nr. 3/4, 1901, S. 1231–1232.

Warum wir Wiener, auch die Nichtspießer, immer von unserer Stadt sprechen! Wir verhöhnen sie, wenn es sich um Dinge des gedankenlosen Lokalpatriotismus oder gar das Caféhaus der Litteratur handelt, aber wir schwärmen von ihr, wenn heitere Nachsommertage, wie jetzt die Menschen die Straßen, die Gummiradler und den Prater vergolden. Bekennen wir's nur, bekennen wir's jetzt zumal, wo Heimatkunst als Trumpf ausgespielt wird gegen die Stadt: auch die Stadt ist eine Heimat, die man lieben kann. Auch Wien ist eine Landschaft und mehr als das: eine Landschaft der Landschaften. Vom Norden zieht sich, von der Donau an, über den Westen ihre schönste Partie. Beethoven, Grillparzer, Anzengruber hingen an dieser Scholle.

Die Stadtbahntrace, eine Ringlinie, ist vor wenigen Wochen in ihrem letzten Stück vollendet und geschlossen worden; nun haben wir das „Land“ nur noch näher vor der Thür unseres Stadtinnern.

Das Thal des Donaukanals und des Wienflüßchens sind für das Stadtbild neu entdeckt worden. Lange genug lagen sie arg verwahrlost und unbeachtet da. Vor allem der Wienfluß, ein als Kanalsammler verschrienes, auf schlammigem Boden halb vertrocknetes Gerinnsel, das durch die niedergehenden Bäche des Wienerwalds zu einem tückischen Fluß werden kann. Jetzt hat er ein reinliches Bett mit Betongrund erhalten, ist zum größten Theil überdeckt, und wo er sichtbar blieb – ein dünner Wasserfaden auf breiter, flachgewölbter Muschel – da hat er ein gar artiges Aussehen. Hinter dem Stadtpark ist eine ganze, große Uferanlage für diese Flüßchen geschaffen worden: ein verzaubertes Gartenidyll mit blitzblank weißen, hohen Böschungen und Steinbalustraden, stellenweise terrassenförmig abgestuft und von Bänken, Spielplätzen und grünen Beeten unterbrochen. Die erste Station wurde damit zugleich das erste Landschaftsbild an der Stadtbahn. Von hier führen die Gleise wienflußaufwärts, über den stilvollen Karlsplatz, am unverwüstlichen Naschmarkt vorbei, unmittelbar in die Buchenwälder, nach Hütteldorf, nach Purkersdorf.

Aber die eigentliche Herrlichkeit liegt an der Anschlusstrecke nach entgegengesetzter Richtung. Hier thut sich die Stadtlandschaft des Donauthals auf. Dem als Handelsquai angelegten, aber ungenützten Ufer des Kanals folgt die Bahn, auf überdeckten, unterirdischen Dämmen, aber gegen die Böschung selbst offen und frei, nur durch zierliches Gitterwerk, in den Stationsgebäuden durch große Glasfenster geschützt. Sie nähert sich der Vereinigungsstelle von Kanal und Donaufluß auf freien, hohen Viadukten, und an der dichtverzweigten Kreuzungsstelle vor Heiligenstadt ist ein unvergeßlicher Fleck geschaffen. Ein Plateau von straßenüberquerenden Bahndämmen, die sich vereinigen. Rechts drunten der Fluß, der bis zum weiten Himmelskreis in der Sonne glänzt. Links die ersten Weinstöcke, die Hänge des Kahlenbergs.

Dies die beiden Arme der Ringbahn – die eine Hälfte. Ihre Ergänzung liegt in einer zweiten Verbindung, und sogar einer zweifachen: eine innere Rundlinie läuft an der Grenze der neuen und alten Bezirke, eine zweite streift die ländlichen Bezirke ab, dort, wo sie zu Wäldern und Bergen führen. Es ist ein Stadtteil mit mehr als sieben Hügeln, der hier zu Touristik einladet. [...]

Als anregende Entdeckerin führt die Stadtbahn durch die Landschaften von Wien. Aber freilich nur „anregend“; das sei zum Schluß nicht verschweigen. Das Ringsystem zumal es ziemlich eng gezogen ist, hat zur Folge, daß in das Innere der ländlichen Orte selbst noch immer tüchtige Wege bleiben. Anderseits ist das Stadtcentrum vom Bahnkreis an allen Punkten beträchtlich weit entfernt. In der That ist die Wiener Stadtbahn unserem Volk ein Sonntagsvergnügen. Die hellen Häuschen im weißen Putzbau, die sauberen Warteplätze schimmern im Feiertagslicht und wirken selbst schon anziehend wie ländliche Pavillons. An Werktagen aber, wie man hört, rentiert die Anlage kaum.

---

121. *Die Wasserversorgung, sowie die Anlagen der städtischen Elektricitätswerke, die Wienflussregulierung, die Hauptsammelcanäle, die Stadtbahn und die Regulierung des Donaucanales in Wien. Im Auftrage des Herrn Bürgermeisters Dr. Karl Lueger bearbeitet vom Stadtbauamte.* Wien: Im Selbstverlag des Gemeinderathes, 1901, S. 24–25 und 209.

Die Frage der weiteren Ausgestaltung der Wasserversorgung Wiens wurde überhaupt eine „brennende", als im Jahre 1891 die Vereinigung der ehemaligen Vororte mit Wien erfolgte und sich hiedurch die Einwohnerzahl der Stadt plötzlich um nahezu eine halbe Million erhöhte.

Konnte man sich zuvor der Hoffnung hingeben, dass die Hochquellenleitung nach Einbeziehung der Quellen oberhalb des Kaiserbrunnens noch auf eine längere Reihe von Jahren hinaus dem Bedarfe Wiens entsprechen werde, so wurde es jetzt mit einem Male klar, dass baldmöglichst ein Entschluss darüber gefasst werden müsse, in welcher Weise dem so rapid und unvermittelt gesteigerten Wasserbedarfe gerecht zu werden sei.

Der Gemeinderath, welcher diese Frage einer eingehenden Behandlung unterzog, musste hiebei von dem Grundsatze ausgehen, dass das ganze Gemeindegebiet der Wohlthat einer gesicherten Wasserversorgung gleichmäßig theilhaftig werden müsse, dass also sämmtliche Bezirke mit einem Wasser von gleicher Qualität zu versorgen sein werden, und dass hiebei auf die Zuführung solcher Wassermengen Bedacht zu nehmen sei, welche den diesfälligen Bedarfsmengen moderner Bevölkerungscentren entsprechen.

Dementsprechend wurde für die weitere Wasserversorgung Wiens der Tagesbedarf pro Kopf der Bevölkerung mit 140 Litern angenommen, wovon 40 Liter auf das Genuss- und Brauchwasser, 100 Liter auf Nutzwasser entfallen. Auf Grund dieser Ziffern und unter der Annahme einer gleichmäßigen Bevölkerungszunahme ergaben sich für die nächsten drei Decaden folgende Wasserbedarfsmengen:

Jahr	Einwohner	Erfordernis pro Tag in Cubikmetern	
		à 40 Liter	à 140 Liter
1900	1,673.500	66.940	234.280
1910	2,000.000	80 000	280.000
1920	2,400.000	96.000	336.000

Bei der Erwägung der Mittel und Wege, wie die künftig fehlenden Wassermengen zu beschaffen seien, mussten sich bei dem bereits erwähnten Umstande, dass der bestehende Hochquellen-Aquäduct zur Zeit der geringen Quellenergiebigkeiten noch für eine tägliche Wassermenge von circa 28.000 m³ aufnahmsfähig ist, die Blicke zunächst auf die definitive Ausgestaltung der bestehenden Hochquellenleitung richten. Hiedurch würde im Sommer die Zufuhr einer täglichen Wassermenge von 138.000 m³, im Winter von 96.000 m³ gesichert sein. Dieses letztere Wasserquantum entspricht jedoch nahezu genau der voraussichtlichen Genuss- und Brauchwassermenge Wiens im Jahre 1920. Da auf diese Weise die Möglichkeit der Sicherung des Genuss- und Brauchwasserbedarfes für mehrere Decennien bestand, entstand nun die weitere Frage, auf welche Weise für die Zufuhr des weiteren, hauptsächlich Nutzzwecken dienenden Wasserbedarfes vorzusorgen sei, in welcher Hinsicht sowohl die Schaffung einer eigenen Nutzwasserleitung, als auch die Zufuhr neuer, grösserer Quellwassermengen aus anderen Quellgebieten bei Aufrechthaltung der einheitlichen Wasserversorgung in Betracht kommen konnte. [...]

Vor der Inangriffnahme der eigentlichen Wienfluss-Regulierungsarbeiten wurde die Ausführung der beiderseitigen Parallelcanäle begonnen, welche als Sammler für die Entwässerung der anliegenden Stadttheile dienen und das neue Flussbett reinhalten werden. Während im alten Gemeindegebiete derartige Sammelcanäle in den beiderseitigen Choleracanälen bereits bestanden, mussten dieselben in den Vororten bis zur neuen Gemeindegrenze erst zur Anlage gebracht werden, da nur nothdürftige Anschlüsse vorhanden waren; das hiedurch vergrößerte Niederschlagsgebiet machte jedoch auch die Erweiterung der bestehenden Canalprofile von Schönbrunn abwärts bis zur Franzensgasse auf dem rechten und bis zur Wäschergasse auf dem linken Ufer nothwendig. Von den eben bezeichneten Punkten flussabwärts erweisen sich die Profile der bestehenden Choleracanäle als völlig ausreichend. Diese: Arbeiten sind im Juli 1894 begonnen worden und sind seither, in einzelne Lose getheilt, zu verschiedenen Zeitpunkten zur Herstellung gelangt. Bei der Ausführung ist vorwiegend Beton angewendet worden, die Sohle wurde mit Klinkerziegeln verkleidet. Den größten Theil dieser Sammelcanalbauten hat der Baumeister Anton Sikora ausgeführt.

Wenn auch im Stadtinnern die bestehenden Cholcracanäle größtenteils benützt werden konnten, so sind doch in einzelnen Strecken größere Umlegungen derselben, meist im Zusammenhange mit der Regulierung der Straßenzüge stehend, erforderlich gewesen; so am linken Ufer in der Magdalenenstraße von der Canalgasse bis über die Köstlergasse hinaus, weiters am rechten Ufer eine ausgedehnte Umlegung entlang der Großmarkthalte bis gegen die verlängerte Marxergasse hin. Endlich wird noch, gleichfalls am rechten Ufer, eine besonders lange Strecke zwischen dem Naschmarkte und der Salesianergasse umgelegt werden müssen.

---

122. Max Winter, „Vier Stunden im unterirdischen Wien. Ein ‚Strottgang' durch Wiener Kanäle", in: *Arbeiter-Zeitung* Nr. 34, 4. Februar 1902 und Nr. 36, 6. Februar 1902; wiederabgedruckt in: ders., *Im dunkelsten Wien.* Wien: Wiener Verlag 1904, S. 24–25.

Ein Straßenkanal. Damit sind wir im Hauptkanal bis zur Westbahnbrücke, die die Linzerstraße übersetzt, vorgedrungen. Hier mündet der Kanal der Felberstraße ein. Es ist wieder ein Schliefkanal, nicht so nieder wie der in der Holler- und Schwendergasse, aber doch höchst unangenehm. Da ich in ihn steige und in dem Luftschacht mich aufrechtstelle, der knapp vor der Einmündung geteuft ist, beginnen die schwersten Minuten meines Aufenthalts da unten.

Wir befinden uns gerade unter der Westbahn. Ich weiß nicht, ob ich den Westbahnern daraus einen Vorwurf machen kann – sie sind wohl Menschen wie alle anderen – aber Tatsache ist, daß ich auf meiner ganzen bisherigen Wanderung nicht so viel zu leiden hatte als jetzt, da ich in die Felberstraße einbiege. Es gibt mir einen Rückschlag. Auf dieses Attentat – die Westbahner mögen wir verzeihen, wenn ich ihnen unrecht tue – waren meine Geruchsnerven nicht gefaßt. Einen Moment lang glaube ich, daß mich Schwindel erfaßt – schon klammere ich mich an das nächste Steigeisen des Luftkanals –, dann aber kommt die Revolution von innen, ich glaube, den Magen reißt es mir heraus, Wasser tritt mir in die Augen, meine Beine zittern...

Es währt eine Weile, bis ich mich erholt habe und ich dränge nun meinen Führer, rasch ein Ende zu machen. Am liebsten wäre ich gleich hier herausgestiegen. Der Specklmoritz erklärte dies aber für unmöglich und ich muß mich fügen. So kriechen wir also weiter – die Felberstraße hinauf.

---

123. o. A., „K. k. Zentralanstalt für Meteorologie und Erdmagnatismus, XIX., Hohe Warte“, in: *Wien am Anfang des XX. Jahrhundert*, 2. Bd., red. v. Paul Kortz. Wien: Gerlach und Wiedling, 1906, S. 182–183.

Das Institut dient gleichwie das Observatorium in Sydney, die deutsche Seewarte zu Hamburg u. a. vornehmlich der Luftbeobachtung in bezug auf Druck und Feuchtigkeit, den Messungen der Niederschläge und der Winde hinsichtlich ihrer Stärke, Geschwindigkeit und Richtung sowie einer Reihe von anderen, hiermit enge verknüpften wissenschaftlichen Beobachtungen. Das Gebäude, erbaut von H. von Ferstel 1870–1872, umgeben von einer Anzahl kleinerer Objekte, wie jene für absolute magnetische Bestimmungen, für astronomische Zeitbestimmungen, Thermometerhütten, Verdunstungsmesser etc., liegt inmitten einer zirka 3,5 ha großen Parkanlage auf einem der höchsten Punkte des Stadtgebietes. Im Hauptgebäude befinden sich die Geschäftsräume, Dienstwohnungen, die Bibliothek sowie einzelne, wissenschaftlichen Forschungen gewidmete Räume: ein Barometerzimmer, ein Magnetographenraum im Kellergeschoß des Turmes, ein Raum für magnetische Variationsbeobachtungen, während für absolute magnetische Messungen im Park ein eisenfreies, achteckiges Gebäude errichtet wurde. Das Äußere des Gebäudes ist sehr einfach in Putztechnik gehalten, zeichnet sich aber durch eine hübsche Gliederung der Baumassen aus; ein zirka 24,5 m hoher, flach gedeckter und zur Windbeobachtung eingerichteter Turm gibt der Baugruppe ein charakteristisches, die Bestimmung des Gebäudes kennzeichnendes Gepräge.

124. D.R., „Verkehrswesen: Einleitung“, in: *Wien am Anfang des XX. Jahrhundert*, 1. Bd., red. v. Paul Kortz. Wien: Gerlach und Wiedling, 1906, S. 83–84.

Wohl eine der bedeutendsten Ursachen für die vorstehend beschriebene Stadtentwicklung bilden die dem Verkehr gewidmeten Anlagen, welche nicht nur das Stadtbild in den letzten Dezennien gewaltig veränderten, sondern auch einen Umschwung in den Lebensgewohnheiten der Bevölkerung herbeiführten, der erst in Zukunft recht zum Ausdruck kommen wird. Die billige und rasche Beförderung mittels der modernen Massenbeförderungsmittel ermöglicht einerseits das Wohnen im Umkreise der Stadt, anderseits werden hierdurch die Lohnwagen immer mehr zu Luxusfuhrwerken, die nur von einem verhältnismäßig kleinen Kreise der Bevölkerung benützt werden.

Den Übergang vom privaten zum allgemeinen öffentlichen Fuhrwerk bilden die numerierten Lohnwagen auf Standplätzen, besonders die Zweispänner (Fiaker), welche den Ruf des Wiener Lohnfuhrwerkes als rasches, elegantes und bequemes Beförderungmittel begründet haben. Die Wagen sind größtenteils mit Gummireifen an den Rädern ausgestattet und fast durchgehends gut erhalten. Es gibt insgesamt rund 1000 Fiaker, welche sich auf 54 Standplätzen befinden. Einfacher in der Ausstattung sind die Einspänner, deren es ungefähr 1800 gibt, die auf 143 Standplätzen verteilt sind. Die seit einigen Jahren mehrfach eingeführten Taxametereinrichtungen stoßen bei den Kutschern auf großen Widerstand, da dieselben gewöhnt sind, nach einer Strecken- oder Zeittaxe zu fahren.

Das Reitpferd und das Fahrrad kommen in Wien als Verkehrsmittel wenig in Betracht. Reitwege sind nur auf der Ringstraße und im Prater, eigene Fahrradwege nur auf der Gürtelstraße und im Prater vorgesehen. Motor-Zwei- und Dreiräder kommen in letzter Zeit mehr in Verwendung, es gibt deren rund 300; auch Automobile für Personen- und Lastenverkehr sieht man häufig, und befinden sich hiervon derzeit 500 in Wien, jedoch nur im Privatbesitz. Lastfuhrwerke mit Pferdebespannung gibt es rund 3600; typisch sind die zweiräderigen, einspännigen, sogenannten Cabwagen, welche bei Bauten allgemeine Anwendung finden. Für alle Fuhrwerke gilt in Wien als Regel, daß links gefahren und rechts ausgewichen wird.

Der Gesamtverkehr der öffentlichen Verkehrsmittel umfaßte im Jahre 1903 insgesamt rund 213 Millionen Personen, welche mit der Stadtbahn, den im Wiener Gemeindegebiet gelegenen

Lokalbahnen, einschließlich der Kahlenbergbahn, den Stellwagen und den Straßenbahnen befördert wurden. Der Mietwagenverkehr ist in dieser Ziffer nicht inbegriffen, weil verläßliche Daten hierüber nicht vorliegen. Von dem Gesamtverkehr entfallen, rund gerechnet, auf die Straßenbahnen allein 158 Millionen = 74%, auf die Stadtbahn 32 Millionen = 15% auf die Stellwagen 16,6 Millionen = 8%. Ein sehr großer Teil des Stadtbahnverkehres betrifft die Ausflügler, insbesondere an Sonn- und Feiertagen, so daß der eigentliche allgemeine städtische Verkehr in überwiegender Weise von den Straßenbahnen zu bewältigen ist.

Nur die Innere Stadt ist den Straßenbahnen bisher noch nicht so recht erschlossen worden, und obliegt die Abwicklung des allgemeinen Verkehres daselbst hauptsächlich den Stellwagen, deren Linien aus allen Bezirken nach dem Stadtinnern, meist nach dem Stephansplatz führen. In den äußeren Teilen der Stadt sind die Stellwagen von untergeordneter Bedeutung und werden hauptsächlich für ganz kurze Strecken benützt, wofür sie einen sehr billigen Tarif haben. Für die Fahrt nach und von den Bahnhöfen, zu welchen die Straßenbahngleise nicht immer nahe genug hinführen, sind die Stellwagen beliebt. Es sind in Wien im ganzen zwischen 370 und 400 Stellwagen im Betrieb, welchen bestimmte Standplätze und Linien vorgeschrieben sind. Alle Stellwagen sind zweispännig, meist von niederer Bauart mit kleinen Rädern und rückwärtigem seitlichem Einstieg auf der linken Seite; sie bestehen aus einem mittleren, geschlossenen Abteil für 5–8 Fahrgäste, einem rückwärtigen, halb oder ganz offenen Abteil mit 3–5 Sitzplätzen, einigen Stehplätzen und einem kleinen Kutscherbänkchen mit 2–3 Sitzplätzen. Auf dem Dache der Wagen gibt es keine Sitze, doch kann dort Gepäck untergebracht werden.

Die im Wiener Gemeindegebiet gelegenen Lokalbahnen dienen hauptsächlich für den Personenverkehr in die umliegenden Ortschaften und werden für die kurzen Strecken innerhalb des Gemeindegebietes nur wenig benützt. Dasselbe gilt von den in Wien einmündenden Hauptbahnen, deren Verkehrsziffern in dem betreffenden Abschnitte angeführt erscheinen. Die Dampfschiffahrt nimmt an dem Lokalverkehr nur einen sehr geringen Anteil. Derselbe beschränkt sich auf zeitweilige Fahrten zu den Wettrennen in die Freudenau sowie auf die Vermittlung des Personentransportes von der Landungsstelle im III. Bezirke zu den Postschiffen und auf gelegentliche Sonderfahrten.

Die Wiener Stadtbahn ist hauptsächlich für jene von Wert, welche in den westlichen und nordwestlich gelegenen Teilen von Wien oder in den Ortschaften längs der ehemaligen Kaiserin Elisabeth-(West-)Bahn und der Kaiser Franz Josefs-Bahn wohnen.

Für den eigentlichen innerstädtischen Verkehr aber wird die Stadtbahn nur wenig benützt, weil sie nicht tief genug in die Geschäftsviertel eindringt, ziemlich weit auseinandergelegene Haltestellen besitzt (von ungefähr 900–1000 m Entfernung), die erst über hohe Treppen zugänglich sind, und die Zugsfolge nicht ausreichend dicht ist; zu fast allen Linien der Stadtbahn laufen eine oder mehrere Straßenbahnlinien parallel, welche mit ihrem wesentlich dichteren Verkehr der Stadtbahn eine lebhafte Konkurrenz machen. Die Benützung der Stadtbahn wird den Fahrgästen im Sommer durch den Dampfbetrieb arg verleidet, welcher den Aufenthalt in den Wagen – vor allem auf den Tunnelstrecken – durch die große Hitze und die schlechte Luft recht unangenehm macht; im Winter ist dies weniger bemerkbar und wird der Stadtbahn wegen der geheizten Wagen von mancher Seite der Vorzug gegeben.

---

125. o. A., „Die elektrischen Straßenbahnen“,
in: Eugen Guglia (Hg.), *Wien. Ein Führer durch Stadt und Umgebung.*
Wien: Gerlach & Wiedling, 1908, S. XVI.

Das seit 1895 entstandene Pferdebahnnetz ging 1899–1902 an die Kommune über und wurde, nachdem einzelne Linien schon seit 1897 elektrisch betrieben worden waren, 1900–1902 durchgängig auf elektrischen Betrieb eingerichtet. Die Gesamtlänge des Netzes betrug Ende 1905 187,5 km, im Betrieb standen 955 Motor- und 898 Beiwagen, welche im Laufe des Jahres 181,76 Millionen Passagiere beförderten. Investiert waren Ende 1903 rund 128,5 Millionen Kronen, die Jahreseinnahme betrug 25,95 Millionen Kronen.

Man kaufe an irgend einer der Abzweigungsstellen der Ringstraße beim „Expeditor“ eine Sommer-, beziehungsweise Winterfahrordnung (6 h) oder eine Signalordnung (2 h). Auch bei den Kondukteuren erhältlich.

Die Wagen haben meist vorn an der Brüstung Tafeln, welche das Endziel angeben; alle aber sind auf den Längsseiten mit Tafeln versehen, auf welchen das Endziel und oft auch die wichtigste Zwischenstraße ersichtlich ist.

Die ersten Wagen gehen im Sommer (1. April bis 30. September) zwischen 5 und ½ 6 Uhr, spätestens 6 Uhr, im Winter zwischen ½ 6 und 6 Uhr von den Endstationen ab; die letzten Wagen (bezeichnet durch blaue Laternen an der Wand der rückseitigen Brüstung) verlassen die Endstationen im Sommer zwischen ½ 12 und ½ 1 Uhr, im Winter etwas früher.

Der Fahrpreis ist an Wochentagen für kleinere Strecken 12, für größere 20 h, gleichviel, ob man umsteigen muß oder nicht, doch kann mit 12 Heller-Karten jedenfalls nur einmal umsteigen werden. An Sonntagen gilt auch für die 12 Heller-Strecken der Fahrpreis von 20 h. Für einige der längsten Strecken beträgt der Fahrpreis 30 h. Man nenne dem Kondukteur das Fahrziel und frage, ob und wo man umsteigen muß.

---

126. Heinrich Goldemund, „Straßenanlagen", in: Österreichischer Ingenieur und Architekten-Verein / Martin Paul (Hg.), *Technischer Führer durch Wien*. Wien: Gerlach & Wiedling, 1910, S. 115.

Die Gesamtfläche der Straßen, Gassen und Plätze betrug Ende 1907 14,197.346 m². Es bestanden za. 2510 Straßen mit einer Gesamtlänge von rd. 1033.7 km.

Das Hauptstraßennetz stellt sich, abgesehen von der Inneren Stadt, als ein ausgesprochenes Radialsystem dar. Schon von alters her führten von den elf Toren, die den Eintritt in die bis 1858 befestigte Stadt vermittelten, strahlenförmig nach allen Richtungen Straßenzüge. Aus diesen haben sich die wichtigsten Hauptstraßen der heutigen Großstadt entwickelt. Solche Radialstraßen sind die Währingerstraße, die Alserstraße, die Josefstädterstraße, die Lerchenfelderstraße, die Mariahilferstraße, die Wiedener Hauptstraße, dann die Favoritenstraße, der Rennweg, die Landstraße Hauptstraße, die Praterstraße, die Taborstraße und deren Fortsetzungen in den äußeren Bez. In neuerer Zeit sind zu den alten Radialstraßen nur wenige hinzugekommen. Die wichtigsten neuen Radialstraßen sind die im Werden begriffene „Wienzeile" entlang, bzw. über dem zur Einwölbung bestimmten Wienflusse und die an beiden Ufern des Donaukanals geplanten, teilweise schon fertiggestellten Kaistraßen.

Von diesen Radialstraßen finden nur wenige in der Inneren Stadt eine direkte Fortsetzung; so die Wiedener Hauptstraße, in deren Verlängerung die Kärntnerstraße und die Rotenturmstraße quer durch die Stadt führen, dann die Währingerstraße, bzw. Alserstraße, welche in den ebenfalls die Innere Stadt durchquerenden Straßenzug Schottengasse-Herrengasse und

Augustinerstraße münden, und schließlich die Landstraße Hauptstraße, welche durch die Wollzeile direkt mit der Stadtmitte verbunden ist. Die übrigen wichtigeren Straßenzüge der Inneren Stadt, von welchen noch die Wipplingerstraße, die Singerstraße, der Salzgries und der Kohlmarkt hervorzuheben sind, verlaufen im großen und ganzen entweder parallel oder normal zum Donaukanal, woraus sich ein unregelmäßiges Rechtecksystem ergibt. Außer den Radialstraßen besitzt Wien in der Ringstraße, der Lastenstraße und der zwischen dem Wienflusse und dem Franz Josefs-Bahnhofe fast vollendeten Gürtelstraße mächtige Ringlinien, welche in verschiedenen Abständen von dem Stadtmittelpunkte die Radialstraßen untereinander verbinden.

---

127. H. Schneider, „Müllbeseitigung", in: Österreichischer Ingenieur und Architekten-Verein / Martin Paul (Hg.), *Technischer Führer durch Wien.* Wien: Gerlach & Wiedling, 1910, S. 138–139.

Die Einsammlung und Abfuhr des Mülls besorgt die Gemeinde, ohne hierfür ein Entgelt zu fordern. Die Einsammlung erfolgt im I. Bez. täglich von 6–9 Uhr früh, in den übrigen Bez. zweimal wöchentlich von 6 Uhr früh bis abends. In einigen kleinen Bezirksteilen mit ländlichem Charakter wird nur einmal wöchentlich gesammelt, in den ehemaligen Gemeinden Aspern und Leopoldau im XXI. Bez. überhaupt nicht. Es werden Deckelwagen von 3,5–4 m^3 Inhalt verwendet, deren Ankunft vor jedem Hause durch Läuten einer Glocke angekündet wird. Die Parteien müssen die Gefäße zum Wagen bringen, wo sie der Aufleger übernimmt und in den Wagen entleert. Die Gemeinde besorgt mit ihrem Fuhrwerke die Hausmüllabfuhr in den Bez. I, III, IV, V, VI, IX, XI, XII, XIII, XVII und XXI und übernimmt dort gegen Vergütung auch das Abtragen des Kehrichts aus den Häusern; im I. Bez. macht mehr als die Hälfte der Hausbesitzer hievon Gebrauch. In den übrigen Bez. ist die Abfuhr des Hausmülls an Unternehmer gegen Pauschalvergütung übertragen. Die mit der derzeitigen Art der Abfuhr verbundenen Übelstände haben zu Versuchen mit einer Reihe von Umschüttsystemen und dem Wechselkastensysteme „Koprophor" geführt. In bezug auf Staubfreiheit etz. hat bis nun keines der Umschüttungssysteme befriedigt. Eine Entscheidung über die Einführung eines Systemes wurde noch nicht getroffen; das Wechselkastensystem dürfte in erster Linie in Betracht kommen.

Es ist jedoch irgend eine Änderung nur möglich, wenn seitens der Hausbesitzer zu den erwachsenden Mehrkosten ein Beitrag geleistet wird. Der Müll wird an zwei Stellen des Gemeindegebietes in ausgebeuteten Sandgruben abgelagert und durch Unternehmer von Hand sortiert.

Da die Ablagerungsplätze in absehbarer Zeit erschöpft sein werden, ist zur Beseitigung des Kehrichts die Verbrennung in Aussicht genommen. Die jährliche Kehrichtmenge beträgt rd. 350.000 m³ mit einem Durchschnittsgewichte von 600 kg/m³. [...]

Die Zusammensetzung des Mülls und daher auch dessen Gewicht ist ein sehr wechselndes; dieses beträgt in den Geschäftsvierteln des I. Bez. manchmal nur 270 kg/m³ und steigt in den von Arbeitern bewohnten Bezirksteilen bis 800 kg. Die Sortierung liefert eine verhältnismäßig geringe Ausbeute, weil in vielen kleineren Haushaltungen Küchenabfälle und andere brennbare Teile im Herdfeuer verbrannt werden und zudem die Preise der ausgelesenen Gegenstände seit einigen Jahren bedeutend gesunken sind. Aus diesen Gründen hat eine vor einigen Jahren von einem Unternehmer ausgeführte Anlage zur maschinellen Sortierung des Mülls einen Mißerfolg in finanzieller Richtung ergeben. Da der Müll verhältnismäßig reich an Kohlenteilen ist und ein allerdings im kleinsten Umfange angestellter Versuch die Möglichkeit ergab, die Verbrennung mit entsprechendem Effekte durchzuführen, dürfte dessen Beseitigung in Verbrennungsanstalten mit Ausnützung der Wärme die günstigste Lösung der Frage der Beseitigung des Mülls bilden. Die Verführung auf entfernter liegende Ländereien mittels Bahn oder Schiff ist nach den angestellten Erhebungen wegen der großen Kosten undurchführbar, zumal sich die Landwirte gegen die Verwendung selbst sortierten Mülls als Dünger ablehnend verhalten.

128. Otto Kunze, „Elektrotechnische Industrie", in: Österreichischer Ingenieur und Architekten-Verein / Martin Paul (Hg.), *Technischer Führer durch Wien.* Wien: Gerlach & Wiedling, 1910, S. 580–582.

Die 1899 von der Siemens & Halske A.-G. errichtete Maschinenfabrik Leopoldau, die hauptsächlich zur Erzeugung von Generatoren, Motoren, Transformatoren und Fahrschaltern dient, stellt einen zusammenhängenden Hallenbau von ungefähr 7300 m² verbauter Bodenfläche vor mit einer Reihe von weiteren Baulichkeiten für Nebenzwecke von zusammen 1750 m² Fläche; das noch unverbaute, für Erweiterungen zur Verfügung stehende Terrain beträgt ungefähr 15.000 m². Das Werk ist in der Lage, bis zu 1200 Arbeiter zu beschäftigen, und enthält ungefähr 350 Arbeitsmaschinen, darunter zahlreiche Spezialkonstruktionen, die durchwegs teils in Gruppen, teils einzeln elektrisch angetrieben werden und zusammen etwa 700 PS. repräsentieren; den zum Antrieb nötigen Strom und auch den erforderlichen Dampf erhält das Werk aus der Kraftzentrale des unweit gelegenen Kabelwerkes, zu welchem Zwecke ein bequem gehbarer Verbindungsstollen zwischen den beiden Werken angelegt ist. Auch hier stehen den Arbeitern Wasch- und Ankleideraume, Fahrräderremisen, eine Kantine mit Restaurationslokalen und andere Wohlfahrtseinrichtungen zur Verfügung.

Das Kabelwerk „Siemens & Halske", das schon seit 1898 besteht, jedoch erst 1908 in den Betrieb der Österr. Siemens-Schuckert-Werke übergegangen ist, umfaßt in seiner Erzeugung so ziemlich das ganze Gebiet der modernen Kabelfabrikation; es bedeckt eine verbaute Grundfläche von za. 11.000 m² und beschäftigt gegen 500 Arbeiter. Die Kraftzentrale besteht aus einer Verbundmaschine von 400 PS. (Ringhoffer) und zwei Tandemverbundmaschinen von je 200 PS. (Wanniek); die Dampfmaschinen sind mit je einem Drehstrom-Gleichstrom-Generator (190 und 300 V.) gekuppelt; als Reserve dient eine Akkumulatorenbatterie für 1500 Amp.-St. und überdies ein durch Transformatoren vermittelter Anschluß an das Netz der Wiener städtischen Elektrizitätswerke. [...]

Die Siemens & Halske A.-G. hatte schon 1879 in Wien ein technisches Bureau gegründet und 1883 die Fabrikation in eigenen Werkstätten III., Apostelgasse 12, in größerem Maßstabe aufgenommen. Trotz wiederholter Erweiterungen dieser Werkstätte ergab sich gegen Ende des vorigen Jahrh. aus den stets wachsenden Anforderungen die Notwendigkeit, zunächst die Kabelfabrik und bald darauf das Starkstromwerk Leopoldau im XXI. Bez. zu errichten, welche beiden Werke, wie bereits erwähnt, mit den Österr. Siemens-Schuckert-Werken vereinigt wurden. Die Fabriksanlage III., Apostelgasse 12 und Hainburgerstraße 29, verblieb im Betriebe der Siemens & Halske A.-G., die sich hier hauptsächlich auf die Schwachstromtechnik sowie auf die Erzeugung von Meßinstrumenten und Eisenbahnsicherungsanlagen beschränkt und in diesem Betriebe ungefähr 800 Arbeiter beschäftigt; die elektrische, bzw. Dampfkraftanlage hat eine Leistung von za. 600 PS.

Die Vereinigte Elektrizitäts-Aktiengesellschaft, X., Gudrunstrasse 187 und Fernkorngasse 16, ist schon 1862 unter der Firma B. Egger gegründet worden und befaßt sich hauptsächlich mit dem Bau von elektrischen Maschinen, Apparaten, Zentralstationen, Eisenbahnsicherungen und sonstigen Starkstromanlagen; das dem Betriebe zur Verfügung stehende Kraftwerk hat eine Leistung von ungefähr 400 PS., die Arbeiterzahl beträgt gegen 500.

Auch die Glühlampenfabrikation ist in Wien durch mehrere Firmen vertreten, von denen besonders hervorzuheben sind die 1891 gegründete elektrische Glühlampenfabrik „Watt", Scharf, Löti & Latzko, die in ihrer mit 200 PS. Dampfkraft ausgestatteten Betriebsstätte, XIX., Grinzingerstraße 95, gegen 700 Arbeiter beschäftigt und jährlich ungefähr 5 Mill. Lampen erzeugt; dann die Fabrik für elektrische Glühlampen Johann Kremenezky, XX., Dresdnerstraße 55–59, die sich hauptsächlich durch Aufnahme der Fabrikation der von Dr. Hans Kužel erfundenen Metallfadenlampen zu ihrem heutigen Umfang entwickelt hat; sie beschäftigt gegen 800 Personen, verfügt über eine Dampfkraftanlage von 200 PS. und erzeugt jährlich ungefähr 3 Mill. Glühlampen.

---

129. Michael Freiherr von Pidoll, *Der heutige Automobilismus: Ein Protest und Weckruf.* Wien: Manzsche k. u. k. Hof-Verlags- und Universitäts-Buchhandlung, Wien, 1912, S. 3–11.

Das Stadtbild von Wien – und nicht nur das von Wien – ist traurig verändert. Von allen Enden und Ecken sausen die huppenden, schnarrenden, Staub aufwirbelnden und qualmenden Automobilmaschinen daher. Dem bedauernswerten Städter wird jeder Spaziergang verleidet; (...) Welcher Gegensatz zwischen den prächtigen Palästen, den geschmackvollen Wohnungen, den glänzenden

Auslagen der Kaufläden, vor welchen sich das Publikum drängt, und dem abscheulichen, jedes Behagen tötenden Gekreisch der Huppen, dem Gestank des Benzins und den anderen Emanationen des Automobilverkehrs! [...]

Von allen Seiten, an jedem Ort und zu jeder Zeit fährt die Huppe des Automobilisten in der Großstadt auf ihre Opfer los. Scharf, schneidend, schrill wie ein Pfiff, dumpf wie eine Posaune, ein Nebelhorn, oder erschütternd wie eine Petarde. Bald schmettert sie wie eine Trompete, bald kreischt und ächzt sie, fünfzigfach verstärkt, wie ein Lastwagen mit gesperrten Rädern, wie das Rücken eines schweren Möbels. Im besten Falle gleicht sie dem Fauchen, Knurren und Bellen eines heiseren Hundes, oder dem Brüllen eines Kindes. Eine ganze Skala, ein Wettgeheul der häßlichsten, durchdringendsten, immer wiederholten Mißtöne, eine Insultierung und Vivisektion des Ohrs und der Nerven, die sie mit brutaler Rücksichtslosigkeit auf Kilometerweite trifft, beleidigt und peinigt. (...) Die Huppe ertönt überall und ohne Unterlaß, bei Tag und bei Nacht, tausend und abertausendmal, durchdringt weite Strecken und vermengt sich an frequenteren, belebten Straßen und Plätzen mit anderen zu einem tobenden Gewirr der abscheulichsten Mißlaute, welche den Verkehr oder gar erst den Aufenthalt und das Wohnen an solchen Orten zur stets erneuerten Marter gestalten. Davon kann man sich täglich in Wien auf dem Michaelerplatz, Kohlmarkt, Graben, Stephansplatz, in der Herrengasse, Kärntnerstraße, Praterstraße, auf dem Ring usw. usw., zur Genüge überzeugen. [...]

Nicht bloß in frequenteren Straßen, auch in abgelegenen Regionen der Stadt ist es schon gegenwärtig kaum mehr möglich, die Fenster offen zu halten, wenn man nicht jeden Augenblick durch die laut kreischenden Huppensignale aufgeschreckt werden will. Insbesondere bei Nacht! Jeder Hygieniker weiß, wie wertvoll das Offenhalten der Fenster für die Gesundheit ist. (...) Hiezu kommt das Pusten, das dröhnende Rasseln, Schwirren, Sausen und Brummen der Motoren (...), deren mächtige Vibrationen selbst durch geschlossene Doppelfenster dringen und sich auch den Wänden und Fußböden mitteilen; der Lärm des sogenannten Ankurbelns; das durch die Bequemlichkeit der Chauffeure häufig unnötigerweise verlängerte, vor der Abfahrt oder dem Anhalten eines Automobils verstärkte Rasseln und Surren der Maschinen, namentlich wenn diese stillstehen und leerlaufen; das zwar verbotene, jedoch immer wieder vorkommende Fahren mit ‚offenem Auspuff'; endlich die schußartigen Explosionen, welche plötzlich die ganze Umgebung erschrecken. Eine Spezialität bilden gewiß Lastautomobile, deren Dröhnen und Rasseln den Lärm einer Lastzugslokomotive weit hinter sich läßt. [...]

(323)

Als letzte Glieder in der Reihe der Belästigungen und Störungen des großen Publikums seien erwähnt: Der durch die Automobile massenhaft aufgewirbelte Staub, welcher die stärker frequentierten Straßen der Stadt, sowie die Landstraßen und deren Nachbarschaft verwüstet und sie gerade in den herrlichsten Gegenden dem Nichtautomobilisten verleidet, die Verpestung der Luft durch den Gestank und Qualm der die große Mehrzahl aller Kraftfahrzeuge bildenden Benzinmotoren. Es ist eine insbesondere für den Großstädter qualvolle Zumutung, immer wieder den Gestank des verbrannten Benzins ertragen und die dadurch verdorbene Luft einatmen zu müssen. Die letztere erfüllt nicht nur die Straßen, sondern dringt auch in die Wohnungen, aus welchen sie nur schwer zu entfernen ist. An heißen, windstillen Tagen sind so die Straßen Wiens oft dauernd mit Stickluft erfüllt. Mit dem Benzingestank verbindet sich häufig ein abscheulicher, durch unzureichende Ölung des Motors erzeugter brenzlicher Geruch. Besonders hart getroffen werden durch diese Übel die zahlreichen Angestellten in Geschäftslokalen stärker frequentierter Straßen, namentlich im ersten Bezirke Wiens. [...]

Welch scheußliche Erscheinung bilden die endlosen, dichten Staubwolken, die ein einzelnes Automobil zu erzeugen vermag und die über weiten Strecken der Landstraße und ihrer Umgebung längere Zeit schweben bleiben. Welche Verwüstung erleiden dadurch die Straßen und deren Nachbarschaft in den wegen ihrer Naturschönheit stärker frequentierten Gegenden. Als trauriges Beispiel sei hier die Straße nach Weidlingbach bei Wien erwähnt, die einst einen reizenden Ausblick auf grüne Wiesen und Bäume gewährte, während heute zu beiden Seiten dieser Straße nur Staub und wieder Staub zu erblicken ist. (...) Ein ähnliches Schicksal erleiden die Kobenzlanlagen an der Grenze Wiens. (...) Selbst die duftigen Höhen des Wienerwaldes sind vor den Automobilen nicht mehr sicher. Im Juni 1912 hat ein solches den Hermannskogel erklommen.

130. Rudolf A. Lumbe,
Wiener Stilwidrigkeiten. Ungalante Zeitglossen.
Wien: Wiener literarische Gesellschaft, 1913,
S. 66–68.

Wenn ich mit der Stadtbahn fahre, so ist mir jedesmal zu Mute, wie einem Entdeckungsreisenden. Freilich habe ich auch eine bestimmte Station als Ziel vor Augen, aber wie ich es erreiche?

Ich erhalte eine Fahrkarte und nun beginnt das große Rätsel; links oder rechts hinuntergehen oder hinauf, das ist hier die Frage!

Wüßte ich nun, daß ich, wenn ich rechts einsteige, in einer halben Stunde an meinem Ziele bin, so ist das vielleicht ganz angenehm zu wissen, aber das regt weder meinen Verstand noch meine Phantasie an.

So aber bin ich im Ungewissen und es reizt mich, dieses Rätsel, ob rechts ob links, zu lösen und dem dunkelgähnenden Schweigen der beiden Auf- oder Abgänge meine Vernunft entgegenzusetzen. Wir stehen vor einander nicht wie Wissende, die sich langweilen, weil sie sich nichts zu sagen haben, sondern wie zwei Streiter, die sich messen wollen; und um so größer meine Freude, wenn ich die sphynxhaften Aufgänge überliste und den richtigen Zug doch erwische. Mein Verstand hat wieder einmal triumphiert und wie angenehm dieses Bewußtsein ist, wird mir jeder nachempfinden, der schon einmal einen eigenen Gedanken zu Ende gedacht hat und dann nach qualvollem Studium daraufkam, daß diesen schönen Gedanken schon lange vorher ein anderer noch schöner vorausgekaut hat. –

Und was liegt schließlich daran, wenn man den richtigen Zug nicht erwischt? –

Man macht auf diese Art eine kleine Vergnügungsreise, die man sich sonst nicht vergönnte und was die Nachzahlung betrifft, so freue dich, daß du als guter Staatsbürger den zerrütteten Finanzen des Staates mit einer kleinen Spende aufgeholfen. Übrigens brauchst du, um dem zu entgehen, nur entweder in Hütteldorf-Hacking oder Brigittabrücke, Heiligenstadt oder Meidlinger Hauptstraße umzusteigen, auf solche Art kannst du mit einer Karte einen ganzen Tag lang 80 mal rund um Wien fahren und kriegst noch gratis die Drehkrankheit; jawohl genau dieselbe, die sonst bei den Wiederkäuern anzutreffen ist, so unter dem Kollektivnamen „Oves“ zu deutsch „Schafe“ vereinigt erscheinen. Wie man sieht, ist der erste Einwand völlig haltlos, ja beim näheren Zusehen entpuppt sich dieser Vorwurf geradezu als diskrete Schönheit, verklärt vom Märchenhauche der Romantik, und das bißchen Treppensteigen ist wohl lästig, aber der Gesundheit und dem Geldbeutel sehr förderlich. Der Erfolg ist derselbe, als ob du acht Wochen in Marienbad gewesen wärest, nur daß du das Geld dafür erspartest.

Ein zweiter Einwurf richtet sich gegen die Rauch- und Rußplage:

„Die Lokomotiven der Stadtbahn dünken sich Vesuve zu sein und stoßen Rauchwolken aus, daß die Sonne konstant erfolgreich verdunkelt ist. Infolge dieses unablässigen Aschenregens sind die Waggons innen und außen derartig dick mit einer Rußschichte überzogen, daß man sich fürchten muß, etwas anzugreifen oder sich niederzusetzen. Nach einer Fahrt von 5 Minuten gliche man einem Aschanti!"

Armes, kurzsichtiges Menschenkind, gib dir selber einen Kuß, wenn dir nicht graust, aus Wonne, weil dich deine eigene Intelligenz nicht beißt, denn sonst müßtest du infolge der Bißwunden einem faschierten Lungenbraten gleichen. Du meinst, die Stadtbahnlokomotiven seien übelwollende Kobolde, die zu ihrem Privatvergnügen, nur damit du dich ärgerst, Rauchwolken ausstoßen, die die Sonne verdunkeln?

Ja, wenn's menschliche Wesen wären, dann wäre das weder verwunderlich noch stilwidrig; aber so!

---

131. Joseph August Lux,
Otto Wagner. Eine Monographie.
München: Delphin, 1914, S. 32, 63–64.

Die Stadtbahn ist das erste Beispiel einer modernen Baukunst in Wien zu einer Zeit, als dort noch niemand an dergleichen dachte. Zwar erinnern gewisse formale Motive, wie Kränze und Tryklivenschlitze an die klassizistische Bauweise des Empire, die in seiner Formensprache irgendwie immer wieder anklingt und auch sonst in der harmonikalen Lösung durchscheint als die spezifisch heimatliche Überlieferung des kaiserlichen Wiens.

Der Stadtbahnbau ist die erste große Gelegenheit, die zu neuen Baukunstgesetzen kristallisierten Erfahrungen und Ideen in die Praxis umzusetzen und jene ideale Verbindung zwischen Kunst und Technik zu zeigen. Gelegentlich greift er noch in die Schatzkammer der Überlieferung; doch kann es bei ihm weniger als je ein Kopieren des Gewählten genannt sein, sondern ein zweckgemäßes Neugestalten, wobei er jetzt freier verfährt als auf

Otto Wagner, Stadtbahnbrücke über die Wienzeile, um 1900.

seiner früheren Entwicklungsstufe. Immerhin tritt der Nutzstil sachlich ganz in den Vordergrund und gestattet einen Schmuck nur dort, wo eine besondere Wirkung erwünscht war. So ist der Hofpavillon entstanden, ein reizendes Gebilde mit barocken Anklängen und dennoch frei erfunden, echt wienerisch. Klassizistische Elemente treten an den Stationsgebäuden da und dort auf, im großen und ganzen ist aber eine wohltuende Enthaltsamkeit von Dekoration und Ziermacherei zu bemerken; edle, sachliche Ruhe und Einfachheit ist der vorherrschende Charakter aller Stadtbahnbauten. Wenn sie uns klassizistisch anmuten, so kommt es daher, weil sie überaus klangvolle rhythmische Verhältnisse aufweisen, ohne daß der streng logischen Nutzform irgendwie Gewalt geschähe äußeren Wirkungen zuliebe. Am Gitterwerk, an Kandelabern und ähnlichen dekorativer Behandlung zugänglichen Bestandteilen treten schon sezessionistische Muster auf; zum Glück aber dominieren sie nicht. Nicht einmal an den Stadtbahnhäuschen am Karlsplatz fallen sie mehr auf. Sonne und Regen haben das ihrige getan, um die Sonnenblumen und sonstigen einst aufreizenden, heute lächerlichen Ornamente der wüsten Sezessionszeit zu verwischen. Sie sind dort aufgemalt, aber die grünlichen Papageienhäuschen haben mit der Zeit eine Patina gewonnen, die den Lärm mildtätig dämpft.

Eine Zeitlang war in Wien ein böses Geschrei, die zwei winzigen Häuschen verschandeln den Karlsplatz! Das ist natürlich übertrieben und tendenziös; denn in der Form sind sie immerhin gut und als Objekt sind sie viel zu klein, um dem Riesen-Karlsplatz etwas anhaben zu können. Ohne daß ich sie übermäßig verteidigen möchte, muß ich den Kläffern zurufen: Respekt! Ehret in diesen Kleinigkeiten den Großen, der sie gebaut hat!

Dagegen hat er im übrigen an der Stadtbahn wahrhaft großstädtische und dabei gemütvoll ansprechende Stationshäuser gebaut; man denke an Heiligenstadt, Nußdorfer Straße, Währinger Straße, Hietzing, monumentale Überbrückungen und Durchfahrten und sinnreiche Untergrundanlagen in der Wiental-Linie.

Als Muster neuzeitlicher Bahnhofanlagen können die Endpunkte Heiligenstadt und Hütteldorf gelten mit ihren weißen Gebäuden inmitten von Gemüsegärten und Feldern, mit ihren weißen Kassenhallen, ihren bequemen Bahnsteigen und – was das Entscheidende ist – mit ihrer Auflösung des Bahnhofes in ein Perronsystem. Keine riesige Tonne mehr aus Glas und Eisen, diese üble, zugige, rauchgeschwängerte Bahnhofshalle, dieses Monstrum der fünfziger Jahre, das gläubig angebetet wurde bis auf den heutigen Tag, obzwar kein Architekt etwas Rechtes damit anzufangen wußte.

132. o. A., „Tagesneuigkeiten: Der Straßenbahnverkehr", in: *Fremden-Blatt, Morgenausgabe*, 25. März 1917.

Sechs Wochen dauert nun die Betriebseinschränkung auf der Straßenbahn, die im Zeichen der allgemeinen Kohlennot vorgenommen werden mußte. Die unerbittliche Notwendigkeit hat diese das gesamte Großstadtleben tief berührende Maßregel geboren und weil Wiens Bevölkerung aus den unzählbaren Kommentaren und Verhandlungen den Eindruck gewann, daß kein Mittel unversucht blieb, den Verkehr in normalen Grenzen aufrechtzuerhalten, daß jedoch eine Verkürzung unerläßlich erscheine, hat sie sich verständnisvoll in die Neuordnung der Verhältnisse gefügt; unter der vom Bürgermeister und den städtischen Fachleuten nachdrücklich betonten Voraussetzung, daß wieder bessere Tage kommen, daß mit dem Wegfall der Gründe dieser zu früher Abendstunde erfolgenden Verkehrseinstellung auch der alte Zustand wiederkehren werde. Ist diese Zeit nun gekommen? Man munkelt da und dort von einer Verlängerung des Nachtverkehrs um eine halbe Stunde oder eine Stunde, angeblich verbürgte Nachrichten tauchen auf, allein die maßgebenden Stellen hüllen sich in Schweigen und sagen nur ganz unverbindlich: Wenn die Verhältnisse es gestatten, wird der elektrische Verkehr in dem früheren Umfange wieder aufgenommen. Das ist wenig. Die Gemeindeverwaltung ist sich ganz gewiß darüber im klaren, daß öffentliche Interessen Abhilfe in dem Augenblicke erheischen, als etwa die Möglichkeit zur Abhilfe geboten ist. Und aus den erwähnten Gerüchten klingt, gleichviel, ob sie ein Körnchen Wahrheit bergen oder nicht, doch der Wunsch der Allgemeinheit heraus, nach langen Wochen der schwer empfundenen Einschränkung sich wieder des uneingeschränkten Fahrplanes zu erfreuen.

Im Gemeinderate hat ein Redner die drastischen Sätze ausgesprochen: „Nach meiner Ansicht ist eine Großstadt ohne Verkehrsmittel gar kein Organismus, sondern nur eine Aneinanderreihung von Häusern. Selbst bei einem beschränkten Verkehr wird ihr Leben ein asthmatisches sein." Das Gleichnis ist nicht übel gewählt. Der Großstadt ist seit Wochen der Atem beengt, sie ringt nach Luft und wartet sehnsüchtig des Tages der Entfesselung. Ihre Bewohner vernehmen aus der Großgemeinde Berlin, die gleichfalls unter den unvermeidlichen Kriegsschwierigkeiten leidet, daß dort der Verkehr im normalen Ausmaße sich abwickelt und sie fragen, wie lange noch bei uns die Drosselung dauern wird. Die Gemeindeverwaltung soll sich darüber aussprechen. Soll ganz offen sagen, was für die nächste Zukunft uns bevorsteht.

Ist nur ein Hauch der Möglichkeit vorhanden, die Einschränkung wieder aufzuheben, dann muß es geschehen. Nicht halb, nicht etappenweise, wie die mehrfach erwähnten Gerüchte besagen, sondern auf einmal. Zu dieser Auffassung hat sich übrigens die Straßenbahndirection bekannt, ohne allerdings darüber hinauszugehen. Eine dringende Forderung der Bevölkerung wäre erfüllt. Sie wartet auf Erledigung.

Man könnte sich allenfalls damit abfinden, daß die Intervalle beim Straßenbahnbetrieb noch weiter als bisher ausgedehnt werden, um den Stromverbrauch bei Ausdehnung des Verkehrs etwa bis 12 Uhr nachts beiläufig auf der gleichen Höhe wie jetzt zu erhalten. Aber diese Ausdehnung, richtiger: Wiederherstellung des früheren Verkehrs bis Mitternacht ist ein unbedingtes Erfordernis. Wien will doch wieder als Großstadt gelten.

Kapitel 14: Handel, Wirtschaft und Fremdenverkehr

In der ersten Hälfte des 19. Jahrhunderts konzentrierte sich Wiens gewerblich-industrielle Produktion auf das Wiental. Sie erstreckte sich damit über den Linienwall hinaus und umfasste auch die umgebenden Vororte wie Sechshaus, Gaudenzdorf, Fünfhaus, Meidling und Penzing. Innerhalb des Linienwalls existierte eine ganze Reihe kleiner Fabriken und Werkstätten in den Kellern und Hinterhöfen der Mietshäuser. Diese Kleinbetriebe wurden vom Börsenkrach 1873 und der darauf folgenden Wirtschaftskrise schwer getroffen, konnten sich aber bis zum Ende des Jahrhunderts wieder erholen, sodass bei Kriegsausbruch 1914 mehr als die Hälfte der Wiener Arbeitskräfte in Betrieben mit weniger als zwanzig Beschäftigten arbeiteten. Durch den Bau der Eisenbahnstrecken und die 1870 bis 1875 vorgenommene Donauregulierung drehte sich die alte Ost-West-Produktionsachse in Richtung Nord-Süd. Darüber hinaus verlagerte sich zwischen 1870 und 1890 die Maschinen- und Elektrizitätsindustrie aus dem 6., 7. und 16. Bezirk auf große Areale im 2., 3., 10., 11., 21. und 22. Bezirk. Die industrielle Lebensmittelproduktion dagegen etablierte sich in den neuen Vorstädten im Westen und Süden, insbesondere in Favoriten, Meidling und Ottakring.

Vieles von dem, was um die Jahrhundertwende über die Wirtschaft der Stadt geschrieben wurde, tendierte zum Feuilletonistischen, zu einem Fokus auf die öffentlich zugänglichen Aspekte des Wiener Lebens: Journalist:innen schrieben lieber über Kaffeehäuser, Restaurants und Kaufhäuser der Stadt als über Börsenvorgänge, Büros und Trafiken. Es existierte aber durchaus ein reger Austausch zwischen diesen Umschlagplätzen: Wie Franz Höllriegl anmerkt, „[...] findet [man] daher im Kaffeehaus eine stattliche Menge Zeitungen, Monatsschriften, Broschüren, Hilfsbücher. [...] Auch eigene Schreibtische stehen zuweilen bereit und die letzten Kurszettel der Börse sind angehängt." Im klassischen Vergleich der beiden großen zentraleuropäischen Hauptstädte wird Berlin meist eine deutlich stärkere wirtschaftliche und infrastrukturelle Bedeutung zugewiesen. Zwei der hier präsentierten Texte beschäftigen sich mit der verpassten Chance, Wien und die Donau als Handelszentrum zu entwickeln. Die elegante und sehr abwechslungsreiche Architektur der Stadt in ihrer sowohl historischen als auch zeitgenössischen Ausprägung und die Vornehmheit ihrer Bewohnerschaft wurden dagegen in ihrer Einzigartigkeit weithin gerühmt. So schreibt der Reiseschriftsteller und Ökonom Erich Pistor: „In Wien sind Kunstsinn und Geschmack geradezu ein Grundton des Volkscharakters geworden: ein Blick auf die Anlage und bauliche Gestaltung der Stadt, die Einrichtung der Wohnungen, die Kleidung der Bevölkerung und besonders der Frauen, eine Besichtigung der Auslagen und Geschäfte, ein Besuch der Museen und Theater lehren dies.“ Die Wiener Großindustrie lag jedoch in großen Teilen in den Händen ausländischen Kapitals. Clayton and Shuttleworth, der britische Hersteller landwirtschaftlicher Maschinen, verlagerte seine Produktion beispielsweise von der seit 1860 existierenden Fabrik in Wien-Landstraße zu einer neuen Produktionsstätte in Floridsdorf. Auch der italienische Autohersteller Fiat baute dort 1907 eine Fabrik. Am Vorabend des Ersten Weltkriegs arbeiteten von den 18.000 Beschäftigten der Wiener Elektroindustrie zwei Drittel für ausländisch kontrollierte Unternehmen. Das beachtenswerteste Beispiel dafür waren die Österreichischen Siemens-Schuckert-Werke, die an ihren Standorten in Brigittenau und Leopoldau rund 6000 Arbeiter:innen beschäftigten.

---

133. E. Z., „Die Stadt“, in: *Officieller Führer durch das Jahr 1883 im Künstlerhause*, 16. Februar 1884, S. 9–16, hier 9–10.

Indem wir uns in die Seele der Fremden versenken,
Die heut’ ihre Schritte nach Wien hin lenken,
Erfreut uns das Staunen, welches sie äußern,
Beim Anblicke dieses Meeres von Häusern.
Besonders groß wird aber dies Staunen sein,
Zieht der Fremde zur Mariahilfer-Linien ein.
Ist das ein Fahren, Stoßen, Lärmen und Drängen!
Kaum mag er ‘nen Tramway-Stehplatz derglengen!
Bald muß er sich sagen: für den Fremdenverkehr,
Ist ja hier kaum ein Plätzchen mehr!
Und rings um dies Treiben, welche Bauten!
Dergleichen die Fremden nur selten schauten,
Ganz besonders, wenn sie in ihrem Leben,
Sich noch nie über Napagedl hinausbegeben.
Styl wohl und Geschmack diese Häuser vermeiden,
Dafür sind sie einfach – man sieht’s schon von Weiten,
Und zwischen ihnen – Kirchen an Kirchen!
Freilich g’hören d’meisten mehr zu die schiarchen.
Schon aber grüßt aus der Ferne herein,
Der liebe Stefans-Thurm, groß und fein!
Und ein neues Wunder kommt oben schon:
Hoch über den Straßen ein Luftballon;
Der Herr von Silberer will’s g’wiß probiren,

heut' den Weidlinger Friedhof zu demoliren!
Zur Rechten aber, wie zur Linken,
Sieht man häufige Nebengassen winken:
So die Stumper-, Web-, Zeigler- und Nelkengassen –
Wer kann alle die Namen fassen! –
Auch die Paniglgasse wir ungemein lieben,
Die is' jedoch mehr auf der Wieden drüben.
Ihnen allen aber unsere Reverenz,
Sie gehör'n mit zu den „Verkehrsadern der Residenz"!
In jede jeder Fremde hinein kann gehen,
'S ist freilich oft keine Katz' dort zu sehen;
Aber von Menschen, hier „Wiener Typen" genennt,
Kommt doch dann und wann Einer einerg'rennt.
Für den Forscher nach solchen Charaktergestalten,
Sie massenhaft in den Hauptstraßen walten.
Befreundete Künstler mit pikanten Händen,
Beifolgend uns solche Typen spenden.
Hier prügeln sich zwei jener Schusterjungen,
Deren kecker Witz schon so oftmals besungen,
Wiener Bürger am Morgen in Placaten lesen,
Was etwa – gestern zu sehen gewesen;
Denn mit den Theaterzetteln von heut'
Hat das Ankleben noch gut bis Zehne Zeit!
An den Straßen-Ecken in langen Reihen
Die berühmten Fiaker das Auge erfreuen,
Fesch ist ihr Zeug und sind die Gestalten –
Nur daß' ihre Gäst' halt gern überhalten.
Auch kann man hie und da – aber selten – sehen,
'Nen Sicherheitswachmann in der Straßen stehen
Und seinen vielfachen Dienst versehen.

---

134. Moritz Bermann, „Der Prater",
in: *Illustrierter Führer durch Wien und Umgebung.*
Wien: Hartleben, 1881, [4]1895, S. 28.

Rechts von der Haupt-Allee, gegenüber dem II. Kaffeehause. liegt auf einem künstlichen Hügel, Constantinhügel genannt, die im Schweizerstile aufgeführte Restauration Sacher, das Refugium der vornehmen Welt. Es ist dies eine Anlage mit an holländische Gärten erinnernden künstlichen Felsen, Grotten, Wasserfällen, einem kleinen Teich (Kahnfahrten), Brückchen etc.

Unter dem III. Kaffeehause, links von der Haupt-Allee, liegt das Terrain der *Weltausstellung* und auf demselben die noch derzeit übrigen Baulichkeiten. Vom *Industriepalaste* ist nur noch die *Rotunde* erhalten, ein durch seine Grösse imponirender, auf Betonpfeilern ruhender Bau, dessen cassetirtes gerades Dach aus Eisenconstruction durch eine von vergoldeter Kaiserkrone überragte Laterne gekrönt ist und welcher im Rechteck von durch colossale Portale unterbrochenen Galerien umgeben wird. Die ästhetische Schönheit dieses nach den Plänen der Architekten Korompay und Gugitz entworfenen Baues war, wohl nicht ganz mit Unrecht, manchen Anfechtungen ausgesetzt. Die Rotunde wird jetzt zu öffentlichen Festlichkeiten, Wohlthätigkeits-Bazaren. Ausstellungen und Productionen benützt. Ein Besuch derselben und der Aufstieg zur Laterne empfiehlt sich wegen des imponirenden Eindruckes des Inneren und der herrlichen Rundschau. Die rückwärts der Rotunde gegen das Strombett der Donau zu gelegene Maschinenhalle ist in das Eigenthum der Commune übergegangen und wird als *Lagerhaus* (Entrepôt für Getreide) benützt. Ausserdem sind von den Ausstellungsbauten nur noch erhalten der *Kunstpavillon* und *Pavillon des amateurs* (ebenfalls zu Ausstellungen benützt) in gefälligem, modern-italienischem Stile, ein Theil des *egyptischen Palastes,* die *„Csarda"* (auch jetzt noch Restauration mit Ausschank ungarischer Weine) und der im Rohbau mit reichem Ornamentenschmuck aus glasirter Terracotta von der Wienerberger Ziegelfabriks-Gesellschaft hergestellte *Triumphbogen.*

---

135. Eduard Pötzl, „Auf dem Bau", in: *Wienerstadt. Lebensbilder aus der Gegenwart geschildert von Wiener Schriftstellern, gezeichnet von Myrbach et al.* Wien: Kempsky, 1895, S. 67–69.

Was wird in Wien nicht alles gebaut, nicht alles auf offener Straße gearbeitet! Kaum eine Straße, auf der nicht ein Häuslein Arbeiter irgend eine nützliche Beschäftigung handhabt. Ob versengend die Sommersonne niederbrennt, ob die winterlich kalte Windsbraut dahinstürmt, wie immer der Lauf der Welt beschaffen sei, es wird gearbeitet zu Nutz und Frommen der Bevölkerung. Es wird gearbeitet, gleich wenn die Trompete des Morgens, der Hahnenschrei erklingt, und es wird gearbeitet weit in die sinkende Nacht hinein, ober- und unterirdisch. Hier werden, hoch in

„Die Straße vor einem Bau", verschiedene Autoren, *Wienerstadt. Lebensbilder aus der Gegenwart geschildert von Wiener Schriftstellern, gezeichnet von Myrbach et al.*, Wien: Kempsky, 1895.
Kempsky, 1895

der Luft, kreuz und quer durch die Straßen Telegraphendrähte gezogen, welche Wien wie ein Netz umspannen; dort werden die Pflastersteine aufgerissen, entweder weil sie schadhaft sind und durch neue Granitblöcke ersetzt werden müssen oder weil man dieser harten, unangenehmen Pflasterung eine bessere, ruhigere, staubfreiere vorzieht: Holzstöckel oder Asphalt. Oder man reißt die Pflastersteine zu anderem Zwecke auf: die Schienen der Pferdebahn müssen gelegt oder ausgebessert werden oder die Röhren der Gas- und Wasserleitung und der pneumatischen Bahn. Das Hämmern und Klopfen nimmt kein Ende. Eine Großstadt ist ein Hexenkessel öffentlicher Arbeit. Auf dem Dache des einen Hauses sind Ziegel- und Schieferdecker beschäftigt, an einem anderen schwebt ein hängendes Gerüst, auf welchem der Anstreicher mit Farbe und Besen seines Amtes waltet. Und nun erst ein Umbau! Die ab- und zufahrenden Wagen mit Brettern, Steinen, Ziegeln, der Schutt, die Trümmer, die Staubwolken ringsum, die zahlreichen Menschen, deren jeder einem andern Thun obliegt – welch' merkwürdiges Bild!

Die Behäbigkeit, mit welcher einst in Wien ein Bau geführt wurde, ist längst einer amerikanischen Hast in der Herstellung von hohen Zinskasernen gewichen.

Der „Ziegelschupfer" ist dahin, eine Maschine arbeitet an seiner Stelle, und das ist charakteristisch für die Art der modernen Bauführung. Es war eine etwas altväterliche Geschichte dieses Ziegelschupfen von Hand zu Hand, von einer Leitersprosse zur andern bis in die höchsten Stockwerke hinauf.

Aber es war originell ebenso wie der Brauch der beim Bau beschäftigten Weiber, das Mörtellschaff auf dem Kopf zu balancieren, was heutzutage von den „Zureicherinnen" auch nur noch ausnahmsweise geübt wird. Nicht mehr auf den Leitern und schiefen Ebenen hinaufgetragen wird der Mörtel, sondern er wird hinaufgewunden bis zu der Stelle, wo die kundige Hand des Maurers seiner benöthigt.

136. Die Gross-Industrie Österreichs, *Festgabe zum glorreichen fünfzigfährigen Regierungs-Jubiläum seiner Majestät des Kaisers Franz Josef I. Dargebracht von den Industriellen Österreichs 1898. Unter dem hohen Protectorate seiner k. u. k. Hoheit des durchlauchtigsten Herrn Erzherzogs Franz Ferdinand.* Wien: Verlag von Leopold Weiss, 1898, S. 83–84.

Dort, wo die alte Heeresstrasse der Römer die heutige Triester-Reichsstrasse durchschneidet, am Südabhange des Wienerberges mit seiner „Spinnerin am Kreuz", hat sich aus kleinen Anfängen eine Gross-Industrie entwickelt, welche weit über die Grenzen des Reiches hinaus als die unbestritten bedeutendste baukeramische Betriebsstätte gekannt ist. An derselben Stelle, an welcher schon die römischen Legionen Ziegel erzeugten, lag zu Zeiten Maria Theresias der „k. k. Fortifications-Ziegelofen", der, neben anderen kleineren Ziegelwerken vor den Thoren der damaligen inneren Stadt, das Baumaterial für die Basteien und später für die Linienwälle, den Mauergürtel Alt-Wien, schaffte.

Dort hat einer der ersten Industriellen Österreichs, Alois Miesbach, mit sicherem Blick die Ausbeute der vorzüglichen und unerschöpflichen Thonlager durch Gründung eines nach den damaligen Begriffen rationell eingerichteten Ziegelwerkes neuerdings begonnen.

Sein Nachfolger Heinrich Ritter von Drasche-Wartinberg, dessen Geschäftsthätigkeit bis in die Zeit der ersten Stadterweiterung hineinreicht, hat diese Anlage am Wienerberg wesentlich erweitert, neue Ziegelwerke im Wiener Becken gegründet, die epochemachenden ersten continuirlichen Brennöfen dort erbaut und die Fabrication feinerer Thonwaaren begonnen.

Im Jahre 1869 übernahm seine damals schon bedeutenden Anlagen die „Wienerberger Ziegelfabriks- und Baugesellschaft", eine Actien-Gesellschaft mit einem Capitale von sieben Millionen Gulden. Mit den grossen Mitteln dieser Gesellschaft erfährt nun unter der Leitung ihres Generaldirectors Dr. Emil Teirich der Betrieb ihrer keramischen Industrie einen gewaltigen Aufschwung. Die Production wird wesentlich gesteigert, grosse Terrains werden den schon übernommen Thonlagern ergänzend und erweiternd angeschlossen, neue Fabriken entstehen darauf, Verbesserungen der Fabricationsweise und die Einführung neuer Fabricationszweige werden in rascher Folge durchgeführt.

Es wird an die Einrichtung der grossen maschinellen Anlagen der Thonwaarenfabrik, der Verblendsteinfabrik, zu der

Erbauung von Dachfalzziegeleien und zur Einführung des Gasofenbetriebes geschritten. In diesen Anlagen wird die fabriksmässige Herstellung der bis dahin nur im Auslande erzeugten Mosaikfussboden-, Wanderverkleidungs- und Rohbaufaçadenplatten, von Emailschmelzöfen, Steinzeugröhren, feinen Verblend- und Dachfalzziegeln bahnbrechend in Österreich eingeführt.

Zum Ausbrennen der diversen Erzeugnisse dienen 48 continuirliche Ring- und Gasöfen von grösster Leistungsfähigkeit neben einer grossen Zahl verschiedenartiger Brennöfen für die Zwecke der feineren Thonwaarenfabrication.

Der Übergang vom reinen Handbetrieb zum gemischten Knetenbetrieb, bei dem nur mehr die Formgebung von der Hand geschieht, und zur ausschliesslichen Maschinenarbeit vollzieht sich stetig.

Alle neuen Einrichtungen in den gesellschaftlichen Fabriken geschehen von dem Gesichtspunlte aus, die Menschenkraft durch die Maschine zu ersetzen, oder dieser wenigstens die schwersten Verrichtungen nach Thunlichkeit zu übertragen; Dampfmaschinen von 1700 Pferdestärken und sonstige Motoren besorgen heute schon diesen Dienst.

So gelang es nach und nach, die Zahl der beschäftigten Arbeiter auf circa 8000 herabzusetzen, die alle sammt ihren Familienmitgliedern in den wohleingerichteten Arbeiterwohnhäusern der Gesellschaft in Einzelwohnungen untergebracht sind.

Hand in Hand mit der Ausgestaltung der Fabriksanlagen gieng bisher auch die Fürsorge für die Beamten und Arbeiter. Für erstere besteht ein Pensionsinstitut mit einem derzeitigen Reservefond von 852.000 Kronen, für letztere eine Betriebskrankencasse, ein Versorgungshaus zum Zwecke lebenslänglicher Unterbringung arbeitsunfähig gewordener Arbeiter und zwei Stiftungen für temporäre und dauernde Aushilfe mit einem Capitale von zusammen 382.000 Kronen.

Die jährliche Leistung der Gesellschaft für die Erhaltung des Versorgungshauses, eines Kindergartens, ferner an Beiträgen zu der Betriebskrankencasse, zur Unfallversicherung und zu sonstigen humanitären Zwecken zum Wohle der Arbeiterschaft beläuft sich jährlich auf mehr als 100.000 Kronen.

Seinem steten Gedeihen und Wachsthume entsprechen auch die finanziellen Erfolge dieses Unternehmens.

137. Johannes Emmer, *Kaiser Franz Joseph I. Fünfzig Jahre österreichischer Geschichte*, 2. Bd. Wien: C. Daberkows Verlag, 1898, S. 303–305.

Wenn sich auch die neue Epoche, die für Wien mit der Stadterweiterung begann, am meisten sinnfällig durch die „Verschönerung", die künstlerische Ausgestaltung der alten Reichs-Hauptstadt kundgibt, so fallen doch auch in diese Zeit ganz gewaltige Veränderungen und Verbesserungen, welche die materiellen Lebensbedingungen betreffen. Abgesehen von der großen Reihe städtischer Anlagen, wie Markthallen, Central-Viehmarkt, Central-Friedhof u. s. w., sind ganz besonders zwei Werke von größter Bedeutung für die neue Großstadt geworden, die 1873 eröffnete Kaiser Franz Joseph's-Hochquellen-Leitung und die 1870 begonnene Regulierung der Donau. Die erstere, mit einem Kostenaufwand von über 23 Millionen Gulden erbaut, führt in einem 95 ½ Kilometer langen Leitungsstrange der Stadt das Quellwasser des Schneeberg-Gebietes zu. Zwölf große Stollen durchbrechen die Hügel und fünf große Aquäducte – jener bei Baden hat 43 Bogen und 23 Meter Höhe, der bei Mödling 7 Bogen und 25 Meter Höhe – überbrücken die Thaleinschnitte. Das Wasser (bis zu 3 Millionen Hektoliter) wird in dem großen Reservoir auf den Rosenhügel gesammelt und von hier vertheilt es sich in die Röhrenleitungen, welche die Stadt durchziehen. Da die ursprüngliche Anlage für den Wasserbedarf der Stadt nicht mehr genügte, wurde sie seither durch Einbeziehung weiterer Quellen und Anlage eines Pumpwerkes in Pottschach vergrössert; derzeit bestehen vier Reservoire, welche 1,7 Millionen Hektoliter fassen, die Rohrleitungen haben eine Länge von 460 Kilometer. Die Erweiterung der Stadt durch die Einbeziehung der Vororte machte in der neuesten Zeit eine zweite Wasserleitung, die Wienthal-Leitung, nothwendig. Die Versorgung mit gutem Trinkwasser übte den besten Einfluss auf die Gesundheits-Verhältnisse Wiens aus, was sich in dem bedeutenden Rückgange der Sterblichkeits-Ziffer ausdrückt. [...]

Ein Vergleich mit Berlin, das ja auch erst in der Neuzeit sich so riesenhaft entwickelte, zeigt, daß sich dort zunächst durch Verkehrs- und Industrie-Anlagen der Aufschwung einleitete.

Nunmehr geht man auch in Wien daran, in dieser Beziehung manches Versäumte nachzuholen. Die durch das Gesetz vom Jahre 1892 sichergestellte Ausführung der Stadtbahn und die Umwandlung des Donau-Canals in einen Handels- und Winterhafen werden in der Zukunft für Wien von ebenso großer Bedeutung werden, wie es die Schöpfung der ersten Periode sind. Mit der

Anlage der Stadtbahn, welche die 7 Bahnhöfe miteinander in Verbindung bringen, und überhaupt ein neues Verkehrsnetz ringsum und durch das ganze Stadtgebiet schafft, steht auch die Regulierung des Wienflusses in Verbindung, der trotz seiner Kleinheit doch viel Schaden schon angerichtet hat.

Wenn im Vorstehenden angedeutet wurde, daß die Entwicklung der „Verkehrsstadt" bisher in zweiter Linie stand, so soll damit nicht gesagt sein, daß Industrie, Handel und Verkehr in diesen fünfzig Jahren keinen Aufschwung auszuweisen hätten. In der That ist auch auf diesen Gebieten eine imposante Zunahme der Thätigkeit zu verzeichnen.

Eine Unzahl neuer Fabriksanlagen ist seit dem Jahre 1848 entstanden, und in einigen Industriezweigen hat sich Wien in die vorderste Reihe gestellt; dies gilt namentlich von allen kunstgewerblichen Erzeugungen, dann von Instrumenten, Clavieren, Möbeln, Lederwaren, Maschinen, Kleidern, Bier u. s. w. Ist ja die Zahl der selbständigen Unternehmer auf 220.000, jene der Arbeiter auf 400.000 gestiegen, so daß letztere allein fast so groß ist, wie die gesammte Bevölkerungsziffer im Jahre 1848. Wien ist auch noch immer ein Hauptstapelplatz für den Getreide-, Wein- und Vieh-Handel. Im städtischen Lagerhause werden jährlich rund 200.000 Tonnen Getreide ein- und ausgelagert. Daß es Centralpunkt für das Bankwesen und den gesammten Geldverkehr Österreichs ist, erscheint selbstverständlich. Die 17 größeren Banken, die hier bestehen, verfügen über ein Actiencapital von 270 Millionen; im Jahre 1848 bestand nur die Nationalbank, jetzt Österreichisch-Ungarische Bank, alle übrigen sind im Laufe dieses Halbjahrhunderts entstanden.

Es genügen wohl diese wenigen Andeutungen, um zu erweisen, daß Wien unter Kaiser Franz Joseph auch eine reiche Stadt geworden ist, und wenn sich die Bevölkerung beinahe vervierfacht hat, so hat sich der Erwerb der gesammten Bevölkerung mehr als verzehnfacht. Die Finanzen der Stadt weisen schon darauf hin; mit einem Budget von durchschnittlich jährlich 40 bis 42 Millionen Einnahmen und Ausgaben übertrifft Wien manchen Staat; freilich hat es auch eine bedeutende Schuldenlast auf sich nehmen müssen, um all' die großen Werke zu bestreiten, derselben steht aber auch ein bedeutendes Vermögen (80 Millionen Gulden) gegenüber.

138. Anton Leo Hickmann,
„Häusliche Nutztiere“,
in: *Historisch-Statistische Tafeln aus den wichtigsten Gebieten der geistigen und materiellen Entwicklung der k.k. Reichshaupt- und Residenzstadt Wien im neunzehnten Jahrhundert.* Wien: Alfred Hölder, 1903, Tafel 35 und Erläuterungen.

Die Menge der vorhandenen Nutztiere in der Stadt Wien ist ebenso wie auf dem Lande einer steten Zu- oder Abnahme unterworfen, je nachdem das Bedürfnis und die günstigen oder entgegengesetzten Bedingungen zur Zucht derselben für eine oder die andere Gattung sinkt oder steigt.

In Berücksichtigung dieser Umstände läßt sich feststellen, daß insbesondere in den inneren Bezirken der Bestand an Nutztieren zurückgeht, so im I. Bezirk, wo mit Ausnahme von Pferden bereits alle übrigen Nutztiergattungen nicht mehr vertreten sind und selbst die Zahl der Pferde im Laufe der letzten 10 Jahre um 511 Stück = 70% von 735 auf 224 zurückgegangen ist.

Außer im I. Bezirk hat die Anzahl der Nutztiere im allgemeinen während des genannten Zeitraumes noch abgenommen im II. und XX. Bezirk um 86 Rinder, 127 Ziegen und zirka 140 andere Kleintiere nebst 39 Bienenstöcken.

Im III. Bezirk um			
431 Pferde,	129 Rinder,	69 Ziegen und	120 Bienenstöcke
IV.			
129	179	3	26
V.			
271	164	28	
VI.			
36	300		
VII.			
725	179		

Über die Gesamtzahl der in Wien gegenwärtig vorhandenen Pferde läßt sich eine genaue Ziffer nicht angeben, da durch die Umwandlung der bisherigen Pferde-Straßenbahnen in solche mit elektrischem Betrieb sowie der teilweisen Auflassung der

Omnibusse und der Einführung des Automobilismus eine große Anzahl von Pferden (mindestens 6000) frei werden und außer Rechnung gebracht werden müssen.

Nach den Zählungen für 1890 ohne, und 1900 mit den Bezirken XI–XIX war der Stand von Nutztieren im Gesamtgebiet der Stadt (1890 und 1900) wie folgt:

	Im Jahre 1890	1900	mehr oder weniger im Jahre 1900
Pferde	33.393	41.099	+7706
Rinder	14.281	11.477	-2804
Maultiere und Esel	46	46	
Ziegen	2.972	2.176	-796
Schafe	292	173	-119
Schweine	3.682	3.918	+236
Bienenstöcke	1.486	1.170	-316

Würden jedoch die seit 1890 neu in die Stadt einbezogenen äusseren Bezirke XI–XIX mit ihren Nutztieren gegenwärtig beim Vergleich weggelassen werden, so ergäbe sich dann das folgende, wesentlich richtigere Bild:

	Im Jahre 1890	1900	weniger im Jahre 1900	
Pferde	14.659	12.776	2883	
Rinder	3.835	2.599	1236	
Maultiere und Esel	22	6	16	
Ziegen	808	397	411	
Schafe	35	21	14	
Schweine	612		499	113
Bienenstöcke		358	163	195

Zusammen in den alten X Bezirken demnach gegenwärthig 4868 häusliche Nutztiere, oder um 4868 weniger als vor zehn Jahren.

---

139. Max Winter, „Athleten“, in: ders., *Im dunkelsten Wien.* Wien, Wiener Verlag 1904, S. 53–55.

Auch wir kehren wieder zum Donaukanal zurück. Noch gilt es die Steinscheiber aufzusuchen. Sie verrichten Athletenarbeit. Man muss sie nur dabei sehen, namentlich die „Anzahrer“. Den Oberkörper nackt – wir schrieben damals den 27. Oktober! – sonnverbrannt noch vom Sommer her, den Unterkörper nur in einer Leinenunterhose steckend, den blauen Schurz zwischen den Füssen durchgezogen und hinten aufgebunden, so laufen sie über die Böschung hinunter, schwingen sich auf den Laden, der quer über das Schlepp gelegt ist, und werfen die Steine, die ihnen der im Schiff stehende „Aufischmeisser“ auf den Laden legt, auf den Steg hinauf, der, auf hohen Bockgerüsten ruhend, eben bis zum oberen

Rand der Böschung läuft. Der Steinscheiber nimmt die siebenzölligen Würfel oder die „langen Siebner“ oder die „Pfaffenkapp’ln“, das sind die zugespitzen Randsteine an den Tramwaygeleisen, in Empfang und schlichtet sie auf den Karren, ihrer mehr oder weniger, je nach der Schwere. Zehn, elf Würfel oder sieben Lange, deren jeder 30 bis 35 Kilo wiegt, oder aber vier „Guldenstaner“ laden sie auf, wie die „Pfaffenkapp’ln“ auch heißen, weil einer dieser Steine, die aus dichtestem Material sind, einen Gulden kostet, während ein gewöhnlicher Granitwürfel auch heute noch einen „Zwanz’ger“ kostet, aber nicht Konventionsmünze wie in dem Wien der sechziger Jahre, in dem man sich den Spaß erzählte, daß Wien mit lauter Silberzwanzigern gepflastert sei.

Nun schwingt sich der Anzieher auf dem Bock in die Höhe, nimmt die Zugleine über die Achsel, und zwar so, daß er die Endschlinge in der vorgestreckten Hand hält. Beide Arme gestreckt, beginnt er nun den Lauf über den schmalen, geländerlosen Steg. Stählern treten die Muskeln hervor. Die Adern im Gesicht schwellen ihm an, da er endlich auf festen Boden kommt. Alles scheint Stein an dem Menschen, selbst die Virginier, die er mit den zusammengepreßten Zähnen hält. Vor dem Schlichter macht er Halt, und der „Steinscheiber“ leert den Karren ab. Der Anzieher wirft das Zugband auf den Karren und geht wieder die Böschung hinab, während der Steinscheiber den leeren Karren auf den Steg fährt.

Während die zwei Scheiber ihre Karren beladen, muß der „Stanschlichter“ die Steine, die im Haufen vor ihm liegen, schlichten. Wieder eine Athletenarbeit. Die Würfel wiegen 20, die „Siebner“ 30 bis 35 Kilo, die „Pfaffenkapp’ln“ gar 46 bis 48 Kilo, und diese müssen alle kunstgerecht übereinandergeschlichtet werden: 4, 7 oder 10 in der Minute, je nach ihrer Schwere, aber immer hat der Schlichter die Arbeit für zwei Karren zu besorgen. Je höher er kommt, desto schwieriger wird es. Und man bedenke: 3000 bis 4000 Steine zu schlichten ist die Leistung neunstündiger Arbeit! 60.000 bis 80.000 Kilo hebt er also im günstigsten Fall, 90.000 bis 100.000 Kilo, wenn „lange Siebner“ oder „Pfaffenkapp’ln“ ausgeladen werden, in der Stunde somit 10.000 Kilo. Das sind athletische Dauerleistungen, die sich sehen lassen können.

Und für alles das bekommt er 6 Kronen im Tag. Der Steinscheiber hat 7 Kronen, der Anzieher 5 und der Hinaufwerfer gar nur 4 Kronen. Gearbeitet wird von 6 bis 6 Uhr mit dreistündigen Pausen.

„Aber glaub’n S’, Herr, daß m’r si abends ka Gaude mehr verlangt, wann m’r da ’n ganzen Tag g’arbeit’t hat? Da fallt m’r ins Bett wia a Stückl Holz, und am andern Tag glaubt m’r’s gar nöt, daß’s scho Fünfe is und dass m’r wieder auf muaß. ’s Stanabladnen is a harte Arbeit. D' Weaner wiss'n nöt, wia viel Schweiß als s' tret'n tan, wann s' über ihner Pflaster gehn..."

Er verschnauft eine Weile.

„Na, gehn m'r's wieder an!" Damit nimmt er den Scheibriemen wieder auf und geht sicheren Schrittes über den schwanken Steg.

---

140. o. A., „Warenhaus A. Gerngross in Wien, VII. Bez., Mariahilfestrasse 42–44", in: *Der Bautechniker* 25, Nr. 19, 12. Mai 1905, S. 385–387.

Anlässlich eines Berichtes über eine vom n.-ö. Gewerbeverein unternommene Exkursion nach diesem mit allem erdenklichen Komfort und allen Errungenschaften der Gesundheitspflege ausgestatteten Gebäude, haben wir eine ausführliche Schilderung dieses Warenhauses in Aussicht gestellt, der wir im Folgenden nachkommen.

Das Warenhaus richtet seine 35 m lange Hauptfront gegen die Mariahilferstrasse; während der Bauausführung konnte die Firma Gerngross noch ein Haus im Rücken des Warenhauses erwerben, wodurch es möglich wurde, das Haus nach der Lindengasse hin durchgehen zu lassen und an der Lindengasse eine ca. 18 m lange Façade anzuordnen. So kann sich nun der Kunden-Verkehr von der Mariahilferstrasse aus abwickeln, während der gesammte Warenverkehr, sowie der Ein- und Austritt der Fabrikanten und Agenten, wie auch des Personales von der Lindengasse aus erfolgt. [...]

Das Souterrain, Parterre und Mezzanin dienen für den Detailverkauf, das 1. und 2. Stockwerk für den Engrosverkauf, während der 3. und 4. Stock für die interne Manipulation bestimmt ist. Hier sind die Bureaus und Arbeitsräume, die Lokale für den Einkauf der Waren, 8 verschiedene Abteilungen zur Sortierung und Preisnotierung der Waren, Erholungsräume mit Wintergarten für das Publikum, Konditorei, Lese- und Schreibzimmer, Zimmer für ärztliche Ordination und für die Chefs angeordnet. Im Kellergeschoss befinden sich die Kistendepots, die Maschinenräume für die Aufzüge, die Heiz- und Lüftungsanlage, die Akkumulatoren für die Notbeleuchtung, die Maschine des Vakuum-Cleaners u. dgl. Das Hinterhaus nach der Lindengasse dient zur Aufnahme aller Reservemagazine, des Packhofes für Waren, der

Garderoben, der Speiselokale, der Wasch- und Doucheräume, sowie der Aborte für 700 Personen des Personals. Von hier aus wird auch die Heizung mit Kohle versorgt, da dieselbe täglich einen grossen Wagen Kohle erfordert; ferner werden hier täglich 2 Wagen voll Papier- und Kartons-Abfälle aus dem Hause beseitigt.

Die Deckenkonstruktionen bestehen aus armiertem Beton und bei der Beleuchtung der Räume sind zum grossen Teile Luxfer-Prismen in Anwendung gekommen, so z. B. über dem Vestibule. Hierdurch war man in der Lage, die zuvor dunklen Räume, die sonst mit künstlichem Lichte (Elektrizität oder Gas) hätten beleuchtet werden müssen, nunmehr durch Tageslicht zu erhellen. Die Anwendung der Luxfer-Prismen war hierbei eine verschiedene. Hervorzuheben sind zunächst die 5 grossen Luxfer-Oberlichtplatten, welche im Strassentrottoir liegen und je 4 m^2 gross sind. Verlegt wurden diese mit weissen Luxfer-Diamantglasfliesen und darunter befindet sich je eine Luxfer-Prismen-Marquise, mittelst welcher alle durch die Oberlichtplatten einfallenden Lichtstrahlen gebrochen und in die Souterrainlokalitäten eingelenkt werden.

Zur Erhellung der rückwärtigen Parterreräume dienen 4 grosse Luxfer-Prismen-Fenster und eine über der Parfümerie befindliche horizontale Prismen-Zierdecke. Dieselben sind in elektrolytischer Kupferfassung hergestellt und bilden zugleich einen feuersicheren Abschluss. Ferner kamen mehrere grosse Luxfer-Prismen-Marquisen in Anwendung, die das Licht von den Lichtschächten aus in alle zu erhellenden Räume bringen, selbst in tiefgelegene Lokale. Bemerkenswert sind ferner die feuersicheren Fenster zwischen Fahrstuhl und Treppenhaus durch sämtliche Etagen, sowie bei den Hauptfenstern am Haupteingange. Hierdurch ist eine Brandverbreitung bei Feuersgefahr vollständig ausgeschlossen.

Die von der Firma Kelling & Co. ausgeführte Zentralheizung erstreckt sich sowohl über das eigentliche Warenhaus, als auch über den anschliessenden Magazinstrakt und ist eine Niederdruckdampfheizung. Zur Lüftung der Verkaufshalle, welche sich über fünf nach der Mittelhalle geöffneten Stockwerke erstreckt, dient eine zentrale Dampfluft-Vorwärmung. Zur Erzeugung des gesamten Wärmebedarfes für Heizung und Luftvorwärmung sind drei Niederdruck-Dampfkessel von je 40 m^2 wasser- und feuerberührter Heizfläche im Kellergeschosse angeordnet, welche je nach der Aussentemperatur mit 0,1 bis 0,15 Athmosphären Überdruck arbeiten.

141. o. A., „Enthüllung des Raiffeisen-Denkmals im Raiffeisen-Hof“, in: *Die Wiener Tagesblätter*, 12. Jänner 1907; hier nach *Die Genossenschaft*, 19. Jänner 1907, S. 18.

Vor mehr als einem halben Jahrhundert entwickelte Friedrich Wilhelm Raiffeisen zum erstenmal seine Genossenschaftsidee und schon im Jahre 1849 gründete er als Bürgermeister von Flammersfeld in den Rheinlanden daselbst den ersten Verein. Seither haben seine Ideen einen gewaltigen Siegeszug durch die ganze Welt gehalten und namentlich auch in Niederösterreich hat das ländliche Genossenschaftswesen nach dem System Raiffeisen einen derartigen Aufschwung genommen, daß bei der niederösterreichischen Genossenschaftszentralkasse rund 28 Millionen Kronen an Überschüssen der im Lande bestehenden 531 Raiffeisen-Kassen erliegen. Zum Zwecke der Anlage von Reserven hat die Niederösterreichische Genossenschaftszentralkasse das Haus I. Bezirk, Schottenring 15, erworben und als „Raiffeisen-Hof“ bezeichnet. Am heutigen Tage wurde in dem geräumigen Hofe desselben eine überlebensgroße Büste F. W. Raiffeisens aus Galvanobronze, künstlerisch ausgeführt durch den Bildhauer Max Deutschmann in Erfurt, unter zahlreicher Beteiligung enthüllt.

Wir haben seither dieses Denkmal ebenfalls besichtigt; die Büste Raiffeisens steht auf einem zirka 2 Meter hohen Marmorsockel, welcher eine sehr gefällige Form aufweist. Derselbe ist von einem niederen, ornamentalen Eisengitter eingefaßt, innerhalb welchem Epheu gepflanzt ist.

Das Denkmal, sowie der stattliche Bau, in dessen anheimelndem Hofe es steht, macht auf jeden Genossenschafter einen wohltuenden Eindruck.

142. Franz Höllrigl,
„Hotels, Gasthäuser, Kaffeehäuser“,
in: *Wiener Cicerone. Illustrierter Fremden-Führer durch Wien und Umgebung.*
Wien: Volkswirtschaftlicher Verlag Alexander Dorn, 1908, S. 17–18.

Hotels, *Gasthäuser*, *Kaffeehäuser.*

Die Wiener Hotels und Gasthöfe haben den allgemeinen internationalen Zuschnitt, besonders die ersten Ranges. Der Fremde findet alles wie in den anderen großen europäischen Städten, dieselben Einrichtungen, dieselben Bediensteten. Als charakteristisch verdient die persönliche Fürsorge und Aufmerksamkeit hervorgehoben zu werden, welche die Wiener Hoteliers, beziehungsweise die Direktoren und Geschäftsleiter, dem Hotelgaste widmen. In den Zimmern finden sich die Preise angegeben, die nach Lage und Ausstattung der Räume sehr verschieden sind. Die Hotels in den äußeren Bezirken sind billiger; sie haben Zimmer schon von 2 K an. Für die meist elektrische Beleuchtung wird nichts berechnet, sehr oft auch nichts für Bedienung („service“). An die table d'hôte ist der Fremde in Wien weniger gebunden als sonstwo. Jedes größere Hotel (Hotel garnis gibt es nur wenige) hält Speiseräume, welche aber nicht nur von den Hotelgästen allein, sondern auch vom einheimischen Publikum frequentiert werden. In den meisten Hotels wird für jene Hotelfremden, welche nicht mindestens eine Mahlzeit im Hause einnehmen, ein 10 bis 20% auf die Logispreise berechnet. Tables d'hôtes zu festgesetzter Stunde gibt es nur in Hotels ersten Ranges. Aber auch dort speist man zu beliebiger Zeit nach der Speisekarte, „à la carte“. In den besseren Hotels werden auch Gedecke, „Couverts“ mit vielen Gängen zum Preise von 3 bis 6 K aufgetragen.

Gasthäuser, Restaurationen, Restaurants gibt es in allen Abstufungen. Sie teilen sich gewöhnlich in Speiseräume – „Extrazimmer“ – mit höheren Preisen und in eine Schankstube – „Gastzimmer“ oder „Schwemme“. Die Speisekarte, „Speisezettel“ mit Preisangaben der kleinen Gastwirtschaften sind für den Fremden infolge vielfacher Lokalausdrücke oft nicht leicht verständlich und es ist dann schwer für den Fremden, aus den unbekannten Gerichten zu wählen, so lange er sich nicht über die Wiener Speisekartengebräuche zurechtgefunden hat. Er findet die internationalen Gerichte: Bouillon, Rostbeef, Filet, Kotellette, Bombe, Gateau u. s w. Aber auch manche gute Speisen der älteren Wiener Küche, die zu verkosten lohnt, wie der

Leberknödel, Lungenstrudel, Kaiserschöberl, Nockerl, das gesottene Rindfleisch, Selchfleisch, Lungenbraten (Filet), Beiried (Rostbeef), Nierenbraten, Gulyasch etc. Insbesondere an Mehlspeisen ist die Wiener Küche reich: Alle Arten Strudel, Schinkenfleckerl, Erdäpfelnudel, böhmische Talken, Krapfen, Guglhupf u. A. m. Der Fremde will gewiß Wien auch von dieser Seite kennen lernen. Trinkgeld in den Gasthäusern ist üblich: für den Oberkellner „Zahlkellner", für den „Speisenträger" und überdies noch etwas für den Bierjungen, „Kellnerbub" auch „Piccolo" genannt.

Das Kaffeehaus ist von Wien aus als „Wiener Café" in die Welt gegangen. Es ist für den Wiener nicht bloß Erfrischungs- oder Speiseraum – man bekommt daselbst auch Schinken, Eier, Kuchen – sondern auch Salon für gesellige Unterhaltung und Spiele: Karten, Billard, Schach; es ist für Viele auch Lesekabinet und Geschäftsstelle. Man findet daher im Kaffeehaus eine stattliche Menge Zeitungen, Monatschriften, Broschüren, Hilfsbücher: Adreßbücher, Kalender, Fahrordnungen, Nachschlagebücher, insbesondere Konversationslexika. Auch eigene Schreibtische stehen zuweilen bereit und die letzten Kurszettel der Börse sind ausgehängt. Es gibt Kaffeehäuser in Wien, die Tausende von Kronen für Zeitungsbezug aufwenden. Auch das kleinste Kaffeehaus muß Zeitungen bereithalten. Die Kaffeehäuser, von denen viele „Vorgärtchen" haben, d. i. Plätze mit einigen Bäumen in Kübeln auf der Straße, sind am meisten morgens zum Frühstück, nach Tisch zum Nachmittagskaffee und abends nach den Theatern und Abendmahlzeiten besucht. Man trinkt „Melange", Kaffee mit Milch in Glas oder Schale, oder zum Selbstmischen eine „Portion"; „Braunen", „Kapuziner", „Schwarzen" in der Schale. Sommers ist das Eis, das „Gfrorne" vielbegehrt, dazu „Hohlhippen", ein Gebäck.

Es gibt in Wien sehr schön und reich, oft künstlerisch ausgestattete Kaffeehäuser, besonders im I. und II. Bezirk.

143. o. A., „Wien als Einkaufsplatz“, in: Eugen Guglia (Hg.), *Wien. Ein Führer durch Stadt und Umgebung.* Wien: Gerlach & Wiedling, 1908, S. XXVII–XXIX.

Auf die Frage, was sich wohl in Wien am besten kaufen ließe, kann mit Ruhe die Antwort gegeben werden: „Alles, was in Österreich überhaupt erzeugt wird.“ Ist doch Wien tatsächlich das wichtigste wirtschaftliche Zentrum Österreichs in produktiver, kommerzieller und finanzieller Beziehung. So weist der Gewerbekataster der Niederösterreichischen Handels- und Gewerbekammer für Wien allein im Jahre 1907 rund 125.000 Betriebsstätten der Produktion und des Handels aus. Unter ihnen befindet sich eine auffallend große Zahl von Zentralen und Verkaufsfilialen bedeutender auswärtiger Betriebe aller Kronländer, die mit den Detaillisten Wiens und den Engroskäufern aller Art ein stetes und enges Einvernehmen pflegen.

Nach dieser allgemeinen Betrachtung von Wien als Einkaufsplatz soll nun in großen Zügen die Frage erörtert werden, was als Spezialität der Wiener bodenständigen Produktion bezeichnet und daher dem Besucher Wiens ganz besonders empfohlen werden muß.

Dass auch in dieser Beziehung die Vorbedingungen für Reichhaltigkeit und für besondere Eigenschaften der in Betracht kommenden Waren außerordentlich günstig waren, lehrt die Erwägung, daß Wien die sechstgrößte Stadt der Welt, durch seine geographische Lage und geschäftlichen Beziehungen seit jeher den Verkehr zwischen dem Norden und Süden, dem Westen und Südosten Europas vermittelte, daß einst von hier aus Deutschland, die Niederlande und Norditalien beherrscht wurden, daß Wissenschaft und Kunst, speziell die Musik, in Wien die Epoche höchster Blüte erreichten. In Wien sind Kunstsinn und Geschmack geradezu ein Grundton des Volkscharakters geworden: ein Blick auf die Anlage und bauliche Ausgestaltung der Stadt, die Einrichtung der Wohnungen, die Kleidung der Bevölkerung und besonders der Frauen, eine Besichtigung der Auslagen und Geschäfte, ein Besuch der Museen und Theater lehren dies.

Es ist nicht richtig, wenn Wien im Vergleiche mit andern Großstädten an zweite Stelle gesetzt wird, denn es kann mit der Fülle seiner Eigenarten nur an einer ersten Stelle stehen, gemäß dem Volksspruche: „Es gibt nur eine Kaiserstadt, es gibt nur ein Wien!“ Wenn man allerdings Preislage und Ausstattung der Erzeugnisse von Paris und Wien vergleicht, wird man sagen, daß das erstere gemäß dem Bedarfe seiner Konsumenten zu einem größeren Teile Luxusware erzeugt als Wien, ferner daß sich das letztere außer der Luxusware gerade durch gediegene und feine Mittelware auszeichnet und schließlich, daß sich in Wien billiger einkaufen läßt.

Dank der Veranlagung der Bevölkerung und der verdienstvollen Bemühungen einer Reihe von fachlichen Unterrichtsanstalten (Museum für Kunst und Industrie, Technologisches Gewerbemuseum etc), die fördernd, bildend und regelnd eingriffen, hat man sich mit Recht daran gewöhnt, vom Wiener Geschmack zu sprechen, der der Schöpfer der ganz speziellen Wiener Art geworden ist; ja man geht noch weiter und spricht geradezu von einem Wiener „Stile“. Jedenfalls muß die Eigenart des Wiener Geschmackes anerkannt werden.

Das Streben nach Selbständigkeit und künstlerischem Ausdruck, die individuelle Auffassung kommt in Wien schon im Straßenbilde zum Ausdruck. Im Gegensatze zu den meisten Großstädten Europas wird selbst bei den Privatgebäuden nicht irgend ein praktisch befundener Typus abgewandelt, der in der Schlußsumme monoton wirkt, sondern es gibt kaum zwei Häuser in Wien, die in Fassade und Aufbau gleich wären. Eine solche Bauweise setzt einerseits Bauherren aller Stände voraus, die eine derartige Individualisierung würdigen, anderseits geschickte Unternehmer und in den Ansprüchen tunlichst bescheidene Handwerker, die im Fassaden und Dachschmuck, in der Innenausstattung (Plafondverkleidung, Metallarbeiten, der Hafnerei und sonstige Installation u. s. w.) den Wünschen der Baukünstler Rechnung zu tragen vermögen, ferner eine Industrie, welche sich für ihre fabrikationsmäßige Erzeugung die Fähigkeiten des schmiegsameren Handwerkes zu nutze gemacht hat. Diesen Faktoren verdankt die moderne Richtung in Wien jene gefällige Form und Mannigfaltigkeit, die sie gegenüber der Konkurrenz anderer Länder auszeichnet. Sonst würde längst auch hier das Streben nach tunlichst weitgehender Verringerung der Baukosten den fabriksmäßigen Baustil zum herrschenden gemacht haben.

Es ist nun im Zusammenhange mit der Baukunst speziell auf die Wiener Kunstschmiederei hinzuweisen, ein, wie die Arbeiten an den Palästen und alten Bürgerhäusern lehren, schon in früheren Jahrhunderten in Wien hochstehendes Gewerbe. Vom eisernen Mann auf dem Rathausturm bis zum handgeschmiedeten Leuchter oder Ofenvorsetzer findet man in Wien eine reiche Kollektion bemerkenswerter Leistungen. Auch die Wiener Erzeugung von Kachel- und eisernen Ofen verdient das Interesse des Fremden, der sein Haus oder seine Wohnung auszustatten beabsichtigt. Er wird auch hier die sorgfältige Kopie berühmter alter Muster oder ihre geschickte Durch- und Umbildung, ebenso schöne Arbeiten nach neuen Entwürfen finden.

Von anderen Branchen, die sich der Innenausstattung der Wohnräume widmen, ist vor allem die Möbelindustrie hervorzuheben, die eine ganz außerordentliche Zahl von Betrieben beschäftigt, fabriks- und handwerksmäßig betrieben wird, die kostbarste Palasteinrichtung wie das einfachste Mobiliar erzeugt und in den letzten Jahren auch zur Erzeugung von geschmackvoller Zimmereinrichtung für den Export überging. Ausführung nach tadellosen, künstlerischen Entwürfen, solide Arbeit und Billigkeit zeichnen die Ware aus. Während bisher nur die gebogenen Möbel, vor allem die Sessel aus gebogenem Holze, in der ganzen Welt als österreichische Ware bekannt waren, ist zu hoffen, daß auch dieses Mittelgenre im Exporte entsprechende Bedeutung gewinnt und besonders für die Einrichtung von Hotels steigende Verwendung findet. Auch die Korbwarenindustrie darf nicht übersehen werden.

Gerade in Wien ist man bestrebt, sich nach Abstreifung der anfänglichen Übertreibungen des neuen Stils zu edlen, ruhigen Formen durchzuringen, bei denen auf die praktische Verwendbarkeit nach englischem und Biedermeiervorbild ebenso gesehen wird, wie auf die Durcharbeitung einer individuellen künstlerischen Idee. Kann sich doch auch die Interieurkunst nach allen Richtungen auf die höchst entwickelten Hilfsindustrien stützen.

---

144. Luwig Hevesi, „Der Neubau der Postsparkasse" (18. Februar 1908), in: *Altkunst –Neukunst, Wien 1894–1908*. Wien: Carl Konegen, 1909; Reprint hg. von Otto Breicha, Klagenfurt: Ritter, 1986, S. 245–248.

Ein monumentaler Zweckbau – das merkt schon der von außen Herankommende – ist in diesen schief und schräg laufenden Gassen entstanden, die er geschickt benutzt, um sich mit seinem bedeutenden ausgestalteten Mittelrisalit auch nach der Ringstraße hin anzumelden. Die beiden säulenhaft ragenden Dachfiguren (von Schimkowitz, 4,30 Meter hoch, in Aluminiumguß, der für diesen Maßstab neu ist) schauen weit hinaus auf den Ringverkehr. Otto Wagner ist es ganz recht so; in die engen Gassen, die tote Gegend, gehören die arbeitenden Zentren hinein, in die breiten Straßen der belebten Gegend der Verkehr. Die Formen des Aufbaues sind natürlich durchaus modern. Nichts von Schulbuchdetail, aber auch nichts vom Kuriositätenstiil, den das große Publikum unter „sezessionistisch" versteht. Anders als das andere ist es doch. Bedeutend ist schon die Wirkung des edlen Materials, das man sich trotz der Sparsamkeit eines Bloßdreimillionenbaues gönnen durfte. Und mußte, denn es schließt Beschmutzung, Reparaturen und somit nachträgliche Kosten aus. Die ganzen Fassaden sind mit viereckigen Platten von weißem Sterzinger Marmor, oben von weißem, in der Attika umrahmungsweise auch von schwarzem Glas bedeckt. Bei der Raschheit, mit der zu bauen war, konnte man das Haften von selbst nicht abwarten, sondern nagelte die Platten auf. Diese 17.000 Nägel (zu 50 Heller) aus Eisen, aber für den Marmor mit Blei verkleidet, um die Rostflecken zu vermeiden, und die Köpfe mit Aluminium überzogen und poliert, sind zugleich ein orgineller, von der Notwendigkeit eingegebener Schmuck der Wandflächen. Das Aluminium ist überhaupt das herrschende sichtbare Metall im Hause. Es dient auch für die 800 Türschnallen nebst Beschlägen, und da es nicht oxydiert, also nicht geputzt zu werden braucht, wird es nachgerade zur Wohltat. In diesem metallischen Silbergrau schimmern auch die hallentragenden Pfeiler und die Reihen runder Heizkörper des glasgedeckten Kassensaales, die Heizungsgitter der Säle und die Beleuchtungskörper. Das stimmt zu dem tonigen Weiß des ganzen Baues, zu einer weißlichen Harmonie der Säle, die auch durch Belag der unteren Wandflächen mit Glastafeln nicht gestört wird, eine Maßregel, die das sonst unvermeidliche Bekritzeln der Wände verhütet. [...]

Es ist da alles hell in hell. In allen Sälen und Gängen herrscht das Licht, trotz der undurchsichtigen Fensterscheiben aus Kathedralglas, die nur dort durch eine durchsichtige ersetzt sind, wo der wachthabende Posten einen Durchblick nach gewissen wichtigen Mauerfluchten haben muß, die er mit bewacht. Wir gingen dann in den Kassensaal, der eigentlich ein glasgedeckter Hofraum ist. Dieses Glasdach wird wohl den anderen Glasdächern Wiens, die meist so aufs Durchregnen und Schneefesthalten eingerichtet sind, allerlei Nützliches lehren. Es hat sogar eine eigene Heizung, die Schnee und Eis schmilzt und zu flottem Abfließen bringt. Auch im Kassensaale herrscht die größte Einfachheit. Eine einzige farbige, vielmehr schwarze, Ornamentlinie ist zu entdecken, die einige Flächen umzieht. Dem Eingang gegenüber, rechts und links der Loge für die Vorstände, sieht man zwei viereckige Objekte: die Uhr und den Kalender. Sie haben Charakter und wirken daher besser, als zwei allegorische Gemälde täten, die doch vermutlich nur mittelmäßig wären. Übrigens ist der Raum an sich, mit einem dreischiffigen Rhythmus, der sich im

Glasdach ausprägt, schön und bedeutend. Zu einiger finanztechnischer Würze sei etwa bemerkt, daß es unter den 30 Schaltern längs der Wände vier gibt, an denen nur Beträge über eine Million ausbezahlt werden. Solche romantische, ja heroische Züge kommen an einem modernen Postsparkassenbau vor. Aber es ist da eigentlich sehenswert. Das Innere eines Schalters, mit seiner eigenthümlich eingerichteten Kasse, aber selbst eine simple eiserne Türe, die aus einer zähen Eisenplatte zwischen zwei harten Stahlplatten besteht und sich selbst für Berechtigte als fast unanbohrbar bewährt hat, dabei aber natürlich auch mit anderweitigen Sicherungen (Läutewerk) versehen ist. Die Röhren der Heizung gehen, wie heutzutage selbstverständlich, überall sichtbar die Wände entlang. Im Zeitalter der falschen Paläste hätte man sie nicht vertragen, heute empfindet man sie zugleich als schmückendes, das heißt belebendes Detail des Organismus, das auch seinen Linienreiz hat und sogar die Raumgliederung mitbetont. In einem solche Raum sieht der ganze Mensch von heute so hineingehörig, so beinahe unerwartet natürlich aus, daß man fast nicht mehr begreift, wie man anders bauen könnte. [...]

Man kann gut zwei Stunden in anregender Weise mit dieser Besichtigung ausfüllen. Man sieht und hört eine Menge Neues und verläßt dieses jüngste öffentliche Gebäude mit dem Eindruck, daß die moderne Baukunst in Wien hier auf praktischem Gebiete einen großen Erfolg errungen hat, der jedenfalls auch für die Zukunft maßgebend sein muß.

---

145. „Vienna“, in: *Encyclopaedia Britannica*. Cambridge: Cambridge University Press, 1910, S. 50–53, hier 52–53.

Trade. — Vienna is the most important commercial and industrial centre of Austria. For a long time the Austrian government, by failing to keep the Danube in a proper state for navigation, let slip the opportunity of making the city the great Danubian metropolis which its geographical position entitles it to be. But during the last quarter of the 19th century active steps were taken to foster the economic interest of the city. The regulation of the Danube, mentioned above, the conversion of the navigable canal Danube-March-Oder – all gave a new impetus to the trade of Vienna. The fast-growing activity of the port of Trieste and the new and shorter railway line constructed between it and Vienna also contribute to the same effect. Vienna carries on an extensive trade in corn, flour, cattle, wine, sugar and a large variety of manufactured articles. Besides the Danube it is served by an extensive net of railways, which radiate form here to every part of the empire.

The staple productions are machinery, railway engines and carriages, steel, tin and bronze wares, pottery, bent and carved wood furniture, textiles and chemicals. In the number and variety of its leather and other fancy goods Vienna rivals Paris, and is also renowned for its manufacture of jewelry and articles of precious metals, *objets d'art*, musical instruments, physical chemicals and optical instruments, and artistic products generally. Its articles of clothing, silk goods and millinery also enjoy a great reputation for the taste with which they are manufactured. Books, artistic publications, paper and beer are amongst the other principal products. The building trade and its allied trades are also active.

---

146. Peter Altenberg, „Poliere",
in: ders., *Semmering*, 1912.
Wien: Eichbauer, 1913, S. 31–32.

Ein Märtyrer unserer „Neubauten" ist der Polier. So ein stiller kleiner Feldherr, der alles Wichtigste überwacht, und den niemand, niemand kennt und anerkennt. Wir haben da den Bauherrn, den leitenden Architekten, den verantwortlichen Baumeister mit seinem Stab, aber den Polier kennt niemand. Und doch, hier muß unbedingt „und doch" kommen, und doch ist er ebenso verantwortlich wie die, deren Namen man, wenigstens in Fachkreisen, mit Ehrfurcht ausspricht, oder mit Geringschätzung, was dasselbe ist. Die modernen Betonbauten bedürfen in jeglicher Minute den Sperberblick der Überwachung! Freilich ist die gesetzmäßig verlangte zwanzigfache Tragfähigkeit eine Garantie. Aber gegen Schlamperei gibt es, wie eine jede gute Hausfrau aus Erfahrung weiß, keine Garantie. Der Polier muß zur Stelle sein, bei Tag und Nacht, und, obzwar es naturgemäß unmöglich zu sein scheint, noch dazu an mehreren Orten zu gleicher Zeit. Ja, sonst ist er kein brauchbarer Polier! Auch pflegt man ihm gern den Vorwurf zu machen, daß die Arbeit nicht vom Fleck rücke, und fragt ihn teilnahmsvoll, ob seine Arbeiter einen gesunden Schlaf hätten und die Mittagspausen auch hübsch einhielten, da das sehr hygienisch sei. Dem Polier gegenüber hat man stets den Ton eines vorwurfsvollen Erstaunens, man greift sich quasi an den Kopf, und kann sich nicht hineinfinden, daß die Sache so langsam vorwärts gehe. „Ein jeder Tag kostet uns Tausende", sagt man, während der Polier nicht beweisen darf, daß es schneller nicht gehe bei absolut sicherer Arbeit, und schuldbeladen etwas stammelt, was niemanden befriedigt, da man nicht zugehört hat. Die großen Herren machen Fehler, die man ihnen verzeiht, weil man sich nicht vor sie hinpflanzen kann und sagen: „Aber Herr, Herr, was ist Ihnen denn da wieder passiert?!" Die kleinen Poliere machen aber nie Fehler, das gehört ja eben zu ihrem Beruf, keine zu machen. Trotzdem ist man oft über sie „vorwurfsvoll erstaunt", und läßt sie indigniert mitten im Gespräche stehen.

---

147. o. A., „Der Zentralviehmarkt", in: *Statistisches Jahrbuch der Stadt Wien für das Jahr 1912.* Wien, Verlag des Wiener Magistrates, 1914, S. 576.

Der Wiener Zentralviehmarkt zu St. Marx im III. Gemeindebezirke ist laut der durch die Ministerialverordnung vom 30. Juni 1910, R.-G.-Bl. Nr. 126 festgesetzten Marktordnung der einzige Markt für den Verlauf von zur Schlachtung bestimmtem Großhornvieh, Kälbern, Schafen, Lämmern, Ziegen, Schweinen und Spanferkeln für das Gemeindegebiet der Stadt Wien und folgende Gemeinden der Umgebung: Albern, Alt- und Neu-Erlaa, Atzgersdorf, Bisamberg, Breitenlee, Hadersdorf-Weidlingau, Inzersdorf am Wienerberge, Kledering, Klosterneuburg, Langenzersdorf, Mauer bei Wien, Ober-Laa, Unter-Laa, Rotneusiedl, Schwechat, Stammersdorf, Weidling und Weidlingbach. Weiters sind Gegenstände des Marktverkehres: Ausgeweidete Kälber, Schafe, Lämmer, Ziegen, Schweine und Spanferkel. – Das gegenwärtige Marktgebiet umfaßt nach der Zählung vom Jahre 1910 mit Einschluß der aktiven Militärpersonen 2,071.203 Einwohner, davon 66.264 außerhalb der Wiener Gemeindegrenzen.

Der Zentralviehmarkt, in den Jahren 1879–1884 erbaut, besitzt mit Einschluß der Fläche des Rinderschlachthauses eine Gesamtfläche von 310.585 m², wovon auf die für Zwecke des Viehmarktes verbaute Fläche 125.488 m² entfallen; der Wert des Grundes und der Bauwert der Baulichkeit ist im Inventar für 1912 mit 10,125.652 K 42 h eingesetzt; in welchem Betrage auch der

Wert von 8 Brückenwagen, nicht aber auch der der Einrichtungsgegenstände und sonstiger Mobilien enthalten ist.

Die Rinderstallungen bieten für 5230 Rinder, die Szallase für 9500 Fettschweine und die Schweinestallungen für 5000 Fleischschweine Unterkunft. Außerdem sind noch Sammelstände mit einem Fassungsraum für 3000 Schweine vorhanden. Es bestehen am Markte 4 Hallen, in welchen der Rindermarkt und der Jung- und Stechviehmarkt an Montagen und Donnerstagen, der Borstenviehmarkt und der Schafmarkt an Dienstagen und Donnerstagen abgehalten wird; die Rinderhalle hat einen Fassungsraum für 6000 Rinder, die Kälberhalle für 4500 lebende oder 12.000 Stück tote Tiere, die Schweinehalle für 16.000 Schweine und die Schafhalle für 6000 Schafe. Für die Unterbringung des kranken oder seucheverdächtigen Viehes dient der neben dem Schlachthause gelegene Kontumazmarkt, ein offener Platz mit einem Stalle für 120 Rinder.

Kapitel 15:
Die Stadt der Arbeiter

Die *Abgeänderte und ergänzte Gewerbe-Ordnung vom März 1885* verbesserte die Arbeitsbedingungen der werktätigen Bevölkerung Wiens erheblich: Der 11-Stunden-Tag wurde eingeführt, der Sonntag zum allgemeinen Ruhetag erklärt, die Nachtarbeit von Frauen in der Industrie sowie die Beschäftigung von Kindern unter 14 Jahren in Fabriken verboten. Zusätzlich wurden Vermieter:innen zur Bereitstellung von Sanitäranlagen in Mietwohnungen verpflichtet. Der Wiener Wohnungsmarkt war gegen Ende des 19. Jahrhunderts fest in der Hand von Spekulant:innen, begünstigt durch die geltenden Baugesetze, die eine Bebauung von über 85 Prozent eines Grundstücks ermöglichten. Das finanzielle Interesse, die Bebauung von Grundstücken und damit ihre Profitabilität zu maximieren, führte zu einer Rasterplanung. Damit breiteten sich die Reihen der neugebauten Mietshäuser in Richtung der Grünflächen rund um die Stadt aus, über die traditionellen Gemüsegärten der Weißgerberlände, in Hundsthurm und Margareten hinweg, in immer weiteren Schüben auswärts. Weite Teile der halb ländlichen Peripherie wurden ersetzt durch die Monotonie spekulativ erbauter Mietskasernen. Während es in den Mietshäusern der bürgerlichen Mittelschicht nicht ungewöhnlich war, dass eine gesamte Etage von nur einer oder zwei Wohnungen belegt war, jeweils mit eigenem Badezimmer und Toilette, waren die Wohnverhältnisse der von Arbeiter:innen bewohnten Häuser viel beengter. Hier befanden sich sieben, acht oder sogar mehr Wohnungen auf einer Etage. Jede Wohnung bestand standardmäßig aus jeweils zwei Zimmern: eines zum Schlafen und Wohnen und eines, das als Küche diente. Der Zugang zu den einzelnen Wohnungen erfolgte an der Rückseite des Hauptgebäudes über einen langen Gang, an dessen Ende oft auch die den Wohnungen zugeordneten Gemeinschaftstoiletten lagen. Wegen des problematischen sanitären Ausbaus wurden diese Häuser auch als *Bassenatyp* bezeichnet. Im Jahr 1890 wurden 44 Prozent aller Häuser auf diese Art bewohnt. Kleinstwohnungen machten 48 Prozent des gesamten Wohnungsbestands in Währing, 59 Prozent in Hernals und 68 Prozent in Ottakring aus. Die Überbelegung dieser Wohnungen war erschreckend: Fast jede fünfte dieser Standard-Zimmer-Küche-Wohnungen wurde von sechs oder mehr Personen bewohnt. Oft mussten Familien den Wohnraum mit weiteren, nicht zur Familie gehörenden Personen teilen. Insgesamt gab es 1890 90.000 solcher Untermieter:innen und 86.000 Bettgeher:innen, bei einer Bevölkerung von 1.342.000 Menschen. Die weit verbreitete Praxis der Aufnahme von Bettgeher:innen zeigt, wie hoch die Mieten in den neuen spekulativen Mietshäusern waren. Diese Gebäude hatten Generationen von billigen Wohnmöglichkeiten im Zentrum und dem ländlichen

Umfeld hinweggefegt. Die Mieten überstiegen die finanziellen Möglichkeiten der ärmsten Einwohner:innen, der kleinen Haushalte und selbst der unteren bürgerlichen Schichten bei Weitem. Wie in den Texten dieses Kapitels zu sehen sein wird, riefen diese Wohnverhältnisse die schonungslose Kritik von Zeitgenoss:innen hervor. Eine Arbeiter-Vorstadt wird als „ein riesiges Zuchthaus" bezeichnet, die Judengasse als „dark, dirty and gloomy", Brigittenau als ein „Elendsbezirk" und das „Refugium unterhalb des Schwarzenbergplatzes" wird ironischerweise „Die Zwingburg" genannt. Obwohl die Volkshaus-Initiative und das britische Beispiel der Gartenstadt eine vage Hoffnung auf eine bessere Zukunft darstellten, ließ eine grundlegende Wohnungsreform bis zur politischen Revolution der Ersten Republik Österreich in den 1920er Jahren auf sich warten.

---

148. Heinrich Bohrmann, Jacques Jaeger (Hg.),
Wiener Almanach. Jahrbuch für Literatur, Kunst und öffentlichen Leben.
Wien: Kosner, 1894, S. 366–367.

Wir können mit Genugthuung constatiren, daß die Keller- und Dachwohnungen in unserer Stadt ziemlich selten vorkommen; auf vierhundert Einwohner entfällt nur ein Kellerbewohner, während in der Stadt Berlin von hundert Wohnungen neun im Keller gelegen sind. Selbst in Favoriten und Ottakring kommen derartig situirte Wohnräume nur selten vor.

Wer nicht Masserscheinungen zu beurtheilen gewöhnt ist, könnte annehmen, daß nur eine geringe Anzahl von Leuten höher als im dritten Stock wohnen. Diese Auffassung wäre jedoch unrichtig; in der inneren Stadt insbesondere wohnen mehr Personen im vierten Stockwerk als in irgend einem anderen. Von sämmtlichen Bewohnern Wiens wohnen 57.179 im vierten Stock, 11.580 im fünften Stock; selbst im sechsten oder einem noch höheren Stockwerke kommen nicht weniger als 170 Wohnungen vor, die sogar zu einem wenn auch sehr geringen Theile Geschäftszwecken dienen.

Weist die Höhenlage der Wohnungen schon darauf hin, in welchem Maße die Bevölkerung gesund oder sanitätswidrig wohnt, so werden diese Verhältnisse noch deutlicher durch die Größe, beziehungsweise die Zahl der in Anspruch genommenen Räume veranschaulicht. In letzterer Hinsicht ergibt sich im Allgemeinen eine entschiedene Besserung der Zustände; in den alten Bezirken entfallen durchschnittlich dreieinhalb Bestandtheile auf eine Wohnung, in den neu einbezogenen zweieinhalb. Darnach haben selbst die Vororte geräumigere Wohnungen als die Stadt Prag, ebenso fällt ein Vergleich Wiens mit Paris zu unseren Gunsten aus.

Gleichwohl gibt es sehr zahlreiche Wohnungen, die nur einen einzigen Raum umschließen, nämlich nicht weniger als 23.921; verhältnissmäßig am häufigsten kommen solche, Erwachsene und Kinder beherbergende, oft zugleich als Wohnung und Werkstätte dienende Räume in Meidling und Ottakring vor.

Überhaupt überwiegen in neuer Zeit die kleinen und kleinsten Wohnungen.

Nicht unwichtig ist das Vorhandensein von Vorzimmern, denn die Existenz dieses Raumes läßt darauf schließen, daß der Inhaber sich einen gewissen Comfort leisten kann. [...] Das Traurige dieser Verhältnisse wird noch dadurch verstärkt, daß die Souterrain- und Dachwohnungen, also die an sich schon ungesunden Räume, am häufigsten zu dicht besetzt erscheinen.

Zur Kategorie dieser unzureichenden Wohnstätten gehören zum Theil auch jene, zwelche keine Küche in sich schließen. Wir sagen zum Theil, weil eine größere Anzahl desselben nur von einer einzigen Person bewohnt ist und daher angenommen werden darf, daß in solchen Fällen die Partei den Mangel des eigenen Herdes nach ihrer Lebenseinrichtung nicht empfindet. Obwohl die Zahl von 76.330 Menschen, die in küchenlosen Wohnungen gefunden wurden, an sich beträchtlich erscheint, ist dieselbe doch für eine Weltstadt keineswegs auffällig, denn jene Zahl bedeutet nicht ganz sechs Percent der Bevölkerung, während Berlin im Verhältniss die doppelte Anzahl von Personen zählt, die sich ohne Küche behelfen, und sogar vor einiger Zeit noch das Vierfache auswies.

149. Theodor Herzl, „Armensommer" (1898), in: ders., *Feuilletons*, Erster Bd. Berlin/Wien: Verlag Benjamin Harz, [2]1911, S. 36–38.

Jawohl, etwas ganz Alltägliches ist der Sommer der Armen und leicht zu ergründen, so leicht, daß sich keiner diese unscheinbare Mühe nimmt. Man gehe an Abenden hinaus an den Rand der Stadt, wo die furchtbaren Zinskasernen der Arbeiter-Legionen stehen. Zum Beispiel an den Währinger Gürtel in Wien. Da wird man Dinge zu schauen bekommen, die manchen Aufschluß geben. Zu den Fenstern der Häuser hinaus lehnen sich erschöpfte Männer lufthungrig. Unterhalb der Stadtbahn, auf dem langen, unverbauten, mit ein paar Gräsern bewachsenen Platze, welchen die Kinder hier Wiese nennen, kauern müde Weiber, spielen blasse Kinder. Keine bunten Begebenheiten, auch kein erheblicher Lärm; vielmehr ist alles gedrückt, einförmig, unauffällig. Es wirkt nur großartig durch die vielfache Wiederholung der einzelnen Trostlosigkeit. Und man braucht nur einen solchen Schauplatz gut angesehen zu haben, so kennt man viele; viele in derselben Stadt und in anderen Städten, in anderen Ländern. Es ist ein universaler Zug darin. Dort, wo wir immer sind, erkennen wir das am wenigsten. Aber wenn wir uns auch an den Wohnorten anderer Menschen umgetan haben und dann wieder die Bezirke von ehemals durchschreiten, so gewahren wir, daß alle diese Menschlichkeiten nichts Örtliches an sich haben, sondern etwas Allgemeines sind. Gleichzeitig tauchen dieselben Erscheinungen auf an Orten, die miteinander nicht verkehren, unter Menschen, die voneinander nichts wissen. Sie sind eben Menschen, und geraten in gleiche Bedingungen des Lebens, folglich entwickeln sie sich oder verkommen gleichartig. Der Zufall ist freilich der Werkmeister dieser Entwicklung oder dieses Verkommens. Wollten wir uns aber vorstellen, wie ein Demiurg verfahren müßte, um Sinn und Art der Menschen umzubilden, so sehen wir da seinen Weg: er müßte die Bedingungen ihres Daseins planvoll ändern.

Doch bleiben wir beim Währinger Gürtel. Rechts und links hohe Häuser mit einem oberflächlichen Aufputz von billigem Bauzierat. In der Straßenmitte stehen jetzt die neuen Pfeiler des Viadukts für die Stadtbahn. Die Wölbungen sind hoch und freudlos, denn sie geben keinen Himmelsausschnitt. Häuser vorn und Häuser hinten. Dennoch ist dieser dürftige Platz längs der Pfeiler ein Ausflugs- und Erlustigungsort für die Kinder, für die Proles der Leute, die ringsum in viel ärmeren Gebäuden als die des Gürtels wohnen. Wiese nennen sie diesen Platz, Wiese. Nie sah man eine Wiese von traurigerer Gestalt. Eine dünne Reihe kränklicher

Bäumchen steht am Straßenrande. Diese Bäumchen werden wohl nie in ihrem Leben stark werden und Schatten spenden, so wenig wie die Menschenpflänzchen, die hier kümmerlich gedeihen. Und auf dem Rasen gibt es mehr Glassplitter und Topfscherben als Grashalme. Das aber ist der Schauplatz des Armensommers, die Wiese des Proles.

---

150. Ivan Cankar, „Mimi“, 1900, in: Ivan Cankar, *Pavliceks Krone. Literarische Skizzen aus Wien. Aus dem Slowenischen übersetzt und mit einem Nachwort versehen von Erwin Köstler*. Klagenfurt/Celovec: Draga Verlag, 1995, S. 7–17, hier 7–8.

In diese Gegend scheint nie die himmlische Sonne. Über den Dächern rankt Rauch aus Fabriken, und gehst du die Gasse entlang, fällt dir Ruß ins Gesicht. Die Häuser sind hoch und langweilig; die Leute, die dir hier entgegenkommen, sind schlecht gekleidet, ihre Wangen sind hohl, und ihr Blick ist unzufrieden. Diese öde Vorstadt erstreckt sich in weitem Umkreis; geh Richtung Osten oder Westen, nirgends ein Ende. Ich kannte einen Mann, der schon einen grauen Bart und einen krummen Rücken hatte und sein Lebtag noch nicht bis ans Ende jener unabsehbar langen Straße gekommen war, die in eine hellere Welt führt. Diese Vorstadt ist ein riesiges Zuchthaus; nicht einen freien Menschen gibt es hier. Manchmal überlegte ich, was diese Sträflinge verbrochen hatten; ich überquerte eines Morgens die Straße und sah ihnen zu, wie sie in langen Reihen kamen, mit schweren, müden Schritten und verschlafenen Augen; mir schien, als hörte ich, wie unter ihren Kleidern die eisernen Fesseln klirrten. Sie verloren sich in große, graue Gebäude ohne Fenster, und die Tore schlossen sich hinter ihnen ...

Unsere Wohnung war im dritten Stock eines ganz neuen, außen prahlerisch verzierten, innen einfach und knapp eingerichteten Hauses. Mein Kabinett war eng und dunkel; außer dem unsinnig grossen, blitzblank polierten Schreibtisch waren die Möbel alt und kaputt. Das Zimmer meiner Hausfrau war ungemein armselig. Die Kinder gingen daheim in geflickten Hemden herum; die beiden Knaben konnten nicht zugleich auf die Straße, weil sie zusammen nur eine Hose hatten. Der Mann ließ sich nur selten blicken; er hatte keine ständige Arbeit, auch wenn er sich darum riß. Das quälte ihn sehr, und sein Gesicht war grimmig und zerknirscht. Seinerzeit war er irgendwo Geschäftsführer gewesen, doch wegen irgendeiner Unregelmäßigkeit verlor er den Posten, und von da an mißriet ihm alles, was er anfing. Er kam zuweilen unverhofft heim, aß zu Abend, wenn es ein Abendessen gab, legte sich aufs Bett und drehte sich zur Wand. Die Frau arbeitete von früh bis spät. Sie nähte Blusen für ein Konfektionsgeschäft, um 25 Kreuzer die Bluse; wenn sie bis Mitternacht saß, verdiente sie fünfzig Kreuzer.

---

151. Maria Hornor Lansdale, *„Judengasse“*, *Vienna and the Viennese: Based upon the Work of Victor Tissot*. Philadelphia: Henry Coates, 1902, S. 17, 18.

The morning is the time to visit the Judengasse, for it is between the hours of nine and eleven that those old houses, dark and sinister as the dens of wild beasts, pour forth their streams of unwashed, uncombed inhabitants, clad in long, black, greasy surtouts and high hats. They have pointed beards and pale blue eyes, their large flat ears are half hidden beneath long side locks which fall from either temple and frame their thin, pallid faces.

This street of the Jews has preserved much of the forbidding aspect of a ghetto of bygone days; it is dark, dirty, gloomy. The houses are leprous colored, and the window-panes are covered with a gray, sticky, ooze-like slime. The shops resemble caves; to enter them, you must push your way through garlands of old shoes, mangy furs, tattered silk dresses, all sorts of filthy rags, mixed indiscriminately with perfectly new liveries, long cloaks of the kind worn by priests, and military uniforms. These strange shops are the sewers into which filter all the various forms of wretchedness of a great city; they are the burial-ground of all luxuries, receptacles of crime and of virtue – the final end of vanity. And yet, even here, there sometimes appears in the half light of a doorway the radiant face of a young girl, a dark-skinned Rebecca, with the dazzling teeth and great aquamarine-colored eyes of the Orient.

Judengasse – Blick Richtung Sterngasse, nach 1904.

152. Max Winter, „Zinsburgen und Kaluppen", aus: ders, *Im dunkelsten Wien.* Wien 1904, S. 82–85; hier aus: *Höhlenbewohner in Wien.* Wien: Verlag der unabhängigen Wochenschrift „Die Unzufriedene", [2]1927, S. 47–49 und 62–63.

Wer Brigittenauer Proletarierquartiere sehen will, braucht nicht erst lange zu suchen. Wo immer in diesem Elendsbezirk der aufmerksame Beobachter seinen Fuß hinsetzt, dort drängt sich ihm das Wohnungselend des Volkes in seinen schlimmsten Erscheinungsformen auf. Es ist in den großen Wucherburgen ebenso zu finden wie in den alten kleinen Hütten, die da und dort als Reste der alten regellosen Brigittenauer Ansiedlungen zurückgeblieben sind: Gleich schlimm in beiden! Wer sehen will, braucht nur in eines der Häuser zu treten, fast ohne Wahl, und dann kann er, namentlich in den Hinterhäusern, von Wohnung zu Wohnung gehen und er wird überall gleich gräßliche Bilder schauen.

Die charakteristischen Merkmale aller dieser Wohnungen sind: Überfüllung, viele Kinder und das Beisammenwohnen und Beisammenschlafen, oft in einem Bette, von Personen, die einander ganz fremd sind.

Treten wir also in eine Zinsburg in der Klosterneuburgerstraße. Das Leben ist stärker als die schönste Betrachtung darüber.

Im Hinterhaus steigen wir – ein Brigittenauer Proletarier begleitet mich als Dolmetsch und Führer – die ausgetretenen schwärzlichen Stufen hinan. Es ist abends. Die langen schmalen Gänge mit den abgestoßenen, verkratzten, schmierigen Wänden, die wohl schon seit vielen Jahren nicht geweißt sind, empfangen von einer flackernden Gasflamme spärliches Licht. Tür ist an Tür und die öde Reihe ist nur hie und da von einem vergitterten Kabinettfenster durchbrochen, das auf den Gang mündet. Die eine flackernde, nur halb aufgedrehte Flamme wirft dennoch ein grelles Licht auf die Zustände in dieser Zinsburg, denn ihr Schein fällt auf die Hausordnung, die, mit Tinte geschrieben, über dem Bassin der Wasserleitung an die Wand geheftet ist. Dieses Dokument ist in mehr als einer Beziehung charakteristisch. Vor allem zeigt es freilich von hausherrlicher Brutalität. Es lautet:

Bei Kündigung ist verboten das Spielen der Kinder auf den Gängen, Stiegen und im Hofe, das Beschmutzen und Beschädigen des Mauerwerks, das Aufhängen der Wäsche am Gang und Wohnungsfenstern, das Ausleeren von Spülwassser in die Wasserleitung, sowie das abendliche Versammeln und Verstellen des Haustors.

Zuerst die Strafe, dann die Paragraphe! Und was für Paragraphe! Sie geben uns in ihrer Lapidaren Kürze sofort einen Begriff von dem Zustand dieser Wohnungen, von diesen luftlosen Löchern, aus denen es die Menschen und namentlich die Kinder hinaustreibt auf Gang, Stiege und Hof, von den Verrichtungen in diesen Wohnungen, in denen nicht selten ein Raum für alles dient: zum Kochen, Waschen, Wohnen, Schlafen, Lernen und für gewerbliche Arbeiten, und diese Paragraphe geben uns auch ein Bild von den Bewohnern selbst. Was müssen das für gedrückte Menschen sein, denen man dafür, daß man sie als Besitzer solcher Wohnstätten ausbeutet, solche Bedingungen diktieren kann, welche die Menschen in die enge Behausung zwingen und nur in diese! Solche brutale Bedingungen und in so brutaler Form! Auch mich bereitete diese Hausordnung auf das Kommende vor.

Wir steigen in das dritte Stockwerk hinauf und treten in die erstbeste Wohnung. Eine Frau mit einem Säugling an der Brust empfängt uns und lässt sich von ihrem Kind unsere Wünsche ins Slowakische übersetzen. Durch die finstere Küche gelangen wir in das einzige Zimmer, an dessen Wänden grellbunte Papierbänder in Büscheln hängen. Neben einem Marienbild und einem Spiegel bilden sie den einzigen Schmuck der Wände. In dem länglichen Zimmer, das zwei in einen Hof mündende Fenster hat, finde ich vor: Rechts von der Tür an der Längswand ein hölzernes Feldbett, mit Holzkreuzen anstatt der Füsse, als Schlafstelle für zwei Kinder, daneben einen Koffer, dann einen Tisch und an diesen angeschobenen ein gewöhnliches Bett; es dient der Frau, ihrem Säugling und ihrem Manne, einem gegenwärtige arbeitslosen Maurer, zusammen also drei Personen, als Liegestätte. Das Bett füllt die Ecke aus.

153. Joseph August Lux, „Neuland im Nordosten Wiens“, in: ders., *Wenn du vom Kahlenberg.* Wien: Akademischer Verlag, 1907, S. 105–106, 110.

Eine Kulturaufgabe, in der die modernen wirtschaftlichen, sozialen und künstlerischen Interessen verschmelzen, bietet das Neuland im Nordosten Wiens, wo sich ein rascher Umwandlungsprozeß vom ländlichen zum industriellen Charakter vollzieht, der alle ursprünglichen Verhältnisse über den Haufen wirft. Werden die heute herrschenden Lebensmächte dieser harrenden Aufgabe gewachsen sein? Es ist die Frage, ob diese neuen Großstadtteile und ihre weitere Umgebung nach den Worten Ruskins verschimmelte Schwären, die sich in Fetzen und Flecken über das Land verbreiten, oder ob sie ein heiliges Gartenland bilden sollen, mit dem gesunde und schön gebaute Städte umgürtet sind. Der Anblick einzelner, dort mitten im freien Feld aufragender Zinskasernen mit elenden Wohnungen läßt eine schlimme Zukunft befürchten, anderseits lassen der großenteils unbebaute Zustand des Landes, die billigen Bodenpreise und der Rest ländlicher Tradition die Möglichkeit einer glücklichen Gestaltung offen. Man lehnt diese Möglichkeiten gern mit dem Hinweis auf schlechte Windrichtungen, die die Dünste der Großstadt zuführen, ab. Müssen nicht Tausende von Menschen dort ihr Leben verbringen und erwächst da nicht die vermehrte Pflicht, dem neuen Industriebezirk den Charakter einer Gartenstadt zu geben, um das Dasein von so vielen auf eine gesunde Grundlage zu stellen? Wenn das geschieht, dann ist auch von den schlechten Winden nichts zu fürchten, deren Schädlichkeit stark übertrieben wird. Hier also erschließt sich ein ungeheures und dankbares Gebiet für eine weitsichtige Gemeindepolitik, die natürlich von höheren Gesichtspunkten als denen eines Spekulationsbauwesens geleitet sein muß. Sehen wir denn nicht, von England ausgehend, eine praktische Sozialpolitik in der sogenannten Gartenbaubewegung in Holland, Belgien und Deutschland inzwischen Entwicklungsfähiges bilden? [...]

Diese Bewegung auf österreichischen Boden übertragen, finden wir auf den teils noch jungfräulichen Land- und Stadtbezirken im Nordosten Wiens ein ausgezeichnetes Operationsgebiet, auf dem sich eine solche Anlage durchführen ließe, die, wenn sie im obigen Sinne künstlerisch behandelt wird, gar nicht anders als gesund und zweckmäßig sein wird und einen Zuwachs an Schönheit und Reichtum für das Land bedeuten soll.

154. Emil Kläger, „Ein Nachtstück“, in: ders., *Durch die Wiener Quartiere des Elends und Verbrechens. Ein Wanderbuch aus dem Jenseits.* Wien: Karl Mitschke, 1908. Reprint: Wien: Danzig und Unfried, 2011, S. 7–25, hier 9–10.

Es war eines Abends in der Brigittenau. Nach Mitternacht. Die Straßen lagen dunkel und tot. Ganz öde war der Stadtteil, schien in sich versunken zu schlafen, wie die Armut schläft: in einem Krampf der Erschöpfung. Lautlos ...

Ich bummelte langsam an diesen Häuserblocks vorbei, deren Fassaden aussehen, wie die Toilette einer Arbeitsfrau, die hier haust. Ein Kleid aus billigstem, grobem Stoff, abgeschossen und geflickt, aber hier und dort ein grelles Band und eine Brosche aus Talmigold.

Und doch schienen mir die Fassaden noch das Beste an diesen Häusern. Hier haben sich die Besitzer wohl aus Anstandsgründen zusammengenommen, um den Jammer im Innern nicht zu verraten. Darum sind diese Fassaden aufgezogen vor den Häusern der Not.

Aber es nützt nichts. Wie mutlos und innerlich krank stehen die Gebäude da, müde, als ob sie sich kaum aufrecht erhalten könnten. Durch die Poren ihrer Wände sickert es durch. Etwas Unsagbares, Häßliches. Man hat das Gefühl, daß durch die Mauern Fäulnis schleicht und kriecht und die Fassade trübselig macht.

Ohne einen Menschen zu begegnen, gelang ich in die Wallensteinstraße. An Dutzenden Geschäften vorüber, deren Schilder sich in bunten Farben zu überschreien suchen, deren Portale schlecht passen. Ich muß daran denken, daß nirgends so viel Geschäfte für Lebensmittel so dicht nebeneinander stehen, wie hier, wo den Leuten die Mittel zum Leben fehlen.

Bei der Brigittabrücke steht ein Wachmann. Unter der Lampe vor der Türe eines Nachtcafés. Bewegungslos. Helm und Säbel des kleinen gutgewachsenen Mannes funkeln in dem gelblichen Licht. In dieser Umgebung wirkt die freundliche, vorne in einem Spitzbauch zulaufende Figur fast vornehm glänzend.

Vor ihm die Brücke ist leer und unheimlich still. Die Laternen beim Ein- und Ausgang brennen, von einem heftigen Wind bewegt, unruhig und düster. Ihr spärliches Licht fällt in kleinen glänzenden Tropfen auf das Wasser des Donaukanals, das sich grauschwarz und träge fortschiebt und die kleinen Lichttropfen mit dunklen Bewegungen einschluckt. ...

Ringsum war niemand zu sehen. Erst als ich mich der Brücke näherte, erblickte ich einen Menschen. Er kam aus einer Nebengasse. Mit eingebogenen Knien stolperte er vorwärts. Der magere Körper, der schwankte wie ein Rohr, an dessen Ende ein schwerer Gegenstand befestigt ist, versank förmlich in den Beinen. Die Arme baumelten schwer hin und her und seine Blicke glitten den Boden entlang. Stoßweise taumelnd ging er. Nach ein paar Schritten blieb er immer stehen, wie wenn er sich im Gleichgewichte sammeln wollte. Dann sank sein Kopf für einige Sekunden herab, als suche er tiefe Ruhe. Der kalte Wind aber, der irgendwo aufsprang, fiel dem Menschen in den Rücken, und er setzte gleich darauf seinen Weg fort.

---

155. Max Winter,
„In der Eiskammer von Wien",
in: *Arbeiter-Zeitung*, 32, 2. Februar 1908, S. 8.

Wen in diesen Tagen sein Weg über die Reichsbrücke führt, der kann da unten im Bereich der alten Donau Bilder von ganz eigener Art schauen. Jetzt eben sind einige hundert Proletarier daran, die Eiskammer von Wien zu füllen. Beim Schützenwirt an der Kagraner Reichsstraße verlassen wir den elektrischen Wagen und wandern zur Rechten einer Straße entlang hohen hölzernen Häusern zu, die wir schon vom Wagen aus gesehen haben. Diese Häuser sind die Vorratskammern der Wiener Eiswerke, die von der Sohle bis nahe unter das Dach mit einer einzigen riesigen Eismasse ausgefüllt werden, um dem Bedarf der Millionenstadt an Natureis das Jahr über genügen zu können. Die Vorsorglichen, die freilich auch über einen Eiskeller verfügen müssen, decken allerdings jetzt schon ihren Bedarf für das ganze Jahr. Aber gar vielen fehlen die Einrichtungen, um größere Eismassen das Jahr über aufbewahren zu können, und für den Bedarf dieser wurden diese sechs hölzernen Häuser, die in eins verwachsen sind, erbaut, und für diese werden sie in jedem Winter immer von neuem gefüllt, vorausgesetzt freilich, daß ein so gutes Eisjahr ist, daß die Gewinnung der Million Zollzentner Eis, die im Innenraum des Hauses Platz finden, möglich ist. Heuer ist ein solches gutes Eisjahr und es könnte, wie jetzt die Dinge stehen, die Eiskammer wohl noch ein zweitesmal gefüllt werden. Gute „G'frier", aber nicht allzu strenge Kälte während des größten Teiles der Eiscampagne und dazu kein Schnee. Die Riesenflächen Eises, die sich auf dem alten Donaubett bilden, von der Kagranerbrücke bis hinunter zum ehemaligen Stürzl-Wirt, müssen nicht erst vom Schnee befreit werden, ehe der Pflug über sie fährt und ehe sie in die großen Eisflöße zersägt werden, die dann, in immer kleinere Teile zerhackt und zerschnitten, schließlich in den Kanal schwimmen, der das Eiswerk rückwärts abschließt.

---

156. Emil Kläger, „Quartiere im Wienkanal", in: ders., *Durch die Wiener Quartiere des Elends und Verbrechens: Ein Wanderbuch aus dem Jenseits.* Wien: Karl Mitschke, 1908; Reprint: Wien: Danzig und Unfried, 2011, S. 55–72, hier 67–69, 70–71.

Das interessanteste und frequentierteste unterirdische Quartier aber im Wienkanal ist die sogenannte Zwingburg, die sich unterhalb des Schwarzenbergplatzes befindet, und die wir bei einer unserer nächsten Wanderungen besuchten.

„Do müaß ma über d'Wean, auf d'andere Seit'n," erklärte uns der Hausmeister und im Nu hatte er sich der Schuhe entledigt, die Hosen hoch emporgestreift und ehe wir uns noch über dieses unbequeme Abenteuer geäußert hatten, trug er uns einzeln am Rücken durch das Wasser des Kanals, der an dieser Stelle eine tüchtige Stromschnelle aufweist.

Fest und sicher setzte der Hausmeister seine muskulösen Füße in den schmutzigen, weichen Schlamm, den Rücken stark gewölbt, die Hände wie eiserne Klammern um die Knie gelegt.

Es war mir eigentümlich zu Mute, als wir in der Mitte des Kanals angekommen waren, der sich lautlos und schwer auf uns zubewegte. Unsere Lichter glänzten auf dem schwarzen Wasser und zeichneten darin das Bild des Vagabunden, der wie ein verläßliches Lasttier vorwärts stampfte. Seine munteren guten Augen, seine ernsten energischen Lippen und diese armen ausgehöhlten Wangen, die wie Säcke herabhingen.

Um Ufer angelangt, mußten wir neuerlich durch einen hundert Meter langen Schlauch.

Es war eine furchtbar anstrengende Tour.

Es galt auf dem Bauche vorwärts zu kriechen, und erst nach vielfacher Rast kamen wir ganz erschöpft und in Schweiß gebadet am Ende der Röhre an, die in einen gleichlangen, niedrigen gewölbten Gang mündet, durch den wir jetzt hindurch mußten. Hier konnten wir wenigstens in gebückter Haltung vorwärtsschreiten und uns ein wenig erholen.

Gleich nach einer kurzen Strecke erreichten uns drei Bewohner der Zwingburg, drei „Schrobs", mit den Spitznamen „Roter", „Gurginger" und „Judenbüabl" genannt. Sie begrüßten unseren Führer mehr mit den Augen, die sich heimlich nach uns erkundigten. Sofort machte der Hausmeister ein charakteristisches Zeichen mit der Hand und nach etwa weiteren fünf Minuten standen wir endlich vor der Zwingburg selbst.

Ein kluger Kopf muß diese Örtlichkeit entdeckt haben, deren Zugang einer Dachsfalle gleicht und ihren Bewohnern vor Überraschungen durch die Polizei die größte Sicherheit bietet.

Wir sahen uns zuerst einer anderthalb Meter hohen Böschung gegenüber, unter welcher der Sammelkanal, der gewöhnlich ziemlich tief ist, sein Bett hat. Und gerade gegenüber dem Schacht, den wir eben verlassen hatten, erblickten wir den Eingang zu einer Kammer, den Schlafstätten der Zwingburgbewohner, vor dem ein alter Kotzen als Vorhang befestigt war. Über den Kanal ist ein schmales, schwankendes Brett gelegt, das von der Böschung zu den Schlafstätten hinüberführt.

Unternimmt nun eine polizeiliche Streifung die strapaziöse Tour durch die engen Röhren, in denen nur sehr schlanke, graziöse Wachleute fortkommen können, dann ziehen die Griasler das Brett hinüber und sind in ihrem Versteck unerreichbar. Übrigens sind von der Kammer selbst aus, die mit vielen kleinen Kanälen in Verbindung steht, unzählige Fluchtgelegenheiten vorhanden.

Der Grund, weshalb die Obdachlosen sich hier verschanzen, ist nicht etwa darin zu suchen, daß die Leute die Einziehung wegen schwerer Verbrechen befürchten, denn es sind zumeist harmlose Burschen, denen lediglich die immerstimmenden Vagabundenparagraphen etwas anhaben können, aber sie wollen jene Aushebungen vermeiden, die nur ordnungshalber erfolgen und den Ärmsten nicht einmal diesen traurigen Ruheplatz gönnen. An Tagen, wo solche Streifungen zu befürchten stehen, sind deshalb vor der Kammer Wachposten aufgestellt, die den Genossen das Herannahen der Streifungen signalisieren. [...]

Erschüttert und beladen mit einem unerklärlichen Schuldgefühl trete ich den Rückweg an, kehre wieder zurück in das reiche, lebendige Leben.

Vor uns liegt der Karlsplatz.

Seine vornehme, sichere Ruhe leugnet die Fülle menschlicher Leiden, die er unter sich verbirgt.

Im Hintergrunde die Kirche ragt in das nächtige Dunkel auf. Stolz und sieghaft, als habe sie alles gehalten, was sie versprochen.

Und in meine mutlosen Zweifel ruft sie wieder ihr strenges, uraltes Versprechen: „Selig sind, die Verfolgung leiden, denn ihrer ist das Himmelreich...“

---

157. Hertha Siemering, *Arbeiterbildungswesen in Wien und Berlin. Eine kritische Untersuchung*. Karlsruhe: Braun'sche Hofbuchdruckerei und Verlag, 1911, S. 33.

Will der Leser ein Bild von dem Leben gewinnen, das sich Abend für Abend im Volksheim abspielt, so muß er uns dahin folgen.

Mitten im elegantesten Wien, am Ring, besteigen wir einen Straßenbahnwagen, der uns in den XVI. Bezirk führen soll. Noch umgibt uns das helle Licht der Bogenlampen, aber nach und nach weicht es dem bescheideneren der Gaslaterne. Auch die äußere Erscheinung der Fahrgäste wandelt sich: von Haltestelle zu Haltestelle nehmen die gut gekleideten an Zahl ab und machen bescheidener aussehenden Platz. Ein Blick durch die Scheiben zeigt, daß wir uns in einem Arbeiterviertel befinden. Kurz vor der Haltestelle, an der wir den Wagen verlassen müssen, fragen wir den Schaffner nach dem Weg zum Volksheim. Sofort werden einige der Mitfahrenden aufmerksam, sie mischen sich ins Gespräch und geben uns die Richtung an, die wir einschlagen müssen. Ein erfreuliches Zeichen für die Popularität des Volksheims. Inzwischen hat die Bahn den Koflerpark erreicht, einen spärlich beleuchteten Square. Der Haltestelle gegenüber steht ein stattliches Gebäude bis unter das Dach hinauf erhellt. In wenigen Schritten sind wir am Volksheim. Rechterhand führt eine Tür in die Bibliothek des Wiener Volksbildungvereins. Wir aber treten durch das Hauptportal ein und sehen uns einer Treppe gegenüber. Ehe wir sie betreten werden wir angehalten und nach unserer Legitimation gefragt. Der Fragende ist einer der Ordner. Das ist eine Gruppe von Volksheimmitgliedern, von denen einige jeden Abend ohne irgend welchen Entgelt den äußeren Aufsichtsdienst im Volksheim üben. Sie sorgen dafür, daß kein Unberechtigter eindringt, sie üben den Mitgliedern gegenüber eine gewisse Kontrolle aus; und diese haben sich ihren Wünschen zu fügen. Wir zeigen ein Empfehlungsschreiben vor und werden damit in die Kanzlei geschickt, wo wir Gastkarten und einen freundlichen

Führer bekommen. Und nun kann die Wanderung durch das Volksheim beginnen. Wir betreten zunächst im Hochparterre den grossen, 500 Personen fassenden Hörsaal. Seine Sitzreihen steigen amphitheatralisch an und werden noch von einer Galerie überragt, die vom ersten Stock aus zugänglich ist. Dieser Saal dient Konzerten und wissenschaftlichen Vorträgen. Für physikalische und chemische Versuche ist er mit einem Experimentiertisch versehen, der Anschluß an Gas, Wasser und elektrischen Starkstrom hat. Ein Abzugsschlauch für Gase ist gleichfalls vorhanden. Auch die Aufstellung eines Skioptikons ist in diesem Raum durch den nötigen Starkstromanschluß ermöglicht.

---

158. Fritz Stüber-Gunther, „Sogleich zu vermieten", in: *Das gerettete Wien: Neue Großstadtskizzen.* Wien: Verlag Robert Mohr, 1911, S. 130–145; hier aus: Helmuth A. Niederle (Hg.), *Europa Erlesen – Wien.* Klagenfurt: Wieser Verlag, 1997, S. 135–143, hier 135–137, 141, 142–143.

Meine frühere Wohnung – erzählte unser verbissener, nörgelsüchtiger Freund Arnold, dem bekanntlich im lieben Wien nichts, aber schon rein gar nichts recht ist – meine frühere, verhältnismässig preiswürdige und angenehme Wohnung, hab ich, wie ihr wisst, vor drei Jahren aufgegeben, weil sie mir an Stelle des alten Häuschens, auf dessen bemoostes Schindeldach ich von den Fenstern meines Arbeitszimmers hinabsah, eine fünfundeinhalbstöckige moderne Zinsburg hinsetzten, die mir Licht und Luft und Ausblick raubte. Mein Umzug fand gerade an dem Tage statt, an dem die schlecht verputzte, aber mit sezessionistischen Ornamenten überladene Fassade des lieblichen Neubaues eine letzte fragwürdige Zier in einer ungeheuren Aufschrifttafel erhielt, deren schwarze und rote Riesenlettern weithin verkündeten: „Große und kleine Wohnungen, Geschäftslokalitäten und Souterrainlokale – sogleich zu vermieten." [...]

Alles, sagte ich mir in meiner Ratlosigkeit, ist ja auf der Welt möglich und besonders in Wien; vielleicht also harrt unmittelbar gegenüber meinem früheren Heim ein künftiges für mich, das meinen immer bescheidener gewordenen Ansprüchen genügt: die usurpierte Aussicht mindestens, sagte ich mir, muss ja herrlich sein.

Aber je näher ich dem Hause kam, desto mehr schwanden auch wieder meine rosigen Hoffnungen. War doch schon meine Voraussetzung, daß just daselbst eine Wohnung frei sei oder frei werde, von einer lächerlichen Kühnheit. Endlich stand ich am Ziele und – sah sofort meine Erwartungen übertroffen. Denn von der Höhe des ersten Stockwerkes leuchtete mir zwischen greulich originellen Stuckornamenten eine Riesentafel entgegen, die in ungeheuren schwarzen und roten, offenbar durch wiederholte Regengüsse verwaschenen, aber darauf wiederum zu deutlicher Lesbarkeit renovierten Buchstaben verkündete: „Große und kleine Wohnungen, Geschäftslokale und Souterrainlokalitäten – sogleich zu vermieten." Diese Tafel also, die vor drei Jahren höhnisch triumphierend meinem Auszug nachgeblickt hatte, bot mir nun ein freundliches Willkommen! Flüchtig musterte ich das Parterre. Die Geschäfte, die in den Geschäftslokalen bereits untergebracht waren, schienen eben jetzt keine Geschäftsstunden zu haben, denn die Ladentüren waren sämtlich geschlossen und versperrt. [...]

Ein Herr, ebenso schmächtig und ebenso bleich wie mein Führer, stieg die Treppe herauf.

„Ich habe die Ehre, ergebenster Diener!" rief er, als er mich erblickte. „Haben Sie sich eine Wohnung angesehen, ja? Wollen Sie eine Wohnung aufnehmen, was? Schöne Wohnung, nicht wahr?" [...]

Ich folgte dem Hausherrn in den vierten – eigentlich fünften, oder ganz eigentlich sechsthalben Stock hinauf. Die Aussicht von der Mansarde, die der berühmte Professor beinah' als Atelier gemietet hätte, war in der Tat großartig. Da in der nächsten Nachbarschaft noch zwei oder drei ältere, viel niedrigere Häuser standen, so schweifte der Blick unbehindert bis in weite Fernen. Bereits überlegte ich, ob ich's falls mir ein entsprechender Zinsnachlaß gewährt würde, nicht doch hier als erster und einziger Mieter versuchen sollte.

Der Hausherr, der meinen Seelenkampf erriet, nahm seinen Vorteil wahr:

„So eine Aussicht finden Sie in ganz Wien nicht mehr. Und nicht nur von da oben, auch von den unteren Stockwerken aus ist sie noch prachtvoll..."

Schon war ich auf dem Punkte, mich in Unterhandlungen einzulassen – da plötzlich, gerade noch zur rechten Zeit, fiel mein Blick die Front hinab, senkrecht in die Tiefe. Und was sah ich dort? Keine hundert Schritte entfernt ein Gewimmel von zweirädrigen Karren und spatenbewehrten Menschen, die, es war kein Zweifel möglich, geschäftig den Boden aushoben für einen umfangreichen Neubau. Nach dem Tempo, in dem nun heutzutage in Wien Häuser baut, konnte der in einem halben Jahre fertig und mit der lockenden Aufschrift: „Größere und kleinere..." geschmückt sein. Ich aber sah ihn bereits jetzt im Geiste vor mir, mit seinem Hochparterre, seinem Mezzanin, seinen vier Stockwerken und seinem ungeheuren Mansardendach – jegliche Aussicht auf ewig versperrend...

---

159. Karin Michaëlis, *Opfer.*
Wien: Manz, 1917, S. 32, 34–35, 37–40.

In den letzten Tagen hatte man viel von den galizischen Flüchtlingen geredet, die gerade angefangen hatten, nach Wien zu strömen. Sie hatte gedacht: – wie feige müssen sie doch sein!

Aber in diesem Nu, in dem Bruchteil einer Sekunde – erfaßte sie mit jedem Atom ihres Leibes, mit jeder Schwingung ihrer Seele die schreckliche Notwendigkeit der Flucht.

Sie, die niemals über Rasse oder Religion gegrübelt hatte, sie, die sich nicht von Familienbanden oder Tradition beschweren ließ, begriff in diesem Nu, daß, was auch geschehen mochte, diese Leute ihr Volk waren. Ihr Schicksal war ihr eigenes. Es war, als sei sie mit ihnen vierzig Jahre durch den brennenden Wüstensand gewandert, als sei sie durch einen Zufall von ihnen getrennt worden und habe sie nun wiedergefunden. Mußten sie hungern, so kam es auch ihr zu, Hunger zu leiden. Mußten sie sterben, so war auch sie dem Tode geweiht. Alles, was bisher gewesen, war wie ausgelöscht, sie selber war eine andere, umgeschmolzen, neugeworden.

Es gab nur einen Weg, mochte er aufwärts oder abwärts führen, einen Weg: den Weg, der der ihre war.

Sie sprach die Landessprache mit ihnen, und sie antworteten ihr in ihrem gebrochenen Jiddisch, aber beide sprachen sie die Sprache des Herzens und so verstanden sie einander.

An jenem Morgen waren da wohl nur einige Dutzende: alte Kaftanjuden mit krummen Rücken, königlich würdevolle Frauen, wie sie das alte Testament schildert, und Kinder, die vor Entsetzen das Sprechen verlernt hatten. Aber am nächsten Morgen waren da hunderte ... und die Schar wuchs.

Unwillkürlich und selbstverständlich war Wien das Ziel ihrer Flucht geworden. Und in Wien wiederum die Gegend um die Schiffgasse in der Leopoldstadt. Das den Juden seit Jahrhunderten bekannte Asyl. [...]

Nahrung und Wohnung! Sie griff in ihre eigene Tasche und steckte dann die kleine feste Hand in die Taschen ihrer Freunde. Der Zufall, der oft der liebe Gott in Verkleidung ist, führte sie mit zwei von den Männern zusammen, die die größte und uneigennützigste Arbeit für die armen Flüchtlinge ausgeführt haben, und zwar zu einer Zeit, wo sonst niemand in Gedanken oder in Taten darauf vorbereitet war, nämlich mit dem „guten Sektionsrat", wie die polnischen Flüchtlinge sagen und mit dem Gemeinderat, der ihr Vater geworden ist in den Tagen der Not. [...]

Sie besah die unruhigen Flüchtlinge von oben bis unten. Sie sah die vielen schwangeren Frauen. Schwangere Frauen ohne ein Dach über dem Haupte, ohne eine Krippe, in die sie das Kind in Windeln legen könnten!

Zuerst muß für Wohnungen gesorgt werden. Niemand will die hochschwangeren Frauen aufnehmen. Sie gebären auf der Straße. In Wien gibt es Entbindungsanstalten genug. Aber nicht für beliebige verlauste Flüchtlinge, die vielleicht dem niedrigsten Proletariat angehören. So muß die Helferin ihren ganzen Willen und ihre ganze Persönlichkeit einsetzen. Sie muß selbst mit jeder einzelnen von einem Haus zum anderen fahren, bis sie eine Tür findet, die sich auftut. Auf diese Weise bringt sie an einem Tage zuweilen sechs gebärende Frauen unter.

In den Krankenhäusern legt man sie aus Mangel an Platz zwischen die anderen Kranken. Das spricht sich herum. Nun hat sie nicht nur Schwierigkeiten, Aufnahme zu verschaffen, sondern auch ihre Flüchtlinge weigern sich, in die Krankenhäuser zu gehen.

Da gründet sie ihr erstes Unternehmen: Die Wöchnerinnenfürsorge in der Großen Mohrengasse. Hier wird den Frauen mit Rat und Tat geholfen. So werden im Laufe der Zeit 1300 gebärende Flüchtlingsfrauen untergebracht. Aber nur fünf Tage kann man jede einzelne behalten. Dann müssen sie nach Hause.

Nach Hause! Ihr „Zuhause" ist oft ein Kellerraum, in dem es weder ein Bett noch einen Stuhl oder einen Tisch gibt. Der Mann ist eingezogen oder er ist auf der Flucht abhanden gekommen oder eine Granate hat ihn auf dem Wege getroffen. Die Kinder, die armen, verlausten, verhungerten Kleinen, kriechen auf dem bloßen steinernen Fußboden herum. Längst haben sie die Fähigkeit zu lächeln verlernt. Sie schreien nicht, stumpfsinnig, leise jammernd, finden sie sich in das Elend.

So ist das Heim, zu dem die Mutter mit dem Neugeborenen zurückkehrt!

Da gründet unsere Wienerin ihr „Mütterheim". Die Stätte, wo die Mutter mit dem Säugling, je nach den Umständen, acht bis vierzehn Tage, ja bis zu sieben Wochen, Aufnahme findet. Nicht nur befinden sie sich in hellen, freundlichen Umgebungen, wo Leib und Seele ausruhen, sondern sie lernen auch, für ihre Kleinen sorgen. Nicht eine unter zwanzig von diesen Müttern weiß, daß kleine Kinder gebadet werden müssen und wie notwendig die Reinlichkeit ist. Jetzt sehen sie, wie das Kind gedeiht, und das Interesse für die Reinlichkeit wird geweckt.

Von den 1300 Kindern, denen so der Weg ins Leben gebahnt wurde, starben im ersten Lebensjahr nur vierundzwanzig – ein unglaublich niedriger Prozentsatz, der noch auffallender wird, wenn man ihn mit der übrigen entsetzlichen Sterblichkeit unter den kleinen Kindern während des Krieges vergleicht. [...]

„Praterspatzen" ist der Name einer alten Konditorei draußen im Prater. Sind nicht die Kinder selbst kleine Spatzen? Dort wird der erste Kinderhort gegründet.

120 Kinder werden in der alten Konditorei einquartiert, saugen Sonne und Feuchtigkeit draußen in der Natur ein, lernen spielen, lernen – lachen. Zeugen unsagbarer Greuel sind diese Kinder gewesen! Was tat nicht Not, um die Eiskruste um ihre kleinen, wie junge Vögel zitternden Herzen aufzutauen! Die beifolgenden Bilder vom Praterspatzen erzählen besser als Worte von dem Wunder, das die Wärme und das Wohlwollen der Menschen im Verein mit Sonne und gesunder Ernährung vollbracht haben.

Nach kaum zwei Monaten Spatzenglück draußen im Prater bekommt der Hort Besuch von dem Minister der inneren Angelegenheiten. – Sie können wirklich stolz sein! sagt er. Die Nesterbauerin sieht ihn beinahe wütend an: Wir müssen jeden Tag nein zu Kindern sagen, die aufgenommen werden wollen, hat man da Grund, stolz zu sein? Die Exzellenz versteht die halbgezwitscherte Melodie: Wieviele Kinder wollen Sie denn haben? Die kleine schnellentschlossene Frau nimmt den Mund sehr voll: Tausend, Exzellenz! – Topp! Ihr Wunsch ist erfüllt.

Der Kinderhort für die tausend Kinder wird für Geld vom Staat errichtet, aber von ihr geleitet. In einem großen Haus – in einer Hütte wäre ja nicht Platz genug – essen, baden, singen, spielen und lernen tausend kleine hebräische Kinder. Sie lernen polnisch und deutsch sprechen, beides ist in gleich hohem Grade notwendig. Sie sind in Gruppen von zwanzig geteilt, jede Gruppe hat ihre Pflegemutter.

Eine Mutter, die ihr Kind wieder zurückerhalten hat, schreibt aus Galizien: „Haben Sie Dank für alles. Namentlich aber, daß Sie mein Kind lachen gelehrt haben!" Eine andere bittet flehentlich um ein Liederbuch: „Mein Kind spricht von nichts als vom Singen. Ich kann nicht singen, aber ich will es versuchen, und vielleicht, wenn ich nur ein Liederbuch hätte ..."

Kapitel 16:
Bürgerliches Wohnen

In Zeiten rapiden sozialen und politischen Wandels tendieren Diskussionen über das richtige Vorgehen oft zur Polarisierung. Ein deutliches Beispiel dafür bieten die Debatten über das bürgerliche Wohnen im Wien der Jahrhundertwende. Traditionell orientierte, konservativere Geister präferierten historistische Entwürfe, ornamentale und dekorative Ausgestaltungen sowie die Nähe zur Innenstadt. Modernistische Stimmen bevorzugten hingegen eine schlichte Ästhetik, tugendhafte Askese und den Zugang zu frischer Luft in naturnahen Vororten, fernab von städtischen Gefahren wie der Tuberkulose. Ersteren galten die großen Stadtpalais als beispielhaft, wie das Palais Liechtenstein aus dem frühen 18. Jahrhundert, aber auch jüngere Gebäude wie das Palais Ephrussi am Universitätsring oder das Palais Epstein am Franzensring (heute Dr.-Karl-Renner-Ring), die von Theophil Hansen entworfen worden waren. Die Annehmlichkeit, innerhalb oder nahe dem Stadtzentrum zu wohnen, sowie das Gefühl der Verbundenheit zu den historischen Charakterzügen der Stadt kommen als Motive in mehreren Texten dieses Kapitels vor. Die 1899 eröffnete Delikatessenhandlung Gebrüder Wild am Neuen Markt vereinigte beide dieser Annehmlichkeiten in sich. In einem Gebäude im deutschen Renaissance-Stil, dessen Gestaltungselemente speziell aus den „Österreichischen Erblanden" sowie den Zeichnungen Dürers und Holbeins stammten, wurde die lokale Bevölkerung mit Delikatessen versorgt. Hinter Käse und Schinken verbarg sich eine pangermanische Geisteshaltung. Der Genuss beim Verzehr der Produkte der Gebrüder Wild und ähnlicher Delikatessengeschäfte wurde von Peter Altenberg in seiner Darstellung des Lebens hinter den imposanten Neorenaissance-Fassaden der Grillparzerstraße beschrieben. Die Freuden des einfachen Zugangs zur Stadt fing Arthur Schnitzler in einem kurzen Ausschnitt seines Romans *Der Weg ins Freie* ein. Während die massenhafte Verwendung von Türmen, Kuppeln oder anderen dekorativen Elementen an den Häuserfassaden von manchen als gute Möglichkeit begrüßt wurde, dem neu entstehenden Stadtbild markante Erkennungszeichen beizumischen, löste sie bei anderen vor allem Verachtung aus. Herman Bahr bezeichnete das Ringstraßenhaus als „Schwindel" und Joseph August Lux schrieb verbittert, dass „[d]ie ‚schöne Fassade' [...] für den Zustand der Dinge ebenso bezeichnend [ist] wie der Mangel des Bades [...]." Diesen Vorwurf konnte man Otto Wagner, Wiens führendem modernistischem Architekten und Lehrer, nicht machen. Die von ihm entworfenen, 1898 bis 1899 erbauten Wohnhäuser an der Wienzeile 38 und 40 – ausgestattet mit Bädern und Fahrstühlen – stellten eine Vermittlung zwischen der Typologie des klassischen Mietshauses und den Anforderungen des neuen

Jahrhunderts dar. Für gut betuchte Bürger:innen, die mit der formelhaften Welt der Mietpaläste der Innenstadt unzufrieden waren, bot eine Jugendstil- oder sogar modernistische Villa in einem grünen Vorort eine entsprechende Alternative, inklusive entsprechender Innenausstattung und guter Stadtbahnverbindung. Ferdinand von Saars „Exzellenzherr" zum Beispiel schwärmt für die „vollständige idyllische Ruhe", die er nach seinem Wegzug aus der Stadt in einem grünen Vorort gefunden habe. Die Fronten zwischen Konservativen und Modernisten waren jedoch sehr verhärtet, wie die Schilderung über das 1894/95 gebaute neobarocke Palais zeigt, in dem die außergewöhnliche Sammlung indischer, ostasiatischer und europäischer Kunst des Grafen Karol Lanckoroński untergebracht werden sollte: „Dass sich ein Mann von dieser Eigenart ein Haus von Otto Wagner hätte bauen und von den Secessionisten hätte einrichten lassen, erscheint ausgeschlossen." Anstelle von Wagner beauftragte Lanckoroński das Büro Fellner & Helmer, die führenden Architekten für Theater und Kaufhäuser ihrer Zeit – eine äußerst angemessene Wahl.

---

160. Ludwig Anzengruber, „Der Literat",
in: ders., *Bekannte von der Straße. Genrebilder.*
Leipzig: Albrecht. 1881, S. 103–104.

Die Wohnung liegt etwas hoch, es wäre ganz unthunlich, höher wohnen zu wollen, denn sie befindet sich im fünften Stockwerke, den Halbstock nicht mitgerechnet, aber sie ist so geräumig, so bequem und so elegant ausgestattet wie alle im Hause, sie kommt auch dem Miether verhältnismäßig sehr billig zu stehen, er zahlt einen Ausnahmszins, es ist ein Protectionsquartier, denn der Hausherr ist ein Jugendfreund des Inwohners und nur für den Fall, als der Letztere die Unvorsichtigkeit beginge, den Ersteren zu überleben, könnte ihm von Seite der Erben eine Erhöhung des Miethbetrages drohen, denn es gehört zu den charakteristischen Eigenschaften honetter Erbfolger, daß sie pietätlos sind.

Wie in den meisten grösseren Wohnungen befindet sich auch hier eine Räumlichkeit, welche, vermuthlich in Folge einer allgemein menschlichen Vorliebe für das Widersprechende, „Arbeitszimmer" heißt, weil nichts darin gearbeitet wird. Rings an den Wänden stehen auf Consolen die Büsten der Heroen der Ton- und der Dichtkunst, die Wortdichter waren ziemlich nach den Ecken gerückt, die Tondichter schwebten über dem Secretär; dieser ist selbstverständlich sehr sauber gehalten, kein Körnchen Sand, kein Flöckchen Staub verunziert ihn, er imponirt Jedem als elegantes Möbel und man vergißt ganz, daß er eigentlich einen Schreibtisch vorstellen soll.

---

161. Ferdinand von Saar, „Der ‚Exzellenzherr'", 1882, in: ders., *Novellen aus Österreich*, Sämtliche Werk, in zwölf Bänden. Bd. 8. Leipzig: Hesse, 1908, S. 39.

Gegen Ende der Sechziger Jahre hatte ich meine Wohnung in Wien aufgegeben und mich in einem der nächsten Vororte niedergelassen, wo mir die Annehmlichkeiten des Stadt- und Landlebens vereint geboten waren. Durch eine stattliche, belebte Hauptstraße mit der Residenz zusammenhängend, zeigte die ausgedehnte Ortschaft an dieser Stelle schon damals ziemlich großstädtisches Aussehen und Treiben, während in den zahlreichen Neben- und Seitengassen, wo anmutige, von weitläufigen Gärten umblühte Landhäuser mit niederen Hütten und hölzernen Scheunen abwechselten, noch vollständige idyllische Ruhe herrschte. Auch das Haus, in dem ich mich eingemietet hatte, besaß gewissermaßen diesen Doppelcharakter. Zwei Stockwerke hoch, in einer langen, mit Bäumen bepflanzten Gasse aufragend, hielt es die Mitte zwischen Villa und Zinsbaute und blickte dabei mit seinen Fenstern auf ein wahres Wipfelmeer von Gärten, auf die weithin gedehnte Stadt, auf die grünen Auen der Donau – bis in das goldene Marchfeld hinein. Zudem hätte ich keine erwünschtere Nachbarschaft finden können, als die Menschen, mit denen ich unter einem Dache lebte. Die rechte Seite des Erdgeschosses nahm ein Stabsoffizier außer Dienst ein, der nach Art alter Hagestolzen seinen Ruhegehalt mit bequemlicher Regelmäßigkeit verzehrte; links von ihm betrauerte eine kinderlose Witwe von zweifelhafter Jugend und eben solcher Schönheit den frühen Tod des Gatten, wobei sie jedoch, wenn auch in aller Stille und in allen Ehren, bereits nach einer neuen zweiten Hälfte auszublicken schien. Das erste Stockwerk war ausschließlich von den Hauseigentümern, einem hochbetagten Ehepaare ohne Nachkommenschaft, in Besitz genommen, das, mit allerlei körperlichen Gebrechen behaftet, in langsamem Absterben begriffen war. Eine Treppe höher befanden sich meine Zimmer, und neben mir hauste, in würdiger Zurückgezogenheit, ein alleinstehendes

Schwesternpaar, zwei ältere Damen von vornehmer Abkunft, die ihre Tage so ruhig und gleichmäßig verbrachten, daß ich ihres Daseins kaum würde inne geworden sein, wenn mich nicht eine von ihnen hin und wieder durch meisterhaftes Klavierspiel erquickt hätte. So wurde mir denn das stille Haus mit seiner reizvollen Fernsicht, das in der ganzen Gasse gemeinhin das „Kloster" genannt wurde, von Jahr zu Jahr lieber, und so oft ich eine Reise unternommen hatte, kehrte ich immer wieder mit wahrem Behagen in die schlichten, mir so innig vertrauten Räume meiner Wohnung zurück.

---

162. Anton Lekisch, „Über die zeitliche Steuerfreiheit für Neubauten", in: *Kritische Revue aus Österreich*, 2. Jg., 1891, Heft 15, S. 69.

Nehmen wir zur Illustration einige Fälle aus dem praktischen Leben zu Hilfe. Fürst Metternich besass nächst seinem Palais in Wien auf dem Rennwege einen grossen Park und parcellirte denselben. Es wurden mehrere Gassen eröffnet, zahlreiche Bauparcellen zum Verkaufe gebracht und von den Käufern sofort auch verbaut, und der fürstliche Eigenthümer des Parkes machte ein gutes, manche sagen, glänzendes Geschäft. Wenn wir beispielsweise fingiren, dass dieses Capital eine Million betragen habe, und wenn wir weiters annehmen, dass sich die Gesammtwerthe der Baugründe und die der Steuerfreiheiten von den dort aufgeführten Bauten parificierten, so bezog der fürstliche Eigenthümer aus den Werthen der Baugründe eine halbe Million und aus dem Gesammtwerthe der Steuerfreiheit auch eine halbe Million, ohne irgend eine Leistung an das Aerar und ohne irgend eine Förderung der Bauthätigkeit. Demnach ist der ganze Werth der Steuerfreiheit ihm allein zu Gute gekommen. Der Kaufmann Bearzi besass in der Heugasse ein Haus mit einem Garten, welcher sich bis in die Alleegasse ausdehnte. Dieser bedeutende Grundbesitz wurde gleichfalls in Baustellen abgetheilt. Diese wurden verkauft, von den Käufern verbaut und der Verkäufer bezog gleichfalls die gesammten Verkaufspreise, also auch den ganzen Vortheil der Steuerfreiheit, ohne irgend eine Gegenleistung im öffentlichen Interesse. Diese zwei Fälle stehen nicht vereinzelt da, sondern bildeten gleichnamige Geschäfte in den Jahren des wirthschaftlichen Aufschwunges die Regel. In der Leopoldstadt, in der Gegend des sogenannten Volkert, unter den Weissgärbern wurden grössere und kleinere Gartenflächen zur Verbauung gebracht und die bisherigen Eigenthümer derselben gewannen nebst dem, schon an sich durch Strassen-Anlagen, durch die Verbauung der Nachbargründe und andere günstige Zufälle gesteigerten Werthe der Gründe noch die ganze Steuerfreiheit oder doch den grösseren Antheil an derselben.

Der Grund dieser Erscheinung lag in der damaligen grossen Nachfrage nach Wohnungen, in der darin begründeten Steigerung der Miethzinse und der Werthe der Häuser. Dies bestimmte Capitalisten, ihre Gelder in Anhoffung einer höheren Verzinsung, in Bauten anzulegen, und so gross war damals das Bedürfniss und die Nachfrage nach Wohnungen, und die Werthe der Häuser stiegen so rapid, dass die Verkäufer von Baustellen die Einbeziehung der ganzen Valuta der Steuerfreiheit in ihre Kaufpreis-Forderung anstreben konnten, und dass die Käufer sich dieser Anforderung accomodiren mussten und sich schliesslich auch dazu accomodiren konnten, weil die so hoch gespannten Miethzinse und Häuserwerthe noch immer einen Gewinn aus der höheren Verzinsung ihres aufgewendeten Baucapitals in sichere Aussicht stellten.

---

163. Hermann Bahr, „Architektur“, in: *Die Zeit*, Nr. 188, 7. Mai 1898, S. 91.

Die Häuser, die jetzt bei uns gebaut werden, mißfallen uns, weil wir das Gefühl haben, daß sie unnatürlich sind. Was ist denn die Natur eines Hauses? Ein Haus ist zum Wohnen da, dieses Bedürfnis soll es befriedigen. Das heißt also: ein Haus aus muß von innen nach außen gebaut werden. Das Bedürfnis des Bewohners ist das Erste, da fängt das Haus an. Die Façade ist das Letzte, da hört das Haus auf. Was bestimmt die Fenster? Das Zimmer. Sie sind nicht für die Straße da, um von draussen angeschaut zu werden, sondern sie sind für das Zimmer da, das Licht braucht. Ein Haus ist zum Wohnen da, wie ein Sessel zum Sitzen da ist. Das ist banal, aber man muß es sagen, weil es dreißig Jahre vergessen war. [...]

Gut, wird man sagen, aber wissen Sie, was Ihnen da passieren wird? Damit werden Sie schließlich zu einer gang unkünstlerischen Form des Hauses kommen: zum Nutzhaus aus der Biedermeierzeit! Ich erschrecke aber gar nicht: denn ich bin der Ketzer zu behaupten, daß mir das Haus der Biedermeierzeit gefällt, jedenfalls besser als unser „Ringstraßenhaus“. Das

„Ringstraßenhaus" ist ein Schwindel, es ist unnatürlich, es verleugnet den Sinn des Bauens. Das Haus der Biedermeierzeit ist wahr, es hat die Form, die seinem Inhalt zukommt, es ist „das Haus an sich" der bürgerlichen Bedürfnisse. „Aber ein Haus muß doch Verzierungen haben, es muß doch einen Schmuck haben?" Ja, was heißt denn aber Schmuck? Wir haben eben ganz verlernt, was schmücken ist. In den guten Zeiten weiß man, daß man sich nur mit eigenen Sachen schmücken kann, mit dem, was einem gehört. Unser Irrthum ist zu glauben, daß das Schöne „hinzugefügt" werden kann. Und man vergesse doch nicht, daß die Häuser unserer Städte in der Straße wirken sollen, nicht für sich allein, sondern im ganzen. [...]

In Berlin hat die Gesellschaft – Künstler voran – mit dem Cultus der historischen Stile gebrochen. Sie ist darin England und Amerika gefolgt. Derselbe Umschwung bereitet sich überall vor... An Stelle der Façaden aus Ornament und Fensterlöchern wird man glatte Wände als Beruhigung empfinden. [...]

Wir wollen in allen Künsten dasselbe: wir suchen einen reinen Ausdruck unseres eigenen Lebens. Wir sagen dem Künstler: „Hole deine Mittel aus allen Zeiten, verschmähe nichts, nimm alles an, aber dann sprich aus, was wir fühlen, sprich auf deine Art unser Leben aus!" Das wollen wir auch vom Architekten. Er gebe uns ein Haus, das unser ist! Dreißig Jahre lang ist die Architektur costümiert gewesen. Das ist uns unerträglich geworden. Weg mit dem Costüm!

---

164. o. A., „Casa Piccola",
in: *Der Architekt*, 5. Jg., 1899, S. 1–2.

Die durch die Verbauung des alten Wohnhauses „Casa piccola" und eines Theiles des ehemaligen Metzenhauses entstandene Baugruppe besteht aus drei getrennten Wohn- und Geschäftshäusern, welche sich durch Verschiedenartigkeit der Façadengestaltung auch im Äußeren kennzeichnen.

Die Parterre- und Mezzaningeschosse enthalten Geschäftslocale, das Eckhaus im Erdgeschosse ein reichausgestattetes Kaffeehaus. In den Obergeschossen sind Wohnungen angeordnet. Infolge der Tiefenlage der Rahlgasse gegen die Mariahilferstraße (Niveaudifferenz = 7 m) ergaben sich in den rückwärtigen Theilen der Häuser unter dem Parterre noch zwei Geschosse, welche zu Magazinen und Geschäftslocalitäten Verwendung finden.

Die bevorzugte Lage am Eingange der belebtesten Radialstraße Wiens machte eine bedeutsame Lösung der Façadengestaltung wünschenswert. Das hervorragendste Motiv der äußeren Erscheinung bildet der an der Straßenecke postierte, circa 50 m hohe Thurm.

Die Verwendung von thurm- oder kuppelähnlichen Aufbauten bei Wohngebäuden ist Gegenstand der Erörterung selbst in Kreisen, welchen die Betrachtung baulicher Fragen ferne zu liegen pflegt.

Zu viele Unberufene haben sich des Thurm- oder des Kuppelmotives bemächtigt, um – wie Feuerbach sagt – über die Flachheit ihres Könnens hinwegzutäuschen, indem sie ein Glied des Bauwerkes herausgreifen und es solange zuspitzen, bis es der Menge in die Augen sticht.

Der vielfache Missbrauch, der von diesen Unberufenen mit Thurm- und Kuppelformen getrieben worden ist und noch getrieben wird, hat sowohl in Laien-, als auch in Fachkreisen zum Theile eine Reaction gegen deren Anwendung hervorgerufen.

So berechtigt diese Reaction gegen die verständnislose Verwertung hervorragender Baumotive sein mag, so sehr thun Jene Unrecht, welche – im Sinne dieser Reaction – derlei Lösungen überhaupt verpönen.

Die Ausdehnung der modernen Großstädte macht es im Interesse der Orientierung nothwendig, hervorragende Punkte ihrer Verkehrsadern durch entsprechend hervorragende Gestaltungen der Baukunst zu betonen, und die Absichten der Städtebaukunst lassen es geboten erscheinen, an geeigneten Stellen der von ihr geplanten Straßenzüge Points de vue zu schaffen, welche ebensosehr dem Werte und der Bedeutung des durch sie zu betonenden Platzes, als auch der Wegweisung zu dienen vermögen.

Casa Piccola, Ecke Mariahilfestraße / Rahlgasse, in: *Der Architekt*, 5. Jahrgang, 1899.

Wenn solche Stellen nicht mit Gebäuden öffentlichen Charakters besetzt werden können, so erwächst auch den an solchen errichteten Privatbauten die Aufgabe, die Betonung der Platzbedeutung zu übernehmen. Und wenn es im allgemeinen richtig ist, dass die Höhe der Verbauung mit dem Werte der verbauten Grundfläche zunimmt oder zunehmen soll, so ist es auch als ein im allgemeinen richtiger Gedanke zu betrachten, wenn auch bei Privatbauten der gesteigerte Wert des Baugrundes, also insbesondere an Straßenkreuzungen, wo sich der Wert naturgemäß verdichtet, durch eine gesteigerte Höhenentwickelung des Gebäudes zum ansehnlichen Ausdruck gebracht wird.

Ob eine derartige Erhöhung angeordnet wird und ob für diese Erhöhung kuppel-, thurm- oder giebelartige Formen gewählt werden, wird von den jeweils gegebenen örtlichen Verhältnissen abhängen. Immer aber wird der Architekt bestrebt sein müssen, zu vermeiden, dass diese Ausbildungen sich einer Formensprache bedienen, welche dem Bauwerke den Stempel eines öffentlichen Gebäudes aufdrücken würde.

Die bei dem vorgeführten Objecte gewählte Form der Eckausbildung wird in den sie flankierenden Risaliten und in den Rücklagen vorbereitet durch freie Ausläufer der Lisenen- und Pilasterstellungen der Façaden. Da diese Ausläufer Ventilationsschläuche der Parterrelocalitäten enthalten, sind sie constructiv begründet. Für die diese Endigungen verbindenden Ziergitter gab das Motiv des Schneerechens die ästhetische Unterlage.

Der durch diese Endigungen der Dachgallerie betonte Verticalismus ist aber auch durch die Ausbildung der unteren Geschosse unzweifelhaft gegeben. Die Erfordernisse moderner Geschäftslocalitäten, verbunden mit dem Vermögen, grosse Öffnungen zu verglasen, hat eine Restringierung der tragenden Pfeiler im Parterre und im Mezzanin zur Folge, die unabweislich auf eine Weiterführung der durch diese Pfeiler bestimmten Verticallinien in den oberen Stockwerken und gegebenen Falles auf ein Ausklingen derselben über dem Hauptgesimse hinweisen.

Es mag bei dieser Gelegenheit bemerkt werden, dass nicht das Eisen allein es ist, das die bisher üblich gewesene Façadengestaltung des modernen Wohnhauses beeinflusst und immer mehr beeinflussen wird, sondern dass – besonders bei jenem, das zugleich geschäftlichen Zwecken dient, in hervorragendstem Maße es die Spiegelscheibe und die Firmatafel sind, die als revolutionäre Elemente an den grundlegenden Anschauungen rütteln, welche vor Jahrzehnten die typische Wiener Wohnhausfaçade haben entstehen lassen.

165. o. A., „Neubau der Herren Gebrüder Wild, Wien, I. Bezirk, Neuer Markt Nr. 10 und 11", in: *Der Architekt*, 5. Jg., 1899, S. 14.

An Stelle dieses Neubaues standen zwei alte, aus Maria Theresias Zeiten stammende Häuschen, wovon das eine, Nr. 11, zum „goldenen Adler", das andere, Nr. 10, zuerst zum „grünen", später zum „rothen Dachl" genannt wurde. – Letzteres beherbergte lange Zeit ein volksthümliches Gasthaus, in welchem die am Mehlmarkte verkehrenden Markt- und Landleute, Wiener Bürger, darunter Raphael Donner, Stammgäste waren. Mit dem Verschwinden des alten Mehlmarktes selbst verschwand auch dieses alte Wiener „Beisl", und das Haus gieng aus dem Besitze des betreffenden Wirtes in andere Hände über, so im Jahre 1873 an den Vater der beiden jetzigen Chefs der Firma Wild. Diese beiden biederen, kunstsinnigen Brüder, welche aus dem ursprünglich kleinen Käseladen in der alten Komödiengasse, beim Kärntnerthor-Theater ein Welthaus gemacht hatten, kauften im Jahre 1897 das Nachbarhaus Nr. 11 dazu und führten, nach den Plänen des Architekten Arnold Heymann, den jetzt bestehenden Neubau auf.

Das neue Haus umfasst, trotzdem es an Stelle zweier Häuser entstanden ist, nur ein Flächenmaß von 277,93 m^2, wovon 233,25 m^2 durch alle Stockwerke verbaut sind, während im Parterre und Keller die Gesammtfläche benützt ist. Die zwei untereinander liegenden Keller sind mit dem Parterre durch Warenaufzüge – System Stiegler in Mailand – verbunden, enthalten Käselager, wovon jede besondere Käsegattung ihren eigenen Raum besitzt. – Im Parterre sind das Verkaufslocale für Detail- und Engros-Geschäfte und die Comptoirräume; letztere liegen unter dem überglasten Hofe. Das Comptoir, sowie das Verkaufslocale sind durch eine Central-Luftheizung, welche im zweiten Keller stationiert ist, temperiert, und dieses, wie auch die beiden Keller sind durch eine, bei diesem Objecte besonders zu erwähnende Ventilationsanlage der Firma Bacon gelüftet.

Das Mezzanin enthält ein großes Geschäftslocale, die Hausmeisterwohnung, sowie die Registratur des Geschäftes der Firma Wild.

In den vier Stockwerken befindet sich je eine Wohnung mit je fünf Zimmern, Vorzimmer, Küche, Diener- und Badezimmer, zwei Closets und Speise.

Diese Wohnungen sind durch die Hausstiege, sowie auch mittelst eines Aufzuges vorzüglichster Firma (Stiegler) erreichbar. Im Dachboden befindet sich ein geräumiges Atelier, die Waschküche, Bügel und Klopfkammer und der Trockenraum.

Hier sind auch zwei mächtige Blackmann-Exhaustoren untergebracht, welche die schlechte Luft aus den Kellerräumen und dem Geschäftslocale im Parterre aufsaugen und über das Dach ins Freie führen.

Bei der Wahl des Stiles war in erster Linie der Wunsch der Bauherren maßgebend, die, der Anregung des Herrn Architekten Karl Hofmayer, des Erbauers des Hotels Meißl & Schadn am Mehlmarkte, folgend, das Haus im Stil der deutschen Renaissance wünschten.

Die im Parterre und Mezzanin aus hartem weissen Mannersdorfer Stein ausgeführte, in den übrigen Stockwerken geputzte Façade ist mit echten Alt-Wiener Motiven geschmückt, sowie es alte, aus dem XVI. Jahrhundert stammende Kupferstiche und Handzeichnungen, die der Architekt mit Fleiß und Mühe aufsuchte und studierte, zeigen. So ist der überhängende Giebel nur eine veredelte Form des früher gebräuchlichen Aufzugbalkens mit der Welle, welcher zur Beförderung der Möbel durch das Fenster diente, da die Hauseingänge und Stiegen gewöhnlich so klein angelegt waren, dass dies nur auf diesem Wege möglich war.

Die reiche Stuckverzierung des Giebels ist ebenfalls ein speciell wienerisches, d. h. österreichisches Motiv, und man findet diese Art der Façadendecoration zur Zeit der Renaissance nur in den österreichischen Erblanden, wie z. B. Niederösterreich: Wien, Mödling und verschiedenen kleinen Orten; Oberösterreich: Linz, Steyr; Steiermark: Graz; Tirol: Innsbruck etc. Die Ornamentik und die Blattformen der Façade im allgemeinen sind rein nach Motiven und Handzeichnungen Albrecht Dürers, Holbeins, Altegrävers gehalten, und ist hier den Bemühungen des bekannten Wiener Bildhauers Johann Huttever, der die plastischen Arbeiten nach Naturdetails ausführte, in aufrichtiger und lobender Weise zu danken.

Die Baukosten belaufen sich auf circa 125.000 fl.

Zu erwähnen wäre noch ein an der Außenseite des alten Hauses Nr. 10 gewesenes Freskenbild, die heilige Dreifaltigkeit darstellend, welches durch den Kunstsinn der Eigenthümer erhalten blieb und renoviert sich jetzt im Vestibüle des neuen Hauses befindet.

Möge es mit diesem Neubaue dem Architekten gelungen sein, ein Stück Alt-Wien festgehalten zu haben, möge dieses Haus dem Wunsche aller Wiener, die ihre Vaterstadt lieben, zur Freude, der Stadt zur Zierde sein.

166. Alfred Lichtwark, „Wien, 24. Januar 1900“, in: ders., *Briefe an die Kommission für die Verwaltung der Kunsthalle* in Auswahl mit einer Einleitung hg. von Gustav Pauli, 1. Bd. Hamburg: Georg Westermann, 1923, S. 392–394.

In zwei oder drei Fällen hatte ich Gelegenheit, diesen historischen Geschmack des Adels näher zu beobachten.

Am eingehendsten beim Grafen Lanckoroński, einem der vielseitigsten Menschen, denen ich begegnet bin. Als Zeichner hat er seine Ausbildung weit über den Dilettantismus hinausgebracht, als Archäologe hat er in Kleinasien Ausgrabungen gemacht, als Sammler hat er die ererbten Schätze an alten Meistern abgerundet, eine große Sammlung indischer und ostasiatischer Kunstwerke zusammengebracht, als Schriftsteller in einem von weitem Blick und seltener historischer Bildung zeugenden Buch seine Beobachtungen niedergelegt; seine darin eingestreuten Gedichte verrathen eine seltene Fähigkeit, zu gestalten und zu runden, und schließlich hat er als Baumeister sich in seinem Palais in der Jacquingasse eine Behausung geschaffen, die seine Existenz nach allen Richtungen ausdrückt.

Er brauchte ein Haus für einen ganz bestimmten Zweck. Es mußte seinen Sammlungen entsprechen, namentlich dem schönen Mobiliar aus dem vergangenen Jahrhundert und zugleich dem täglichen Leben eines Lebenskünstlers das vollste Behagen gewährleisten.

Die Pläne hat er selber entworfen bis in die Details der Ornamente an den Fassaden, und von Gabriel Seidl in München hat er sich Raths erholt. Soweit architektonische Formensprache in Frage kommt, hat er sich dem Wiener Barock angeschlossen. Aber nirgends kopirend, sondern überall neuschaffend. So hat er als Motive für die Embleme an der Fassade seine Lieblingskünste und Wissenschaften gewählt.

Dass sich ein Mann von dieser Eigenart ein Haus von Otto Wagner hätte bauen und von den Secessionisten hätte einrichten lassen, erscheint ausgeschlossen. Es wäre psychologisch nicht verständlich, wenigstens heute noch nicht, wo Alles neu und in Gährung ist.

Wie umsichtig der Bauherr vorgegangen ist, zeigt die Wahl des Platzes, die Kuppe eines Hügels, ein Eckgrundstück, das auf der einen Seite nach dem obern Garten des Belvedere, auf der andern in den Wald des botanischen Gartens blickt.

Der Bau ist an die Rückseite des Grundstücks geschoben, so daß ein breiter Raum für Vorfahrt und Garten bleibt. Die

Einfahrt, die weit vorspringt und oben einen Balkon trägt, ist mit riesigen Glasthüren geschlossen und vorn zwischen den Pfeilern verglast. Schon die große Eingangshalle, in die man von der Einfahrt kommt, ist geheizt. Ein wundervoller Raum mit drei mächtigen aufgetreppten Thüren an den Innenseiten. Rechts geht es in einen großen Saal, die Garderobe, links in die Empfangsräume, geradeaus in die mächtige Halle, die durch alle Stockwerke reicht und den eigentlichen Wohnraum bildet. Sehr schön wirken die Treppen in der Vorhalle. Ihre Stufen sind rund um die innern Wände geführt und biegen sich vor den drei Thüren in weicher, dem Fuß bequemer Rundung heraus.

In den Empfangsräumen ein schönes Mobiliar des vergangenen Jahrhunderts, im anstoßenden Speisesaal köstliche alte Gobelins, in der Halle schweres Eichenholz als Vertäfelung, Treppe, Galerie und Decke. Von der Galerie führen drei mächtige Flügelthüren in die Festsäle. Die Thüren sind überhöht, und jeder ist eine Treppe vorgelegt, damit der Thürrahmen, von unten gesehen, nicht durch die Galerie unangenehm überschnitten wird und dadurch zu niedrig erscheint. Außerdem giebt es so viel bessere Einblicke in die Säle des ersten Stocks.

Diese sind ausgestattet je nach den Sammlungen, die sie enthalten, Familienbilder des achtzehnten Jahrhunderts, Holländer des siebzehnten – darunter die schönen Rembrandt – frühe Italiener und die Resultate der Ausgrabungen, die den großen Hauptsaal füllen. – Es ist unmöglich, alle die Schätze aufzuzählen oder nur die Perlen zu nennen.

Im zweiten Stock sind die Arbeitszimmer des Hausherrn. Hier hat er die Fenster über die ganze Breite der Wand geführt, für jeden Raum ein Fenster, der Aussicht wegen. Diese läßt sich mit nichts vergleichen, jedes Fenster rahmt ein großartiges Bild ein. Auf der einen Seite ragt der Märchenbau des Belvedere wie ein indischer Tempel mit vergoldeten Kuppeln über den Baumwipfeln am Horizont empor, auf der andern senkt sich der Waldbestand des botanischen Gartens gegen die ferne duftige Silhouette der Stadt.

167. Joseph August Lux, *Das moderne Landhaus: Ein Beitrag zur neuen Baukunst.* Wien: Schroll, o. J. [1903], S. 3–7.

Villenvorstädte, das ist der jüngste Altersring, der sich um die Großstädte herum bildet. Wo städtische und ländliche Kultur einander begegnen, entstehen sie als Drittes. „Die Sehnsucht nach dem Landleben“ ist ja eine der stärksten Empfindungen des Städters. Wenn er vor die Stadt hinauskommt, und eines einfachen weißgetünchten Bauernhauses ansichtig wird, wo Blumen an den Fenstern stehen, oder jener lieblichen und liebenswerten Landhäuser, welche sich noch unsere Großeltern vor der Stadt erbaut haben, inmitten von Gärten, darin sie ihre Blumen und Rosenstöcke zogen, überströmt seine Freude und seine Sehnsucht, auch ein solches Haus zu haben, darin sichs so schön wohnen läßt, mit der Familie in dem sicheren und frohen Behagen, irgendwo daheim zu sein, ein eigenes Dach zu haben, und Räume darunter, die sich wie ein Organismus an das Leben der Familie anschließen.

Solche Glücksgefühle geben nur die Bauernhäuser und die Landhäuser der früheren Zeit. Die haben eine so sprechende Physiognomie bei aller Schlichtheit. Sie passen zur Gegend. Sie sind wurzelhaft darin. Während wir uns dem Zauber jener schlichten Häuschen nicht entwinden können, gehen wir mit kalten Sinnen an jenen stilgerechten Villen, die vor zehn und zwanzig Jahren und heute noch in den Cottages entstehen, vorüber und finden für sie wohl schon jene spöttische Geringschätzung, die sie verdienen. Denn ihr Bauprinzip besteht in der Regel darin, nach außen zu prunken und nach innen alle Dürftigkeit, die der Charakter unserer Mietwohnungen ist, schonungslos zu entfalten. Sie sind meistens hervorgegangen aus einem falschen Begriff des Landlebens, und bedeuten in der Regel nichts weiter als die Übertragung der großstädtischen Bauschablone auf das Einzelwohnhaus. Sie haben keinen Komfort. „Komfort“ zu Deutsch „Trost“. Sie sind durchaus trostlos und offenbaren sich als ein Allerleiraub von Stilformen, als ein Ragout von Erkerchen, Türmchen, Giebelchen, von denen in der Regel kein Mensch weiss, warum sie da sind. Ein Beispiel mag für viele gelten, die zu hunderten den ursprünglichen Charakter der ländlichen Stadtumgebung verunzieren. Eines dieser schablonenhaften Familienhäuser meine ich, die sich nicht wie ein Kleid, wie ein Organismus an das Leben, das sie beherbergen, anschließen, die nicht aus innerer Notwendigkeit nach außen gewachsen, sondern eher von außen nach innen. Darum sind sie unbequem wie ein schlechtsitzender Rock, kein Aufenthalt für die freundlichen Hausgenien der Behaglichkeit und Gastlichkeit. Beleuchtung, Lüftung, Heizbarkeit sind bei diesen Dutzendhäusern ins Hintertreffen gerückt. Die Symmetrie der Außenseite entscheidet vor allem, dieses Schibboleth der Reißbrettarchitektur. Auf die Außenseite kommt es ja hauptsächlich an. Denn da kann man den Leuten zeigen, dass man auch „wer" ist. Und wie sieht diese Außenseite, der so ziemlich alle innere Annehmlichkeit geopfert ist, eigentlich aus? Die wohlfeile Industrie liefert den ganzen architektonischen Schmuck. Ornamente aus Gips und Sand gegossen, in allen Stilarten vorrätig, das Sezessionistische inbegriffen, in en gros billiger, die nur in die Fassade eingelassen zu werden brauchen, um dem Hause jeden erwünschten Stilcharakter zu geben; Konsolen aus Blech mit Mörtelbewurf, Träger aus Holz im Schweizerhaus-Stil, die zum Schein das ausladende Schieferdach stützen, in der Tat aber selber gestützt sind. Alles ist Lüge und Maskerade: die Ornamente, die zum Teil auch den behauenen Stein vortäuschen, die Konsolen, die nichts stützen, die Träger, die nicht tragen, die neben dem Dach aufgesetzten Helme und Turmdächer, die keinen Zugang und keine Öffnung haben, und deren Zweck kein Mensch erklären kann. Solche Häuser haben mit der heimatlichen, bodenständigen Kultur nichts gemein. [...]

Für uns Heutige fangen diese Geschichten, über die längst Gras gewachsen ist, wieder Sinn zu bekommen. Leise, seltsame Stimmen gehen von diesen Dingen aus und wecken freundliche Gefühle. Traulich und heimatlich weht es uns an. Die modernen großstädtischen Straßenzeilen mit ihren schablonenhaften, nichtssagenden Fassaden, die protzenhaften Cottages mit der erlogenen, gefälschten Renaissance- oder Barockarchitektur, werden immer unerträglicher, immer häufiger werden unsere Besuche in jene stillen Orte, Straßen, Häuser und Wohnungen, darin die bodenständige Tradition lange verkannt und für nichts erachtet, ein kümmerliches Dasein fortfristet. Heute wendet sich unsere Liebe ihnen wieder zu. Und man bringt das Gefühl mit, als ob man nach langer Heimatflucht, nach langer Entfremdung und Verirrung, in zeitlich fern liegenden Stilepochen sich wieder heim gefunden hätte zu den Quellen der Kraft, zur Heimat, darin die Wurzel eines jeden echten, volkstümlichen Schaffens liegt. Und die kargen Reste, welche nach einer fast fünfzigjährigen Verheerung übrig geblieben sind, als Wahrzeichen einer nun fast schon ausgerotteten Volkskunst, gewinnen in unseren Augen die Heiligkeit von Reliquien, an denen noch Offenbarungen zu erleben sind. Und die Blicke, die bisher teilnahmslos an diesen Dingen vorübergegangen sind, haften an ihnen mit immer größerer Eindringlichkeit und Liebe, studieren jede Einzelheit, die einst ganz belanglos schien, und vermeinen mit gutem Recht zu erkennen, daß hier die wahre architektonische Vergangenheit unseres Volkes zu suchen ist.

---

168. Peter Altenberg, „At Home“, in: ders., *Wie ich es sehe.* Berlin: S. Fischer, [4]1904, S. 44–46.

Grillparzerstraße, eine breite lichte Gasse, welche Oktobersonne trank und in die gelben Flächen der Häuser einschlürfte, daß die Sonnentropfen auf den Spiegelfenstern spritzten. Das Holzstöckelpflaster erinnerte den Fuß an feste braune Waldwege.

In dem dumpfigen Stiegenhause stampften müde Männer in milchblauen Blousen. Oben im zweiten Stock waren die Thüren weit geöffnet. Es roch nach Thüranstrich und Dienstbotenkaffee.

In den Débâcles der Hauswirthschaft sitzen die Dienstboten ruhig auf Sesseln aus weichem Holz und trinken Punkt fünf den Jausenkaffee aus dicken weißen Schalen.

Und wenn einst Alles in Trümmer sinkt und Asche, wird sich aus dem Schutt des Hauses noch das hellbraune Rauchwölkchen des Dienstbotenkaffee's friedlich emporschlängeln!

Die Dienstboten! Haßerfüllt verlassen sie im Frühjahr die Stadt und ziehen mit stupider Hoffnung in die Wälder, in die Berge – – –.

So verlassen sie haßerfüllt im Herbst das elende Land und ziehen mit stupider Hoffnung in den Stadtkerker ein –.

Die Wohnung schläft, eingehüllt in graue Tücher und moosgrünen Organtin, ungewaschen, unfrisirt, im dumpfen Schlaf des Naphtalin-Rausches.

Plötzlich rasseln im Oktober die weißen Jalousieen hinauf.

Die Hausfrau betrachtet die Schläferin mit feindlichen Blicken: „Dich zu neuem gemüthlichem Leben erwecken, dumpfe Sybaritin – – –?!“

Jedesfalls bindet sie sich das rothseidene Tuch um den Kopf – – –.

Fräulein Margarethe sitzt in ihrem Zimmerchen mit der kühlen Oktoberluft, den dunkelbraunen Tapeten mit den tausend gepreßten goldenen Chrysanthemen und dem staubigen hellbraunen Thonofen mit den Goldlinien.

Auf ihrem Antlitz liegen die Farben des „pleinair“. Sie schält mit einem goldenen Messerchen eine Isenbartbirne und reiht die feuchten saftigen Stückchen auf ein weißes Tellerchen. Dann steckt sie eins nach dem anderen in den Mund, läßt sie zerschmelzen, vergehen und feiert eine edle stille Orgie der Geschmacksnerven.

Um sie herum tobt die Schlacht.

Thüren donnern, krachen, graue fetzige Standarten fliegen, das Regiment „Milchblau“ stampft todesmuthig heran – – –.

„Stoßen Sie nicht den Thüranstrich ab – –“ schreit der Feldherr mit dem rothseidenen Helme und ist, wie man sich auszudrücken pflegt, „überall und nirgends“ – – –.

In ungeheurer Ruhe sitzt das junge holde Geschöpf in seinen Zimmerchen mit der kühlen Oktoberluft, den dunkelbraunen Tapeten mit den tausend gepreßten goldenen Chrysanthemen und dem staubigen hellbraunen Thonofen mit den Goldlinien.

Die Birne auf dem weißen Tellerchen ist verschwunden – – –. Das junge Mädchen erhebt sich langsam, geht zum Fenster, stützt die Ellbogen auf und den Kopf in die Hände – – –.

Dämmerung.

Drüben, an der riesigen braunen Wand des Hauses schimmern hellerleuchtete Fenster.

Weißgrünes Leuchten vom Auerlicht, goldgelbes von den kleinen elektrischen Glasbirnen, mattes flackerndes vom traurigen Gas, rosenrothes und flaschengrünes von den riesigen seidenen Schirmen der englischen Stehlampen – – –.

Von den Stadtgärten und Wiesen zieht ein matter Duft in die Straße herein – –.

Wie Land-Melancholie, wie ein letzter Gruß vom Sommerfrieden – – –!

„Wo ist mein Bett, meine Decke, mein Polster, mein Plümeau – – –?!“ sagt das Fräulein und wendet sich nach dem Stubenmädchen um.

„Ich werde heute zeitlich schlafen gehen, ich bin müde – – –.“

Sie hat feucht schimmernde Augen – – –.

Allmählich verstummt der Donner der Geschütze und das Regiment „Milchblau“ zieht ab.

Der Abend senkt den Frieden über das Schlachtfeld. Der siegreiche Feldherr nimmt das rothseidene Kopftuch ab und die Lagerfeuer der Lampen und Kerzen erglänzen durch die stille Nacht – – –.

Das Fräulein träumte: „Adieu Sommer – – –!“

169. o. A., „Die Bauordnung im Wiener Cottageviertel", in: *Architekten- u. Baumeister-Zeitung* 13, Nr. 39, 25. September 1904, S. 4–5.

Ein für die Realitätenbesitzer im Cottageviertel prinzipiell wichtiger Rechtsfall kam vor dem Zivillandesgerichte zur Verhandlung. Im Jahre 1883 wurden nämlich in dem Viertel in Ober-Döbling, wo sich heute die Wiener Villenstadt erhebt, die Kuffnerschen Gründe parzelliert. Die damalige Bezirkshauptmannschaft Döbling bewilligte die Parzellierung nur unter der Bedingung, dass die künftigen Parzellenbesitzer bei eventuellen Bauten auf den Parzellen den Cottagecharakter des Viertels wahren. Die wesentlichsten, den Cottagecharakter wahrenden Bestimmungen gingen dahin, dass auf einer kleineren als 720 Quadratmeter grossen Area nicht gebaut werden dürfe, dass die Bauten mindestens zwei Meter von der Grenze des Nachbarobjektes weg entfernt sein müssen und nicht höher sein dürfen als zwei Stockwerke, dass die Strassenfront mindestens 16 Meter betragen müsse, und endlich, dass vor jedem Hause ein entsprechend grosser Raum für einen Vorgarten unverbaut bleiben müsse. Diese Bestimmungen wurden in Form eines Servitutes zugunsten der Gemeinde Wien und des Wiener Cottagevereines im Grundbuche einverleibt. In einem bestimmten Falle wurde eine derartige Parzelle abermals geteilt und auf der neuen Parzelle die Aufführung eines

Cottagegasse 17, Währing, um 1885.

Baues nachgesucht, der jenen den Cottagecharakter wahrenden Bestimmungen nicht ganz entsprach. Da die Gemeinde Wien und der Cottageverein auf ihr Servitut verzichteten, wurde der Baukonsens erteilt, wodurch sich die der Kommmission beigezogenen Anrainer geschädigt fühlten und eine Beschwerde an den Verwaltungsgerichtshof überreichten. Infolge des erteilten Baukonsenses begannen inzwischen die Besitzer zu bauen und die Anrainer strengten daher beim Zivillandesgerichte eine Klage an mit dem Begehren, es möge festgestellt werden, dass die Gemeinde und der Verein nicht berechtigt waren, auf das Servitut zu verzichten. Da der Gerichtshof zur Anschauung kam, dass die Gemeinde Wien und der Wiener Cottageverein rechtmässig auf ihr grundbücherlich gesichertes Servitutsrecht verzichteten, wies er die Klage kostenpflichtig ab.

---

170. Joseph August Lux, „Wiener Vorstadtkultur", in: *Hohe Warte*, 2. Jg., 1905/06, S. 205.

Die Bezirke, die um den inneren Stadtkern gelagert sind, bilden eine amorphe Masse. Die Zentralisation der Gemeindeverwaltung hat sie entmündigt, die Spekulation hat ihre bauliche Entwicklung übernommen und ihnen den Stempel einer gleichmässigen Schablone aufgedrückt. Öde und Unwohnlichkeit ist ihr Merkmal. Die „schöne Fassade" ist für den Zustand der Dinge ebenso bezeichnend wie der Mangel des Bades fast bei allen Wohnungen, die grösseren nicht ausgeschlossen. Wer durch die nüchternen, staubigen, trotz der auffallenden Breite und Helligkeit tristen Strassenzüge, die meistens peinlich geradlinig verlaufen, fährt, ahnt nicht, dass sich an ihrer Stelle einstmals entzückende Ortschaften befanden, von denen hie und da ein altes, bei aller Verwahrlosung immer noch ansprechendes Haus, ein plastisches Wahrzeichen, ein Restchen Garten, ein alter Friedhof legendenhafte Kunde gibt. Der Regulierungsplan hat die ursprünglichen Strassen- und Platzverhältnisse nicht berücksichtigt und die überlieferte lebensvolle Anlage durch die Abstraktion des Generalregulierungsplanes brutalisiert. In einzelnen Punkten wird durch Aufstellung von Denkmälern und kleinen gärtnerischen Anlagen ein Verschönerungsversuch unternommen, aber sie bleiben immer äusserlicher Zierrat; die Schönheit muss an den Dingen sein, sie kann nicht angeheftet werden, wie man ein Schmuckstück anheftet. Je weiter man zur Peripherie kommt, desto stärker tritt die ursprüngliche bodenständige Kultur zutage. Obschon eingemeindet und mit neuen Bezirksnamen versehen, haben sich in den äusseren, von Gärten, Weinbergen, Wald und Wiesen umschlossenen ländlichen Vororten mit dem alten architektonischen Bestand die lieblichen Ortsnamen erhalten: Dornbach, Neuwaldegg, Gersthof, Pötzleinsdorf, Neustift am Walde, Sievering, Grinzing, Heiligenstadt. Man kann heute noch innerhalb der Stadtgrenzen Wiens aufs Land gehen. Die genannten Orte sind noch immer beliebte Sommerfrischen. Die Namen anderer, von der Stadterweiterung aufgesogenen und spurlos verschwundenen Orte: Rudolfsheim, Fünfhaus, Ottakring, Weinhaus, sind noch im Munde des Volkes wie verklungene Sagen. Die genannten, noch erhaltenen Ortschaften am Fusse des Kahlenberges haben zum grossen Teil ihren Kulturcharakter bewahrt, obgleich die Schablonisierung von der Stadt aus auch hier riesige Fortschritte macht. Trotzdem ist noch ein Rest eigenen Gemeindelebens und in der Bevölkerung ein starkes Heimatgefühl vorhanden. Trotz der Einverleibung sind diese Orte noch immer ein Individuum, die anderen Bezirke eine Nummer. Dort gilt es, Bestehendes zu erhalten und vor der Schablonisierung zu retten, hier wird alles von neuem zu machen sein. Wir können vorläufig nichts tun, als die geistige und künstlerische Einsicht der jungen Generation wappnen, um sie zu befähigen, einmal die schweren Fehler der letzten dreissig bis vierzig Jahre gut zu machen.

---

171. Ludwig Hevesi, „Wien eine Gartenstadt" (6. April 1907), in: ders., *Altkunst – Neukunst, Wien 1894–1908*. Wien: Carl Konegen, 1909; Reprint hg. von Otto Breicha. Klagenfurt: Ritter, 1986, S. 231–236, hier 231–232.

Seit einigen Wochen sieht man in der Wiener Werkstätte eine Ausstellung von Skizzen und Entwürfen gärtnerischer Natur. Wieder eine jener gesunden Anregungen Professor Josef Hoffmanns, die Schönheit und Vernünftigkeit unter einen Gesichtswinkel stellen. Praktisch durchgeführt, nennt man das Kultur. Naivere Zeiten hatten sie, von Geschlecht zu Geschlecht fortgeerbt; sie waren in ihr geboren und erzogen, sie lebten und starben in ihr. Die letzten fünfzig Jahre, deren Element aus gelehrten Abstraktionen bestand, haben damit so aufgeräumt, daß die Leute jetzt wieder das Abc lernen müssen. Ist es nicht unglaublich, daß den

Wienern erst wieder der Geschmack an Gärten und Blumen beigebracht werden muß? In Wien, der Stadt der vielen fürstlichen Parks und zahllosen bürgerlichen Hausgärtchen, in einer herrlichen Landschaft, die zu allen Seiten bis in die Straßen hereinwuchert. Aber es ist so. Der jetzige Mensch ist eben kein Sohn der Scholle, sondern der Sohn des Pflastersteins. Der Ackerbau weicht der Industrie, der Zug nach der Stadt, und von da nach der Großstadt, ist allgemein. Das Land verstädtert sich nachgerade so, daß den Städtern selbst etwas trostlos zumute wird. Immer lauter wird der Schrei: die Zwangsherrschaft des allmächtigen Steinhaufens muß gebrochen werden! Und an allen Kulturherden regt sich fast gleichzeitig der feste Wille, Zwingburg „Stadt" zu brechen, die Stadt wieder zu verländlichen.

Und da ist es denn gar tröstlich, daß der alte, naturfrohe Wienergeist plötzlich wieder aufwacht. Unsere Stadtverwaltung hat das unbestreitbare Verdienst, den heilsamen Weckruf ausgestoßen zu haben und immer wieder auszustoßen. Soeben lese ich einen weiteren Aufruf an die Wiener, Fenster und Balkone mit Blumen zu schmücken. Bürgermeister Dr. Lueger ist unterschrieben. Preise sind wieder ausgesetzt. Und die hohen elektrischen Lichtmaste sind mit Blumenkörben geschmückt. Aber auch große Flächen jenes „gstättenhaften" Ödlandes, das sich von selbst um jedes städtische Weichbild entwickelt, verwandeln sich von Jahr zu Jahr in Anlagen. Und vor allem ist Zukunft vorhanden, gesichert durch jene grossartige Anbahnung, die Schaffung eines Wald- und Wiesengürtels um Wien. Das ist eine Kulturtat ersten Ranges, die den Anspruch hat, ganz parteilos beurteilt zu werden. Wien steht infolgedessen mit an der Spitze der mächtigen internationalen Gartenstadtbewegung. Ich betrachte es keineswegs mit zu lokalem Auge, möchte vielmehr hier eigens auf eine Pariser Anerkennung hinweisen. Sie kommt von Herrn J. C. N. Forestier, dem Konservator der Promenaden von Paris, der in seinem Buche „Grandes villes et systèmes de parcs" (1906) erklärt, Wien laufe damit selbst den amerikanischen Großstädten den Rang ab. Von Paris gar nicht zu reden, wo nach allen neuen Plänen ein Hektar Grün auf 1354 Menschen fallen werde, Wien aber auf 400. Und Amerika zu übertreffen, ist wahrlich nicht leicht. Die dortigen Städte haben sich zwar spät besonnen, dann aber frischweg Hunderte von Millionen geopfert, um sich eine möglichst grüne Zukunft zu sichern. Boston z. B. warf im Jahre 1901 gleich 166 Millionen Frank aus, um in sieben Jahren seinen Traum zu verwirklichen. Heute ist es so weit und ein großartiges Muster für alle. Chicago arbeitet jetzt mit ungeheuren Kosten an seiner Wald- und Wiesenstadt, New York wendet Unsummen auf, um nachzukommen. Washington ist schon von Hause aus, durch den weitblickenden Franzosen L'Enfant, so angelegt. Andere Städte schaffen sich Spezialitäten, wie Louisville, das Paradies der Kinderspielplätze. Noch andere gehen als Stadt zugrunde und leben als Garten wieder auf; so Leamington, das als überflügelter Badeort verkam und sich in eine Gartenstadt von neuer Blüte verwandelte. Es ist eben wieder etwas wie Morgenröte.

---

172. Ludwig Hevesi, „Otto Wagners moderne Kirche", (6. Oktober 1907), in: ders., *Altkunst – Neukunst, Wien 1894–1908.* Wien: Carl Konegen, 1909; Reprint hg. von Otto Breicha, Klagenfurt: Ritter, 1986, S. 249–254, hier 249.

Vor einigen Wochen kehrte ich mit der Westbahn nach Wien rück. Ein Pariser Bildhauer war mein Coupégenosse. Als wir in das Weichbild einfuhren, deutete er plötzlich links zum Fenster hinaus, mit einem Schrei der Überraschung. „Was ist ist das?!" Auf dem langen Hügelrücken über dem Örtchen Baumgarten – Gustav Klimt ist da geboren; modernes Omen – schimmerte in der hellen Sommersonne eine weiße Stadt. Überragt von der goldenen Kuppel einer weißmarmornen Kirche. Weithin über das grüne Hügelgelände, über das reizvolle Gemisch von Stadt und Land hinweg, flammte der helle Goldblink eines „Bauobjekts" von ungewohnter Anmut des Umrisses. Ich erinnere mich nur an einen ähnlichen Eindruck. Jene Prachtkathedrale aus dem Cinquecento, in Kurtea de Arges in Rumänien, das Werk jenes sagenberühmten Meisters Manole, der sein schönes Weib darin einmauern ließ, woraus dann Carmen Sylva jenes Trauerspiel dichtete, das in einer Matinee des Hofoperntheaters ein einziges Mal aufgeführt wurde. Die steht so auf dem Hügel über der weiten Landschaft, ein märchenhaftes Gottesschloß aus Gold und Edelgestein. So juwelenhaft ist nun Otto Wagners neue Kirche nicht: sie hat ja keine Schätze, sondern nur 575.000 Kronen „verschlungen". Aber wie sie ist und wo sie steht, ist sie für Auge und Geist jenes Etwas, von dem der plötzliche Blitz ausgeht, ein elmentares Moment der Erleuchtung. „Das ist ja etwas ganz Besonderes," sagte mein Franzose, „das muß ich mir ansehen." Ich erzählte ihm dann alles, was ich von den neuen Heil- und Pflegeanstalten des Landes Niederösterreich wußte. Eben von dieser weißen Stadt, über der die moderne Kuppelkirche Otto Wagners thront. Eine in der Welt einzig dastehende Schöpfung. In England soll es eine solche Anstalt geben für etwa 1000 Pfleglinge. Hier ist eine ganze Stadt mit einem Stadtgebiet vor 100 Hektar, mit 60 gesonderten Gebäuden, die 40 Meter voneinander stehen. Für eine Bevölkerung von 2500 Kranken, aber mit Zukunftsraum für 5000. Ich sagte ihm dies und das, wie es mir gerade einfiel. Tatsachen, Ziffern. Fünf Millionen Stück Wäsche zu waschen; eine elektrische Eisenbahn, welche die Speisen in großen Zylindern aus dem Küchengebäude exportiert; was weiß ich? (Darüber kommt ja noch eine eigene Veröffentlichung.) Er staunte, ungläubig fast: „So weit sind Sie in Wien?" Er staunte, wie vor kurzem der ausgezeichnete Direktor der Pariser Gärten, Herr Forestier, als wir ihm das eben entstehende „Wien als Gartenstadt" zeigen durften. „So groß wird das hier angefaßt?" rief auch er. Wie ja in der Tat die Ära Dr. Karl Luegers – es ist nicht das erstemal, daß ich darauf hinweise – den Begriff Groß-Wien in unerwartet umfassender und durchgreifender Weise zur Wahrheit macht. Der sogenannte ewige Ruhm wird für diesen merkwürdigen Mann keine Phrase bleiben.

---

173. Arthur Schnitzler, *Der Weg ins Freie* (1908), Berlin: S. Fischer, 1928, S. 16–17.

Georg trat ins Zimmer zurück, machte sich zum Fortgehen fertig und verließ das Haus. Seine Absicht war es, ein paar Stunden herumzuspazieren, wohin der Zufall ihn führen mochte, und abends endlich wieder an seinem Quintett weiterzuarbeiten, wofür ihm nun die rechte Stimmung gekommen schien. Er überschritt die Straße und betrat den Park. Die Schwüle hatte nachgelassen. Noch immer saß die alte Frau mit der Mantille auf der Bank und starrte vor sich hin. Auf dem sandigen Rund um die Bäume spielten Kinder. Um den Kiosk waren alle Stühle besetzt. Im Wetterhäuschen saß ein glattrasierter Herr, den Georg vom Sehen kannte, und der ihm durch seine Ähnlichkeit mit dem alten Grillparzer aufgefallen war. Am Teich kam Georg eine Gouvernante entgegen, mit zwei schön gekleideten Kindern und betrachtete ihn mit leuchtendem Blick. Als er aus dem Park auf die Ringstraße trat, begegnete ihm Willy Eißler in langem dunkelgestreiften Herbstpaletot und sprach ihn an: „Guten Tag, Baron, sind Sie auch schon wieder in Wien eingerückt?"

174. Felix Salten, „Spaziergang in der Vorstadt", in: ders., *Das österreichische Antlitz*. Berlin: S. Fischer, o. J. [1910], S. 117–126, hier S. 117–119.

Das war damals wirklich so, und man schrieb es auch auf den Postadressen nicht anders, daß Währing „bei" Wien lag. Draußen, vor den festgemauerten Wällen lag es, hinter denen sich die Stadt verschanzte, und begann erst ein gutes Stück hinter dem gewaltigen Holzgatter, mit dem man die „Linie" absperren konnte. Von der Stadtseite her war es nur durch den einzigen Durchschlupf zu erreichen, den eben die Linie freiließ. Deutlich erinnere ich mich noch des Feldweges, der hinter dem Mauttor anfing und heimwärts führte. Felder überall und Wiesen. Und jenseits davon standen die ersten Währinger Häuser, wie gute Bekannte mit freundlichen Gesichtern. Aus den hellen Gassen kam man rasch überall ins Freie. Ein paar Schritte von der Kirche ab, die alte Neugasse hinauf, vorüber an dem halben Dutzend damals noch gern bespöttelter Kottagevillen, und man war auf der Türkenschanze, konnte durch hochstehende Saaten, durch Weingärten und Brachäcker unter Lerchenjubel und Sensenklirren in Feldeinsamkeit dahinwandeln, war einfach auf dem Lande. Und ein kleines, halb ländliches Gemeinwesen war das ganze Währing.

Die Stadt, die begann für uns gleich bei der Linie. Und beim Bürgerversorgungshaus, wo die Pferdebahn klingelnd zum Zögernitz hinausfuhr, glaubten wir uns schon mitten in ihrem stolzesten Gewühl. Hatten wir uns aber einmal gar bis zum Josephinum vorgewagt, dann meinten wir alle Pracht der Residenz erspäht zu haben. Eine alte Tante kam damals aus der Provinz zu uns, um, wie sie sich ausdrückte, die Wienerstadt kennen zu lernen. Und da wir Knaben ihr als Fremdenführer dienten, ist auch sie übers Josephinum nicht hinausgelangt. Sie war genügsam und gab sich damit zufrieden. Sie hat den Rest ihrer Jahre bei uns verbracht, aber während wir Kinder die Wienerstadt, nach der es sie so sehr verlangte, längst schon in allen Bezirken durchstreiften, reichte ihr Begehren gar nicht mehr weiter. Täglich rüstete sie sich mit sehr viel umständlicher Feierlichkeit, um „in die Stadt" zu gehen, rückte voll Anstand und Bedacht bis an das Versorgungshaus, und machte dort pünktlich kehrt. Vom Graben, vom Stephansplatz, vom Praterstern sprach sie zuletzt nicht anders als von Gegenden, in deren exotische Gefahren sich nur ein übertriebener oder ein mutwilliger Mensch begibt.

175. Amelia Sarah Levetus, „Die Villa Ast in Wien. Von Professor Josef Hoffmann, Wien“, in: *Moderne Bauformen*, 12. Jg., 1913, S. 1–2, hier 1.

Den sechs Villen, die Professor Josef Hoffmann auf der Hohen Warte in Wien erbaute, hat er nun eine siebente zugesellt, die Villa Ast. Sie zeigt, wie sich dieser hervorragende Architekt seinen hohen Zielen und Idealen immer mehr nähert; sie beweist aufs neue die Bedeutung Josef Hoffmanns als Architekt und Künstler – wenn Beweise hierfür überhaupt noch erforderlich wären – und hat auch allerorts, bei Fachmännern, Kunstfreunden und allen, die Verständnis für moderne Architektur und Raumkunst besitzen, Lob und Anerkennung gefunden.

Die Villa Ast steht auf dem höchsten Punkte der Hohen Warte, der eine weite Fernsicht auf den Kahlenberg, den Leopoldsberg und den Wienerwald gewährt; das war naturgemäß für den Entwurf des Künstlers mitbestimmend. Durch glückliche Anpassung an die natürlichen Verhältnisse, mit der sich ein inniges Verständnis für die persönlichen Bedürfnisse und den ästhetischen Geschmack der Bauherren vereinte, ist es gelungen, der Villa wie dem Garten eine äußere Form zu geben, die trotz ihrer ganzen starken Originalität doch einen vollkommen angenehmen und harmonischen Eindruck hervorruft und gleichsam vorbereitend wirkt auf die besondere rhythmische Stimmung der Innenräume.

Schon beim ersten Anblick machen sich die starken logischen und gesunden Prinzipien des Aufbaues fühlbar, die große Gediegenheit der Ausführung und die schöne Harmonie mit der umgebenden Landschaft. Die Villa Ast ist ein architektonisches Kunstwerk, das mit den anderen Hoffmannschen Villen auf der Hohen Warte zusammen in der Geschichte einer gewissen Periode der Wiener Wohnhausarchitektur eine bedeutsame Rolle spielen wird; denn Hoffmann hat hier als Neuerer und Bahnbrecher gewirkt. Eine jede der sieben Villen hat ihr eigenartiges Gepräge, jede trägt besondere Merkmale der künstlerischen Entwicklung des Meisters an sich. Sie zeigen deutlich den Weg, auf dem Hoffmann zu seinem eigenen Stil gelangte, diesem Stil, der völlig seine Schöpfung ist. keine fremden Elemente in sich trägt, aber etwas echt Wienerisches, einen unverfälschten Wiener Geschmack und viel gemütliche wienerische Behaglichkeit enthält.

Die Originalität und die ursprüngliche Erfindungsgabe des Künstlers machen sich in gleicher Weise auf den mannigfachen Gebieten seiner Kunstbetätigung geltend. Es wäre zu wünschen, die Wiener wüßten davon recht viel; dann könnte uns Hoffmann mehr solcher Kunstwerke schenken, ja vielleicht würde er dann auch mit der Schaffung eines größeren Architekturwerkes betraut, das der Nachwelt ein monumentales Merkzeichen seiner Zeit werden müßte.

Die Villa Ast ist einschließlich der Fassaden aus Ziegel- und Betonmauerwerk erbaut. Alle Architekturteile, Fenster- und Türgewände, Gesimse und Füllungen sind, wie die monumentalen Blumenbehälter des Gartens, nach Entwürfen des Meisters vom Bildhauer in Beton geformt. Das Haus wird von den Nachbarvillen durch einen trefflich angelegten Garten getrennt, in dem jedes, auch das kleinste Plätzchen, voll und in Schönheit ausgenützt ist. Die zum Teil sehr seltenen Pflanzen werden je nach der Jahreszeit ausgewechselt; der Wassergarten und die Pergola zeigen dieselbe architektonische Schönheit der Form und der Konstruktion, dieselbe Feinheit der Verhältnisse wie der Hauptbau. So bilden Haus und Garten ein organisches Ganzes, das wohltuend und beruhigend wirkt, bei dem nicht der kleinste Teil vermißt werden könnte.

---

176. Marie von Ebner-Eschenbach,
Meine Erinnerungen an Grillparzer.
Berlin: Gebr. Paetel, 1916, S. 17–19.

Durch ein schmales Gelaß, in dem zwei Reihen dicht angefüllter Bücherschränke standen, gelangte man in Grillparzers Wohnzimmer. Es war geräumig, bildete ein regelmäßiges Viereck und hatte zwei Fenster, die in die Spiegelgasse sahen. An der linken Wand stand das mit einem dunkelgeblümten Rahmenüberzug bedeckte Bett, und an derselben Seite, in der Nähe des Fensters, schräg ins Zimmer hineingerückt, der große Schreibtisch, vor dem ich Grillparzer nie schreibend getroffen habe, immer nur neben ihm, lesend, zurückgelehnt in feinem bequemen Lehnsessel. Der Aufsatz des Schreibtisches trug eine Reihe meist alter Bücher und eine Damenuhr in einem kleinen Gestell, ein Wiener Spindelührchen aus den Jahren zwischen 1830 und 1840. Wie kommst du hierher, du einziger Luxusgegenstand, in diese Klause eines Bedürfnislosen? Aus Frauenhand vielleicht? Sollst du im leisen Vorwärtseilen an eine Stunde erinnern, schöner als alle, die du noch anzeigen kannst? So habe ich sie oft dringend gefragt. Aber auf Gedankenfragen geben Uhren selbst ihrer treuesten Liebhaberin keine Antwort.

An der Wand rechts, unter einem Stiche des schönen Bildes Jenny Linds von Magnus, trauerte seit Jahren schon der verstummte Flügel. Derselbe, auf dem der Dichter vor längst entschwundener Zeit mit seiner musikalisch hochbegabten Mutter Tondichtungen großer Meister gespielt, selbst schaffend, während er ihre Schöpfungen genoß. Da war es auch, daß seine größte Dichtung, die dem Werden entgegenstrebte, „Das goldene Vlies“, Gestalt gewann, „die Gedanken-Embryonen verschwammen mit den Tönen in ein nicht beschreibbares Ganzes,“ heißt es in seiner Selbstbiographie.

An der Wand, den Fenstern gegenüber, lehnte in dunkler Bescheidenheit ein kleines Sofa, im Halbkreis umgeben von seinen Angehörigen, einigen Stühlen und einem schmalen Tische, dem Frühstückstische. Da trank Grillparzer den Kaffee, den er sich selbst bereitete, da schärfte er seine Epigrammenpfeile. Die Morgenstunde war ihm stets die fruchtreichste gewesen und trug ihm jetzt noch manchen Gedanken ein, der ihn und seine Zeit und wohl manche folgende überleben wird.

Kapitel 17: Stadtkultur

Zur Jahrhundertwende war die Kultur Wiens nicht deutsch: Sie war divers, vielsprachig und grenzenlos in ihrer Vermischung unterschiedlicher Kulturen. Hermann Bahr erklärte dem verwirrten deutschen Besucher, der Wien umso weniger verstand, je länger er sich dort aufhielt: „Wien [...] ist eine Europäisch-Asiatische Grenzstadt!“ Viele Kommentator:innen betonten nicht nur die Andersartigkeit, sondern auch die Vorteile Wiens gegenüber vergleichbaren Städten in Deutschland. 1907 schrieb Johannes Ziegler zum Beispiel stolz, dass dic architektonisch kunstvollen Fassaden der Mietshäuser „weit schöner als anderswo“ seien. Es waren jedoch genau diese blumigen Fassaden, die die ästhetisch puristischen Modernist:innen als Zumutung empfanden. Der Architekt Adolf Loos pries in seiner kurzlebigen Zeitschrift *Das Andere* die komplett undekorierten Fahnenstangen vor dem Künstlerhaus, während sein literarischer Freund Karl Kraus über den unnötigen Punkt in der Aufschrift „K. K. Hofburgtheater.“ schimpfte.

Der Ort solch aufgeregten Austauschs – aufgeregt war er vor allem, weil er im Grunde keine große Bedeutung besaß – war das Kaffeehaus. Friedrich Schlögl schreibt in seinem maßgeblichen, 1886 veröffentlichten Buch über Wien: „Der Wiener ist mit Leib und Seele ein ‚Caféhausgeher‘.“ Das Kaffeehaus bot allen, die sich einen „kleinen Schwarzen“ leisten konnten, Wärme, Sicherheit und Gemeinschaft. Seit dem im Dezember 1862 verabschiedeten Pressegesetz war der Straßenverkauf von Zeitungen und Magazinen streng reguliert, was das Kaffeehaus zum ersten Anlaufpunkt für die Lektüre von Morgenzeitungen, Wochenmagazinen und kritischen Witzblättern machte. Der private Binnenraum der inmitten der Stadt gelegenen Kaffeehäuser diente so auch als Fenster in die Welt außerhalb der Zwänge und Beschränkungen des habsburgischen Wien. Soziale Durchmischung fand grundsätzlich in jedem Kaffeehaus statt, aber jedes Etablissement brachte auch eine bestimmte Anhängerschaft mit sich. Prachtvolle Kaffeehäuser zogen die höheren Schichten der Wiener Gesellschaft an – Aristokratie, Großkapital, erfolgreiche Künstler:innen, Diplomat:innen, kurz, „die Nobility und die Gentry des Landes und der Stadt“. Es gab auch Zentren des kreativen Austauschs wie das Café Central, in dem beispielsweise Peter Altenberg lange und fruchtbare Stunden mit seinesgleichen verbrachte: Arthur Schnitzler, Hugo von Hofmannsthal, Felix Salten, Richard Beer-Hofmann, Hermann Bahr. Während die Wände des Café Central „mit gepreßten englischen Goldtapeten“ dekoriert waren, konnten die Kaffeehäuser der weniger privilegierten Schichten nur, wie Schlögl schreibt, „ein wackeliges Billard, defektes Geschirr, abgegriffene Karten, schmutzige

Tische, durchgesessene Stühle" bieten. Die Straßen der Stadt dagegen standen allen offen, auch wenn sie zu entgegengesetzten Zielen führten. Marie von Ebner-Eschenbach erzählt von „de[m] Sohn eines geadelten Bankiers" und dessen Freund:innen, die nach einer Aufführung von *Fidelio* direkt in das nächste Kaffeehaus übersiedelten, während die junge, mittellose Schullehrerin sich nach Verlassen ihres billigen Sitzes in der Oper auf den langen und einsamen Weg nach Hause begibt, durch die Erinnerung an Beethovens Musik mehr gewärmt als von ihrem abgewetzten Mantel. Auf ihrem Heimweg hätte sie auch das Spektakel der Straßen der Stadt genießen können, insbesondere das der Schaufenster der großen Kaufhäuser – das „Fenstergucken" war eines der kostenlosen Freuden des Abendcorsos. Wie die Kaffeehäuser boten auch die Warenhäuser neue, glamouröse und öffentlich zugängliche Räume, in denen verschiedene soziale Schichten aufeinandertrafen. Während der Kauf der neuesten Mode das Privileg der Wohlhabenden war, konnten die weniger gut Betuchten die ausgestellten Kleidungsstücke immerhin bestaunen und von ihrem Besitz träumen. Der Platzmangel in der Innenstadt ließ Kaufhausbesitzer mit Expansionsplänen in die Vorstadt abwandern, vor allem in die Mariahilfer Straße. Im Jahr 1895 eröffnete der belgische Unternehmer Stephen Esders eines der größten Kaufhäuser des Kontinents, mit 39 beleuchteten Schaufenstern auf zwei Etagen, in der Mariahilfer Straße 18. Kurz darauf, im Jahr 1897, eröffnete August Herzmansky ein kleineres Warenhaus mit einer spektakulär verglasten Vorderfront in der Stiftgasse. Sein ehemaliger Angestellter und Geschäftspartner Alfred Gerngross folgte ihm in die Mariahilfer Straße, als er ein kleines Geschäft zwischen 1902 und 1904 zu einem wesentlich größeren Warenhaus in einem prachtvollen späten Jugendstil umbaute. Mit seinem unbändigen „Glanz und Reichtum" diente es als nur oberflächlich getarnte Vorlage für das Warenhaus Groß in Auguste Groners 1907 erschienenem Kriminalroman.

177. o. A., „Das Diana-Bad“, in: *Österreichische Kunst-Chronik* 2, Nr. 10, 15. September 1879, S. 153–154.

Unter den Profanbauten, welche in der letzten Zeit in Wien entstanden sind, nimmt das vom Architekten Otto Wagner erbaute „Diana-Bad“ eine hervorragende Stellung ein. Jedes neue Wiener Bad-Unternehmen hat unter den Zeitgenossen freudige Aufnahme gefunden, und die Literatur darüber betont stets, dass Wien seinen benachbarten Residenzstädten in Bezug des Badewesens voraus sei. Wir haben nun neuerlich einen Sieg zu verzeichnen, denn das kürzlich vollendete offene Bassin des Dianabades ist in künstlerischer Beziehung eine Sehenswürdigkeit der Stadt und dürfte auch bald das Vorbild für andere verwandte Unternehmungen werden.

Ward schon der Bau und die Inneneinrichtung des „Römischen Bades“ angestaunt, so stehen wir hier vor einer noch bedeutenderen Leistung. Die grösste Bequemlichkeit und Nützlichkeit in der schönsten Form geboten. Wer hätte vor wenigen Jahren, als die alten Bassins des Diana- und Sophien-Bades für hervorragende Leistungen der künstlerischen Gestaltung gehalten wurden, daran gedacht, dass so bald ein gleiches Unternehmen folgen werde, welches sie nicht nur übertrifft, sondern förmlich erdrückt. Es ist nicht unsere Aufgabe, die Vortheile des neuen, freien, luftigen Bades in sanitärer Beziehung hervorzuheben; uns liegt daran, die Bedeutung des Unternehmens als Kunstwerk sicherzustellen.

Es ist jedenfalls sehr löblich, dass die Diana-Bad-Gesellschaft sich beim Umbaue ihres Etablissements eines unserer tüchtigsten Architekten bediente; die Pläne und Details des gesammten Baues wie der Innen-Ausstattung sind von Otto Wagner, dem Architekten des Festplatzes beim Hochzeits-Jubiläum Ihrer Majestäten.

Wiewohl die Façade des grossen Gebäudes und die Inneneinrichtungen der verschiedenen Bäder volle Beachtung verdienen, und besonders wenn man die Schwierigkeiten eines Umbaues, bei welchem alles Neue dem Vorhandenen angepasst werden muss, berücksichtigt, der Anlage reichliches Lob gebührt, können wir uns hiebei nicht aufhalten. Unser Interesse verdient hauptsächlich das grosse offene Bassin, welches an Stelle des ehemaligen türkischen Saales entstanden ist und das in seiner architektonischen Umgebung in der Decoration, in der Gesammtwirkung als Kunstwerk angesehen werden muss.

Die üppige Pracht, der verschwenderische Luxus der antiken Bäder tritt uns hier lebhaft vor Augen; allerdings haben wir hier ein den modernen Anforderungen entsprechendes Unternehmen von völlig verändertem Äussern. Aber dort wie hier zeigt sich, dass, je höher sich der Kunstsinn eines Volkes entwickelt, die Kunst sich immer mehr aller Gebiete des gesellschaftlichen und culturellen Lebens bemächtigt.

So hat denn unser seit wenigen Jahrzehnten wiedererstandenes Kunstleben nicht nur die streng künstlerischen Fragen berührt, es hat sich auch mit hohen Erfolgen auf die Allgemeinheit ausgedehnt und beherrscht heute alle neuen Erzeugnisse der gewerblichen Thätigkeit. Welch' unglaublicher Unterschied liegt doch zwischen den hölzernen Badehütten Ferro's und diesem prunkhaften Salonbassin, und doch ist der Zeitraum, der beide trennt, nicht mehr als ein Jahrhundert.

Das neue Bassin umschliessen drei Tracte, welche die Wannenbäder enthalten, und ein vierter Tract, der einen heiter decorirten Saal umfasst; so bilden diese Umfassungen eine Art Atrium; die mit schönen Mottacher Platten gepflasterten Perrons begrenzen den Wasserspiegel, welcher grösser ist als jener im gedeckten Vollbade.

Architekt Wagner hat vor Allem gesucht, die Wandflächen der umgebenden vier Tracte in eine dem Auge gefällige Form aufzulösen und in die gesammte Anlage eine stylistische Gleichmässigkeit zu bringen. Er hat demnach an den beiden Schmalseiten durch Halbsäulen und mächtige Bogen ein hübsches architektonisches Bild geschaffen und an den beiden Langseiten eine reiche Gliederung herbeigeführt. Die Architektur bewegt sich in der frischen, heiteren Form der italienischen Frührenaissance. Die Flächendecoration ist gefühlsrichtig dem Materiale angepasst; eine sehr form- und detailreiche Sgraffitto-Verzierung, welche in ihrer coloristischen Wirkung zu einem heiteren Himmel prächtig stimmt. Um aber die farbige Wirkung noch zu erhöhen, hat Wagner eben in dieser Decoration Unterschiede eintreten lassen, dann durch das Nebenwerk der von Milde prächtig ausgeführten Douchen, durch das saftige Grün einiger Bäumchen viele Abwechslung erzielt.

Der Eindruck des Ganzen beim Entrée ist ein köstlicher: der grünlich spielende Wasserspiegel, die fein abgetönte chamottefarbige Sgraffitto-Decoration, der helle blaue Himmel klingen prächtig ineinander.

Zweifellos wird das neue Diana-Bad nicht wenig dazu beitragen, das Ansehen unserer öffentlichen Anstalten zur Gesundheitspflege zu erweitern.

(416)

178. Friedrich Schlögl, „Wiener Cafés", in: ders., *Wien*. Zürich: Caesar Schmidt, 1886, S. 133, 136.

Das „Wiener Café", vermöge seines eigenartigen Characters und seiner Einrichtung von altersher eine Spezialität, die in nichts und nirgends ihres Gleichen und desshalb einen europäischen Ruf hatte, fand in solcher Gestalt erst spät eine versuchsweise, also bescheidene und primitive – und dann gar erst in allerjüngsten Epochen eine ebenbürtige, ja, wie die Fama lautet, eine das Urbild beinahe übertreffende Nachahmung in den Städten anderer Länder.

Der Wiener ist mit Leib und Seele ein „Caféhausgeher" und versitzt dort, wie im Gasthause, die schönsten (leider auch Arbeits-) Stunden seines Lebens. Zur Erklärung oder vielmehr zur Entschuldigung dieses National-Lasters muss nun bemerkt werden, dass die Beschaffenheit des heutigen „Café" eine verdammt verführerische, indem es die heterogensten Neigungen, Bedürfnisse und Wünsche jedes Einzelnen unterstützt, stillt und befriedigt. Der Alleinstehende, d. h. jener, der keinen gemeinsamen Haushalt führt, also der „Ledige" – auch der „einsame Spatz" genannt – nimmt daselbst seine Früh-Melange und nach Tische den unausweichlichen und unabwendbaren „kleinen (Verdauungs-) Schwarzen". Der obligate oder dilettirende Privat-Politiker stürzt sich hier in eine Fluth von Zeitungen und erlabt sich an der Weisheit und der markigen Gesinnung oder ärgert sich grün und gelb an der Schalheit, dem Aberwitz oder der Perfidie der Leitartikel. Der Geldmensch, der Spekulant, der Börsianer, der Ökonom, der Rentier (grossen oder kleinen Ranges und Rufes) studirt in den betreffenden Organen die volkswirthschaftlichen Evangelien, die Curstabellen, Marktberichte und das Kauderwälsch der Börsennotizen und finanziellen Rathschläge. [...]

Die Wiener Cafés wechseln in ihrem Äusseren und Inneren bis zur Unkenntlichkeit der Gemeinsamkeit ihrer Abstammung und ihres Berufes. Hier die Fenster theilweise verklebt mit Papier und als Lockschild eine farbige Laterne, als Mobiliar und als Geschäfts-Requisiten ein wackeliges Billard, defektes Geschirr, abgegriffene Karten, schmutzige Tische, durchgesessene Stühle, und als Publikum lichtscheue Gestalten, verrufenes Gesindel, das mit seinen Complizen die im „Naschiwaschi", im „Ketteltziehen" und sonstigen Bauernfängerischen Spielen ergatterte Beute theilt. Man nennt diese Zichorienspelunken im Polizeiorgan: „Tschecherln."

Knapp um die Ecke ein feenhaft ausgestattetes Etablissement, dessen Installation das Auge des Eintretenden blendet. Gold und Marmor, Sammt und Seide, werthvolle Gemälde und kostbare Spiegel, die Möbel von edelstem Holze, die Geräthschaften, die Utensilien von ausgesuchter Pracht, die Ess- und Trinkwaaren von aristokratischer Güte. Auf den Tischen die Zeitungen aller Länder, an einer Seitenwand eine sinnig zusammengestellte Bibliothek, bestehend aus allen denkbaren Hilfs- und Nachschlagebüchern, Schema's, Katalogen, bändereichen Encyklopädien, Atlanten u. s. w. Bei all diesem Luxus und solchen Annehmlichkeiten mässige Preise und eine Bedienung voll achtungsvollsten Manieren. Wer würde in derlei distinguirten Räumen in seinen arbeitsfreien Stunden nicht gerne weilen, wo man ausserdem für die differirendsten Inclinationen die richtigste, bequemste und wahrhaft billigste – Gewährung und Abhilfe findet. Da in Wien die Sitte der norddeutschen ästhetischen oder gesellschaftlichen (mitunter recht gespreizten und herzlich langweiligen) Theeabende nicht eingeführt, so ist es nicht verwunderlich, in den öffentlichen eleganteren Cafés zu gewissen Stunden auch das reinste Blaublut, die Zierden des Barreaus, die hervorragendsten Künstler, die Repräsentanten der Haute-Finanz, die Angehörigen der Diplomatie, die Abgeordneten beider Häuser, die Heroen des Parnasses, die Nobility und die Gentry des Landes und der Stadt (sämmtlich in den besten Exemplaren) anzutreffen und im wechselseitigen cordialsten Gespräche begriffen zu sehen.

---

179. Marie von Ebner Eschenbach, *Unsühnbar* (1889);
Vollständige Neuausgabe.
Berlin: Verlag der Contumax, 2015, S. 3–4.

Die Vorstellung des „Fidelio“ war zu Ende; das Publikum strömte aus dem Opernhause und zerstreute sich rasch nach allen Richtungen. Seit vierundzwanzig Stunden fiel Schnee, emsig, unablässig, in großen Flocken; er lag schwer auf den Dächern, verschleierte die Lichter in den Lampen, machte die Mühe der Wege ausschaufelnden Arbeiter fast vergeblich. Geräuschlos rollten die Equipagen vor; in Pelze gehüllte Männer und Frauen stiegen in weich gepolsterte Wagen. Ein paar Ladendiener hoben ihre sommerlich gekleideten Schönen in einen Komfortable mit zerbrochenen Fenstern. Wie der Wind sauste ein Fiaker nach dem

Café Prückel, Stubenring, mit Ansicht der „sprechenden Uhr“, um 1915.

anderen davon. Den Hut auf dem Ohr, den Schnurrbart gewichst, saßen die Eigentümer des „feschen Zeugels" etwas vorgebeugt auf ihrem Bock, in jeder Hand einen Zügel; und die Pferde griffen aus und gaben her an Lebenskraft, was sie geben konnten, um grüne Majoratsherrchen, hochgeborene Reiteroffiziere und Sportsleute so geschwind als möglich zum Spiel in den Jockeiklub zu bringen. An den Rand der Straße gedrängt, rumpelten dichtbesetzte Gesellschaftswagen, von abgejagten Mähren geschleppt, von schlaftrunkenen Kutschern regiert, den Vororten zu. Solide Bürgersfamilien gingen wohlverwahrt, mit geschärftem Appetit – man wird so hungrig im Theater – nach Hause, wo ein kräftiges Abendessen sie erwartete, oder begaben sich in eine Restauration.

Gemächlich, trotz des bösen Wetters, schlenderten einige Infanterieoffiziere dem nächsten Kaffeehause zu. Ein kleines Fähnlein, aber tatendurstig und eroberungssicher. Sie sprachen von den eleganten Damen in den Logen und von den Tänzerinnen und den Pferden anderer. Ein „Einjahrig-Freiwilliger", der Sohn eines geadelten Bankiers, der sich ihnen angeschlossen hatte, sagte mit Vorliebe: „Wir Kavaliere" und „wir vom Turf". Daß sein Sessel im väterlichen Kontor das einzige Rößlein war, auf dessen Rücken er es je zu einem Gefühl der Sicherheit gebracht, verschwieg er.

Die Herren wurden von einer jungen Lehrerin überholt, die eiligen Schrittes die Wanderung nach ihrer Wohnung angetreten hatte. Ihr Mantel war fadenscheinig, aber sie fror nicht; ihr Weg war weit und einsam, doch ihr bangte nicht. Sie schwelgte im Nachgenuß der Wonne, die ihrem kunstverständigen Sinn eben geboten worden. Es gab doch auch in ihrem schweren, harten Dasein Stunden der herrlichsten Erhebung. Die Kraft, die sie aus ihnen geschöpft, sollte lange vorhalten. Wer das Manna für die Seele auf Kosten des täglichen Brotes erwerben muß, kann sich dieser holden Labung nicht oft erfreuen.

180. Emil M. Engel (Hg.), *Unser Wien.* Wien: Engel, 1892, S. 36–37.

Der Contrast zwischen Uralt und Modern in Wien tritt auf dem bezeichneten Wege in die innerste Stadt besonders des Abends markant hervor. Die aufmerksamen Wiener Zeitungen berichten über eine interessante Schaufenster-Première mit derselben Genauigkeit und Ausführlichkeit wie über eine Sensations-Novität des Theaters. Ja selbst an leitender Stelle fanden wir dieses Thema schon ästhetisch und wissenschaftlich erörtert. Der Industrielle, der heutzutage nicht alle Anstrengungen macht, seine Waaren und Erzeugnisse in glanzvollem Rahmen, lichtumflossen und durch die Hand eines geschickten Arrangeurs, sozusagen mit geistreichen Nuancen versehen, dem Publicum vor die Augen zu führen, der kann auf Beachtung seitens der Öffentlichkeit kaum noch Anspruch erheben. Wie man jetzt die „Auslagen" geradezu in Scene setzt, das allein wäre schon ein lehrreiches Kapitel über die Entwicklung grossstädtischer Industrie. Das Arrangement solch' eines Schaufensters appellirt mit aller Macht an die Begehrlichkeit der bewundernden Menge, insbesondere an jene der Damen. Wenn man Tischwäsche vom herrlichsten Damast anempfehlen will, so stellt man gleich eine ganze Tafel an das Schaufenster, reich gedeckt mit schönem Porzellan, und an diese Tafel eine Hausfrau in Lebensgrösse – Alles so appetitlich, dass man sich sogleich zu Tische laden möchte. Boas und Spitzentücher werden uns als Umrahmung einer Kette elektrischer Glühlichter gezeigt, und um die Reize eines mit Lotosblumen geschmückten Damenhutes genügsam hervortreten zu lassen, setzt man ihn auf das schöne Haupt einer vortrefflich modellirten Seejungfrau, die als „Dame ohne Unterleib" in einem Weiher plätschert.

Aber nicht allein die Phantasie der Grossen, auch die der Kleinen findet mannigfache Anregung auf dem Wiener Abendcorso in der innersten Stadt. Da sieht man in einer Auslage eine Bébé-Ausstellung, welche den Kleinen draussen in der That die Köpfe verdrehen muss: Bébés in allen Grössen und Costümen, à la Watteau und in Rococo, schwarz und blond, braun und brünett. In einem anderen Schaufenster ist ein ganzer Garten etablirt worden, in welchem Knaben und Mädchen, in moderne Kindercostüme gekleidet, von den Bäumen die zwischen elektrischen Lichtern angebrachten Früchte pflücken. Heute lockt ein Circus mit Reifspringerinnen, Clowns und Athleten, morgen eine Miniatur-Praterfahrt mit goldglänzenden Equipagen, eleganten Reitern, Soldaten und Köchinnen, Salamucci und Volk – viel Volk!

Das wirkt, das zündet. Einen Verein zur Hebung des Strassenverkehres unter den Einheimischen haben wir nicht; unsere Geschäftsleute widmen sich dieser schönen Aufgabe mit vollem Erfolg. Das Fenstergucken wird nicht wieder aus der Mode kommen.

---

181. Adolf Loos, „Was wir sehen und hören", in: *Das Andere. Ein Blatt zur Einführung abendländischer Kultur in Österreich*, 1. Jahr, Wien 1903, S. 6.

Vor dem Künstlerhause stehen zwei Flaggenmasten. Es tut mir leid, den Namen des Mannes nicht veröffentlichen zu können, der den Mut gehabt hat, diese eisernen Mannesmannrohre ohne altertümelnden oder moderntuenden Dekor, so wie sie die Werkstatt verlassen haben, hinzustellen. Das war eine Tat in der Stadt, in der solche Rohre für die Oberleitungsdrähte der Elektrischen durch greuliche Zinkknäufe und Profilierungen verunreinigt wurden, eine Tat in der Stadt, in der unsere Künstler mit Verachtung die Erzeugnisse unserer Industrie behandeln und das Trottoir vor dem Heinrichshofe mit ihrem archaistischen Graffelwerk verunstaltet haben.

Stolz, frei und luftig erheben sich die Flaggenmasten vor dem Künstlerhause, Zeugnis gebend für unsere moderne Industrie, Zeugnis gebend, daß sie der dekorativen Mätzchen nicht bedarf, um festliche, freudige und künstlerische Wirkungen im Menschenherzen zu erwecken.

---

182. Johannes Ziegler, „Einst und jetzt", in: ders., *Wiener Stimmungsbilder*. Wien: Gerlach und Wiedling, 1907, S. 53–57, hier 53–56.

Es gehört doch zu den größten Annehmlichkeiten, von Zeit zu Zeit Wien zu durchwandern und zu beobachten, wie es sich allenthalben verschönt und immer mehr zunimmt an Glanz und Herrlichkeit. Der Wiener hat zwar augenblicklich keinen Grund, besonders lustig zu sein, aber der Anblick seiner schönen Vaterstadt mag ihm doch in schwerer Stunde einigen Trost bieten.

Gleichwie die alten, wurmstichigen Häuser eines nach dem anderen unter Spitzhacke und Stemmeisen zu Schutt werden und wie auf ihrem Grunde neue, größere, glanzvollere Bauten erstehen, so wird aus den Trümmern zusammengestürzter Luftschlösser ein besseres Gebäude emporwachsen, stark, fest und auf die Dauer. Litten wir nicht jetzt der verdrießlichen Zustände gegenwärtiger Tage halber unter ein wenig Beklemmung, so möchten wir uns dennoch unserer Zeit wohl freuen, die jedenfalls besser ist als die gute alte Zeit. Wir leben doch bei weitem freier, vernünftiger und gesünder als früher die Leute in Wien. Wir kleiden uns bequemer, wir wohnen luftiger, haben das klarste Gebirgswasser mitten in der Stadt, Spione können uns erfolgreich nicht mehr anmelden, Zensur ist ziemlich milde, der Pranger, das Vierteilen und Verbrennen sind abgeschafft, in die Folter darf man uns auch nicht mehr spannen. Ich freue mich jedesmal, wenn ein Gebäude aus alter Zeit, das nicht durch besonders schöne Architektur sich auszeichnet, abgerissen wird. Da sinkt dann wieder so ein Zeuge früherer Narrheit in Staub; und um die meisten dieser Gebäude ist es wahrlich nicht schade. Was für ein häßliches Haus stand früher an der Stelle, wo sich jetzt dem Stephansdom gegenüber der große, schöne Bau erhebt. Eng, unbequem und ungesund war es früher dort; jetzt aber steht an der Stelle ein mächtiges Gebände, breit, hoch, luftig, vornehm.

Mit lobenden Ausdrücken über Fassaden unserer neuen Bauten muß man sich übrigens in acht nehmen, sonst bekommt man es mit den Kunstkennern zu tun, welche nichts weniger verlangen, als daß auf kostspieligen Gründen im Zentrum der Stadt Paläste aufgeführt werden, wie die Großen von Florenz und Venedig im Mittelalter, da noch wohlfeile Gründe zu Gebote standen, sie bauten; oder man weckt den Unmut der Architekten, von denen fast jeder nur den Bau, den er selbst aufführt, für rein und stilvoll hält. Ich glaube, wir können recht zufrieden sein, wenn es dem Architekten gelingt, die Fassade großer Zinshäuser von vielen Etagen gefällig zu gestalten. Im allgemeinen sind doch gerade diese Gebäude in Wien weit schöner als anderswo. Mir gefallen diese hohen Läden im Erdgeschoß, diese Geschäftsstuben im Zwischenstock mit ihren großen Spiegelscheiben und goldenen Buchstaben darauf sehr gut, und die großen Firmatafeln von schwarzem Spiegelglas und Gold geben der Fassade ein munteres, gesprächiges Äußeres. Die Dinge unserer Zeit sind so angenehm; man versteht sie so gut, denn man lebt mitten unter ihnen. Und nun erst gar die Menschen unserer Zeit, namentlich die weiblichen Personen: wie graziös sind sie, wie nett gekleidet in ihren Roben, wie bescheiden im Benehmen! Es ist eine Freude, diese anspruchslosen Geschöpfe in den Verkaufsläden zu sehen oder auf den hellen Treppen oder in ihren Zimmern. Unsere neuen Gebäude machen den Eindruck, als müßten die Leute darin viel besser von Gemüt, viel sanfter in Sitten, viel zarter in Gesinnung werden.

Auf dem Stephansplatze stand vor noch nicht langer Zeit eines der ältesten Bürgerhäuser der Stadt. Von Alter grau, drei Stockwerke hoch, mit hohem, braunem Giebeldach, mit kleinen Fenstern und niedriger Tür stand es da, an die fünfhundert Jahre lang und ist offenbar ein ansehnliches Bürgerhaus seinerzeit gewesen. In dem engen Hof stieg ein Turm auf, die Fluren und Vorplätze im Innern waren mit Fliesen und Ziegeln gepflastert und die Treppen eng. Sonderbare Gitter sperrten die Räume ab und unter den Kreuzgewölben sah man hie und da Rollen angebracht, als wäre dort schon einmal einer gefoltert worden. Mit Augen des Mittelalters blickte es in die neue Zeit herein, schläferig,

Alserbachstraße, zwischen 1873 und 1879 (oben) und 1904 (unten).

märchenhaft wie ein Wunder; und wenn es hätte erzählen können, so würde es eine lange Geschichte erzählt haben von all den merkwürdigen Ereignissen, die während seiner Zeit sich zutrugen, von den Menschen, die durch seine Tür aus und ein gingen. Es hat ja wüste Zeiten erlebt und sonderbare Gestalten gesehen. Durch seine Tür schritten Männer mit Harnisch und Kettenpanzer und hohem Federbusch auf dem Hut, so daß sie sich bücken mußten, wollten sie oben nicht anstoßen; andere in geschlitzter, gepuffter und gezattelter Tracht, in Schnabelschuhen, in genestelten und aufgeschnittenen Schuhen, in Pumphosen und in der geteilten Tracht, auf einer Seite blau, auf der anderen gelb. Dann kamen die in Pluderkleidern, rauschend und flatternd, dann die mit spanischen Wülsten und die mit dem Gänsebauch, dann die mit Lederkoller und hohen Stiefeln, die Gravitätischen mit Allongeperücke, die Zierlichen mit Zopf und Haarbeutel. Und nun die Frauen erst mit ihren Ungeheuerlichkeiten, ihren Gugeln, Schnürpanzern, Radkragen, Beuteln, Wedeln, Fächern, Reifröcken und turmhohen Frisuren! Wie sie wohl aus dem Fenster blickten, wenn unten an der Straßenecke ein Missetäter auf seinem Wege zur Richtstätte zuvor ein wenig gemartert, mit glühenden Zangen gezwickt und ihm ein Riemen aus der Haut geschnitten ward!

Dieses alte, graue Haus hat in seiner Jugend gewiß als eines der stattlichsten gegolten. Nach den alten Abbildungen waren sonst dazumal die Häuser auf dem Stephansplatze und dem Graben armselig genug, klein, dürftig, mit hohen Giebeldächern. Etwas Scheußlicheres als einen Regentag auf dem Graben zu damaliger Zeit kann ich mir kaum vorstellen. Wie der Erdboden naß und schlüpfrig war, wie von den Dachtraufen das Wasser niederstürzte, wie die kümmerlichen Häuser mit ihren runden, in Blei gefaßten Fensterscheiben durch den grauen Regen blickten und wie dann in der Mitte der Straße – denn auf dem Trottoir konnte er doch der Traufen halber nicht gehen – ein Offizier in bunter Pludertracht, zu der an die sechzig Ellen Zeug gehörten, unwirsch, ohne Regenschirm, fluchend entlang ging, ein sakrament'scher Kerl!

Wie angenehm sieht doch der Graben heute selbst bei Regenwetter aus! Die Gebäude dort sind hoch und vornehm; ihre Spiegelscheiben, von vorspringenden Gesimsen wohl geschützt, blicken in trockener Blankheit herab und ihre goldenen Buchstaben wetteifern mit den goldenen Gittern des Balkons in Zutunlichkeit. Denn Gold hat eine warme Farbe und blickt selbst durch Regenwetter fröhlich, je mehr Gold draußen an den Häusern ist, desto lustiger sieht die Stadt aus.

183. Auguste Groner, *Warenhaus Groß & Comp.*
Stuttgart/Berlin/Leipzig: Bibliothek der Unterhaltung und des Wissens, Union Deutsche Verlagsgesellschaft, 1907, S. 5-7.

Ein wunderschöner Morgen zu Anfang des Juni blaute über Wien. Auf der Mariahilferstraße herrschte, wie immer, reges Leben und Treiben.

Es war noch früh. Auf die achte Stunde erst wies der Zeiger der Uhr, welche sich an der Stirnseite der vielbesuchten Mariahilfer Kirche befindet, die schon vor alter Zeit ihrer ganzen Umgebung den Namen gegeben hat, den der jetzige sechste Bezirk der schönen Kaiserstadt weiterführt.

Aus dem Portal der Kirche trat eine junge Dame. Ihre Kleidung war wohl sehr einfach, aber im Schnitt tadellos, und wie sie getragen wurde, bewies deutlich, daß eine Dame der vornehmsten Kreise sie trug. Unter dem dunklen Strohhut schauten ein Paar Augen hervor, die durch ihre Schönheit auffielen, aber auch in diesem Augenblick dadurch, daß sie vom Weinen stark gerötet waren. Auch das edelgeschnittene, reizende Gesicht zeigte tiefe Traurigkeit.

Als die Dame, die kaum das zwanzigste Jahr überschritten haben konnte, zu der Statue Haydns hinaufblickte, die mitten auf dem kleinen Kirchenplatze steht, erhellte sich ihr Blick, lächelte unwillkürlich ihr feingeformter Mund. Das schöne Standbild sagte ihr mehr als anderen Leuten. Sie liebte ja die Musik so unendlich, und gerade heute würde sie im Konservatorium eine der schönsten Kompositionen des großen Meisters vorspielen.

Ihre Musikrolle und ihren schwarzen Seidenbeutel fester fassend, eilte sie dann über die Straße und trat in das mächtige Warenhaus, welches die Ecke der Mariahilferstraße und der Kirchengasse einnimmt.

Langsam ging sie an den vielen Tischen vorüber, auf welchen die Verkaufsartikel lockend ausgelegt waren. Hier türmten sich hohe Pyramiden verschiedenen Briefpapieres in den Farben der Frühlingsblüten auf, dort zogen diese selber, täuschend der Natur nachgeahmt, in köstlichen Arrangements die Augen auf sich, und daneben, einer anderen Verkäuferin anvertraut, sah man Hutfedern von allen möglichen Formen und Farben auf bronzenen Haltern. Hier lockten Gürtel aus Seide und Leder, aus Perlen und Metall mit künstlerisch schönen Verschlüssen zum Ankauf, und dort schmiegten sich Handschuhe aller Arten in Stößen oder in eleganten Kartons aneinander. Hier bauschten sich Spitzen und Bänder, und dort konnte man Gewebe vom zarten Maline und weichen Krepp bis zum dichten Automobilschleier sehen.

Schier unabsehbar reihten sich die Verkaufstische aneinander in dem riesigen Saal, dem sich beiderseits andere, ebenso ausgedehnte Verkaufsräume anschlossen und dessen mächtige Pfeiler all die offenen Stockwerke trugen, über die sich eine ungeheure Glaskuppel spannte.

Wiewohl es noch früh am Morgen war, herrschte hier schon überall reges Leben. Kunden kamen und gingen, die Angestellten eilten hin und her, große Warenballen wurden ausgepackt und ihr Inhalt in die Fächer eingeräumt.

Mit träumerischem Blick ließ die junge Dame ihre Augen über all den Glanz und Reichtum hinwandern, dann trat sie zu einer der Verkäuferinnen mit der Frage nach der Abteilung, in welcher Kleiderstoffe zu haben waren. Man wies sie über den riesigen, glasgedeckten Hof nach der Baumwollenabteilung.

Im Hinterbau des Riesenhauses, der wieder auf einen großen Hof hinausging, fand sie, was sie suchte. Ein Verkäufer breitete so viele Stoffe vor ihr aus, daß ihr die Wahl schwer wurde, und sie wehmütig an ihre Börse denken mußte, deren bescheidener Inhalt diese Wahl nur noch schwerer machte. Sie wendete sich daher energisch von den reizenden Batisten ab, deren Erwerbung der sehr gewandte Verkäufer ihr wortreich anriet, und wünschte billigere Stoffe vorgelegt zu bekommen.

---

184. Hermann Bahr, *Wien.*
Stuttgart: Erich Krabbe, 1908, S. 114–116.

Weshalb es auch ein Unrecht ist, Wien an europäischen Forderungen zu messen. Wer heisst euch hier Europa suchen? Dann muss es euch freilich enttäuschen. „Ich begrüsste schon manch' einen deutschen Bekannten in Wien, welcher seinen ersten Besuch hier machte und sich ausnehmend wohl gefiel. Aufschriften, Denkmäler, Bauart, Strassen und Strassenpolizei, öffentliche Reinlichkeit, Ansprache, Geselligkeit, Theater, Kunst, Industrie, Literatur – jeder Pflasterstein und jeder Atemzug deutsch! Nur liebenswürdiger, farbenreicher, lebendiger, kurz charmant! Wie lange bleiben Sie hier? – Ach ich wollte nur vierzehn Tage hier bleiben, aber es werden wohl vier oder sechs Wochen daraus. – Schön! – Nach acht Tagen begegne ich dem Manne wieder. – Vortrefflich, dass ich Sie sehe; ich wollte soeben bei Ihnen vorfahren und Ihnen Adieu sagen. – Sie gehen schon wieder? – Ja. – Sehr einsilbig! Gefällt es Ihnen nicht mehr in Wien? – Nehmen Sie mir's nicht übel, aber mit Ihnen kann man vorurteilslos sprechen; ich kenne Sie ja. Mit jedem Tag komme ich mir fremder vor in Eurem Deutschen Wien. Es ist eben alles anders hier, als bei uns. Will ich mich unterhalten, so werde ich überschwemmt mit Genüssen und kann mir in einer Woche Blasiertheit für's ganze Leben holen, aber will ich Geschäfte machen, so mach ich in einem Vierteljahre nicht, was ich ‚bei uns' in einem Tag fertig bringe. Kein Mensch ist zu Hause, kein Mensch hält Wort, kein Mensch erinnert sich heute, was er gestern gesagt hat; worauf ich Schwur und Handschlag habe, das ist vergessen, und was gegen die Abrede ist, das ist geschehen. Wie ich Ihnen sage, es ist alles anders als bei uns. Was draussen fix und fest ist, das ist hier lose und locker, und was wir leicht und beweglich haben, das rührt sich hier nicht vom Flecke. Es ist ganz anders als in Deutschland! – Wer heisst Sie aber auch an Deutschland denken? Sie können sich hier auf Schritt und Tritt täuschen und enttäuschen, Sie können Wien arg missverstehen, ja Sie können dieser Stadt wirkliches und unverdientes Unrecht tun, wenn Sie sie an deutschem Masse messen und als deutsche Stadt in Anspruch nehmen. Dagegen wird alles licht und klar, fasslich und verständlich, gerecht und billig, wenn Sie Wien nehmen als das, was sie ist, – eine Europäisch-Asiatische Grenzstadt!"

---

185. o. A., „Eine Sehenswürdigkeit Wiens" [Warenhaus Herzmansky], in: *Der Fremdenverkehr*, 11. April 1909, S. 13.

Mit dem Wachstum und Aufblühen der Kaiserstadt Wien hat auch die Entwicklung des Geschäftslebens Wiens erfreulich Schritt gehalten. Wie aus der ehemals kleinen Residenz die große, moderne Weltstadt geworden, so sind auch deren Geschäftshäuser emporgeblüht und aus den einst bescheidenen Kaufläden mit ihren einfachen Schaufenstern sind wahre Paläste des Handels erstanden, die gigantischen Warenhäuser mit ihren lockenden großen Schaufenstern, gewaltigen Warenräumen, Stockwerken und Galerien, in denen die tausende von Artikeln aufgehäuft sind, welche dem heutigen Großbetriebe ihre Signatur geben.

Eine führende Rolle auf diesem Gebiete, sowohl was den gewaltigen Umfang des Betriebes, die riesige Ausdehnung der

Warenräume und besonders die altberühmte solide Gebarung betrifft, nimmt seit jeher die Firma A. Herzmansky, ein Wiener Patrizierhaus im vollsten Sinne des Wortes ein. An der Ecke der Mariahilferstraße Nr. 26 bis weit hinein in die Stiftgasse Nr. 1–7 erstrecken sich die kolossalen Warenhäuser der Firma Herzmansky, welche zu den populärsten Kaufhäusern Wiens gehören und in ihren gewaltigen Räumen eine schier unmeßbare Fülle von Waren bergen, deren Reichtum an die Schilderung von Emile Zolas berühmtem Pariser Warenhaus „Au bonheur des Dames" gemahnt. Eine wahre Sehenswürdigkeit Wiens, die zu besuchen kein Einheimischer und kein Fremder unterlassen sollte, sind die Warenhäuser A. Herzmansky, deren Riesenfassaden unser Bild wiedergibt. Sie stehen hinter den gleichartigen Etablissements von London, Paris und Berlin in keiner Weise zurück, und was ihnen vor jenen noch einen gewaltigen Vorzug verleiht, ist der Hauch wienerischer Eleganz und Wiener Solidität, der alle Waren und alle Räume förmlich fühlbar belebt.

Über den kaum vollständig zu schildernden Reichtum an Waren sich des näheren auszulassen, brauchte es tatsächlich der Feder eines Zola oder der emsigen Geduld eines Inventurleiters. Es ist aber wohl nicht zuviel gesagt, wenn man behauptet – und der Augenschein erweist es auch – daß die vornehmste Modedame bei Herzmansky ebenso alles für ihren Bedarf findet, wie die Frau des allerbescheidensten Arbeiters, die mit jedem Heller zu rechnen gezwungen ist. „Die Welt der Frau", mit diesem Schlagwort kann man wohl am erschöpfendsten den Reichtum der Warenhäuser Herzmansky bezeichnen, und es wird kaum einen der tausende von Bedarfsartikeln der Mode, des Hauses und Kinderwelt geben, den man nicht bei Herzmansky in jeder Preislage und in gediegenster Art findet.

Der Frühling ist da und mit ihm erstehen tausende von Bedürfnissen für die schöne Zeit des jungen Jahres und den nahenden Sommer; da glauben wir denn, jedermann einen Besuch der Warenhäuser A. Herzmansky mit bester Überzeugung empfehlen zu können, die für jeden Bedarf das beste und schönste bieten. Der seit Jahrzehnten populäre Name des Hauses ist die beste Reklame, und vollauf befriedigt wird jeder dorthin zurückkehren, der nur einmal bei Herzmansky etwas gekauft hat. Das ist das Geheimnis des großen Erfolges des Hauses, der ihm seit langen Jahren und wohl für alle Zukunft gewiß ist.

(429)

Warenhaus Herzmansky, Mariahilfestraße. „Eine Pflegestätte der Wiener Mode". 1898.

(431)

186. Stefan Großmann, „Straßenleben“, in: ders., *Herzliche Grüße*. Berlin: Buchhandlung Vorwärts, 1909, S. 109–115, hier 112–113.

Und doch leben Hunderttausende in den Straßen. Ich meine: Sie gehen nicht durch das wüste Gelärm, sondern sie leben in ihm. Das Reich der Straße ist ein wenig breiter als der Raum zwischen zwei Trottoirs. Zur Straße gehört noch das Parterre der Hausfluren: die Hauseinfahrten, wo wir im Gewitterregen warten, die Kaffeehäuser, wohin die Heimlosen täglich flüchten und dort sinnlos herumlungern, die Automatenrestaurants, wo wir schnell des Magens Mahnung stopfend befriedigen, oder die großen, überfüllten Wirtshäuser, wo wildfremde Menschen an einem Tisch zur Mahlzeit sitzen. Zur Straße rechne ich noch all die Vergnügungslokale, wo Menschen „sich zerstreuen“, alle die schreienden, lärmenden, grellen Unterhaltungen für jedermann, all die Lokale, in denen fremde Menschen zum „Unterhalten“ gezwungen werden, indem sie derb gekitzelt werden. Gekitzelt in Unterleibsgegenden, gekitzelt in patriotischen Gehirnpartien, gekitzelt mit blöden Allerweltsspäßen. Das alles noch ist Straße. Straße, wo jeder nur „ein Passant“ ist, ein Vorübergebender, nicht du, nicht ich, nur ein Durchschnittsgeschöpf, das behandelt, unterhalten und gekitzelt wird, einer wie alle. Zur Straße rechne ich die Zeitungen, die in allen ihren Rubriken schreien wie die Kutscher bei den Kreuzungsstellen, wie die Plakate an den Mauern, wie die elektrischen Inschriften Nachts auf den Dächern der Großstadtstraßen. Hier, auf einstmals weißem, unversehrtem, nun über und über beschwärztem Papier scheint der ganze irrsinnige Lärm der Großstadtstraßen interniert, und dem Leser, der die Zeitung in die Hand nimmt, schwingt sogleich der trübe Dunst, die brausende Unruhe einer ganzen Stadt entgegen.

Stephansplatz, 1914.

187. Karl Kraus, „Der Punkt“, in: *Die Fackel*, Heft 296–297, 18. Februar 1910, S. 41–42.

Ich habe den Schlußpunkt der Burgtheaterherrlichkeit entdeckt. Den toten Punkt, über den kein Burgtheaterdirektor hinauskommt. Nichts hilft, dieser Punkt trägt an allem Schuld. Man glaubt natürlich, daß ich den „Dunklen Punkt“ meine, der jetzt im Burgtheater gespielt wird. Aber die schlechte Literatur hat das Burgtheater nicht heruntergebracht; das behaupten nur jene theaterfremden Kritiker, denen es nicht gelungen ist, ihre eigene schlechte Literatur dem Burgtheater anzuhängen. Was ich nun meine, wird man erst verstehen, wenn man sich vor die Front des Burgtheaters stellt und dort hinaufschaut, wo Apollo, bekanntlich einer der beliebtesten Götter Wiens, seinen Wohnsitz hat. Zu seinen Füßen wird man in mannshohen Lettern die Aufschrift finden:

K. K. HOFBURGTHEATER.

Punkt! Darüber komme ich nicht weg. Diesem Punkt gebe ich die Schuld, daß die künstlerische Entwicklung ins Stocken geraten ist. Aber, seien wir gerecht, er hat dafür auch schon manches Unheil verhütet. Denn wie leicht hätte es geschehen können, daß ein Wiener, der ja so lange auf ein Dach schaut, bis sich andere Wiener ansammeln und auch aufs Dach schauen, wie leicht hätte es also geschehen können, daß dieser Wiener und alle, die in gutem Glauben seinem Beispiele folgen, weiterlesen, nachdem sie mit der Aufschrift:

K. K. HOFBURGTHEATER

fertig geworden sind. Man male sich nur die Folgen aus. Die Wiener lesen weiter nach rechts, immer weiter, bis dorthin, wo der Volksgarten beginnt, und wenn nicht ein zufällig des Weges kommender Wachmann Halt ruft, kann es geschehen, daß sie von einem zufällig des Weges kommenden Einspänner überfahren werden. Da nun der Erbauer des Burgtheaters, der Baron Hasenauer, die Gefahren des Verkehrs erkannte und die Gelegenheiten der Warnung nicht überschätzte, so entschloß er sich, allen Eventualitäten vorzubauen und die Wiener durch einen nicht zu übersehenden Punkt vor den Folgen des unvorsichtigen Weiterlesens zu bewahren. Durch Wochen stemmten ein Dutzend Arbeiter an dem Stein und stanzten einen Punkt, so groß wie der Kopf eines erwachsenen Wieners. Man wäre nun versucht, in dieser Mühe ein Sinnbild des dekorativen Kretinismus zu erblicken, der um eines Schnörkels willen gegen alle Ökonomie wütet. Aber man würde damit den sozialhygienischen Wert dieses besonderen Punktes verkennen. Denn es ist erwiesen, daß sich in den zwanzig Jahren, die das neue

K. K. HOFBURGTHEATER.

steht, kein nennenswerter Unfall ereignet hat. Auf dem Franzensring sammeln sich die Leute, sie lesen die Aufschrift mit Interesse, aber sie wissen, wo sie aufzuhören haben, und gehen wieder ihrer Wege. Neugierige fühlen ein kräftiges „Zaruck!", und die anderen bescheiden sich. Nur auf manche Passanten übt gerade wieder der Punkt eine besondere Anziehungskraft aus. Zum Beispiel auf die Burgtheaterdirektoren. Sie, die weiterlesen sollten, starren fasziniert auf den Punkt. Sie glauben, er sei eine Fügung des Obersthofmeisteramtes, und kommen nicht weiter. Sie laufen die Buchstabenreihe zwischen dem K. K. und dem dramatischen R auf und ab und finden keinen Ausweg. Ich glaube, es wäre ihr ewig Weh und Ach aus einem Punkte zu kurieren. Und es wird einmal eine Sage sein, daß ein Fluch auf dem Hause gelastet hat, an dem nicht die Akustik, sondern die Interpunktion schuld war. Man befreie die Kunst und sorge für die Sicherheit des Publikums durch Vermehrung der Wache!

---

188. Felix Salten, „Die Wiener Straße",
in: ders., *Das österreichische Antlitz*. Berlin:
S. Fischer, o. J. [1910], S. 11–22, hier 17–19.

Wenn ich mich so erinnere, wie ich als junger Mensch nach und nach gelernt habe, die Augen aufzumachen ... Ich bin zwar in ganz einfachen Verhältnissen aufgewachsen, aber gespürt habe ich doch, was es für schöne Dinge gibt in der Welt. An einem Sonntag, wenn die Stadt ganz still ist, da habe ich stundenlang herumgehen können und mir die alten Palais anschauen; die Portale, und der Blick, der sich in die weiten Höfe erschließt, und dann die hohen Fenster und die Figuren drauf. Dann die engen Gassen, so um die alte Universität herum. Und wie lang bin ich immer auf dem Burgplatz gestanden, vor dem Eingang zum Schweizerhof. Wie gut kenne ich den Burgplatz. An frühen Winterabenden zum Beispiel, wenn der Schnee wie ein weißer ausgebreiteter Teppich den ganzen Platz überspannt, wenn die grauen Fronten schimmern, und wenn hier alles so abseits, so wie in einer anderen Welt ist. Oder an Nachmittagen im Hochsommer, wenn man weiß, der Kaiser ist nicht da, und alles, was sich regt, ist nur Dienerschaft. Wenn dieser Platz mit der Wache und den Gendarmen und den verhängten Fenstern so was Träges und Schläfriges hat. Und dann die Sommerabende draußen auf dem äußeren Burgplatz, wenn der Himmel so schön weit ist, und wenn in der Ferne die Dächer der Vorstadt glänzen. Wieviel habe ich sehen gelernt, seit ich ein junger Mann war und jeden Tag nach dem Bureau spazieren gegangen bin; und wieviel könnte ich sagen. Aber ich möchte nur bemerken, daß in dicsen jungen Jahren gerade durch meine Spaziergänge viele Eigenschaften in mir entwickelt wurden. Der Burgplatz zum Beispiel, der Graben, der Kohlmarkt, ... da habe ich nach und nach einen Sinn für Anstand bekommen, ganz unwillkürlich; eine Neigung zu besseren Lebensformen und eine gewisse Empfindlichkeit gegen das Ordinäre und gegen das Geschmacklose.

Ich möchte bemerken, daß die Menschen, die ich täglich sah, einen gewissen Zwang auf mich ausgeübt haben. Ich hätte mich geschämt, unordentlich oder aufdringlich angezogen unter ihnen zu erscheinen. Wenn ich mein Bureau verlassen und gespeist hatte, dann lief ich in die Stadt, um das glänzende Leben zu sehen. Ein junger Mensch will eben sein Vergnügen haben. Und mir war es ein Vergnügen, mir ist es heute noch eines. Meine Freude am Luxus wurde mit jedem Tage mehr und mehr geweckt. Und ich brauchte nur spazieren zu gehen, um diesen Luxus zu genießen. Nehmen wir die Fiaker. Ich bin selbst nur drei- oder viermal in einem Fiaker gefahren, aber ich verstehe, daß es sehr schön ist, wie leicht solch ein Wagen rollt; wie die Pferde gleichmäßig traben, wie das um die Ecke biegt, dahersaust, verschwindet. Ich brauche das nur anzuschauen, und genieße die Annehmlichkeit, die in einem so famosen Fuhrwerk liegt. Und ich schaue es mir heute noch aufmerksam an, es unterhält mich jedesmal.

189. Peter Altenberg, „So wurde ich“, in: ders., *Semmering 1912*. Wien. Eichbauer, 1913, S. 35–36.

Ich saß im 34. Jahre meines gottlosen Lebens, Details kann eine Tageszeitung unmöglich bringen, ich saß im Café Central, Wien, Herrengasse, in einem Raume mit gepreßten englischen Goldtapeten. Vor mir hatte ich das „Extrablatt“ mit der Photographie eines auf dem Wege zur Klavierstunde für immer entschwundenen fünfzehnjährigen Mädchens. Sie hieß Johanna W. Ich schrieb auf Quartpapier infolgedessen, tieferschüttert, meine Skizze „Lokale Chronik“. Da traten Arthur Schnitzler, Hugo von Hofmannsthal, Felix Salten, Richard Beer-Hofmann, Hermann Bahr ein. Arthur Schnitzler sagte zu mir: „Ich habe gar nicht gewußt, daß Sie dichten!? Sie schreiben da auf Quartpapier, vor sich ein Porträt, das ist verdächtig!“ Und er nahm meine Skizze „Lokale Chronik“ an sich. Richard Beer-Hofmann veranstaltete nächsten Sonntag ein „literarisches Souper“ und las zum Dessert diese Skizze vor. Drei Tage später schrieb mir Hermann Bahr: „Habe bei Herrn Richard Beer-Hofmann Ihre Skizze vorlesen gehört über ein verschwundenes fünfzehnjähriges Mädchen. Ersuche Sie daher dringend um Beiträge für meine neugegründete Wochenschrift, ‚Die Zeit!‘“ Später sandte Karl Kraus, auch der Fackel-Kraus genannt, weil er in die verderbte Welt die Fackel seines genial-lustigen Zornes schleudert, um sie zu verbrennen oder wenigstens „im Feuer zu läutern“, an meinen jetzigen Verleger S. Fischer, Berlin W., Bülowstraße 90, einen Pack meiner „Skizzen“ mit der Empfehlung, ich sei ein Original, ein Genie. Einer, der anders sei, nebbich. S. Fischer druckte mich, und so wurde ich! Wenn man bedenkt, von welchen Zufälligkeiten das Lebensschicksal eines Menschen abhängt! Nicht?! Hätte ich damals, im Café Central, gerade eine Rechnung geschrieben, über die seit Monaten nicht bezahlten Kaffees, so hätte Arthur Schnitzler sich nicht für mich erwärmt, Beer-Hofmann hätte keine literarische Soiree gegeben, Hermann Bahr hätte mir nicht geschrieben. Karl Kraus freilich hätte meinen Pack Skizzen unter allen Umständen an S. Fischer abgeschickt, denn er ist ein „Eigener“, ein „Unbeeinflußbarer“. Alle zusammen jedoch haben mich „gemacht“. Und was bin ich geworden?! Ein Schnorrer!

190. Adolf Loos, „Architektur und Caféhaus“, (nach Notizen eines Teilnehmers an einem von Adolf Loos veranstalteten Seminar in der Schwarzwaldschule, 1913/1914), in: ders., *Gesammelte Schriften*, hg. von Adolf Opel. Wien: Braumüller, 2010, S. 457–458.

Das gewöhnliche Wiener Café. Wie soll das Draußen beschaffen sein? Das, worauf der Cafetier das meiste gibt, wovon er sich am meisten erhofft, das Schild, ist das Allernebensächlichste. Die Menschen des neunzehnten Jahrhunderts leben ganz anders als die Menschen der früheren Jahrhunderte. Wir leben nicht mehr hinauf, sondern horizontal.

Der hat die größten Wirkungen, der sich nicht für einen Künstler hält. Und es ist besser, sich in Wien ein Caféhaus nicht vom Architekten, sondern vom Möbelhaus einrichten zu lassen. Die Caféhäuser, die vom Architekten gemacht sind, sind entschieden schlecht. Das geschmacklose Astoria ist gut, da der Mann Geld damit verdient, da es für eine gewisse Klasse, die dort verkehrt, richtig ist. Wirklich ausgezeichnet ist Café Bristol von Bamberger eingerichtet. Bis auf das Portal, das ist schlecht. Aber das Innere ist vorzüglich, weil es nicht modern wirken will.

Früher wollten die Menschen alles im Café machen: spielen, lesen. Heute ist eine Spezialisierung eingetreten. Unser Café ist auch bereits eine Spezialisierung – dem Landcafé gegenüber – und je weiter fortgeschritten eine Stadt ist, umso mehr spezialisiert sie. In Berlin gibt es einen Billard-Palast, Kerkau, der berühmte Billardspieler, erhielt zur Durchführung dieses Programms viele Millionen. Im ersten Stockwerk ist das gewöhnliche Wiener Café, im zweiten eines wie das C. C. – das heißt ein Nachtcafé, das am Tage fast immer leer ist – im nächsten Stockwerk sind 64 Billards aufgestellt. Die machen einen sehr merkwürdigen Eindruck. Man glaubt, es seien Tausende. Die guten Billardspieler spielen nicht mehr in kleinen Cafés, wo man daneben seinen Café trinkt. Die Pflege des Billards ist eine Wissenschaft, mittels derer es gegen alle Schäden und Witterungseinflüsse geschützt wird. Der Spieler geht dorthin, wo das Billard gut gepflegt wird und nicht dahin, wo die Pflege nur darin besteht, daß der Marqueur es bürstet. Die Dimensionen der Billards sind verschieden. Die französischen, die bei uns in Gebrauch sind, werden immer kleiner. Die englischen sind sehr groß. Ein englisches Billard, das einmal ein Jahr lang hier war, dann aber zurückging, kostete 65.000 Kronen ...

Kapitel 18: Naherholung und Landschaft

Wie in einem 1911 veröffentlichten Buch erwähnt, besaß Wien eine großzügige Anzahl an Grünflächen. 35 Quadratkilometer Land innerhalb der Stadtgrenzen bestanden aus Parks und Wäldern, die zahlreiche Möglichkeiten boten, Smog, Schmutz, Hetze und Gedränge zu entkommen. Der erste öffentliche Park war der zwischen 1820 und 1823 in geometrischer Form angelegte Volksgarten, dessen neoklassizistischer Charakter durch den 1823 fertiggestellten dorischen Theseustempel aufgegriffen wurde. Als die Pläne zur Entfernung der Wiener Stadtbefestigung in den 1850ern umgesetzt wurden, bestand der Kaiser darauf, dass das frühere Wasserglacis als offene Grünfläche für die Stadtbewohner:innen erhalten bleiben sollte. Daraus entstand der Stadtpark, gestaltet durch den Landschaftsmaler Josef Selleny und den Stadtgärtner Rudolf Siebeck. In Anlehnung an die freien Formen englischer Picturesque-Landschaften legten sie den Stadtpark mit kurvigen Wegen sowie Bäumen und Wiesen auf beiden Seiten des Wienflusses an. Obwohl sie theoretisch allen offenstanden, zogen die einzelnen Parks der Stadt de facto jeweils bestimmte soziale Gruppen an. So wurde der direkt neben der Hofburg mit seinem musikalischen Angebot gelegene Volksgarten zu einem naheliegenden Treffpunkt der Aristokratie, des gehobenen Bürgertums sowie derer, die nach einer solch vornehmen Stellung strebten. Der weniger formale Stadtpark zog dagegen ein breiteres Bevölkerungsspektrum an, während kleinere Parks auf den Plätzen industrieller Vororte wie Favoriten, Ottakring, Hernals und Brigittenau den Armen der Stadt dürftige Erholung boten. Irgendwo zwischen Pracht und Schlichtheit lag der Schwarzenberggarten, laut Theodor Herzl das Reich der Kinder und Greise: „[E]in Garten, in den man vor und nach dem Leben kommt."

Deutlich lebendiger war der Prater – Wiens zentraler Vergnügungspark. Er wurde im April 1766 durch Joseph II. der Öffentlichkeit zugänglich gemacht und blühte im späten 19. Jahrhundert auf. 1873 wurde auf ihm die Weltausstellung abgehalten, mit der Rotunde als Mittelpunkt, deren Kuppel mit einem Durchmesser von 108 Metern damals die größte der Welt war. Ein 1908 erschienener Stadtführer nennt den Zirkus Busch, Pretschers Rutschbahn, Blakovitz' Berg- und Talbahn, Präuschers Panoptikum und anatomisches Museum sowie das Zaubertheater von Kratky Baschik als Attraktionen des Volkspraters. Zu ihnen gesellten sich 1902 als neueste Attraktion die „lebenden Bilder" des Münstedt Kinopalasts. Näher am Praterstern befand sich „Venedig in Wien", eine Art Proto-Las-Vegas mit einer Sommerbühne und einem großen Restaurant. Daneben stand das Riesenrad, das von britischen Ingenieuren konstruiert und vom Londoner

Unternehmen *Vienna Gigantic Wheel* finanziert worden war. In der *Neuen Freien Presse* vom 4. Juli 1897 wurde beschrieben, wie das Riesenrad, mit dem Zerschlagen einer Champagnerflasche und einem „Hoch auf den Kaiser" feierlich eingeweiht wurde – als wäre es ein Schiff. Obwohl alle Bevölkerungsschichten den Prater aufsuchten, traten auch hier die Klassenunterschiede hervor, die in der Literatur immer wieder angesprochen werden. Während sich die Wege von Arbeiter:innen und Bankiers im Arbeitsalltag der Stadt eher selten kreuzten, war der Prater hingegen Schauplatz des teilweise konfliktträchtigen Zusammentreffens verschiedener sozialer Gruppen, wie Else Spiller in ihrem Text beschreibt. Vielleicht dachte Herzl an diesen sozialen Zündstoff, als er empfahl, den Prater an einem Frühlingssonntag zu vermeiden, „wenn die eleganten oder nur reichen Leute mit Gummirädern vorbeisausen". Stattdessen riet er, auf die Hitze des Sommers zu warten. Dann würden die leeren Straßen der Stadt die Massen in den Prater treiben, „[...] als sei hier das Land aller Freude und Seligkeit, und als sei jede Sorge und jedes Unglück zurückgeblieben, dort, wo über dem grauen Häusermeer Dunst und Nebel in schweren Wolken lagert". Das Riesenrad bot zwar einen Panoramablick über Dunst und Nebel hinweg bis zu den grünen Hügeln des Wienerwalds, aber noch besser war es, mit der Drahtseilbahn auf den Leopoldsberg oder mit der Zahnradbahn auf den Kahlenberg zu fahren. Beide Bahnen waren 1873 im Zuge der Weltausstellung eröffnet worden – damit, in den Worten von Franz Servaes, die Menschen den „Duft von Hoffnungsfreiheit" genießen konnten.

---

191. Marie Weyr, Volksgarten und Stadtpark,
in: *Wienerstadt, Lebensbilder aus der Gegenwart geschildert von Wiener Schriftstellern, gezeichnet von Myrbach et al.*
Prag-Wien-Leipzig: Tempsky und Freytag, 1895,
S. 442–450, hier 442–444.

Der Volksgarten und der Stadtpark sind die zwei innerstädtischen Gärten Wiens. Sie liegen mitten in der Häuserkrone der Stadt. Die grünen Edelsteine dieser Krone, welche durch die Streifen der Ringstraßen-Bäume verbunden sind, Volksgarten und Stadtpark haben Vieles gemeinsam, unterscheiden sich aber wieder in wesentlichen Punkten. Der eine gehört dem kaiserlichen Hofe, der andere der Stadt, und beide sind dem Publikum geöffnet oder, wie Kaiser Joseph gesagt hatte: „Dem Schutze des Publikums empfohlen". Der Volksgarten liegt knapp an der Kaiserburg. Von ihm aus kann man fast in die Prachträume des kaiserlichen Hauses, dem Kaiser in die Fenster schauen. Der Stadtpark liegt jenseits des Kerns von Wien; er wird von der lieblichen Wien durchflossen und durch dieselbe in zwei Theile getheilt. Schöne Alleen, schattige Gänge, duftende Blumen, anmuthende Gebüsche, Rasenflächen, in deren Teppichgrund bunte Blumenguirlanden gezeichnet sind; die Amsel, die hier und dort zur Maienzeit Liebeslieder singt, wenn sie nicht mit ihrem gelben Schnabel als Gärtnerin die Anlagen reinigt, Denkmale, Werke der plastischen Kunst, das Alles ist Beiden gemeinsam. Der Unterschied zwischen Volksgarten und Stadtpark besteht im Wesentlichen darin, dass im Volksgarten fast täglich in den Abendstunden Musik ertönt und im Stadtparke nicht. Auf die Frage, warum im Stadtparke keine Musik klingt, ist heute noch von höherer Gemeinderathsstelle keine einigermaßen einleuchtende Antwort ertheilt worden. Dagegen ladet die Stadt Wien auf den staubigen, baumlosen Platz vor dem Rathhause einige Male in der Woche die geehrten Steuerzahler zur fröhlichen Zusammenkunft ein.

Auch das Publikum des Volksgartens und des Stadtparkes bietet unterscheidende Merkmale dar. Der Mittelstand liefert das größte Contingent, jener Mittelstand, der während der Sommermonate in Wien treu die Fahnenwacht hält. Beamte aller Art, Officiere, Kaufleute, Elegants, so viele in Wien zurückgeblieben sind, kurz Alles, was durch Beruf in Wien festgehalten oder nicht reich genug ist, um der Mode, den Sommer über fern von Wien zu verweilen, huldigen zu dürfen. So bliebe denn als wesentlicher Unterschied zwischen den Gästen im Volksgarten und jenen im Stadtpark nur, daß man im Stadtpark sehen und gesehen werden will; im Volksgarten auch, aber mit musikalischer Begleitung.

Der Volksgarten war ehedem ein gar feiner, vornehmer Ort. Man empfand eine Art von Scheu, wenn man ihn betreten sollte. Gehörte er doch fast zur Burg und man lustwandelte in seinen Alleen wie unter den Augen des Kaisers. Man fühlte die gnädige Erlaubniß, die durch humanen Sinn der Bevölkerung Wiens ertheilt worden war und gesagt hatte: „Hier ist der Eintritt gestattet!" Der Garten ist nicht allzugroß, aber er war doch in früherer Zeit die Oase in der heißen, staubigen Festung Wien. Wenn man erschöpft, verschmachtend in den späteren Nachmittagsstunden das Haus verließ, war es nur *ein* grünes Ziel, welchem man zustreben konnte: dem grünen lustigen Volksgarten. Dort konnte man sich erholen, dort erholte man sich auch und zwar Hoch und Niedrig, Jung und Alt.

(443)

Der Volksgarten bildete während des holden Lenzes den Zusammenkunftsort der Aristokratie, der Diplomatie, der Generalität und, wie man zu sagen pflegt, der „Spitzen der Behörden". Es gab dort einen ziemlich ausgedehnten Aristokratenwinkel, wo Alles, was zu jener Welt gehörte, auf herbeigetragenen Sesseln weilte, plauderte und nebenbei der aus ziemlicher Entfernung heranwallenden Musik lauschte. Der Volksgarten hat alle bedeutenden Männer, welche Wien besuchten, gesehen, oder vielmehr sie ihn. Dort wandelte der große Bismarck mit dem kleinen Rechberg und der österreichische Minister zeigte dem nordischen Coloß das Wien, welches lacht, plaudert und der Wiener Musik lauscht. Es war dies eine Art Revue, welche Bismarck über die Wiener Gesellschaft abhielt. Vielleicht finden wir einmal, wenn Fürst Bismarck seine Memoiren veröffentlicht, was er damals bei seiner Wiener Promenade über Wien und den Grafen Rechberg gedacht hat.

Das Mittelglied der Wiener Bevölkerung, der ehrsame, breite, edle und gute Mittelstand suabo-bajuvarischer Abstammung, war auch im Volksgarten hie und da zugegen, mit Frau, erwachsener Tochter und den kleinen Kindern dazu. Denn wie in den Wiener Theatern wurde auch im Volksgarten jenes ebenso gedankenlose als leichtsinnige Sichgehenlassen offenbar, welchem zufolge man kleine Kinder, heranwachsende Mädchen und Jünglinge überall mitnimmt, wohin man geht. In den Theatern hört und sieht die heranwachsende Jugend allerhand Dinge, die sie nicht hören und sehen soll; im Volksgarten sah sie auffallend geputzte, manchmal auch auffallend schöne Mädchen mit oder ohne Begleitung einer älteren Dame, und wenn sie auch nicht hörte, was hie und da von älteren oder jüngeren Herren den Damen zugeflüstert wurde, so sah sie doch Blicke, die sie nicht hätte sehen sollen.

Der Volksgarten war ehedem das Forum der „Hübschen". Das ist heute wesentlich anders geworden. Man findet in demselben schöne Frauen und Mädchen, aber keine „Hübschen" mehr. Wie das gekommen ist, ist schwer zu sagen. Man führt sehr viele Gründe an, aber das zu untersuchen ist hier nicht der Platz.

Stadtpark, Kursalon vom Parkring, 1870–1880.

192. Oskar Marmorek, „Venedig in Wien“, in: *Neubauten und Concurrenzen in Österreich und Ungarn*, Bd. 1. 1895, S. 84.

Daraus ist vielleicht auch zu erklären, dass neben den Reconstructionen aus eigener Vergangenheit, noch eine Art dieser „plastischen Illustrationen“ Anklang und Erfolg hatte: die Vorführungen malerischer Architektur fremder Länder. – In der Pariser Weltausstellung von 1889 erfreute sich eine „Strasse von Cairo“ mit allem seinem exotischen Reize riesigen Beifalles. Dies brachte den Director eines Vergnügungs-Etablissements in London, in dem ein Ballett „Venezia“ vorgeführt wurde, auf die Idee, die Zugänge zum Zuschauerraume derart auszustatten, dass man sich in die Strassen Venedigs versetzt glaubte. Wir halten es nicht für uninteressant, unseren geehrten Lesern in nebenstehendem Plane ein Bild dieser Anordnung zu bieten. Die Lagunen, welche die Besucher mittelst Gondeln passirten, waren von Bretterhäusern eingesäumt, die durch Verkleidung mit bemalter Leinwand den Charakter von venetianischen Palazzi erhielten. Der ausserordentliche Erfolg des Londoner „Venedig“ reizte natürlich zu Nachahmungen. Es entstanden Nachbildungen Venedigs, dieser unvergleichlichen, gleichsam alle theatralischen Effecte überbietenden Stadt, in Berlin im Jahre 1894, und im heurigen Jahre in Brüssel und in Hamburg. – In Wien fassten noch im Jahre 1892 der Theaterdirector Herr Gabor Steiner und der feinsinnige Schriftsteller Ignaz Schnitzer die Idee der Anlage eines Vergnügungs-Etablissements in dieser Art, es bedurfte aber des Zeitraumes von fast drei Jahren, bis dieser Gedanke nach Überwindung unendlicher Schwierigkeiten im sogenannten „Englischen Garten“ am Praterstern zur Ausführung kam. Der Entwurf und die Bauausführung war den Schreiber dieses übertragen. Der Grundriss und einige Ansichten sollen die Anlage erläutern. Die Häuser sind derart ausgeführt, dass das Holzgerippe mit Holzladen verkleidet ist, welche berohrt und stuccatirt und darauf bemalt wurden. Es ist keine Copie eines bestimmten Platzes, sondern gleichsam eine Paraphrase von Venedig. Jedes einzelne Haus ist entweder direct eine Copie oder nach einem bestimmten Venetianer Grundmotiv gezeichnet. Dabei ist es aber vermieden worden, Grosses im Kleinen wiederzugeben, weil dies nur kleinlich wirken würde. Den Markusplatz könnte man beispielsweise nicht copiren, er ist zu gross, die Arcaden der Procuratieen würden zu einförmig wirken. Die Markuskirche lässt sich nicht copiren, und wenn dies geschähe, müsste die Copie geradezu abstossend wirken. Aus all' diesen Gründen wurde von der Nachbildung des Markusplatzes abgesehen; um aber dieses Charakteristikon von Venedig nicht zu entbehren, wurde es als Diorama vorgeführt. Im Ganzen war eben das Streben darauf gerichtet, auf dem kleinen Raume den Charakter, die Stimmung der „Königin der Meere" vorzuführen.

---

193. o. A., „Das Riesenrad im Englischen Garten", in: *Neue Freie Presse*, 4. Juli 1897, S. 7.

Wien ist nunmehr um eine große Attraction reicher, um das Riesenrad in „Venedig in Wien", das heute Abends zum erstenmale in Bewegung gesetzt wurde. Seit Monaten hat man das riesige Eisengeripppe in die Höhe wachsen gesehen, und die allgemeine Neugier befaßte sich mit dem Ungethüm, dessen gigantische Formen im Prater von weither zu erblicken sind. Zu der heutigen Eröffnungsfahrt war ein zahlreiches Publicum geladen worden, ein weit größeres Publicum aber hatte sich auf allen freien Aussichtspunkten des Praters angesammelt, um der ersten „Rundreise" des Riesenrades beizuwohnen. Vor den Thoren von „Venedig" standen schon seit Nachmittag Hunderte von Menschen, deren Zahl sich immer mehr erhöhte und die schließlich, als der Abend hereingebrochen war, nach Tausenden beziffert werden konnte.

Am Rade selbst wurde noch bis kurz vor der ersten Fahrt die sogenannte „letzte Hand" angelegt. Monteure krochen in den Speichen der Riesen-Construction herum, hämmerten und nagelten noch dort und da; Arbeiter der Elektricitäts-Gesellschaft waren geschäftig, um die Hunderte von Beleuchtungskörpern, die das Rad umkreisen, in Stand zu setzen, und Vertreter der Behörde, darunter auch der Leiter des Prater-Commissariates, Ober-Commissär Doleisch, überwachten alle diese letzten Arbeiten.

Um 6 Uhr, eine Stunde nach der angesetzten Frist, begann der Zulaß der Festgäste zu den Waggons. Das Rad trägt in seinem Umkreise 30 Wagen mit einem Fassungsraume für je 20 Personen. Die Wagen sind elektrisch beleuchtet. Im Innern mit einer Doppelbank in der Mitte und vier Sitzen in den Ecken versehen, gewähren die Waggons den Fahrgästen durch die breiten, mit Eisenspangen geschützten Fenster einen weiten Ausblick nach allen Seiten. Bei der Eröffnungsfahrt wurden nur je zehn Personen in jedem Wagen placirt. Vor dem Einsteigen richtete Ingenieur Feilbogen eine kurze Ansprache an die Gäste, in der er der Freude über die Vollendung des Riesenwerkes Ausdruck gab, worauf er dann nach seemännischer Art eine an der mächtigen Eisen-Construction befestigte Champagnerflasche mit einem Segensspruche für das Rad zerschmetterte. Director Gabor Steiner knüpfte an diese Worte ein Hoch auf den Kaiser, in das die Festgäste stürmisch einstimmten.

Dann wurden die Waggons bestiegen. In ruhiger, vollkommen gleichmäßiger, durch keinerlei Erschütterung gestörter Fahrt erhebt sich der Wagen, und selbst Personen, die, wie der landläufige Ausdruck lautet, an „Schwindel" leiden, können die Fahrt ohne irgend welches Unbehagen machen. Langsam, gleichmäßig steigt der Wagen und immer weiter und freier wird der Ausblick auf den Prater und sein Menschengewoge, und endlich auf die Stadt selbst, die förmlich greifbar erscheint. Zuerst sinken die Häuser in die Tiefe, dann die Thürme und endlich auf der Höhe des Rades – 63 Meter – genießt man einen geradezu wunderbaren Blick auf die Stadt, ihre Umgebung bis weithin über das Marchfeld, bis zum Schneeberg, zu den Karpathen, bis Hainburg, namentlich aber einen köstlichen Ausblick in das Grün des Praters, in seine Wiesen- und Waldpartien, in sein Menschen- und Wagengewirre.

Die Festgäste verließen entzückt von der herrlichen Rundsicht die Waggons und versammelten sich dann in Stalehner's Römersaale zu einem trefflichen Festmale, bei welchem der erste Toast dem Kaiser und eine Reihe weiterer Trinksprüche dem Erbauer des Rades, Ingenieur Basset, und seinem Adlatus Ingenieur Hitchins und der Presse galten. Dann wurde noch eine Nachtfahrt auf dem Rade angetreten, die einen köstlichen Blick auf die beleuchtete Stadt bot – einen Blick, weit schöner, als vom Kahlenbergc, weil man vom Riesenrad aus direct in das Herz der Stadt schaut.

Nach der officiellen Eröffnungsfahrt wurde das Rad schon von Hunderten benützt, und es drehte sich bis Mitternacht unablässig.

Einige Daten über die Construction des Rades seien hier noch angefügt. Das Rad ist 63 Meter hoch. Die gesammte Eisen-Construction, deren Fundamente tief im Boden betonirt sind, hat ein Gewicht von 450,000 Kilogramm. Zwei Drahtseile, die um die ganze Peripherie des Rades gezogen sind, bewegen dasselbe unter dem Antriebe von zwei Elektromotoren von je 30 Pferdekräften. Eine Störung des Betriebes ist insoferne ausgeschlossen, als das Rad, selbst im Falle des Reißens eines Seiles, jeden Moment ohne irgend welche Gefahr für seine Insassen gestoppt werden kann. Das Rad ist von morgen (Sonntag) an täglich von 1 Uhr Mittags bis 12 Uhr Nachts im Betriebe.

Das Wiener Riesenrad, Prater, 1905–1911.

194. Theodor Herzl,
„Juli-Sonntag im Prater" (1899),
in: *Neue Freie Presse*, 23. Juli 1899, S. 1–3, hier 1.

Nach Rußland – sagte, glaub' ich, Théophile Gautier – muß man im Winter und nach dem Süden im Sommer reisen. In den Prater muß man am Sonntag gehen. Aber nicht an einem feinen Sonntag im Frühling, wenn der hohe Fahrdamm der Nobel-Allee mit Kutschen bedeckt ist, wenn die eleganten oder nur reichen Leute auf Gummirädern vorbeisausen und sich gegenseitig mit gemischten Gefühlen betrachten. In den Prater muß man Sonntags im Hochsommer gehen, an einem recht schönen, heißen, staubigen Sonntag Nachmittags, wenn es wie eine Ruhe der Verzweiflung auf der erschöpften Stadt liegt und in den ausgestorbenen Straßen Niemand mehr zu sehen ist.

Zwar den Liebhaber seltener Stimmungen wird um diese Zeit gerade die verlassene Stadt stärker locken. Alles ist so merkwürdig todt; man sieht in der steinernen Stille manches Haus, an dem man doch oft vorüberging, zum erstenmale, gleichwie das Gesicht einer Leiche uns sehr fremd vorkommt, auch wenn wir es zu den Lebzeiten gut gekannt haben. Fort sind die Bewohner, wer weiß, wie lange schon; fort, mit ihrer Liebe und ihrem Haß. Durch Thore, die offen stehen, als gäbe es da nichts mehr zu behüten, blickt man in unheimliche, lautlose Höfe. In einem der alten Höfe steht noch ein Brunnen mit krummem Schwengel, zwischen den Steinwürfeln wachsen grüne Halme, dort das Loch im Boden ist vielleicht eine Cisterne, und wer hinunterschaute auf den tiefen Grund, der sähe im Spiegel schreckliche oder liebliche Geheimnisse der großen Stille. Jetzt und jetzt wird auch eine der niederen Thüren nach dem Hofe zu aufgestoßen werden, irgend ein unerwartetes Thier oder ein Fabelwesen wird hervortreten und Aufschluß geben über diese höchst erstaunliche Verzauberung. Und wahrhaftig, eine Thür dreht sich in den Angeln, ein altes Weiblein schwankt heraus, in Filzschuhen, mit einem unwahrscheinlich langen Strumpfe von blauer Farbe über dem Arm, und es setzt sich vor das Thor und strickt.

Indessen ist die Stadt nicht wirklich ausgestorben. Ihre Menschen sind nur den Mauern für eine Weile entwichen und wollen die Sommerluft genießen. So ziehen auch wir nach dieser Sommerluft aus. Wie wär's mit dem neuen Weg der Stadtbahn? Eine hübsche kleine Reise von unserem westlichen Vororte über Heiligenstadt nach dem Prater. Am Schalter der Haltestelle sitzt ein junges Mädchen und verkauft mit sichtlicher Wehmuth Fahrkarten an die Beneidenswerthen, die jetzt in den Prater eilen können. Der Reisende schämt sich beinahe seines Glückes, wenn er solch ein armes Ding in trübseliger Gefangenschaft sieht; das möchte ja auch hinaus und etwas von der Fröhlichkeit des Daseins erfahren, und wissen, daß es jung ist. Aber es hat ja noch Zeit vor sich, noch viele solche Sonntage, ein ganzes Leben, bis es auch vor dem Thore Platz nehmen darf, um aus grobem blauen Garn einen Strumpf zu stricken, wie jene Alte, die sich alle Wünsche abgewöhnt hat.

Die Reise nach dem Prater ist eine Reise. Anfangs geht es wol schnell; nach ein paar Minuten sind wir in Heiligenstadt; aber da heißt es aussteigen und auf den nächsten Zug warten. Wann fährt dieser ab? Niemand weiß es genau. Auf fünf oder zehn Minuten kann es nicht ankommen.

Volksprater, Präuschers Panoptikum und Museum, um 1900.

195. Arthur Schnitzler, *Leutnant Gustl. Novelle.* Berlin: S. Fischer, 1901; hier nach Berlin: S. Fischer, 1926, S. 40–43.

Das ist nicht schlecht, jetzt bin ich gar im Prater .. mitten in der Nacht .. das hätt' ich mir auch nicht gedacht in der Früh', daß ich heut nacht im Prater spazieren gehn werd' .. Was sich der Sicherheitswachmann dort denkt? .. Na, gehn wir nur weiter .. es ist ganz schön .. Mit'm Nachtmahlen ist es eh' nichts, mit dem Kaffeehaus auch nichts; die Luft ist angenehm, und ruhig ist es .. sehr .. Zwar, ruhig werd' ich's jetzt bald haben, so ruhig, als ich's mir nur wünschen kann. Haha! – aber ich bin ja ganz außer Atem .. ich bin ja gerannt wie nicht g'scheit .. langsamer, langsamer, Gustl, versäumst nichts, hast gar nichts mehr zu tun – gar nichts, aber absolut nichts mehr! – Mir scheint gar, ich fröstel'? – Es wird halt doch die Aufregung sein .. dann hab' ich ja nichts gegessen .. Was riecht denn da so eigentümlich? es kann doch noch nichts blühen? Was haben wir denn heut? – den vierten April .. freilich, es hat viel geregnet in den letzten Tagen .. aber die Bäume sind beinah' noch ganz kahl .. und dunkel ist es, hu! man könnt' schier Angst kriegen .. Das ist eigentlich das einzige Mal in meinem Leben, daß ich Furcht gehabt hab', als kleiner Bub, damals im Wald .. aber ich war ja gar nicht so klein .. vierzehn oder fünfzehn.. Wie lang' ist das jetzt her? – neun Jahr .. freilich – mit achtzehn war ich Stellvertreter, mit zwanzig Leutnant .. und im nächsten Jahr werd' ich .. Was werd' ich im nächsten Jahr? Was heißt das überhaupt: nächstes Jahr? Was heißt das: in der nächsten Woche? Was heißt das: übermorgen? .. Wie? Zähneklappern? Oho! – Na lassen wir's nur ein bißl klappern .. Herr Leutnant, Sie sind jetzt allein, brauchen niemandem einen Pflanz vorzumachen .. es ist bitter, es ist bitter ..

Ich will mich auf die Bank setzen .. Ah! – wie weit bin ich denn da? – So eine Dunkelheit! Das da hinter mir, das muß das zweite Kaffeehaus sein .. bin ich im vorigen Sommer auch einmal gewesen, wie unsere Kapelle konzertiert hat .. mit'm Kopetzky und mit'm Rüttner – noch ein paar waren dabei .. – Ich bin aber müd' .. nein, ich bin müd', als wenn ich einen Marsch von zehn Stunden gemacht hätt' .. Ja, das wär' sowas, da einschlafen. – Ha! ein obdachloser Leutnant .. Ja, ich sollt' doch eigentlich nach Haus .. was tu' ich denn zu Haus? aber was tu ich denn im Prater? – Ah, mir wär' am liebsten, ich müßt gar nicht aufstehn – da einschlafen und nimmer aufwachen .. ja, das wär' halt bequem! – Nein, so bequem wird's Ihnen nicht gemacht, Herr Leutnant .. Aber wie und wann? – Jetzt könnt ich mir doch endlich einmal die Geschichte ordentlich überlegen .. überlegt muß ja alles werden .. so ist es schon einmal im Leben .. Also überlegen wir .. Was denn? .. – Nein, ist die Luft gut .. man sollt' öfters bei der Nacht in' Prater gehn .. Ja, das hätt' mir eben früher einfallen müssen, jetzt ist's aus mit'm Prater, mit der Luft und mit'm Spazierengehn .. Ja, also was ist denn? – Ah, fort mit dem Kappl; mir scheint, das drückt mir aufs Gehirn .. ich kann ja gar nicht ordentlich denken .. Ah .. so! .. also jetzt Verstand zusammennehmen, Gustl .. letzte Verfügungen treffen! Also morgen früh wird Schluß gemacht .. morgen früh um sieben Uhr .. sieben Uhr ist eine schöne Stund'. Haha! – also um acht, wenn die Schul' anfangt, ist alles vorbei .. der Kopetzky wird aber keine Schul halten können, weil er zu sehr erschüttert sein wird .. Aber vielleicht weiß er's noch gar nicht .. man braucht ja nichts zu hören .. Den Max Lippay haben sie auch erst am Nachmittag gefunden, und in der Früh hat er sich erschossen, und kein Mensch hat was davon gehört .. Aber was geht mich das an, ob der Kopetzky Schul' halten wird oder nicht? .. Ha! – also um sieben Uhr! Ja .. na, was denn noch? .. Weiter ist ja nichts zu überlegen. Im Zimmer schieß ich mich tot, und dann ist's basta! Montag ist die Leich' ..

---

196. Maria Hornor Lansdale, „Ringstraße“, in: *Vienna and the Viennese: Based upon the Work of Victor Tissot.* Philadelphia: Henry Coates, 1902, S. 114–117.

The best time of all though to see the Ring is in the afternoon, between the hours of three and five, especially on a Sunday towards the end of autumn or in the beginning of spring. All the new toilettes are displayed, and people meet as they would in a salon. It is like being on the Prado at Madrid. There is nothing that quite corresponds to it in Paris, for the Ring is a place where all classes are to be seen – the great world, the *demi monde*, the middle class, even the exclusive Court and diplomatic set. A coupé draws up to the sidewalk, two valets, clad in long redingotes, stand by the door, and out gets a Princess or a Countess, and trips lightly off on her pretty feet to take a walk on the Ring. The Prince Imperial used to walk there almost daily, notwithstanding the crowd that would follow him, and which evidently annoyed him greatly. The Count of Andrassy, too, liked to saunter there, talking familiarly with his friends and smoking, his hands clasped behind his back. Nor did M. Gambetta fail to show himself on the Ring in '76, arm in arm with M. Étienne, director of the *Nouvelle Presse libre*.

It is a famous place, moreover, for flirtations; in that moving, shifting crowd eye seeks eye, and many things are said in that mute language that lovers understand. It is the hunting-ground for what has been called the "eye chase," while every spoken language can be heard there, much as on the Tower of Babel.

There is no better place than the Ring in which to study the many and various types of the monarchy. Take your seat at the window of one of the cafés and look. The spectacle is quite unique. To begin with, the crowd is as variegated as at a fair ground, and no where else does one find such handsome samples of the human race; in no other spot do the women impress you as they do here. A party of young girls advances; the purity and grace of their outlines would arouse the envy of a Greek statue; their cheeks have the delicate tints of a tea-rose; in their eyes are the deep shadows of the Orient; the arched feet and light step indicate Hungarian blood. Their dress displays a natural elegance of taste, while in their manner of walking there is something of the feline, swaying grace of the Parisienne. The Slav women of Bohemia and Poland also possess that powerful charm – racial individuality; they are large and strong of limb, with big, soft, black eyes, and skin like marble – a contrast at once poetical and unusual. They make one think of the swans of the North, or the White Nixies of the Netherlandish legends. Their features are finely chiseled and intelligent, and underneath this icy mask there burns a fiery spirit.

In this cosmopolitan assemblage one comes across Italians prattling in their melodious language, like swallows in a northern clime announcing the return of spring; and then there is the pretty Viennese herself, with her taking manners, her little nose tilted into the air, and her arch glances. The Viennese women preserve their brilliant coloring even when they get old, and belong to that type of beauty – a trifle too robust, perhaps – which has been rendered classic by some of the Italian masters.

Those women, decked out like the show windows of a jeweler's shop, with a slight down on the upper lip, little curls on the temples, ear-rings in the form of hoops, or little coffers or bells, are Jewesses, bankers' wives and millionaires – weather-beaten vessels wich have navigated every sea, and long since doubled Cape Tempest. But how handsome their daughters are! and how expressive that Jewish cast of countenance and the great, full eyes can be!

197. Theodor Herzl, „Wiener Sommerbild. Schwarzenberggarten“ (1903), in: *Neue Freie Presse*, 28. Juni 1903, S. 1–3, hier 1–2.

Da war ich gewiß an die zwanzig Jahre nicht mehr. Man war damals ein Student, und auch die Bäume waren grün – so grün übrigens, wie sie jetzt wieder sind. In den Bäumen ist kein Unterschied. In einer solchen Spanne Zeit werden sie nur um ein Spännchen dicker. Aber allmälig, man weiß nicht wie, scheint eine Ironie in sie hineinzukommen, wenn sie dastehen, immer stärker werden und uns vorübergehend sehen.

Dieser Garten liegt mitten in der Stadt und scheint doch ganz vergessen und verloren zu sein. Er hat nur ein kleines Publicum in jedem Sinne. Die Leute, die in den angrenzenden Gassen wohnen, schicken ihr kleines Volk zum Spielen herüber. Invaliden behüten die Grasplätze und Büsche der grünen Insel im städtischen Meere, um die sich sonst Niemand kümmert. Wer ein Reisender ist und nach fremden Ländern ausfährt, der kommt oft an der langen Mauer in der Heugasse vorbei, wenn er nach dem Süden oder Osten ins Weitere strebt. Nie mehr steigt ein Gedanke über die Mauer in den alten Garten, weil man da vor Zeiten Alles kannte, weil es da nichts mehr zu sehen gibt. Und das ist so lange wahr, bis es falsch wird. Aus dem regungslosen Garten hinter der Mauer haben die rinnenden Tage ein fremdes Land gemacht, vielleicht mit mehr sonderbaren Dingen, als manche Reise sie uns zeigen kann.

Nicht ein Zug hat sich verändert seit damals. Frostig noch im Sonnenscheine der ungeheure Ehrenhof für anfahrende Carossen, und die steile Rampe scheint jeden Besuch eines gemeineren Fuhrwerkes von vorneherein entmuthigen zu wollen. Da kommen nur gute Pferde hinauf. Aber wir sind beim Seitenthor, durch den Hof der Milchwirthschaft eingetreten. Wie verfallen ist das Alles, das Häuschen, die Wirthschaft, der armselige Kellner! Am Gitterthor liest man wieder auf der regenzerwaschenen Tafel die Bedingung, unter welchen den Leuten der Eintritt in den Garten gestattet ist. Niemand hat hier ein Recht, zu verweilen. Es ist eine widerrufliche Gunst. Wenn morgen der Herr beispielsweise nicht mehr wollte, müßten alle die Kinder ihre Gießkännlein, Holzrechen, Schaufelchen, Schiebkärrchen, Bälle, Reifen und Springschnüre traurig aufnehmen und sich einen anderen Garten suchen gehen.

Beim Thor aber ist der erste Anblick nach so langer Zeit packend. Wie lieblich, wie unverändert liegt der Garten da! Vom grünen Grase, von dunkleren Bäumen heben sich die

Sandsteingruppen in ihrer alten Zierlichkeit ab. Mythologie des achtzehnten Jahrhunderts, französischer Geschmack. Die reizenden Nymphen wehren sich noch immer kokett gegen ihre Bezwinger. Wir werden den Ausgang dieses Liebeskampfes nicht sehen, wenn ich daraus schließen darf, daß sich seit zwanzig Jahren an der Sachlage kaum etwas geändert hat. Sie haben sich vorzüglich conserviert, diese steinernen Damen; ach, besser als manche schlanke Maid. Aber die Blutbuche dort zur Rechten ist dicker geworden, ich glaube mich zu erinnern, daß sie damals nicht so stattlich war. So sagt man einem Bekannten beim Wiedersehen. Nein, wie Sie gut aussehen!

Die Frage ist, auf welchem Wege die zweite Terrasse genußvoller erreicht wird. Früher, als man Eile hatte, weil irgend Jemand dort oben wartete, ging man auf der rechten Seite den geraden Weg, an Tilgner's, des Bildhauers, Werkstatt vorbei. Jetzt ist unsere Jugend wol auch auf der zweiten Terrasse nicht mehr zu finden, und wir haben Zeit, gemächlich die mittlere Allee zu durchschreiten. Da spielen die kleinen Kinder unter den Augen ihrer zerstreuten Hüterinnen. Es ist doch wirklich ein schönes Geschenk, daß diese bleichen Zimmerpflänzchen hier in der Freiheit aufathmen dürfen. Freilich, die Kinder, deren Väter nicht so gut gestellt sind, daß sie ihnen Pflegerinnen miethen können, oder deren Mütter waschen, nähen, Geld verdienen müssen, diese Kinder können nicht in den schönen Garten kommen. Unbehütete Kinder würden hier wol Alles zerstören, und die Invaliden könnten in vielen Fällen nicht schnell genug herbeistürmen, um einen Pflanzenfrevel zu verhindern.

In dieser untersten Abtheilung sieht man zumeist Kinder und Invaliden, auch solche ohne Uniform. Es ist ein Garten, in den man vor und nach dem Leben kommt. Hier ist es so ruhig und ereignislos. Es ist ein Schauplatz von Dämmerungen; die Kleinen wissen noch nichts, die Alten wollen nichts mehr wissen, oder wenn sie auch wollten, sie sind zu müde. Denn nach vierzig oder fünfzig Jahren ist man auch von den zwecklosesten Bemühungen so erschöpft, wie wenn man etwas Unvergängliches geleistet hätte. Da sitzt man also, die verrunzelten Hände auf den Stock gestützt, in die Sonne blinzelnd, so lange sie noch scheint, die Spenderin, die all das Gezappel für ein Weilchen hervorlockt, und man schaut spielenden Kindern zu. Die Kinder sind schon jetzt so dumm, die Zeit totzuschlagen, als ob die nicht ohnehin allzu früh schwände. Minutenweise, stundenweise wird sie mit aller Gewalt umgebracht. Ja wol, wenn Einer nur die Tage wieder hätte, die ihm nicht schnell genug vergingen. Du lieber Gott, was ließe sich daraus Alles machen! Nämlich später.

Anders ist die zweite Terrasse, eigentlich ein Garten für sich. Wenn Kinder und Greise vom Schwarzenberggarten lallen, meinen sie den unteren Theil. Wenn Jünglinge und Mädchen von ihm flüstern, meinen sie die obere Gegend, die zweite oder dritte Terrasse. Ganz hinten ist nur ein grosses Wasserbecken mit Schwänen, und nichts für das Gemüth'. Von der dritten Stufe läßt sich nicht viel rühmen: ein gewöhnlicher grüner Platz, umgeben von Mauern in der Stadt. Hieher muß man schon mitbringen, was man zu finden wünscht.

Doch der Garten dieser Gärten ist die zweite Terrasse, die weite Rasenrundung, von herrlichen Baumriesen umstanden. Hinten der Weiher mit dem matten Wasser, mit den künstlichen Grotten. Um das Rasenrund herum, in den Zwischenräumen der Baumstämme stehen Bänke, und auf diesen Bänken kann man sitzen, ein Fräulein erwarten, Pandekten und höhere Mathematik studieren, Gedichte machen, sich langweilen, Bekanntschaften anknüpfen. Es ist ganz genau so, wie es damals und immer war. Darum ist es ein so interessantes fremdes Land geworden.

---

198. Franz Servaes, *Wien. Briefe an eine Freundin in Berlin*. Leipzig: Klinkhardt und Biermann, 1908, S. 120–123.

Soeben komme ich heim von einem Spaziergang in den Wiener Wald – und das ganze animalische Leben pulst noch in mir, mit einer siedenden Fröhlichkeit, daß ich mich kaum an den Tisch hinsetzen kann, um Ihnen, liebste Freundin, zu schreiben. Vor mir steht ein duftender Strauß mitgebrachter Wiesenblumen und glitzert und wogt in allen Farben. Die Sonne lacht zum offenen Fenster hinein – und wenn ich mich hinausbeuge, schaue ich auf die lieblich geschwungene Linie des Kahlengebirges, auf dessen Buckel ich vor wenigen Stunden noch frohgemut herumgekrabbelt bin.

Ja, das ist herrlich in Wien: nur einen halben Tag braucht man sich freizumachen und man kann sich dermaßen mit allen Sinnen an der Natur bekneipen, daß man einen Kraftvorrat für eine Woche mit nach Hause bringt. Schöner ist's natürlich einen ausgereckten Tag draußen herumzulaufen, und noch schöner, zwei Tage! Kurz, für alle Ansprüche ist gesorgt und das Beste ist: man vergißt's eigentlich nie in Wien, daß man jederzeit die Haft der Stadt von sich abstreifen und draußen auf Waldeshöhen ein

Zahnradbahn auf den Kahlenberg mit Blick auf Nußdorf, um 1876.

freier Mensch sein kann. Denn der Wiener Wald ist für uns nichts Fremdes und Fernes, er gehört, wie schon sein Name sagt, mit zu unserer Existenz, er ist gleichsam allgegenwärtig um uns.

Dicht hinter Nußdorf führt, an Grinzing vorüber, eine Zahnradbahn auf den Kahlenberg. Sie macht nicht eben glänzende Geschäfte. An milden Tagen ist es gar zu verlockend, durch das sanft ansteigende Gelände auf bequemer Chaussee zwischen Wiesen und Waldungen zu Fuß den Berg in einer Stunde zu ersteigen. Wir machen öfters Halt, wenden uns um und sehen das Stadtbild, stetig sich erweiternd, hinter uns zurücksinken, in einen feinen silbergrauen Dunst hinein, aus dem es sich mit Kuppeln und Kirchtürmen leise herauszackt. Droben aber, wo wir auf breiter Gasthofterrasse unser Mahl halten, schweift unser Blick weit hinaus, bis hinweg über das fernste Stadtende, wo die Hütteldorfer Hügel den Waldring schließen und weiter führen gen Purkersdorf. Sie wissen, daß schon Grillparzer den Blick vom Kahlenberg besang und geradezu als Schlüssel zum Verständnis seiner Dichtungen pries. Ich meinerseits ziehe die Aussicht vom nahegelegenen Leopoldsberg, den man in einstündiger Waldwanderung erreicht, noch vor. Man ist dort dicht an die Donau gerückt und hat den Blick nach drei Seiten offen: nach Wien, auf die jenseitige Ebene und nach Klosterneuburg. Doch ich will mit Grillparzer nicht streiten, weil eben beides schön ist und weil noch eine Menge anderer Schönheit sich uns darbietet, so daß die Auswahl und die Entscheidung schwer fallen.

Eine der herrlichsten Promenaden führt von Grinzing aus, am Krapfenwaldl vorbei, nach Schloß Cobenzl, das mit seinen verschlossenen Fenstern wie verwunschen daliegt, in halber Wildnis, vornehm und melancholisch. Es ist kürzlich in den Besitz der Stadt Wien übergegangen und die wird es wohl wieder zu neuem Leben erwecken, hoffentlich nicht als verschlossenes Sanatorium, sondern zu gastlicheren Zwecken für die Allgemeinheit. Es liegt in halber Höhe des Kahlenberges, wie in Terrassen fällt das Land davon ab und hinter ihm schlingen sich schweigende Wälder. In diese Wälder vor allem streben wir jetzt hinein. Es ist Frühling und da sind sie am schönsten, mit der mannigfaltigen Abtönung ihres jungen Grün, mit dem Spiel der Sonne über den rinnenden Wassern klarer Bache, und mit diesem Duft von Hoffnungsfreudigkeit, der uns rings umgibt. Wir wandern, wandern, wandern. Es schreitet sich leicht und frei und die Waldwege sind nicht allzu belebt. Hie und da überholen wir ein lässig schlenderndes Liebespaar, oder Studenten ziehen uns singend entgegen, fangen dann plötzlich an zu disputieren und man weiß nicht: wollen sie die Welt bejubeln – oder neugründen? Stundenlang können wir so einherschreiten und, wenn wir wollen, allmählich ins Einsame und Unwegsame uns verlieren. Leicht auch finden wir, nicht weit vom Straßenrande, ein verborgenes Plätzchen zum Ausruhen, schattig und sonnig zugleich, und können die Welt der Vorüberziehenden von dort in aller Heimlichkeit belauschen. Und wenn wir eine solidere Rast wünschen, mit Möglichkeiten zur Magenstärkung, auch die ist leicht in kurzen Abständen zu finden, sei es nun, daß wir auf der Rohrerhütte oder auf der Rieglerhütte, auf der Sofienalpe oder auf der Knödelhütte einkehren wollen. Sie sind fast alle auch zu Wagen erreichbar und so entwickelt sich dort ein buntes lautes Leben, gemischt aus den mannigfaltigsten Elementen. Am volkstümlichsten geht es wohl auf der oberhalb Hütteldorf gelegenen Knödelhütte zu. Dort sind Schaukeln und Ringelspiele für Kinder, Gartenmusik klingklangt in den Lärm der stets voll besetzten ländlichen Tische hinein, und drüben auf der freien Wiese haben wohl noch an die Hundert sich hingestreckt, packen ihr Mitgebrachtes aus und geben sich heiter ans Schmausen. In sanften welligen Biegungen hebt und senkt sich allenthalben das Gelände und immer wieder schieben sich Wiesen, als breite Lagerteppiche, zwischen die Wälder. Das Schönste aber sind die weichen Umrißlinien, der aneinander gebetteten Hügel. Sie haben etwas, was an die fließenden Konturen eines ausgestreckten Frauenleibes erinnert, und das eben macht sie so wienerisch. Just so müssen die Hügel aussehen in der Umgebung der weiblichsten aller Weltstädte, in der Stadt, die den Frauenmaler Gustav Klimt geboren hat. Und das ist wahr, wenn ich die Wiener Berge sehe, so muß ich immer wieder an Klimt denken, der gewiß die besondere Eigenart seines dekorativen Liniengefühls ihren sanft geschwungenen Höhenzügen verdankt.

---

199. Stefan Großmann, „Sommer“, in: ders., *Herzliche Grüße*. Berlin: Buchhandlung Vorwärts, 1909.

Ein Dichter erzählte: „Drei Jahre lang war ich Maschine. Stand um 6 Uhr früh auf, aber nicht um mich am goldblauen Morgen zu berauschen, sondern um durch die Königstraße, Leibnizgasse über den Wagnerplatz durch die Kolumbusstraße vor jenes fünfstöckige Haus zu kommen, in dem die Bureaus der Kommerzialbank lagen. Jeden Nachmittag, um 5 Uhr, trat ich mit einem aus tiefer Brust aufsteigenden Atmen der Befreiung aus dem schattigen, breiten Torflur. Ach, es ist schwer, acht Stunden im Tage nur

Maschine zu sein, vier Stunden zum Erwachen aus dem Maschinenzustand zu brauchen und nur drei Stunden lebendig zu sein ...

„Zum Glück übersiedelte die Kommerzialbank. Von der Kolumbusgasse hatte ich noch ein Stück weiter an jedem Morgen zu marschieren. Die Donaubrücke lag in der Mitte dieses Stücks. Kam ich an frischen, goldblauen Sommermorgen hier über die Brücke, dann sah ich bis hinüber in die letzten Gipfel des Wienerwaldes. Ein zarter grausilberner Dunst, mild wie der weiße Schimmer über einer blaureifen Pflaume, lag über den waldigen Gipfeln. Grell brannte das Gelb der Felder herüber...

„Dieser Punkt auf der Donaubrücke hat mich meine Karriere gekostet. Ich wäre heute (bei meiner unzweifelhaften kommerziellen Begabung) Direktor der Bank, hätt' ich nicht an jedem Sommermorgen dem ziehenden Locken der grüngrau bewaldeten Gipfel widerstehen müssen. Dieser Punkt, mitten auf dem Arbeitsweg, hat meine Karriere zerrissen. Ich bin zu lang hier stehen geblieben, ich bin ‚unpünktlich' geworden. Je goldener der Sommermorgen, desto tiefer hab' ich mich verschaut. Am Ende entlief ich dem Wege durch die Königstraße, durch die Leibnizgasse, über den Wagnerplatz und die Kolumbusgasse. Aber den Punkt auf der Höhe der Donaubrücke behielt ich und den blaugrau schimmernden Höhen bin ich näher gekommen...

„Laßt keine Gipfel in die Wege zu den Werkstätten gucken! Verrammelt alle Aussichten vom Großstadtgassengewirr in sonnige Berge! Es könnten zu viele – wie sagt man doch? – vom Wege irren! ...

---

200. Arthur Roessler, „Proletariergarten", in: ders., *Von Wien und seinen Gärten.* Wien: Karl Graeser, 1909, S. 85–90.

Da und dort in den volkreichsten Teilen verschiedener Bezirke der Stadt, zwischen kahlfrontigen, engfensterigen und vielstöckigen Häusern eingezwängt, kann man ihn finden, schüchtern und gleichsam ein wenig vergrämt. Seine schütter stehenden Bäume und Büsche sind vom Straßenstaub grau überpudert und auf den seidig-weißen Blütenblättern liegen fettig und schwarz die schmierenden Rußflöckchen aus den nahen turmhohen Fabriksschloten.

Er ist kein üppig prangender Park, kein Repräsentationsstück der schönen Gartenkunst, aber doch ein Garten, ein

Garten aus wirklichen, im Erdreich wurzelnden Bäumen, Büschen, Grasplätzen und Blumenbeeten. Auch sein stumpfes Grün tut noch dem müden Auge wohl und sein Schatten und seine abendliche Kühle können erquicken; zumal im Wiener Hochsommer. Denn es gibt Sommertage in Wien voll der flüssig gewordenen Glut der Sonne. Dumpfe Stille hängt an solchen Tagen in der entzündeten Luft, die in den vom Maschinengesurre durchtönten Werkstätten brodelt. Den von der Hitze geplagten, seit dem frühen Morgen arbeitenden Männern und Frauen wallt das Blut, vom schwer stoßenden Herz mühsam getrieben, trägflüssig durch die geschwollenen Adern. Den Mädchen klebt das Linnen schweißnaß am Busen und sie quälen sich wie in Träumen, deren Sünde sie noch nicht kennen. Die alten und maroden Leute liegen oder kauern an solchen Tagen matt und ergeben in den dunkel verhangenen und stickigen Stuben und achten kaum mehr der schmachtenden halbnackten Kinder, die ungeduldig, gereizt, weinerlich und unversöhnlich wimmern. Erst der sonnenscheinlose Abend im Garten mit seiner Blätterkühle vermag Labsal zu spenden und so suchen ihn denn auch die müde geräckerten Arbeiter auf, wenn sie nach vielstündigem Werken für kurze Zeit zu eigenem Tun und Lassen frei werden. An den Häusermauern entlang, welche die tagsüber aufgesammelte Wärme ausstrahlen, schleichen sie schlaff dem nächsten öffentlichen Garten zu, wenn die öden Zinskasernen die Schatten zu schlagen beginnen. Sie wissen, daß sie dort ihre Kinder treffen werden, die sie seit dem frühen Morgen nicht sahen und freuen sich darauf. Sie freuen sich auch darauf, eine Pfeife Tabak zu rauchen, die Zeitung zu lesen und mit Kameraden politische Fragen zu erörtern oder bloß still zu sitzen und zu rasten. Auch sie lieben den Garten, lieben ihn in ihrer Weise, die freilich zumeist gänzlich frei von Sentimentalität ist.

Es überkommt auch die rauher gearteten Menschen mit urtümlichem Fühlen, einfachen und gewaltsamen Gedanken, eine ungemeine Lust an den Dingen der Welt, wenn in den Gärten die Luft rings um sie singt. Sie erkennen aus ihrer sonstigen dumpfen Gedrücktheit heraus zuweilen plötzlich die Schönheit in der langgewohnten Alltäglichkeit an irgend einer oft gesehenen Blumenblüte, die auf schlankem Stengel hin und her schwankt und balsamischen Duft ausströmt. Und dann steht wohl manchmal einer linkisch schüchtern vor der wohlgeformten Blüte eines Gewächses und begehrt nach ihr zu greifen, um das Linde ihrer kühlen Blätter zu fühlen. Aber wie er die von der harten tagwerklichen Arbeit verklammten Finger sehnsüchtig streckt, erschrickt er vor der Garstigkeit seiner Hand, die gleich einem gegliederten braunroten und schwieligen Knorpeltier zuckt, und zieht sie, ganz unerwartet beschämt und in einer eigenen ungewissen Art traurig geworden, langsam wieder zurück, ohne die Blüte berührt zu haben.

Auf den abgeschundenen Bänken des Proletariergartens halten während des Sommers zu gewissen Stunden die „Tschickklauber" ihre Börse ab, d. h. die Zigarren- und Zigarettenreste-Sammler, die aus der Gosse kärgliche Stücke halb aufgelöster und zerkauter Stumpen aufheben, um die gesammelten Abfälle zu verhandeln. Hier rasten auch die müden Kohlenklauberinnen, jene abgerackerten und verhärmten Weiber, deren schattenhaft schwankende Gestalten man frühmorgens oder in der Dämmerung des Abends hinter den breiträderigen großen Lastwagen vom Tor des Kohlenhofes der Nordbahn bis zum Tor des Gaswerkes schleichenden Schrittes folgen und sich eilig bücken sieht, wenn ein nußgroßes Kohlenstück kollernd vom Wagen in den klebrigen Schmutz der Landstraße fiel. Sie verschnaufen hier ein wenig, ehe sie, entkräftet wie sie sind, die Last des mit Kohle beschwerten Tragkorbes heimschleppen.

Auch die oft wunderlichen und grauenhaften Geschöpfe, die Kinder des Elenden-Viertels, kann man hier bei ihren primitiven und freudlosen Spielen beobachten. Kinder, die nicht Kindern, sondern irgendeinem verkümmerten Zwergengeschlecht gleichen; die auf Lumpen geboren werden in kahlen Stuben, worin, zu Dutzenden, ärmste Menschen drangvoll eng gepfercht hausen; jene Kinder, von welchen fünfzig unter hundert sterben, von niemand vermißt, von den Müttern, die sich selbst nicht zu nähren imstande sind, nie gesäugt, nie gekleidet, nie gepflegt, fast nicht gekannt. Auf dem Wege zum Garten, in dem sie sich tagsüber selbst überlassen bleiben, sieht man sie vor Bäckerläden stehen und ihre schmutzigen und durch Not und Laster früh verunstalteten, verrunzelten und bleichen Gesichter an die spiegelnden Schaufensterscheiben pressen, die Nüstern ihrer spitz aus den verfallenen Antlitzen vorragenden Nasen gierig gebläht, um den warmen Duft des frischen Brotes einzusaugen, den Blick aus feuchten Augen voll Verlangen auf das knusperige blonde Gebäck in den Körben und auf den Stellagen gerichtet.

In Favoriten und Ottakring, in Hernals und in der Brigittenau sind solche Platzgärten; aber auch in dem industriereichen Bezirk Mariahilf befindet sich einer, der Esterházy-Garten. Noch ehe es von den nahen Kirchtürmen zwölf Uhr schlägt, finden sich in diesem Garten Frauen und Kinder ein, die dem in einer nahen Werkstatt beschäftigten Vater im Korbe das Mittagsmahl zutragen. Während der hungrige Mann aus Häferln die Suppe und Zuspeis löffelt, erzählt ihm die Frau oder das Kind, was sich mittlerweile daheim oder in der Nachbarschaft ereignete. Dann stopft er sich seine Pfeife, pafft ein Weilchen, spricht ab und zu ein Wort und wenn die Brotzeit um ist, grüßt er, ernst zur Arbeitsstätte wiederkehrend. Die Ledigen essen aus dem Papier heraus, in das ihnen der Greisler die Wurst und das Brot wickelte, und tun Schlucke aus der Flasche mit „Fensterschwitz", wie der Wiener das leichte Abzugbier sarkastisch nennt.

Er ist kein heiterer Ort, der Proletariergarten, und es suchen ihn nur jene auf, die auf ihn angewiesen sind. Das sind allerdings in der großen Stadt ihrer übergenug.

---

201. Hans Rudolf Bartsch, *Wien das Grüne.* Wien-Leipzig: Brüder Rosenbaum, 1911, S. 6–9.

So ist denn diese Stadt zur Hälfte von Wäldern umgeben, die an Größe, an Schönheit und Unberührtheit nicht ihresgleichen haben in sämtlichen Städten Europas! Da wir schon Zahlen nannten, sei nur erwähnt, daß die gesamten, innerhalb der Gemeindegrenze von Wien gelegenen Park- und Waldflächen dreiundfünfzig Quadratkilometer Flächenausmaß haben, wobei große, reine Wiesenflächen wie die Schmelz und die ganzen baumbestandenen Auen von Jedlesee, Floridsdorf, Kagran, Stadlau und Aspern längs der Donau gar nicht eingerechnet sind. Rechnet man dieses Augebiet mit etwa zwölf Quadratkilometern dazu, so ergibt sich die hübsche Tatsache, daß das gesamte Weichbild von Berlin gerade auf den Parkanlagen, Auen und Wäldern innerhalb der Grenzen der Stadt Wien Platz fände!

Ein solcher Schatz von rauschendem Grün wäre nun bei der schnellen Ausbreitung unserer heutigen Großstädte bald sehr gefährdet, und die vier Millionen Wiener, die es, nach dem Maß der bisherigen Zunahme der Stadt, in vierzig Jahren geben dürfte, würden mit ihren grauen Zinshäusern verheerend über die blühende Pracht dieser Wälder und Parks hinfluten wie ein Bergsturz, der alle Wiesen unter Steingeröll begräbt.

Wie dieser Wald- und Wiesengürtel, der ja heute schon besteht und nur erweitert, ausgestaltet und erhalten werden soll, aussieht? An der Donau ragt steil der Leopoldsberg empor; so steil, daß es immer wieder einmal im Jahr ein Max Stolprian zuwege bringt, dort abzustürzen und die Romantik der Gegend durch eine Quetschung oder sogar durch einen Knochenbruch zu erhöhen. Oben steht das alte Schloß der Babenberger, oder vielmehr (wie allen Herrschersitzen Österreichs, im Donautal, am Leopoldsberge, auf der Freyung und am Hof ein Kloster gefolgt ist) es stehen das Kamaldulenserkloster und dessen Kirche auf den Grundmauern der Burg Leopolds des Heiligen. Dort oben betete im Frühsonnenschein des 12. September 1683 das Reichsheer, das mit der (nach den neuesten Forschungen ziemlich unwirksamen) Unterstützung der Polen das von Kara Mustapha bedrängte Wien und damit einen großen Teil Deutschlands von den Türken befreite.

Der Leopoldsberg ist, wie alle Höhen, die in Wien von der Westseite begrenzen, mit dichten Wäldern bestanden. Nur das alte Schloß auf der Höhe ragt mit gewaltigen Mauern über diese Wälder. Tief und weit unten liegt die graue Stadt. Die Ringstraße, die an Stelle der alten Festungswerke die innere Stadt umgibt, und die Gürtellinie, die die „Vororte" von den „Vorstädten" scheidet, sind deutlich sichtbar. Der Eindruck dieser düstern Kruste des Lebens, dieser in das Becken an der Donau geschmiegten Schale voll Kampf, Maschinenrauch und Not, und dennoch voll unglaublicher, echt süddeutscher Lebenslust und Lebensleichtigkeit, ist bedrückend und erhebend zugleich. Ewig schwebt ein Rauchschwaden über diesem endlos grauen Lavameer, das der ruheloseste aller Vulkane, der menschliche Wille ausgespieen: ein vervierfachtes Berlin an Länge und Breite, scheinbar ohne ein grünes Ästchen; denn aus der lichten Reinheit unserer Höhen erscheint uns, durch die Dunstschicht der Stadt gesehen, alles graugelb. Nur die wunderbare Nadel des Stephansturmes und die Spitzen der Votivkirche belehren uns über die entfärbende Kraft des Stadtnebels; sie werden immer lichter, je höher sie über diese Dünste hinausstechen, und der unsterblich scheinende goldene Adler an der höchsten Spitze von Sankt Stephans Domspitze leuchtet schon so klar, wie die lichte, heitere, unverwüstliche Seele des glücklich begabten Volkes, das dort unten, wie in einer bedrängten Ameisenstadt, zu wimmeln scheint. Bedrückend und erhebend! Denn um all den Zwang und Drang der ringenden Millionen Seelen spannt sich in göttlicher Heiterkeit der aufatmende Halbkreis der beseligten Waldberge. Dieses Hasten, dort weit unten, und nebenan dieses ewige Brausen der Atemzüge des Wald- und Berggottes, da eines vom andern nichts, aber auch gar nichts zu wissen scheint, das ist einer der größten Gegensätze der heutigen Weltordnung! Warum flüchtet das bedrängte Volk der Werktage nicht in die Wälder? Warum kehrt der Gott der grünen Hügelweite nicht jauchzend in alle Gassen und Fenster ein? Das alte Wien war ja so rasig, so gartenrauschend, so voll Wiesenstille!

Die Sonntage geben Antwort. Da vermählt sich das sehnsüchtige, der Natur enteilte Menschenvolk mit der ewig muttergütigen Erde, der es entrann, – um, wie es hoffte, glücklicher zu werden. Und glücklich ist es doch nur an solchen Sonntagen.

---

202. Felix Salten, *Wurstelprater.*
Wien-Leipzig: Brüder Rosenbaum, 1911, S. 5–6.

Durch den hohen Viadukt, über den die Lokomotiven pfeifen, geht man die breite sonnige Straße hinunter zu den Buden. Unaufhörlich wimmelt es von Menschen unter den Säulen des Viaduktes, als sei hier eine Schleuse der großen Stadt geöffnet und wolle alles, was an Faulheit und Fröhlichkeit, an singendem Stumpfsinn und bummelndem Elend drinnen in dem geschäftigen Leben zwischen den hohen Häusern keinen Platz findet, ausströmen in ein riesiges Reservoir. Dort am Rande der Straße, an die Planken gelehnt, auf Prellsteinen sitzend, lungern immer Menschen, den ganzen lieben Tag. Es ist keine frische Luft da, und kein Schatten. Vom Viadukt herab schlägt der Kohlendampf aus den Maschinen, und die Sonne brennt auf den flimmernden Granit der Straße, daß die Pflastersteine rauchen. Aber die Leute rühren sich nicht vom Fleck. Wie Käfer und Asseln aus den Ritzen der Mauern hervorkrabbeln und gleich sitzen bleiben, sobald sie nur in die Sonne kommen, hocken sie ruhig da, an Planke und Mauer gelehnt. Es ist, als ob sie sich nicht entschließen könnten, wie sie so an der Scheidelinie verharren: sollen sie wieder zurück zur Stadt und suchen und suchen, oder sollen sie hinunter, wo die Musik schmettert, die Trommeln wirbeln und die grünen Wiesen sich dehnen bis zu den Ufern der Donau.

An ihnen vorbei flutet die Menge. Die Dienstmädchen schieben ihre Kinderwagen und zu ihnen gesellen sich die Soldaten; die Müßiggänger schlendern, die Dirnen eilen; im langen Zug wandert der kleine Mann mit Weib und Kind und Kegel, tänzelt der Kommis, stampft der Student; zwischendurch schlüpfen die kleinen Buben, welche die Schule schwänzen, um zu den Buden zu laufen, und über den Fahrweg rasseln die Wagen des vornehmen Sonntags, der vom Montag bis zum Samstag währt.

Allen entgegen dringt der Lärm des Wurstelpraters; und über dem Gewühl der Menge schlagen seine Wellen zusammen. Das Schreien der Ausrufer, gellendes Glockenklingeln, das

Heulen der Werkel, schmetternde Fanfaren, dröhnende Paukenschläge. Und ein sonniger Himmel wölbt sich licht und klar hoch über dem Brausen und Toben und senkt sich weit hinter den grünenden Bäumen in verschwimmendem Blau hernieder, als sei hier das Land aller Freude und Seligkeit, und als sei jede Sorge und jedes Unglück zurückgeblieben, dort, wo über dem grauen Häusermeer Dunst und Nebel in schweren Wolken lagert.

---

203. Else Spiller, „Moderne Groß-Städte und ihre Abgründe", 1911, in: dies., *Slums. Erlebnisse in den Schlammvierteln der modernen Großstädte.* Aarau-Leipzig-Wien: Meyer, 1911, S. 9–12.

Grossstadtleben! Bei diesem Worte denken sich die meisten Menschen lichterfüllte Strassen, schöne Theater, geputzte Menschen, Genuss und Lebensfreude. Auch ich träumte einst nur von herrlichen Museen und Sammlungen, welche die Weltstädte uns bieten. Aber es kam ein Tag, da erwachte ich und sah neben dem Glanz, neben der Üppigkeit bittere Not, neben eleganten Herrschaften armselige Gestalten, und indem ich dem trüben Sorgenstrom nachging, sah ich immer tiefere Abgründe, Sünde und Schuld!

Es ist mir, als wär' es heute! Ich stand am Eingange der Schlösselgasse in Wien, da, wo die graue Kirche in die Häuser eingebaut ist, und wartete auf die Strassenbahn. Dieselbe sollte mich zum Prater hinausbringen. Wir, einige Freunde und ich, hatten uns verabredet, den Nachmittag im dritten Kaffeehaus zu vertrödeln, denn ich sollte unbedingt vor meiner Abreise das echte, fröhliche Wien da draussen sehen und die lachende Freude kennen lernen, die man Wiener Gemütlichkeit nennt. Die Augustsonne übergoss in jenem Moment die Strassen mit so glühenden Strahlen, dass ein Aufenthalt unter grünem Blätterdach wirklich eine Paradiesesherrlichkeit versprach, um so eher, als fröhliche Menschen mich erwarteten. Und wie ich so stand und wartete, glitt ein dunkler Schatten an mir vorüber und dann noch ein zweiter. Etwas Hartes streifte meinen Arm und aufblickend gewahrte ich einen winzigen Kindersarg, den ein Mann auf seinen Schultern eben vorübertrug. Eine still weinende junge Frau folgte ihm hart auf dem Fusse nach. Da war es mir, als sei ein Reif auf meine Freude gefallen und die Sonne nicht mehr so hell schiene als vordem.

Wie ein falbes Blatt vom Herbstwind vertragen wird, so verflatterte meine frohe Stimmung vor diesem kleinen Kindersarg. Doch das Leben stand darüber nicht still. Es flutete an mir vorüber und auf einmal sah ich neben den eleganten Leuten, neben den rosigen Damen in duftigen Sommertoiletten, arme verhärmte Frauen durch den Menschenstrom sich schieben. Wie nahe doch alles beisammen war! Da war erst meine Freude über den sonnengoldenen Nachmittag gewesen, dann war der Kindersarg gekommen und über ihn hinweg sah ich nun Reichtum und Armut dicht nebeneinander durchs Leben schreiten. Und während ich darüber nachsann und das Klingeln der Strassenbahn, das Rufen der Fiakerkutscher überhörte, ging auf der gegenüberliegenden Strasse ein mächtiges Tor auf und ich sah, wie Mütter mit Kindern, denen offene Wunden die Beinchen bedeckten, hinein gingen. Seit vielen Tagen hat mich mein Weg da vorbei geführt, doch noch niemals hatte ich bemerkt, dass ein Krankenhaus die Strasse begrenzte. So teilnahmslos werden die Menschen in guten Stunden, wenn die Freude ihr Begleiter ist! Hätte nicht das letzte schwarze Bettchen des Grossstadtwürmchens, das mit hundert andern zusammen der Erde übergeben wird, meine Gedanken aufgeweckt, ich glaube, ich wäre durch Wien gegangen und hätte nur seinen Frohsinn gesehen.

Als der Tag längst zur Neige gegangen war und vom „Praterstern" her Equipage um Equipage gesaust kam, in „Venedig in Wien" die Glühlämpchen feenhaft schimmerten, setzten wir uns in eine verschwiegene Ecke des feinen Wein-Restaurants. Doch meine Gedanken wanderten immerfort von den eleganten Spitzen-Toiletten der Demimonde zu den armen Gestalten, die ich heute Mittag gesehen, dort an der Ecke der Schlösselgasse. Über den dunklen Rosen, die im Champagnerkübel dufteten, über den lachenden Frauen, welche sich ihrer Reize wohl bewusst waren und den Augenglanz mit dem der Diamanten wetteifern liessen, sah ich immerfort das. schmerzverzerrte Gesichtlein des armen Jungen, dem der Verband von der grässlichen Wunde gerutscht war, den seine Mutter unter leisen Trostesworten in das Spital führte. Ich spürte den Faden, der sich aus jenem Elend hinüberzog zu dem Flitterstaat der Halbweltlerinnen, überall dieselben blutenden Wunden, dort am Körper, hier an den Seelen! War es nicht ein und dieselbe Wurzel und gingen sie nicht demselben Tod entgegen, leiblich oder seelisch? Der Kronleuchter übergoss den Saal mit gleissendem Licht und ich suchte hier das reine Glück vergebens.

Der Kindersarg hat mich aus dem fröhlich sein gebracht, es gibt so viel, so unsäglich viel Not und Elend in der Welt, darüber kann auch die Sonne mit ihren hellsten Strahlen nicht hinwegtäuschen.

(470)

Kapitel 19: „Alt-Wien“

Ferdinand von Saar, der Verfasser des Gedichts, das dieses Kapitel eröffnet, lebte von 1833 bis 1906. Um seinem Leiden an einer unheilbaren Krankheit ein Ende zu bereiten, erschoss er sich mit seinem Militärrevolver. Dieses tragische Ende stand in Einklang mit seiner pessimistischen Sicht auf die Entwicklung, die Wien im Laufe der Jahre genommen hatte: „Prunkende Häuser und Plätze gewahr' ich in stummer Verödung." Diese Perspektive steht in starkem Kontrast zu dem Enthusiasmus Johannes Zieglers über „Glanz und Herrlichkeit" des neuen Wien. Auch Eduard Pötzl verzweifelte in Versform an den „Demolierer[n], [die] herzlos, nimmersatt das schöne Wien verschweinen". Joseph August Lux nahm den Trauergesang auf, indem er die Zerstörung der historischen Stadtstruktur als ein „herostrastische[s] Werk" bezeichnete, eine Referenz auf die Zerstörung des Tempels der Artemis in Ephesos durch Herostratos. Er fährt fort: „Um Wien den modernen Anstrich der großen Parvenüstädte zu geben, erhob [sich] ein neues pietätloses Geschlecht von Bauwerkern und Bauspekulanten [...]" Vandalismus stellt eine wiederkehrende Metapher dar: Für Karl Marilaun war klar, dass „der ungarische, böhmische oder kroatische Demolierer" Schuld trug, wie er in der *Reichspost* schrieb. Kein anständiger Wiener würde es wagen, die Altstadt anzurühren. Die Versuche, Wien zu modernisieren und zu einer Weltstadt zu machen, sowie die Bestrebungen, Maßstab, Charme und Authentizität der alten Kaiserstadt zu bewahren, standen im Widerspruch zueinander: Sie waren im Grunde unvereinbar und das Ergebnis vorhersehbar. Daniel Spitzer zum Beispiel schrieb in seiner Kolumne „Wiener Spaziergänge" in der *Neuen Freien Presse* darüber, wie seine Streifzüge durch die Altstadt in den späten 1870er Jahren zu einem kontinuierlichen Prozess des Abschiednehmens wurden. Er bezog sich im Besonderen auf die Gassen und alten Häuser, die für Abriss und Neugestaltung vorgesehen waren. Als unmittelbare Folge solcher Erfahrungen entfaltete sich im späten 19. Jahrhundert eine sentimentale Betriebsamkeit um den Versuch, das Verlorene in Feuilleton-Artikeln, Essays, Gemälden, Fotoalben und Liedern festzuhalten und zu betrauern. Die Moderne war dabei der Feind. Sie trat auf in Gestalt des Berliner Baubooms oder, noch schlimmer, der New Yorker Wolkenkratzer, die Werner Sombart, ein bekennender Konvertit zum reizvollen Charme Wiens, als „Überwertung des Massenhaften, des Großen, des Rein-Quantitativen" bezeichnete.

Während die US-amerikanischen Städte als „geschichtslos und langweilig" abgetan wurden, herrschte allgemeiner Konsens darüber, dass die unverwechselbare und historisch eingebettete Kultur Wiens der größte Vorzug der Stadt sei. Ebendiese Kultur wurde auf internationalen Ausstellungen kommerzialisiert und vermarktet. Auf der 1892 stattfindenden *Internationalen Ausstellung für Musik- und Theaterwesen* in Prag wurde beispielsweise eine Nachbildung des Hohen Markts im Wien des späten 17. Jahrhunderts präsentiert. Ein Jahr später rühmte sich die Weltausstellung in Chicago mit „Alt-Wien“, das weniger eine Rekonstruktion als eine Montage historischer Gebäudetypen darstellte, die ideale Kulissen für den Besuch kommerzieller Cafés und Restaurants boten. Und die Besucher:innen kamen in großer Zahl, in Spitzenzeiten bis zu 12.000 pro Tag. Paradoxerweise ließe sich der Vorwurf, der gegen die Planer des historistischen Wohnungsbaus des Fin de Siècle erhoben wurde – sie würden potemkinsche Dörfer, reine Fassaden ohne Substanz, erschaffen –, auch gegen die sentimentalen Befürworter:innen des verlorenen Paradieses Alt-Wien vorbringen.

---

204. Ferdinand von Saar, *Wiener Elegien.* Heidelberg: Georg Weiß, 1893, S. 8–10.

Dennoch, wie sehr und wie oft dich mein Auge bewundert, du sprichst mir
Nicht mehr zum Herzen wie einst, weithin gebreitete Stadt;
Nicht mehr wie einst, da wallumgürtet du noch mit den alten
Schwärzlichen Häusern geragt über das grüne Glacis:
Eng und gedrückt, voll gewundener Gassen und düsterer Winkel –
Aber es wogte in dir fröhlich ein fröhliches Volk.
Leicht gesinnt und bewegt, abhold den Mühen des Daseins,
Lebt' es harmlos dahin, wie ein empfängliches Kind.
Heute bewegt es sich ernster und weniger laut durch die Straßen,
Wo sich die Menge nicht staut, sondern zerstreut und verliert.
Sorgen haben gefurcht die Stirnen der Männer, es blicken
Schärfer, gewitzter als sonst kühl mich die Jünglinge an;
Geistiger Ziele Bewußtsein, der Stolz befreiender Arbeit
Weh'n, gleich fröstelndem Hauch, selbst um die Reize der Frau'n.
Reicher, beschwingter sind Handel und Wandel, doch fehlt das Behagen,
Das am Erworbenen sich festen Besitzes erfreut.

Prunkende Häuser und Plätze gewahr' ich in stummer
Verödung –
Und kein Jubel erschallt mehr aus der menschlichen Brust
...
Ja, du hast dich verändert, ich fühl' es. Bist du auch
schöner,
Bist du auch größer, als einst – bist du doch nicht mehr
mein Wien!

---

205. Eduard Pötzl, „Wiener Elegie" (1901),
in: ders., *Heuriges. Skizzen aus Kunst und Leben.*
Wien: Robert Mohr, [6]1902, S. 43.

Wiener Elegie.

Geh' ich in meiner lieben alten Stadt
Herum jetzt, möchte' ich weinen;
Die Demolierer, herzlos, nimmersatt
Das schöne Wien verschweinen.
Die stillen Gäßchen mit dem feinen Zug
Von Einst in den Façaden,
Und wohlgestimmte Plätze auch genug
Verschwinden – fort mit Schaden!
Wo ein vertrauter und ehrwürd'ger Fleck
Die Seele noch kann letzen,
Da kommt die Meute, um den schnöden Dreck
Der Mode hinzusetzen:
Verrückte Häuser, grün und gelb bemalt
Wie Riesen-Vogelbauer –
Die echte Kunst muß weichen der Gewalt,
Dem Ziegel-Gassenhauer
Wohin Du blickst: ein grinsend Faungesicht,
Medusen recken Tatzen;
„In Schönheit leben" heißt das wahrlich nicht,
Umdräut von solchen Fratzen.
Ich glaub', sie sind gefährlich angesteckt,
Die Bauherr'n, die gewissen:
Es hat ein wuthbefall'ner Architekt
Sie allesammt gebissen!

206. Joseph August Lux, „Baudenkmäler“, in: ders., *Wenn du vom Kahlenberg.* Wien: Akademischer Verlag, 1907, S. 13–14.

Viele Architekten klagen, daß die neue Bautätigkeit den Charakter unserer Stadt zerstöre. Es muß gesagt werden, daß sie es selbst sind, die an dem herostratischen Werk nach besten Kräften mittun. Wie hat man seit einer Reihe von Jahren unter dem Titel der Straßenregulierung, Stadterneuerung und Stadterweiterung, Restaurierung usw. gegen den historischen und künstlerischen Charakter unserer Stadt gesündigt! Um Wien den modernen Anstrich der großen Parvenüstädte zu geben, erhob ein neues pietätloses Geschlecht von Bauwerkern und Bauspekulanten mit liebloser Hand Karst und Spaten, und ein altehrwürdiges Baudenkmal um das andere sank in Schutt. Wie ging es der Kirche Maria am Gestade, dem Hotel Munsch, der Dreifaltigkeitssäule auf dem Graben, der Heiligenkreuzer Kirche! Wie sieht die Technik heute aus! Über der Stephanskirche und selbst über der Karlskirche, die infolge der Straßenregulierungen ohnehin immer mehr in den Boden versinkt, schwebt das Damoklesschwert einer „Renovierung“. Die Tage des Ministerpalais in der Wipplingerstraße und des alten Rathauses sind gezählt und das dem heutigen Finanzministerium benachbarte Zinshaus springt um einen Meter weit vor dasselbe vor, damit die beabsichtigte Niederreißung des Palais andeutend.

---

207. Werner Sombart, „Wien“, in: *Morgen*, 1907, Nr. 6; abgedruckt in: Wolfgang Pircher (Hg.), *Début eines Jahrhunderts: Essays zur Wiener Moderne.* Wien: Falter, 1986, S. 35–39.

Wer nicht in Wien geboren und aufgewachsen ist, braucht freilich oft lange Zeit, um seine spezifischen Reize zu fühlen. Ich selbst habe die längste Zeit meines Lebens Wien, wenn nicht gehaßt, so doch gering geachtet oder gar verachtet. Noch vor zehn Jahren fand ich es lächerlich, daß Wien kein Nachtleben und keine Stadtbahn hatte und nicht alle Jahre um 100.000 Einwohner zunehme. Man sieht: ich stand in meinem Urteil jenem „Wiener Korrespondenten“ nicht fern, von dem uns Felix Salten erzählt hat. Ich war Berliner mit Leib und Seele. Seitdem ist bei mir alles in sein Gegenteil verkehrt. In diese zehn Jahre (denke ich) fällt meine Entwicklung zum Kulturmenschen und darum liebe ich jetzt – Wien.

Man kann das Urteil über Wien wirklich in dem einen Wort zusammenfassen: Wien hat Kultur. Ich sage nicht einmal „alte". Kultur schlechthin. Oder wenn man dem Worte ein Epitheton beifügen will: künstlerische Kultur.

Denn auch seine unbeschreiblich schöne Natur ist großenteils so schön, weil sie einen Hauch von Kultur trägt, von Gemessenheit, von Stil, von Ausgeglichenheit. Wer einmal an einem schönen Frühlingstage auf der Rohrerhütten oder in der Hinterbrühl die feine Luft eingesogen hat und der dezent versteckten Blütenpracht der Bäume froh geworden ist, weiß, was ich meine (wenn er etwa noch die Baumblüte in Werder dagegen hält, von der es auch gilt: „Die Masse muß es bringen"). Oder wer die Gärten der alten Patrizierhäuser in Rodaun mit ihren träumenden Hecken kennt. Oder wer an einem klaren Spätsommertage durch die stillen Wege Schönbrunns geschlendert ist, wo Natur und Kunst zu wunderbarer Harmonie sich vereinigen, um unbeschreibliche Wirkungen auf unsere Seele auszuüben. Was bedeutet allein Schönbrunn für die Menschheit! Eine der ganz wenigen Blüten, die sie getrieben, wie ihrer hie und da noch in der Umgegend von Paris sich wiederfinden, aber auch nirgend sonst. Wahrhaftig, wenn Wien nichts als Schönbrunn hätte, könnte es die ganze „Kultur" z. B. von Berlin in den Sack stecken.

Aber aus den Hecken seiner Parks, über die Wiesenflächen des Praters klingen die Klänge des Wiener Walzers! Mensch von einem Korrespondenten: hast du denn gar kein Gefühl dafür, was das bedeutet! Nicht nur Duliäh-Stimmung ist es, die aus der „Schönen, blauen Donau" herausklingt. Es ist das letzte und höchste, das zu den Menschen reden kann. Denn neben Strauß stehen Haydn, Schubert, Brahms, Beethoven, Mozart. Die heiligsten Namen, die wir verehren. Wien ist Musik. Ist Harmonie. Und also wieder Kultur. Ganzheit. Ausgeglichenheit.

Nur in einer auch äusserlich so wundervollen Welt konnten diese Harmonien der Töne sich bilden. Das alte Wien als Stadt: in jedem Stein ein Lied, in jeder Straßenkrümmung, in jedem rebenumrankten Hof, in jedem alten Palazzo ein melodisches Tonstück.

Und wie Wien – der Wiener: ein Mensch. Nicht das Teilstück eines Menschen, das wir in Norddeutschland so häufig finden. Auch der Berufsmensch noch mit Sinn für das Leben. Ausgeglichen. Nicht eckig: nicht hart. Weich, schmiegsam im besten Sinne. Aber „untüchtig" sagt man. Das ist nicht einmal wahr. Nach meiner Kenntnis nicht wahr. Ich weiß ebenso viele Wiener Männer, die in der Wissenschaft, in der Kunst, im öffentlichen

Leben reichlich ebensoviel leisten als wie Norddeutsche. Nur daß sie nicht soviel Aufhebens davon machen wie wir. (In Wien nennt man große Avenuen noch Gassen, in Berlin ist jede Gasse eine Straße.) Und wenn schon: kommt es denn allein auf die „Tüchtigkeit“ an?! Vergessen wir über irgend einer „tüchtigen“ Teilleistung nicht allzuoft das Ganze. den Menschen?!

Und weil die Wiener Menschen sind, darum sind auch die Wiener Frauen Frauen. Wien ist –habe ich schon vor Jahren einmal ausgesprochen – eine der ganz wenigen Städte, die Frauen, besondere, ursprüngliche Frauen hat. Frauen, die man schmecken kann, die etwas Eigenes an sich tragen wie eine schöne Blume, wie ein schönes Tier. Mensch von einem Korrespondenten: begreifst du nicht das Ungeheure, das eine Stadt der Menschheit schenkt, die ihr Frauen beschert?! Glaubst du wirklich, daß zehn Berliner Stadtbahnen eine einzige lokal gefärbte Wienerin aufwiegen?!

Wer verstehen will, was Wien für uns, für Deutschland für die deutsche Kultur bedeutet, der muß es mit einem modernen Gebilde wie Berlin in Vergleich stellen. Man muß erst tief und schmerzvoll in seiner Seele erfahren haben, wie furchtbar rasch wir verarmen, wenn wir uns nur noch am Berliner Wesen begeistern, um – ich möchte sagen – eine heilige Verehrung zu fühlen für Wien: als Symbol dessen, was wir zu erhalten, was wir wiederzugewinnen trachten müssen.

Berlin ist ein Vorort von New-York: nicht mehr, nicht weniger: Alles, worauf der Berliner stolz sein kann, hat New-York in zehnfachem Umfange: es ist dreimal so groß, es wächst noch rascher an, es hat zehnmal soviel Verkehr, zehnmal soviel Theater, seine Restaurants und Vergnügungsparks sind zehnmal so groß, sein Lärm ist zwanzigmal lauter, seine Entfernungen sind noch weiter.

Und was ist New-York? Eine Wüste. Ein großer Kulturkirchhof. Soll die Menschheit auf ihm endigen?!

Was unsere Kultur bedroht, ist die Überwertung des Massenhaften, des Großen, des Rein-Quantitativen. Ist die Überwertung des technischen Mittels, über dem wir schließlich die letzten und wahren Werte vergessen. Als ob der „Verkeh“ irgend einen Wert darstellte und in den Städten nicht bloß eine traurige Notdurft befriedigte. Der Verkehr, auf den der Amerikaner (Berliner) so stolz ist. Als ob die „gute Ordnung“ an sich irgend etwas Wertvolles wäre, da sie doch nur einen Sinn hat, wenn sie wertvolle Dinge ordnet und nicht, wenn sie zum Selbstzweck wird. Als ob es auf „Leistungen“ irgend welcher Art ankäme und nicht auf die Menschen, die sie vollbringen.

(478)

Was nützt mir die ganze norddeutsche (amerikanische) Kultur, wenn ich nur noch Teilmenschen, unliebenswürdige, ekelhafte Patrone um mich herum sehe.

„Wien schreitet nicht fort." Darauf soll man nicht antworten: doch. Sondern: leider – und viel zu sehr! Wenn doch erst die ganze Hohlheit dieses Götzen „Fortschritt" erkannt wäre, vor den uns der Kapitalismus in die Knie zwingt! Während wir mit aller Heftigkeit bekennen sollten: wir wollen zu deinem „Fortschritt" nicht mehr beten, der uns unsere alten Heiligen vernachlässigen läßt. Der ein Zerstörer von besten Werten ist. Weil er mit roher Hand – nur von Nützlichkeitsgedanken erfüllt – hineingreift in ein organisches Gebilde feinen Menschtums, das uns in den Jahrhunderten erwachsen ist. Auch Wien ist vom „Fortschritt" bedroht, wie Florenz, wie Rom, wie Paris. Ich sprach von Schönbrunn als einem heiligen Symbol höchster Kultur: nun soll man von dort auf die Stadt schauen, wie sich ein greuliches modernes Proletarierviertel dazwischenschiebt und alle feinen Empfindungen verletzt.

Wollen die Wiener wirklich ihren höchsten Stolz darein setzen, „berlinerisch-amerikanisch" zu werden?! Verkehr zu bekommen? Ein „Nachtleben"? „Tüchtig" zu werden? Ganz wird es ihnen ja nie gelingen. Denn der alte Kulturboden bleibt ihm erhalten. Und um ganz in „Modernität" aufzugehen, um sich ganz dafür begeistern zu können, daß in einem Restaurant 6000 Menschen speisen können, daß alle zwei Minuten ein Stadtbahnzug fährt: dafür muß man so aller Tradition, aller Kultur, aller Qualitäten bar sein, wie der – New-Yorker.

Was ist uns Wien? Uns, die wir in der Wüste der modernen technischen Kultur leben?!

Nicht nur der Sonntag, an dem wir uns von der Misere des Alltagslebens erholen. Nicht nur die Geliebte, die uns allen Reiz dieses Lebens verkörpert: Mehr: Wien ist uns – um kantisch zu sprechen – die regulative Kulturidee: an Wien und Wiener Art orientieren wir uns, wenn wir wissen wollen, was Kultur ist. An Wien erstarken wir wieder, wenn wir von Ekel über die moderne menschliche Entwicklung erfüllt werden.

Ich fürchte, ich fürchte: auch über Wien geht der verheerende Strom der modernen Afterkultur hinweg und reißt nieder, was wir lieben, zerstört, was wir wert hielten. Wie er über Florenz, über Paris, über Brüssel hinwegstürzt. Dann freilich: wenn es sich darum handelt, welche Stadt die größte Zunahme, die meiste Industrie, den regsten Verkehr hat: dann wird Wien in Rückstand kommen. Dann wird es „rückständig" sein. Aber alles, was gut und wertvoll in uns ist, soll sich aufbäumen gegen diese proletenhafte Umwertung der alten Kulturwerte. Alles, was gut und wertvoll ist in uns, soll immer wieder und laut bekennen: Kultur heißt Menschenschöpfung: heißt Schönheit und Harmonie: heißt sinnvolles, geruhsames Leben: heißt Wien.

Und wenn wir uns zu dieser reinen Einsicht geläutert haben, dann erscheint uns das, was Wien noch besitzt, nicht als rückständig, sondern als hohes, bewundernswertes Ideal, von dem wir nur wünschen können, daß wir es in ferner Zukunft noch einmal wieder verwirklichen. Wenn die Untergrundbahnen und die Straßenreinigung und die Tausend-Menschenlokale und die gute Staatsverwaltung das Ende der Kultur wären: dann wäre sie keinen Schuß Pulver wert.

Und darum sollten wir in unserem Herzen beten: Gott erhalte Wien und Wiener Art und lasse uns allezeit ihrer froh werden und uns danach streben, sie in uns zu lebendigem Leben zu er-wecken.

---

208. Karl Anton Graf Lanckoroński,
„Die Zerstörung Wiens“,
in: *Neues Wiener Tagblatt*, 16. März 1909, S. 1–2.

Seit einigen Wochen kann der harmlose Leser kein in Wien erscheinendes Morgen- oder Abendblatt in die Hand nehmen, ohne neben Mordtaten, Kriegsgefahr, Todesfällen, Epidemien und Feuersbrünsten auch von der beabsichtigten Demolierung historischer Gebäude oder alter Stadtteile Wiens zu lesen und, was fast noch schlimmer, von den herrlichen Projekten der an deren Stelle entstehen sollenden Straßen und Bauten.

Je kleiner eine Stadt ist, um so eher sind ihre historischen Häuser und Plätze gesichert. Bei den meisten großen Städten dagegen ist es beinahe zum Maßstab ihrer Prosperität geworden, ob eine bloß dem nächsten kleinlichen Vorteil dienende Bauspekulation mehr oder weniger von ihren charakteristischen Teilen vernichtet, und es zeigt sich unter den Weltstädten ein Wettstreit, der einer besseren Sache würdig wäre, alle zwischen ihnen bestehenden unterscheidenden Merkmale auszutilgen, bis Wien, Paris, Rom, ja bis zu einem gewissen Grade Venedig selbst, so funkelnagelneu, geschichtslos und langweilig aussehen werden wie New-York und Chicago. Dabei herrscht, wie überhaupt bei Unglücksfällen und wie bei der Roulette, das Gesetz der Serien. Es gibt für jede ältere Stadt, wie beispielsweise jetzt für Florenz, Zeiten des Ausruhens und Aufatmens, in denen man sich auf sich selbst besinnt, schmerzlich bereut, was die unmittelbar vorhergehende vernichtungswütende Epoche unwiederbringlich zerstört hat, und die noch vorhandenen Zeugen einer stolzen Vergangenheit in Ruhe läßt. Wien und Paris befinden sich dagegen augenblicklich in einer den Ruheepochen entgegengesetzten Zerstörungsperiode.

Jetzt soll in Wien an zehn Orten zugleich an historische Gebäude der Spaten angelegt werden und unter dem Motto neuzuschaffender Verkehrsadern sollen abermals alte Stadtteile ihre Gestalt verändern, das heißt, sie sollen aufhören, zu existieren. In Wien sind aber deshalb solche Bestrebungen noch gefährlicher als zum Beispiel in Rom oder in Paris, weil hier eher Mangel ist an berühmten, auch vom leidenschaftlichen modernen Verkehrsfanatiker als unantastbar erklärten Bauten und weil das Charakteristische der Stadt, was ihre alten Teile betrifft, vielmehr in einer Reihe köstlicher Stadtbilder zu suchen ist als in Baudenkmalen, die mit weltbekannten an andern Orten den Vergleich aushalten könnten.

Zwei Irrtümer aber sind es, welchen man hier sowohl wie anderwärts bei der Behandlung der in dieses Gebiet einschlagenden Fragen begegnet.

Erster Irrtum: Diejenigen, die sich für historisch bedeutsame Bauten, Straßen und Plätze einsetzen, werden in der Allgemeinheit gewöhnlich als für die Bedürfnisse der Gegenwart und deren künstlerische Bestrebungen unempfänglich, als „Lober der vergangenen Zeit", wie Horaz die Greise nennt, hingestellt. Nun wäre es aber eine merkwürdige Anomalie, wenn in einer Zeit, die an Verständnis und objektiver Beurteilung alles Vergangenen und historisch Gewordenen jede vorhergehende Epoche übertrifft, es nicht auch geradezu eminent modern wäre, das, was aus diesen Epochen nicht etwa in Museen oder in der Belehrung gewidmeten Räumen, sondern unter freiem Himmel, wie es ursprünglich hingestellt wurde, noch erhalten ist, zu schützen und den Nachkommen zu überliefern.

Wir würden es pietätlos gefunden haben, wenn der alte Pflock des „Stock im Eisen", statt mit einem Schutzgitter umgeben in das neue Eckhaus des nach ihm benannten Platzes ausgenommen zu werden, etwa im Museum der Stadt Wien ein in seltenen Fällen vom Widerhall der Tritte spärlicher Besucher gestörtes Dasein führen würde. Wie vieles von dem, was in den letzten Dezennien in Wien an Vernichtung alter Werte geleistet wurde und eben jetzt geleistet wird, wird nicht unsern Kindern und Enkeln, wenn die oben als modern geschilderte Empfindung einmal die Allgemeinheit durchdrungen haben wird, als noch weit pietätloser erscheinen? Geradeso wie die Ausgräber von

Olympia und Delphi und die Aufstapler beweglicher alter Kunstwerke in den Museen der alten und der neuen Welt, bringen jene, die für das eintreten, was heutzutage von alten Bauten aufrecht bleiben kann, eine der vornehmsten Bestrebungen gerade unsrer Zeit zum Ausdruck.

Und aufrecht bleiben kann unendlich viel mehr, als die Verkünder des alleinseligmachenden Evangeliums der breiten, geraden Straßen, wo der Wind ungehindert von einem Ende zum andern den Staub aufwirbelt, zugeben wollen. Der geniale, halbvergessene Klemens von Brentano hat eine „Naturgeschichte des Philisters" geschrieben, deren erster Satz lautet: „Philister können nur viereckige Sachen begreifen." Dieser Dichter war ein Seher, wie ja auch die Griechen und Römer ihre Dichter Seher genannt haben. Er hat die Häuser und Plätze der großen Städte mit Prophetenauge erblickt, die hundert Jahre nach ihm entstanden sind.

Wenn wir für den Platz Am Hof in seiner jetzigen Gestalt mit der Fassade des Kriegsministeriums, und wenn wir für den Franziskanerplatz eintreten, wie er sich heute darstellt, wollen wir nicht nur charakteristische und trauliche Stadtbilder vor dem Untergange bewahren, wir sind auch sicher, daß die Erweiterung der Bognergasse und die vorgeschlagene neue Verkehrsader über den Laurenzerberg, denen diese Stadtbilder geopfert werden sollen, überflüssig sind. Durch die City von London braust und poltert ein zwanzig- und dreißigfach so großer Verkehr wie durch Wiens belebteste Stadtteile, und es ist den Londonern noch nicht eingefallen, aus dem winkeligen Gewirr von Gassen und Gäßchen, um die Paulskirche einen amerikanisierten Stadtteil zu machen. Außerdem aber ist es ja gerade der Fehler, den man bei uns seit fünfzig Jahren begeht, daß man den Verkehr – jetzt den der elektrischen Bahnen – statt ihn an dem verhältnismäßig kleinen alten Stadtkern vorüber, immer mieser durch diesen Stadtkern leitet.

Zweiter Irrtum: Er ist mit dem früheren verwandt und deckt sich teilweise mit ihm. Unsre Erhaltungsbestrebungen werden als Liebhabereien einiger weniger und mit der Liebhaberei für alte Sessel oder alte Pulverhörner als gleichwertig oder gleichunwertig und nur noch dazu als verkehrs-, also gemeinschädlich hingestellt, jedenfalls als nutzlos und unfruchtbar. Das Gegenteil davon ist der Fall. Karikieren wir einmal die Bestrebungen der Gleichmacher und malen wir uns ein Phantasiebild à la Jules Verne aus, wo zum Beispiel die römische Peterskirche in einen riesigen Zentralbahnhof verwandelt wäre, vom Kolosseum aber die noch übrigen Mauern ganz weggebrochen und, wie, einst Teile desselben für mittelalterliche Bauten, für moderne Zinskasernen verwendet wären. Jedermann empfindet, daß damit nicht nur Güter zerstört wären, die zu den allergrößten in dem Idealbesitz der Menschheit gehören, sondern daß Rom auch materiell ins Ungeheuerliche geschädigt wäre und daß eigentlich, in Zahlen ausgedrückt, von Rom weniger übrig geblieben, als vernichtet wäre.

In gehörigem Abstand, welcher den römischen Wunderbauten gebührt, gilt dies auch von dem, was jetzt in Wien auf dem Spiele steht. Jedes abgerissene alte Haus, das in seiner Art ein Kunstwerk ist, wie das mit dem köstlichen Hof aus dem sechzehnten Jahrhundert, Fleischmarkt Nr. 17, das ohne zwingende Ursache einer Bauspekulation erst vor wenigen Monaten zum Opfer fiel, bedeutet eine Verminderung des Nationalreichtums der Stadt. Die Kunst ist nichts andres als der höchste Ausdruck der Geschichte und Kultur eines Landes, und es ist eine Ironie, wenn die Stadtvertretung zusieht, wie bodenständige köstliche Bauwerke zerstört werden, dagegen mit Entrüstung darüber diskutiert, wie verhindert werden könnte, daß ein sehr wertvolles, aber mit Wien in keinerlei Zusammenhang stehendes Bild, wie vor einigen Jahren der Schönbornsche grosse Rembrandt, aus Privatbesitz ins Ausland verkauft werde.

Außer für den Platz Am Hof und den Franziskanerplatz sollte sich die Allgemeinheit auch für das Neugebäude einsetzen, das, bisher von der Militärverwaltung dem Publikum entzogen, nun der Vernichtung anheimfallen soll. Wenn auch die Totenstadt des Zentralfriedhofes das Gebäude mit der Zeit umschließen sollte, warum dieses Denkmal der Renaissancezeit, deren es so wenige bei uns gibt, nur zerstören, um den Schuttabräumern Arbeit zu verschaffen? Ich kann mir ganz wohl denken, daß man in den Mauern des Neugebäudes Nischen anbrächte, welche Grabstätten enthalten könnten.

Unendlich viel mehr, als heute noch dasteht, hätte seit der ersten Stadterweiterung von 1858 vom alten Wien, unbeschadet seiner Entwicklung zur Weltstadt, erhalten werden können. Um so gebieterischer fordert es die Rücksicht auf die Eigenart Wiens, daß das wenige, was von dessen wahrem Charakter noch übrig ist, möglichst aufrechtbleibe. In einer Berliner Zeitschrift „Morgen“ hat vor einiger Zeit Werner Sombart Wien gerade darum begeistert gepriesen, weil es seinem Wesen nach etwas andres darstellt, als seine jüngeren Schwestern unter den großen Städten diesseits und jenseits des Ozeans. Wenn man die Verkehrsfanatiker gewähren läßt, wird von diesem eigenartigen Wesen der Stadt bald nichts mehr sichtbar bleiben.

Wer erinnerte sich nicht an Spaziergänge durch schön angelegte Parks und an die Freude, die er empfand, als er mitten unter jungen Anlagen, Teichen und Blumenparterres einer Gruppe mehrhundertjähriger Eichen ansichtig wurde, Überbleibsel des Waldes, der einst diesen Grund bedeckte. Eine ähnliche, nur auf feineren und subtileren Voraussetzungen ruhende Freude ist es, welche die Kämpfer gegen die Zerstörung alter Bauten und Straßen und Plätze den Wienern und den Gästen aus der Fremde, hoffentlich mit Erfolg, sichern wollen.

---

209. Hugo Hassinger,
Wiener Heimatschutz- und Verkehrsfragen.
Wien: Freytag & Berndt, 1912,
S. 5–6, 14–15, 29.

Man kann ruhig behaupten, daß, seit Menschen auf der Erde leben, die Siedlungsbilder keine solchen Veränderungen erfahren haben, wie sie sich in der Gegenwart in den Kulturländern vollziehen. Ununterbrochen ändern sich Grund- und Aufrisse, Umfang und Inhalt der Städte. Durch besondere Raschlebigkeit sind aber wieder die Millionenstädte ausgezeichnet. In ihrem alten Kern weichen die Wohnhäuser hohen Geschäftshäusern, die Wohndichte der Menschen nimmt ab, die „Citybildung" beginnt. In die früher locker und niedrig verbauten, gartenreichen Vorstädte dringt die hohe und dichte Verbauungsart des Großstadtkernes vor und stetig wachsen längs der Verkehrslinien die Polypenarme der Riesenstädte in die Landschaft hinaus, erfassen früher rein dörfliche Siedlungen, zersetzen ihren ursprünglichen Charakter durch städtische Zinshaus- und Villenbauten und gliedern sie lose der Großstadt an. Diese Wachstumserscheinungen bringen es mit sich, daß jeder Stadtteil in eine andere Siedlungs- und Wirtschaftszone des Stadtkörpers gerät, als diejenige war, der er bei seiner Entstehung angehörte, daß seine einzelnen Häuser nach Größe und Einrichtung nicht mehr den neuen Bedürfnissen entsprechen und entweder diesen angepaßt, d. h. umgebaut oder umgerissen und durch neue ersetzt werden.

Hinterhof in der Liechtensteinstraße 117, Alsergrund, 1904.

210. Sigmund Wilhelm, „Das alte Haus“, in: ders., *Wiener Wandelbilder, hg. v. Heinrich Glücksmann und Lola Lorme.* Wien: Rosenbaum, 1912, S. 168–169.

Das Haus Nr. 17 in der Wollzeile, in dem die Redaktion des „Fremdenblatt“ seit dem Jahre 1862 bis zum heutigen Tage, also durch 44 Jahre ihr Heim aufgeschlagen hat, zählt zu den ältesten und historischen Häuserresten nicht allein der Wollzeile, die schon im Schottenstiftsbrief von 1158 diese Bezeichnung führt, sondern der ganzen Stadt. Zwar umrankt Geschichte und Sage jedes Haus der Wollzeile (der Lokalhistoriker Josef Wimmer schrieb konsequent „Wollzeil“) mit ihrem Glorienschein. Da ist der erinnerungsreiche Zwettlhof, weiters der Ledererhof (jetzt Nr. 1), in dem die elegante Gräfin Rubitini, geborene Herzogin von Holstein, ihre berühmten Feste gab, der sagenumsponnene Schmeckendewurmhof, dann das Zehnerhaus, in dem der gefeiertste Botaniker seinerzeit, Clusius, aus Arras, durch mehrere Jahre wohnte, der Medelspergerhof, der zu Beginn des vorigen Jahrhunderts den Heniksteins gehörte. Im Linck-Haus (neu 24) befand sich um die Kongreßzeit das erste Wiener Dampfbad. Im Hause Nr. 21 der Wollzeile wohnte und starb Josef von Sonnenfels. Im Hause Nr. 36 gegenüber dem berühmten Dominikanerkeller führte Eduard von Bauernfeld in seinen alten Tagen ein beschauliches Leben. Weiter oben, gegenüber dem Dipaulischen Stiftungshaus, das dereinst die Haidenburse der Studenten beherbergte, steht heute noch mit seiner Vorahnen-Fassade fast genau so anzusehen wie im XVIII. Jahrhundert das fürstlich Paar'sche General-Erb-Postmeisterhaus (jetzt Nr. 30), das dereinst die Hauptpost von Wien gewesen ist. Daneben an der Ecke der Riemergasse das (seit einigen Jahren im krassesten Sezessionsstil umgebaute) Bürgerladenhaus. Ihnen allen macht das Siebzehnerhaus der Wollzeile den Ruhm des lokalhistorischen Interesses streitig. Denn dort, wo zuletzt der Webstuhl der Zeit durch länger als 40 Jahre sauste, stand dereinst – wahrscheinlich schon im XIII. Jahrhundert – die „alte Tafferne“ und das Haus in der oberen Bäckerstrasse 761 (neu Nr. 20), dessen Hofraum mit dem der alten Tafferne in der Wollzeile verbunden war. Von 1367 bis 1571 übte der Stadtrat das Tafferne- oder Weinhandlungsrecht aus, doch scheint die alte Tafferne schon im Jahre 1296 bestanden zu haben, wie aus dem Stadtrecht Herzog Albrecht I. hervorgeht, wonach den Herren Studenten der Schule zu St. Stephan, die in der Tafferne spielten, das Recht eingeräumt wurde, nicht mehr Geld verspielen zu können, als sie eben bei sich trugen, d. h. also, ihre

Spielschulden nicht bezahlen zu müssen. Man glaubt Dinge von heute und gestern zu vernehmen, wenn man in alten Chroniken von solchem Schutz jugendlicher Spieler liest.

---

211. Karl Marilaun, „Das andere Wien“,
in: *Reichspost, Morgenblatt*, 14. Jänner 1913, S. 1–2.

In Mappen muß man blättern, in Museen muß man gehen, um zu stiller Feier in das alte, das andere Wien einzukehren. Weit hinaus aus dem Bannkreis der alten zehn Bezirke muß sich der Suchende verirren, um mitten im Untergang des Alten, knapp vor dem Abbruch einen Rest der trauminnigen Schönheit Alt-Wiens zu erhaschen. Aber ist nicht jede solche Entdeckung schon ein Abschied? Ist nicht der ungarische, böhmische oder kroatische Demolierer mit seinem Krampen in dieser neuerungswütigen, vom Baufieber besessenen Zeit der eigentliche Herr von Wien? Er reißt die Straßen auf, deren Enge vom Schritt eines Beethoven oder vom Jauchzen einer Schubertschen Wanderkameradschaft geheiligt schien. Er demoliert, eben jetzt in der Döblinger Hofzeile, ein rührend verschlissenes, ganz grau und alt gewordenes Schlössel, und während das morsche Sparrenwerk des Daches unterm Beil splittert und die vom Schimmel und Nässe durchsetzten Ziegelwände einstürzen, hören wir im Vorübergehen, daß eine große Kaiserin hier jung gewesen, daß Maria Theresia mit Franz von Lothringen unter den Bäumen, wo heute ein Ziegelabladeplatz ist, ihre Flitterwochen verlebt hat. Nicht weit davon stehen alte Biedermeierhäuser, in denen Beethoven seine titanischen Leiden aufs Notenpapier hinstürmte, Bauernfeld starb. Mit ihren schlicht-ehrwürdigen Fronten springen sie weit in die Baulinie hinein. Wie lange, und der Demolierer muß hier seines Amtes, des Amtes einer erbarmungslosen und unseligen Gleichmacherei walten. Das Alte stürzt, es ändert sich die Zeit, und in den Ruinen spazieren wohlgefällig lächelnd die Bodenspekulanten herum.

212. Hugo von Hofmannsthal, „Aufbauen, nicht einreißen", in: *Neue Freie Presse, Morgenblatt*, 1. Jänner 1915, S. 3–4.

Es soll in dieser Neujahrsstunde nicht von dem Schweren die Rede sein, das uns umgibt, sondern von Hoffnungen und ihrer Begründung. Nie war die Schönheit Österreichs gewaltiger hervortretend als im August 1914, und nie wurde diese Schönheit von Millionen Herzen reiner und stärker aufgenommen. Dies war nicht Landschaft neben Landschaft, Tal in Tal übergehend: es war ein lebendig Ganzes: das Vaterland. Als die Eisenbahnzüge, mit Kränzen geschmückt, angefüllt mit den Hunderttausenden singender junger Menschen durch das reiche, strahlende Ungarn hin gegen die Karpaten rollten, da wurde es für die Hunderttausende Wahrheit, daß uns von Ungarn keine Grenze scheidet: was eines Reiches Grenze bedeutet, das lehrt erst der Krieg. Innerhalb der Grenzen heiligt er den Boden und was sich über ihn erhebt, und es ahnt uns, daß er es ist, der den Wohnstätten der Menschen, indem er sie von fern oder nah bedroht, ja indem er sie zerstört und wiederzuerstehen zwingt, ihre eigentliche Beseelung gibt. Die eigene Geschichte verstehen wir und erleben sie wieder, und es ist uns wie der gestrige Tag, daß die Basteien Wiens den asiatischen Ansturm abwehren mußten, wie heute der Karpatenwall ihn abwehrt. Die Basteien sind nicht mehr, und ein Gürtel von Wäldern und Wiesen umschließt nach einem Jahrhundert des Friedens die Stadt. Ja wir dürfen aus den Lehren der Geschichte die Hoffnung schöpfen, daß diese Stadt an Schönheit gekräftigt und gekräftigt im Erhalten des überkommenen Schönen in die neue Zeit hinüberwachsen werde.

Der wahre Baugeist ist der Geist eines glücklichen Krieges. Wir wissen es, denn einem solchen Geist verdanken wir alles entscheidende Schöne unseres Stadtbildes. In den Dezennien nach dem grossen Türkenkrieg ist das prächtige, eigentümliche Wien entstanden, von welchem die Älteren von uns, ja selbst die im mittleren Lebensalter Stehenden haben Stück um Stück wegbrechen sehen. Sollen wir es aussprechen, was wir uns von dem schöpferischen Geist erhoffen, der nach einem glücklich überstandenen Kriegsgewitter aufwehen wird: so ist es die besonnene und mutvolle Erhaltung des ehrwürdigen Bestehenden ebensosehr als ein edleres und würdigeres Gepräge des Neuen. Denn auch zum Erhalten des ererbten Guten gehört Mut und ein lebendiger Aufschwung der Seele; nichts erhält sich von selber, auch nicht das von den Altvordern aus Stein und steinhartem Mörtel Aufgerichtete; es muß beständig gewahrt und verteidigt werden, und das kann nicht in einem dumpfen mutlosen Sinn geschehen, sondern es bedarf der inneren Wärme geradeso wie die kühne Begründung des Neuen. Es ist nicht der Drang nach Nutzen und raschem Erwerb allein, der uns in den letzten Dezennien an Schönheit verarmt hat, sondern eine unglückliche, unsichere geistige Verfassung, eine Zerfahrenheit des öffentlichen Sinnes. Ein glückliches Lebensgefühl ist erhaltend, so wie es unternehmend ist. Wo das Neue ohne rechten Mut, ohne rechten Glauben begonnen wird, da wird das Alte mit schlaffem Sinn und treulos dahingegeben. Wen die Lebenskraft durchströmt, der fühlt sein Dorf oder seine Stadt wie ein Lebendiges, und wer stark lebt, der liebt und ehrt die Toten und ihr Werk. [...]

In Wien sind wir dann durch schlechte Zeiten gegangen, schlimm fürs Erhalten und unerfreulich fürs Aufbauen, wenn der gesamte Geist schwach und zerfahren war. Wo etwas Starkes aufsteht, dem folgt der allgemeine Sinn. So war's mit Luegers schönem Werk, der Gartengründung. Solche Unternehmungen scheinen für den Augenblick fast zu weit, zu kostspielig, sie finden Tadler, und der Entwurf, auch wenn er von dem Manne herkommt, der die größte Geltung hat, wird beschnitten und von seiner durchgreifenden Kühnheit herabgebracht. Aber was bleibt, hat doch einen großen Zug, und ein solches Werk ist für alle Zeit getan; das Kleine und Halbe aber muss immer wieder neu getan werden, dadurch wird's für die Allgemeinheit wie ein Sieb, worein sie ihr Wasser gießt. Im Neuen, wo eine große Stadt ihr Leben ausbreitet, vom offenen Land Besitz ergreift oder ihre gegeneinandergewachsenen Teile miteinander verbindet, da muss alles ins Große gehen, klare, simple Linien, die Dimensionen mächtig, aber nicht unmäßig, so wie die jeweilige Macht des Lebens gerade in dieser Stadt sie mit starkem Verkehr zu erfüllen vermag. Hiefür ist das Paris des Zweiten Kaiserreichs für immer ein Vorbild: hier ist alles grandios, zum Ziele strebend, dem Sinn einleuchtend. Das Gefühl, in einer wohlgebauten Stadt herumzugehen, erfülle den Fremden von der ersten Stunde an. In diesem Sinn aber hatten schon die Könige gebaut, und so fügt sich Epoche an Epoche dem Geist nach, und die Stadt ist einheitlich, obgleich die verschiedenen Zeiten aus ihr sprechen. Einen so eigentümlichen inneren Kern wie Wien hatte Paris nicht, ein solches historisches Hauptquartier, das zugleich die wichtigsten Kirchen, unzählige Paläste und Tausende der alten und charaktervollen Bürgerhäuser enthält, wie unsere Innere Stadt. Einen solchen Besitz durch die Zeiten durchzutragen und die Pflicht seiner Erhaltung mit den Forderungen der Zeiten übereinzubringen, erfordert freilich wiederum jene beiden „notwendigen Eigenschaften“, Gewalt und Geist, die bei einem regierenden Herrn oder einem starken Bürgermeister eher zu suchen sind als bei einer schwankenden, von den Schlagworten der Zeit dahin und dorthin getriebenen, selbstsüchtigen Allgemeinheit. Nicht eigentlich durch böses Tun wird Selbstsucht verderblich, sondern durch Nichtverstehen; und wo Ehrfurcht und Liebe gering werden, dort hat das dümmste Schlagwort mehr Gewalt als die gesunde Vernunft. Einer alten Stadt ist es angemessen, daß der lebendigste Verkehr in ihr nicht geradlinig hinflutet, sondern durch tausend krumme Adern sich drängt, die Durchhäuser und Höfe hinzunimmt, und so mit Hin und Her und Kreuz und Quer genau dasselbe Resultat gesteigerten pulsierenden Lebens erreicht, viele mit vielem in Verbindung setzt und tausend Waren an den Mann, tausend Verkäufer zu Gewinn bringt, wie's in neuen Straßenzügen sich in strahlenförmigem Zug des Verkehrs, über Kilometer hin, mit Straßenbahn und Hochbahn und Tiefbahn vollzieht. In diesem Sinne war und ist mit einem köstlichen historischen Baugebilde, wie die „Innere Stadt“ es ist, zu verfahren. Was jahrhundertelang einem ungeheuerlichen Verkehre gedient hat, kann ihm in den Grenzen, die der neuzeitliche Gesundheitsdienst zieht, noch auf Menschenalter weiterdienen im gleichen Sinne, den auszurotten man das ganze Gebilde in Grund und Boden stampfen müßte, und dient ihm um so leichter, als es heute um Zehntausende von Wohnenden erleichtert ist. Wer aber mit dem zweifelwürdigsten, hohlsten aller Schlagworte, wie „Zeit ist Geld!“ oder „Der Verkehr ist alles!“, dem eigentlichen Lebensgedanken dieses Stadtkernes zu Leibe geht, sinnlos quere Straßenzüge durch das uralte lebensvolle Häuserwerk durchtreiben will, der dient, wo nicht dem niederträchtigen Eigennutz, allenfalls dem gleich niederträchtigen Unverstand. Eine Stadt ist ein Leben; ihre Schönheit und ihre Kraft sind eins. Ihre Straßen, ihre Plätze sind Glieder eines Lebendigen, und wenn einer den Donner-Brunnen vom alten Mehlmarkt wegstemmen will und ihn irgendwo hinsetzen, in eine Sackgasse, an einen Strunk von halboffenem Platz oder mißförmigen Square, weil er dort „Ruhe hat“, so handelt ein solcher an einem wahrhaft heiligen Lebendigen so wie eine mörderische Hand, die ein Herz ausschneidet oder ein Auge herausstemmt.

Es ist vieles zerstört worden, aber vieles ist noch da, und noch ist der von den Altvordern eingeprägte Sinn des Ganzen erkenntlich, noch sind die Teile nicht so zerworfen, daß das Ganze entseelt wäre. Die Ahnung, daß das Leben einer Stadt wie jedes Leben an ein Übersinnliches gebunden ist, daß ihr Weiterlebenkönnen, ihre Kraft, eine Heimstätte zu sein und eine Hauptstadt, gebunden ist an die Erhaltung ihrer baulichen Würde, die nichts anderes ist als das sinnfällig gewordene tiefste Denken und Fühlen der Väter und Vorväter, diese Ahnung, mehr als Ahnung, diese lebendige Ehrfurcht muß zurückkehren, und ihre Träger werden keine anderen sein, als die heute im Felde stehen. Denn die Ehrfurcht wohnt bei den Mutigen wie die Liebe; Charakter versteht den Charakter; wer dem Tode ins Auge gesehen hat, der erkennt das Leben und weiß es zu ehren und zu hüten. Die Geprüften, die Mündiggewordenen werden sowohl hart und fest als zart und duldsam sein. Vor ihren Augen wird das ehrwürdige Alte aufleuchten und das anständige Neue bestehen. Der Gegensatz der Zeiten, wo er sich rein und ehrlich, ohne Heuchelei und ohne Grimasse ausspricht, wird ihnen erträglich, ja behaglich sein. Nur das Charakter- und Gesinnungslose, das Verwaschene und dabei Freche wird ihren geprüften Seelen unleidlich erscheinen. Sie werden nur ein Element der Allgemeinheit sein, aber durch ihr sittliches Gewicht das führende, ohne es selber zu ahnen. An sie, die für den Bestand des heilig Alten ihr Blut hingegeben haben, wird das Alte, wo es ehrwürdig ist, seinen übersinnlichen stummen Appell richten. Das Neue aber, wo es zwischen das Alte hinein muß, wird sich der geläuterten Baugesinnung unterwerfen, mit der die Hunderttausende zurückgekehrter Männer, ohne es selbst zu wissen, durch ihre bloße Gegenwart unter uns die Allgemeinheit erfüllen werden; und das Gefühl für Bescheidenheit und Würde, für die Unterordnung des einzelnen unter den Geist des Ganzen, für ein sinn- und charaktervolles Nebeneinander wird dem Baucharakter des neuen Wien das zurückgeben, was auch in schwächlichen Epochen, wie der ferdinandeischen Zeit, unter einer noch lebendigen Zucht, einer sich noch zusammenhaltenden Gesinnung den Bauherren und ihren Beauftragten wenigstens niemals ganz abhanden gekommen war: den baulichen Anstand.

DIE UMKÄMPFTE METROPOLE: WIEN VON DER ERSTEN ZUR ZWEITEN REPUBLIK 1918–1945

Ruth Hanisch

Zwei Musils können die Arten des Schreibens über Wien in der Zwischenkriegszeit abstecken: Robert Musil, der 1930 mit dem *Mann ohne Eigenschaften* einige der eindrücklichsten Schilderungen von Wien veröffentlichte. Und Franz Musil, der von 1925 bis 1942 Wiener Stadtbaudirektor war. Robert – Jahrgang 1880 – absolvierte die Deutsche Technische Hochschule Brünn im Fach Maschinenbau, begann sich aber zunehmend für Philosophie und Psychologie zu interessieren und gelangte schließlich zur Literatur. Franz – Jahrgang 1884 – hatte sich nach seinem Studium an der Technischen Hochschule in Wien mit dem Bau einer Wiener Untergrundbahn beschäftigt. Der Schriftsteller Musil hat die Wahrnehmung der Stadt beschrieben: „Städte lassen sich an ihrem Gang erkennen wie Menschen."[1] Der Stadtbaudirektor Musil hat sich facettenreich mit dem Wiener Verkehr auseinandergesetzt. Robert Musil emigrierte 1939 in die Schweiz, wo er 1942 starb. Franz Musil konnte seine Stellung im Stadtbauamt bis 1942 halten, wurde dann pensioniert und starb 1966 in Wien. In der vierbändigen Jubelschrift *Das Neue Wien. Städtewerk* beschreibt Franz Musil 1927 die moderne Großstadt Wien: „Das Rattern des Personen- und Lastkraftwagens bedeutet unserem Ohre eine ebensolche Selbstverständlichkeit, wie das Surren des hoch in den Lüften dahinziehenden Flugzeuges."[2] Der Verkehr, seine Geräusche und Rhythmen, beschäftigt auch Robert Musil 1930: „Autos schossen aus schmalen, tiefen Straßen in die Seichtigkeit heller Plätze. Fußgängerdunkelheit bildete wolkige Schnüre. Wo kräftigere Striche der Geschwindigkeit quer durch ihre lockere Eile fuhren, verdickten sie sich, rieselten nachher rascher und hatten nach wenigen Schwingungen wieder ihren gleichmäßigen Puls."[3] Beide Musils interessierten sich also auf ihre Art für den Verkehr und den Rhythmus der Großstadt Wien.

Die politischen Rahmenbedingungen für Architektur und Städtebau wie das Schreiben über Architektur und Städtebau in Wien waren im Zeitraum von 1918–1945 durch eine starke Fluktuation der Bedingungen geprägt. Zunächst mussten die Probleme des verlorenen Krieges und der Zusammenbruch der Monarchie bewältigt werden. Die Stadt war ausgehungert, Brennholz fehlte, Krankheiten hatten

1 Robert Musil, *Der Mann ohne Eigenschaften*. Berlin: Ernst Rowohlt, 1930, S. 10.

2 Franz Musil, „Aus der Werkstatt des Stadtbaumeisters", in: *Das Neue Wien, Städtewerk*, Bd. III, Wien: Das neue Wien, 1927, S. 4–6, hier 4.

3 Robert Musil, *Der Mann ohne Eigenschaften*, op. cit.

sich ausgebereitet. Es mangelte auch an Wohnraum, weil aus allen Teilen der Monarchie Flüchtlinge kamen, die zersprengten Einheiten der aufgelösten Habsburger Armee lagerten vor den Wiener Bahnhöfen. In den vier Jahren des Krieges war in der Stadt wenig gebaut und nichts erneuert worden. Der Wienerwald war über weite Strecken abgeholzt. Am 4. Mai 1919 gab es die erste freie und gleiche Gemeinderatswahl in Wien. Erstmals waren bei dieser alle Wiener:innen, die das 20. Lebensjahr erreicht hatten und über einen ordentlichen Wohnsitz in der Stadt verfügten, wahlberechtigt. Wenig überraschend gewann die Sozialdemokratische Arbeiterpartei (SDAP) und Jakob Reumann wurde Bürgermeister. Unter Reumann wurden wesentliche Voraussetzungen für das spektakuläre Wohnbau- und Reformprogramm geschaffen, die das „Rote Wien" prägten. Die wichtigste gesetzliche Änderung und Basis dafür war das sogenannte „Trennungsgesetz" vom 19. Dezember 1921, durch das Wien ein eigenes Bundesland wurde. So wurde das „rote" Wien von dem „schwarzen" Niederösterreich unabhängig und konnte seine eigene Steuergesetzgebung einführen. Die neueingeführten Abgaben wurden teilweise direkt zweckgebunden für das Wohnbauprogramm verwendet. Unter Jakob Reumann entstanden auch die ersten „Gemeindebauten" am Margaretengürtel.[4] Am 21. September 1923 wurde das erste Wohnbauprogramm der Gemeinde beschlossen, das bis 1928 die Errichtung von 25.000 neuen Wohnungen vorsah. Ein hochgestecktes Ziel, das spektakulärerweise vorzeitig schon 1926 erreicht wurde.

Die Kulturkämpfe zwischen den Sozialdemokraten und den Christlichsozialen bildeten eine Art von *basso continuo* auch in den Fragen von Architektur und Städtebau.[5] Gelegentlich eskalierte der Konflikt, wie etwa beim Bau des Krematoriums am Zentralfriedhof nach den Plänen des jungen Clemens Holzmeister. Die konservative Staatsregierung war aus hauptsächlich religiösen Gründen dogmatisch gegen die Einführung der Feuerbestattung. Hier prallte die fortschrittlich regierte Kommune in einer architektonisch-stadthygienischen Frage direkt auf einen konservativ regierten Staat. Wobei aber keinenfalls architektonische Stilfragen im Vordergrund der hitzigen Debatten im „Verfassungsstreit um das Krematorium"[6], wie die *Neue Freie Presse* nach der Eröffnung durch Bürgermeister Reumann am 18. Dezember 1922 titelte, standen, sondern Fragen der Funktion und der Ideologie.

4 Eve Blau, *The Architecture of Red Vienna*. Cambridge MA: MIT Press, 1999; dt.: *Rotes Wien. Architektur 1919–1934. Stadt – Raum – Politik*. Wien: Ambra 2014. *Das Rote Wien 1919 – 1934. Ideen, Debatten, Praxis*, Ausst. Kat. Wien Museum, hg. von Werner Michael Schwarz, Georg Spitaler, Elke Wikidal. Basel: Birkhäuser, 2019; Harald R. Stühlinger (Hg.), *Rotes Wien publiziert. Architektur in Medien und Kampagnen*. Wien: Mandelbaum, 2020; *Das Rote Wien. Schlüsseltexte der Zweiten Wiener Moderne 1919–1934*. Oldenburg: De Gruyter, 2020.

5 *Kampf um die Stadt. Politik, Kunst und Alltag um 1930*. Ausst. Kat. Wien Museum, hg. von Wolfgang Kos, Wien 2009.

6 o. A., „Der Verfassungsstreit um das Krematorium. Die gestrige Eröffnungsfeier", in: *Neue Freie Presse*, 18. Dezember 1922, S. 4–5.

Auf den aus gesundheitlichen Gründen zurückgetretenen Reumann folgte 1923 der langgediente Parlamentarier der Sozialdemokraten Karl Seitz. Dieser konnte bis zu seiner Verhaftung im Rathaus im Februar 1934 das Reformprogramm des Roten Wien über ein Jahrzehnt prägen und damit ein Gegengewicht zu den im Stadtraum immer noch präsenten großen Infrastrukturbauten des Christlichsozialen Karl Lueger etablieren. Eine zentrale Figur für die Errichtung der Gemeindebauten war Franz Siegel, der von 1920 bis 1927 Amtsführender Stadtrat für Technische Angelegenheiten war. Siegel war als gelernter Ziegelleger durch die Gewerkschaftsbewegung in die Politik gekommen, sein Verdienst war es, neben den beamteten auch viele freie Architekten mit Bauten der Gemeinde beauftragt zu haben, was zu der auffallenden architektonischen Vielfalt des Roten Wien beitrug. Die Gemeindebauten bildeten das dominierende Element im Stadtraum, das das breit angelegte Reformprogramm des Roten Wien für alle deutlich sichtbar vertrat. Die Februarkämpfe 1934 zwischen den christlichsozialen Heimwehren und den sozialdemokratischen Schutzbünden, die auch in den großen Wohnbauanlagen der Gemeinde stattfanden, zeigten, wie sehr die sogenannten „Roten Festungen" stellvertretend für die gesamte Politik der Sozialdemokratie als Bedrohung der konservativ autoritären Ordnung wahrgenommen wurden.

Auf Seitz folgte – vom neuen Kanzler Engelbert Dollfuß ohne Wahlen eingesetzt – Richard Schmitz von den Christlichsozialen als neuer Bürgermeister. Er war kulturkonservativ durch und durch, Mitglied des Cartellverbands und Herausgeber des Herold-Verlags. Das große Problem der nun „schwarzen" Stadtregierung war, an das überragende Bauprogramm des Roten Wien anzuschließen, ohne es weiterzuführen. Es kam zu großmaßstäblichen Assanierungsmaßnahmen von Wohnbauten in innerstädtischen Bereichen und Siedlungen am Stadtrand, aber in Summe war die Bautätigkeit in den Jahren 1934–38 nicht einmal mit der ersten Phase des Wohnbauprogramms des Roten Wien vergleichbar.[7] Einen adäquaten Ausdruck seiner Ideologie fand das autoritäre Regime im Straßenbau. So wurde die Anlage der Wiener Höhenstraße das repräsentative Bauprojekt der Kommune. Hier konnte sich technischer Fortschritt mit der großstadtfeindlichen, vermeintlich landschaftsverbundenen, an die mehrheitlich agrarisch geprägten Bundesländer gerichteten Ideologie der Vaterländischen Front verbinden. Nach dem „Anschluss" Österreichs wurde Schmitz verhaftet und Hermann Neubacher übernahm das Amt bis 1940. Er war als Gründungsmitglied des Österreichisch-Deutschen Volksbundes seit 1925 aktiv an der Vorbereitung des Anschlusses Österreichs an Deutschland beteiligt gewesen. Als Generaldirektor der 1921 gegründeten GESIBA (Gemeinnützige

7 Andreas Sutter, *Das schwarze Wien. Bautätigkeit im Ständestaat 1924–1938*. Wien-Köln-Weimar: Böhlau, 2017.

Siedlungs- und Baustoffanstalt) war er in den Bau von Siedlungen – unter anderem der Werkbundsiedlung in Lainz – involviert.

Nicht immer verläuft die Geschichte der Administration synchron mit der Wiener Stadtpolitik: Die Wiener Baudirektion, die seit 1920 Teil der Wiener Stadt- und Landesregierung war, verantwortete die Bautätigkeit in der Stadt. Von 1920 bis 1925 war Max Fiebiger Stadtbaudirektor, der unter anderem für die Beseitigung der Kriegsschäden verantwortlich war, aber auch etwa für die Elektrifizierung der Straßenbeleuchtung. 1925 wurde er von Franz Musil abgelöst, der bis 1942 im Amt blieb. Musil war eine zentrale Figur bei der administrativen Umsetzung der Wiener Gemeindebauten, der über den Putsch von 1934 hinaus auch die Stadtplanung des „Ständestaates" mitgeprägt hat. Politischen Wechseln an der Spitze des Rathauses entgegenlaufend, blieb die obere Verwaltungsebene oftmals kontinuierlich im Amt, im Fall von Musil eben auch noch über den „Anschluss" hinaus.

War die politische Situation in Wien durch die Dominanz der Sozialdemokratischen Arbeiterpartei über mehr als ein Jahrzehnt relativ lange stabil, war die wirtschaftliche Lage in der Stadt durch starke Schwankungen geprägt. Die Republik Österreich litt unter den Folgen des verlorenen Krieges, bereits 1922 mussten mit den sogenannten „Genfer Protokollen" Kredite vom Völkerbund aufgenommen werden, um die rasende Inflation zu kontrollieren. Dadurch kam es zu einer kurzfristigen Stabilisierung der wirtschaftlichen Lage in den Jahren um 1925, die sich auch direkt in der Bauproduktion niederschlug. Aber bereits 1929 kam es durch den internationalen Börsenkrach zur nächsten Finanzkatastrophe, 1931 folgte der Zusammenbruch der Creditanstalt, der zu erneuten Krediten des Völkerbundes führte. Mit den Krediten des Völkerbundes waren strenge Auflagen verbunden, unter denen das sogenannte „Anschlußverbot" die bekannteste war. Die Republik und auch die Stadt waren also wirtschaftlich und politisch nur eingeschränkt handlungsfähig: 1933 war die Arbeitslosigkeit auf einem traurigen Höhepunkt, circa ein Drittel der Wiener war ohne festes Einkommen. Die anhaltende wirtschaftliche Schieflage hatte neben den verheerenden sozialen Folgen Auswirkungen auf die städtische Bau- und Planungstätigkeit in der Stadt, wie auch auf die private Bautätigkeit, die sich in der Zwischenkriegszeit im Vergleich zum Vorkriegsbauboom drastisch reduzierte. So sank 1928 die Zahl der Wiener Bauarbeiter von 16.153 (davon 2.554 weiblich) alleine von Anfang des Jahres 1928 auf 13.155 (davon 1.767 weiblich) am Ende.[8]

Vor diesem politisch-ökonomischen Hintergrund fand also die Bau- und Planungstätigkeit in der Hauptstadt der Republik Österreich, des Bundestaates Österreich, der Ostmark und dann wieder der Republik

8 Statistisches Jahrbuch der Gemeinde Wien, hg. von der Magistratsabteilung für Statistik, Neue Folge. 1. Jahrgang, 1929, S. 85.

Österreich statt.[9] Und die hier gesammelten Texte sehr unterschiedlicher Provenienz spiegeln das auf verschiedene Weise wider. Ein gängiges Narrativ der Zeit war, dass Wien in den 1920er Jahren seinen Rang als europäisches Kulturzentrum an Berlin abgetreten habe. Wien habe außerdem ein besonders intensives Verhältnis zu seiner eigenen baulichen Vergangenheit und Kultur und ein schwieriges zu seiner Gegenwart. Unterstützt wurde diese Sehnsucht nach „Alt-Wien" nach dem Ersten Weltkrieg durch den massiven Verlust an Hinterland, den die Stadt mit dem Zusammenbruch der Monarchie erfuhr; der damit einhergehende Verlust an Status legte eine sentimentale Rückbesinnung nahe. Keiner verkörperte das wie Joseph Roth: Seine Beschreibungen der abblätternden Fassaden der unmittelbaren Nachkriegszeit transportieren nicht nur das materielle Faktum des Verfalls, sondern darüber hinaus die gesamte Stimmung in der Stadt. Das ist aber natürlich nur ein Teil der Geschichte: Die Themen der metropolitanen Moderne wie Schnelligkeit, soziales Elend, Frauenrechte, Hygiene, Massenkonsum, Film, Jazz, Industrie etc. sind auch in der Wiener Literatur präsent.[10] Ebenso verhält es sich mit der gebauten Umwelt: Auch Wien wird industrialisiert, elektrizifziert, der zuehmende Verkehr wird reguliert und die Stadt für die Bedürfnisse einer modernen Massengesellschaft mit Sportbauten, Badeanstalten, Rundfunkanstalten, Bars, Filmstudios und vielem mehr ausgestattet. Dieser Modernisierungsprozess wird wiederum intensiv von Presse und Literatur begleitet[11]: Neben den Traditionsblättern wie z. B. der *Neuen Freien Presse* und dem *Wiener Tagblatt* nimmt die *Arbeiter-Zeitung* eine immer wichtigere Rolle ein, sie begleitet auch das Bauprogramm der Gemeinde Wien intensiv. Ein starkes Interesse an allen Fragen des modernen *Life Style* entwickelten auch illustrierte Blätter wie die 1924 gegründete *Die Bühne* mit dem programmatischen Untertitel *Zeitung für Theater, Literatur, Film, Mode, Kunst, Gesellschaft und Sport*. Neben Arthur Schnitzler, Robert Musil und Hugo von Hofmannsthal macht eine neue Generation von Autoren und – immer prominenter – Autorinnen Wien auch in der Zwischenkriegszeit zu einem wichtigen Zentrum deutschsprachiger Literatur: Else Feldmann, Veza Canetti, Gina Kaus, Annemarie Selinko ebenso wie Jura Soyfer, Soma Morgenstern und viele andere mehr. Auch die Architekturpublizistik macht einen

9 Zur allgemeinen Entwicklung der Wiener Stadtplanung der Zwischenkriegszeit siehe: *Amt Macht Stadt. Erich Leischner und das Wiener Stadtbauamt*, Ausst. Kat. Architekturzentrum Wien, Salzburg: Anton Pustet, 1999; Wojciech Czaja (Hg.), *100 × 18: Wiener Stadtentwicklung gestern heute morgen: Ein Jahrhundertgeschenk*. Wien: Stadt Wien, 2020. https://www.digital.wienbibliothek.at/wbrobv/content/pageview/1957381

10 Martin Erian, Primus-Heinz Kucher (Hg.), *Exploration urbaner Räume – Wien 1918–38. (Alltags) kulturelle, künstlerische und literarische Vermessungen der Stadt in der Zwischenkriegszeit*. Göttingen: V&R unipress, 2019.

11 Evelyne Polt-Heinzel, *Österreichische Literatur zwischen den Kriegen. Plädoyer für eine Kanonrevision*. Wien: Sonderzahl, 2012.

Modernisierungsschub, neue Organe wie etwa *Österreichs Bau- und Werkkunst* (ab 1924) oder *Profil* (1933) entstanden.

An bestimmten Orten und zu bestimmten Zeiten kondensieren die politischen, architektonischen und literarischen Interessen, etwa in den frühen 1930er Jahren am Hochhaus in der Herrengasse. Schon lange gab es Diskussionen über den Hochhausbau in Wien, wobei die konservative Regierung die Konstruktion als Zeichen gegen die Wohnbauprojekte der Stadt gezielt gefördert hat.[12] Dieses „Fanal moderner Urbanität", wie Evelyne Polt-Heinzel es beschreibt, wurde schnell nicht nur Wohnort zahlreicher Künstler:innen, sondern auch selbst zum Gegenstand der Literatur.[13] So wohnte etwa in Annemarie Selinkos Roman *Morgen ist alles besser* von 1938 die Protagonistin in einer Einzimmerwohnung im 8. Stock des Hochhauses: „Jetzt wohnt die Toni Huber also im Himmel."[14] Der einen Himmel war des anderen statische Berechnung: „Die Windkräfte sind durch passend eingebaute, räumlich ausgesteifte Verbände, Rahmenwerke oder ausgesteifte Wände aufzunehmen",[15] schreibt der Architekt des Hochhauses Hans Jaksch 1933 über seine Konstruktion.

Das Hochhausidyll in der Herrengasse währte nur kurz, ab 1938 mussten nicht wenige Bewohner:innen Wien verlassen, wie insgesamt 140.000 jüdische Wiener:innen. Wien wurde zur „Perle des Reiches" erklärt, es wurde von der Hauptstadt eines kleinen Landes zum „Tor zum Südosten" des Deutschen Reiches und die Anbindung an die Donau mit dem Ausbau des Hafens zum strategischen Projekt der Expansion. Der geplante Abriss weiter Teile des 2. Bezirks – des „freiwilligen Ghettos" Joseph Roths – war ein willkommener Nebeneffekt dieser Bemühungen.[16] Die Gründung von „Groß-Wien" mit seinen 26 Bezirken wollte in gewisser Hinsicht vollenden, was am Ende des 19. Jahrhunderts mit dem Wettbewerb zum Generalregulierungsplan begonnen worden war. Der Kriegsverlauf setzte diesen Expansionsgelüsten ein Ende. Vom 12. April 1944 bis 28. März 1945 wurde Wien zum Ziel von alliierten Luftangriffen, insgesamt wurden circa 21 Prozent der Häuser Wiens zerstört beziehungsweise beschädigt, darunter wesentliche öffentliche Bauwerke wie Stephansdom, Oper und Burgtheater und die Secession. Mit Kriegsende war die Bevölkerung auf 1.616.125 gesunken, die Stadt in vier Besatzungszonen geteilt. Das reiche jüdische Leben war vernichtet und die

12 Iris Meder, Judith Eiblmayr, *Hoch Haus. Das Hochhaus Herrengasse und seine berühmten Bewohner*. Wien: Metroverlag, 2009.

13 Evelyne Polt-Heinzel, „Hochhaus als Fanal moderner Urbanität"; https://litkult1920er.aau.at/themenfelder/hochhaus-als-fanal-moderner-urbanitaet/; abgerufen am 2. Februar 2024.

14 Annemarie Selinko, *Morgen ist alles besser*. Wien-Prag-Leipzig: Zeitbild Verlag, 1938, S. 14

15 Hans Jaksch, „Die Stahlgerippe-Bauweise", in: *Profil. Österreichische Monatsschrift für bildende Kunst*, Heft 5, 1933, S. 163–168, hier 164.

16 Ingrid Holzschuh, Monika Platzer, *„Wien. Die Perle des Reiches". Planen für Hitler*, Ausst. Kat. Architekturzentrum Wien. Zürich: Architekturzentrum Wien und Park Books, 2015.

sozialdemokratische Kultur der Zwischenkriegszeit zerstört. Am 27. April 1945 beschloss die Provisorische Staatsregierung unter Karl Renner ihre erste Regierungserklärung, damit war das Startsignal zur Gründung der Zweiten Republik gegeben. Im Gegensatz zu anderen Ländern etwa der Bundesrepublik Deutschland verlief der Wiederaufbau ohne große architekturpolitische und städtebauliche Grundsatzdebatten. Viele Architekt:innen und Planer:innen, Schriftsteller:innen und Journalist:innen waren ermordet oder vertrieben worden, ihre Rückholung wurde in vielen Fällen – wie etwa Josef Franks – nur zögerlich oder gar nicht betrieben. Die personelle Konstanz war auch in der Stadtplanung und Architektur ein Hindernis für eine grundlegende Neuorientierung. Durch die geopolitischen Konflikte des Kalten Krieges rückte Wien in den folgenden Jahrzehnten an die europäische Peripherie.

Kapitel 20: Wien als Hauptstadt der Ersten Republik

Wien hatte unter den Folgen des Ersten Weltkriegs gelitten, obwohl die Stadt nie ein direkter Kriegsschauplatz war. Trotzdem waren die Folgen des Kriegs omnipräsent, vor allem die Versorgung mit Lebensmitteln und Feuerholz ist noch lange nach Kriegsende ungenügend. Nach Kriegsende und Ausrufung der Republik Deutschösterreich am 12. Oktober 1918 war so gut wie alles anders für die Hauptstadt eines zigfach geschrumpften Hinterlandes. Der „Wasserkopf Wien" war entstanden. Die jahrhundertalte Aufgabe der Stadt als politisches und geistiges Zentrum der Habsburger Monarchie war dahin, eine neue Rolle als Hauptstadt einer jungen Republik musste erst noch gefunden werden. Neue Institutionen waren zu behausen und vorhandene staatliche Einrichtungen wie das Parlament bekamen eine neue, wichtigere Rolle als Sitz einer Macht, die seit dem 16. Februar 1919 mit der Wahl der konstituierenden Nationalversammlung vom Volke ausging. Andererseits mussten neue Funktionen für alte Strukturen gefunden werden, die durch die Abdankung Kaiser Karls frei geworden waren. Orte wie die Hofburg und Schönbrunn konnten neu erobert und „republikanisch" umgedeutet werden. Joseph Roth sah im Verfall der Häuser der Inneren Stadt durch die jahrelange Vernachlässigung 1919 den Ausdruck einer „Proletarisierung der Häuser" und setzt so das Bauliche und das Gesellschaftliche parallel, allerdings für beides ohne großen Optimismus. Man sorgte sich – wie es die wortgewaltige Eugenie Schwarzwald ausdrückt – auch um Wien als geistige Weltstadt im internationalen Vergleich. Das seit 1919 sozialdemokratisch regierte, international ausgerichtete Wien war aber auch ein Fremdkörper in einem seit 1920 christlichsozial dominierten katholischen Bauernstaat, ohne starke Industrie und mit mangelnder Infrastruktur.

213. o. A., „Bilder von der Straße“, in: *Arbeiter-Zeitung, Morgenblatt*, 5. November 1918, S. 6.

Während in der amtlichen „Wiener Zeitung“ ruhig, als ob sich gar nichts verändert hätte, der alte k. u. k. Staatshämorrhoidarius[1] weiter seine Ukase[2] schmiert, merkt man nun allmählich auch an dem äußeren Straßenbild, daß die Stürme des Weltkrieges das alte Österreich zertrümmert haben. Ein Gang an einem der nebelfeuchten Vormittage durch die Stadt belehrt uns, wie sich auch die Physiognomie der Stadt allmählich verändert. In aller Früh plagten sich am Montag zwei Arbeiter mit einem großen, schweren Doppeladler, der an der Gassenseite eines Hauses einer „k. k. Hoftischlerei“ in der Rechten Wienzeile angebracht war. Er paßt nicht mehr in diese Zeit und wird nun vorsichtig abgenommen. Wandert man weiter der Innern Stadt zu, so zeigt sich die Veränderung schon auffälliger. In der Kärntnerstraße sieht man zunächst das große Firmenschild an dem Gebäude des Hotels Erzherzog Karl fein säuberlich überstrichen: es gibt kein Restaurant Erzherzog Karl mehr, sondern nur ein Restaurant Schindler. Auf der anderen Straßenseite hat ein „k. u. k. Hofschuhmacher“ die beiden ersten Buchstaben mit Papier sorgsam verklebt und sich auf diese Art bescheiden in einen gewöhnlichen Schuhmacher verwandelt. Ein großes und bekanntes Juwelengeschäft am Graben hat den Titel „k. u. k. Hoflieferant“ abgelegt, indem es die Bezeichnung mit Papier überklebt hat. Diese Wahrnehmung kann man übrigens bei den meisten „k. u. k. Hoflieferanten“ machen, die sich auf diese Weise so dem neu angebrochenen demokratischen Zeitalter sehr rasch angepaßt haben. Ein großes Backhaus, das an der Hausfront gegen den Michaelerplatz zu ein großes Staatswappen der Doppelmonarchie angebracht hatte, läßt nun dieses vorsichtig unter einer Stoffumhüllung verbergen. Ein riesengroßer Doppeladler an dem Hause eines „k. u. k. Hofmöbelfabrikanten“ in der Mariahilferstraße verbirgt sich scheu unter einer großen Kapuze aus Leinwand ...

Daß auch der Geschäftssinn die neue Zeit sehr rasch begriffen hat, davon zeugen auch die Auslagen der Geschäfte für Militäruniformen. Schmucke Offizierskappen mit den neuen Rosetten sieht man jetzt überall, und zwar keineswegs billig, denn es

---

1 Der Staatshämorrhoidarius war die Titelfigur einer satirischen Bildergeschichte.

2 Ukas – Regierungserlass.

kostet das Stück 80 Kronen. Konjunktur ... Auch die Furcht, die noch immer viele Ringkaffeehäuser veranlaßt, am Abend ihre Lokale geschlossen zu halten, hat bei dem Besitzer eines großen Schuhwarenhauses in der Mariahilferstraße dazu geführt, daß er die großen Spiegelscheiben seiner Auslagen mit einem Brettervorschlag umgeben ließ. Am auffälligsten wirkt das äußere Bild bei den Tabaktrafiken, von denen die meisten bereits die Bezeichnung „k. k." entfernt haben und sich als gewöhnliche Tabaktrafiken und Tabakverschleiße präsentieren. Still in beschaulicher Ruhe liegt auch der große Vorhof der alten Burg, vor deren Toren ein Wiener Sicherheitswachmann Wache hält. In den Straßen fließt der Strom des Lebens weiter, aber man merkt es an den Einzelheiten seiner Veränderungen, daß in der Weltgeschichte etwas vorgegangen ist. Nur eine ernste Frage taucht noch auf: Was geschieht jetzt mit den vielen „kaiserlichen Räten"?

---

214. Joseph Roth, „Proletarisierung der Häuser", in: *Der Neue Tag*, 8. November 1919, S. 3.

Ich kenne eine alte kleine Gasse in der Inneren Stadt. Sie ist nicht sonderlich rein. In der Ecke lagert sogar ein Misthaufen. Die Häuser sind alt, solide und bescheiden, zweistöckig, aber nicht hochmütig, wie Menschen aus guter bürgerlicher Familie. Nur *ein* Haus ist just in der Mitte, das stolzer, adeliger als die anderen aus der schnurgeraden Häuserlinie etwas bauchig hervortritt, als ziemte ihm nicht, ganz in derselben Reihe mit den anderen zu stehen. Es ist irgendein Amtsgebäude mit Sockeln und Sockelchen, pausbackigen Engeln unter dem Dachfirst und einem mächtigen, doppelflügeligen braunen Haustor, das weit offensteht, um seinen Portier, einen Menschen aus Bauch, Goldtressen und blondem Schnurrbart, zu zeigen. Dieses Haus präsentiert nicht aufdringlich, sondern vornehm zurückhaltend eine Visitenkarte aus Marmor mit schwarzen Buchstaben, die besagen, daß das Haus aus dem Jahre 1700 stammt. Wenn es dunkelt, rücken die anderen Häuser alle ein bißchen zusammen; nur das eine stolze, schöne Haus bleibt weiß, stark und leuchtend allein. Es fürchtet sich nicht vor dem Abend. Es zündet seine mächtige alte Laterne vor dem Eingang an und wird nur noch stolzer und stärker. Seine Kanten werfen schwere Schatten, und ich ermesse daran, wie dick seinen Mauern sind. Die Fenster sind tief eingebaut, zwei Menschen können gemütlich in jeder Fensternische sitzen. Der Schatten eines Pausback-Engels zeichnet sich am Dachfirst ab, und ich sehe, wie groß er ist. Auf dem Gesicht dieses Engels könnte man ein Gartenbeet aufschütten. Vierzehn Tage lang muß ein Mann an einem solchen Engel gearbeitet haben.

Ich liebe dieses Haus um seiner Schönheit willen und die Gasse dieses Hauses wegen, und ich wäre unendlich traurig, wenn eines Tages an einen Umbau gegangen würde und die Schädelplatte eines Engels zertrümmert am Boden läge.

Diese jungen Häuser sind alle Schwindelbauten. Der Herr Baumeister hat in drei Tagen seinen Plan fertig, und vierhundert Arbeiter sind mit der Errichtung des neuen Hauses beschäftigt. In vierzehn Tagen kann man einziehen. Ein halbwegs ehrgeiziger Windstoß könnte dieses Gebilde aus zentimeterdünnen Wänden umblasen wie ein Kartenhaus. Es ist aus Papiermaché. Ein paar armselige Blumenornamente unter dem First, auf denen nicht mal ein Spatz ordentlich stehen kann, sollen eine Physiognomie vortäuschen. In Wirklichkeit haben diese Häuser alle dasselbe Gesicht. Keine Physiognomien, nur Nummern. Die Namen der Straßen sind ohne innere Berechtigung, man könnte sie miteinander verwechseln, wenn nicht verschiedene Straßenbahnwagen durchfahren würden. Kein Haus tritt vor, keines zurück, sondern alle stehen schnurgerade ausgerichtet in einer Reihe. Es ist der Militarismus der Häuser. Jahre-, jahrzehngelang wohnen wir in diesen Phantomen von Häusern. Sie sind keine Wohnhäuser, nur Schutzhütten vor den Stürmen des Tages, in denen wir nächtigen, essen und trinken, aber nicht wohnen.

„Wohnen", „Häuser", „Wände", „Stuben" sind neue Begriffe geworden. Der Arme wohnt in einem Zimmer, der Wohlhabende in fünf, der Reiche in zehn. Aber alle Zimmer sind aus Papiermarché. Dennoch konnte man Kleinigkeiten, Zierrate anbringen, Teppiche, Bilder, wenn man Geld hatte. Bis die allgemeine Militarisierung und Mechanisierung des Lebens den Krieg brachte.

Als ich aus dem Felde heimkehrte, bemerkte ich schon im Hausflur eine peinliche Änderung. Die zwei Stangen aus Messing entlang der Stiege waren durch hölzerne, wurmstichige Stöcke ersetzt. Ich weiß nicht, hatte man jene „abgeliefert" oder gestohlen, sie waren nicht da. Die Proletarisierung der Häuser hatte begonnen.

Alle, alle Häuser sind schäbig geworden. Sie tragen gewendete Anzüge und zerbeulte, vom Wetter hergenommene Hüte. Ihre Schornsteine sind rissig, gelb und grau, der Rauch dringt aus den Ritzen und Spalten. Die Fensterscheiben sind mit braunen Papierstreifen beklebt und aus billigem grünlichem Glas mit häßlichen Blasen und Warzen. Hier und dort wird die Türe eines Hauses neu angestrichen. Das täuscht nicht über die Armut

Haus „Zum blauen Karpfen“, Annagasse 14, Aufnahme von Franz Holluber, 1919.

hinweg. Die Häuser lassen sich nur ihre alten Anzüge sozusagen chemisch putzen.

An den armgewordenen Häusern werden Wohnungskommissionen Pfändungen vornehmen. Und die reichen, alten und stolzen Häuser werden mit Gewalt arm gemacht. Auch mein Haus in der stillen, alten Gasse. Eines Tages werde ich hinkommen, und das Tor wird zu sein, und ein Volkswehrmann wird davorstehen. Dem Portier aus Bauch, Goldtressen und Schnurrbart wird man mit den Kunstschätzen nach dem Ausland verkauft haben. Hinter eisernen Gittern mit blaßgoldenen Spitzen werden Windeln hängen und Nachtgeschirre trocknen. Das Gegenteil von dem geschieht, was die Gegenwart erstrebt: Keine Proletarierbehausung wird würdige Wohnstätte, sondern umgekehrt – alle, alle Häuser sind proletarisiert.

---

215. Josephus [= Joseph Roth], „Der neue Hofpark", in: *Der Neue Tag*, 12. Oktober 1919, S. 5.

Zwischen dem Staatsamt für Äußeres und der Rückfront des Modena-Palais, in dem der Staatskanzler residiert, gegenüber dem seitlichen Burgeingang in der Schauflergasse befindet sich eine weite Rasenfläche. Lange Zeit war sie unbenützt. Die monarchische Regierurg nahm selbstverständlich keine Rücksicht auf die nachrevolutionäre Wohnungsnot. Man hielt den Rasen für einen dringenden Staatsakt und ließ infolgedessen – Gras darüber wachsen. Freilich, es gab der Hofparks genug. Hätte man etwa noch einen schaffen sollen?

Aber die Republik braucht einen neuen Hofpark. Schönbrunn gehört den Invaliden. Und die neue Dynastie war sozusagen heimatlos. Freilich, ein Bureau hatte der Staatskanzler noch. Aber konnte man etwa in einem Bureau, wie in einem Schönbrunnerpark als alter Herr sorgenschwer sitzen? Nicht nur das alte Lied verlangte nach einer sinngemäßen Textänderung. Auch die Autorität forderte ihren Rahmen. Eine Majestät ohne Park aber ist ein Unsinn. Ein Staatskanzler, der in einem Bureau arbeitet – wodurch unterscheidet er sich von einem simplen Diener des Staates? Aber ein Staatskanzler in einem Park – den nenn' ich einen Staatskanzler.

Dr. Renner, der, wie eine Version besagt, aus St. Germain eine unüberwindliche Vorliebe für Eisengitter mitgebracht hat, ließ also einen großen Teil der Rasenfläche einzäunen. Das soll

160 000 Kronen gekostet haben, aber das ist nicht viel, denn es ist sozusagen der Wiederaufbau Deutschösterreichs, der mit der Durchschneidung des Rasens vor der Staatskanzlei einen verheißenden Anfang genommen hat und sich in Gestalt eines Eisengitters auf gemauerter Grundlage präsentiert. Innerhalb des Rasens soll ein schmucker Pavillon erbaut werden, in dem Dr. Renner fern vom Lärm des Tages arbeiten wird. „Der Staatskanzler als Einsiedler" dürfte dann ein Feuilleton der „Arbeiter-Zeitung" heißen. Ob die künftige Politik ihre Weltfremdheit etwa dem Milieu ihres Geburtsortes zu verdanken haben wird, oder nur ihrer Abstammung, wird allerdings schwer festzustellen sein. Ein passender republikanischer Leitspruch als Torinschrift über dem Parkeingang ist noch nicht gefunden: Ich schlage vor: *Odi profanum vulgus.*[1] Ein weiser Spruch, der etwaige unbesonnene Demonstranten von der Abfassung untertäniger Dank- und Ergebenheitsadressen an den Staatskanzler sicherlich abhalten dürfte. Im Sommer wird sich der Staatskanzler der nützlichen Beschäftigung hingeben können, Kohl zu bauen, wenn er etwa an dessen Hervorbringung durch Reden noch nicht genug haben dürfte. Der Umstand, daß gegenwärtig das alte Gras innerhalb des Eisengitters abgemäht wird, läßt darauf schließen, daß die Autorität des Staatskanzlers den Wunsch geäußert habe, im Frühjahr wenigstens das neue wachsen zu hören.

---

1 Horaz: „Ich hasse die gewöhnliche Menge".

Illustration zu: Joseph Roth „Der neue Hofpark", in: *Der Neue Tag*, 12. Oktober 1919.

216. Umfrage „Wie denken Sie über die Zukunft Wiens“, IV. Teil, Eugenie Schwarzwald, in: *Wiener Fremden-Presse*, 16. Jänner 1922, S. 4–5.

Die nächste Zukunft Wiens liegt für mich völlig im Dunkeln. Ich weiß noch nicht, wie wir Wien durch diesen Winter durchbringen sollen, insbesondere Kranke und Greise vor dem Tod bewahren, den ihnen Hunger und Kälte androhen.

Um die fernere Zukunft Wiens ist mir dagegen nicht bange. Ich bin fest davon überzeugt, daß die geographische Lage, der alte Kulturbesitz, die gute Meinung der Welt der Stadt zu neuer Geltung, ja vielleicht sogar zu neuem Glanze helfen werden. Augenblicklich ist der Wiener in der Lage eines Mannes, der Industrien, Kohlengruben und Landgüter besaß, die ihm genommen wurden und dem nichts anderes übrig gelassen wurde, als ein für seine Verhältnisse zu prächtiges Landhaus mit einer wunderschönen Aussicht. Was man ihm aber nicht nehmen konnte, war sein Talent, seine Arbeitslust, seine ungewöhnliche Geschicklichkeit. Wenn er erst den ersten Schrecken seines ungeheuren Sturzes verwunden haben wird, dann wird er sich auf alle seine reichen inneren Hilfsquellen besinnen.

Welche Zukunft ich mir für Wien wünsche? Ich wünschte, Wien würde die große Kunststadt für die ganze Welt, wo man neben der Albertina das beste Theater zu sehen bekommt, die herrlichste Musik hören kann, die schönsten Gegenstände zu kaufen bekommt, die Stadt, wohin man kommt, um Geschmack zu lernen; die Schulstadt für den ganzen Südosten, in der man Deutsch lernt, vorzüglichen Zeichenunterricht genießt, die beste medizinische Fakultät hat, den neuartigsten und fortgeschrittensten Musikunterricht. Ich möchte, daß die ganze Welt zu uns kommt, wenn sie hohe, reine Freuden genießen will, wenn sie sich bilden, erheben, seelisch bereichern will.

Was ich nicht möchte: daß Wien die Vergnügungsstadt aller minderen Elemente der Welt wird, daß wir die Lakaien fremder Völker werden. Daß wir einen neuen Tanz um das goldene Kalb tanzen, daß wir Spiel- und Lastergelegenheiten bieten, daß man bei uns ungestraft einen schädlichen Luxus treiben darf, daß man bei uns schäbige Geschäfte macht, daß man uns verdirbt.

Wiens Schicksal hat noch nie so in seiner Hand gelegen, wie gegenwärtig. Es steht am Scheidewege. Wollen wir hoffen, daß es den Weg wählt, der nach aufwärts führt aus der Trübsal und Schmach der gegenwärtigen Zeit.

217. o. A., „Die Fassade“, in: *Die Unzufriedene*, 6. Oktober 1923, S. 4.

Hoch oben in der Höhe des dritten Stockwerkes löst sich sich ein Stück Fassade in einer Länge von etwa einem Meter von der Mauer und fällt krachend auf den Gehsteig, wo gerade eine Schar Kinder vorüber- und zur Schule geht. Wie ein Rudel Spatzen, die durch einen Steinwurf aufgeschreckt werden, stieben die Kinder kreischend auseinander. Glücklicherweise ist keinem von ihnen etwas geschehen.

„Marandanna, wie leicht hätt' jetzt a großes Unglück g'scheh'n könna“, schreit Frau Nepustil ganz entsetzt auf, die wenige Schritte hinter den Kindern mit der Frau Kowanda nach dem „Platzl“ unterwegs war, um dort etwas Gemüse einzukaufen. „Jetzt stell'n S' Ihna vur, Frau Kowanda, wenn der Brocken den Kindern am Kopf g'fall'n wär. Wie leicht hätt do könna ans d'rschlag'n werden. M'r is rein scho's Leben nimmer sicher, wann m'r auf d' Gass'n kummt. Bald wär's scho notwendi m'r machet sei Testament, eh wenn m'r von daham furtgeht. Richt'n lass'n sie nix, die Hausherr'n, das fallert ihner gar net ein. Aber mit dö „Instandsetzungsgelder“, da san s' jeden Monat do. Bald is dös, bald is was anders, aber immer wissen s' was neuchs, damit s' die Parteien leichter mach'n kinna. Aber richten laß'n s' nix und laß'n lieber dö Bude z'sammenfall'n, daß m'r auf d'r Gass'n kan Augenblick sei Leb'n mehr sicher is.“

Frau Kowanda nickt zum Zeichen der Zustimmung wiederholt mit dem Kopf. Frau Nepustil aber macht ihrem Unmut weiter Luft.

„Do tan s' allerweil jammern, dö armen Hausherr'n, daß s' nimmer leb'n kinna von ihnere Häuser. Jeder, der so a Hütt'n hat, wo zwei, drei Partei'n drin wohnen, der möchte a schon leb'n davon. Dös war halt a schöne Zeit für d' Hausherr'n, wie s' vor'n Krieg jeden Monat mit'n Zins hab'n in die Höh geh'n kinna und jeden außeg'schmiss'n hab'n, der net zahlt hat, was s' verlangt hab'n. So Zeiten woll'n s' wieder z'ruck und die Christlichsozial'n mit ihr'n Seipel möcht'n 's gern wieder so weit bringen, daß der Mieterschutz wegkummt und daß d'Hausherr'n mit die Parteien wieder mach'n kinna, was woll'n.“

218. Franz Musil, „Aus der Werkstatt des Stadtbaumeisters“, in: *Das Neue Wien, Städtewerk*, Bd. 3. Wien: Das neue Wien, 1927, S. 4–6.

Das Rattern des Personen- und Lastkraftwagens bedeutet unserem Ohre eine ebensolche Selbstverständlichkeit, wie das Surren des hoch in den Lüften dahinziehenden Flugzeuges. Kinos und Radioanlagen können wir uns aus dem Stadtbilde nicht mehr wegdenken, die *elektrische* Stadtbahn war uns eher zu lange vorenthalten und die Erinnerung an ihre Rauchschwaden dünkt uns wie das Gedenken an weit zurückliegende Zeiten. Die Verdichtung des Großstadtverkehres zwingt bereits zur Regelung durch zahlreiche Verkehrsbeamte, denen in letzter Zeit nunmehr die Technik Hilfsmittel in Gestalt von Signalapparaten an die Hand gibt.

Alle diese auf technische Erfindungen zurückgehenden Neuerungen und Fortschritte können nicht verfehlen, den stärksten Einfluß auf das Leben der Großstadt zu nehmen. Die Großstadt ist etwas ununterbrochen Veränderliches, ihre Menschenmassen machen sich jede Erfindung sofort zunutze. Es wirkt sich jeder technische Fortschritt sogleich vielfältig aus. Daher umfaßt die Tätigkeit des Stadtbauamtes die gesamten Auswirkungen der fortschreitenden Technik auf unsere Zweimillionenstadt. Ein Arbeitsfeld, das fürwahr umfassend genug ist, und das eines Stabes fähiger und auf das Wohl der Bevölkerung bedachter Männer bedarf, eines Verwaltungsapparates, der im engsten Kontakt mit den Wünschen und Bedürfnissen der Bevölkerung bleiben muß, um seiner Aufgabe gerecht zu werden. In den amtsführenden Stadträten ist das wirksame Bindeglied geschaffen worden zwischen der Bevölkerung und den städtischen Ämtern. Die innige Fühlung, in der die freigewählten Vertreter mit der Bevölkerung stehen, läßt sie deren Erfordernisse klar erkennen und die zugleich leitende Stellung der amtsführenden Stadträte im Beamtenkörper gewährleistet die rasche Umsetzung des als notwendig Erkannten in die Tat. So tritt in unserer demokratischen Gemeinde zur eigenen Initiative des technischen Beamtenkörpers in glücklicher, immer wieder belebender Art die der freigewählten Vertreter hinzu. Wenn wir nach den Ergebnissen dieses Zusammenarbeitens fragen, so bilden die vielen seit dem Jahre 1919 auf allen Gebieten der technischen Verwaltung Wiens geschaffenen Werke ebenso viele Zeugen für den glänzenden Erfolg.

Wurde eingangs auf die technischen Erfindungen hingewiesen, welche der Großstadt ununterbrochen neue Aufgaben stellen, so muß doch betont werden, daß auch unsere Zeit einer vollen Umstellung von einem historisch gewordenen zu einem neuen Wien eine Fülle drängender Fragen alltäglich zur Lösung stellt. Die Umstellung der Haupt- und Residenzstadt einer großen Monarchie auf eine Industrie- und Handelsstadt, die aus dem Titel der Hauptstadt eines Kleinstaates kaum noch erhebliche Kräfte schöpft und daher ganz auf die eigene Kraft gewiesen ist, stellt auch an die Verwaltung große Anforderungen, denen sie nur mit größter Anspannung und Hingabe gerecht werden kann. Die Zeit der wirtschaftlichen Not, der Absatzstockung und daher der Arbeitslosigkeit breiter Massen zwingt die Gemeindeverwaltung dazu, alles zu tun, um Arbeitsgelegenheit wenigstens innerhalb der eigenen Gemarkung zu schaffen. Doch kann festgestellt werden, daß die belebende Tätigkeit der Wiener Verwaltung auch weit über die Stadtgrenzen hinaus Arbeitsgelegenheiten bietet.

Zahllos sind die von unserer Gemeindeverwaltung seit dem Jahre 1919 ermöglichten technischen Arbeiten. [...]

Der Brückenbau wurde seit 1919 energisch gefördert, alle Holzbrücken sind verschwunden und durch dauerhaftere Bauwerke ersetzt worden. Die neue Friedensbrücke über den Donaukanal befreit eine der wichtigsten Verkehrslinien Wiens von einengenden Fesseln, die neue Brücke über einen Donauarm zum Gänsehäufel ist zu einer Zierde dieser lieblichen Landschaft geworden.

Eine Fülle elektrischen Lichtes ergießt sich bereits über alle Verkehrsstraßen und doch wird auf dem Gebiete der öffentlichen Beleuchtung rastlos weitergearbeitet.

Der regelnden Tätigkeit, die das Stadtbauamt namentlich auf baupolizeilichem Gebiete unter nicht immer leichten Verhältnissen ausübt, sei wenigstens Erwähnung getan.

Das klein gewordene Österreich ist, von Wien abgesehen, kapitalsarm und stellt bei der heutigen gedrückten Wirtschaftslage seinen zahlreichen Fachmännern auf technischen Gebieten zu wenig Aufgaben. Es gilt dies sowohl von der Privatwirtschaft als auch der öffentlichen Verwaltung. Um so erfreulicher ist es für die im Dienste der Stadtgemeinde Wien stehenden Techniker aller Grade ein schier unbegrenztes Arbeitsfeld zu haben; sie wissen einer Verwaltung Dank, die durch eine glückliche Finanzpolitik und nie erlahmende Initiative die Grundlagen für die auf das Wohl der Bevölkerung eingestellte technische Arbeit schafft.

(513)

219. Alfred Polgar, „Verfall“,
in: ders., *Hinterland*.
Berlin: Ernst Rowohlt, 1929, S. 147-152, hier 147–149.

Dem gefräßigen Österreich sind viele Zähne ausgebrochen worden, damit es nicht mehr beißen könne. Geblieben ist der mächtige Stockzahn Wien, durch und durch kariös. Das Email abgesprungen; die Wurzel faul; „die Krone“ bekanntlich ganz und gar weg. Die Stadt zerbröckelt sachte, unaufhaltsam.

Die *Häuser*.

Seit vielen Jahren Nachwuchs. Keine neue Menschenwohnung, kein blankes junges Haus wächst aus dem unfruchtbar gewordenen Boden. Und die alten fügen sich ohne Widerstand in das Schicksal des Verwitterns und Vermorschens. Ihre Gesichter sind rissig, grau, wie zernagt von Schmutz und Tränen. Was schief werden kann, wird schief. Was rosten kann, rostet. In ärmeren Stadtteilen tritt an Stelle des Glases im Fensterrahmen Holzverschalung, in den ganz elenden Vierteln ersetzt Zeitungspapier die fehlende Scheibe. Farbe blättert ab, und Stuck zerbricht. Die schwebenden Gerüste an den Häusern, besetzt mit Männern, die schaben und pinseln und putzen, Pfeife im Mund und Papiermütze auf dem Kopf, sind nirgends mehr sichtbar. Kelle und Spaten haben Ruhezeit. Wie außen ist es innen. Von den Mauern springt der Mörtel, ohne daß dem gewehrt würde, die Höhlung der ausgetretenen Stiegenstufen wird täglich tiefer, die Treppenlampen tun zerbrochen ihren matten, reduzierten Dienst, an den Türen baumeln halbe Namenstäfelchen, die Glockenzüge funktionieren nicht, auf den Gängen werden der Kacheln weniger, der Löcher mehr, und der Lift weigert seine Herz und Lunge schonende Hilfe. Wer ist heute in Wien so üppig, seine Zimmer frisch malen oder mit Tapete bekleben, seine Türen streichen, seinen durchlöcherten Fußboden flicken, für seinen baufälligen Ofen einen neuen setzen zu lassen? Alles ist abgenutzt, schadhaft, hinfällig, die Moral wie die Möbel. Es geht freilich auch so. Unser Herz hat zu sehr an den Dingen gehangen. Unser Leben war zu sehr Ausstattungsstück. Aber zwischen gar zu schäbigen Kulissen macht die Komödie doch keinen rechten Spaß.

Die *Straßen.*

In den Asphalt haben Regen und Pferdehufe Löcher geschlagen, die Granitwürfel sind längst ein Stück unten oder oben aus der Ebene gewichen, in die sie der Pflasterergehilfe seinerzeit gebunden hatte. In wenig begangenen Straßen sprießt aus Steinritzen das Grün des Verfalls, Ruinengras, Friedhofsgras. Auf den eingezäunten, seit Jahren in Schlaf gebannten Bauplätzen wächst es meterhoch, und die Kinder spielen dort „Räuber und Gendarm" oder, wenn der Regen genug Pfützen spendet, „Dschungel". Staub und Kot wechseln miteinander ab, die Straßen zu vergewaltigen. Und der Wind, der von den dreihundertfünfundsechzig Tagen des Wiener Jahres dreihundertsechzig zu durchwehen pflegte, – urbs venenosa aut ventosa[1] – scheint noch um einiges hartnäckiger geworden. Das muß seinen mystischen Grund haben, mit der himmlischen Preisgegebenheit der Stadt zusammenhängen. Den Sozialdemokraten kann man in diesem Fall nicht gut die Schuld geben. Des Nachts werden die Straßen so weit erhellt, daß man merkt, wie finster sie sind. An hohen Masten schaukeln, seit langem blind, die Kugeln der Bogenlampen, leere Attrappen, vergessener Tand vom einstigen Lebensfest. Das Fuhrwerk rasselt, ohne Licht, auf eisen-, nicht gummibereiften Rädern daher, von Pferdegerippen oder stinkendem und rußendem Benzinersatz bewegt. Unrat, österreichisches Geld, Zeitungspapier und andere Nonvaleurs und Großstadtabfälle spotten des einsamen Straßenfegers, der sich manchmal schatzgräberisch bückt, ein zerkautes, weggespucktes Zigarrenfragment zu bergen. Das Geld läßt er liegen.

---

1 „Vienna ventosa aut venenosa" – In Wien herrscht der Wind oder die Pest.

220. Anton Kuh, „1000 Jahre und 1 Tag“, in: ders., *Der unsterbliche Österreicher*. München, Knorr und Hirth, 1931, S. 93–102, hier 94–95.

Turbulent und idyllisch.

Man wußte bis zum Tag des Zusammenbruchs nicht, wozu es in Wien soviel Bahnhöfe gäbe, statt eines einzigen Hauptbahnhofs – nämlich: einen Nordbahnhof, einen Südbahnhof, einen Ostbahnhof, einen Westbahnhof, ja sogar einen Nordwestbahnhof. An diesem Tage begriff man es. An jedem dieser Bahnhöfe kamen zersprengte Truppenteile an, aus einer bestimmten Gegend des Kriegsschauplatzes; und zu jedem dieser Bahnhöfe pilgerten sie dann, um in die Heimat zu kommen, der eine nach Böhmen, der andere nach Galizien, der dritte nach Slawonien, der vierte nach Tirol. Straßenauf, straßenab wallten kleine Soldatenhaufen; sie durchschritten zum letztenmal den Reichsmittelpunkt, der für sie jetzt bloß eine Umsteigestelle war. Und vor den Bahnhöfen begann der große Jahrmarktstausch unter den zerrissen und hungrig, aber noch immer in kaiserlicher Montur Heimgekehrten: sie handelten des Kaisers Rock gegen einen Brotlaib, die Seitenwaffe gegen eine Schachtel Zigaretten, kurz: das Geschichtskostüm des Österreichers gegen allerhand Bequemlichkeiten bei der endgültigen Abfahrt aus Österreich ein. Und als ich die zerlumpte Schäbigkeit (hie Tornister, hie Mantel, hie Tschako, hie Fez, hie Lederjacke oder Rucksack oder Wickelgamasche) im alten österreichischen Bummeltrott und mit dem gewohnten österreichischen Zivilgesicht so um die Bahnhöfe und von Bahnhof zu Bahnhof wimmeln sah, da fühlte ich: dieses Österreich ist bloß die Folge des österreichischen Eisenbahnnetzes gewesen. Wenn man in Wien nicht umsteigen müßte – hätte Karl der Große die Ostmark nicht gegründet. Jetzt, in der großen Schicksalsstunde, zeigen die Bahnhöfe ihren wahren Zweck. Sie waren also nicht zur Erschwerung des Verkehrs da, sondern zur Erleichterung des Zusammenbruchs: dienten – wie heißt es in den Demonstrationsberichten? – der „klaglosen Abwicklung des Nachhause-Marschs“.

221. Raoul Auernheimer, *Wien. Bild und Schicksal.* Wien: Otto Lorenz Nachf. Paul Fuchs, 1938, S. 260–262.

Und Österreich?

Es gibt unter den Städten wie den Frauen Geliebte, Gattinnen und Witwen. Paris ist eine unsterbliche Geliebte – die Geliebte Frankreichs. London ist sicher die Gemahlin, vielleicht die „bessere Hälfte“ Englands. Und Wien? Ist es wirklich, wie Venedig, als es sich vom Festland und den Inseln geschieden hatte, nur noch die mehr oder weniger trauernde Witwe des alten Österreich? Viele behaupten es; aber es muß darum noch nicht wahr sein.

Sicher ist, daß 1918 den allerschwersten Augenblick im Leben Wiens bedeutete. Alles Frühere war nichts, verglichen damit. Von den Türken bedroht, von den Ungarn eingenommen, von der Pest verheert, von Napoleon besetzt, war Wien doch niemals von seinem Land getrennt worden. Es war die Hauptstadt Österreichs und blieb es eigentlich noch im Zeitalter des Dualismus, seit 1867. Denn wenngleich die national erwachten Ungarn, mit Recht, von ihrer schönen Hauptstadt Budapest schwärmten, so taten und tun sie dies doch am liebsten in Wien. „Extra Hungarium non es vita, et si est vita, non est ita“[1], behaupten sie gerne in ihrem lustigen Landpfarrer-Latein. Aber, um diese Behauptung aufzustellen, begeben sie sich nicht ungern nach Wien.

1918 aber verlor diese Stadt ihr Land, mit dem sie eins geworden war. Sechs Siebentel fielen von ihr ab – ein Siebentel Deutsch-Österreich – blieb den Deutsch-Österreichern. Man stelle sich einen wohlarrondierten Latifundienbesitz vor, von dem nichts geblieben wäre als das Schloß und der Garten. Ein Schloß ohne die dazu gehörigen Rübenfelder und Kohlengruben, von denen es gelebt hat, ist nur noch ein Voluptuar[2]. Und ein Voluptuar kommt früher oder später unter den Hammer. Dieses Schicksal droht Wien seit dem Umsturz in verschiedensten Formen und bedroht es umso gefährlicher, als sich auch mit den sogenannten Bundesländern ein gedeihlicher oder auch nur erträglicher Zustand nicht herstellen wollte. Sie beschimpfen es den „Wasserkopf“ des neuen Österreichs und behielten

---

1 „Extra Hungarium non es vita, et si est vita, non est ita.“ – Außerhalb Ungarns ist kein Leben, und wenn eines ist, dann nicht so.

2 Voluptuar: Steuerrechtlich für Liebhaberei.

die Ausnutzung ihrer Wasserkräfte, der „weißen Kohle“, mit der man auch ganz Wien beheizen und beleuchten könnte, sich selber vor. Dabei machte das, was man die „Venezianisierung“ Wiens nennen könnte, ein Zustand, der Wien zuletzt zum wurmstichigen, luxuriösen Denkmal seiner eigenen vormaligen Größe und zu einem Capua der Hochzeitsreisenden gemacht haben würde, rasende Fortschritte. Wie in Venedig wurden die Palazzi Kaufhäuser oder Gasthäuser, und ihre Besitzer Herbergs-Väter oder Herbergs-Mütter, der „P. G.“ drang überall ein; und was in Venedig der Gondoliere war, wurde in Wien der Chauffeur. Aber dieser Zustand gehört heute auch schon wieder der Vergangenheit an, auch in Venedig und erst recht in Wien. Die Einsiebentel-Hauptstadt hat die sechs Siebentel zwar nicht verschmerzt, aber sie kann sich damit trösten, daß sie ihrerseits auch nicht einmal ein Siebentel ihres Umfanges und ihrer weltpolitischen Bedeutung verloren hat. Wien bleibt Wien; so daß die alte Volkssänger-Weisheit auf einem apokalyptischen Umweg der Geschichte sich nun doch als eine unzerstörbare Wahrheit entpuppt.

Kapitel 21:
Lebensreform: Siedlungen, Kleingärten, Selbstversorgung

Die Geschichte der Siedlungen als Gegenort zur verderbten Großstadt entstand auch in Wien schon vor Beginn des Ersten Weltkriegs. Aber durch die Wohnungs- und vor allem auch die Hungersnot infolge des Krieges bekam das Thema eine neue Dringlichkeit. Noch im Krieg entstanden sogenannte „wilde" Siedlungen, behelfsmäßig am Stadtrand errichtete Hütten mit kleinen Gärten zum Anbau von Lebensmitteln. 1920 wurde in der Gemeinde Wien das Wohnungs- und Siedlungsamt gegründet und mit dem Vertreter der Gartenstadt-Bewegung Hans Kampffmeyer besetzt. Chefarchitekt wurde kurzfristig Adolf Loos, der sich mit der Frage der Ökonomisierung des Siedlungshauses beschäftigte. Für ihn arbeitete auch die junge Architektin Grete Lihotzky. Die 1921 gegründete GESIBA (Gemeinnützige Siedlungs- und Bau Aktiengesellschaft), die von der Republik Österreich, der Gemeinde Wien und dem Verband für Siedlungs- und Kleingartenwesen getragen wurde, unterstützte den Siedlungsbau durch die Anschaffung von günstigen Baumaterialien. Gebaut wurde z. T. von den Bewohner:innen selbst, wie die amerikanische Journalistin Solita Solano berichtet.

Die beiden städtebaulichen Modelle – Siedlung und „Hof" – wurden von Architekt:innen und Stadtplaner:innen heftig diskutiert: Otto Neurath versuchte in seinem „Gesamtarchitekturplan" für Wien, beide Modelle sinnvoll miteinander zu verbinden. Der Neurath nahestehende Architekt Josef Frank baute zwar Höfe – er nannte sie „Volkswohnungspalast" –, sprach sich aber deutlich für das Modell der Siedlung aus. Frank wurde auch beauftragt, die Wiener Werkbundsiedlung als Ausstellung zu konzipieren. Das Wohnmodell des Hofes war ganz eindeutig mit dem sozialistischen Wien verbunden, die Siedlung ließ dagegen verschiedene Lesarten zu. Die einen sahen in der relativen Unabhängigkeit der Bewohner:innen durch die teilweise Selbstversorgung einen Weg, der Ausbeutung durch den Kapitalismus entgegenzuwirken, der aufkommende Nationalsozialismus hingegen eine propagandistisch ausnutzbare Verbindung zur „Scholle". Manche Siedlungen wurden über Jahrzehnte erweitert, an der Siedlung Lockerwiese etwa wurde von 1928 bis 1953 gebaut.

222. Leopold Bauer, „Die Unwirtschaftlichkeit der Großstadt“, in: *Der Bauinteressent*, Jg. 36, 16. Mai 1919, S. 259–260, hier 259.

Die Arbeitsstätte, die Fabrik, ist in dem Arbeiterstaat, den wir jetzt in irgendeiner Form bilden wollen, das charakteristischeste Gebäude und beansprucht daher mit Recht als Zentrum eines Stadtgebietes angesehen zu werden. Was in der Antike die Tempelanlagen, was für das mittelalterliche Stadtbild die Dome bedeuteten, das bedeutet für die neue Großstadt die Fabrik. Und wie der Arbeiterstand eine überragende politische Bedeutung gewonnen hat, so muss diese Bedeutung auch in dem Bau der Arbeitsstätten zum Ausdruck gelangen. Bereits in dem letzten Jahrzehnt ist erkannt worden, welch künstlerische Probleme der Fabriksbau in sich birgt. Denn wir suchen seit langem den neuen unserer Zeit gemässen Baustil, und sind verwundert, dass wir diesen Stil nicht ohne weiteres bei Wohnhausbauten, bei Kirchen, bei Schlössern und Palästen zu erringen vermochten. Dies alles sind eben Bauten, deren Daseinszweck nicht in der Gegenwart wurzelt, und daher verbindet unsere Vorstellung feste, überkommene Begriffe mit der äusseren Erscheinung solcher Bauwerke. Der Fabriksbau hingegen ist ein Kind der Gegenwart, der auf keinerlei Tradition fusst; mithin vermissen wir bei ihm die Anlehnung an irgendwelche traditionellen Bauformen in nur sehr geringen Masse. Er allein ist daher imstande, uns in weiterer Entwicklung den ersehnten, für unsere Zeit charakteristischen neuen Baustil zu schenken, zumindest das für unsere Zeit charakteristische Bauwerk.

Ich trage daher weder aus praktischen noch aus künstlerischen Gründen das geringste Bedenken, den Vorschlag zu machen, bei Schaffung neuer Stadtviertel einen Fabriksbau oder eine andere Arbeitstätte in das Zentrum des künftigen Siedlungsgebietes zu stellen und rings umher die Wohnstäten für Beamte und Arbeiter zu gruppieren. Dieses Siedlungsgebiet dürfte natürlich absolut nicht den Charakter unserer jetzigen Vorstadtstrassen tragen. Vielmehr müsste jeder in diesem Gebiete wohnende Mensch Anspruch auf den Besitz eines Stückchens Boden haben, den er nach seinem Gefallen zu einem Gärtchen ausgestalten könnte, so dass der Monumentalbau der Fabrik von einer Art Gartenstadt umgeben wäre, wodurch das gerade Gegenteil der heute üblichen trostlosen Arbeiterwohnviertel entstünde.

Eine solche Anlage wäre als neues Element der Grossstadt anzusehen und mit ihr durch Schnellverkehrsmittel zu verbinden. Die Nachbarschaft zwischen Wohn- und Arbeitstätte brächte aber den weiteren grossen, nicht zu unterschätzenden Vorteil mit sich, dass jeder überflüssige Verkehr vermieden wäre, denn es müssten natürlich diesem neuen Stadtteil möglichst alle für die körperliche und geistige Ausbildung der Bewohner notwendigen Institute angeschlossen sein. Es wird zur Zeit in Wien eine Reihe von Kleinwohnungsbauten projektiert, die wahrscheinlich in eine recht angenehme Gegend gelegt werden sollen. Was nützt dies aber, wenn die Bewohner dieser Häuser eine Stunde lang mit irgendeinem Verkehrsmittel fahren müssen, um zu ihrer Arbeitsstätte zu gelangen? Die Heimfahrt des Arbeiters zur Mittagsstunde mitgerechnet, würden auf diese Weise täglich vier kostbare Stunden alleine auf dem Weg vergeudet werden. Der Drang der Arbeiter nach immer kürzerer Arbeitszeit ist vielleicht gerade aus diesem Moment verständlich, denn der Arbeiter der Grossstadt muss meistens einen Grossteil seiner freien Zeit dazu aufopfern, um den Weg zwischen seiner Arbeits- und Wohnstätte zurückzulegen.

---

223. Adolf Loos, „Der Tag der Siedler“,
in: *Neue Freie Presse*, 3. April 1921, S. 10.

Der Vater sah das freie unbebaute Land. Er, der den ganzen Tag in der Fabrik sich müde gearbeitet hatte, nahm die Schaufel zur Hand und begann die Erde umzugraben. An Stelle der von Dr. Schreber gedachten Kinderspielplätze entstand Ackerland. Frau und Kinder halfen mit. Es entstand, was wir heute Schrebergarten nennen. Es ist falsch, wenn wir den Schrebergarten mit Dr. Schreber in Verbindung bringen. Er ist nicht dem Hirn eines einzelnen entsprossen. Er ist geworden, wie alles Notwendige geworden ist, aus seelischer Not. Er ist das Ergebnis einer Revolution, die der Arbeiter gegen den Kasernenzwang der Fabriken unternommen hat, das Ergebnis einer unblutigen Revolution und daher mit einem menschlichen Resultat. Zum Unterschied einer blutigen, die uns das unmenschliche Metermaß aufgezwungen hat.

Man glaube nicht, daß die Schrebergärtnerei eine augenblickliche Psychose ist. Für alle kommenden Zeiten wird das Stück Land, das sich der Mensch selbst bebaut, das bleiben, was es heute ist: die Zuflucht zur Mutter Natur, sein wahres Glück und seine einzige Seligkeit.

Es ist Sache des Gesetzgebers, diese Psychose in richtige Bahnen zu leiten. Er steht vor der Aufgabe, diese Arbeitsleistung, der sich ein Teil der Stadtbewohner freiwillig unterziehen will, für die Allgemeinheit am besten auszunützen. Die Arbeit des Schrebergärtners bringt Nahrung, die ohne diese Arbeit aus dem Auslande hätte bezogen werden müssen. Die Schrebergärtner Wiens haben im letzten Jahre für eine Milliarde Nahrungsmittel gewonnen. Die Frage des Gesetzgebers lautet: wie kann man diese Summe erhöhen, um den Lebensmitteleinkauf aus dem Auslande zu verringern?

Zwei Mittel gibt es. Das erste ist, daß man jedem, der sich der freiwilligen Mitarbeit an der Erzeugung von Nahrungsmitteln erbötig macht, Land zuweist. Es gibt Hundertausende in Wien, Millionen in Österreich, die sich zur Gärtnerarbeit in ihren Mußestunden drängen, deren Arbeitslust und Arbeitskraft nicht ausgenützt wird. Eight hours to work, eight hours to play, eight hours to rest, and eight shillings a day, lautet der englische Gewerkschaftsspruch. Die acht Stunden Spiel wollen von einem Teil unserer Arbeiter nutzbringend angelegt werden. Der Einwand, daß diese acht Stunden der Facharbeit verloren gehen, weil der Arbeiter sich in seinem Garten überanstrengt und dadurch Kräfte verloren gehen, ist falsch. Das Gegenteil ist richtig. Diese Gartenarbeit ist ein tonisches Mittel ersten Ranges. Ich brauche wohl nicht auszumalen, wie diese acht Stunden „Spiel" sonst verwendet werden.

Der Schrebergarten, der weit von der Wohnstätte liegt, ist ein Stundenfresser. Gar mancher verbringt eine Stunde hin, eine Stunde zurück auf der Straßenbahn. Daher wende man schleunigst das zweite Mittel an. Jeder Schrebergärtner möge dort wohnen, wo sein Garten liegt. Dadurch können alle Hausgenossen tagsüber den Garten betreuen. Die für den Garten so wichtige Morgenarbeit könnte verrichtet werden, der ganze Abfall aus Küche, Kehricht und Kanal könnte zur Bereitung der Gartenerde verwendet werden. Bei demselben Zeitaufwand, mit dem die Schrebergärtner Wiens eine Milliarde erzielten, würde der Siedler in einigen Jahren das Fünffache – solange dauert die Bereitung des Bodens – dem Garten abgewinnen können.

Hier aber ist der Punkt, wo eine bedeutende volkswirtschaftliche Neuerung ihren Hebel einsetzen kann. Der Arbeiter, der weder Heim noch Garten besitzt, also der Wiener Arbeiter (wer wollte eine Wiener Arbeiterwohnung im Zinshaus als Heim bezeichnen!), sucht diese acht Stunden „Spiel" womöglich auf den ganzen Tag mit Hilfe von Arbeitspausen zu verteilen. Das ist unökonomisch. Der Siedler wird der Pionier der ungeteilten Arbeitszeit sein. Er wird trachten, möglichst spät auf seinem Arbeitsort zu erscheinen, möglichst früh seinen Garten zu erreichen.

224. o. A., „Kleingärtner, Mieter, Siedler, Bauarbeiter. Die Gemeindesiedlungen Rosenhügel und Hoffingergasse“, in: *Arbeiter-Zeitung*, 1. Juli 1922, S. 8.

Wenn der Straßenbahnerstreik zu Ende ist, führt die Straßenbahnlinie 62 wieder den Wiener Ausflügler in das Gebiet der neuen Gartenstädte, welche die Siedelungsgenossenschaft Altmannsdorf-Hetzendorf – nunmehr Siedlungsgenossenschaft Wien und Umgebung – errichtet. Wenn wir uns nach Überschreitung der Verbindungsbahn der Hoffingergasse nähern, sehen wir rechts von der Straße eine große weiße Tafel, welche die rote Aufschrift trägt Gemeindesiedelunq Hoffingergasse. Erläuternde Worte teilen uns mit, daß die Wohnzwecksteuer der Gemeinde Wien hier Wohnungen schaffen half. Jeder klassenbewußte Arbeiter weiß nun, wofür er seinen Beitrag geleistet hat. In der Hoffingergasse fügt sich Reihe an Reihe, kaum Fertiggestelltes kann bezogen werden, während das Großhaus nur als Ganzes Unterkunft gewährt. Professor Frank hat durch geschickte Grundrißlösung wohnliche Räume geschaffen, die mit geringerem Kostenaufwand hergestellt werden konnten, als gleich große Wohnungen in einer Zinskaserne. Als richtiger „Sommerarchitekt“ hat er vor allem die Beziehung des Hauses zum Garten betont; dreiteilige helle Türen machen bei einer der Typen die Wohnküche zu einem Teil des Gartens. Dennoch ist der Raum im Winter warm und wohnlich. Jedem Schmuck abhold, sucht er alles möglichst zweckmäßig zu gestalten. Diesen Erwägungen entspringt das flache Verandadach, welches dem oberen Zimmer einen Balkon liefert. Hier und in den anderen Siedelungen ist das Ideal der vierräumigen Prolelarierwohnung erreicht, wie sie unser neuer Bauordnungsentwurf vorsieht. Das ist einer der größten Erfolge der Siedelungsbewegung, daß ihre Ziele Ziele der allgemeinen Wohnungspolitik werden. Mit Stolz können die Kleingärtner Wiens auf die Siedler blicken, die aus ihrer Mitte hervorgegangen sind.

Nach der Besichtigung der Hoffingergasse und ihrer Betriebe gelangt man nach kurzer Wanderung zur Gemeindesiedelung Rosenhügel, die wieder durch eine weithin sichtbare Tafel gekennzeichnet ist. Hier entsteht ein ganzer Stadtteil, dessen Erweiterung noch gar nicht abgesehen werden kann. Der neuentstehende Westfriedhof wird im Interesse der Toten den Lebenden Raum wegnehmen. Die Rosenhügelsiedelung, welche Bauinspektor Mayer im Einvernehmen mit der Gemeinde Wien entworfen hatte, läßt bereits große geschlossene Siedelungsgruppen erkennen. Die freundlichen Häuser sind, den Bedürfnissen der Bewohner angepaßt, nach verschiedenen Typen errichtet. Was zu Beginn noch weniger vollkommen war, wird bei der Fortführung der Anlage verbessert; Ersparungen aller Art werden angewendet – so zum Beispiel der kostspielige Keller geopfert. Der Obmann der beiden Gemeindesiedelungen, unser Genosse Adolf Müller, hat es verstanden, seinen Siedlergenossen den Gedanken beizubringen, daß jeder, der öffentliche Mittel in Anspruch nimmt, zur schärfsten Sparsamkeit und opferbereiten Mitarbeit verpflichtet sei. Er ist selbst vor manch kräftigem Wort nicht zurückgeschreckt, um irgend einem Siedler Sonderwünsche auszureden, die letzten Endes die Gesamtheit belastet hätten. Die beiden Siedelungen zeigen heute schon, was die Gemeinde eigentlich mit ihrem Konzentrationsprogramm vor hat, das begreiflicherweise bei manchen Genossenschaften Verstimmungen erregte, die heute noch nicht oder nur in geringerem Ausmaß, als sie erhofften, in dasselbe einbezogen sind. Es ist zu hoffen, daß, wenn erst einmal einige Mustergemeindesiedelungen erstanden sind, in denen der Grundstein gezeigt, was er leisten kann, niemand mehr ernstlich den Versuch machen wird, teuere Großhäuser in stickigen Straßen, statt billiger Flachbauten in grünenden Gärten zu errichten. Es wird dahin kommen, daß die organisierte Arbeiterschaft grundsätzlich für die Siedelung eintreten und andere Wohnformen als minder erwünscht zurückdrängen wird. Dann wird aber der Hauptteil der Wohnzwecksteuer und der übrigen Mittel, welche Wohnzwecken dienen, einer großen Zahl bauwürdiger Siedelungen zufallen. Verzögerungen, die jetzt stellenweise eingetreten sind, können reichlich wettgemacht werden. Man denke besonders an die breiten Flächen im XIII., XXI., X. und XI. Bezirk, aber auch an einzelne bedeutsame Siedelungsgebiete in den übrigen Bezirken. Ein neues Zeitalter der Wiener Stadterweiterungspolitik hat begonnen. Genosse Kampffmeyer, der Leiter unseres Siedelungsamtes, hat oft erzählt, welch schwierige jahrzehntelange Kämpfe in Deutschland nötig waren, um das zu erreichen, was in Wien infolge glücklicher Umstände innerhalb zweier Jahre möglich wurde. Wir besitzen eine einheitliche Siedelungsbewegung unter proletarischer Führung und können durchaus planmäßig vorgehen.

(526)

225. Grete Lihotzky, „Wiener Kleingarten- und Siedlerhütten-Aktion“, in: *Schlesisches Heim. Monatsschrift der Schlesischen Heimstätte, provinziellen Wohnungsfürsorgeges. m.b.H. und der Oberschlesischen Siedlungs- und Wohnungsfürsorgegesellschaft m.b.H.*, 4, 1923, Bd. 4, S. 83–85, hier 83.

Die zentrale Planung, Erzeugung und Bauüberwachung bei Errichtung von Kleingarten- und Siedlerhütten hat sich nunmehr in Wien als unumgänglich notwendig gezeigt. Diese Aktion erwächst einerseits aus der Kleingarten-, andererseits aus der mit ihr eng verwandten Siedlerbewegung. Es gibt in Wien etwa 40.000 Kleingärtner, deren Parzellen die Größe von 400 Quadratmeter im allgemeinen nicht überschreitet. Ein großer Teil dieser Kleingärtner hat sich in primitiver Weise Lauben und Hütten durch Selbsthilfe errichtet. Der einzelne kaufte Ziegel, Pfosten, Bretter, Pappe, wo er sie gerade bekam; mancher deckte seine Hütte mit dem Blech alter Kondensmilchdosen oder er kaufte einen alten Waggon der elektrischen Straßenbahn, um darin wohnen zu können. Wir dürfen über diese Art der Selbsthilfe nicht zu sehr klagen, obwohl dadurch Wiens Umgebung nicht allzu besonders verschönert wurde; wären doch ohne diese Not- und Selbsthilfe viele Kräfte brach gelegen; auch wäre die Bewegung nicht so stark geworden, daß sie schließlich eine zentrale Hüttenerzeugung ermöglicht. Heute jedoch müssen wir gegen die unfachmännische und unwirtschaftliche Art des Bauens Stellung nehmen, wollen wir Wien nicht mit romantischen Zigeunerdörfern umgeben. „Jeder, der sich“, wie W. Morris sagt, „für die Schönheit der Erde verantwortlich fühlt“, muß mitarbeiten und mithelfen, das Bauen in den Kleingärten in geregeltere, einheitliche Bahnen zu lenken.

Die zweite Grundlage dieser Aktion liegt in der Siedlungsbewegung, die sich vor eine neue Aufgabe gestellt sah. Durch Einstellung der staatlichen Kredite sind die Siedlungsgenossenschaften – die sich in Österreich auf die Mitarbeit der Siedler gegründet – gezwungen, ihr Bauprogramm vollständig umzustellen. Sie sind mit den geringen Gemeindemitteln, welche sie bekommen, nicht mehr in der Lage, Häuser mit Wohnküche, Spülküche und drei Schlafräumen herzustellen, und greifen daher zu der naheliegenden Idee des sogenannten Kernbaues (der Siedlerhütte), welcher einen Teil des späteren Siedlerhauses bildet. So kamen Kleingärtner und Siedler einander entgegen und stehen nun gemeinsam vor der Aufgabe, eine großzügige, fabrikmäßige

Erzeugung typisierter Kleingarten- und Siedlerhütten unter Normalisierung aller Bestandteile zentral zu organisieren.

---

226. Otto Neurath, „Neu-Wiens Gesamtarchitektur – eine Aufgabe des Proletariats“, in: *Arbeiter-Zeitung*, 35. Jg., Nr. 296, 28. Oktober 1923, S. 5.

In den nächsten Tagen beginnen die näheren Aussprachen zwischen den Vertretern der Gemeinde Wien und den Architekten des Österreichischen Verbandes für Siedlungs- und Kleingartenwesen über die Schaffung eines Generalarchitekturplans für ganz Wien. Es ist zu hoffen, daß die gesamte Bevölkerung Wiens, besonders die organisierte Arbeiterschaft, diesem großen Plan voll Interesse gegenübersteht. Der Architektenschaft aber muß es eine Genugtuung sein, daß nunmehr begonnen wird, mit Männern aus ihren Kreisen Aufgaben in Angriff zu nehmen, bei denen so viele von ihnen tatkräftig mitwirken werden.

Der bisherige Regulierungsplan von Wien stammt aus der Zeit der freien Verkehrswirtschaft. Er rechnete zunächst mit dem „freien Bauherrn“, der mit seinem Boden im großen und ganzen machen konnte, was er wollte, zumal da die Hausherrenmajorität des Rathauses die übelste Bauspekulation und alle Formen des Wohnungselends begünstigte: Dienstbotenräume ohne direktes Licht, Lichthöfe, in die Küchen und Aborte mündeten, überenge Höfe und derlei mehr. Breite Gebiete, etwa in Favoriten, wurden diesem Unwesen ohne Einschränkung ausgeliefert. Bei der Festlegung der Kleingarten- und Siedlungszone war noch immer der Gedanke lebendig, daß die alte Stadtform mit ihren geschlossenen Hochbaugebieten grundsätzlich erhalten bleibt, soweit alte Regulierungspläne vorliegen, bis auf gewisse Inseln, die man sozusagen der neuen Zeit und ihren oft angezweifelten Forderungen überließ. Es war ein Beginn.

Nun kommt ein neuer Schritt. Es geht nicht an, dem alten Bauwesen irgend etwas noch frei zu überlassen. Was in Hinkunft innerhalb der Grenzen Wiens gebaut wird, sei es von Privaten oder von der Gemeinde und Genossenschaften muß sich einem Plan eingliedern, der über den bisherigen Regulierungsplan hinaus die Stadt Wien als architektonische Einheit behandelt, als eine kulturelle, wirtschaftliche und ästhetische Einheit. Einen solchen Plan, der die gesamte Baugestaltung in großen

Zügen und möglichst auch im Detail festlegt, wollen wir als Generalarchitekturplan dem bisherigen Regulierungsplan an die Seite stellen, in dem vor allem Straßenführungen und Bebauungsweise bestimmt war, aber der Zusammenhang der Bauformen keine wesentliche Rolle spielte. An die Stelle der schematischen Behandlung einzelner Gebiete soll die Durcharbeitung bis ins einzelne treten, so daß zum Beispiel Siedlungsanlagen tief in die Hochhauszonen hineinwachsen können, während die aus besonderen Gründen notwendigen Hochbauten, seien es nun Geschäftshäuser oder vorbildlich gesunde Terrassenhäuser, solche Siedlungen vor allem an den Hauptverkehrsadern einzäunen mögen. Wir sind überzeugt, daß auf diesem Wege der Umfang der Siedlungs- und Kleingartenanlagen wesentlich erweitert würde, würden doch die Siedlungsgenossenschaften mit Kleingartenkolonien zusammengeschlossene Einheiten bilden. [...]

Der Generalarchitekturplan macht mit dem Gedanken Ernst, daß man das Hoheitsrecht der Gemeinde auf dem Gebiet des Bauwesens durch Bauordnung und andere gesetzliche Handhaben in den Dienst einer möglichst weitgehenden planmäßigen Stadtgestaltung stellen solle. Das, öffentliche Wohl ist oberstes Gesetz. Eine sozialdemokratische Gemeinderatsmajorität wird diesem Grundsatz am rückhaltlosesten Geltung zu verschaffen wissen. Sollten die Verhandlungen über diesen Fragenkomplex dazu führen, daß ein Generalarchitekturplan geschaffen wird, dann wird die eben in Beratung befindliche neue Bauordnung in mehr als einer Richtung – Baubestimmungen, Enteignungsmöglichkeiten – verschärft werden, um jene Einheitlichkeit der Stadtgestaltung zu ermöglichen, wie sie in Zeiten mit voll entfaltetem Stilgefühl selbstverständlich war.

---

227. Solita Solano, „Vienna – A Capital Without a Nation", in: *National Geographic* XLIII, Heft 1, 1923, S. 77–102, hier 83 u. 86.

Living rooms commandeered by government.

The housing crisis in Vienna is the worst in history and is not yet solved, in spite of heroic efforts and city government control. All building activities having ceased during the war, the congestion was increased by war profiteers, who flocked to the capital from the provinces, followed by thousands of recalled Austrian officials.

To avoid riots, the city adopted forcible billeting, which still obtains. All dwelling, whether palaces or tenements, are listed by the *Wohnungsamt* and the numbers of rooms compared with the number of persons. After the comparison, all available space is commandeered.

Baronesses and wives of working men alike are forced to take in lodgers. No one may have an extra room while homeless thousands are sleeping in barracks, parks, freight cars; nor may anyone have a house in the city and another in the country. He must give up one and keep lodgers in the other.

One titled family that did not believe the *Wohnungsamt* was in earnest did not heed the warning, and returned to town one day to find that wagons had taken away their belongings and their home was filled with laborers.

Paying for homes in hours instead of money.

The billeting regulations and the law that was passed at the beginning of the war to prevent the raising of rents may have spared Vienna from riots, but they ruined the landlords, many of whom are now receiving only a few cents a month from their property (at present value of the crown), while their tenants' incomes have increased many times.

In consequence, buildings are in bad condition and landlords are unable to make repairs; sometimes the tenants themselves club together to have a leaking roof mended. A landlord may not sell his property without a payment to the city of 55 per cent of the sale price.

Growing out of the housing shortage is the movement of the Land Settlement Societies, financed by funds from America and England, which has brought together 700,000 homeless of the middle and working classes throughout Austria. The settlers are building garden cities by coöperative labor, partly maintaining themselves by keeping pigs and poultry and raising vegetables. In payment they must give the Land Societies from 1,500 to 2,000 hours of free labor in three years.

As a result, thousands of women and children are working continually in several settlements on the outskirts of Vienna, earning their future homes. They make bricks, dig foundations, sift sand, and mix mortar. On Saturday and Sunday the men arrive and work from dawn till dark. The first settlement was founded by war invalids, on the imperial hunting grounds near Schönbrunn palace and is named "The city of Peace."

The park walls were pulled down for material with which to build the first houses. The bricks, each stamped with the double eagle of the Hapsburgs, will now help to shelter the human wrecks that fought in vain to preserve the great empire.

These invalids and their families are excavating rocks, rooting out stumps by hand, and building a church and a schoolhouse wherein to center their community life. Soon two thousand homes will stand where royalty once maintained its celebrated shooting-box.

---

228. Josef Frank, „Siedlungsbau in der modernen Architektur“, in: *Radio-Wien*, Jg. 8, Heft 37, 10. Juni 1932, S. 16–17, hier 16.

Die Werkbundsiedlung bringt eine Form der Ausstellung, die für Wien vollkommen neuartig ist. Wenn bisher in einer Ausstellung Wohnungen und Räume gezeigt wurden, so waren diese immer in einer Halle aufgestellt und nur provisorisch eingebaut. Es war also auch auf diese Weise niemals möglich, ein wirkliches Bild einer derartigen Wohnung zu gewinnen. Wenn dies nun schon bei Mietwohnungen nicht der Fall war, so gilt dies in noch viel weiterem Maß vom Wohnhaus, dessen wichtigste Eigenschaft es doch ist, mit seinem Garten und der ganzen Umgebung in engstem Zusammenhang zu stehen. Die Werkbundsiedlung besteht nun nicht aus Provisorien, sondern aus 70 wirklichen Wohnhäusern, die nach Schluß der Ausstellung bewohnt werden. Es wird hier also in ausstellungsmäßiger Aufmachung eine vollständige Siedlung gezeigt, die etwa 50 verschiedene Haustypen enthält, die verschiedenen Umfang haben, sich aber immer noch im Rahmen des Kleinhauses halten. Sie werden sämtlich eingerichtet sein, so daß der Besucher ein vollkommenes Bild des modernen Kleinwohnhauses bekommt.

Diese Ausstellung ist für Wien von besonderer Bedeutung. Denn das Interesse für das moderne Wohnhaus und die moderne Einrichtung waren noch niemals so stark wie jetzt. Wien war jetzt noch kaum in der Lage, die Errungenschaften moderner Wohnkultur zu verwerten, die sich in den letzten Jahren recht stark verändert haben. Heute weiß bereits jeder, daß sich unsere Wohnung von der der älteren Generation schon wesentlich unterscheidet. Wir sind heute gezwungen, viel kleinere Wohnräume zu haben, und verzichten deshalb aber gern auf eine Menge von Dingen, die früher nur Raum weggenommen haben und selbst in großen Wohnungen Licht und Luft verstellt haben. Wir verlangen heute viel mehr Licht und viel mehr Zusammenhang mit der Natur. Es ist eine der wichtigsten Grundlagen der modernen Wohnung, diese möglichst hygienisch auszustatten, mit allen Installationen, die die Hausarbeit erleichtern und beschleunigen, so daß der Hausfrau mehr Zeit bleibt, sich um sich selbst zu kümmern. Alle Möbel werden in diesen kleineren Räumen auch immer kleiner und es hat sich heute auch schon gezeigt, daß man in den meisten Fällen mit viel geringeren Massen auskommt, wenn man Form und Lage genügend gut überlegt. [...]

Das Äußere der Werkbundsiedlung wird sicherlich so manchen auf den ersten Blick befremden, weil es von vielen Häusern in seiner Umgebung absticht; vor allem aber deshalb, weil hier der Versuch gemacht ist, eine ganze große Baufläche mit sehr verschiedenartigen Häusern zu bebauen, und zwar doch in einer Weise, die den ganzen Baukomplex einheitlich erscheinen läßt. Denn es ist dies keine gewöhnliche Art einer Siedlungsanlage. Wenn eine Siedlung einheitlich errichtet wird, so wird man Reihenhäuser bauen, die mehrere, aber möglichst wenig Typen und Größen zeigen, bei denen immer wieder gleiche Fenster, Türen und sonstige Bauteile verwendet werden, in ähnlicher Art wie das in allen Zeiten bei Siedlungen der Fall war. Denn nur auf diese Weise können bedeutende Ersparnisse gemacht werden und gleichzeitig auch wird die Bauzeit wesentlich kürzer sein, als wenn jedes Haus anders aussieht. Das war nun in diesem Fall nicht möglich, denn es ist ja eben die Aufgabe der Ausstellung, möglichst viel verschiedene Hausarten zu zeigen, die im allgemeinen immer das gleiche Programm haben. Es ist erstaunlich, wie verschiedenartig diese Aufgabe gelöst werden kann, besonders, wenn man noch bedenkt, daß alle Häuser der Werkbundsiedlung nicht individuell gedacht sind, sondern ein jedes wieder ein Typus ist, der in einer Siedlung von Reihenhäusern in großen Mengen angewendet werden kann.

Berichterstattung über die Eröffnung der Wiener Werkbundsiedlung, in: *Radio-Wien*, 10. Juni 1932.

samen Bestimmungen festgesetzt worden, durch die eben der einheitliche Eindruck entstanden ist. So sind alle Fassaden und Dächer gleich behandelt worden, es sind einheitliche Haustore und Garteneinfriedungen vorhanden. Wer nun diese Anlage mit solchen vergleicht, in denen die Häuser ohne jede Rücksichtnahme auf einander geplant worden sind, der wird wohl erkennen, welche großen Vorteile dadurch erreicht werden, und daß diese Siedlung viel mehr an unsere älteren Straßen erinnert als an solche aus der letzten Zeit. Denn in älteren Zeiten waren in Wien auch alle Häuser einer Straße im wesentlichen gleichartig und unterschieden sich nur durch Kleinigkeiten. Der moderne Stil knüpft also an den vor etwa 100 Jahren an und dies ist auch der Grund, weshalb die Werkbundsiedlung sich dem Landschaftsbild Wiens so gut einfügt.

An der Siedlung sind 31 Architekten beteiligt, von denen der weitaus größte Teil aus Wienern besteht, die ihre Häuser den Wiener Lebensbedingungen angepaßt haben. Da es aber von großem Interesse für unser Publikum ist, zu sehen, wie das Problem des kleinen Einfamilienhauses in anderen Ländern aufgefaßt wird, so wurden auch Architekten aus Amerika, Deutschland, Frankreich und Holland eingeladen, die nun Häuser erbaut haben, wie sie in ihrer Heimat üblich sind. Es ist nun deutlich zu sehen, daß die Unterschiede keine sehr bedeutenden sind, wenn auch aus zahlreichen Einzelheiten der Charakter des betreffenden Landes zu erkennen ist.

Sämtliche Häuser sind auch eingerichtet, und zwar in der mannigfaltigsten Art. Es sind Häuser, die durchwegs eingebaute Möbel haben, die für das eigene Haus so charakteristisch und günstig sind, solche mit lose aufgestellten; jede Art des Materials ist verwendet worden; auch zeigen einige, wie man ein neues Haus mit alten Möbeln einrichtet und wie man die alten mit neuen kombinieren kann, ohne daß es der Schönheit und Behaglichkeit irgendwie schadet. Nur eine Art Möbel ist nirgends zu sehen: das ist diejenige, die aus dem Bedürfnis zu repräsentieren alles größer und schwerer macht, als es der Zweck verlangt, denn nirgends wäre etwas derartiges weniger angebracht als im kleinen Eigenheim, in dem jeder kleine Fleck wertvoll ist und nicht verstellt werden darf.

So soll die Werkbundsiedlung das Interesse an dem eigenen Heim neu erwecken und fördern und Beispiele bieten, wie derartige Häuser in unserer Zeit aussehen, wie man sich bescheiden kann, um auf dem kleinsten Fleck ein behagliches Heim zu haben.

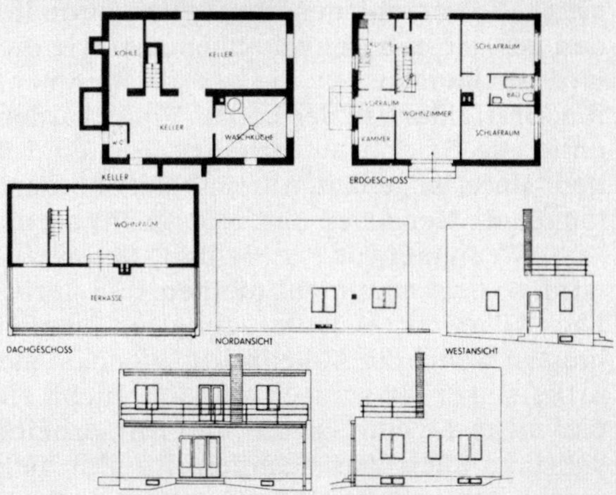

2. *Der Präsident des Werkbundes, Ing. Dr. Hermann Neubacher, begrüßt in der Internationalen Siedlungsausstellung des Werkbundes am 4. Juni die erschienenen Festgäste. Im Vordergrund Mitte: Bundespräsident Wilhelm Miklas, links Bürgermeister Karl Seitz, rechts außen (beim Mikrophon) der Sprecher Ing. Paul Bellak, links von ihm Monteur Rudolf Vaupotitsch* Aufn. L. Rübelt
3. *Terrassenhaus von Architekt Prof. Dr. Josef Frank (Ansicht Süd-Ost)*
4. *Planskizzen des Terrassenhauses von Architekt Prof. Dr. Josef Frank*

Abb. 1. und 3. Aufnahmen Ing. F. Mayer

229. Hans Lorenz, *Vom alten ins neue Wien. Ein Weg zum Verständnis der Wiener und ihrer Stadt.* Wien-Leipzig: Hartleben's Verlag, o. J. [1937], S. 122–124.

Aus der Eigenheimbewegung wurde allmählich immer klarer auch eine Siedlungsbewegung, wobei erstere gleichfalls anhielt. Eigenheime entstanden hauptsächlich in den landschaftlich bevorzugten westlichen und nordwestlichen Stadtteilen, so am Rosenhügel, im Lainzer Tiergarten, am Küniglberg und anderen Orten. Bund, Gemeinde halfen mit, Sparkassen boten günstige Baumöglichkeiten. Mit 1932 gewannen die Siedlungsmöglichkeiten immer mehr an Bedeutung und Umfang. Auch da griffen Bund und Gemeinde mit Beistellung von Grund und Geld ein. Auf diese Weise entstanden die Siedlungen in Leopoldau, Breitenlee, Aspern, Hirschstetten, Neustraßäcker. Es waren durchwegs Stadtrandsiedlungen, die auf einer Bodenfläche von ungefähr 2500 m^2 so viel Nebenerwerb liefern sollen, daß der Siedler seine Lebenshaltung verbessern und auch allenfalls noch etwas zum Markt bringen kann, durch Obst- und Gemüsebau, durch Kleintierzucht. Die Zahl dieser systematischen Stadtrandsiedlungen betrug bis Anfang 1937 rund 1400 Stellen.

Vielen, die siedeln wollten, konnte Boden nicht zugeteilt, die Geldunterstützung nicht gewährt werden, sie halfen sich aus eigener Kraft. Das Gesamtwerk, das sie zustande brachten, ist auf 5000 Siedlerstellen zu veranschlagen. Darin sind allerdings die verschiedensten Typen enthalten, die gut fundierten, den geförderten ähnlichen, ebenso wie die der armseligsten Primitivsiedlungen, wie die der „Höhlenmenschen" von Bruckhaufen, Bretteldorf, in der Lobau. Viele wurden auf fremdem Grunde, ohne alle Geldmittel errichtet. Hütten, irgendwie, aus irgendeinem Material gebaut. Allmählich geht man daran, den festen Willen dieser Menschen durch Sorge für sie anzuerkennen.

Wenn hier von der Siedlung betont zustimmend gesprochen wird, so darf man nicht meinen, daß darin, wie so häufig, ein billiges Allheilmittel der krisenhaften Zustände gesehen wird. Siedlung ist weder ein Allheilmittel, noch ist sie billig. Die Ansiedlung Arbeitsloser ist schwer möglich, nicht einmal empfehlenswert, viel mehr die von Saison- und Kurzarbeitern. Solche Kurzarbeit soll man allerdings schaffen. Es gibt viele Fehlschläge bei Ansiedlungen neben voll gelungenen, dort wo man sich mühelosen Erwerb versprach und harte Arbeit vorfand. Hier soll aber nicht die sozialpolitische Seite dieser so überaus wichtigen Bewegung behandelt werden, sondern nur ihre Einwirkung auf das Bild der Stadt.

Bedeutet diese „Stadtflucht“ die Auflösung der Großstadt? Geht sie an deren Lebensnerv, wenn sie sich weiterentwickeln sollte? Ist sie ein Gegenprozeß zur „Landflucht“? Bei aller Reserve, die man sich der Großstadt gegenüber auferlegt, wird sie doch nie verneint. Die Menschen bleiben stadtnahe, sie wollen nicht Bauern werden, sondern Städter bleiben, der Stadt verbunden, ihr aber nicht ausgeliefert. Vielleicht kommt es zu der äußerst begrüßenswerten Lebensform der gegenseitigen Durchdringung von Stadt und Land, vielleicht nur zu einer Auflockerung der Stadt. Wir stehen heute noch weit davon, industrielle Kurzarbeit mit Landwirtschaft zu verbinden. Auch die Verkehrsfrage, das Heranbringen der Siedler an die Stadt durch einen Schnellverkehr ist noch ungelöst. Wie immer sich aber die Entwicklung der Siedlung der Art nach gestalten möge, die Wahrscheinlichkeit spricht dafür, daß sie es sein werden, die das künftige Gebiet der Stadt bestimmen. Wie das Kind bei Gefahr zu seiner Mutter läuft, so flüchtet der Mensch zum Boden, wenn ihn die Last des Schicksals zu sehr drückt. Aus diesem ewigen Quell will und kann er immer Kraft schöpfen. Die Wiener müssen neu wurzeln, weil viele Triebe, die sie hoch hinauf entwickelten, zum Absterben verurteilt wurden und sie neue hervorzutreiben haben werden.

---

230. o. A., „Jede Wohnung auf der Lockerwiese hat Sonnenschein. Neue Siedlungsanlage an die Wiener Häuserverwaltung übergeben“, in: *Neues Wiener Tagblatt*, 1. Dezember 1939, S. 5.

Bürgermeister Dr.-Ing. Neubacher hat am 16. Juli 1938 den ersten Spatenstich zu einer neuen Siedlungsanlage auf dem Gelände der Lockerwiese vorgenommen. Die Siedlung sollte ursprünglich aus 116 Häusern bestehen, doch wurde sie einige Monate nach Baubeginn um vier Siedlungshäuser erweitert, und überdies baute man innerhalb der Siedlung ein zweigeschossiges Wohnhaus mit zwölf Wohnungen [, das] Büroräume enthält. Vor einigen Tagen nun konnte diese groß angelegte und vorbildliche Siedlung von der Baufirma an die Wiener Wohnhäuserverwaltung übergeben werden. Daraus geht hervor, daß trotz der Kriegszeit die Bauarbeiten keine Unterbrechung erfahren haben, daß an dem großen Aufbauwerk der Stadt Wien weitergearbeitet wird. In Kürze können die 132 Wohnungen von den neuen Siedlern und Mietern

Karl Schartelmüller, Siedlung Lockerwiese, Aufnahme des Kinos und der Gastwirtschaft von Martin Gerlach, um 1932.

(537)

bezogen werden. Die Gesamtkosten für die neue Siedlungs- und Wohnanlage betrugen 1,236.000 RM.

Die Siedlung Lockerwiese in Lainz, unmittelbar vor dem Versorgungshaus der Stadt Wien gelegen, umfaßt nunmehr 840 Siedlungshäuser, ein Wohnhaus und das Gemeinschaftsgebäude. Die Direktion der städtischen Straßenbahn legt die Endhaltestelle der Linie 62 um einige hundert Meter vor. Die Linie wird nun bis zur Siedlung reichen. Eine besondere Annehmlichkeit bedeutet die schöne Lage der Siedlung am Fuße des südlichen Wiener Waldes. Sie breitet sich im ansteigenden Gelände aus, die Häuser und Gassen sind architektonisch vorbildlich gestaltet, insbesondere wurde Wert darauf gelegt, daß jedes der neuerbauten Häuser mit den Fenstern der Wohnräume der Sonne zugekehrt ist. Eine geradlinige Führung der Gassen wurde absichtlich vermieden, die Straßenkreuzungen überraschen daher immer wieder durch schöne Ausblicke.

Jedes der Siedlungshäuser ist einstöckig, und besitzt im Erdgeschoß ein Wohnzimmer und eine Küche, im Obergeschoß ein weiteres Zimmer und ein Kabinett. Außer den erforderlichen Nebenräumen besitzt jedes Haus im Keller eine Waschküche und einen Vorratsraum, und alle notwendigen Installationen für Gas, Wasser, elektrisches Licht und Kanalanschluß. Zu jedem Siedlungshaus gehört ein kleiner Garten. Kinderreiche Familien werden bei der Vergebung besonders berücksichtigt. Mit den 120 Wohnungswerbern, die in die Siedlung Lockerwiese ziehen werden, kommen 480 Kinder, und können dort in gesunder Luft und fern vom Großstadtverkehr aufwachsen.

Kapitel 22: Bauprogramm der Gemeinde Wien – Höfe und öffentliche Einrichtungen

Am 4. Mai 1919 fanden die ersten allgemeinen freien und gleichen Wahlen zum Wiener Gemeinderat statt, die die Sozialdemokratische Arbeiterpartei Deutschösterreichs (SDAP) klar gewann. Noch im selben Jahr wurde das Wohnbauprogramm verabschiedet, das die städtebauliche Entwicklung Wiens und die Bautätigkeit in der Zwischenkriegszeit dominierte. Seit 1922 ein eigenes Bundesland, konnte Wien nun selbst Steuergesetze erlassen und zweckbestimmt verwenden. Mit Hilfe der Einführung einer zweckgebundenen Wohnbausteuer – erhoben auf vermietbaren Wohnraum – konnte Finanzstadtrat Hugo Breitner nicht nur das Bauprogramm teilfinanzieren, sondern auch die Immobilienspekulation unrentabel machen.

Nach anfänglichen Diskussionen über die städtebaulich angemessene Form für diese Bauten setzte sich die Geschosswohnung im Block gegen das Siedlungshaus mit Garten durch. Doch innerhalb dieser präferierten städtebaulichen Figur konnte sich eine Vielzahl von Formen etablieren. Von repräsentativen Ehrenhofanlagen zu „malerischen" Formulierungen von Plätzen und geschwungenen Straßen, von neusachlicher Kargheit zu neobiedermeierlicher Verspieltheit war alles möglich. Für viele Architekten und manche Architektinnen waren diese Aufträge die einzige Möglichkeit zum finanziellen Überleben in der Zwischenkriegszeit, da private Aufträge selten waren.

Die SDAP nahm den Wohnbau zum Anlass, die Lebensverhältnisse der Arbeiterschaft insgesamt gezielt zu verbessern. In die großen Blöcke wurden Wohlfahrts- und Bildungseinrichtungen integriert. Bibliotheken, Theater, Kinos, Kindergärten, Arztpraxen, Schulen, Sportplätze und vieles anderes mehr sollten die Lebensweise des „Proletariats" so „optimieren".

Das Wohnbauprogramm wurde im In- und Ausland genau beobachtet und machte die Marke „Rotes Wien" zum Exportartikel. Das Bauprogramm wurde von der Gemeinde publizistisch intensiv begleitet, zu einzelnen Höfen erschienen Broschüren, es wurden Filme gedreht und Führungen veranstaltet. Dennoch waren die Anlagen nicht vollkommen unumstritten, so formierte sich schon zu Beginn der Bautätigkeit eine Gruppe von fortschrittlichen Architekt:innen, die in der englischen Gartenstadt ein Wohn- und Finanzierungsmodell sahen, das den individuellen Bedürfnissen besser entsprechen könnte.

231. Friedrich Jaeckel, „Die Bautätigkeit der Wiener Stadtverwaltung. Einleitende Übersicht ihrer kulturellen Bedeutung“, in: *Österreichs Bau- und Werkkunst*, 1. Jg, 1924, S. 12–18, hier 12–15.

Die Wohnungsnot ist eine der Hauptsorgen der Stadt und deshalb hat letztere mit aller Energie die Herstellungen von Jahr zu Jahr derart gesteigert, daß für das Jahr 1925 mit einem Bauprogramm von 10.000 Wohnungen schon der Umfang der jährlichen privaten Wohnungsproduktion vor dem Krieg erreicht wird.

Die Bedeutung dieser gigantischen Bautätigkeit aus öffentlichen Geldmitteln liegt jedoch nicht nur in ihrem Umfange, sondern in sehr hohem Grad in dem geistigen Entwicklungsprozeß, in dem sich das kräftige Wiederaufleben der Stadt vollzieht. Täglich ringen in Wort und Schrift die Anschauungen über weittragende Forderungen der Zeit um ihre Durchsetzung. Mit kräftigem Impuls drängen die Komponenten zur Resultierenden und vermeinen den richtigen Weg in die Zukunft zu weisen. Das bauliche Wachstum einer kleineren Stadt läßt sich viel leichter vorausbestimmen und planlich festlegen, als das einer Zweimillionenstadt. Der Regulierungsplan der letzteren erfordert viel Elastizität im kleinen und großen. Er kann die Entwicklung des Wohnungsproblems in der Zukunft ebensowenig vorwegnehmen, wie weitgehende Veränderungen der Besitz- und Rechtsverhältnisse. Gegen die Annahme einer steigenden Entwicklung des Siedlungswesens in großem Umfange sprechen übrigens manche Gründe. Gegenwärtig muß ein täglicher Ansturm von stets dringenden Einzelfragen im Regulierungsplan zur Lösung gebracht werden, um diesen den neuzeitlichen Anschauungen und Verhältnissen anzupassen. Darin gibt sich die Notwendigkeit kund, den Regulierungsplan einer konzentrierten Bearbeitung hinsichtlich aller Erfordernisse der Zeit zu unterziehen.

Die Stadtverwaltung unterstützt die Bestrebungen der Siedlerkreise in jeder Hinsicht, auch materiell, in bedeutendem Maße, sie hat selbst einige Siedlungsanlagen erbaut; aber sie muß in der Wohnungsfrage in erster Linie darauf bedacht sein, in möglichst rascher Folge und großer Zahl dauerhafte Wohnstätten dort zu errichten, wo sie augenblicklich notwendig sind. Das heißt, sie baut in überwiegender Zahl Wohnhäuser mit mehreren Stockwerken in allen Stadtteilen. Um auch auf diesem Wege gesunde Wohnungen zu schaffen, werden die Baustellen nur so locker verbaut, daß durch große Gartenhöfe den Wohn- und Nebenräumen reichlich Luft und Sonnenlicht zugeführt wird. Es gibt keine finsteren Höfe, keine düsteren Wohnräume und indirekt beleuchteten Küchen mehr. Größere Wohnhausgruppen bis zu 1000 und weit mehr Wohnungen werden als architektonisch und städtebaulich gut wirksame Gruppen durch luftige Straßenzüge, Platzanlagen sowie durch die erwähnten Gartenhöfe unterteilt und mit selbständigen Wohlfahrtsgebäuden derart ausgestaltet, daß trotz der Einfachheit in den künstlerischen Ausdrucksmitteln überall der Eindruck behaglicher Wohnlichkeit entsteht. Durch besondere Einrichtungen wird soweit als möglich die Verbilligung der Haushaltungskosten erstrebt.

Zweckmäßige Einfachheit und Sachlichkeit wurde von den Architekten schon vor dem Krieg als notwendige Abkehr von banausischer Romantik und Effekthascherei gefordert und praktisch angestrebt. Die gute Wirkung solcher Bauten im Straßenbild oder in der Landschaft durch richtige und klare Bewältigung der Baumassen kann ihren Eindruck auf die Allgemeinheit nicht verfehlen. Je knapper die Geldmittel und je einfacher die äußere Erscheinung des Gebäudes, desto schwieriger seine architektonische Gestaltung. Diese obliegt bei den Bauten der Stadt zum Teil den Architekten des Stadtbauamtes, zum Teil außeramtlichen Architekten. Dadurch ist auch den letzteren Gelegenheit gegeben, ihre Kraft und ihre kulturellen Gedanken der Allgemeinheit zu widmen und mitzuarbeiten am Aufschwunge der Stadt. Auch durch Veranstaltung baukünstlerischer Wettbewerbe hat die Gemeinde das Bestreben bekundet, die verschiedenen Auffassungen eines Problems vorerst zu studieren, bevor sie an die Ausführung geschritten ist.

---

232. o. A., *Metzleinstalerhof. Erbaut von der Gemeinde Wien in den Jahren 1923–1924.* Wien o. J. [1924], o. S. (Einleitung).

Der Metzleinstalerhof, gelegen am Margaretengürtel, zwischen Siebenbrunnen- und Fendigasse, wurde von der Gemeinde Wien in 2 Bauperioden ausgeführt.

Der erste Teil, insgesamt 5 Wohnhäuser mit 101 Wohnungen, wurde nach den Plänen des Architekten Rob. Kalesa im Jahre 1919 begonnen und im Winter des Jahres 1920 vollendet. Der jetzt fertiggestellte Bau, entworfen von dem Architekten Hubert Gessner, wurde im Herbst des Jahres 1923 in Angriff genommen.

8 Stiegenhäuser führen zu den 143 Wohnungen des Zubaues. Diese Wohnungen entsprechen allen neuzeitlichen Forderungen,

die eine Wohnkultur stellt. Sämtliche Wohnräume sind direkt belichtet und wurde die Anlage von Lichthöfen vollständig vermieden. Jede Küche der Ein- bis Zweizimmerwohnungen ist als Wohnküche gedacht und besitzt eine eigene Kochnische, in der ein zweiflammiger Gasherd mit Bratrohr und Vorwärmer und eine zweiteilige Abwasch mit direktem Wasserzu- und -ablauf untergebracht ist. Zu jeder Wohnung gehört ein Klopfbalkon, der vom Vorzimmer aus direkt zugänglich ist. Alle Gas- und Stromzähler der Mieter befinden sich in jedem Stockwerke in eigenen Nischen, sodaß seitens den Angestellten der städtischen Werke ein Ablesen der Zähler ohne Inanspruchnahme der Parteien stattfinden kann. Hiedurch wird außerdem den Angestellten der Werke manch unnützer doppelter Weg infolge Nichtantreffens der Parteien erspart.

Nachdem der Metzleinstalerhof insgesamt 244 Wohnungen aufweist, so wurde statt der einzelnen Waschküchen eine einzige Zentralwaschanlage geschaffen. In derselben sind 9 Einzelwaschstände mit je einem eigenen kleinen Waschküchenkessel, außerdem alle modernen Maschinen, wie Waschmaschinen, Zentrifuge, Kulissentrockenapparat, Einspritztisch und eine elektrische Mangel. Mit warmem Wasser und Dampf wird die Waschanlage von einem eigenen Kesselhaus versorgt. Das letztere schafft gleichzeitig das warme Wasser für eine Zentralbadeanlage, bestehend aus 9 Wannen und 12 Brausebäderkabinen.

Der schon im ersten Teile des Metzleintalerhofes vorhandene Kindergarten wurde beim weiteren Ausbau um 2 Abteilungen vergrößert. Außerdem wurde den Kindern durch die Schaffung eines Gartenhofes die Möglichkeit geboten im Freien zu spielen.

In der Front der Johannagasse des Metzleintalerhofes wird eine Bibliothek eingerichtet werden, welche aus einem großen Büchersaal mit anschließendem Lesezimmer und den erforderlichen Kanzlei- und Arbeitsräumen bestehen wird.

Im Erdgeschoße befinden sich in allen 4 Straßenzügen, die den Metzleinstalerhof umschließen, außerdem eine Reihe von Geschäftslokalen und Werkstätten.

Durch die Schaffung des Metzleinstalerhofes glaubt die Gemeinde Wien Mustergültiges im Kleinwohnungsbau geleistet und wieder eine anerkennenswerte Vorwärtsbewegung in der Wohnkultur bewiesen zu haben.

Sowohl südlich als auch nördlich des Metzleintalerhofes sind Neubauten der Gemeinde Wien im Entstehen begriffen und wird die gesamte Anlage aller Neubauten rings um den Metzleinstalerhof 1818 Wohnungen beinhalten.

(544)

233. Max Eisler, „Neue Wiener Nutzbauten“, in: *Moderne Bauformen*, 1926, Jg. 25, Heft VII, S. 233–251, hier 234–235.

An den vorgebrachten Volkswohnungen sind beteiligt: Josef Hoffmann, Josef Frank, Robert Örley, Cäsar Poppovics, Hubert Geßner, ferner Josef Mayer, Erich Leischner und Karl Dirnhuber vom Stadtbauamt, das in allen Fällen die Entwürfe der genannten Architekten im eigenen Wirkungskreis durchgeführt hat. Die Künstler kommen aus sehr verschiedenen Lagern der Kunst- und Weltanschauung, man wird sich daher nicht wundern, im selben Thema sehr verschiedenen Lösungen zu begegnen. Aber – und das scheint uns ein erster wesentlicher Fortschritt in der neuesten Phase unserer Architektur – die individuellen Gegensätze haben ihre bisherige Mannigfalt und Schärfe verloren. Gefördert von dem einheitlichen Programm, von dem fest begrenzten Arbeitsziel und dem streng-edlen Lebenszweck, ist der „Typ“ der Kleinwohnung, also das gerade Gegenteil der selbstwilligen, selbstherrlichen Künstlerlaune, ist die dienstbare Form auf dem Wege.

Diese Form verleugnet die Wiener Mundart nicht ganz. Beispiele von jener breiten, wuchtigen Haltung, die das Behäbige mit dem Behaglichen verwechseln, rechnen wir nicht hierher. Denn das sind nur altväterische Atavismen, die über kurz oder lang vom Schauplatz verschwinden werden. Die kompakte Majorität mag an ihnen noch immer Gefallen finden, der Zug der Zeit geht schon deutlich über sie hinweg. Sonst wäre es nicht möglich, daß sich neben ihnen die so gar nicht „gemütlichen“, sondern nur aufrichtigen, nur praktikablen Konkurrenten behaupten, die eigentlichen Träger der Entwicklung. Auch sie lassen sich noch einigermaßen wienerisch vernehmen. Schon die Vorliebe für freundlich helle Färbungen, die sich in die farbenvolle Atmosphäre unseres beinahe südlichen Himmels schicken, dann etwa der schüchterne Versuch, die nackten Mauern des Hauskörpers mit ein paar plastisch hervorkommenden Blumen und Früchten zu schmücken, mehr noch die Ordnung der Massen, die Teilungen der Wände durch Einlässe und Fenster, kurzum, der rhythmische Umgang mit dem Bauwürfel, das führt die Sprache der Heimat. Freilich, man muß ein feines Ohr haben, um sie zu hören. Denn gerade in den besten Fällen – dazu zählen wir, um nur ein besonders klares Exempel zu erwähnen, die Anlage von Frank – ist diese Sprache der Heimat sehr zaghaft, sehr leise geworden. Und wird, mit ihrem eigenen Willen, übertönt von der Sprache der Welt. Auch das scheint uns – immer nur für das vorliegende

Feld sozialer Bauarbeit – ein wichtiger, wesentlicher Fortschritt. So wie das Persönliche muß hier auch das Nationale zurücktreten vor der weltgültigen Form, dem natürlichen Gehäuse für die weltgültige Entwicklung der modernen Gesellschaft.

Diese Form, die einem gemeinschaftlichen Wohnzweck dient, hat demgemäß einen geschlossenen Zuschnitt, bleibt körperhaft, auch in ihren sparsamen Gliedern. Ihr regulärer geometrischer Zuschnitt entspricht dem rationellen Grundgedanken, der hier durchgehends am Werke ist und der jedwede freiere Gestaltungsweise – von der glücklich überwundenen Dekoration gar nicht erst zu reden – als eine unzulässige romantische Verschleierung des lebensernsten Tatbestandes empfinden würde. Aber derselbe, in allen besseren Fällen hervortretende Kubismus bedeutet hier nicht bloß formale Physiognomie, sondern auch Träger des Gewichtsspieles von Körper und Raum. Man wird in der Reihe unserer Beispiele unschwer jene Gruppe auffinden, bei der mit der Baumasse noch das Schwergewicht vorherrscht, und dann die andere, die schon erleichterte, entstofflichte Raumgebilde, also Architektur höheren Grades erreicht. Auch damit schließt sich das Wiener Schaffen wiederum an die internationale Bewegung des Augenblicks. Denn auch dort wird durch dies und jenes vielleicht der vitalste, jedenfalls aktuellste Gegensatz in der Baukunst der Gegenwart bezeichnet: in Amerika herrscht noch die imposante Baumasse, in Frankreich schon das durchsichtige, luftige Raumgebilde. Wien will, so scheint es, auf seine eigene, heimatlich begründete Weise in die neufranzösische Fährte lenken, der die Zukunft gehört.

---

234. Josef Frank, „Der Volkswohungspalast. Eine Rede, anlässlich der Grundsteinlegung, die nicht gehalten wurde", in: *Der Aufbau*, 1. Jg., Heft 7, August 1926, S. 107–111, hier 107–108.

Sehr geehrter Herr Bundespräsident, sehr geehrter Herr Bürgermeister, sehr geehrte Festgäste!

Das große Versprechen, fünfundzwanzigtausend Wohnungen zu schaffen, hat die Gemeinde erfüllt. Trotz aller Schwierigkeiten, trotz aller bösen Prophezeiungen ist hier in Wiens schwerster Zeit ein Werk durchgeführt worden, dessen Bedeutung in seiner besten Zeit nicht einmal erkannt worden ist. Und keine

Anerkennung für dessen Schöpfer und deren Helfer kann ihre Verdienste genügend würdigen. Und nun sei es mir geschattet, anläßlich der Feier der Grundsteinlegung zu diesem Volkswohnungspalast, der die dreiundzwanzigtausdendsechshunderste bis fünfundzwanzigtausendste Wohnung enthalten soll, zwei Wünsche für die Zukunft auszusprechen. Der erste: Möge alles, was bisher geschehen ist, erst ein bescheidener Anfang zu neuen Taten unserer Gemeinde sein! Der zweite: Möge dies der letzte Volkswohnungspalast sein, der in Wien erbaut wird!

Das ist kein Widerspruch; mir erscheint es viel eher als ein solcher, wenn ich die beiden Wörter „Volkswohnung" und „Palast" zu einem verbunden lese. Und ich habe die Empfindung, daß hier zwei Dinge miteinander verschmolzen werden sollen, die nie etwas miteinander zu tun gehabt haben und bei deren Vereinigung notwendig der eine Teil zu kurz kommen muß, wobei es der geringere Schaden ist, wenn dies dem Palast geschieht. Man denkt bei diesem Wort unwillkürlich an jene italienischen Paläste heruntergekommener Adelsgeschlechter, in deren Erdgeschoß die Säle in Volkswohnungen umgewandelt, pro Raum einer Familie als Schlafzimmer, Küche, Stall und Werkstäte dienen; gewiß kein Ziel, aufs innigste zu wünschen, trotzdem die Vorstellung solcher Wohnungen in Neapel lang nicht so schrecklich ist wie die unserer üblichen Spekulantenkleinwohnungshäuser. Wenn wir aber heute das Wort „Volkswohnung" hören, so verbinden wir damit sofort eine bestimmte Vorstellung und ein bestimmtes Ideal, das weitab vom Palast führt. Wir sehen ein Heim, licht, luftig, leicht bewirtschaftbar; helle Farben, Sonne, Blumen; wir sehen einfachsten Hausrat, unserer Industrie und unserer Handwerkskunst entstammend, nach dem Geschmack der Bewohner in mannigfaltigster Art geordnet. Und nun der Palast! Wir denken an die steinernen Riesenwürfel in Florenz, halb Festsaal, halb Festung, in dem der Hausherr in unruhigen Zeiten seine Anhänger sammeln konnte; wir denken an Wiens fürstliche Palais, die heute in ganze Ministerien mit sehr vielen Beamten umgewandelt worden sind; es muß hier aber immer wieder betont werden, daß diese Bauten kompromißlos die ehrliche Gesinnung der Feudalzeit dokumentieren und in diesem Sinn auch für uns noch vorbildliche Werke einer Gesamtkultur sind. Aber ihre Zeit ist vorüber und was wird heute nicht alles Palast genannt! Ich schlage im Brockhaus nach und finde dort: *„Der Palast ist ein zum friedlichen Wohnsitz für Fürsten und Herren bestimmtes Bauwerk. – In Zeiten eines schlichten Bürgertums (in Athen, dem republikanischen Rom, in den deutschen Städten des Mittelalters) entstanden keine Paläste. – In Wien nennt man Palast SOGAR solche große Miethäuser, in welchen nur ein Geschoß für den Besitzer* *künstlerisch ausgestattet ist.*" Wir waren also mit der Verleihung dieses Titels immer schon am freigiebigsten, was etwa jener Gesinnung des Greislers entspricht, der jede Kundschaft, wenn sie mehr als ein viertel Kilo Zwetschken auf einmal kauft, „Frau von" anredet. Heute gibt es Paläste jeder Art: Industrie-, Tanz-, Gefrorenes-, Restenpaläste, lauter Lokale, die mit dieser Titulatur andeuten, daß sie nach mehr aussehen wollen als sie wirklich sind; deren äußere Aufmachung und Prachtentfaltung, die meist an Calafatti[1] erinnert, nur für die oberflächlichste Betrachtung bestimmt ist. Das war freilich auch oft bei fürstlichen Palästen der Fall, wenn ihre Besitzer mehr prunk- als kunstverständig waren und ihr Geld dementsprechend verwendeten. Man sehe zum Beispiel die Wohnräume in Schönbrunn. Dieser äußerliche Prunk dokumentiert eine Gesinnung, die uns heute ferner liegen sollte als jede andere. Das Haus aus der Zeit „schlichten Bürgertums" weist hingegen auch bei großem Reichtum jene Ehrlichkeit und Sachlichkeit auf, die für uns den Übergang zum Volkswohnungspalast bedeuten.

---

235. L[eo]. A[dler]., „Wohnhausblock und Ledigenheim ‚Pestalozzihof' in Wien, Architektin: Ella Briggs, Wien", in: *Wasmuths Monatshefte für Baukunst*, Heft 2, 1928, S. 69–72, hier 69 und 72.

Der „Pestalozzihof", der als ein Teil des großzügigen Bauprogramms der Gemeinde Wien im Jahre 1926 vollendet und der Benutzung übergeben wurde, ist nach den Plänen der Wiener Architektin Ella Briggs und unter der Bauleitung des Wiener Stadtbauamtes entstanden.

Das drei bis vier Stock hohe, für Wiener Gemeindebauten also verhältnismäßig niedrige Gebäude enthält 119 Kleinwohnungen, von denen 27 aus Küche, einem Zimmer, Kammer und Nebenräumen, 10 aus Küche, zwei Zimmern und Nebenräumen, 81 aus Wohnküche, einem Zimmer und Nebenräumen und 1 aus einem Einzelzimmer mit Nebenräumen bestehen. Die Gesamtfläche des unregelmäßigen Grundstückes beträgt 3988 m², von

1 Calafatti – die große Figur eines Chinesens, Wahrzeichen des Wiener Wurstelpraters.

denen 2034 m² d. h. 51% bebaut sind. Der Rest verbleibt als Hoffläche, die bis auf rund 200 m² als Gartenhöfe ausgebildet ist.

Die Mitte der Anlage wird an der Philippovichgasse von einem Straßenhof eingenommen, an dessen Rückseite im Erdgeschoß ein Kindergarten von 97,81 m² untergebracht ist.

Die Gebäudegruppe enthält außer den 119 Wohnungen noch 2 Ateliers, 5 Läden, 9 Waschküchen, 3 Wannen- und 4 Brausebäder.

Zu dieser ursprünglichen Baugruppe an der Lissbauer- und der Philippovichgasse trat später das Grundstück an der Billrothstraße hinzu, das ein Ledigenheim aufnahm. Es enthält 25 Einzelzimmer, 4 Gemeinschafts- und 2 Aufenthaltsräume und die dazu gehörigen Brause- und Waschräume, Kleiderablagen, Teeküchen, Putzräume sowie eine Hauswart-Wohnung mit Wohnküche, Zimmer und Nebenräumen.

In dem baukünstlerischen Chaos, das die Wiener „Volkswohnungspaläste" über die Stadt verbreiteten, darf der „Pestalozzihof" von Ella Briggs zu den erfreulicheren Beispielen gerechnet werden. Freilich sind gerade in der Mitte der Baugruppe die dreieckig vorspringenden Loggien, die halbrunden Treppentürme, die Lisenen des Mittelbaues und der wie nachträglich eingefügte Kindergarten nicht zu einer ruhigen Einheitlichkeit verschmolzen, aber bei den in Wien herrschenden und in Wasmuths Monatsheften schon 1926 eingehend geschilderten Verhältnissen kann wohl auch in diesem Falle die Verantwortung für den „Pestalozzihof" nicht allein der Planverfasserin zugeschoben werden, die am gleichen Bau eine in ihren Hauptzügen so viel klarere Lösung im Gartenhof zu finden wußte. Noch jeder Architekt ist in Wien „mit seinem Projekt, das in zahllosen Besprechungen von den Baubeamten begutachtet und verbessert wird, vergewaltigt worden", schrieben wir schon 1926. Viele Architekten, unter ihnen auch Frau Briggs, haben inzwischen Wien verlassen und die scharfe Kritik, die die Bautätigkeit der Gemeinde Wien auf dem Internationalen Städtebau-Kongreß 1926 in Wien erhoben ist noch in frischer Erinnerung.

Ella Briggs, Pestalozzi-Hof in Döbling, 1925–1926, Aufnahme 1932.

(551)

236. Josef Bittner, *Die Wohnhausanlage der Gemeinde Wien auf dem Gelände der ehemaligen Krimskykaserne.* Wien o. J. [1928], o. S. (Einleitung).

An das Gebiet der ehemaligen Krimsky-Kaserne, das zwischen der Baumgasse und der Hainburgerstraße im III. Bezirk gelegen ist, und das mit seinem Reit-, Fahr- und Exerzierplätzen, den ausgedehnten Stallungen, Geschützschuppen und Mannschaftsbaracken einen ziemlich umfangreichen Grundkomplex darstellte, schloß sich sowohl in der Hainburgerstraße und Baumgasse als auch besonders in der Rabengasse, Knappengasse und Rüdengasse bis gegen die Lustgasse ein Gebiet an, das durchwegs Baulichkeiten aufwies, die nicht mehr als Wohnhäuser angesehen werden konnten. Die meisten waren in einem Zustand, daß sie ihre Bewohner nicht mehr recht vor den Unbilden der Witterung schützten und das Betreten einzelner Räume baupolizeilich untersagt werden mußte, da Decken und Mauern einsturzgefährlich waren.

Wohl wies dieses Gebiet, dieses sterbende Alt-Wien malerisch wunderschöne Punkte auf, die das Entzücken der Künstler und Kunstfreunde wachrufen mußten, doch konnte dieser Umstand die bedeutenden Mängel nicht wettmachen und die Gemeinde Wien wählte daher das erwähnte Gelände, um hier eine Wohnanlage größten Stils zu errichten.

Um einen geeigneten Verbauungsplan zu gewinnen, entschloß sie sich, einen beschränkten Wettbewerb auszuschreiben. Auf Grund des Ergebnisses hiebei erhielten die Architekten Heinrich Schmid und Hermann Aichinger den Auftrag, die Pläne für die Verbauung dieses gesamten Gebietes zu verfassen.

Für die Verbauungsidee bei dieser neuen Wohnhausanlage war vor allem andern von grundlegender Bedeutung, daß die Rabengasse als diagonaler Verbindungsweg zwischen Erbergstraße und Landstraßer Hauptstraße erhalten bleiben mußte, nur die ursprünglich gedachte starre geradlinige Führung wurde in eine Bogenstraße umgewandelt.

Diese gesamte Anlage wurde zwar als eine einheitlich städtebauliche Komposition von Architekten entworfen, die Freizügigkeit im Entwurf war aber außerordentlich unterbunden, weil große Teile des Geländes – mangels entsprechender Enteignungsgesetze – erst nach und nach in den Besitz der Gemeinde Wien gelangen konnten. Es mußte also beim Verbauungsplan nicht allein darauf Rücksicht genommen werden, daß die Anlage nur in Etappen errichtet werden konnte, sondern es haben die vielen bestehenden Objekte, welche teilweise später erworben wurden, die Führung der Baufluchten ganz entscheidend beeinflußt.

Der an die Hainburgerstraße anliegende östliche Teil konnte überhaupt noch nicht ausgebaut werden, weil einige wenige demolierreife Objekte bisher nicht erworben werden konnten, wodurch die Anlage an dieser Stelle einen noch ganz unvollständigen und daher unbefriedigenden Eindruck macht. Auch in der Lustgasse besteht noch eine häßliche Baulücke.

Die vielen vorerwähnten Hindernisse, ferner die diagonal verlaufende Rabengasse und die notwendigen Anschlüsse an die zahlreichen Feuermauern von Objekten, welche bestehen bleiben mußten, schlossen eine achsiale städtebauliche Lösung von vorneherein aus. Es mußte vielmehr von den Architekten eine städtebauliche Wirkung durch geschickte Aneinanderreihung von verschieden großen Wohn- und Gartenhöfen und öffentlichen Plätzen gesucht werden.

---

237. G. G., „Ein neuer Stadtteil in Döbling. Die städtische Wohnanlage ‚Karl Marx-Hof' fertiggestellt", in: *Die Stunde*, 7. Oktober 1930, S. 5.

Es ist noch erinnerlich, daß vor mehr als Jahresfrist in der Öffentlichkeit eine gewisse Aufregung entstand, weil im Wiener Gemeinderat durch Redner der Minorität darauf verwiesen wurde, daß der große Wohnhausbau „Karl Marx-Hof" in der Heiligenstädterstraße sich zu senken beginne. Es wurde dem städtischen Bauamt der Vorwurf gemacht, daß es bei der Ausführung dieses Baues nicht die genügende Sorgfalt in der Ausübung der Kontrolle geübt habe. Es wurde von seiten der Minorität ferner darauf hingewiesen, daß hiedurch der Stadt Wien ein Millionenschaden zugefügt worden sei. Von seiten der Stadtverwaltung wurde damals erwidert, daß sie den Bau an eine große Baufirma vergeben habe, daß die Verantwortung für die Ausführung und Durchführung des Baues diese Firma allein trage und daß der Gemeinde Wien keinesfalls ein Schaden erwachsen könne. Übrigens werde dafür Sorge getragen werden, daß eine strenge Untersuchung jede Aufklärung bringen werde. Es wurde nun festgestellt, daß durch scheinbar unsachgemäße Ausführung einige Piloten, auf denen der Bau aufgeführt wird, sich gesenkt hatten, wodurch Mauerrisse in der im Bau befindlichen Anlage entstanden. Diese technischen Schwierigkeiten wurden von den Gegnern der

Gemeindebauten zum Anlaß schwerer Verwürfe gegen das städtische Bauwesen genommen. Stadtrat Siegl, der damals das Baureferat leitete, berief eine Untersuchungskommission ein und es wurde der bekannte Betonbaufachmann Professor Saliger mit der Prüfung betraut. Das von ihm mit anderen Sachverständigen ausgearbeitete Gutachten stellte fest, daß die berufenen Gemeindeorgane keine Verantwortung treffe. Die entstandenen Bauschäden mußten auf Kosten der Firma behoben werden.

Heute steht nun der Bau in seiner ungeheuren Größe auf der sogenannten Hagenwiese in Döbling vor dem Heiligenstädter Bahnhof, wo einmal Handelsgärtner ihr ehrsames Gewerbe trieben, fertig da. Auf einem mehr als einen Kilometer langen Gelände steht die größte Wohnhausanlage, die die Gemeinde Wien bisher erbaute.

Es ist der „Karl Marx-Hof", der am Sonntag den 12. Oktober durch Bürgermeister Seitz eröffnet werden wird. Architekt Oberstadtbaurat Karl Ehn hat die ihm gestellte Aufgabe, ein Riesengelände, wie es die Hagenwiese war, zu verbauen, in einer sehr interessanten Weise gelöst. Er schuf in der Mitte der Wohnhausanlage zur Unterbrechung der langen Gebäudefront einen über zehntausend Quadratmeter großen Platz, der gegen die Heiligenstädterstraße offen ist, gärtnerisch ausgestaltet wurde und als Schmuck eine überlebensgroße Bronzefigur von Bildhauer Hofner enthält, die einen Sämann darstellt. Dieser Platz wird an der Rückfront durch den höchsten Teil der Anlage abgeschlossen. Der Bau ist dort fünf Stockwerke hoch und bildet gleichzeitig die Überbauung der zum Sportplatz Hohe Warte führenden Straße. Er trägt sechs Turmaufbauten und enthält weiter auf den Massenverkehr eingestellte riesige Durchfahrten. In einem ruhigen Übergang fällt dann dieser Bauabschnitt seitlich in vier- und dreistöckige Flankenteile ab. Der Anlage wird damit an ihrer dominierendsten Stelle eine gewaltige Horizontalgliederung verliehen, die durch emporstrebende Turmbauten ein Gleichgewicht findet. Loggien, Erker, Balkone und verschiedenfarbige Fassadenflächen bilden die erforderliche Belebung der glatten Fassade. Außerdem schmücken das Hauptgebäude vier auf den Schlußsteinen der mittleren Torbogen aufgesetzte Plastiken aus wetterfestem, farbig glasiertem Steinzeug. Sie stammen vom Bildhauer Josef Riedl und versinnbildlichen die Freiheit, Fürsorge, Aufklärung und Körperkultur.

238. o. A., „Das Wiener Amalien-Bad“,
in: *Die Unzufriedene*, 11. Jänner 1931, S. 5.

Unser Bild zeigt die große Schwimmhalle des Amalienbades, das im Jahre 1926 eröffnet wurde. Das Amalienbad, das zu den schönsten Bädern ganz Europas gehört, auch eine der größten gedeckten Schwimmhallen der Welt besitzt, erhebt sich mitten im großen Arbeiterbezirk Favoriten. Das moderne Bad gehört zu den wichtigsten Faktoren der Volkserziehung und der Volkskultur. Daß das Amalienbad auch fleißig besucht wurde und immer stärker besucht wird, zeigen die Besucherzahlen aus den Jahren 1929 und 1930. Im Jahre 1929 wurde es von mehr als 1,280.000 Menschen besucht, im Jahre 1930 vom 1. Jänner bis 30. September allein schon von mehr als 1,000.000 Badegästen. Das große Bad, dessen moderne, saubere und zugleich schöne Einrichtung jährlich von vielen tausenden Fremden besichtigt und bestaunt wird, umfaßt große Abteilungen für Wannenbäder, Dampfbäder, Brausebäder, Sonnen- und Luftbäder und eine ausgezeichnete Kurabteilung mit allen Arten von Heilbädern; diese Kurabteilung wurde 1929 allein von rund 80.000 Heilungsuchenden besucht. Bemerkenswert ist, daß die Gemeinde Wien, der das Riesenbad gehört, auch hier auf die Kinder und die Armen nicht vergißt; jedes Jahr werden rund 70.000 Freikarten für alle Abteilungen des Amalienbades ausgegeben. So haben 1929 rund 53.500 Kinder und rund 13.000 Erwachsene im Amalienbad kostenlos gebadet. Damit ist das Amalienbad in den vier Jahren seines Bestehens zu einem wirklich modernen Volksbad der Wiener geworden.

Karl Schmalhofer und Otto Nadel, Amalienbad, 1923–1926, Aufnahme von Martin Gerlach um 1926.

(556)

239. M. L. [Maria Lazar?], „Hier ziehen Kinder ein und aus", in: *Arbeiter-Zeitung*, 7. September 1933, S. 7.

Wenn man auf dem Alsergrund durch die schmale Sobieskygasse mit ihren kleinen, hundertjährigen Häuschen geht und dabei durch die Tore kleine Hofgärtchen mit verwachsenen Lauben sieht, dann mag es geschehen, daß einen die „guate, alte Zeit", die in diesem Winkelwerk nistet, anzuheimeln versucht. Doch nur für Sekunden. Der Blick fällt in düstere, muffige Stuben und man ahnt angesichts der feuchten Mauern, daß diesen Häuschen und der Menschen drinnen der Rheumatismus in die Knochen kriecht. Bis zur Ayrenhofgasse stehen die Häuschen. Dort scheinen sie sich ganz tief zu ducken, als erstürben sie in Ehrfurcht vor dem Baukoloß, der da stolz und kühn seine jungen Glieder hinanreckt. Anmutig steht er da, grüne Hecken zu Füßen, mit seinen zierlichen Bogen und Fenstern, die der Fassade ein spielerisches Gepräge geben. Kleinkinderfiguren, die sich aus dem Stein der Fassade erheben, erhöhen diesen Eindruck. Ein steinernes Wickelkind schläft unter der mächtigen Inschrift auf der Stirn des Gebäudes: Kinderübernahmestelle der Gemeinde Wien.

Sinnreiche Hygiene.

Das Gebäude wurde im Mai des Jahres 1925 fertiggestellt. Seither haben es fünfundzwanzigtausend Kinder betreten; durch den Eingang in der Lustkandlgasse, durch den allein der Eintritt ins Haus gestattet ist. Denn der Bau wurde nicht nur mit Beton und Glas, sondern auch – mit Vorsicht aufgeführt. Alle Abteilungen und Stiegengänge sind voneinander streng abgeschlossen. Das Haus ist für den Fremdling ein Labyrinth. Die Hauptsache aber ist, daß sich heute feststellen läßt, daß sich das Absperrungssystem glänzend bewährt hat. Seit Bestand des Hauses ist es nicht vorgekommen, daß eine Infektionskrankheit, die in einer Abteilung auftrat, in eine andre Abteilung des Hauses verschleppt worden wäre.

Sinnreiche Hygiene schreibt darum den Weg des Kindes durch das Gebäude vor: Vom Untersuchungszimmer geht es über Stufen hinunter zum Bad und zur Desinfektion. Dann bekommt man reine Wäsche und fährt in einem Aufzug hinauf zu seiner Abteilung, je nachdem, ob man ein Säugling, ein Kleinkind oder schon so etwas wie ein Erwachsener in Taschenausgabe ist – in den ersten, zweiten oder dritten Stock. Niedliche Bettchen, Tischchen und Sesselchen erwarten einen hier. Eine

Menge Spielsachen, die den Aufenthalt in seiner „Box“ kurzweilig gestalten sollen, insofern die andern Boxbewohner – gewöhnlich sind sechs Kinder beisammen – nicht genügend für Zerstreuung sorgen. Daneben kann man aber auch mit den kleinen Kameraden in den andern Boxen „kokettieren“ – denn eitel Glas sind alle Wände zwischen den vier Abteilungen jedes Stockwerkes. Damit die Schwester von überall zu sehen in der Lage ist, ob es irgendwo vielleicht „losgeht“: unter anderm etwa eine kleine Differenz wegen der Bausteine, die man „ritterlich“ austragen zu müssen glaubt. Das gibt es hier freilich nicht. Hier heißt es, sich vertragen; denn eine Übersiedlung in eine andre Box kommt nicht in Frage. Man bleibt mit seinen Mitbewohnern beisammen – bis zum Ende der Beobachtung und verläßt das Haus dann auch gemeinsam mit ihnen. Auf der hierfür bestimmten Stiege.

Kapitel 23: Rückblicke auf die Stadt der Vormoderne

„Im Stadtbild wird die Vergangenheit unmittelbar sinnlich Gegenwart", schreibt Hans Tietze 1931 und bezeichnet damit treffend, dass die historische Stadt immer auch die zeitgenössische Stadt ist. Trotz großangelegter Wohnbauprogramme blieb die große Mehrheit der Wiener Wohnhäuser auch in den 1920er Jahren Altbauten. Aber auch in diese zog eine neue Zeit ein beziehungsweise wurden die alten Mauern neu wahrgenommen und gedeutet. Der Blick auf die Baugeschichte kann unterschiedliche Motivationen haben: Else Feldmann beschreibt die Bordelle in den heruntergekommenen Häusern. Die kleinen alten Häuser stehen hier für das Elend der Bewohner:innen. Hermann Bahr kritisiert den Historismus der Ringstraße als Ausdruck einer morbiden Gesellschaft. Joseph Roths „freiwilliges Ghetto" – die Leopoldstadt – ist der Wohnort der „Ostjuden", die jüngst erst nach Wien gekommen sind. Sie bleiben dort auf der Durchreise, denn der 2. Bezirk ist für ihn das räumliche Symbol des Zwischenzustands zwischen Immigration und Integration in die Bezirke höherer Nummerierung. Überhaupt eignet sich der Zustand der alten Häuser sehr gut, die rasch aufeinanderfolgenden Wirtschaftskrisen zu verbildlichen, wie es etwa Alfred Polgar im Jahr des Börsenkrachs 1929 tat.

Altbau bedeutet aber nicht nur Wohnungselend: Gina Kaus berichtet von dem jungen Arztehepaar, das sich stückchenweise die große Altbauwohnung erobert. Es ist die Erzählung einer modernen Ehe und einer bürgerlichen Wohnung.

---

240. Else Feldmann, *Löwenzahn. Eine Kindheit.* Wien-Berlin-Leipzig-München: Nikols-Verlag, 1921, S. 156–157.

Wir gingen. Wieder diese versteckten Gassen. O – es war wie ein Märchen, wie ein Wunder, wie ein Traum. Die Häuschen lagen da wie Spielzeug, mit weißen Gardinen und Fuchsienstöcken vor den niedrigen Fenstern. In jedem Fenster lehnte ein hübsch und kindlich frisierter Mädchenkopf. Wenn man sie aber näher betrachtete, sahen sie aus wie Nanja. Alle hatten das gleiche Gesicht... Worauf warten diese Mädchen? fragte ich Lina Hell. Auf Männer. Und jetzt kommt das Interessante. Sie führte uns vor ein Fenster. Da guckt einmal hinein, eine nach der andern, aber rasch!

Ich sah ein kleines, nettes Zimmer, einfach eingerichtet, ein paar Photographien, ein paar Bilder, ein kleines Stück Teppich, eine spanische Wand mit chinesischen Bildern drauf gemalt, eine rosig verhängte Ampel. Einen Tisch mit einem geblümten Tischtuch und zwei Lederstühlen. Am Tisch saß ein Mann von vielleicht vierzig Jahren, mit einem blassen Gesicht. Er saß da, den Kopf in die Hände gestützt, wie in tiefem Nachdenken. Beim Ofen stand ein wunderbares Mädchen, beinahe ganz nackt.

Ich erschrak sehr. Seht ihr, so geht es in diesen Zimmern zu, erklärte uns Lina Hell. Das Mädchen drinnen hatte uns erblickt, kam so nackt wie es war, ans Fenster und schlug die Läden zu. Wir gingen noch die Gasse hinauf und dann wieder zurück. Seht ihr, hier wohnen sie, diese „Mädchen", da kommen die jungen Theresianisten zu ihnen.

---

241. Hermann Bahr, *Selbstbildnis.* Berlin: S. Fischer, 1923, S. 104–107.

Und dann meinte mir mein guter Vater vor allem Wien zu zeigen. Er hat mir aber in den vier Tagen eigentlich von Wien nur gezeigt, was damals der Stolz der Liberalen war: die Ringstraße. Jahre hat es mich gekostet, den Eindruck dieses falschen Wien, das ich zunächst zu sehen bekam, überwinden und das wirkliche Wien, das verborgene, finden zu lernen. Von dem wollten die Wiener nach 1866, die neuen Wiener, durchaus nichts mehr wissen und der Ausdruck dieses Verlangens, das geschichtliche Wien zu vergessen, ist die Ringstraße. Ich habe sie als Bub gehorsam erstaunend bewundert, ich habe sie später jahrelang heiß gehaßt; inzwischen ist sie selber Geschichte geworden und hat dadurch einen Schein von Wirklichkeit gewonnen, besonders, seit die Wirklichkeiten Österreichs zergangen sind; die Ringstraße hat ja schließlich recht behalten, gegen Österreich.

Als Leistung bleibt sie staunenswert. Niemals hat sich Ohnmacht von einer so bezaubernden Anmut, Kühnheit und Würde gezeigt, keine Null ist je mit solcher fruchtbarer Fülle gesegnet, niemals Nichtssagendes von einer so hinreißenden Beredsamkeit gewesen. Es war sozusagen ein Kostümball in der Luft, irgendwie vorahnungsvoll schon von Anfang an für den Festzug Makarts bereit, selber auch schon ein solcher Atelierscherz von unsterblicher Improvisation. Als Leistung staunenswert, vor allem gleich dadurch, daß sich überhaupt Männer fanden, sie zu wagen, freilich

Blick in die Schreyvogelgasse Richtung Universität, Aufnahme von Martin Gerlach, um 1935.

offenbar nur mit dem Mut jenes ahnungslosen Reiters über den zugefrorenen Bodensee. Staunenswert aber auch durch ihre ruchlose Modernität, der die ganze Vergangenheit, der eigenen Stadt nicht bloß, sondern aller Kunst, nichts als ein ungeheurer Steinbruch von Motiven war, die geistig damit nicht anders verfuhr als jene fränkischen Herzöge mit dem mittelalterlichen Athen, die sich aus dem Parthenon des Phidias Steine für ihre barbarisch gewaltigen Türme brachen. Und so stark hat sich diese blindwütige Modernität der Ringstraßenherrlichkeit erwiesen, daß, als sich ein Menschenalter später die jungen Baukünstler der Sezession erdreisten wollten, ihre neueste Modernität gegen jene längst inzwischen schon wieder veraltete der sechziger Jahre nun mit eben derselben Rücksichtslosigkeit einzusetzen, noch die ganze Stadt empört aufschrie, gegen die junge Modernität, für die verwichene. Der Ringstraßenherrlichkeit hat sich die Stadt nur ein einziges Mal widersetzt, ganz im Anfang gleich, aufgeschreckt durch die Hofoper Siccardsburgs und van der Nülls, durch das einzige Werk also gerade, das in der Gesinnung so groß und an überwältigenden Einfällen so reich ist, daß auch der Hauch von Improvisation und leiser Irrealität, der allein verrät, woher es kommt, durch den allein es sozusagen datiert wird, daß selbst dieses Aufschimmern einer sogleich immer wieder zur Sache gewiesenen Gaukelei hier gleich nur noch ein neuer Reiz wird, ein Werk, dem das fast Unmögliche gelingt, aus den Schwächen seiner Zeit Kraft zu schöpfen. Dagegen löckte Wien, das sich aber der gefälligen dänisch beweglichen Romantik Hansens wie der landfremden Gotik des schwäbisch doktrinären Schmidt willig ergab und zwischen der lässigen, doch bedachten und empfundenen, sinnvoll beherzten altösterreichischen Eleganz Ferstels und der turbulent aufhauenden, immer mit ihrem Bizeps prahlenden Genialität Hasenauers, einer so von Gewissen unbeherrschten Genialität, daß sie fortwährend daran war, in Talentlosigkeit umzuschlagen, eigentlich kaum mehr den Unterschied empfand. Die Grenze, wo Pracht und Prunk zu Protz wird, war verwischt, der Ausdruck dieser Verwischung ist die Ringstraße, le Bourgeois gentilhomme. Und eigentlich muß man ihr also zugestehen, daß sie, wenn auch nicht künstlerisch, so doch geschichtlich von Bedeutung ist, als Plakat nämlich, das der alten Stadt ankündigt: Höfisches, adeliges, grundbürgerliches Wien, deine Zeit ist um, eine neue Macht ist da, das Geld tritt jetzt die Regierung an! Kaum irgendwo sonst ist die Bourgeoisie gleich so triumphierend eingezogen, mit einem Banner aus Stein und hauptsächlich Gips. Ja dies sogar, bevor sie noch eigentlich da war. In der Ringstraße hat sich eine neue Gesellschaft im voraus Quartier bestellt, die selber eben um diese Zeit erst anfing, in aller Hast improvisiert zu werden.

242. Hugo Bettauer,
„Die freudlose Gasse" (1924),
in: ders., *Gesammelte Werke.*
Bd. 3, Salzburg: Hannibal, 1980, S. 41–44.

Eine Familie im Abstieg.

Wiens Entwicklung ist unorganisch, ohne Ziel und Zweck vor sich gegangen. Wien ist wohl die einzige Großstadt, die keinc City, kein Wohnviertel hat, sondern ein Kunterbunt von Villen, Luxusbauten, Palästen, Mietkasernen, verfallenen Häusern, Baracken und Armeleutequartieren bildet. In ein und derselben Straße hausen Millionäre und Proletarier, stehen uralte niedrige Häuser mit Gärten und protzige fünfstöckige Talmipaläste mit Lift und Dampfheizung, Palais aus dem siebzehnten Jahrhundert und abscheulich moderne Miethäuser mit ein- und zweizimmerigen Wohnungen für kleine Leute.

In dieser Beziehung repräsentiert die Melchiorgasse die ganze Stadt. In ihr leben Markthelfer und Gemüsehändler, die um zwei Uhr morgens mit ihren Karren alte Häuser, hinter denen endlose Höfe mit Stallungen sich befinden, verlassen, um auf den Markt zu fahren, in ihr rollen fürstliche Automobile vor die hohen geschlossenen Portale feudaler, wenn auch von außen unscheinbarer Paläste, es gibt da Zinshäuser aus der Gründerzeit und moderne Bureaugebäude, die keine Wohnungen enthalten.

Genau gegenüber dem Haus Nr 55, in dem sich der noch immer unaufgeklärte Mord ereignete, stoßen drei Häuser aneinander, die drei Welten verkörpern. Ein kleines, ebenerdiges Haus mit winzigen Fenstern, in die man, wenn sie nicht immer verschlossen wären, bequem von der Straße aus einsteigen könnte, und nebenan ein vierstöckiges Haus, das erbarmungslose Habgier und Profitwut erbaut haben. In jedem Stockwerk acht Wohnungen mit einem gemeinsamen Abort und einem Wasserauslauf auf dem Korridor. Jede Wohnung nur aus einer finsteren Küche und einer anstoßenden Kammer bestehend. Und Küche wie Kammer mit Menschen gefüllt, die in alten, wackeligen Betten aus braunem Tannenholz auf Strohsäcken und halb demolierten Diwans schlafen. Das sind die Häuser, die dem Hausherrn im Frieden bis zu fünfzehn Prozent des angelegten Kapitals trugen, mehr als doppelt so viel also, wie die Häuser, die für die Wohlhabenden bestehen.

Das andere, das kleine Häuschen, bietet, wenn man den Toreingang passiert hat, Überraschungen. Man kommt in einen großen, rechteckigen Hof mit einem alten, nicht mehr in Betrieb befindlichen Ziehbrunnen und einem Kastanienbaum. Links und rechts ist der Hof von Türen und Fenstern flankiert, die in kleine, aber nicht unbehaglich erscheinende Wohnungen führen. Und verläßt man den Hof nach rückwärts durch ein zweites Tor, so kommt man wieder in einen Hof, und von diesem in einen dritten. Überall Wohnungen, Werkstätten, Ställe, feuchte Wäsche zum Trocknen aufgehängt, Geranien, Levkojen in zerbrochenen Töpfen vor den Fenstern, Lärm, Hämmern, Musik aus heiseren Grammophonen, Kinderweinen, Zanken, mitunter ein gellender Aufschrei, das Dröhnen dumpfer Schläge, rauhes Lachen, ein sentimentales Lied mit obszönem Kehrreim. Eine kleine Stadt für sich, ein ganzes Viertel der Armut und sozialen Zurückgebliebenheit.

Das vierstöckige Haus mit den erbärmlichen Wohnungen trägt die Nummer 54, das kleine mit den vielen Höfen 56 und neben diesem liegt das Haus Nummer 58, das wieder einen anderen Typus repräsentiert. Es stammt aus den sechziger Jahren des neunzehnten Jahrhunderts, einer Zeit also, da noch recht solid gebaut wurde, die Zimmer groß, hoch, die Küchen geräumig, die Kachelöfen breit und behaglich waren. So dick und massiv waren damals die Mauern, daß diese Häuser die Entwicklung der Gasbeleuchtung nicht hatten mitmachen können, da es kaum möglich gewesen wäre, die Rohre einzuziehen. Erst kurz vor dem Krieg hatte der Hausherr, der einer alten Wiener Familie angehörte und ein wenig Herz für seine Parteien besaß, elektrisches Licht einführen lassen.

---

243. Joseph Roth, *Juden auf Wanderschaft.*
Berlin: Verlag die Schmiede, 1927, S. 53–55.

Die westlichen Gettos. Wien.

Die Ostjuden, die nach Wien kommen, siedeln sich in der Leopoldstadt an, dem zweiten der zwanzig Bezirke. Sie sind dort in der Nähe des Praters und des Nordbahnhofs. Im Prater können Hausierer leben – von Ansichtskarten für die Fremden und vom Mitleid, das den Frohsinn überall zu begleiten pflegt. Am Nordbahnhof sind sie alle angekommen, durch seine Hallen weht noch das Aroma der Heimat und es ist das offene Tor zum Rückweg.

Die Leopoldstadt ist ein freiwilliges Ghetto. Viele Brücken verbinden sie mit den andern Bezirken der Stadt. Über diese

Brücken gehen tagsüber die Händler, Hausierer, Börsenmakler, Geschäftemacher, also alle unproduktiven Elemente des eingewanderten Ostjudentums. Aber über dieselben Brücken gehen in den Morgenstunden auch die Nachkommen derselben unproduktiven Elemente, die Söhne und Töchter der Händler, die in den Fabriken, Büros, Banken, Redaktionen und Werkstätten arbeiten.

Die Söhne und Töchter der Ostjuden sind produktiv. Mögen die Eltern schachern und hausieren. Die Juden sind die begabtesten Anwälte, Mediziner, Bankbeamten, Journalisten, Schauspieler.

Die Leopoldstadt ist ein armer Bezirk. Es gibt kleine Wohnungen, in denen sechsköpfige Familien wohnen. Es gibt kleine Herbergen, in denen fünfzig, sechzig Leute auf dem Fußboden übernachten. Im Prater schlafen die Obdachlosen. In der Nähe der Bahnhöfe wohnen die Ärmsten aller Arbeiter. Die Ostjuden leben nicht besser, als die christlichen Bewohner dieses Stadtteils.

Sie haben viele Kinder, sie sind an Hygiene und Sauberkeit nicht gewöhnt und sie sind gehaßt.

Niemand nimmt sich ihrer an. Ihre Vettern und Glaubensgenossen, die im ersten Bezirk in Redaktionen sitzen, sind „schon" Wiener, und wollen nicht mit Ostjuden verwandt sein oder gar verwechselt werden. Die Christlichsozialen und Deutschnationalen haben den Antisemitismus als wichtigen Programmpunkt. Die Sozialdemokraten fürchten den Ruf einer „jüdischen Partei". Die Jüdischnationalen sind ziemlich machtlos. Außerdem ist die jüdisch-nationale Partei eine bürgerliche. Die große Masse der Ostjuden aber ist Proletariat.

Die Ostjuden sind auf die Unterstützung durch die bürgerlichen Wohlfahrtsorganisationen angewiesen. Man ist geneigt, die jüdische Barmherzigkeit höher einzuschätzen, als sie verdient. Die jüdische Wohltätigkeit ist ebenso eine unvollkommene Einrichtung wie jede andere. Die Wohltätigkeit befriedigt in erster Linie die Wohltäter. In einem jüdischen Wohlfahrtsbüro wird der Ostjude von seinen Glaubensgenossen und sogar von seinen Landsleuten oft nicht besser behandelt, als von Christen. Es ist furchtbar schwer, ein Ostjude zu sein; es gibt kein schwereres Los, als das eines fremden Ostjuden in Wien.

244. Gina Kaus,
Morgen um Neun. Roman.
Berlin: Ullstein, 1930, S. 116–118.

Trotzdem waren die ersten Jahre ihrer Ehe herrlich gewesen. Sie hatten zuerst sehr wenig Geld gehabt. Erwin, ein frischgebackener Arzt, hatte sich mühsam durchgebissen. Sie hatten zunächst nur die beiden hinteren Zimmer der Wohnung benutzt – Schlaf- und Wohnzimmer in einem und ein ärztliches Ordinationszimmer –, drei von den vier großen Räumen waren an ein Büro vermietet. Dann hatten sie langsam, ganz allmählich, ein Zimmer nach dem anderen eingerichtet...

Elisabeth nahm das Register „Bezahlte Rechnungen" aus der Lade und schlug es auf. In keinem Tagebuch hätte sie die Geschichte ihrer glücklichen Ehejahre besser nachlesen können als in diesem genau nach Datum geordneten Register, das sie bisher noch niemals zur Hand genommen hatte, das aber jetzt in ihrer Hand zu leben begann.

Am 25. September 1925 war der Tapezierer bezahlt worden, der das Herrenzimmer – sie hatten zunächst das Herrenzimmer eingerichtet – mit der schönen rostroten Sackleinwand bespannt hatte. Am ersten Dezember hatten sie die Bücherregale gekauft. Wieviel sie über diese Regale gesprochen und beinahe gestritten hatten! Natürlich hatte Erwin die Bücher hinter schützendem Glas haben wollen, und das konnte Elisabeth nicht leiden, das störte ihrer Ansicht nach die Intimität mit den Büchern, und sie hatten sich schließlich zu fünfzig Prozent geeinigt. Erwins medizinische Fachliteratur kam hinter Glas und alle anderen Bücher in offene Regale, und Elisabeth hatte sich eidlich verpflichtet, dafür zu sorgen, daß jedes einzelne Werk allwöchentlich abgestaubt würde...

Elisabeth blätterte weiter. Weihnachten 1925 hatten sie den Teppich im Herrenzimmer angeschafft und zum ersten Hochzeitstag den alabasternen Lüster.

245. Hans Tietze,
Wien. Kultur, Kunst, Geschichte.
Wien und Leipzig: Hans Epstein, 1931, S. 377–378.

Auch als Großstadt ist Wien geblieben, was es als Kleinstadt gewesen war.

Eine Großstadt als Kleinstadt heißt ein stärkeres Verbundensein mit den natürlichen Gegebenheiten. Denn im Wesen des Großstädtischen liegt ein Hang zum Abstrakten, der die konkreten Voraussetzungen entwertet; die Großstadt als theoretisches Gebilde hat etwas Selbstzweckliches und Selbstherrliches, sie schafft sich ihr Terrain nach ihrem Bedürfnis und sie prägt mit ihrem Großbetrieb den Menschen, die in ihr leben, die gemeinsame Physiognomie; Geschichte und Natur sind Mächte, die sie als störende Rudimente nach Tunlichkeit ausscheidet. Ist dies das Wesen der Großstadt – und die aus dem Nichts geschaffenen Neuanlagen in Amerika und Australien, die den Typ in Reinkultur darstellen, scheinen es zu bestätigen –, so ist ihr Kontrast zu Wien deutlich; denn dieses ist, mehr als jede andere Stadt ähnlicher Größe, naturverwachsen und geschichtsbedingt geblieben.

Dadurch wirkt Wien auch als Großstadt als eine natürliche Stadt, der wie die städtebauliche auch die geistige Uniformierung erspart geblieben ist. Seiner Bevölkerung fehlt die charakteristische Blasiertheit wie die eigentümliche Naivität des Großstädters; vor allem hat sie mehr als anderwärts der geistigen Schablonierung widerstanden. Der Mut zum eigenen Urteil ist infolge der verheerenden Wirkung der letzten Jahrzehnte nicht mehr so stark wie damals, als Grillparzer an der Ungeheuerlichkeit einzelner solcher Urteile die Gesundheit solchen Urteilens erfuhr, aber er ist auch heute nicht abgestorben; er wurzelt nicht in intellektueller Überheblichkeit, sondern in einer Sicherheit des Gefühls, dem Lachen und Weinen nicht polare Gegensätze sind. Darum liebt man in Wien nicht unglücklich; nicht nur Montesquieu hat dies bezeugt, auch die Aufklärungsstatistik hat feststellen wollen, daß Selbstmorde aus unglücklicher Liebe hier nicht vorkommen (Pezzl); aber darum liegt auch der wienerischen Erotik jener Tropfen Wehmut zugrunde, in den das Nibelungenlied ausklingt und der das Stammkapital der Wiener Operette geworden ist. Der Typus des heutigen Wieners ist von seinem Bild in der Geschichte kaum nennenswert unterschieden; er hat die Vorzüge und die Fehler seiner Werdejahre behalten: die Gutmütigkeit im guten wie im schlechten Sinne, die Philosophie des Lebens und Lebenlassens, das Hängen am Individuellen, das alle kleinen Wiener Laster – die Titelsucht, den Kult des Essens, das

Trinkgelderunwesen – fördert, aber auch der Typisierung entgegenwirkt; das Leichte und Schwere, das die sprachlichen Pole: „Da muss was g'schehn" und „Da kann man nichts machen" kennzeichnen; das Bekenntnis zur Gegenwart, dem ein Hängen an der Vergangenheit Kraft verleiht und ein Gegengewicht bietet. Die ganze geschichtliche Entwicklung der Stadt ist in ihrem heutigen Sein eingeschlossen.

Im Stadtbild wird die Vergangenheit unmittelbar sinnlich Gegenwart. Zwar haben namentlich die von starkem Selbstgefühl erfüllten Perioden schonungslos in dem ererbten Gut gewütet, vor allem die Barockzeit die gotische Stadt umgeformt und das Zeitalter Kaiser Franz Josephs die Denkmäler aller früheren Epochen dezimiert; dennoch hat die dadurch verursachte Veränderung, so schwer sie für das künstlerische Interesse und die kunsthistorische Erkenntnis ist, die Struktur des Stadtbilds nicht ganz so tief beeinträchtigt, wie sie gewissermaßen seine Haut beschädigt hat. Die Baugeschichte der Stadt schlägt durch all das Chaos weiterer Stilentwicklung hindurch.

---

246. Richard von Schaukal, „Der Christbaum", in: ders., *Von Kindern, Tieren und erwachsenen Leuten*. München: Verlag Max Huber, 1935, S. 166–169.

An allen Ecken der Stadt sind jetzt Christbaumlager gebreitet. Bald häufen sich die Bäume und Bäumchen, noch mit verschnürtem Astwerk, bald sind sie reihenreise aufgestellt, jeder in ein aus verkreuzten Brettchen zusammengenageltes Trag- und Standstück wie in einen zu engen Schuh eingebohrt. Es ist ein rührender Anblick, dieses entwurzelte grüne frische Waldleben, Geheimnis und Wirklichkeit zugleich, mitten in der häßlichen, unnatürlichen Stadt. Die unsägliche Häßlichkeit der willkürlichen Stadt kommt einem durch den Gegensatz zu den hilflosen Nadelgeschöpfen Gottes wieder einmal so recht zum Bewußtsein. Es war ja nicht immer der Fall. Wie schön war – ganz abgesehen vom altertümlichen Märchen der mittelalterlichen, der um den Burgberg gelagerten befestigten – noch die Stadt der letzten Kulturepochen, des Barock, des Rokoko, des Empire, des Biedermeier, ja der vierziger Jahre! Als noch Geschmack und tüchtiges Handwerk aus echtem Stoff mit angeerbter und erzogener Sicherheit Bauten schufen, die, in sich geschlossen, als Einheit wirkten und sich, verwandt und unbefangen, zum Ganzen zusammenfügten.

Seit der Mitte des vorigen Jahrhunderts etwa ist die Stadt ein wüstes Gemengel unverstandener Stilformen, eine barbarische Ansammlung widerlicher Aftergebilde, würdelos, aufdringlich, plump, grell, gemein: eine wahre Orgie der Gottverlassenheit.

Und seit gar die Reklame, diese freche Ausgeburt des zur Raffgier entarteten Gewerbssinns, selbst die wenigen erhabenen Reste einer edlen Vergangenheit mir ihrem starrenden Grind beschuppt, seit diese Häuser alle, die scheußlichen Gemächte der Bauindustrie wie die trauernden Zeugen unrettbarer künstlerischer Vorzeit, mit brüllenden Firmenschildern, zuckendem und flimmerndem Lichtergeflunker bis unters Dach beladen und bekleckst sind, seit jeder Balkon (einst war der Söller[1] wie die Nase im Anlitz ein kühner Vorsprung, heut ist er eine Beule, nein: die wäre immerhin ein Auswuchs, heut ist er ein angepappter Unfug), jeder Balkon einem Zahnarzt den (und die) Vorwand abgibt und man den Torflur vor lauter Verteidigern in Strafsachen kaum mehr zu betreten wagt, irrt das gemarterte Auge des in die Ziegel- und Zementwüstenei gebannten Wanderers verzweifelt nach einem Ruhepunkt im betäubenden Gewimmel des Fürchterlichen, das ihm als Heimat sich aufnötigt.

Und in diese greuliche Folterkammer – eine Kammer von lächerlichem und unanständigem Riesenausmaß – sind um die Weihnachtszeit da und dort Christbäume ausgetan.

---

1 Söller, alter Ausdruck für eine offene Plattform, die von Stützen getragen wird.

Kapitel 24: Produktion und Konsum: Fabriken, Kaufhäuser, Auslagen

Wien war in der Zwischenkriegszeit nicht nur das barocke Touristen-Wien oder das spektakuläre Rote Wien, sondern blieb trotz widriger Umstände ein Produktionsstandort. Neben der Ziegel- und Textilindustrie etablierten sich neue Industriezweige, etwa die Elektroindustrie, in der Stadt. Bereits 1921 machte Wien seinen ersten Auftritt als moderne Messestadt, dazu wurden die Rotunde im Prater und die Hofstallungen adaptiert. 1923 folgten die Vita-Ateliers am Rosenhügel, die Wien zur wichtigen Filmstadt machen sollten. Traditionsunternehmen wie die Hammerbrotwerke bauten neue Produktionsstätten am Stadtrand und beauftragten dafür bekannte Architekten wie Hubert Gessner. All das veränderte die Stadt vor allem an ihren Rändern. Gina Kaus beschreibt in *Morgen um neun* eine Zugfahrt nach Hollabrunn durch die sich verändernde Peripherie „zunächst aus Häuserzeilen, aus Holzlagerstätten, aus Fabriken".

Auch der Konsum hatte seinen Platz in der Stadt, in der Mariahilfer Straße zum Beispiel, der Soma Morgenstern 1928 ein literarisches Denkmal setzte. Jura Soyfer hingegen schildert leicht befremdet 1937 das neue Gasmaskengeschäft in der Kärntner Straße, das nur zehn Schritte neben dem Parfümgeschäft „Guerlain" lag. All das und mehr wollte beworben werden, so spielten Auslagen und Reklame eine wichtige Rolle im Feuilleton und die Stadt Wien nahm mit der GEWISTA (Gemeinde Wien – Städtische Ankündigungsunternehmung) die Plakatwerbung selbst in die Hand. Entgegen den Klischees vom vergangenheitsseligen Wien gibt es auch modernste Technologien am Donaukanal. Die Wiener Schiffbautechnische Versuchsanstalt wird in der *Werkzeitung der Hammerbrotwerke* 1937 ausführlich vorgestellt.

---

247. Robert Oerley, „Die Wiener internationale Messe im Herbst 1921", in: *Der Architekt*, 1921, S. 49–61, hier 49, 50, 61.

Nach diesen Erwägungen, die bald allgemein als richtig anerkannt wurden, konnte es nicht wundernehmen, wenn man in Wien das Ein- und Ausfallstor des Ostens erkannte und der Idee zur Veranstaltung einer Wiener internationalen Messe näher trat. Auch dieser Gedanke ist schon viele Jahre alt. Aufgenommen mit Energie und Lebendigkeit von Herrn Kommerzialrat Hochmuth, wurde er solange mit der nötigen Zähigkeit verfochten, bis der Gedanke im Herbst 1921 in die Tat umgesetzt werden konnte.

Die geigneten Persönlichkeiten wurden zur Mitarbeit gewonnen und so ist denn die erste Wiener Messe zustandegekommen, trotz der enormen Schwierigkeiten und Hindernisse, die es zu besiegen gab.

Es handelte sich zuerst darum in dem an Räumlichkeiten armen Wien die geeigneten Bauwerke zu finden, welche für die Abhaltung einer Messe geeignet sind und da war das Interesse und Erkennen der Notwendigkeit sowie das ständige Unterstützen von seiten des Staates wohl ausschlaggebend für das Gelingen des Gedankens.

Die Baulichkeiten der ehemaligen Hofstallungen sind ein für diese Zwecke außerordentlich günstig zu verwertendes Objekt und die Rotunde hat sich ebenfalls als für die Messe brauchbar erwiesen. [...]

Im speziellen Fall der Wiener Messe, der ersten derartigen Veranstaltung in Wien, war aber noch mit der Unerfahrenheit der Aussteller in Messeangelegenheiten wie mit der sattsam bekannten Lässigkeit des Wieners zu rechnen, so daß in den Anmeldungen selbst bis zu den Tagen kurz vor Eröffnung der Messe, ständige Verschiebungen und Änderungen eintraten und auch berücksichtigt werden mußten.

Es wird zu den dringendsten Aufgaben der zur zweiten Messe berufenen Faktoren zu zählen sein, in dieser Hinsicht klärend mit einem fest vorgezeichneten Programm und Richtlinien aufzutreten und mit unerbittlicher Strenge und Korrektheit daran festzuhalten. [...]

Es gilt nun die gemachten Erfahrungen zu sammeln und bei der Durchführung der weiteren Messen in Wien zu verwerten. Es handelt sich darum, nicht nur die architektonischen Fragen zu revidieren, sondern auch – der Zusammenhang ist untrennbar – die organisatorischen Fragen der Wiener Messe einer gründlichen Revision zu unterziehen. Möge man dabei nicht vergessen, daß der Architekt nicht nur zu zeichnen hat, sondern in allen Fragen der Berater, Organisator sein soll, will man einen guten einheitlichen Eindruck erzielen.

Sehr zu wünschen wäre es, wenn den Architekten bei der Wiener Messe in Zukunft eine erweiterte Einflußnahme gesichert werden könnte.

(576)

248. o. A., „Das neue Vita-Atelier“, in: *Filmwelt. Illustrierte Kino-Revue*, Nr. 27, 1923, S. 3–6, hier 4–5.

Und nun zurück zu dem vorbildlichen Werke selbst, das wir, soweit es der knappe Raum gestattet, unseren Lesern beschreiben wollen.

Gleich nach der Gründung der „Vita“ wurden im Jahre 1919 die Gründe der Meierei Rosenhügel, ein damals sehr beliebter Ausflugsort der Wiener, im Ausmaße von 22.000 m² erworben. Im Oktober 1919 wurde unter Leitung des Hofrates Leopold Simoni von der technischen Hochschule durch den Baumeister Karl Korn mit dem Bau der beiden Ateliers und der Nebengebäude begonnen, wofür ein Kostenaufwand von 4 Millionen Kronen präliminiert wurde. Anfangs Juni 1920 wurde infolge eines prinzipiellen Streites, ob es zweckmäßiger sei, Kunstlichtateliers oder Glasateliers aufzuführen, der Bau „vorübergehend“ eingestellt und erst im Spätherbst 1921 wieder aufgenommen und jetzt fertiggestellt. Die Anlagen, die aus den beiden Riesenateliers und den Nebengebäuden bestehen, repräsentieren heute einen Wert von 50 Milliarden.

Überall ist die Tendenz der Bauherren von der „Vita“ darauf gerichtet, möglichst alles selbst erzeugen zu können, ein Grundsatz, der sich in den Anlagen der Architektur zeigt, und daher sind um den Hauptstock des Ateliers noch zwölf Objekte gelagert, die Bureauräume und Werkstätten zur Herstellung sämtlicher Dekorationen, Gipsgießerei, Schlosserei, Tischlerei, Tapeziererei usw. enthalten.

Die geradezu mustergültige, höchst zweckdienliche Anlage, die überdies im Rahmen einer prächtigen Gartenanlage placiert wurden, ermöglicht die völlige Nutzbarmachung des zur Verfügung stehenden Terrains. In die Riesenhalle des Ateliers, die 24 m breit, 90 m lang und 17 m hoch ist, ist ein fast ebenso großes, drei Meter tiefes Bassin einbetoniert, das für Aufnahmen auf und unterm Wasser herangezogen werden kann und so kostspielige Exkursionen spart. Das Atelier selbst ist durch eine riesige eiserne Schiebetür, die man im Bedarfsfalle rasch entfernen kann, in zwei Teile getrennt, in deren einem immer gebaut wird, während man im anderen dreht und wodurch andererseits das Terrain als gewaltige Freilichtbühne, die dem Atelier vorgelagert ist, als Operationsbasis für Bauten, die sich im Freien fortsetzen und für weite Durchblicke und Ausblicke Mitverwendung findet. Während die eine Halle aus Beton gebaut ist, wurde die zweite Aufnahmehalle in einer neuzeitlichen Holzbauweise ausgeführt und ist in mancherlei Hinsicht durch ihre Ausführungsart als einzig dastehend zu bezeichnen, durch die es möglich war, Laufstege, Kranbahnen, Beleuchtungskörper, überhaupt die für die Filmindustrie notwendigen Einrichtungen in zweckdienlichster Weise unterzubringen.

In der Mitte des großen Ateliers, das die Aufstellung von Dekorationen bis zu einer Höhe von 16,30 m ermöglicht, befindet sich eine 35 m lange, 8 m breite und 4 m tiefe betonierte Versenkung, die überdies als Freitreppenaufgang Verwendung finden kann. Diese Versenkung kann sofort unter Wasser gesetzt werden. Durch seitlich angebrachte betonierte Nischen ist die Möglichkeit geschaffen, daß der Operateur Aufnahmen unter Wasser machen kann.

Die Freilichtbühnen umfassen ein Areal von 8000 m^2. Die prachtvollen Park- und Gartenmotive entheben den Regisseur der Notwendigkeit, kurze Passagen außerhalb des Atelierterritoriums drehen zu müssen. Drehscheiben, deren Durchmesser 25 m betragen, ermöglichen, die Dekorationen jeweils nach dem Sonnenstande zu richten.

Den Unzulänglichkeiten in der bisherigen Beleuchtungstechnik wurde durch das Kunstlichtatelier abgeholfen: der Regisseur arbeitet vollkommen unabhängig vom Tageslicht; er braucht auf den jeweiligen Sonnenstand keinerlei Rücksicht zu nehmen; seine Bauten stehen zu jeder Stunde aufnahmebereit, denn die Gefahr, daß die der Sonne zugekehrte Ansicht plötzlich in Dunkel verschwindet, scheint hierdurch vollkommen eliminiert.

---

249. Hubert Gessner, „Die Hammerbrotwerke in Floridsdorf“, in: *Allgemeine Bau-Zeitung*, 20. Jänner 1925, S. 6.

Nach dem Umsturz erwarben die Hammerbrotwerke den Bäckereibetrieb Wien, XXI., Schwaigergasse, ein veralteter, mit Lehmöfen gewöhnlicher Konstruktion ausgestatteter, maschinell primitiv eingerichteter Betrieb, dessen größter Vorzug in seiner Lage zum Absatzgebiet lag. Aus betriebstechnischen Gründen ergab sich die Notwendigkeit, an den Ausbau einer modernen Brotfabrik, unter Aufrechterhaltung des alten Bestandes und Einfügung desselben in den Kreis der neuen Anlage, zu schreiten. Da außer den eigentlichen Bäckereianlagen eine moderne Brotfabrik verschiedene Nebenbetriebe, wie Stallungen, Garagen, Werkstätten,

Werkszeitung
der Hammerbrotwerke Aktiengesellschaft

1. Jahrg. März 1937 Heft 1

Erscheint monatlich einmal.

Titelblatt der *Werkzeitung der Hammerbrctwerke*, März 1937.

Kohlendepots etc. in praktischer Nähe umfaßt, mußte bei Durchführung des Bauprogrammes von Beginn an auf diesen Umstand Bedacht genommen werden und bei Ausbau des neuen Teiles sowohl einer Erweiterungsmöglichkeit des Bäckereibetriebes als auch der Unterbringung der vorgenannten Nebenbetriebe Rechnung getragen werden. Die für einen Bäckereibetrieb nicht allzu große, überdies von 4 Straßenfronten begrenzte Baustelle einerseits, der bestehende Betrieb andererseits, wiesen auf eine für den Betrieb praktische Ausnützung der zur Verfügung stehenden, verbaubaren Baufläche.

Das vorliegende Projekt ist in seinem jetzigen Ausbau nur ein Torso des Gesamtausbau-Projektes, dessen Kapazitäten seinerzeit auf 90 Lehmöfen und die erforderlichen maschinellen Ausrüstungen gedacht war. Um alle Anforderungen des Bäckereibetriebes und der Nebenbetriebe, der Bäckereihygiene etc. einwandfrei unterbringen zu können, war der Ausbau der Bäckereitrakte als mehrgeschossige Ofenhalle notwendig. Die aus den betriebstechnischen Anforderungen sich ergebende Anordnung der Öfen führte auch nach außen hin zu einer architektonisch charakteristischen Betonung. Außer 3 Stockwerken, in welchen die Backöfen untergebracht sind, enthält das Gebäude ein Erdgschoß, in welchem die Brotexpedite mit Zufahrtsmöglichkeiten untergebracht sind, während das Souterrain für Lagerräume, Depots etc. ausgenützt erscheint. Für den Personenverkehr sind Treppen vorgesehen, für den Betriebsverkehr dienen elektrisch betriebene Lastenaufzüge. Die Brennstoffe werden mittels Elevatoren in entsprechende Silokammern hochgehoben und in den einzelnen Etagen nach Bedarf abgenommen. Die Aschenförderung erfolgt gleichfalls durch Abfallschläuche, die in einen Aschensilo einmünden, der nach Bedarf direkt in die Abfuhrwagen entleert wird. Die Entlüftung der Ofenhallen erfolgt je nach Bedarf teils auf natürlichem, teils auf künstlichem Weg. Der Bau wurde in Gänze als Eisenbetonbau ausgeführt.

250. Soma Morgenstern, „Sensationen einer Straße“, in: *Frankfurter Zeitung*, 27. Mai 1928, S. 3.

Die Mariahilferstraße, sagt man, ist Wiens geschäftigste und längste Straße. Wenn es vielleicht doch eine Straße geben sollte, die länger sein will, so täte es dieser Feststellung keinen Abbruch. Denn es würde sich erweisen, daß jede mit ihrer ganzen Länge zum Vergleich heranziehende Straße zu einem Vergleich mit der Mariahilferstraße nicht legitimiert ist, weil sie irgendwo in irgendeine Landstraße hinausläuft, in die weite Welt, in die Gegend, in die Umgebung führt, während die Mariahilferstraße eine ausgesprochene Stadtstraße ist. Sie führt von Wien 12 über Wien 14 und 15, dann über Wien 6 und 7 nach Wien 1. Sie *führt* in Wien.

Viele mögen diese Straße gar nicht. Vermutlich weil sie keine protzigen Sehenswürdigkeiten, keine alten Palais besitzt, weil sie keine lauschigen Winkel zieht, weil sie gar so geschäftig ist. Sie ist nicht vornehm. Die entschlossene Art, wie sie sich in ihre ganze Länge entwickelt, deutet auf eine robustere Natur, die mit Vornehmheit nichts anzufangen weiß. Die Mariahilferstraße beginnt ihren Lauf in der Nähe des Schönbrunner Vorgartens. Sie könnte also von der alten Noblesse gleich was mitnehmen. Sie zieht es aber vor, vom Fleck weg mit was Nützlicherem anzusetzen: mit einem Markt und zwei Rangierhallen der Straßenbahn. So gestützt, schlägt sie – das ist sie ihrem frommen Namen schuldig – ein Kreuz, ein schlichtes Jammerkreuz, wie mans nur in Dörfern findet, macht sich dann zwischen zwei Arbeitervierteln: Fünfhaus und Rudolfsheim verhältnismäßig breit, um dann vorm „Gürtel“, der die inneren Stadtbezirke peripher umspannt, so kräftig auszuatmen, daß in dieser Rippenspanne eine kleine Gartenanlage Platz hat, mit einem Rondell, mit Bäumchen und Bänken, Ruhestätte für müde Arbeitslose und arbeitslose Straßenmädchen.

Mit diesem Hinterland im Rücken besinnt sie sich erst auf den Charakter des Bezirks – *Mariahilf* –, der ihr den schönen Namen gab, und erstreckt ihre ganze Länge in die Abenteuer der Geschäfte, welche ihre Tradition und Existenz bedeuten. Vor der *Stiftskirche* verwirrt sich ihr Lauf. Die triumphale Luft der ihr unerreichbaren Schönheit des *Ring* witternd, krümmt sie sich, will abbiegen, ausweichen. weil aber dies rechts nicht und links nicht möglich ist, will sie gleichsam in den Boden versinken: macht einen bedenklich tiefen Fall (darüber keucht im Winter oft ein Autobus schwer und bleibt stecken) – schließlich besinnt sie sich noch auf die Entschlossenheit ihrer Art, gibt *sich* und den Namen auf und überläßt den Rest, den sie nicht mehr retten kann, einer anderen Straße, einer schon fast vornehmen, die sich ihr in gemessenem Abstand anschließt, sich Babenbergerstraße nennt, aber eigentlich bloß das ruhmlose Eingehen der Mariahilferstraße in den *Ring* ganz offen markiert.

Die Geschichte wird die Entwicklung der Mariahilferstraße wohl mit einem ganz anderen Rückblick und Ausblick dargestellt haben. Dem Auge aber, das diese Straße liebt, erschließt sie sich so.

Sie ist die Straße der wohlüberlegten, notwendigen Einkäufe, die Straße der Nichtreichen, die Geld haben, und der Armen, die was verdienen: die Straße der Angestellten und der Ladenmädchen, die Straße des Mittelstands und der Straßenmädchen für solideren Geschmack. *Hier* mischt sich größtes Engros mit kleinstem Endétail. Feinere Ware sieht hier weniger fein, vornehme Engländer weniger vornehm aus. Schlechtes Zeug wird prächtiger, Ungarn und Balkanmenschen dämonischer. Sie ist die Straße der größten Warenhäuser und der kleinsten Läden. Dieser Laden wäre in der Inneren Stadt noch fein, jener in Berlin schon geschmacklos genug. Leierkästen kreischen hier schmerzlicher als in anderen Straßen, die Straßenbahn und die Kaffeehäuser wechseln rascher ihr Publikum, die Kinos sind größer, die Filme noch schlechter, der Kaffee ist gut, das Leben billig. Vor einer stillen Kirche steht der Heiligste aller Wiener Heiligen: Joseph Haydn. Man ist noch *so* in Wien. Vor einem Kino verteilt ein als blutrünstiger Donkosake verkleideter gemütlicher *Weaner* Programmzettel zu einem russischen Film aus Amerika. Man ist schon *so* in Berlin. Geh-Ordnung gilt hier soviel wie nichts. Man drängt, stößt, man ist gemütlich, man wird noch gröber. Ein Nachtlokal ladet dich mehr völkisch „Zum dummen Kerl", ein Café heißt „Casa Piccola", in einem Keller kannst du Knödel essen, so groß wie bei einem Knödel-Scheiben-Schießen in Wildon (bei Graz), ein Restaurant speist dich rumänisch, vortrefflich, scharf zum Weinen. *Südlich* ist dir wohl zumute, und dennoch spürst du, wie der Strom der Zeit gerade diese Straße westwärts verrückt. Tatsächlich ist die Mariahilferstraße die einzige Straße in Wien, die in Berlin auch am Platz wäre. Auch aus diesem Grunde ist sie dir lieb, eine Zuneigung, die – wie jedes gut placierte Gefühl – der Lebensfreude gut anschlägt. Sagt beispielsweise einer, der direkt aus Berlin kommt: Was wissen Sie, was in der Welt alles los ist! Fahren Sie nach Berlin – dann schämt man sich ehrlich, daß man so ohnwissend, was in Welt alles los ist, dahier sitzt in Wien. Und schon setzt man sich in die Bahn und fährt nach Mariahilf.

(582)

251. R[obert]. E[hrenzweig]., „Die Welt hinter den Spiegelscheiben", in: *Arbeiter-Zeitung*, 18. April 1928, S. 3.

Du gehst wie ein hoher Herr durch die Straßen, die Geschäfte stehen Spalier. Sie haben ausgewählten Schmuck angelegt, um dir zu gefallen. Sie nehmen gewissermaßen den Hut ab und grüßen dich: „Sieh mich an! Nur deinetwegen stehe ich da, sieh mich an!" Und du, eben noch ein verachtetes, gehetztes Nichts, bist jetzt geehrt und begehrt, man schmeichelt dir, buhlt um deine Aufmerksamkeit – da bist zum Käufer avanciert.

Alle Objekte menschlichen Bedürfnisses, der Notwendigkeit und dem Vergnügen an Luxus entsprungen, bieten sich in den Auslagen der Geschäfte lockend deinen Augen dar. Von Ölsardinen bis zu Ölgemälden, von englischen Stoffen bis zu türkischem Tabak, von Nähmaschinen bis zu Ansichtskarten – ein Querschnitt durch unser Leben. Ein buntlackiertes Männchen mit komisch wackelndem Kopf weist mit einer einladenden Bewegung seines Armes auf blendend weiße Wäsche, die um ihn herum das Schaufenster füllt. Kleiderpuppen, angetan mit den „Letzten Neuheiten", stehen in verzückter Grazie da und heben die rosigen Hände zu einer delikaten Geste. Ein Friseur stellt neben die an leblosen Köpfen gezeigten Proben seiner Fertigkeit Photographien unserer Filmlieblinge. „Dem großen Bubikopfkünstler N. N. in dankbarer Erinnerung gewidmet", steht liebenswürdig darübergeschrieben. Hier Spielzeug für die Kleinen: Puppen, Eisenbahnen, Bälle, Teddybären – Kinder drücken ihre Näschen an die Spiegelscheiben und ihre Augen leuchten sehnsüchtig. Daneben, ernst und düster, Grabsteine aus schwarzem und weißem Marmor. Und ihrer Traurigkeit spottend, funkelt im Nachbarladen kostbarer Schmuck, goldene Ringe und Ketten und von Brillanten glitzernde Krawattennadeln.

Hinter den Spiegelscheiben lockt eine Welt unerfüllter Wünsche, ein leuchtender Ring, der dein Leben umschließt.

Blumen, die in unseren Gärten und Wiesen nicht blühen, seltsam geformt, das Licht südlicher Sonne in ihren Farben tragend, nicken dir zu: „Kaufe uns! Wir sind Geschenke für sie! Kostbare Orchideen! Ihre Augen, die du so sehr liebst, werden leuchten! Kaufe uns für sie." [...]

Hier wählen? Nein, du kannst dich vor den wettstreitenden Schaufenstern nicht entscheiden; wenn du nicht den Wunsch vom Hause mitbringst, wirst du irre und sehnsüchtig ratlos vor den vielen Zielen deiner vielen Wünsche. Spöttelnd leuchtet dir eine Tafel entgegen: „Das Ziel aller Wünsche – das große

Los!“ Darunter Lose, verführerisch ausgestellt, Unterpfänder der Hoffnung.

Auch im Schaufenster sieht man Fortschritt und Beharren. Der moderne Kaufmann kennt die wirksamsten Methoden der Kundenwerbung, er weiß, daß selbst der gewöhnlichste Gegenstand in der Auslage den Eindruck der Kostbarkeit erwecken muß, damit der angeschriebene Preis um so niedriger erscheint. Preisangaben sind immer von Vorteil, sie fördern den Kaufentschluß. Ihr Fehlen ruft den Eindruck der Unerschwinglichkeit hervor. „Ujeh, der traut sich gar nicht draufzuschreiben, was das kostet!“

Das Licht im Schaufenster darf nicht blenden, es soll verhüllt und dem Charakter der Ware angepaßt sein und eine bestimmte Stimmung schaffen. Der kluge Kaufmann sucht durch sein Schaufenster nicht nur Aufmerksamkeit zu erregen, sondern auch das Begehren der Vorübergehenden zu erwecken. Der Passant hat meist nicht die Absicht, zu kaufen, so muß er überlistet, seine Teilnahmslosigkeit, sein Widerstand überwunden werden. Da ist es schlecht, ein überfülltes Schaufenster zu zeigen, das mit allen Waren, die im Laden feilgeboten werden, vollgepfropft ist. Es ist schlecht, aus Taschentüchern, Heldendenkmäler, Paläste und Raubtiere aufzubauen, weil das unsinnig ist. Das mag Aufsehen erregen, erweckt aber nicht den Wunsch, zu besitzen. Es ist schlecht, in hochtrabenden Phrasen seine Ware anzupreisen: „Niedrigste Preise! Erstklassige Ausführung! Das Beste vom Besten!“ Der Passant lacht darüber, denn auch die Konkurrenz bietet das „Beste vom Besten“ zu den „niedrigsten Preisen“.

Das Schaufenster soll keine Phrasen und phrasenhaften Anordnungen bringen. Es soll nur wenig enthalten, aber Charakteristisches in neuer, sinngemäßer Weise. Neue Ideen! Der Text soll Superlative und Verzückungen vermeiden und etwa lauten: „Der Blick, der Ihr Gesicht prüft, streift Ihren Hut. Weshalb verunstalten Sie Ihr Gesicht durch einen unmodernen Hut?“ Betrachte dich als Apostel einer neuen Weltanschauung, dann wirst du überzeugend wirken, Kaufmann!

Das ungefähr sagen die Reklamefachleute, und sie müssen es verstehen. Und wir gehen an den Schaufenstern vorüber mit dem stolzen Gefühl, das Ziel unzähliger, psychologisch genau vorbereiteter, reklametechnisch und künstlerisch vollkommener Angriffe zu sein und eine leere Brieftasche zu haben, an der jeder Ansturm zerschellt.

(584)

252. Gina Kaus, *Morgen um Neun. Roman.* Berlin: Ullstein, 1932, S. 246–248.

Als schließlich auch der kleine Lokalzug die Halle verließ, lag draußen die Welt bereits im gelb durchdunsteten Licht des Vorfrühlingmorgens. Die „Welt“ bestand zunächst aus Häuserzeilen, aus Holzlagerplätzen, aus Fabriken. Dazwischen waren winzige Bahnhöfe gestreut, bei denen immer gehalten wurde, um einen Schub Arbeiter nach dem andern aussteigen zu lassen. Dann schoben sich gefurchte Äcker zwischen die kleiner gewordenen Häuser, einige Wiesen, auf denen noch feuchte Schneeflecken lagen, und am Horizont erschien der blaßblaue Umriß einer fernen Hügelkette.

Elisabeth war am Fenster stehengeblieben, niemand hatte was dagegen, daß es offen blieb. Sie starrte in die trostlose Gegend, die sie nicht kannte, sie hatte die Stadt immer nach andern Richtungen verlassen, wo Berge waren, Wald und Sommerfrischen. In dieses eintönig ebene Fabriksgebiet kam niemand, den nicht seine Geschäfte herführten.

Fremdartig wie diese Gegend war alles, was an diesem Morgen mit ihr geschah. Es geschah mit ihr, obwohl sie, zum erstenmal in ihrem Leben, einen richtigen eigenen Willen hatte. Ihr Wille aber war despotischer als die Launen der Menschen und des Schicksals, von denen sie sich bisher hatte treiben lassen, sie empfand ihn keineswegs als ihr Werkzeug, sondern als ihren Herren. Er diktierte, und sie gehorchte, selbst erstaunt über das was sie tat.

In Ober-Hollabrunn stieg sie aus. Es war zunächst kein Ort zu sehen, aber es bestand kein Zweifel, daß die schnurgerade Pappelallee in den Ort führen mußte. Zehn Minuten hat man zu gehen, hatte Franz Diesel gesagt. Elisabeth ging schnell mit hochgestelltem Mantelkragen. Es war einige Minuten nach sechs. Die Pappelallee mündete in eine Häuserzeile und die Häuserzeile in den Hauptplatz. Kirche und Rathaus lagen einander gegenüber, und das zweite Haus rechts von der Kirche war die Schlächterei Leopold Diesels.

253. Soma Morgenstern, „Ein altes Gäßchen“, in: *Frankfurter Zeitung*, 11. Jänner 1932, S. 1.

Es ist ein ganz kleines Gäßchen. Etwa zweihundert Schritt lang, etwa zehr Schritt breit. Ich habe die Schritte mal gezählt – täglich mindesten zweimal durchschreite ich das Gäßchen. In dem ältesten Teil des alten Stadtbezirks gibt es mehrere Gassen, die hübscher sind als das Gäßchen. Alle haben zwei Reihen kleiner Häuser, die meistens habsburggelb angestrichen sind und bei jeder Witterung satt und warm leuchten. Alle haben zwei Reihen Bäume; Ahorne, Kastanien, Akazien. Alle sind reinlich, still eingefriedet und scheinen vor Behaglichkeit eines schönen älteren Tages ein wenig eingenickt zu sein, um nie mehr ganz wach zu werden. Alle riechen in der Nähe schon von der Ferne nach der Nähe von Schönbrunn.

Anders das Gäßchen. Auch seine Häuser sind nicht groß, kleiner, sogar als die in den Nachbargassen; ein einziges hat zwei Stockwerke auf und es nimmt sich bereits so plump aus wie ein Monsterschrankkoffer unter handlichen Köfferchen. Aber wie wachsam, wie aufgeweckt ist das Gäßchen! Jedes Häuschen hat im Erdgeschoß einen Laden, ein Geschäft, ein Lokal, und sogar zwei „Fabriken“ haben sich hier eingerichtet: eine Biskuitfabrik und eine Obstweinerzeugung.

Der Fleischhauer heißt Doblasch, der Bäcker Kugl, der Schneider Fortgang, der Spengler Demuth. Es gibt einen Optiker, einen Friseur, einen Selcher, eine Parfümerie, einen Klavierverleih, einen Kohlenhandel, eine Musikschule – zählte man noch ein paar auf, das ganze Gäßchen stünde gleich komplett da.

Es ist ein Städtchen für sich. Ein Städtchen aus der Biedermeierzeit, klein und niedlich, aber wie kleine Wesen oft sind: äußerst energisch. Es ist alt, aber es denkt, scheint es, gar nicht daran, je das Zeitliche zu segnen. Im Gegenteil. Es segnet eher das Neuzeitliche mit dem geschäftsfreundlichen Segen: es macht wo es nur kann auch mit ihm ein Geschäft. Da steht ein Laden, der sich ganz absolut, aber einfach: Tambourieranstalt nennt, und daneben ein Radiogeschäft, das tagaus tagein allerhand Musikalisches und Vokalisches auf das Gäßchen rinnen läßt. Und sie vertragen sich gut.

Allerdings weiß selbst das Radio, was es dem Charakter des Gäßchens schuldig ist, nämlich Rücksicht: es macht hier einen gedämpften Lärm, einen Miniaturlärm. Auch die Straßensänger, die das Gäßchen sehr bevorzugen, stimmen ihre Darbietungen auf die Akustik einer empfindsameren Zeit ab: ihre Straßenmusik konzertiert hier in einem Stil, für den ich die Bezeichnung:

Kammerkrawall nicht uneben finde. Daß die Straßenmusiker das Gäßchen bevorzugen, beweist ihre feine Witterung für guten Fechtboden. Das Gäßchen strahlt geradezu eine heimliche Leichtherzigkeit aus. In seinem altfreundlichen Klima gedeiht keine Zugeknöpftheit. Selbst gute Bekannte, begegnen sie einander in diesem Gäßchen, gehen nicht mit höflichem Gruß aneinander vorbei: sie tauschen Grüße aus.

Sagte ich oben, daß ich das Gäßchen täglich mindestens zweimal durchschreite? Nun, durchschreiten ist nicht das treffende Wort für die Gangart, die sich im Lauf der Jahre eigens für das Gäßchen entwickelt hat. Denn ich liebe es sehr und die Beine spüren das. Kaum daß sie es betreten, mäßigen sie ihre Schritte, sie vergönnen sich's nicht, das Gäßchen als ein gewöhnliches Pensum gedankenlos zurückzulegen. Die Beine gehen mit dem Gäßchen wie mit was Kostbarem um, sie knabbern gleichsam daran, um den Genuß zu erstrecken.

Nur am Radiogeschäft gehe ich schnell vorbei. Nicht aus Gehäßigkeit gegen das Radio. Wie könnte ein so häßliches Gefühl in diesem lieben Gäßchen auch nur aufkommen. Es geschieht nur aus Vorsicht. Ein tückischer Zufall könnte es vielleicht mal so einrichten, daß mich ein Radiovortrag belehrt, was eine Tambourieranstalt sei. Das eben nicht so genau zu wissen, ist spannend.

Als ein echtes Wiener Gäßchen hat es natürlich auch ein Kaffeehaus; das heißt, an jedem Ende je eines. Auch die Kaffeehäuser sind winzig, Volkslokale, beide vermutlich sehr nett. Ich kenne sie aber nur vom Sehen. Das eine stand einmal, wie man so sagt, im Mittelpunkt einer Sensation: da hat ein jugendlicher Räuber kurz vor (oder nach) der Tat hier gemütlich Schach gespielt. Sensationen, die mir so nah entgegenkommen, hab' ich nicht gern, und so kenne ich das Lokal nur äußerlich.

Das andere hab' ich auch nie betreten: Joseph Roth, den ich vor Jahren mal in das Gäßchen verführt habe, um ihm zu zeigen, wie reizend es ist, meinte von diesem Kaffeehaus entzückt, es sähe gar nicht mehr so aus wie ein Wiener, sondern genau wie ein Pariser Café. Das genügte mir, um mich dem Lokal ganz zu entfremden. Denn – wem sei es geklagt? – ich war noch nie in Paris, und fühle mich demzufolge moralisch nicht befugt, hier in einem Pariser Café zu sitzen.

Ganz unwienerisch an diesem Gäßchen ist sein Geruch. Es riecht zu allen Tages- und Jahreszeiten nach Biskuit, nach Obstwein, nach frischem Gebäck.

254. o. A., „‚Gewista‘. Gemeinde Wien, Städtische Ankündigungsunternehmung“, in: *Die Unternehmungen der Stadt Wien unter dem Bürgermeister Richard Schmitz 1934–1936.* Wien: Im Selbstverlag, 1937, S. 91–92.

Die Schaffung eines städtischen Ankündigungsunternehmens, das durch geschmackvolle und billige Reklame die Werbung für das Wiener Gewerbe übernimmt, liegt, obgleich die Gründung eines solchen Unternehmens von Bürgermeister Dr. Karl Lueger nicht durchgeführt wurde, in der Richtung der von ihm vertretenen Kommunalpolitik, welche die Voraussetzungen für die ersprießliche Tätigkeit eines städtischen Ankündigungsunternehmens, die in der Bereitstellung entsprechender Ankündigungsmöglichkeiten bestehen, in den von Dr. Lueger geschaffenen städtischen Unternehmen (öffentliche Verkehrsmittel, Beleuchtungsmaste, Wartehallen usw.) selbst gegeben hatte und auch die Möglichkeit bot, die Bevölkerung über die erfolgreiche Arbeit der übrigen städtischen Unternehmen (wie Gas, und Elektrizitätswerke, Versicherung usw.) aufzuklären und für diese zu werben.

Die Wiener Stadtverwaltung war zunächst bemüht, vorhandene Werbemöglichkeiten im Interesse niedriger Regien möglichst auszuschöpfen, und hat daher in den Jahren 1919/20 die Bildung eines in den „Reklamebüros der städtischen Verkehrsmittel“ als einer Dienststelle der Wiener städtischen Straßenbahnen beschlossen, dem die Aufgabe zufiel, die Objekte der Wiener städtischen Straßenbahnen (Wagen, Wartehallen, Weichenwärterhäuschen usw.) der Reklameverwertung zuzuführen.

Die Geschäftserfolge des jungen Reklamebüros und die freundliche Aufnahme, welche ihm seitens der Gewerbetreibenden zuteil wurde, veranlaßten die Stadtverwaltung, seine Tätigkeit auf breitere Basis zu stellen, um durch Verwertung anderer der Stadt Wien gehöriger Objekte neue Werbemöglichkeiten zu erschließen. Da es jedoch dem „Reklamebüro der städtischen Verkehrsmittel“, als Dienststelle der städtischen Straßenbahnen nicht möglich war, sein Arbeitsfeld über den Rahmen der Verkehrsmittel auszudehnen, wurde im Jahr 1921 die „Gemeinde Wien, städtische Ankündigungsunternehmung ‚Gewista‘“ gegründet. [...]

Die der Stadt Wien gehörigen Ankündigungsunternehmen wieder ihrer ursprünglichen Bestimmung, der Werbetätigkeit für das bodenständige Gewerbe, zuzuführen, war eine der vornehmsten Aufgaben der gegenwärtigen Stadtverwaltung, der die verfassungsmäßige Auflösung der Wahlparteien in dieser Richtung eine wertvolle Handhabe bot.

So werben heute in diesem Sinne wieder die „Gewista“ und die „Wipag“ mit vereinten Kräften für ein Programm, dessen Fundamente einst der große Volksbürgermeister gelegt hat und an dessen Verwirklichung und Ausbau die gegenwärtige Stadtverwaltung mit allen Kräften arbeitet.

---

255. Fritz Feder [= Jura Soyfer], „Der Kluge baut vor“, in: *Der Sonntag, Beilage zum Wiener Tag*, 11. April 1937, o. S.

Seit der Vorkriegszeit hat sich die Welt und in der Inneren Stadt von Wien vieles verändert. Man denke nur an die vielen modernen Geschäftsportale in der Kärntnerstraße! Man betrachte zum Beispiel die Auslage des Parfümgeschäftes „Guerlain“, wo sich in zarten Flakons alle Wohlgerüche der Welt vereinigen! Wie weit ist doch eine Kultur, die so gut zu duften versteht, von den Schrecken des Krieges entfernt!

Wie weit? Etwa zehn Schritte! Etwa zehn Schritte von jenem Parfümladen ist seit kurzem im Herzen von Wien ein Gasmaskenschäft errichtet.

Jeden Abend um halb acht zeigt die Auslage dieses Lokals den neugierigen Passanten vermittels eines sehenswerten Puppenspiel-Mechanismus gratis und zollfrei die Bombardierung der Stadt Salzburg. Dies geschieht zum Zweck der Warnung: im spannendsten Moment des Fliegerangriffs senkt sich über die Festspielstadt ein Vorhang, und auf diesem steht zu lesen: „Der Kluge baut vor.“

Der Kluge, der vorbauen will, kann dies täglich zwischen acht und sechs besorgen, indem er daselbst eine Gasmaske kauft. Verschiedene Typen werden ihm vorgelegt. Eine brauchbare Durchschnittsmaske kostet komplett 57 Schilling. Sie schützt vor sämtlichen militärischen Giftgasen; außer vor Senfgas, welches die Haut selbst zerfrißt; außer vor den staubförmigen Reizgasen, welche durch jeden Filter dringen und, an sich ungiftig, den Menschen zwingen, die Maske abzuwerfen; und außer vor jenen Gasen, welche bisher von den Armeen geheimgehalten werden konnten. Viel mehr als diese 57-Schilling-Maske könnte auch die allerbeste Spezialausführung nicht leisten. Wer ein Übriges für sich tun will, kann noch einen Gummianzug kaufen, der zirka

Der Sonntag
Beilage des Wiener Tag Nr. 160

Feuerwehrmann mit Sauerstoffgerät.
Unten: Zwischen einem Parfümgeschäft und einem Juwelier in der Kärntnerstraße hat sich ein neuartiges Geschäft aufgetan

DER KLUGE BAUT VOR?

PHOTOS ING. ROBERT HAAS

SEIT der Vorkriegszeit hat sich in der Welt und in der Inneren Stadt von Wien vieles geändert. Man denke nur an die vielen modernen Geschäftsportale in der Kärntnerstraße! Man betrachte zum Beispiel die Auslage des Parfümgeschäftes „Guerlain", wo sich in zarten Flakons alle Wohlgerüche der Welt vereinigen! Wie weit ist doch eine Kultur, die so gut zu duften versteht, von den Schrecken des Krieges entfernt!

Wie weit? Etwa zehn Schritte! Etwa zehn Schritte von jenem Parfümladen ist seit kurzem im Herzen von Wien ein Gasmaskengeschäft errichtet.

Jeden Abend um halb acht zeigt die Auslage dieses Lokals den neugierigen Passanten vermittels eines sehenswerten Puppenspiel-Mechanismus gratis und zollfrei die Bombardierung der Stadt Salzburg. Dies geschieht zum Zweck der Warnung: im spannendsten Moment des Fliegerangriffes senkt sich über die Festspielstadt ein Vorhang, und auf diesem steht zu lesen: „Der Kluge baut vor!"

Der Kluge, der vorbauen will, kann dies täglich zwischen acht und sechs besorgen, indem er daselbst eine Gasmaske kauft. Verschiedene Typen werden ihm vorgelegt. Eine brauchbare Durchschnittsgasmaske kostet komplett 57 Schilling. Sie schützt vor sämtlichen militärischen Giftgasen; außer vor Senfgas, welches die Haut selbst zerfrißt; außer vor den staubförmigen Reizgasen, welche durch jeden Filter dringen und, an sich ungiftig, den Menschen zwingen, die Maske abzuwerfen; und außer vor jenen Gasen, welche bisher von den Armeen geheimgehalten werden konnten. Viel mehr als diese 57-Schilling-Maske könnte auch die allerbeste Spezialausführung nicht leisten. Wer ein Übriges für sich tun will, kann noch einen Gummianzug kaufen, der zirka zwei Stunden lang dem oben erwähnten Senfgas Widerstand leistet. Aber das wäre — wenn der Ausdruck gestattet ist — schon übertriebene Vorsicht. Denn Senfgas schlägt sich in Tropfenform nieder und verdunstet so langsam, daß das betroffene Bevölkerungsgebiet auch für die angreifenden Truppen tagelang unbetretbar bleibt. Es ist also sozusagen derart tödlich, daß es dadurch an strategischem Wert verliert. Nur wer keinen anderen Zweck verfolgte, als einfach alles Lebendige auszurotten, würde einen Stadtteil mit Senfgas belegen. Für ein derartiges Vorgehen wäre der Ausdruck „Barbarei" ein sanftes Kompliment.

Aber wer weiß? Ernstfall ist Ernstfall! In der Kärntnerstraße kann der Kluge für diese Eventualität vorbauen.

Aber mit dem Vorbauen ist noch lange nicht genug getan. Man muß auch unterbauen! Hat der Kluge nämlich das irdische Geschäftslokal besichtigt, so wird er zwei Stock tief unter die Erde geführt. Dort hat die Firma einen Muster-Gasschutzkeller eingerichtet. Der Zugang zu diesem Raum wird von zwei aufeinanderfolgenden hermetisch schließenden Eisentüren geschützt. Diese Wunderstücke sind erstaunlich gut dressiert: sie können vermittels sinnreich angebrachter Angeln sowohl nach links als auch nach rechts geöffnet werden. Für den Fall aber, daß die linke wie auch die rechte Seite durch Bombeneinschläge bereits verschüttet sein sollten — besitzen die Türen noch spezielle Hebel, und falls diese Hebel nicht verschüttet sind, läßt sich die ganze Tür mit einem Griff entfernen.

Immer klüger werdend, betritt der Kluge nun den Gasschutzkeller. Was er sieht, ist — zusammenfassend gesagt — eine Zelle, ausgestattet mit Hilfsmitteln, um darinnen nicht zu ersticken und nicht zu verhungern. Es gibt da zwei Luftregneratoren: einen mit Handbetrieb und einen, der wie ein Fahrrad betätigt wird. Weiters: einen Schrank voll Gasmasken und Konservenbüchsen;

Seite aus *Der Sonntag*, Beilage zu *Wiener Tag*, 11. April 1937.

zwei Stunden lang dem oben erwähnten Senfgas Widerstand leistet. Aber das wäre – wenn der Ausdruck gestattet ist – schon übertriebene Vorsicht. Denn Senfgas schlägt sich in Tropfenform nieder und verdunstet so langsam, daß das betroffene Bevölkerungsgebiet auch für die angreifenden Truppen tagelang unbetretbar bleibt. Es ist also derart tödlich, daß es dadurch an strategischem Wert verliert. Nur wer keinen anderen Zweck verfolgte, als einfach alles Lebendige auszurotten, würde einen Stadtteil mit Senfgas belegen. Für ein derartiges Vorgehen wäre der Ausdruck „Barbarei" ein sanftes Kompliment.

Aber wer weiß? Ernstfall ist Ernstfall! In der Kärntnerstraße kann der Kluge für diese Eventualität vorbauen.

---

256. Josef K. F. Naumann, „Ozeanriesen laufen in Wien vom Stapel", in: *Werkzeitung der Hammerbrotwerke*, Heft 1, 1937, S. 5.

Eines der interessantesten Institute von internationaler Bedeutung ist die Wiener Schiffbautechnische Versuchsanstalt am linken Ufer des Donaukanals. So unwahrscheinlich es klingt, weil diese Anstalt in der Hauptstadt eines heutigen Binnenlandes liegt – die Seeschiffahrt vieler Länder macht auch heute noch den Bau ihrer Ozeanriesen und anderer Schiffe vom Gutachten dieses Instituts abhängig und in allen Meeren schwimmen Schiffe, die hier „zur Probe" waren, deren Form an der Donau bestimmt wurde. Die Anstalt wurde mitten im Weltkriege fertiggestellt, damals, als Österreich-Ungarn noch eine stolze Kriegsflotte und große Schiffswerften an der Donau und Adria hatte. Daß sie sich trotz des Verlustes der Seegeltung Österreichs, trotz Rückgang des Schiffbaus und Arbeitslosigkeit in den Werften bis heute aufrechterhallen konnte, ja ohne jegliche öffentliche Unterstützung fast nur für ausländische Auftraggeber arbeitet und damit eine Aktivpost der österreichischen Wirtschaft ist, verdankt sie ihrem Gründer und noch heutigem Leiter, Dr. Ing. Friedrich Gebers, der ihren Weltruf begründet hat. Die Einrichtung dieser Versuchsanstalt wurde vorbildlich für die Gründung der neuesten ähnlichen Institute in Italien, Holland, Spanien, Rußland und selbst Japan. Die Apparate der Wiener Anstalt sind eigenartige Spezialinstrumente, denen die Fachwelt dadurch Anerkennung zollte, daß sie sie zum Muster nahm.

Aufgabe des Institutes ist es, noch den ihr von den Schiffahrtsgesellschaften zukommenden Rohplänen für projektierte Schiffsbauten Gutachten abzugeben, genauer gesagt, auf Grund von Beobachtungen an nach diesen Plänen gefertigten Paraffinmodellen die Verwendbarkeit von Schiffsneukonstruktionen zu prüfen, gutzuheißen, abzuändern oder abzulehnen. Bei dem Streben nach Steigerung der Geschwindigkeit und Wirtschaftlichkeit wurde es immer schwerer, mit den baulichen Erfahrungen und den theoretischen, verwickelten und ungenauen Berechnungen des Wasserwiderstandes auszukommen. Man verläßt sich daher lieber auf die nach den Gesetzen der sogenannten Ähnlichkeitsmechanik unternommenen praktischen Versuche an kleinen, formgetreuen Modellen als auf die Theorie. Diese Modelluntersuchungen, „Schleppversuche“ genannt, ermöglichen es, die Schiffsmodelle in großen Becken Versuchsfahrten unternehmen zu lassen. Nach den dabei erfolgten Messungen können Pläne und Modelle solange durchkonstruiert werden, bis die sparsamste und technisch vollkommenste Form gefunden ist. Was dadurch an Geld beim Bau und Betrieb der Schiffe erspart werden kann, ist oft mehr als die Gesamtbaukosten einer solchen schiffbautechnischen Versuchsanstalt. In der im Winter geheizten Halle der Wiener Anstalt befindet sich ein Bassin, das 180 Meter lang und 10 Meter breit ist und bis 9000 Kubikmeter Wasser faßt. Der Boden des Bassins besteht aus 18 Platten, die mechanisch gehoben und gesenkt werden können, wodurch die Leistungen der Modelle in verschiedenen Tiefen erprobt werden können. Auf den Bassinmauern läuft auf Schienen ein elektrisch betriebener Brückenwagen Über die ganze Breite des Bassins, der die Meßgeräte und die Personen zur Bedienung der Apparate trägt.

Kapitel 25: Stadtkultur

Wien, die Kulturstadt, wandelte sich in den Jahren nach 1918. Neue Formen der Kultur wurden beliebter: Film, Tanz, Jazz. Das wirkte sich auch auf die gebaute Stadt aus. P. H. beschreibt den Besuch in einem der zahlreichen Vorstadtkinos. Weiterhin wichtig blieb das Kaffeehaus als Ort für alle möglichen kulturellen und sozialen Aktivitäten. Die nach wie vor beliebten altehrwürdigen Institutionen sowie der allseits beliebte Korso bei der Oper wurden aber nun um neue Attraktionen ergänzt, wie die Tanzbar „Oase" in der Dorotheergasse.

Ein relativ neuer Aspekt war die Arbeiterbildung: Otto Neurath gründete 1925 in den Räumen der Gartenbaugesellschaft den Verein Gesellschafts- und Wirtschaftsmuseum in Wien. Auch relativ neu waren die diversen öffentlichen Aktivitäten der Frauenverbände, 1936 eröffnete die Ausstellung *Zehn Jahre Wiener Frauenkunst* im Glaspalast Burggarten, wie das Palmenhaus damals genannt wurde. Darüber berichtet die Kunsthistorikerin Else Hofmann. Eine ganz neue Art von Veranstaltungen in eigens dafür errichteten Hallen brachte die entstehende Massengesellschaft mit sich. Für das Sängerbundfest 1928 wurde im Prater eine Halle für 43.000 Mitwirkende errichtet.

Die Ausgestaltung des Stadtraums mit Monumenten wird neu diskutiert: Robert Musil sieht neben der linguistischen Schwierigkeit, ob man „Denkmale oder Denkmäler sagen soll", auch das Problem, dass man sie im Stadtraum gar nicht wahrnehmen würde. Seine Analyse dieser Unsichtbarkeit von Gedenkstätten ist eine eminente Studie der modernen Stadtwahrnehmung.

---

257. P. H., „Im Kino. Wochenplauderei",
in: *Kinowoche*, 1. Jg., 1919, Heft 2, S. 10–11.

Gestern war ich also zum ersten Male im Kino – allein. „Denn früher ging ich in Gesellschaft" ins Düstere. Aber im Kino – im Kino als Selbstzweck war ich erst gestern. Ich suchte mir ein recht gemütliches aus, nicht im Zentrum der Stadt, nicht ganz an der Peripherie – in einem gemütlichen Wiener Bezirke gelegen, wo es noch gediegene Leute vom Grund gibt. Das Kino war nicht sehr sauber gehalten – aber dafür war es urgemütlich. Sogar rauchen durfte man, wenn es der Billeteur nicht sah, dafür gab es aber keine Ventilatoren, wohingegen die Luft ungemein dumpf und stickig war. So wurde ein Nachteil durch den anderen aufgehoben. Es ist ein ganz urgemütliches Kino! Schon an der Kassa zeigt sich dies! Neben mir, um eine Karte angestellt, stand eine ehrsame Wittfrau, Frau Bozena mit Vornamen. Bei der formell vorgenommenen Vorstellung gab sie mir auch ihren Zunamen bekannt, doch konnte ich denselben trotz bekannter Zungengeläufigkeit nicht nachsprechen, was mir hoffentlich bei der tschechoslowakischen Gesandtschaft nicht zu streng angekreidet wird. Vor der Kasse war ein großes Gedränge. Dieses Programm wollte jeder gesehen haben. Frau Bozena wenigstens stand fest auf diesem Standpunkt und auf meinem Hühnerauge.

Das war mein erster Kino-„Eindruck"!

Bei der nächsten Lichtpause war Einlaß. Mit der glücklich erkämpften Karte durfte ich nunmehr den Saal betreten. Gelassen schlenderte ich meinem Orchesterfauteuil zu. Ich ließ mich nieder und empfand es als nicht geringe Aufmerksamkeit, daß die Sitzfläche trotz der herrschenden kühlen Witterung angenehm temperiert war. Mit wuchtigen Schritten nahte die Aufklärung. Ein urgemütlicher Herr trat auf mich zu und sprach: „Sö hörn's – dös is' mein Sitz da sitz' i' schon fuchzehn Monat". Staunend über solche Seßhaftigkeit überließ ich sofort den erbeingesessenen Platz und ließ mich daneben nieder. Gerührt durch meine Bereitwilligkeit lößte sich sofort aller Groll in der Brust des Urgemütlichen, der in der Folge mein unermüdlicher Kinomentor werden sollte. Dieser Biedere war – es ist ein historischer Moment, wo er das erstemal erscheint – Herr Hieronymus Bamschabel aus der Paniglgasse!

Bamschabel war allwöchentlich hier im Kino zu finden, dessen Typen er mir rührend aufmerksam bezeichnete. Neben Frau Bozena der ehrsamen Wittfrau, saß da Herr Unterpostkontrollor Sputz mit werter Frau Gemahlin Elvira. Nicht weit davon Joe Hampel, das Bezirksgigerl. Von den jugendlichen Kinobesuchern war die blonde Fritzi – ein reizender Kerl – das sagte ich, nicht der Bamschabl, bemerkenswert, welche sich jedes Programm mit einem anderen Herzensfreunde ansah. „Zigomar", „Homunkulus" und ähnliche mehrteilige Filmwerke erforderten sogar deren zwei. Ich folgte dem ausgestreckten Zeigefinger Bamschabels und sah, daß heute ein blonder Jüngling an der Reihe war.

Das Spiel begann! „Der wandelnde Tote". Ich war begeistert! „Hab'n s' schon g'hört", unterbrach ganz laut Bamschabel die tiefe Stille, „die Fern Andra hat an Buam 'kriegt". – „Pst – Ruhe !" – erscholl es von hinten. „Ja, ist sie denn überhaupt verheiratet? warf die in diesem Punkte sehr gestrenge Frau Unterpostkontrollorin Elvira ein. Mittlerweile „wandelte" der Tote vorüber. [...]

Wir waren alle höchst belustigt und empfand man es allgemein als sehr bedauerlich, daß es schon sehr bald zu Ende gespielt war. Mit Flammenschrift erschien es „Es werde Licht !"

Man hörte vereinzelte Ausrufe des Unwillens, einige ärgerliche Bemerkungen.

Es wurde Licht. – Man sah viele gerötete Gesichter – ein paar zerknitterte Blusen und derangierte Figuren. Die gute Stimmung war verflogen – der Alltag trat wieder in sein Recht – es war unwiderruflich Licht!

---

258. Josephus [= Joseph Roth], „Das Märchen vom Sophiensaal“, in: *Der Neue Tag*, 3. August 1919, S. 8.

Märchen ereignen sich mitten im Getriebe des Werktags, der grauen Nüchternheit der simplen Ereignisse. Die Geschichte des Sophiensaals könnte auch ganz gut wie im Märchen beginnen. Es war einmal...

Also: es war einmal ein Festsaal, der war, wie ein Gedicht, oder noch besser, der Saal der Säle, der Hohefestsaal. Er strahlte im tausendfältigen Glanze der Lichter und auf seinen Parkettböden wirbelten die zartesten, weißen Halbstiefelchen an zartesten, weißen Damenfüßchen. Es gab keinen vornehmen Ball, der nicht in jenem herrlichsten aller Säle stattgefunden hätte und Prinzen und Fürsten und sonstige Märchen- oder Kinodramenpersönlichkeiten waren seine gewohnten Besucher. Und was das Märchenhafteste war: dieser Festsaal war eigentlich gar kein Festsaal. Nein! Er war – eine Badeanstalt. Eine, zwar nicht ganz einfache, aber immerhin: eine Badeanstalt. Natürlich nur im nüchternen Schein des sommerlichen Alltags. Alljährlich aber kam Prinz Karneval dahergeritten, klopfte mit seinem Glockenstäbchen dreimal an das Tor der Sophiensäle und plötzlich trocknete das Bassin vollkommen aus, wie seinerzeit das selige Rote Meer und siehe da: am Grunde des vertrockneten Sees leuchteten und lockten die bestgewichsten Parkettböden. Da ward aus der Badeanstalt plötzlich ein Ballpalast. Die vornehmsten Wiener Bälle wurden dort veranstaltet. Das allerfeinste Publikum – es war noch zu der Zeit, da es ein feines Publikum gab – bewegte sich in seinen Räumen mit gemessener Grazie und stilvoller Eleganz.

Aber einen Schmerz noch konnte der Ballpalast nicht verwinden: da gab es einen alten Kaiser, namens Franz Joseph, dessen Höflinge behaupteten, der Sophiensaal, der herrlichste aller Ballsäle, der Hohefestsaal, das Gedicht von einem Festsaal besäße nicht die genügende „Feuersicherheit“. Denn Hofmenschen sind böse Leute und trockene Patrons und haben nichts anderes zu tun, als bei einem Ballpalast nach – Feuersicherheit zu fragen. Also ließen sie den alten Kaiser nicht hingehen und der Sophiensaal war sehr traurig über seine Hofunfähigkeit...

Dennoch geschah einmal das Wunder und der alte Kaiser kam. Es geschah, aus Anlaß der dritten internationalen Kochkunstausstellung. Da war der gute Sophiensaal getröstet und feierte wieder seine heiteren Feste. [...]

Solche und ähnliche Geschichten erlebte der Sophiensaal in reicher Folge. Bis plötzlich die böse Konkurrenz des Konzerthaussaales auftauchte und den Glanz der Sophiensäle um ein Beträchtliches herabminderte. Als nun aber gar der Krieg ins Land zog, da war es mit aller Pracht vorbei: der Sophiensaal wurde ein simples Rekonvaleszentenheim. In seinen Räumen roch es nach Kampfer und Jodoform und statt der Walzerklänge flatterten irre Seufzer kranker Menschen durch alle Winkel des Palastes ...

Nun meldet ein trockener Aktiengesellschaftsbericht: Bei der am 30. d. M. abgehaltenen 78. Generalversammlung unter dem Vorsitze des Präsidenten Oberbaurates Ferdinand Dehm waren 479 Aktien mit 95 Stimmen vertreten. Das Objekt wird im Herbste dieses Jahres seiner alten Bestimmung zugeführt. Der Verlust von 49.971 Kronen 47 Heller wird auf neue Rechnung vorgetragen.

Also schließt das Märchen vom Sophiensaal mit einem schönen Ausblick. Man könnte ganz gut enden: es *wird* einmal ...

---

259. Eugen Lazar, „Café Central. Eine ehrwürdige Ruine“, in: *Die Bühne*, Heft 14, 1925, S. 17–18, hier 17.

Vasari oder ein anderer berichtet darüber, daß die Soldaten Franz des Ersten oder eines anderen Königs das Refektorium des Klosters Santa Maria delle Grazie, auf dessen Wand Lionardo sein Abendmahl gemalt hatte, als Stall benützten. Solcher Sakrilegien gibt es in der Geschichte der Kunst so viele, daß man fast versucht wäre, die Schändung ehrwürdiger Kunststätten für deren normales Schicksal anzusehen. Was anderes ist dem Café Central in Wien widerfahren, dessen geistgetränkte Mauern heute auf das respektlose Treiben einer von rücksichtslosem Geschäftsgeist tolerierten Rotte kartenspielender Börsianer herabblicken? Im Sanktissimum, wo früher, befeuert von der Gegenwart

Peters des Großen, die guten Buchstaben des Alphabets von vortrefflichen Kohinooren[1] zu Feuilletons aneinandergereiht wurden, drängt sich heute kunstfernes Volk an die alten Arbeitstische der Wiener Literatur zu Bridge und Mah-Jong. Schon der Anblick der leeren Tische, deren schimmernden Leimüberzug der Hingang des schützenden Billardtuches allen Unbilden erregter Bridgepartien preisgibt, stimmt den Kenner edler Vergangenheit traurig. Aus solch verwittertem Boden könnten, selbst wenn die Pflanzer da wären, jene seltenen und kostbaren Adjektiva gar nicht aufsprießen, die der Wiener Literaturplantage ihren besonderen Reiz verliehen.

Es muß jedoch gesagt werden, daß auch jene Hochblüte, die nun verdorrt und verkommen ist, ihr Dasein ursupatorischer Besitzergreifung verdankte. Gäbe es einen Geologen geistiger Übereinanderlagerungen und könnte er von den Mauern des Arkadenhofes im Café Central die obersten Schichten ablösen, er fände darunter eine, die sich aus der Ausstrahlung ganz anders gearteten Strebens und Wirkens zusammensetzt, Auch sie trüge die Spuren der Gier nach Erfolg, der Lust am Projektemachen und der Verzweiflung über hoffnungsloses Begraben von Projekten, der Ohnmacht, des Neides; aber all dies verriete seine Herkunft aus anderen Domänen des Lebenstriebes. In unsichtbaren Chiffren wären dieser untersten Schichte die Worte „Ich geb', ich nehm'" eingeprägt. Denn vor der literarischen gab es im Arkadenhof eine rein kommerzielle Epoche; nicht die Literatur, die Getreidebörse ist sein Archaikum.

Die handelnden Väter machten den dichtenden Söhnen Platz, aber nur die Beschäftigung der Centralisten wechselte; die Namen, Gesichter, Tonfälle blieben die nämlichen. Oppenheim senior, der aus dem Central ins Habsburg übersiedelt war, las kopfschüttelnd, was der vom Zaungast des Griensteidl zum Stammgast des Central aufgerückte Oppenheim junior geschrieben hatte.

Es kam die Konjunktur und damit die Abkehr der Jungen von der Literatur. Mancher Sohn trat in das Geschäft des Vaters ein oder schob auf eigene Faust. Und brachte seine Geschäftsfreunde ins Central mit. Eine laute und ruchlose Gesellschaft machte sich in dem ehrwürdigsten der ehrwürdigen Räume breit, alles in die Kaffeehäuser der Nachbarschaft verdrängend, was da Geistiges gelebt und geschafft hatte. Der Paul Frank-Tisch

---

1 Koh-i-Noor Hardtmuth war ein wichtiger Hersteller von Bleistiften in České Budějovice.

Seite aus *Die Bühne*, Heft 14, 1925.

DIE BÜHNE

Café Central

EINE EHRWÜRDIGE RUINE

Von Eugen Lazar

Zeichnungen von Carl Josef

Vasari oder ein anderer berichtet darüber, daß die Soldaten Franz des Ersten oder eines anderen Königs das Refektorium des Klosters Santa Maria delle Grazie, auf dessen Wand Lionardo sein Abendmahl gemalt hatte, als Stall

Egon Dietrichstein und Dr. Tartakower

benützten. Solcher Sakrilegien gibt es in der Geschichte der Kunst so viele, daß man fast versucht wäre, die Schändung ehrwürdiger Kunststätten für deren normales Schicksal anzusehen. Was anderes ist dem Café Central in Wien widerfahren, dessen geistgetränkte Mauern heute auf das respektlose Treiben einer von rücksichtslosem Geschäftsgeist tolerierten Rotte kartenspielender Börseaner herabblicken? Im Sanktissimum, wo früher, befeuert von der Gegenwart Peters des Großen, die guten Buchstaben des Alphabets von vortrefflichen Kohinooren zu Feuilletons aneinandergereiht wurden, drängt sich heute kunstfernes Volk an die alten Arbeitstische der Wiener Literatur zu Bridge und Mah-Jong. Schon der Anblick der leeren Tische, deren schimmernden Leimüberzug der Hingang des schützenden Billardtuches allen Unbilden erregter Bridgepartien preisgibt, stimmt den Kenner edler Vergangenheit traurig. Aus solch verwittertem Boden könnten, selbst wenn die Pflanzer da wären, jene seltenen und kostbaren Adjektiva gar nicht aufsprießen, die der Wiener Literaturplantage ihren besonderen Reiz verliehen.

Es muß jedoch gesagt werden, daß auch jene Hochblüte, die nun verdorrt und verkommen ist, ihr Dasein ursupatorischer Besitzergreifung verdankte. Gäbe es einen Geologen geistiger Übereinanderlagerungen und könnte er von den Mauern des A r k a d e n h o f e s im Café Central die obersten Schichten ablösen, er fände darunter eine, die sich aus der Ausstrahlung ganz anders gearteten Strebens und Wirkens zusammensetzt. Auch sie trüge die Spuren der Gier nach Erfolg, der Lust am Projektemachen und der Verzweiflung über hoffnungsloses Begraben von Projekten, der Ohnmacht, des Neides; aber all dies verriete seine Herkunft aus anderen Domänen des Lebenstriebes. In unsichtbaren Chiffren wären dieser untersten Schichte die Worte „Ich geb', ich nehm'" eingeprägt. Denn vor der literarischen gab es im Arkadenhof eine rein kommerzielle Epoche; nicht die Literatur, die G e t r e i d e b ö r s e ist sein Archaikum.

Die handelnden Väter machten den dichtenden Söhnen Platz, aber nur die Beschäftigung der Centralisten wechselte; die Namen, Gesichter, Tonfälle blieben die nämlichen. Oppenheim senior, der aus dem Central ins Habsburg übersiedelt war, las kopfschüttelnd, was der vom Zaungast des Griensteidl zum Stammgast des Central aufgerückte Oppenheim junior geschrieben hatte.

Es kam die Konjunktur und damit die Abkehr der Jungen von der Literatur. Mancher Sohn trat in das Geschäft des Vaters ein oder schob auf eigene Faust. Und brachte seine Geschäftsfreunde ins Central mit. Eine laute und ruchlose Gesellschaft machte sich in dem ehrwürdigsten der ehrwürdigen Räume breit, alles in die Kaffeehäuser der Nachbarschaft verdrängend, was da Geistiges gelebt und geschafft hatte. Der Paul Frank-Tisch wanderte ins Café Herrenhof aus, der Bettauer-Tisch ins Landtmann. Franz Blei und seine Tischgesellschaft verstreuten sich in alle Winde. Zurück blieben nur die paar, die aus Mangel an Elastizität und Überschuß an Interesselosigkeit für die Einzelheiten der ihren Spieltischen vorgelagerten Landschaft den Antrieb zum Auswandern nie verspürt hatten. Ein paar ehemalige Literaturfreunde, ein paar Anwälte, ein paar schwer Definierbare. Sie repräsentieren im neuen Central das alte. Ein Häuflein Einsamer, das den Anschluß an die geistigen Zeitströmungen freiwillig aufgegeben hat.

Völlig unverrückt (? Anm. d. Red.) hat die Erschütterungen rundum nur ein Raum der ausgedehnten Anlage überdauert: das S c h a c h z i m m e r. Heute wie je dringt von dort eintöniges Gemurmel an das Ohr des naiven Arkadenhofbesuchers. Nur dem aus nächster Nähe hörenden Kenner löst es sich zu den absonderlichen Wendungen

Dr. Walter Rode und Dr. Heinrich Frankl

17

wanderte ins Café Herrenhof aus, der Bettauer-Tisch ins Landtmann. Franz Blei und seine Tischgesellschaft verstreuten sich in alle Winde. Zurück blieben nur die paar, die aus Mangel an Elastizität und Überschuß an Interesselosigkeit für die Einzelheiten der ihren Spieltischen vorgelagerten Landschaft den Antrieb zum Auswandern nie verspürt hatten. Ein paar ehemalige Literaturfreunde, ein paar Anwälte, ein paar schwer Definierbare. Sie repräsentieren im neuen Central das alte. Ein Häuflein Einsamer, das den Anschluß an die geistigen Zeitströmungen freiwillig aufgegeben hat.

---

260. o. A., „Schulreform für Erwachsene. Neue Möglichkeiten der Arbeiterbildung. – Das Gesellschafts- und Wirtschaftsmuseum“, in: *Arbeiter-Zeitung*, 15. Juni 1926, S. 10.

Wirtschaftsmuseum! Viele schrecken zurück und fürchten, eine verstaubte Sammlung von uninteressanten und gleichgültigen Antiquitäten, von Wirtschaftsurkunden oder sonst irgendeinem vergilbten Zeug zu sehen. Von alldem ist in dem sauberen und einheitlich geordneten Wirtschaftsmuseum, das vor einigen Monaten seine allerdings etwas engen Räume in der Gartenbaugesellschaft auf dem Parkring bezogen hat, keine Spur. Es ist ein modernes Museum: modern im besten Sinne des Wortes. Es verwertet die organisatorischen Erfahrungen der modernen Fabrik, es hat sich die Grundsätze zweckmäßiger Normung, der Gleichartigkeit der einzelnen Teile, deren Dimensionen aneinander angepasst sein müssen, zu eigen gemacht. Der Raum ist übersichtlich geordnet und die einzelnen Ausstellungsstücke sind peinlich genau gearbeitete Tafeln, die wie die aufgeschlagenen Seiten eines Buches nebeneinander aufgestellt sind. Da gibt es keinen überflüssigen Schnörkel, kein lästiges Machwerk: alles ist nüchtern auf den Zweck, die Belehrung der Besucher, abgestellt.

Und so nüchtern das Ganze wirken mag, so ist es doch im höchsten Maße anregend. Denn die Tafeln, die die wirtschaftlichen und gesellschaftlichen Zusammenhänge veranschaulichen sollen, sind nach einer ganz neuartigen Methode gezeichnet. Da fehlen all die lästigen Zahlen, die dem Laien nur allzu oft die Aufklärung über wirtschaftliche Dinge verekeln und die doch so unentbehrlich sind, wenn man nicht die Methode anwendet, die das Wirtschaftsmuseum jetzt einführt, um die oft recht komplizierten

Wechselwirkungen im gesellschaftlichen Organismus aufzuzeigen. Eingehende psychologische Studien über die Erfassung und geistige Verarbeitung dieser wirtschaftlichen Tatsachen, sind der Anfertigung dieser Tafeln vorausgegangen. Welche Methode ist die beste, um dem erwachsenen Schüler einen Vergleich zwischen verschiedenen wirtschaftlichen Größen und den von ihnen hervorgerufenen Wirkungen zu veranschaulichen? Mit welchen Vorstellungen muß man einen Begriff verbinden, um ihn dauernd dem Gedächtnis einzuverleiben?

Die Tabellen des Wirtschaftsmuseums lösen diese schwierige Aufgabe mit denselben Mitteln wie unsere neuen Schulbücher. So wie die modernen Rechenbücher nicht mehr eine trostlos öde Sammlung von Ziffern, sondern von lustigen Bildern sind, die die Größenverhältnisse den Kindern sinnfällig vor Augen führen, so versucht auch das Wirtschaftsmuseum, in seinen Tafeln vor allem durch verschiedene Längenausdehnungen, durch typische Figuren, durch Gegenüberstellung von Größen dem Besucher nicht Zahlen, nicht abstrakte Größenverhältnisse, sondern anschauliche Vorstellungen zu vermitteln. [...]

Man wird auch beim Unterricht von Erwachsenen lernen müssen, sich den Errungenschaften der Schulreform, den Ergebnissen der neueren psychologischen Forschung anzupassen. Ein Gang durch das Wirtschaftsmuseum zeigt uns, was wir noch in der Ausgestaltung der Arbeiterbildung, in der Verfeinerung ihrer Methoden leisten können. Es wäre nur zu wünschen, daß das Wirtschaftsmuseum bald Gelegenheit erhält, seine Ausstellung in größeren Räumen auszugestalten, damit es seine Technik vervollkommnen kann. Auch die Revolutionierung der Statistik, die das Werk des Wirtschaftsmuseums ist, ist eine Revolution, die sich die Arbeiter und ihre Bildungseinrichtungen zunutze machen müssen.

---

261. Siegfried Geyer, „Küss' die Hand, gnädige Frau! Herbst-Wiedersehen auf dem Korso", in: *Die Bühne*, 1928, Nr. 203, S. 14–15.

Auf dem Wiener Korso, das heißt zwischen Oper und Stephansplatz, zwischen Oper und Schwarzenberg-Platz, trifft man wieder alle Bekannten vom vorigen und vom vorvorigen Jahr. Die Saison hat also begonnen. An der Sirk-Ecke bei der Oper haben sich bereits die Dienstmänner der öffentlichen Korsomeinung versammelt, vor dem Hotel Sacher haben die Aristokraten ihre Standplätze und in der Kärntnerstraße promenieren einstweilen noch mit braunem Teint die Gattinnen sämtlicher Wiener Kommerzialräte, Bankpräsidenten, Industriekapitäne, sanft mit Theater gemischt. Auch die Damen vom Ballett sieht man im Sonnenschein vor der Oper fast häufiger als in der Oper drinnen. Sie haben keine Schuld daran, sie sind schlecht beschäftigt und wollen sich wenigstens auf dem Korso ihrem Publikum zeigen. Der wienerische Korso hat wie jeder Korso eigentlich keinen tieferen Sinn. Er bedeutet eine Schaustellung der ewig zum Spazierengehen aufgelegten Menschen, eine große Auslage, in die die Stadt ihre besten Flaneure stellt. Niemand weiß, wer eines Tages begonnen hat, zwischen zwölf und eins auf der Kärntnerstraße spazieren zu gehen. Aber zumindest zwei oder drei müssen plötzlich mit dieser schönen Sitte angefangen haben. Hat man nichts zu tun, so geht man auf der rechten Seite, dort, wo Zwieback ist, die Englische Flotte und wo einmal das Café Scheidl war. Hat man aber gar nichts zu tun, geht man auf der andern Seite, wo der Gerstner ist. Beim Gerstner tagt auch jeden Vormittag die Versammlung jener Vereinigung der Wiener Menschen, die zwischen 11 und 12 mit ihrer Arbeit fertig sind oder sie erst nach 1 Uhr beginnen. Es wird auf dem Korso sehr viel gegrüßt, sehr viel gedankt, man zieht den Hut und weiß nicht einmal immer, vor wem. Man sagt „Küss' die Hand!", die Dame lächelt anmutig zurück, ohne immer gleich Bescheid zu wissen, wer ihr im Geiste die Hand geküßt hat. Am Graben und in der Kärntnerstraße kennt zu dieser Stunde einer den andern vom Hin- und Wegschauen. Manche Leute leben seit Jahren als unentwegte Grüßer. Sie verfügen über ungeheure Personalkenntnisse, und man zerbricht sich den Kopf, ob sie vielleicht noch einen Nebenberuf haben, denn das Grüßen kann ja schließlich nicht ihren ganzen Tag ausfüllen. „Küss' die Hand, gnädige Frau! Wie geht's Ihnen denn? Schauen heute ein bisserl schmal aus... vielleicht gedraht? Na, na ich weiß schon..." Das ist so die Art, mit der altösterreichische Liebenswürdigkeit auf der Kärntnerstraße noch immer den Frauen etwas Angenehmes zu sagen hat. „Aber Herr Sektionschef schauen fabelhaft aus! So haben Sie noch nie ausg'schaut, nicht einmal im Krieg", „Gräfin, nein, wie ich mich freu', Sie zu sehen, ich hab' g'laubt, Sie sind längst ausg'wandert. Hier kann's ja unsereiner nimmer aushalten..."

Das sind so die Redewendungen jener Gesellschaft, die seit zwei Jahrzehnten den Korso beherrscht und sich aus dieser Stellung nicht verdrängen läßt. Täglich sendet sie ihre Hilfstruppen aus, die einzelnen Stützpunkte, Kärntnerstraße und Ring, zu besetzen. Der Wiener Korso ist – das müssen ihm seine Feinde lassen – ein schöner Korso, ein Korso guterzogener und noch mehr gut angezogener Menschen, die ganz gut wissen, daß man beim Sehen auch gesehen wird. Namentlich die Wiener Frauen ziehen sich für den Korso gut an und die meisten Trotteurs oder Vormittagsmäntel dienen einzig und allein dazu, das Bild der Kärntnerstraße lebendiger zu machen. Der Wiener Korso hat auch bereits einigemale historische Ereignisse gezeitigt. Vor dem Sacher wurden wiederholt höherenorts Ohrfeigen ausgeteilt, in der Kärntnerstraße spann sich mancher Flirt an und manche Ehescheidung wurde dort eingeleitet. Hier gingen klassische Persönlichkeiten der „Kaiserstadt“ spazieren, hier marschierte hinter dem schönen Erzherzog Eugen immer ein Rudel bewundernder Menschen her. Jetzt laufen sie dem Aslan[1] nach...

---

262. o. A., „Zu den Arbeiten von Georg Rupprecht. Sängerhalle“, in: *Die Bau- und Werkkunst*, 1929, S. 129.

Anläßlich des X. Deutschen Sängerbundesfestes wurde im Prater eine große Halle mit einer verbauten Grundrißfläche von mehr als 20.000 m^2 errichtet. Die Anlage der Halle war dreischiffig mit überhöhtem Mittelschiff, welches eine freie Spannweite von 60 m und eine Höhe von 25 m hatte. Die zwei Seitenschiffe hatten eine Spannweite von je 25 m. In der Halle wurde ein stufenförmiges Podium eingebaut, das für zirka 40.000 Sänger Platz bot. Die einzelnen Stufen hatten eine Höhe von 20 cm und stiegen bis zu einer Gesamthöhe von 7,80 m an. Das schwierige Problem der Schaffung der Zugangsmöglichkeit zu dem Podium bei Vermeidung jeder Stiegenanlage wurde durch eine besondere Rampenkonstruktion gelöst.

Die Rampenebene wurde in einer Neigung 1:5 gelegt und ihr Schnitt mit den horizontalen Stufenebenen erfolgte derart, daß bei jeder Stufe ein genügend großer horizontaler Podest außerhalb der Halle sich ergab, auf dem auch die Abschlußtür mündete. Diese Rampenanlage hat sich vollkommen bewährt. Es konnten 43.000 Sänger innerhalb von sieben Minuten auf dem Podium Aufstellung nehmen. Bezüglich des Podiumgrundrisses

1 Raoul Aslan, 1886–1958, Burgschauspieler.

Bau der Sängerhalle für das 10. Bundesfest des Deutschen Sängerbundes im Prater, 1928.

ist zu bemerken, daß die einzelnen Stufen nicht geradlinig geführt sind, sondern in einem polygonalen Verlauf den Dirigententurm umschließen. Diese Anlage hat sich besonders auch in akustischer Hinsicht als vorteilhaft erwiesen, weil durch diese Podiumanordnung eine außerordentlich günstige Kommassierung der Stimmen erreicht wurde.

Die Akustik der Halle war eine überraschend gute und es waren bei den Massenchören an keiner Stelle akustische Störungen zu bemerken; vielmehr ist sogar in diesem großen Raum die Stimme eines einzelnen Sängers an jeder Stelle der Halle voll zur Geltung gekommen.

Die Sängerhalle war nur für die Festaufführungen als Provisorium errichtet worden und wurde nach Beendigung des Sängerfestes wieder abgetragen.

---

263. W. v. B., o. T. (Tanzbar Oase), in: *Wiener Salonblatt*, Nr. 19, 12. September 1931, S. 13.

Die „Oase" in der Dorotheergasse 6, diese vornehme, bezaubernd intime Tanzbar, hat vor kurzem ihre neue Saison eröffnet. Es ist selbstverständlich, daß in dieses Milieu nur das Allerbeste, künstlerisch Höchstwertigste paßt, und darum hat die Direktion ein Ensemble von Künstlern engagiert, das in bezug auf Vielseitigkeit und profundes Können schlechtweg unerreicht ist. Wir nennen Charles Bakers, ein Violinvirtuose und zugleich Sänger von ganz hervorragenden Qualitäten; Walter Landauer, ein Meister des Flügels, der im Konzertsaal wiederholt die Zuhörer enthusiasmierte; Leo Sar, ein Klavierhumorist, der in allen Großstädten Europas am Kabaret Triumphe feierte und als Barpianist keinen seinesgleichen hat, und last not least Charly Suk, ein Musiker von verblüffender Vielseitigkeit und Virtuosität, dabei ein geschulter Opernsänger, der über ein unerschöpfliches Repertoire an französischen, englischen, italienischen und deutschen Arien und Liedern verfügt. Daß dieses künstlerische Ensemble auch auf dem Gebiete des Tanzrhythmus Einzigartiges leistet und an der Riviera stürmische Erfolge errungen hat, sei nur nebenbei erwähnt. – Ein Abend in der „Oase" ist daher nicht nur ein Vergnügen, eine Aufheiterung nach den Tagessorgen, sondern auch ein künstlerisches Erlebnis.

264. Else Hofmann, „25 Jahre Vereinigung bildender Künstlerinnen Österreichs", in: *Die Österreicherin*, Heft 8, 1936, S. 3.

Mit berechtigtem Stolze zeigte die „Vereinigung bildender Künstlerinnen Österreichs" zur Feier ihres 25jährigen Bestandes ihre Jubiläumsausstellung im Hagenbund unter dem Titel „Heimat und Fremde". Die Gründe, die zur Bildung des Vereines führten, bestehen leider noch heute, noch immer kann eine Künstlerin nicht Mitglied einer der großen Künstlervereinigungen werden, die in ihren Ausstellungen höchstens gelegentlich Werke weiblicher Gäste vorführen. Daß die Frauen doch heute regelmäßig ausstellen können und dadurch ihre künstlerische und wirtschaftliche Stellung gefestigt haben, verdanken sie jener Gruppe tatkräftiger Künstlerinnen, die vor 25 Jahren die Vereinigung gründeten und sie bis zum heutigen Tage zielbewußt und kollegial geführt haben. Die Vereinigung hat alle Interessen der Künstlerinnen, besonders des jungen Nachwuchses, stets nachdrücklich vertreten. So war es ihr möglich, das Studium der Frauen an der Akademie der bildenden Künste durchzusetzen, ihnen die Möglichkeit zu geben, sich um den Staatspreis zu bewerben, der auch bereits einer Künstlerin zuteil wurde usw. Viele erfolgreiche Ausstellungen im In- und Ausland brachten den österreichischen Künstlerinnen moralische und praktische Erfolge. Auch die österreichischen Behörden haben sie durch Zuteilung von Subventionen, Ehrenpreisen usw. gefördert.

In der Ausstellung im Hagenbund war eine Reihe hochbegabter Künstlerinnen sowohl der älteren, als auch der jüngeren Generation vertreten. Im Mittelpunkt des großen Saales fesselte die lebensgroße Plastik aus Lindenholz „Schlafende" von Elisabeth Turolt. Die entspannte Haltung des Körpers in der schwierigen Stellung, mit gehobenen Beinen und lässig ruhenden Händen, der Ausdruck des Schlafens ist mit eigenartiger Intensität gestaltet. Auch das Selbstporträt in Terrakotta erweist die junge Künstlerin als ungewöhnlich plastische Begabung, die jeder Förderung würdig ist. Johanna Kampmann zeigt in ihren großen graphischen Blättern die kraftvoll gesammelte Begabung und Vertiefung, die wir an ihr schätzen. Es wäre eine wertvolle Aufgabe für Kunstfreunde, dieser Frau die materielle Möglichkeit zu geben, ihre Kräfte auf eine große Aufgabe zu konzentrieren. Erfrischend wirkten die Aquarelle von Lise Frankl, die sich nur selbstbewußter vom Einfluß ihres Lehrers, des ausgezeichneten Malers Andersen, loslösen müßte. Sie hat selbst Wesentliches zu sagen. [...]

Das Gesamtniveau der Ausstellung war beachtenswert, echte wirkliche Talente ließen sich erkennen; sie dürfen von der Allgemeinheit, insbesondere von den Frauen, das so dringend notwendige Interesse und Förderung erwarten. Denn die Künstlerin kämpft noch härter, tiefer, schwerer den großen Kampf, in den die Frau neuerdings gestellt ist: den Kampf um das eigene Ich, die freie Persönlichkeit, die lebende Seele und das nackte Leben.

---

265. Friedrich Mayreder, „Wiener Denkmalsfragen", in: *Profil. Österreichische Monatsschrift für bildende Kunst*, Heft 10, 1936, S. 438–440.

Die nunmehr bevorstehende Errichtung des Dollfuß-Nationaldenkmales auf dem Ballhausplatz in Wien hat die Übertragung des bisher dort befindlichen Otto-Wagner-Denkmales an andere Stelle notwendig gemacht: es soll vor dem von Otto Wagner geschaffenen Postsparkassen-Gebäude neu aufgestellt werden, statt des Denkmales für Georg Coch, den Begründer des Postsparkassen-Amtes, das im Innern des Gebäudes angebracht wird.

Der Anlaß dieses Vorganges ist zwingend, das soll nicht geleugnet werden – aber gerade das verleiht ihm grundsätzliche Wichtigkeit. Es ist, scheint es, das erste Mal, daß in Wien der Platzfrage halber ein wichtiges Denkmal ein minder wichtiges weichen läßt. Es wird nicht das letzte Mal sein. Wenn – ganz allgemein und nicht von Otto Wagner gesprochen – auch weiterhin jedwede Fach-, Halb und Auch-Berühmtheit öffentlich verewigt wird, dürften sich derlei Verschiebungen noch öfters ereignen. Denn dann wird bald an jedem irgendwie dazu geeigneten Fleck im Stadtraum ein Denkzeichen stehen, unsere Gärten werden Friedhöfen gleichen.

Es sei ferner zugestanden, daß der erwähnte Stafettenlauf der Denkmäler in dieser Form von Überlegung zeugt, insbesondere darin, daß das Coch-Denkmal dort Unterschlupf finden soll, wohin es seit Anbeginn gehört hätte: im Amtsgebäude selbst.

Aber auch die gedankliche Beziehung zwischen dem Wagner-Denkmal und dem Gebäude, vor dem es nun stehen soll, ist erfreulich. Doch alle zwingenden Gründe, alle Überlegung hilft nicht darüber hinweg, daß Denkmäler keine Schachfiguren sind. Das gilt leider auch für Josef Hoffmanns anmutiges und zugleich still gefaßtes Otto-Wagner-Denkmal. Der neue Standort wird es in doppelter Hinsicht um seine Wirkung bringen. Sein bisher auf freiem Platz gewissermaßen in sich selbst begründetes absolutes Ausmaß wird zwischen den vielgeschossigen Bauten zu einem armseligen Nichts zerdrückt werden, seine bisher notwendige Achsenlosigkeit vor der Hauptfassade der Postsparkasse den Eindruck sinnloser Zufälligkeit und Verlorenheit erwecken. Das alles, wenn man sich darauf beschränkt, das Denkmal kurzerhand unverändert zu übertragen.

Und solches sollte fürs erste unterbleiben. Vielleicht führen Bemühungen, das Denkmal in seinen neuen Standort auch formal einzubinden, zum Ziel, ehe auch hier wieder vollzogene Tatsachen derlei erschweren, wenn nicht unmöglich machen. Ja, vielleicht weiß sein Schöpfer, weiß Josef Hoffmann selbst Rat?

Es gilt auch für Denkmäler: nicht auf die Zahl kommt es an, sie sind nichts als Selbstzweck Erstrebenswertes, nichts an sich Schönes. Auch sie wollen gewogen sein, gewogen nach ihrem Sinn. Und das, ehe man sie baut.

---

266. Robert Musil, „Denkmale“,
aus: ders., *Nachlass zu Lebzeiten*.
Zürich: Humanitas Verlag, 1936,
S. 87–93, hier 87–89.

Denkmale haben ausser der Eigenschaft, dass man nicht weiss, ob man Denkmale oder Denkmäler sagen soll, noch allerhand Eigenheiten. Die wichtigste davon ist ein wenig widerspruchsvoll; das Auffallendste an Denkmälern ist nämlich, dass man sie nicht bemerkt. Es gibt nichts auf der Welt, was so unsichtbar wäre wie Denkmäler. Sie werden doch zweifellos aufgestellt, um gesehen zu werden, ja geradezu, um die Aufmerksamkeit zu erregen; aber gleichzeitig sind sie durch irgend etwas gegen Aufmerksamkeit imprägniert, und diese rinnt Wassertropfen-auf-Ölbezug-artig an ihnen ab, ohne auch nur einen Augenblick stehenzubleiben. Man kann monatelang eine Strasse gehen, man wird jede Hausnummer, jede Auslagenscheibe, jeden Schutzmann am Weg kennen, und es wird einem nicht entgehen, wenn ein Zehnpfennigstück auf dem Gehsteig liegt; aber man ist bestimmt jedesmal sehr überrascht, wenn man eines Tages nach einem hübschen Stubenmädchen ins erste Stockwerk schielt und dabei eine metallene, gar nicht kleine, Tafel entdeckt, auf der in unauslöschlichen Lettern eingegraben steht, dass an dieser Stelle von achtzehnhundertsoundsoviel bis achtzehnhundertundeinigemehr der unvergessliche Soodernichtso gelebt und geschaffen habe.

Es geht vielen Menschen selbst mit überlebensgrossen Standbildern so. Man muss ihnen täglich ausweichen oder kann ihren Sockel als Schutzinsel benutzen, man bedient sich ihrer als Kompass oder Distanzmesser, wenn man ihrem wohlbekannten Platz zustrebt, man empfindet sie gleich einem Baum als Teil der Strassenkulisse und würde augenblicklich verwirrt stehen bleiben, wenn sie eines Morgens fehlen sollten: aber man sieht sie nie an und besitzt gewöhnlich nicht die leiseste Ahnung davon, wen sie darstellen, ausser dass man vielleicht weiss, ob es ein Mann oder eine Frau ist.

Es wäre falsch, sich durch einige Ausnahmen täuschen zu lassen. Etwa durch jene paar Standbilder, die der Mensch mit dem Bädecker in der Hand suchen geht, wie den Gattamelata oder den Colleone, was eben ein ganz besonderes Verhalten ist; oder durch Gedenktürme, die eine ganze Landschaft versperren; oder durch Denkmäler, die einen Verein bilden, wie die über ganz Deutschland verbreiteten Bismarckdenkmäler.

Solche energischen Denkmäler gibt es; und dann gibt es auch noch solche, die der Ausdruck eines lebendigen Gedankens und Gefühls sind, aber der Beruf der meisten gewöhnlichen Denkmale ist es wohl, ein Gedenken erst zu erzeugen, oder die Aufmerksamkeit zu fesseln und den Gefühlen eine fromme Richtung zu geben, weil man annimmt, dass es dessen einigermassen bedarf, und diesen ihren Hauptberuf verfehlen Denkmäler immer. Sie verscheuchen geradezu das, was sie anziehen sollten. Man kann nicht sagen, wir bemerkten sie nicht, man müsste sagen, sie entmerken uns, sie entziehen sich unseren Sinnen: es ist eine durchaus, zur Tätlichkeit neigende Eigenschaft von ihnen!

Kapitel 26:
Wasser und Wald: Freizeit und (Nah-)Erholung

Der Prater und der Wienerwald waren die wichtigen Naherholungsgebiete in Wien. In den 1920er Jahren, als in anderen Städten große Volksparks angelegt wurden, man denke etwa an Fritz Schumachers Parkanlagen in Hamburg, bildeten diese beiden großen Naturoasen weiterhin die wichtigsten Ausflugsziele der Wiener Bevölkerung. Seit der Einführung des 8-Stunden-Tages 1918 hatten mehr Menschen eine geregelte „Freizeit" und so spielte der Zugang zu Erholungsraum eine immer größere Rolle. Gina Kaus etwa erforschte den Donaukanal und beobachtete die dort Erholungssuchenden: „Ich habe nirgends in der Welt mehr Sonntag gespürt, als in der sommerlich stehenden Luft über diesen feiernden Menschen."

Die Durchgrünung der innerstädtischen Bezirke blieb in der Zwischenkriegszeit ein wichtiges Thema. Peter Altenberg – bekennender Sandalenträger – kritisiert die Wiener Parks für ihre faktische und metaphorische Verstaubtheit. Alfred Polgar schreibt im Gegensatz über die „Rothschild-Gärten" auf der Hohen Warte: „Ich glaube, diese Gärten werden jeden Tag abgestaubt." Eine nebelige Tramfahrt durch Ober St. Veit bedichtet der ganz junge Heimito von Doderer: Der Nebel verwischte die Grenze zwischen Stadt und Land. Das besondere Gespür mancher Wiener Architekten für die Artikulation genau dieser Grenze analysiert der Kunsthistoriker Max Eisler 1926. Sie hätten „die ungefähre Empfindung der Grenze von Stadt und Land zur Erkenntnis verschärft". Die heilende Kraft der Natur in Wiens Umgebung wurde schon länger für Sommerfrischen und Landhäuser genutzt, insofern war es nur konsequent, auch die „Gartenstadt der Irrsinnigen", wie Joseph Roth die Anstalt in Steinhof nennt, in den Hügeln vor Wien anzulegen. Der „Ständestaat" wollte die österreichische Landschaft erobern, dies fand im Straßenbau seinen Ausdruck. Die Wiener Höhenstraße wurde als Aussichtsstraße durch den Wienerwald gebaut.

267. Alfred Polgar, „Der Prater", in: ders., *Kleine Zeit.* Berlin: Gurlitt Verlag, 1919, S. 54–55.

Die großen Gasthaussäle, in denen sonst im Klang einer schrillen, die ganze Disharmonie der Weltordnung erbarmungslos widertönende Blechmusik die Paare zweieinig den Boden stampften, sind seit Jahr und Tag „Ubikationen" [1]. Die runden weißen Tische mit den großblumigen roten Tischtüchern stehen über- und ineinander verkeilt im Garten, bei den nicht mehr brennenden zerbrochenen Gaslaternen, und aus der fröhlichen Tanz- und Trinkstätte ist eine traurige Schlafstätte geworden. An den Wänden hängen Tornister oder Rucksäcke, den Boden deckt Strohlager neben Strohlager; auf einem oder dem andern sitzt ein grauhaariger Mann in Soldatentracht und flickt seine Hose.

Draußen jammert und stöhnt die Drehorgel des Ringelspiels, aber ihr Jammern lockt keinen Gast.

Wo sind die Kinder hin, die sonst den Prater mit ihrer lauten Neugier belebten? Ein paar barfüßige Straßenjungen schauen durch die Glasscheiben auf die Hutschpferde, die starr und melancholisch zurückglotzen und nur leise, wie im Traum von einstigen, wilden Rundgaloppaden, hin und wieder schaukeln.

Die Drehorgel spielt noch den Operettenmist von anno 1914; obzwar gerade in diesem Produktionszweig ein Nachlassen der schöpferischen Kraft während des Krieges nicht merkbar war. Aber die Drehorgel hat nichts zugelernt. Ihre alten Weisen klingen uralt; ein zertretener, verwester Melodienstrauß. Eine Musik, die so tönt, wie ganz ausgetrocknetes Heu riecht. Auch das waren einmal Blumen, Duft, Farben. Heute frißt's der Esel. Wenn es ihm die hungrigen Menschen nicht wegessen.

In den Gasthausgärten sitzen ein paar Frauen mit Kopftüchern schweigend und trinken „Kracherl!" Das ist ein kleines Fläschchen Sodawasser mit Himbeersaftersatz blaßrosa gefärbt. Wein ist teuer und Bier eine Erinnerung.

Die Schießbuden sind ganz leer. Kein Mensch hat mehr das geringste Interesse am Schießen. Nicht mit dem Kapsel-, nicht mit Feuergewehr, nicht auf tote Figuren, nicht auf lebende Menschen.

---

1 Ubikationen: Bezeichnung für Kasernen und Militärunterkünfte in Österreich-Ungarn.

Hingegen findet der Watschenmann Zuspruch. An seinen vollen Wangen entladen sich die in der Volksseele aufgepeitschten Proteste. Wienerische Revolutionsprophylaxe.

Am Eingang des Praters befindet sich eine Kriegsausstellung. Das ist eine Ausstellung von allerlei unter den Begriff Krieg zu subsumierenden Dinge. Damit doch auch das Hinterland bißchen was hat von der großen Zeit.

Von der Berg- und Talbahn herüber tönt munteres Kreischen. Frauenstimmen. Es geht nämlich so rasch, so rapid rasch, so entsetzlich rasch bergab!

Und das Riesenrad dreht, aus alter Gewohnheit, leise knarrend seine gewaltigen Speichen mit den wie Früchten am Zweig hängenden Waggons.

Es gibt keine Kinder mehr im Prater, keine rotbackigen Ammen im steifen Kattunrock und kein Bier und keine Soldaten mit der Virginia hinterm Ohr. Es gibt nur noch Kracherl und Staub und Ubikationen.

Und eine Kriegsausstellung.

---

268. Alfred Polgar, „Rothschild-Gärten",
in: ders., *Kleine Zeit*. Berlin: Gurlitt Verlag, 1919,
S. 66–69.

Am Ende der „Hohen Warte" sind die Rothschild-Gärten. Die „Hohe Warte" ist eine Villenstraße im Westen Wiens. Dort wohnen reiche Leute. In allen großen Städten schichten sich Wohlleben und Kultur westwärts, Elend und Rohheit nach Osten. Das muß was zu bedeuten haben.

Dort also, auf der „Hohen Warte", sind die schönsten Privatgärten der Stadt. Hinter edlen schmiedeeisernen Gittern ruhen wie kostbare Stücke Kunst-Natur, von einem Spezialisten der Schöpfung handgewebt und -gemalt.

Ich glaube, diese Gärten werden jeden Tag abgestaubt. Und die Käfer in ihnen mindestens zweimal des Monats gewaschen, die stahlblauen Laufkäfer (Carabus cancellatus) mit Sidol geputzt.

Sie haben etwas Hochmütiges und Ablehnendes, diese Gärten. Wenn Sie könnten, würden sie durch die Nase reden. Sie spielen das Naturspiel nicht mit: für dergleichen sind sie viel zu gut angezogen.

Sie haben was von einem prämiierten Windhund, der in der Sonne liegt und vor Verachtung nicht einmal mit den Ohren wackelt, wenn ihn ein Gattungsgenosse beschnuppert. [...]

Von der Hügelhöhe des Parkes blickt man weit hinaus in den Heiligenstädter Bezirk. Aus langen Schornsteinbronchien zieht der schwarze Atem der Fabriken. Du merkst an seinem stoßweisen Kommen, wie's innen keuchen mag. Die Eisenbahn spuckt Ruß und Schlacke. Arbeiterviertel. Man sieht, wie's unten stinkt. Hier oben aber streicheln balsamische Düfte Herz und Nasenschleimhaut. So ist das Leben.

Die Wiesen im Rothschild-Park glänzen samtig. Kostbares Edelfell der Erde. Der Kies auf den Wegen ist so fein, als wäre er aus dem Zuckerstreuer hingeschüttet worden. Allenthalben Glashäuser, fashionable Gewächssiedlungen, größere Villen für speziesreiche Geschlechter, zierliche Einfamilienhäuser für den Hochadel der Pflanzenschaft.

Tretet ein und sehet: Wunder der Pflanzendressur!

In Orchideenhainen: danse tourbillon der Farben und Formen. Abenteuerlichste Blumenkleidermuster, gefleckt, getigert, gestreift, gepunktet. Üppigste und lieblichste Phantasien aus einer Wiener Werkstätte der Natur. Auf Blütenblättern Orgien in Tunkpapier- und Batiktechnik. Ein feiner süßer Duft von Verwesung streift her.

Azaleen schmettern die wildeste Symphonie in Rot. Eine Zirkusnummer geradezu! Übermäßig wiederholte Lieblichkeit fließt da zu was Großartigem ineinander. Tausend Fuchsien läuten Unhörbares. Schneeball, Viburnum, baut ungeheure Pyramiden aus weiß- und rot- und blaßblauen Blütenkugeln. In Palmenhäusern dampft es tropisch, der Kaktus kramt seine lächerlichen Absurditäten aus. Die seltsamsten fleischfressenden Pflanzen sind da. Wenn sie auch einen Sprung nach Heiligenstadt riskieren wollten... wer weiß, ob sie fleischfressende Menschen sehen könnten.

Das Schönste aber sind die Glashäuser mit den Obstkulturen. Da hängen Trauben, die sehen aus wie Bündel riesiger Glaskugeln, jede mit einer zarten Wachsschicht überzogen. Kirschen von sanftestem Karmin bis zum schwärzesten Rot. Die protzige, geschwollene, saftüberfressene Ananaserdbeere, die repräsentative Kriegsgewinnerfrucht. Und die Ananas selbst, schon hoch duft- und aromaschwanger. Von der Decke baumeln die schlanken Sicheln der Edelgurken, Melonen runden aus Blätterdickicht ihren süßen Wasserkopf hervor, der Kürbis hat seine gelbliche Walze fast ausgeformt. Er muß nur noch die grünen Flecken etwas nachfärben.

Um all das schwimmt eine Atmosphäre feuchter Hitze. Die Fenster transpirieren. Das Glashaus ist voll schweigenden Lärms. Man hört das schwere Atmen der gekäfigten Natur, wie sie sich, unter der Hitzepeitsche, tummelt.

„Der Baron kann im Winter jeden Tag Trauben essen", sagt jemand. Ja, das kann er, wenn er es übers Herz bringt, in diese unwahrscheinlichen Glaskugeln hineinzubeißen.

Armer Baron! Er hat die Jahreszeiten verloren, wie Peter Schlemihl seinen Schatten. Ihm reift und blüht alles durcheinander. Er muß auf nichts warten. Wenn er will, setzt er sich am 1. Februar in den 15. August. Und hat Gurkensalat zu Weihnachten. Seine Ernte ist unabhängig von Klima und Wetter. Sein Garten auf der „Hohen Warte" mißt nur ein paar Joch und erstreckt sich doch über sämtliche Breitengrade. Sein Döbling liegt am Äquator. Er hat immer Schnittlauch. Und Ribisel zum Passahfest.

---

269. Peter Altenberg, „Wiens Hygiene",
in: ders., *Mein Lebensabend.*
Berlin: S. Fischer, 1919, S. 101–103.

Ich trage seit dem 9. März 1917, meinem 58. Geburtstage, Sandalen an nackten Füßen. Seitdem erlebe, erleide ich die „Sünden Wiens" an den armen Lungen und, ziemlich bedeutungsloser, an meinen nackten Füßen! Füße kann man zehnmal täglich reinigen, aber Lungen?!? Sämtliche Geschäfte betrachten Trottoir und Straße, von sieben morgens an als Ablagerungsstätten für den Staub der Staubtücher, der Fußmatten, der Teppiche! Den „geliebten" Hunden werden die Trottoirs als „Klosetts" direkt liebevoll anerzogen! Das „Staub auf die Passanten herunterschütten" von Fenstern der Stockwerke aus ist polizeilich verboten, aber dasselbe „Verbrechen", aus den Geschäftsläden, also noch direkter, ist scheinbar erlaubt, sonst täten es ja doch nicht Alle! Auf „selbstverständliche Anständigkeit" seinem unschuldigen fremden Nebenmenschen gegenüber darf man sich doch heute noch nicht verlassen, da sind schon drakonische Verordnungen mit hohen Geldstrafen besser am Platze! Straßenstaub und Mist trocken in die Luft wirbeln, wie es unsere Straßenkehrer tun, statt zuerst es mit Gießkannen niederzuschlagen, und in einen unschädlichen Brei zu verwandeln, ist ebenfalls ein Verbrechen an den Lungen und an meinen nackten Füßen. Jede gute Neuerung erzeugt auch von selbst richtigere Überblicke über die konservativen inveterierten Laster. Unsere Art, die Straßen, die Trottoirs als „Mistgrube" zu betrachten, ist ein „hygienisches Verbrechen"!

Nicht Jedermanns Sache ist es, den Anderen helfen zu wollen; ich will es. Nichts Richtiges ist zu unwichtig, um dafür nicht ein „Danton, Marat, Robespierre" sogleich zu werden. Ich, wie erwähnt, kann ja zehnmal täglich meine nackten Füße rein waschen, aber Ihr Eure nackten hilflosen Lungen?!? Für Staubtücher auf die Straße ausgestaubt 100 Kronen für die „Kriegsblinden"! Nein 200 Kronen! „Hygienische Reinlichkeit" ist eine Art von unbewußter „physiologischer Genialität", aber Wien besitzt sie eben nicht. Es besitzt dafür, auch ein „Gnadengeschenk der Götter", die „gutmütige Gleichgültigkeit"! Im „Volksgarten" liegt Zentimeter-dick eine Staubschichte, die von Prominierenden und Kindern stetig aufgewirbelt wird. Fuhren von herrlichem Donausande und ununterbrochene Hand-Spritz-wägelchen könnten ein „Paradies" gestalten, aber niemand nimmt sich die Mühe. Da kann man nur sagen: Heiliger Rathauspark und „Anlage um die Minoritenkirche herum"! Dort ist die Luft wenigstens so rein und staubfrei wie es in einer Großstadt überhaupt sein kann. Man muss erst mit nackten Füßen gehen, um die Verbrechen an den fremden Lungen ganz zu verstehen und zu hassen!

---

270. Joseph Roth, „Die Insel der Unseligen. Ein Besuch in ‚Steinhof'",
in: *Der Neue Tag*, 20. April 1919, S. 17.

Da liegt sie, die Gartenstadt der Irrsinnigen, Zufluchtsort an dem Wahnsinn der Welt Gescheiterter, Heimstätte der Narren und Propheten. Goldregen leuchtet über weißem Kies, Kastanien haben festlich leuchtende Kerzen angesteckt und Lerchengeschmetter prasselt nieder aus blauen Lüften. Friedlich in Frühling und Blau gebettet ist die Stadt mit dem lächelnden Antlitz und dem vergrämten Herzen. Die Häuser sind alle gleich gebaut und heißen „Pavillon", haben römische Ziffern an der Stirnseite und festverschlossene Pforten. Um manche ist ein Garten gebaut, und dort lustwandeln, sitzen, laufen, stehen die Hausbewohner herum. Es ist gerade die Zeit, da sie an die Luft geführt werden. Eine Frau hält beide Hände wagrecht vor sich hingestreckt, während sie auf und ab geht, rastlos, unermüdlich, immerzu, summt sie ein melancholisch-monotones Lied. Offenbar glaubt sie, ein

Kinderwagerl vor sich herzuschieben. Ein Mann hockt auf dem Boden und müht sich vergeblich, deutliche Kreise in die noch harte Erde zu zeichnen. Ein anderer bewegt die Fäuste, dreht eine Faust nach innen, hält die andere wagrecht und still und verfolgt aufmerksam jede seiner eigenen Bewegungen. Aber um andere Häuser ist es still, da ist kein Garten. Das Haus der Tobsüchtigen, der Schwerverbrecher und Breitwieser-Kumpane[1] ist dunkel und dräuend, hat fürsorgliche, feste Eisengitter, durch die von Zeit zu Zeit eine grinsende Menschenfratze heraussieht. Das Haus der Idioten ist dunkel, Trübsinn und Schwermut lagern über dem ganzen Trakt. Innen aber ist es hell, hat viele Glastüren, durch die die Sonne teilnahmsvoll ihre Stiefkinder besucht. Besucher kommen. Frauen, alte, junge, vergrämte, heitere, gleichgültige und bekümmerte. Alle tragen große Taschen, Pakete, Liebesgaben. Erst muß man zum Inspektionsarzt, bekommt einen blauen Zettel, geht in das betreffende Haus und läutet an. Ein Wärter öffnet, nimmt den Zettel ab. Dann kommt das Wiedersehen. Manche Kranke sind erfreut über den Besuch, manche sind verstört, nichts wissen wollend, die einen lachen, die anderen weinen. Aber fast alle, die ich sah, durchsuchen zuerst die Taschen, die meisten freuen sich mehr über das Mitgebrachte als über den Besuch. [...]

Abschied.

Offen gestanden: er fällt mir schwer. Abend hüllt die Insel der Unseligen – oder Seligen? – in blauen Dunst. Nur die Kuppel der von Otto Wagner erbauten prachtvollen Kirche glänzt noch herüber. Vielleicht hat er recht, der kleine Professor? Ist die Welt nicht ein Tollhaus? Und ist es nicht praktisch, sich rechtzeilig ein warmes Plätzchen im „Steinhof" zu sichern? Ich werde es vielleicht doch tun. Und – eine Zeitung gründen. Ich suche auf diesem Wege Mitarbeiter...

---

1 Johann „Schani" Breitwieser (1891–1919) war ein berühmter Serieneinbrecher.

Dommayergasse, Aufnahme von Martin Gerlach, um 1940.

271. Heimito von Doderer, „Regnerischer Sommerabend in Ober-St. Veit“, in: ders., *Gassen und Landschaft* (1922). Wien: Haybach, 1923.

An leeren Gärten gleitet die Trambahn hin
ihr Klingeln kläfft nur die nassen Gesimse an
und von dem spiegelnd verödeten Pflaster
ist Licht und jede Bewegung wie weggeschluckt.
Die Landschaft, die sonst in alle Gassen hier sieht,
hat ihre Weite verschlossen und gänzlich umzogen,
nur in dem farblosen Nebel dort drüben flieht
des Hügelschwunges ferner verschwommener Bogen.
In solcher Trübnis kommt uns das Schlafen an,
ist, inmitten des Jahres, fast wie ein Herbstgefühl,
wir verlangen nichts mehr zu tun – nur Stille
sollte jetzt um uns sein – ja wir mögen kaum träumen,
sind wie die Straßen hier so ausgestorben und kühl.

---

272. Max Eisler, „Wiener Villen und Kolonien“; in: *Moderne Bauformen*, 11. Jg., 1926, Heft 1, S. 393–432, hier 393–395.

Nicht zum erstenmal in der Geschichte der Wiener Baukunst geschieht es, daß diese ihre landschaftlichen Eigenschaften bis zum Charakter entwickelt. Man wird sich heute mit Recht darüber wundern dürfen. Denn die Architektur der Gegenwart ist wie die Zeit, der sie dient, rationell, zweckbewußt, rein sachlich geworden. Was soll ihr da das zarte oder gar zärtliche Gefühl für die Landschaft?

Und doch ist es so. Daß gerade in Wien Otto Wagner als erster den Gedanken der modernen Großstadt klar gedacht und folgerecht dargestellt hat, daß seither und ganz besonders heute, in der Zeit des kommunalen Bauprogrammes, sehr viele namhafte Kräfte bemüht sind, jenen neuen sozialen Stadtgedanken charaktervoll zu verwirklichen, dies alles hat das Wiederaufleben des landschaftlichen – keineswegs ländlichen! – Zweiges der Baukunst nicht verhindern können. Im Gegenteil. Sie trat schon am Beginn der Epoche – als natürliche Reaktion zur andern, vorherrschenden Strömung – auf den Plan und hat auch späterhin aus dieser Reibung ihre feineren Merkmale entwickelt. Aber auch ohne dieses fruchtbare Verhältnis zu der großstädtischen Baurichtung wäre sie über kurz oder lang wieder zur Blüte gekommen. Denn zu stark wirkt in Wien der Segen der Landschaft. Nichts Lebendiges kann sich auf die Dauer ihm entziehen. Und so wäre auch der neue Aufschwung unserer Architektur nicht vollständig, nicht tiefgründig gewesen, hätte er diese elementare Quelle ungenützt beiseite gelassen.

Anderwärts mag es nicht selten sein, daß ein hochwertiger Architekt sein Leben lang bei den zentralen Problemen der Großstadt aushält. In Wien versucht sich jeder auch an ihrem Rande. Und spricht sich in diesen Randversuchen am innigsten aus. Die Besten, ohne dabei die moderne Sachlichkeit zu verlieren und in flaue Sentimentalitäten zu verfallen. Gewiß, auch sie geben in solchen Werken Bekenntnisse der Liebe für die wunderbare Natur ihrer umhügelten Heimat. Aber sie tun es auf eine besondere, baumeisterliche Weise: Sie haben die ungefähre Empfindung für die Grenze von Stadt und Land zur Erkenntnis verschärft, zum rhythmisch besonnenen Gefühl gereinigt, woraus die neue Form der Wiener Stadtvilla – beileibe nicht des Landhauses! – hervorgekommen ist.

Ihr Urheber ist Josef Hoffmann, das erste reinste Beispiel solcher Art die Villa Bernatzik auf der Hohen Warte. Sieht man von den festlichen Ausnahmswerken des Meisters ab, dann bleibt das bescheidene Gelehrtenheim im Wiener Cottage seine beste, architektonisch bedeutsamste Tat. Man wird sie erst gehörig einschätzen können, wenn man sich vergegenwärtigt, wie fern die vorausgegangene Zeit von einer wesentlichen Lösung dieser Aufgabe geblieben war. Denn Otto Wagner, fundamental als Gesetzgeber der neuen Bauweise, war im Kern doch Ingenieur und schon deshalb wenig geeignet, einer Sache von intimster seelischer Substanz näher zu kommen; selbst seine zweite Eigenvilla in Hütteldorf, ein Werk seiner Späte, wirkt in ihrer Landschaft wie ein städtischer Fremdkörper. Aber auch dem jungen Hoffmann ist der Wurf nicht sofort gelungen. Seine frühesten Villen wirken noch wie Landhäuser, Sudeten- oder alpenländisch, nicht wienerisch. Doch ihm hilft der Bauerninstinkt, den er aus der böhmischen Dorfheimat mitgebracht, gar bald auf die rechte Spur. Der Wahlwiener faßt in seiner neuen Gegend festen Fuß, sein angeerbter landkundiger Instinkt reift hier schnell zur feineren Einfühlung – und so wird jenes Haus an der Grenze, das dem Unfug der „schweizerischen" Cottagevillen endlich den Garaus macht: An die Stelle der öden geerkerten und getürmten Spielereien setzt es einen Bau schönster Einfalt, wahrhaft bodenständig und bereit volkstümlich zu werden...

(622)

273. Gina Kaus, „Der Donaukanal“, in: *Der Tag*, 20. Juni 1926, S. 4.

Der Donaukanal fließt mitten durch meine Kindheit. Dort war er ein breiter, mächtiger Strom, und an seinen Ufern wohnte die Freiheit. Ich erinnere mich nicht, ihn jemals erblickt zu haben, wenn ich an der Hand Erwachsener ging, denn die sagten, „dort ist eine schlechte Gegend“. Von schlechten Gegenden aber wurde ich angezogen wie die Proletarierkinder von Delikatessengeschäften, denn Kinder bezaubert nicht das Bessere, sondern das Andere. So entdeckte ich den Donaukanal einmal beim Schulestürzen, und das ging fast schlecht aus, denn die Entdeckung nahm vier Stunden in Anspruch, während die Schule an diesem Tag nur drei gedauert hätte.

Da sah ich also zum erstenmal mitten in der Stadt das große Wasser, herrlich und geheimnisvoll genug, und es fuhr ein Schiff darauf, ein dunkler Schlepper, auf dem wilde schwarze Männer standen und in einer fremden, barbarischen Sprache, die nicht aus dem Mund, sondern aus dem Hinterkopf zu kommen schien, laut herumschrien. Das Wunderbarste aber war, daß man von der Straße, auf der Autos und Lastfuhrwerke fuhren, bloß ein Paar Stufen hinabzusteigen brauchte, um draußen auf dem Land zu sein. Denn da war eine schmale, aber endlose abschüssige Wiese, und wenn man sich bloß traute, konnte man die Finger in das kalte, fließende Wasser stecken und Steine herausholen. Jenseits des Wassers war ebenso eine Wiese, dahinter taumelten die grauen Häuserberge zurück, kahle Felswände mit rötlichen Spitzen, und von ferne tönten die hellen, munteren Kuhglocken der Elektrischen herüber. Es war ein hübscher Frühlingstag, und die Luft war weich wie Honig, auf der Wiese wuchsen kleine, weiße und gelbe Blumen, ich fand vierblättrigen Klee und so, das schmale Rasenband stromaufwärts schreitend, mit meiner Schultasche auf dem Rücken, kam ich, ohne einem einzigen Menschen, zu begegnen, bis Heiligenstadt. Damals war ich zehn Jahre alt.

Ich habe zu sagen vergessen, und vielleicht habe ich es bei jener ersten Entdeckung nicht bemerkt, daß den Donaukanal entlang die Stadtbahn ging, die alte Wiener Stadtbahn, die es heute nicht mehr gibt, und die schmutziger war, als alle Fernzüge der Welt zusammengenommen. Sie war in die Böschung eingebaut, so, daß auf der einen Seite immer Tunnel war, auf der andern aber Wälle mit schmalen Pfeilern abwechselten. Wenn man auf der Wiese lag, so spürte man erst ein gewaltiges Erdbeben, dann hörte man einen fürchterlichen unterirdischen Lärm, dann kam aus dem großen schwarzen Loch eine Unmenge von stinkendem Rauch hervor und dann erst kam der Zug.

Diese Wiese gehörte mir, die Menschen hatten dieses Stück Stadt verlassen und vergessen, es war mein Geheimnis. Bloß an Sonntagnachmittagen lagen dort Frauen mit kleinen Kindern am Schoß, und Männer mit Pfeifen im Mund und sie sprachen in der wilden barbarischen Sprache jener Matrosen. Auch auf der anderen Seite des Stromes waren solche Menschen, die aus der „schlechten Gegend" kamen, starke ruhige Menschen, bei denen die Fünfjährigen schon wie die Großen sind und am Wasser spielen dürfen, ohne sich fürchten zu müssen. Nur diese Menschen haben einen Sonntag. Ich habe nirgends in der Welt mehr Sonntag gespürt, als in der sommerlich stehenden Luft über diesen feiernden Menschen.

Später entdeckte ich, daß auf dem Wasser ein kleines, grün angestrichenes Haus schwamm, durch das der Strom hindurchfloß. Das war das „Vierte städtische Strombad", viel billiger als die langweiligen Schwimmhallen. Es gab zwar keine richtigen Kabinen, sondern bloß kleine Kästchen, in denen man seine Kleider versperren konnte, und wenn es richtig heiß war, so kam auf vier kleine Mädchen ein einziges Kästchen. Aber es war wunderschön, sich ohne ein Tempo, mit einem einzigen „plunching" die ganze Strecke hinabtreiben zu lassen, um sich dann, mit verdoppelter Kraft, stromaufwärts zu arbeiten und sich dabei vorzustellen, man kämpfe um sein Leben.

Donaukanal im Bereich Weißgerberlände, Aufnahme von Martin Gerlach, 1938–1940.

274. Lili Berényi, „Eine Zuflucht vor der Hitze. Im neuen Floridsdorfer Wasserpark“, in: *Die Bühne*, 1928, Nr. 194, S. 22–23.

Wenn man nur darüber schreibt, fühlt man schon eine Erleichterung in der 40-gradigen Hitze. Und erst wenn man dabei ist, wenn man die freigiebig dargebotenen Freuden sich zunutze macht! Ich meine den Floridsdorfer Wasserpark, den die Gemeinde Wien dieser Tage der badebeflissenen Öffentlichkeit übcrgcbcn bat. Unser Wien ist, was Badegelegenheiten, insbesondere Strandbäder betrifft, gewiß nicht wenig verwöhnt. Wo man auch seinen Spaziergang beginnt, kann man schwerlich mehr als zehn Minuten gehen, ohne auf ein Strandbad oder ein Kinderplanschbad zu stoßen. Unsere Kinder dürften im Laufe eines Sommers, der gleich dem diesjährigen, seine Pflicht, Wärme zu erzeugen, allzu gewissenhaft erfüllt, mehr Zeit in einem der öffentlichen Badebassins verbringen, als im Elternhaus an den Kittelfalten der Mutter oder sonst irgendwo. Kein Wunder also, daß sie sozusagen wirkliche kleine Feinschmecker und Sachkenner des Strandes geworden sind. Sie unterscheiden mit feinem Empfinden zwischen kleinen Parkplanschbädern und ernsten Strandbädern. Raffiniert, wie sie sind, steigern sie den Genuß durch Abwechslung und statten heute der schönen blauen Donau einen Besuch ab, um sich morgen schon in einem kleinen Gartenbad zu erlaben.

Es erhellt somit schon aus dem Gesagten, daß der traumhaft schöne Wasserpark in Floridsdorf zum Vergnügen eines sachverständigen Publikums errichtet wurde. Er enthält das größte Badebecken Europas, und die minderjährigen wie auch die erwachsenen Besucher bringen den wahrhaftig nicht karg bemessenen Dimensionen aufrichtige Achtung entgegen. Gleich den Fischlein, denen es schon nach Goethes Zeugnis „wohlig in dem Grund“ ist, tollt die lustige Schar umher, und es ist nicht leicht zu entscheiden, ob sie sich mehr des samtweichen Sandes ringsum oder des Plätscherns im Wasser selbst erfreut. Dabei denkt man gar nicht daran, was das neue Paradies noch alles außer dem bereits heute Gebotenen verheißt: daß in zehn oder zwanzig Jahren, wenn die heute gepflanzten Bäume eine reiche Laubpracht angesetzt haben und den Strand mit kühlendem Schatten bedecken werden, daß man hier dann eine richtige Oase mitten in der sommerlichen Steinwüste haben wird. Die Jungen sind glücklich, und da sie es sind, kümmern sie sich wenig um die Zukunft: sie haben genug an den Freuden, die ihnen die mit solchen Bädern bereicherte Gegenwart darreicht.

Auch sollte man nicht glauben, welche Sehenswürdigkeiten dieser Ort den schaulustigen Kleinen bereit hält! Der Badekostüme erwachsener Besucher nicht zu gedenken, genügt es, auf die Regatta zu verweisen. An den schönen Nachmittagsstunden, da der junge Badegast, seiner eigenen Schwimmmeisterschaft müde, schon daran denkt, den ruhescheuen Gliedern eine kurze Rast zu gönnen, dann, ja dann kommen die Erwachsenen daran. Jene, deren Leistungen auch dem zuversichtlichsten kleinen Champion der Zukunft Achtung einzuflößen und die unerbittlichste 40-gradige Hitze vergessen zulassen vermag!

Eines steht fest: Groß und Klein, Alt und Jung, Mann und Weib fühlen sich zum Wasser hingezogen, und je schöner und zahlreicher die Bäder sind, die die armen Städter zur Erholung einladen, umso besser. Schließlich muß man auch die Leute irgendwie belohnen, die die Liebe zu ihrem lieben Wien dermaßen übertreiben, daß sie ihm auch in den Hundstagen treu bleiben, anstatt nach Ostende oder dem Lido oder Biarritz zu fahren und die freilich kostspieligeren Badefreuden dort auszukosten.

Oder bleiben sie am Ende gar nicht aus Lokalpatriotismus in Wien? Sollten ihre Beweggründe wirklich nicht rein lokalpatriotisch und idealistisch sein, wohlan, so verdienen sie doppelt die Entschädigung und den Trost und daß ihnen die Illusion der Sommerfrische ohne jegliche Gefahr für die Geldbörse zuteil wird.

---

275. Lina Loos, „Die Zukunft von Sievering“, in: *Neues Wiener Tagblatt, Wochenausgabe*, 5. Dezember 1936, S. 2–3.

Ich wollte mir in der Nähe von Wien eine Sommerwohnung mieten; auf der Suche kam ich auch nach Sievering, das ich nicht kannte. Ich war sofort bezaubert von den kleinen, niederen Häusern nicht viel höher als die Wagen der Elektrischen. Hier war noch echtestes, ältestes Alt-Wien, nicht hergerichtet zum Anschauen, hier lebten noch die Menschen wie eh und je. Dort, wo die Straße ganz eng ist, wurde mein Herz weit, ich fühlte ein ganz eigenartiges Heimatgefühl und wußte sofort, hier werde ich bleiben. Es war eine Liebe auf den ersten Blick.

Unweit vom Kugel-Schachinger-Haus ließ ich mich wohnhaft nieder. Das Kugel-Schachinger-Haus steht seit dem sechzehnten Jahrhundert da; drei große Steinkugeln liegen vor dem

Hause, die die Türken seinerzeit hierhergeschossen haben. Hunde, die jetzt vorbeigehen, verweilen einen Augenblick und geben ihre Visitenkarte ab, denn sie sind der Meinung, gute Menschen hatten diesen netten Eckstein zu diesem Zweck hingelegt. Was wissen Hunde von tückischen Türken.

Aus meiner Sommerwohnung wurde eine Jahreswohnung, ich fühle mich hier wohl und geborgen wie nirgends sonst. Eines Tages ging ich mit meiner Mutter spazieren. Da erblickte sie die Kugeln und eine Erinnerung, längst vergessen, tauchte in ihr auf. „Weißt du, was mir jetzt einfällt? In diesem Hause habe ich einen Sommer lang gewohnt, im Jahre... (aber was, die Jahreszahl ist ganz belanglos), du warst damals noch nicht auf der Welt; bis Ende September bin ich heraußen geblieben, Anfang Oktober wurdest Du dann in Wien geboren.

Ich war starr. Also daher hatte ich das sonderbare Heimatgefühl gehabt? Ich bin schon einmal in Sievering gewesen. Meine Mutter hat es vergessen, und in mir ist die Erinnerung lebendig geblieben. Es gibt doch merkwürdige Dinge im Leben. [...]

Und in diesen Ort soll jetzt die moderne Zeit einziehen. Alte Häuser sollen niedergerissen und eine breite, prächtige Straße soll gebaut werden. Wir sind in Gefahr! Die Wiener ziehen mit fliegenden Fahnen auf Sievering zu. Sie sagen: die Zeit erfordert es – der Fremdenverkehr ... Ich bin wirklich dumm – natürlich die Fremden, die habe ich ganz vergessen.

Ich muß mich einmal als Seherin versuchen und in die Zukunft blicken: Ich sehe! Ich sehe hoch über Sievering ein Flugzeug. Ein fremder „Er“ und eine fremde „Sie“ sitzen drinnen.

Er sagt (Was muß ich da als Seherin hören?): „Darling, siehst du da unten dieses kleine Tal? Es ist gewesen einmal eine reizende kleine Ort, ehe die Römer, die Türken und die Wiener haben hier gehaust.“

„Darling, wo sind diese Ort?“

„Er ist nicht mehr, sie haben gemacht eine große, breite Straße aus ihm, aber einmal haben hier gelebt Menschen in so kleine Haus...“

„Oh, wie süß, Darling – so klein?“

„Sie sind gegangen durch so dünne Straßen...“

„Wonderful.“

„Und haben gesungen: Ja, ja, der Wein is guat, i brauch’ kan neuchen Huat...“

„Darling, oh, wie gut –„du machst mich erinnern, ich muß haben einen neuen Hut für heute abend in London, du mußt machen jetzt eine kleine Umweg über Paris.«

„Wollen wir nicht hier landen, Darling?“

„O no, ich habe schon gesehen genug schöne, breite Straßen.“

* * *

„Das wird es einmal geben –
Und ich werd' nimmer leben – Gott sei Dank!"

---

276. o. A., „Verlauf und Ausführung der Wiener Höhenstraße", in: *Die Wiener Höhenstraße. Übersicht über die unter Bürgermeister Richard Schmitz von der Wiener Bürgerschaft beschlossenen Arbeiten in den Jahren 1934–1936 zur Schaffung einer Aussichtsstraße.* Wien: Selbstverlag, 1937, S. 7–8.

Am 18. Mai 1934 nahm der verewigte Bundeskanzler Dr. Dollfuß in Gegenwart zahlreicher Festgäste den ersten Spatenstich zum Bau der Wiener Höhenstraße an der Stelle, die heute durch das St. Engelbert-Denkmal in künstlerischer Form geschmückt und verewigt erscheint, vor.

Kurze Zeit darnach setzten die Arbeiten auch in vollem Umfange ein. Vor allem wurde die für die Erschließung des Kahlenberges besonders wichtige Teilstrecke Cobenzl-Kahlenberg in Angriff genommen. Ebenso wurde in den Zubringerstraßen Cobenzlgasse und Krapfenwaldgasse die Fahrbahn auf 8.40 m bzw. 8 m verbreitert und gleichzeitig in ihren Richtungs- und Sichtverhältnissen dem neuzeitlichen Verkehre angepaßt.

Etwa 400 m westlich vom Restaurant Krapfenwaldl zweigt die neue Höhenstraße von der Krapfenwaldgasse ab und führt mit einer Höchststeigung von 6 % und einer Fahrbahnbreite von 8 m in zwei Krümmungen mit Halbmessern von je 25 m an der Haindersbrunnlehne hinan. Die Straße wird dann in die ehemalige Zahnradbahntrasse mit Bögen von 250 m bzw. 90 m und einer Höchststeigung von 3 % übergeleitet. Die Querneigung beträgt in den geraden Strecken 3 %, in den Krümmungen einseitig überhöht bis zu 6 %, In den Krümmungen sind auch die entsprechenden Verbreiterungen vorgesehen, die beim Mindesthalbmesser von 25 m das Maß von 3 m erreichen.

Anschließend an die ehemalige Zahnradbahntrasse verläuft die Straße mit einer Höchststeigung von 4,6 % längs des Nordhanges des Kahlenberges bis zum Höchstpunkt der Straße mit der Höhenkote 466,86 m und senkt sich sodann bis zum Parkplatz mit der Kote 455 m. Dieser hat eine Breite von 50 m und eine Länge von 170 m und bietet für die Aufnahme von etwa 400

Fahrzeugen Raum. Durch die ungefähr 10.000 qm betragende Rodung für den Parkplatz wurden prächtige Fernblicke gegen den Leopoldsberg, Bisamberg sowie gegen das obere Donautal bis über Klosterneuburg und Burg Kreuzenstein hinaus geschaffen.

Mit der an den Parkplatz anschließenden Straßenschleife wird Josefsdorf und das neuerbaute Kahlenbergrestaurant erreicht. Hier oben wird gegenüber der Kirche ein Erinnerungsmal für den Bau der Höhenstraße errichtet werden, dessen Gedenktafel die im Bild gezeigte Inschrift tragen wird. [...]

Für die Fußgänger, für die das Gehverbot auf der Höhenstraße besteht, sind im Jahre 1936 eigene Wege längs der Höhenstraße, vom Krapfenwaldl und von der Meierei Cobenzl ausgehend, bis zum Leopoldsberg gebahnt worden. Auf dem Leopoldsberg selbst ist ein Rundweg mit herrlicher Aussicht, teilweise mit schwieriger Brunnenfundierung, hergestellt worden. Um die Überschreitung der Straße durch die Fußgänger im Zuge des Weidlinger Weges zu vermeiden, wurde auch eine Fußgängerbrücke gebaut, die die Wanderer zum schönsten Teil des Weges am Kahlenberghang mit dem prächtigen Ausblick auf den Leopoldsberg und Bisamberg führt.

277.

Peter Hammerschlag,
„Lied der Donaukanal-Schiffer“,
o. D., in: ders., *Steif weht die Brise von der Postsparkassa. Grotesk-Gedichte und Gelegenheitsprosa*, eingeleitet und herausgegeben von Gerhard Bronner, Wien: Zsolnay, 1984, S. 34–35.

Steif weht die Brise von der Postsparkasse.
Am Ufer steht ein junges Paare gepaart.
Ein stolzes Schifflein wiegt sich auf dem Wasser.
Die Flagge trägt’s der Donaudampfschiffahrt.
„So willst du wirklich in die See heut stechen?
Heut’ macht sie Wellen und ist bös und grün!“
Dem Mädel will es schier das Herze brechen,
Doch der Matros‘ umfaßt sie und ruft kühn:
„Seemannsliebchen, wart am Kanale,
Wart mein beim Leuchtturm der Urania!
Ich fuhr die Strecke schon viele Male,
Halt mir die Treu, bald bin ich wieder da.

Die Friedensbrücke will ich von dir grüßen,
– Und kühne Taten will ich stolz bestehn!“
Ein kleines Vöglein zu ihren Füßen,
Das singt so lieb: Auf Nimmerwiedersehn!
Schon sieht zum Schiff man die Matrosen wallen,
Und die Fregatte schwenkt ihr Schaufelrad.
Sie führt nach Port of Salzgries Teppichballen
Und Dauerwellen fürs Dianabad
Und Würfelzucker für das Café Siller,
Für den Reithofer zwölf Stück Autopneu,
Dann macht die Schiffssirene einen Triller –
Das Mädel weint gar sehr und ruft: „Ahoi!“
[...]

Kapitel 27:
Wien modern

Das Neue Wien verlangte nach neuen Bautypen: Selbst die „schöne Leich“ blieb von Innovationen und begleitenden Diskussionen nicht verschont, die Eröffnung des Krematoriums von Clemens Holzmeister am Zentralfriedhof wurde von einer großen Protestwelle der konservativen Presse begleitet. Das Reisen wurde erschwinglicher, das Verkehrsbüro am Karlsplatz half bei der Auswahl. Vor allem der Verkehr ist von großen Neuerungen betroffen. Der Flughafen in Aspern wurde eröffnet, die *Arbeiter-Zeitung* berichtet von den Abläufen dort. Die erste Fußgängerampel ging an der Opernkreuzung am 4. Juni 1926 in Betrieb. Der elektrische Strom musste von den Umspannwerken in das gesamte Stadtgebiet geleitet werden – auch diese waren eine neue gestalterische Aufgabe. Zudem musste die Arbeit über die Stadt verteilt werden, Arbeitsämter wurden errichtet, darunter das von Ernst A. Plischke in Liesing. Der dort vertretene Internationale Stil des jungen Architekten sollte in Wien einzigartig bleiben. Mediale Innovationen wie etwa das Radio verlangten nach Bauten, die sich auch als neue Formen im Stadtgebiet ausdrücken wollten. Das Funkhaus in der Argentinierstraße wird im Ständestaat begonnen und unter den Nationalsozialisten eröffnet, der Tenor der Berichterstattung liegt auf den technischen Errungenschaften und der Effizienz der nationalsozialistischen Regierung im Gegensatz zum „Dollfuß-Regime“. Die Architekten des Funkhauses Heinrich Schmid und Hermann Aichinger (mit Clemens Holzmeister) werden im Bericht der *Innsbrucker Nachrichten* vom Juni 1938 mit keinem Wort erwähnt.

Aber auch das Bauen selbst hat sich verändert. Eisenbeton erleichtert die Errichtung von Hochhäusern. Der Architekt des Hochhauses in der Herrengasse Hans Jaksch berichtet über die angewandte „Stahlgeripppe-Bauweise“. Dort im 8. Stock zieht die Protagonistin Toni Huber im Roman *Morgen ist alles besser* von Annemarie Selinko ein.

278. o. A., „Der Verfassungsstreit um das Krematorium. Die gestrige Eröffnungsfeier“, in: *Neue Freie Presse, Nachmittagsblatt*, 18. Dezember 1922, S. 4–5.

Trotz der vom Minister für soziale Verwaltung an den Landeshauptmann und Bürgermeister ergangenen Verbotsanweisung fand gestern vormittag die feierliche Eröffnung des neuerbauten Krematoriums statt, der unter anderen Präsident Seitz, der Bürgermeister und sein Stellvertreter Emmerling, alle amtsführenden Stadträte, sämtliche Mitglieder der sozialdemokratischen und einige Mitglieder der czechischen Gemeinderatsfraktion, mehrere Bezirksvorsteher und Bezirksräte, zahlreiche Beamte des Magistrats und Vertreter des Feuerbestattungsvereines „Die Flamme“ aus allen Teilen der Republik sowie mehrere hundert Mitglieder verschiedener Kulturorganisationen beiwohnten. [...]

Vom Vorsaale betritt man die Zeremonienhalle, deren Katafalk mit einem schwarzen Bahrtuch bedeckt und einem Kruzifix geschmückt ist. Oberhalb dieses Katafalks befinden sich die Rednertribüne und ein erhöhter Raum für den Chor.

Nach Beendigung der Trauerfeierlichkeiten wird der Sarg in die den Angehörigen unzugängliche Verbrennungsanlage versenkt. Man zeigte dem Publikum, wie der Sarg auf einem auf Schienen laufenden Wagen in den vom Keller aus mit Koks geheizten Ofen geschoben wird. Obwohl es sich nur um einen leeren Holzsarg handelte, konnte man sich dennoch die schicksalshafte Tragik eines Augenblicks vergegenwärtigen, in dem die Tür des Ofens geschlossen und der Leichnam in heißer Luft bei einer Temperatur von etwa 1100 Grad Celsius zu Asche verbrannt wird.

Clemens Holzmeister, Krematorium am Zentralfriedhof, 1921–1922.

Die Schauergeschichte, daß die Leichen in der heißen Luft von konvulsivischen Zuckungen in grauenhafter Weise geschüttelt werden, wird schon dadurch widerlegt, daß ja der enge Sarg eine allzu heftige Bewegung der Leiche, die allerdings gewisse Reflexzuckungen zeigt, verhindert. Der Verbrennungsprozeß kann durch ein feuersicheres Marienglas beobachtet werden und verwandelt in etwa anderthalb Stunden den Leichnam in feinpulverige Asche, die über einen Rost und eine schiefe Fläche auf einen eisernen Tisch gleitet, wo sie auskühlt und in Metallkapseln verschlossen wird.

Mit lebhafter Spannung verfolgte das Publikum die Demonstrationen dieser Vorgänge, und es wurde vielfach vorgeschlagen, durch Exkursionen und Lehrvorträge die Wiener Bevölkerung über diese Bestattungsart aufzuklären, die den ästhetischen und hygienischen Anforderungen weit mehr entspricht, als der Verwesungsprozeß im Grabe.

Die Krematoriumsfrage im Nationalrate.

Das Schreiben des Bundesministers für soziale Verwaltung Schmitz an den Landeshauptmann von Wien über das Verbot der Benützung des neuerbauten Krematoriums dürfte voraussichtlich in der morgigen Sitzung des Nationalrates zur Sprache kommen. Wie in parlamentarischen Kreisen verlautet, ist es nicht ausgeschlossen, daß die Sozialdemokraten eine dringliche Anfrage an die Regierung richten, bei deren Verhandlung die gegensätzlichen Auffassungen der Parteien jedenfalls in einer schroffen Form zum Ausdruck kommen würden.

279. o. A., „Der Neubau des Österreichischen Verkehrsbureaus in Wien. Entworfen von den Architekten Z.V. Heinrich Schmid und Hermann Aichinger“, in: *Österreichs Bau- und Werkkunst*, 1924, S. 170–174, hier 170–171.

Das Österreichische Verkehrsbureau, das Ende 1917 in ganz kleinem Umfang entstand, vergrößerte sich im Verlaufe weniger Jahre derart, daß es seiner wichtigen Aufgabe nur gerecht zu werden vermochte, wenn ihm durch einen Neubau die zur Entfaltung seiner ersprießlichen Tätigkeit entsprechenden Räume geschaffen wurden. Die Gemeinde Wien und die Kommission für Verkehrsanlagen – welche die außerordentliche Bedeutung einer solchen, alle Bedürfnisse des Reiseverkehrs befriedigenden Zentralstelle erkannten – verpachteten für diesen Zweck dem Österreichischen Verkehrsbureau in entgegenkommendster Weise eine Grundfläche gegenüber der Sezession.

Dem Gebäude kommt an diesem Platze, vermöge seiner zentralen Lage, nicht nur eine praktisch hervorragend auswertbare, sondern auch eine ungemein wichtige städtebauliche Bedeutung zu, weil es die Sicht aus den radial zulaufenden Straßen vorteilhaft abschließt.

Der Baugrund ist von einer ganz eigenartigen Beschaffenheit, denn er liegt teils über dem Stadtbahneinschnitt, teils über dem Wienflußgewölbe. Ehe an die Überbauung dieser Tiefbauten gedacht werden konnte, mußten umfangreiche statische Vorerhebungen und materialtechnische Überprüfungen vorgenommen werden. Wiederholt zeigte es sich, daß die angenommene Lage des Gebäudes und die Konstruktionen mit Rücksicht auf den Unterbau nicht durchführbar waren und es mußten nicht weniger als fünf Entwürfe ausgearbeitet werden, bis es gelang, allen Forderungen der Gemeinde Wien und der Bundesbahndirektion Wien-West, welche mit Rücksicht auf Wienfluß und Stadtbahn gestellt werden mußten, gerecht zu werden. Daß die Verhandlungen und Untersuchungen schließlich zu einem allseits befriedigenden Ergebnis und zur Erbauung des Gebäudes führten, ist in erster Linie den Bemühungen des Herrn Stadtrates Franz Siegel, der Herren Oberbauräte Ingenieur Hamann, Ingenieur Hasch und Oberbaurat Jäckel des Wiener Stadtbauamtes und den Herren Oberbauräten Ingenieur Linke und Ingenieur Berthold Jellinek der Bundesbahndirektion Wien-West zu danken.

Die ungewöhnliche Lage des Baugrundes, einerseits über dem Stadtbahneinschnitt, anderseits über dem Wienflußgewölbe, beeinflußte naturgemäß den Grundriß sowie die Konstruktionen und dadurch auch den architektonischen Aufbau, so daß ein von der normalen Bauart gänzlich abweichendes Bauwerk entstehen mußte.

Das Gebäude hat nur in der Längsrichtung Fundamente, und zwar die den Stadtbahneinschnitt begrenzenden, mächtigen, 3 beziehungsweise 5 m starken Mauern, wovon die letztere gleichzeitig das rechte Widerlager des den Wienfluß auf 20 m Weite überspannenden Gewölbes bildet. Weder die Traversendecke über dem Stadtbahneinschnitt, noch das Betongewölbe über dem Wienfluß durften mit Hauptmauern belastet werden, so daß nur auf den vorerwähnten beiden Mauern zwei Reihen aufgehender Pfeilersysteme gestellt werden konnten.

---

280. F. X. F., „Der Wiener Flughafen in Aspern", in: *Arbeiter-Zeitung*, 2. August 1925, S. 10.

Über Wien fliegen jetzt mehrmals des Tages Flugzeuge nach allen Himmelsrichtungen. Kaum wird über dem Häusermeer ein Surren hörbar, bleiben die Wiener stehen und blicken suchend gegen den Himmel. „Ist das heute schon der Münchner?" hört man dann fragen, wenn das Flugzeug im Westen auftaucht und als kleiner Punkt im Osten verschwindet. Mit dieser Frage legt sich zumeist das Interesse an der Eroberung der Luft wieder zur Ruhe. Aber es schläft nicht, es schlummert nur. Am nächsten Tage lockt der glitzernde Vogel wieder hunderte Blicke an. Wehe aber, wenn die Zeitungen irgendein Fliegerunglück melden! Da wird über die Fliegerei unbarmherzig Gericht gehalten und aus tiefster Brust der Überzeugung Ausdruck gegeben: „Was müssen denn die Leute auch fliegen? Wären sie mit der Eisenbahn gefahren, wäre ihnen das Unglück nicht geschehen!"

Darüber hinweg aber fliegt das Flugzeug seine Bahn dem Wiener Flughafen zu. Die Donau, die wie ein schillerndes Silberband zu dem surrenden Vogel hinauf leuchtet, wird überflogen. Da tauchen auch schon in der Ferne winzig klein wie Spielzeughäuser Hangars auf. Über Aspern fliegt das Flugzeug große Schleifen und setzt sich dann im Gleitflug auf das Flugfeld hinab.

Dort wird, da der Flugplatzleitung die Ankunft des Flugzeuges bereits mittels Radio avisiert wurde, von den Polizeiorganen der Flugplatzinspektion Aspern schon Ausschau nach dem Flugzeug gehalten. Da fliegt es auch schon über sie hinweg und über den grünen, sonnenbestrahlten Grasboden des Flugfeldes jagen die Schatten des niedergehenden Flugzeuges. Knapp über die Hangars fliegt es hinweg, wendet draußen, noch ein letztes Niedergleiten, die kleinen, gummibereiften Räder stoßen auf den Boden auf, beginnen zu rollen und mit wirbelndem Propeller fährt das Flugzeug auf die eigentliche Landungsstelle zu.

Sie ist durch einen hohen, rotweiß angestrichenen, in die Erde festgerammten Holzblock gekennzeichnet und zugleich auch die einzige erlaubte Startstelle. [...]

Auf dem Flugfeld herrscht immer lebhaftes Treiben. Aus ihren „Ställen" werden die Flugzeuge auf das Flugfeld hinausgeschoben. Ein Heer von Mechanikern und Monteuren ist beschäftigt, die Motoren auszuprobieren und zu putzen. Tragflächen werden versteift, defekte Stellen ausgebessert und sodann mit dem flugfertigen Apparat Probeflüge unternommen. Die Windsäcke, die die Windrichtung anzeigen, flattern wie aufgeblasene Wursthäute von hohen Stangen, und das Knattern der Motoren läßt einen manchmal das eigene Wort nicht verstehen. Bald startet ein Flugzeug und kaum ist es in weiter Ferne verschwunden, taucht am fernen Horizont ein kleiner Punkt auf, der, immer größer werdend, dem Flugfeld zustrebt. Zu sehen gibt es immer etwas, und wer sich mit der Eroberung der Luft ein wenig vertraut machen will, der fahre um zwanzig Groschen nach Aspern hinaus und mache dann von dort den kleinen Spaziergang auf das Flugfeld. Dort bleibe er schön sittsam bei der Barriere stehen und laufe nicht auf den Flugplatz hinaus, weil dies lebensgefährlich ist und deshalb eine große Tafel verkündet: Das Betreten des Flugplatzes ist strengstens verboten!

---

281. e., „Der Überfahrene ist schuld? Der Verkehrsfilm der Polizeidirektion: Lernet gehen!", in: *Die Stunde*, 23. November 1926, S. 6.

„Mehr als 50 Prozent aller Autounfälle sind auf das Verschulden der Passanten zurückzuführen."

Sagt der Polizeibericht und sicher hat er recht. Nun gibt es gar einen Film, in dem glatt nachgewiesen wird, daß wir bloß so und soviele hundert Kilometer durchs Leben gegangen sind, um am Ende gar nicht gehen zu können.

Ich war zufällig dabei, als der Film gedreht wurde. Die Komparserie stellte das Publikum. Es war Vormittag, die Verkehrsampel über der Opernkreuzung funktionierte plötzlich nicht. Das fiel niemanden auf, obwohl diese Lichter sonst nur des Abends Kurzschluß zu haben pflegen. Aber niemand nahm uns in seine Obhut, indem er uns die berühmte Aufforderung mit dem „Strich" mit auf den Weg ins Bureau gab. Wahrhaftig: es waren keine Schutzleute da.

Zuerst merkte es niemand, dann sahen die Chauffeure einander ein bißchen verdutzt an. Fuhren schließlich los; es war einigermaßen kompliziert, aber es ging. Das Publikum aber lief wieder über dic Straße, wie es wollte, und freute sich, daß es sich von dem ganzen „preußischen" Verkehrskram erholen konnte.

Auf einem Balkon aber standen die Filmoperateure und streuten mit ihren Objektiven die Straße ab. Jetzt sehen wir diese Zeit des Interregnums im Kino und ein Titel belehrt uns: „Wie der Verkehr ohne Regelung aussehen würde." (Nun, er würde aussehen, wie er aussah, bevor er erfunden wurde.)

Dann kommen die Autos: So siehst du die Straße, lieber Herrenfahrer und Chauffeur, wenn du mit 6 Kilometer-Stundengeschwindigkeit über die Ringstraße fährst. (Er erkennt sie nicht.) So bei 45 Kilometer. (Sie kommt ihm schon bekannter vor.)

Aber der Film handelt weniger vom Fahren als vom Gehen. Man sieht viel Anheimelndes, freut sich, fühlt sich zu Hause. Wir sehen die Passanten, wie sie, statt sich links zu halten, aufeinander zugehen, nach links zucken, um nach rechts zu gehen, „Pardon!" zu sagen und sich „Esel!" denken. Die Tram kommt, ein Junge läuft seinem Fußball nach, dem Motorwagen direkt in die Schutzvorrichtung, der Schaffner schimpft sehr echt, wenn auch lautlos, der Wagen bleibt stehen, die Menschenmenge türmt sich, der Bleistift des Schutzmannes wird gezückt, Rettungsgesellschaft, Verspätung – „Weil der Weana net aufpassen ko!"

Wir begrüßen den bekannten jovialen Herrn mit Stößer, den schon Schönpflug verewigt hat, als die Elektrische noch etwas Neues war. Und auch heute noch wird dem Mann von einem Lastwagen der Ärmel aufgeschlitzt, weil er zu ausladend den Ellenbogen zum Fenster hinausgestreckt hat. Die Frau Prochaska muß natürlich zu früh abspringen, Herr Pimpl kann sich nicht abgewöhnen, knapp hinter einer Elektrischen die Straße zu überqueren, während ein Anderer auf der Fahrbahn interessiert die „Stunde" liest, was begreiflich, in diesem Falle aber verkehrsstörend ist. Die Radfahrer hängen sich an die Tram und kommen in Meinungsverschiedenheiten mit den Autos, das Schwarzfahren wird lebensgefährlich, wenn der Schaffner naht und man einem Auto auf den Kühler springt. Alle 20 Filmmeter ein Unglücksfall, ein Sanitätswagen, ein Polizist und zwei Schilling ...

282. o. A., „Umspannwerk Favoriten / Eugen Kastner, Fritz Waage“, in: *Die Bau- und Werkkunst*, 1930, S. 349–350.

Das Umspannwerk „Favoriten“ ist eines jener Werke, welche die benötigte Verbrauchsspannung des in Wien verwendeten Stromes herzustellen haben und dessen Verteilung besorgen. Es wurde im Zuge des umfassenden Ausbaues der Wiener Städtischen Elektrizitätswerke im Jahre 1928 geplant und im selben Jahre in Bau genommen.

Die einzelnen Räume sind durch eine zwangsläufige Reihung der Apparate neben- und übereinander, nicht nur dem Flächen- oder Raumausmaße nach streng gegeben, sondern auch hinsichtlich ihrer Abmessungen in engen Grenzen bestimmt. In den meisten Fällen werden große, einfach geformte Räume benötigt, welche durch die korrespondierende Anordnung der Apparate in den darüber, darunter oder seitlich anschließenden Räumen zu regelmäßigen Baukörpern werden.

Beim „Umspannwerke Favoriten“ stand diesem Bedürfnisse die dreieckige Form der Parzelle erschwerend entgegen, zumal eine vom technischen Standpunkte logischen Aneinanderfügung der Raumgruppen notwendig war, um der Forderung nach organischer Apparateanordnung, übersichtlicher Betriebsführung, kurzen Verbindungswegen, raschem Erreichen der wichtigen Betriebsräume, kurzer Leitungsführung usw. zu entsprechen. Des weiteren war für die Gestaltung des Baues die einfache, leichte Einbringung der Apparate ausschlaggebend. Besonderes Augenmerk mußte auf den Transport der Gleichrichter und Transformatoren gelegt werden, von denen letztere Einzellasten bis 35 Tonnen aufweisen. Es wurden längs der kürzeren Kathete der Dreiecksparzelle eine Durchfahrt als primärer Einbringungsweg und hiezu senkrecht sekundäre Verteilungs-Transportwege angeordnet.

Die Notwendigkeit einer raschen Erreichbarkeit der Betriebsräume vom Kommandoraum und der Kanzlei aus, führte zu deren Anordnung im ungefähren geometrischen Schwerpunkt der ganzen Anlage.

Die zellenartigen Unterteilungen für die Unterbringung der einzelnen Apparate sind durch Deckendurchbrüche untereinander verbunden, ziehen sich durch das ganze Gebäude, ergeben einheitliche Stützweiten und werden so bestimmend für die Schauseiten.

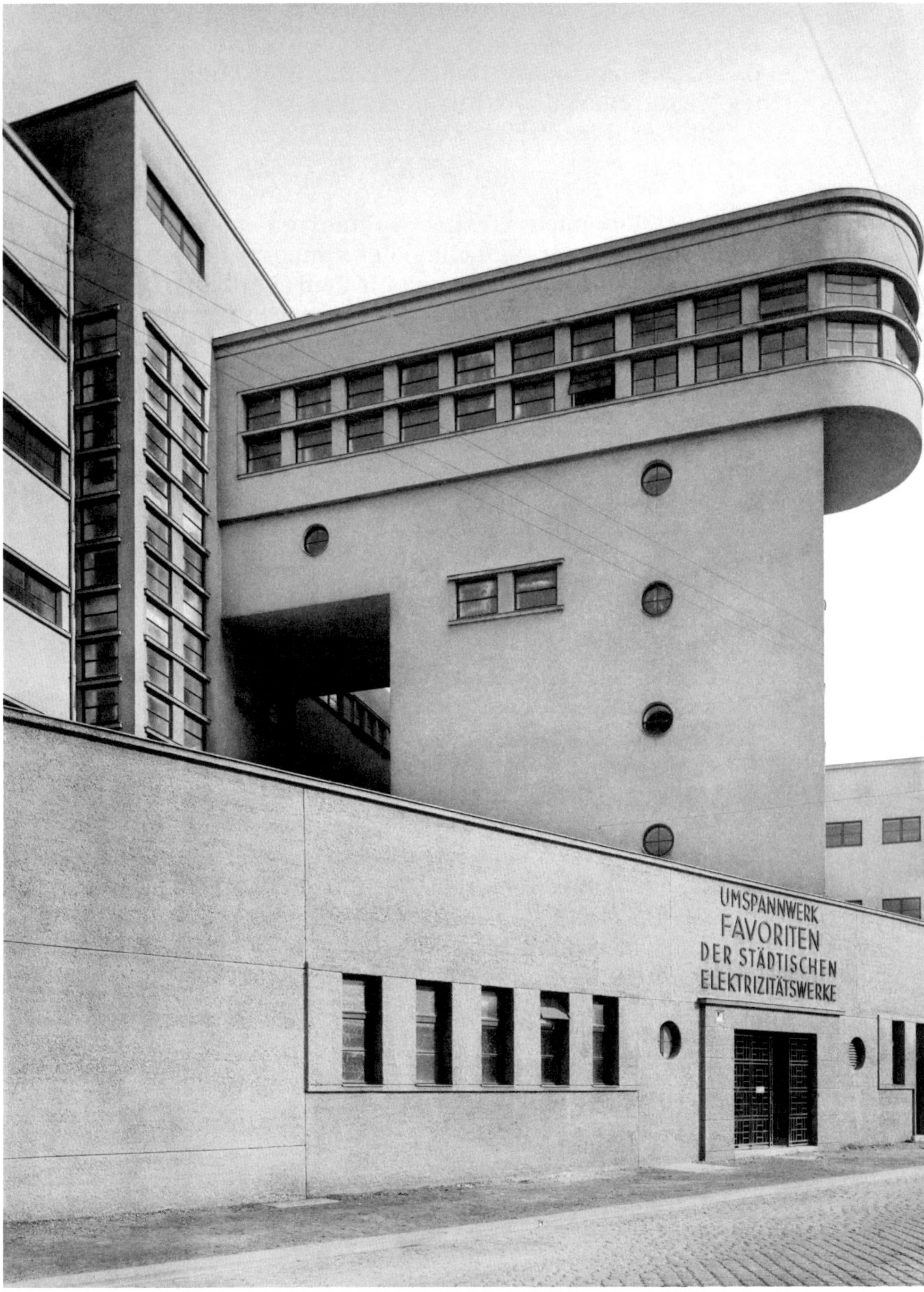

Eugen Kastner und Fritz Waage, Umspannwerk Favoriten, 1929–1931, Aufnahme von Martin Gerlach, 1931.

283. o. A., „Das Liesinger Arbeitsamt. Zur Eröffnung eines Musterbaus jungösterreichischer Architektur", in: *Der Wiener Tag*, 23. Jänner 1932, S. 4.

Man wird künftighin nach Liesing wallfahrten müssen, wenn man ein konsequentes, organisches, geschmackvolles und vorbildliches Beispiel der jungösterreichischen Baukunst sehen und studieren will. Das neueröffnete Arbeitsamt in Liesing – von Architekt Plischke erbaut – ist ein solcher Bau. Lange haben sich die Liesinger gewehrt, als sie die Pläne des eben aus Amerika zurückgekehrten jungen Architekten erblickten. Es gereicht ihnen ebenso zur Ehre nachgegeben zu haben, wie dem Baukünstler, keine Konzessionen für seine Glas- und Betonarchitektur zugestanden zu haben.

Der Bau ist ganz aus Zweckmäßigkeit und Materialgerechtheit heraus geboren. Das Bauprogramm, von der Industriellen Bezirkskommission vorgeschrieben, war für den Entwerfer streng weg-leitend. Der Liesinger Bezirk hat 12.000 Arbeiter, 5000 davon sind arbeitslos und kommen zum Stempeln, zur Arbeitsvermittlung, die jüngeren zur Berufsberatung. Das Hauptedfordernis war, von möglichst vielen Eingängen her, rasch zu einem Zentralraum zu kommen, der alles überblicken läßt und gleichzeitig den Arbeitern und Arbeitslosen den Eindruck der Sachlichkeit, Dienstbarkeit und Durchschaubarkeit des Zentralbureaus vermittelt, das ja schließlich den Hilfe- und Stellungsuchenden gewidmet ist. Das erste Stockwerk erfaßt den Verhandlungssaal, die Beratungsstelle, die Umschulung und einige Nebenräume. Architekt Plischke hat das Programm ausgezeichnet gelöst. Aus Betonständern und Verglasung kombiniert sich das flachgedeckte Haus. Sauber, hell und übersichtlich ist alles herausgearbeitet. Der Amtscharakter des Gebäudes gewinnt auf einmal ein ganz neues, offeneres Gesicht. Die Fassadenverkleidung mit großen, verschraubten Eternitplatten – anstatt Putz – gewährt sogar einen stattlichen Eindruck. Selbst die anfangs opponierten sind nun zu Freunden der neuen Architektur geworden.

284. Hans Jaksch, „Die Stahlgerippe Bauweise“, in: *Profil. Österreichische Monatsschrift für bildende Kunst*, Heft 5, 1933, S. 163–168, hier 163–164.

Zu den seit altersher bekannten Baustoffen wie Holz, Natursteine und gebrannter Lehm kam Mitte des vorigen Jahrhunderts das Eisen, das bis dahin nur als Hilfsmaterial für Schließen. Gitter u. dgl. am Bau gebraucht wurde. Der Kristallpalast in London, der abgebrannte Glaspalast in München, die Rotunde in Wien gehören zu den wichtigsten bekannten Eisenbauwerken dieser Zeit. Dann kam die Zeit der Verwendung von gußeisernen Säulen und eisernen Trägern im normalen Baubetrieb und fast zu gleicher Zeit die Vereinigung von Eisen und Beton zu einem neuen Bau-Stoff, den Eisenbeton, der das neue Bauen sehr stark beeinflußt hat. Die Eisenbetongerippe-Bauweise hat sich daraus entwickelt, mit der nunmehr die Stahlgerippe-Bauweise in edlen Wettbewerb tritt.

Es ist noch nicht sehr lange her, daß in Europa die Stahlgerippe-Bauweise eingeführt wurde. In Amerika wird schon seit mehr als 40 Jahren der Stahl als wichtigster Werkstoff für den Bau von Wolkenkratzern verwendet, ja man kann sagen, daß erst durch die weitgehende Verwendung des Stahles der Bau der amerikanischen Hochhäuser ermöglicht worden ist. Die in Amerika gemachten günstigen Erfahrungen und die Einführung von Hochhäusern in Europa haben der Stahlbauweise auch bei uns den Weg geebnet. Das Wort Eisen ist ausgemerzt worden. Der deutsche und auch der österreichische Normenausschuß haben mit Rücksicht darauf, daß das Ausland den Begriff Eisen nicht kennt, beschlossen, alles ohne Nachbehandlung schmiedbare Eisen in Hinkunft als Stahl zu bezeichnen. Im Hochbau wird hauptsächlich der Fluß-Stahl verwendet, für den normenmäßig, je nach den besonderen Zwecken verschiedene Güteeigenschaften festgelegt wurden.

Wie bei jeder Gerippebauweise erfolgt auch beim Stahlgerippebau die Trennung der Tragwerke von den aufzunehmenden Lasten, d. i. Füllmauerwerk, Decke, Dach, Winddruck und Nutzlast. Die Stützen übernehmen die Lasten zur unmittelbaren Übertragung auf die Fundamente. In allem ist man bestrebt, tote Gewichte zu vermeiden, die Gewichte herabzudrücken. Darin liegt der Gegensatz zur alten Bauweise, die bestrebt war, Baustoffe aufeinander zu schichten und je schwerer desto gediegener zu bauen. Die Stützenentfernung darf, wenn die Bauweise wirtschaftlich günstig sein soll, gewisse Maße nicht über- oder

Blick auf die Innenstadt mit dem Hochhaus in der Herrengasse, Aufnahme von Bruno Reiffenstein, um 1935.

unterschreiten. Beim Hochhausbau Herrengasse betragen die Entfernungen 4,07 m und 5,75 m. Es sind das Einheitsmaße, die sich wie ein Netz über die ganze verbaute Fläche legen, eine Vorbedingung für die wirtschaftliche Durchführung.

Für die Stützen wurden zumeist normale I-Träger und U-Träger verwendet, die auf einer Länge von drei Geschossen ohne Unterbrechung durchgehen, nach welcher stets die Verjüngung der Profile erfolgt. Es werden daher stets drei Stockwerke staffelweise aufgestellt, was als „Schuß" bezeichnet wird.

Die Verbindung der einzelnen Tragwerksteilen erfolgt durch Nietung und Verschraubung. In den obersten Geschossen wurden die Hauptstützen versuchsweise elektrisch geschweißt. Als Deckenträger wurden ebenfalls T-Träger verwendet, in welche sich die Isteg-Betondecke einspannt.

Das Bestreben nach möglichster Gewichtsverminderung gilt besonders auch für die Decken, da sie wegen der großen Geschoßzahl eine außerordentliche Belastung des Stahlgerippes bedeuten.

---

285. Annemarie Selinko, *Morgen ist alles besser*.
Wien-Prag-Leipzig: Zeitbild Verlag, 1938, S. 114–115.

Jetzt wohnt die Toni Huber also im Himmel. Ihre Wohnung da oben besteht aus einem einzigen Zimmer, aber es ist trotzdem eine richtige Wohnung. Links in der Ecke ein kleiner elektrischer Herd und ein Regal mit Geschirr. Diese Küche wird von der schönen rotseidenen spanischen Wand, die einmal in Friedls Zimmer war, züchtig verhüllt. Dann gibt es eine Art Alkoven. Dort steht Friedls breites dunkles Bett. Der Alkoven ist das Schlafzimmer, und das Schlafzimmer wird durch einen lustig geblumten Vorhang vom übrigen Raum abgetrennt. Der übrige Raum ist Wohnzimmer, Speisezimmer und Salon zugleich. Nebenan gibt es noch ein winziges Kämmerchen mit einer appetitlich gekachelten Badewanne. In der Badewanne muß man beinahe sitzen, für eine ausgewachsene Wanne war kein Platz.

Das ist Tonis Wohnung im Himmel: Hochhaus in der Herrengasse, Stiege sieben, achter Stock.

Das Hochhaus ist „der" Wolkenkratzer von Wien. Vorn und hinten gibt es alte Palais, mit Wappen über weiten, vornehm geschwungenen Barockportalen. Und schmale Gassen, in denen der Autolärm dröhnt. Zwischen Barockpalästen haben sie das

Hochhaus aufgestellt. Einen riesigen hellen Asphaltkasten, wie es sich für unsere Zeit gehört. Das Hochhaus hat einen breiten, viereckigen Turm, fünfzehn Stockwerke hoch, mit einem Restaurant, die übrigen Trakte haben acht bis zwölf Stockwerke, und Stiege sieben, achter Stock liegen die Junggesellenwohnungen. Immer ein Zimmer mit Baderaum und einer breiten Glastür, die auf den Balkon führt. Dieser Balkon ist ein Zwischenraum zwischen der Hauswand und einer Balustrade, die das achte Stockwerk ziert. In diesem Zwischenraum kann man sich einen Strecksessel aufstellen, und deshalb ist er ein richtiger Balkon. Toni hat auf dem Blumenmarkt einen knallroten Begonienstock gekauft, die rote Blume ist für sie der Sommer, und ihr Sommer hat nur einen einzigen Schilling gekostet.

Toni liegt auf dem Strecksessel und starrt auf ihre rote Blume mit den grünen Blättern. Richtige, grüne Blätter. Wenn sie geradeaus sieht, gibt es nur Himmel. Nichts als Himmel. Wenn man hinunterschaut, sieht man die dunklen Dächer der alten vornehmen Häuser, sieht man die grünschimmernde Kuppel der Hofburg und den dunklen harten Turm der Minoritenkirche. Aber Toni sieht gerade aus.

---

286. Simony, „Ein WC vor der Stephanskirche“, in: *Profil. Österreichische Monatsschrift für bildende Kunst*, Heft 12, 1936, S. 569.

Es war sicher ein richtiger Gedanke, am Stephansplatz eine Bedürfnisanstalt zu bauen; der gute Besuch, wenn man so sagen darf, beweist es. Eine gute Lösung war auch damit gefunden, dieses Lokal unter der Erde einzurichten, aber wozu – fragt sich der unschuldige Passant oder Benützer – hat man den oberirdischen Teilen dieser Anstalt ein Aussehen gegeben, welches in so schreiender Weise von seinem Hintergrund absticht und ihn beleidigt? Es wäre richtig gewesen, dieses Gitterwerk mit seinen Tafeln so bescheiden als irgend möglich zu gestalten. Ist es nötig, „Damen“ einmal horizontal und einmal vertikal zu schreiben und außerdem mit einem mächtigen „W. C.“ zu krönen? Wozu diese dreifache Einladung? Wozu die Farbenbuntheit? Auch die unsachliche, gewaltsame Verbindung mit Haltestellentafel und Telephon-Kiosk ist gar nicht glücklich. Hat dies alles vor unserer lieben Stephanskirche wirklich so sein müssen?

287. Von unserem Wiener Mitarbeiter, „Reichssender Wien zieht um. Das neue Funkhaus vor der Vollendung – Ein Sendesaal für 300 Hörer und 100 Mitwirkende", in: *Innsbrucker Nachrichten*, 27. Juni 1938, S. 8.

Das graue Haus in der Johannesgasse nahe der Kärntnerstraße, das Geschichte crlebt hat –noch sind in manchen Räumen die Einschläge der Kugeln des 25. Juli 1934[1] zu sehen – war schon der Ravag zu eng geworden. Man fing an zu bauen: Ein Funkhaus in der Argentinierstraße in unmittelbarer Nachbarschaft des berühmten Theresianums wuchs empor. Langsam, freilich, sehr langsam. Die chronische Geldknappheit der Systemregierung zögerte die Fertigstellung Jahr um Jahr hinaus. Es wurde still um das neue Heim der Ravag.

Nach dem Umbruch, als der Reichssender Wien mit seinen sechs Stationen, Bisamberg und Graz, Salzburg, Innsbruck, Bregenz, Klagenfurt, der größte süddeutsche Sender, für seine neuen großen Aufgaben dringlicher als je moderne und ausreichende Arbeitsräume brauchte, begann sichs wieder mächtig zu rühren draußen im vierten Bezirk. Heute schon ist eine ganze Anzahl von Abteilungen des Reichssenders ins neue Heim eingezogen, und bereits im Herbst soll hier der volle Sendebetrieb aufgenommen werden. Damit wird der Reichssender Wien, der bis dahin unter besonders ungünstigen Bedingungen gearbeitet hat, nun vielen seiner „Kollegen" im Altreich voraus sein: Das neue Wiener Funkhaus gehört zu den modernsten und zweckmäßigsten Anlagen dieser Art, die bisher gebaut wurden.

Im Dschungel der Drähte.

Hammerförmig erstreckt sich das weiße vierstöckige Haus, an dem noch Hunderte Hände fleißig arbeiten. Maurer und Zimmerleute sind fertig, aber noch ist der Blick hinter die Kulissen frei: Überwältigend enthüllt sich an den Decken und unter den Fußböden, in den Wänden und auf den Gängen in einem wahren

1 Am 25. Juli 1934 begann der nationalsozialistische „Juliputsch". Eine Gruppe von SS-Männer drang in das Funkhaus ein und sendete die strategische Falschmeldung von der Machtübergabe von Bundeskanzler Dollfuß an Anton Rintelen. Engelbert Dollfuß wurde am selben Tag Opfer eines Attentats im Bundeskanzleramt.

Dschungel von Drähten und Kabeln und Kontakten das ganze Wunderwerk moderner Sendetechnik. Man hat in dem neuen Funkhaus, dessen fachliche Anlagen übrigens auf Pläne des bekannten Funkspezialisten Prof. Schwaiger zurückgehen, den Versuch unternommen, sie in ein wohlgefälliges Gewand zu kleiden. Das gelang. Allein die Regietische, an denen mit geheimnisvollen blanken weißen und grünen und schwarzen und roten Hebeln eine Sendung vom Anfang bis zum Ende sicher an allen Klippen vorbeigeschleußt wird, monstreuse Ungeheuer müßten sie sein, bedenkt man, was alles auf ihnen zusammenläuft, und sind elegante seidengraue Schreibtische mit beinahe zierlichem Aufbau, den bunte Knöpfe scheinbar spielerisch schmücken.

(648)

Kapitel 28: Stadtvisionen und Stadtfragmente

Auch in der Zwischenkriegszeit wurde Wien als (Gesamt-) Kunstwerk interpretiert: Der Bildhauer Anton Hanak beschreibt in einem Vortrag „die Stadt als Plastik". Der Kunsthistoriker Arthur Roessler hingegen sinniert 1924 „Über die Schönheit der modernen Großstadt". Sein Kollege Max Eisler sucht das kontrapunktische Verhältnis von Stadt und Landschaft und fordert eine bessere Gestaltung der Peripherie. An den Beginn seines Jahrhundertromans *Der Mann ohne Eigenschaften* stellt Robert Musil die berühmte Beschreibung des Rhythmus der modernen Großstadt: „Wie alle großen Städte bestand sie aus Unregelmäßigkeit, Wechsel, Vorgleiten, Nichtschritthalten, Zusammenstößen von Dingen und Angelegenheiten [...]" Direkt zur Heldin wird die Stadt in Karl Ziaks *Wien. Heldenroman einer Stadt*. Er beschreibt 1931 das „Sterben" der Stadt in der Wirtschaftskrise. Der Architekt Egon Riss versucht, die Kulturstadt Wien statistisch zu fassen. Das frühneuzeitliche Bild der Stadt als menschlicher Körper bekommt im Roman *Fair Play* von Rudolf Frank eine Aktualisierung.

Auch die Schnelligkeit und Flüchtigkeit der modernen Großstadt wurden in Wien zum Thema. Dafür bestens geeignet waren Kriminalromane: In *Ich war Jack Mortimer* von Alexander Lernet-Holenia taucht eine Leiche in einem Taxi auf und muss an der Donau entsorgt werden. Venetiana Taubner-Calderon, verheiratete Canetti, beschreibt in der Erzählung *Der Kanal* eine Pyramide der sozialen Ungerechtigkeiten, die niemanden verschonen.

---

288. Dlb, „Die Stadt als Plastik (Vortrag von Anton Hanak)", in: *Der Abend*, 15. Februar 1924, S. 4.

Dieses falschen Schildes bediente sich ein im Rahmen der „Gesellschaft zur Förderung moderner Kunst" gehaltener Vortrag Anton Hanaks. Doch Geist, Humor und Temperament verliehen dem Vortrag, der sowohl des zielsicheren Aufbaues als auch einer einheitlichen Gedankenführung entbehrte, jene Plastik, die die geschilderte Zukunftsstadt vermissen ließ.

Stark in der mit bodenständigem Witz gewürzten Kritik an der Wiener Bautätigkeit der letzten hundert Jahre, gegenwartsbewußt in den Forderungen nach Erschließung der Straße für Verkehr, Geist, Politik und Religion, läßt sich Hanak in seinen Darstellungen einer Idealstadt auf höchst unzeitgemäßen romantischen Gedankengängen ertappen. Weder das „Denkmal der Überflüssigen“ (als pyramidenhafte Aufhäufung aller bedeutungslos gewordenen Denkmäler der Straße gedacht) noch der „Turm der Toten“ (ein ewig wachsender babylonischer Urnenturm, für jeden Toten der Stadt einen Gedenk-Baustein enthaltend) sind Gebilde, deren wir bedürfen. Auch ist dem bedeutenden Bildhauer Hanak der Blick dafür versagt, daß auf der Straße das Plakat in der geistigen und sittlichen Wirkung auf die Allgemeinheit der Bildsäule den Rang bereits abgelaufen hat. Jenes lenkt unsere Aufmerksamkeit auf sich, ohne den Straßenverkehr zu hemmen; die Bildwerke, die Hanak mitten in die Verkehrsstraßen so recht als Hindernisse für den Verkehr, gleichsam als seelisch sittliche Rufzeichen stellen will, werden stets nur als Verkehrshindernisse zur Geltung kommen. Auch der Traum eines „Konzerthügels“, einer neuen Akropolis, erscheint in der Zeit des „Broadcasting“, der drahtlosen Konzertübertragung, reichlich veraltet.

Es kann nicht oft genug betont werden, daß der neue Inhalt der neuen Form bedarf. Die neuen seelischen und sittlichen Inhalte liegen nicht mehr in der Religion, kaum mehr in der Kunst; das soziale Gefühl verlangt nach Gemeinschaftsbauten, die dem neuen Heiligen: dem Nebenmenschen, geweiht sind. Fabrik, Volkswohnhaus, Versammlungshaus, Gebäranstalt, Krankenhaus, Sportplatz sind die neuen Andachtsstätten. Hier wären die Schauplätze für die sittlich ernsten Bildwerke des Plastikers Hanak.

Der Städteplastiker (der Bildwerker eines ganzen Stadtbildes) hätte die Aufgabe zu erfüllen, eine Stadt als einheitlichen Körper zu gestalten: Straßen als Adern, Gärten als Lungen, Fabriken als Muskeln, Siedlungen als poröse Haut, Verwaltungsbezirke als Herz und Hirn, Andachtsstätten als Seele, Speisehäuser und Märkte als Magen des Bauganzen. Einzelzierrat wird nichtig, das „Ornament“ Verrat, die Bildsäule in den Verkehrsadern ein lästiger Fremdkörper.

289. Arthur Roessler, „Über die Schönheit der modernen Grossstadt“, in: *Österreichs Bau- und Werkkunst*, 1924, S. 169.

Allgegenwärtig ist die Schönheit im Leben. Auf dem Meer und im Gebirge, in den Wäldern und auf den Feldern, in der Weite der Steppen und der Enge der Flußtäler ist jedoch von ihr nicht mehr enthalten, nur anderes als in den Städten mit ihren Palästen und Domen, Speichern, Fabriken und Bahnhöfen; man muß sie nur zu sehen wissen, um es als unbestreitbare Tatsache zu erkennen, daß auch die riesigen Weltstädte der neuzeitlichen Zivilisation ihre erlesenen Stunden ungewöhnlicher Schönheit haben.

Schön ist es, wenn die kohlenrauchbraunen und benzindampfblauen wie die schwefelgelben und die wasserweißen Abendnebel sich verschleiernd über eine Großstadt breiten und die zuvor als häßlich empfundenen, formenkargen Nutzbauten, die breit hingelagerten Schuppen und die hochragenden Speicher, die kahlen Kasernen und die nüchternen Bureauhäuser weich wallend umhüllen und die hohen Fabriksschlote in schlanke Kampanile und Minarette verwandeln.

Schön ist es, wenn die Warenhäuser und Amtsgebäude für das Auge zu lichtsprühenden Märchenschlössern und die aus dürren Eisensparren geschmiedeten Brücken zu zierlich genetzten Gespinsten werden, die in anmutig kraftvollem Schwung über dunkel fließenden, vor tausenden Lichtreflexen flimmernd übersprenkelten Wasserläufen hängen.

Schön ist es, wenn zahllose Lichterschnüre, gleich magisch leuchtenden Perlenketten, am Leib der sonst verdunkelten Stadt funkeln und schattengleich die eilenden Wanderer in den Straßenabgründen aus grellen Lichtkegeln in weichdunkle Schattengevierte tauchen; der Arbeiter wie der Bummler, der Fromme wie der Frevler, der Tugendsame wie der Lasterhafte, der Gesunde wie der Sieche, der Fröhliche wie der Traurige, der Schöne wie der Garstige, der Junge wie der Alte, und keiner den anderen erkennt, nur noch ahnt und sich ihm doch in ungewisser Weise näher verbunden fühlt als sonst im hellen Tageslicht.

Schön ist die moderne Großstadt in den Abendstunden, in denen Gott durch seine Dienerin Natur über die Künstlichkeit der Menschen mit sachter Gewalt unabwehrbar siegt und den vielfältigen Widerstreit, der in dem ungeheuren architektonischen Lebensbehälter unaufhaltsam trubelt, zusammenfassend zu einem großen Einklang übereinstimmt.

Schön ist die bei Tag oft monströs anmutende Großstadt, wenn die Zeit gekommen ist, in der wir Städter unseren persönlichen Abenteuern der Seele begegnen können, in der wir zu Befriedigten oder Enttäuschten, zu Beseligten oder Betrübten, zu Siegern oder Unterlegenen werden.

Schön sind die stillen Stunden der von traumhaftem Sausen und Tönen durchklungenen abendlichen Stadt, in denen wir uns mit unseren Freunden gesellen, um an ihren Erfahrungen unser Bewußtsein vom Leben zu bereichern; es sind Stunden der Kommunion, der Aufschließung wie der Einkehr, der Wißbegierde wie der Selbstbesinnung. Im lichtdurchwirkten Dunkel dieser Stunden werden wir empfänglich für das geheimnisvolle Walten kaum gekannter, innig geahnter Kräfte in den Werken der Kunst, für den Ton in der Rede, die Melodie in der Musik, den Klang und Rhythmus in Vers und Prosa, die Farben in der Malerei, die Formen in

Schottengasse Blickrichtung Votivkirche, Aufnahme von Franz Holluber, 1931.

der Plastik, die Linien und Massen in der Architektur. Wir wünschen unser Gemüt stark bewegt zu fühlen durch Wallungen und unsern Geist stark bewegt durch Gedanken, und entwickeln, begünstigt durch die Stunde, gesteigerte Aufnahmsfähigkeit für die mannigfachen Auswirkungen der Schönheit, die allgegenwärtig ist im Leben, die nur nicht allzeitlich erkannt wird.

---

290. Robert Musil, *Der Mann ohne Eigenschaften.* Berlin: Ernst Rowohlt, 1930, S. 9–11.

Woraus bemerkenswerter Weise *nichts hervorgeht.*

ÜBER DEM ATLANTIK befand sich ein barometrisches Minimum; es wanderte ostwärts, einem über Rußland lagernden Maximum zu, und verriet noch nicht die Neigung, diesem nördlich auszuweichen. Die Isothermen und Isotheren taten ihre Schuldigkeit. Die Lufttemperatur stand in einem ordnungsgemäßen Verhältnis zur mittleren Jahrestemperatur, zur Temperatur des kältesten wie des wärmsten Monats und zur aperiodischen monatlichen Temperaturschwankung. Der Auf- und Untergang der Sonne, des Mondes, der Lichtwechsel des Mondes, der Venus, des Saturnringes und viele andere bedeutsame Erscheinungen entsprachen ihrer Voraussage in den astronomischen Jahrbüchern. Der Wasserdampf in der Luft hatte seine höchste Spannkraft, und die Feuchtigkeit der Luft war gering. Mit einem Wort, das das Tatsächliche recht gut bezeichnet, wenn es auch etwas altmodisch ist: Es war ein schöner Augusttag des Jahres 1913.

Autos schossen aus schmalen, tiefen Straßen in die Seichtigkeit heller Plätze. Fußgängerdunkelheit bildete wolkige Schnüre. Wo kräftigere Striche der Geschwindigkeit quer durch ihre lockere Eile fuhren, verdickten sie sich, rieselten nachher rascher und hatten nach wenigen Schwingungen wieder ihren gleichmäßigen Puls. Hunderte Töne waren zu einem drahtigen Geräusch ineinander verwunden, aus dem einzelne Spitzen vorstanden, längs dessen schneidige Kanten liefen und sich wieder einebneten, von dem klare Töne absplitterten und verflogen. An diesem Geräusch, ohne daß sich seine Besonderheit beschreiben ließe, würde ein Mensch nach jahrelanger Abwesenheit mit geschlossenen Augen erkannt haben, daß er sich in der Reichshaupt- und Residenzstadt Wien befinde. Städte lassen sich an ihrem Gang erkennen wie Menschen. Die Augen öffnend, würde er das gleiche an der Art bemerken, wie die Bewegung in den Straßen schwingt, beiweitem früher, als er es durch irgendeine bezeichnende Einzelheit herausfände. Und wenn er sich, das zu können, nur einbilden sollte, schadet es auch nichts. Die Überschätzung der Frage, wo man sich befinde, stammt aus der Hordenzeit, wo man sich die Futterplätze merken mußte. Es wäre wichtig, zu wissen, warum man sich bei einer roten Nase ganz ungenau damit begnügt, sie sei rot, und nie danach fragt, welches besondere Rot sie habe, obgleich sich das durch die Wellenlänge auf Mikromillimeter genau ausdrücken ließe; wogegen man bei etwas so viel Verwickelterem, wie es eine Stadt ist, in der man sich aufhält, immer durchaus genau wissen möchte, welche besondere Stadt das sei. Es lenkt von Wichtigerem ab.

Es soll also auf den Namen der Stadt kein besonderer Wert gelegt werden. Wie alle großen Städte bestand sie aus Unregelmäßigkeit, Wechsel, Vorgleiten, Nichtschritthalten, Zusammenstößen von Dingen und Angelegenheiten, bodenlosen Punkten der Stille dazwischen, aus Bahnen und Ungebahntem, aus einem großen rhythmischen Schlag und der ewigen Verstimmung und Verschiebung aller Rhythmen gegeneinander, und glich im ganzen einer kochenden Blase, die in einem Gefäß ruht, das aus dem dauerhaften Stoff von Häusern, Gesetzen, Verordnungen und geschichtlichen Überlieferungen besteht.

---

291. Karl Ziak, *Wien. Heldenroman einer Stadt.* Wien-Leipzig: Fiba-Verlag, 1931, S. 39 und 43.

So stirbt eine Stadt.

Langsam verdämmert ein Tag nach dem andern; verdämmert grau hinter den westlichen Bergen, auf denen vereinzelte Baumgruppen – Reste verwüsteten Waldes – mit traurigen Ästen trostlos gegen den bleischweren Himmel stehen: Monument der Ohnmacht, gewaltiger als ein Bau aus Stein, erschütternder als ein Denkmal von Erz.

Wer glaubt da, sieht er die trüben Oktoberwolken, daß ein duftender Frühling über das Land geflogen, daß ein Sommer es mit Sonne gesegnet? Ist es nicht, als wäre auf den traurigen Winter von 1918 gleich wieder Winter gefolgt? So wenig hat das Bild der Stadt sich verändert, so gar nicht hat sich ihr Schicksal gewendet.

Noch immer stehen die steinernen Fronten grau und eintönig in nüchternen Gassen; in ihrem Antlitz noch immer die Spuren des Krieges, der Vernachlässigung für sie bedeutet und Verfall. Abgeblättert ist der Verputz. Rote Ziegel leuchten wie offene brandige Wunden. Zacken und Zierrat abgebrochen; Messingbeschläge verschwunden und durch eiserne ersetzt, die schon vom Rost angenagt sind. Fenster klaffen ohne Scheiben; ihre Rahmen sind schon längst ohne Lack. Wo ein Gitter Gärten gefriedet, ragt nur letzter Rest der Umzäunung: verbogene Pfähle. Das Gras ist weggetreten wie der Pelz eines zerschlissenen Teppichs. Gelbe Stoppeln nur stehen da und dort aus dem Staube. Wiesen und Wege sind keine begrenzten Flächen mehr; ein ungeordnetes schmutziges Tuch, mit ein paar zerzausten Sträuchern besetzt.

Matt und mutlos schleichen die Menschen durch die verödeten Gassen. Noch immer lastet wie ein schwerer Traum auf allen die Sorge ums tägliche Brot. Wirklich, ums tägliche. Denn fast nur von Tag zu Tag ist der Bedarf gesichert. Der Außenminister reist nach Deutschland, nach Rom und Prag. Er verhandelt mit den Unionstaaten. Überall muß er um Getreide betteln. Was er erhält, es genügt nur für wenige Wochen. Hinter diesen steht wieder die bange Frage: was dann? [...]

So stirbt eine Stadt. Zeitungen drucken es in fetten Lettern, schreien es hinaus in die Welt „So stirbt eine Stadt." Welche Sensation! Eine einstige Weltstadt, Hauptstadt eines vielhundertjährigen Reiches, Vaterstadt unsterblicher Meister, stirbt vor unseren Augen!

Und es kommen die flinken Reporter, wandeln durch die Straßen wie auf den Resten der alten Roma, wie auf den Trümmern Trojas und schreiben: „So stirbt eine Stadt."

Mancher Feind hört es mit Schadenfreude. Freunde haben Tränen in den Augen – und zucken die Achseln. Wo ist aber euer Versprechen, gewählte Männer des Volkes? Wo ist dein Versprechen, sozialistischer Bürgermeister, Graukopf mit der roten Nelke im Knopfloch?

292. Max Eisler, „Stadt und Landschaft“, in: *Profil. Österreichische Monatsschrift für bildende Kunst*, Heft 1, 1933, S. 16 u.17.

Es ist – für die Einsicht in das Wesen der Stadt, für die Erkenntnis der guten Richtlinie ihrer Entwicklung – schon wichtig genug, sich immer wieder gegenwärtig zu halten, daß die Stadt aus der Landschaft stammt. Das mag reichlich trivial klingen. Aber es ist an der Zeit, gewissen Trivialitäten wieder auf ihren ursprünglichen Sinn zu kommen. Anders kann unserer überspitzten Zivilisation gar nicht geholfen werden.

Man wird sich daran erinnern müssen, daß jede Siedlung – an der Küste, am Fluß, im Tal, am Hang und auf dem Berge – aus einer bestimmten landschaftlichen Situation hervorgegangen ist. Freilich, im selben Augenblick, in dem sie diese landschaftliche Gegebenheit für *ihre* Zwecke, für die Einrichtung eines Gemeinschaftslebens aufnimmt, springt sie auch schon von der Vernunft der Natur auf die Vernünftigkeit des Menschen um. Und mit diesem Sprung ins Rationelle betritt sie den Weg der Verdrängung, ja der Unterjochung der Landschaft.

Die Entwicklung der Stadt bedeutet eine Kette von Eingriffen in die Landschaft. Immer ist es die Landschaft, die für diese Entwicklung die Opfer bringen muß. Ein guter Städtebau wird in dieses Verhältnis Ordnung bringen, das heißt: die Opfer der Landschaft auf das Mindestmaß verringern und jede Vorsorge treffen, damit ihr durch die Architektur – das Wort nicht als Kunstbegriff, sondern als die Summe aller Bautätigkeit verstanden – nicht Gewalt geschehe.

Einen solchen idealen Städtebau hat es in Wirklichkeit niemals gegeben. Auch das Beispiel Wien ist da keine Ausnahme. Der etappenmäßig erweiterte Festungsgürtel des Mittelalters hat aus der Donauebene ein Stück Land gewaltsam, wie einen Fremdkörper, herausgeschnitten und ihn hernach mit Häuserzeilen dichtgepfropft. Erst mit dem Barock bricht die Macht der Landschaft wieder auf. Die bergseitigen, ländlich lockeren Vororte gelangen zur Blüte, ihre belebten Hauptstraßen – richtige, talwärts ziehende Landstraßen – spielen nun voller in die Radialstränge der altstädtischen Mitte. Am Rennweg, in der Roßau und im Schaumburger Grund baut die Architektur Gartenviertel größten Stils, lebhaft und anmutig umschwärmt von den kleinen Höfen und Gartenwirtschaften der Winzer und Bauern. Damit wird auch die äußerste Grenze der Stadt landschaftlich wieder lebendig. Denn für dieses erste Großwien ist es ja nicht mehr der innere, unwirsche Mauerring, sondern der niedrige Zug der Linienwälle, über

Seite aus *Profil*, 1933.

BÄUME DER GROSSTADT

VON S. F. R.

Abb. 21 Am Brunnen vor dem Tore, da stand ein Lindenbaum . . . .

18

die die Natur ohne Mühe hinweg kann. Und das ist für die künftige Geschichte der Stadt und Landschaft von Wien beinahe das wichtigste. Denn wie hier die Dinge nun einmal liegen, kommt es für lange Zeit vielleicht am meisten darauf an, in welchem, immer steigenden Maße die so lange gefesselte Stadt an ihrem Rande sich gegen die Landschaft öffnet und frei in ihre heiter schwingende Zone findet. [...]

Wir haben ja in Wien schon eine gewisse Tradition im Städtebau, denn nach dem leidenschaftlichen Begründer Camillo Sitte kam Otto Wagner, nicht nur in seinen theoretischen Schriften und seinem Entwurf für die Erweiterung der Stadt, sondern auch in jedem seiner Bauten ein Städtebauer großen Zuges. Aber Wagner verstand die Stadt von der Stadt her. Der neue Mann müßte sie vom Rande her verstehen. Das würde nicht bloß unserem Siedlungswesen in einem entscheidenden Augenblick erheblich nützen, es würde der Stadt ihre Landschaft wiedergeben.

---

293. Alexander Lernet-Holenia, *Ich war Jack Mortimer* (1933), in: Alexander Lernet-Holenia Dünndruckausgabe. Wien u. Hamburg: Zsolnay 1984, S. 317–465, hier 361–362.

Er fuhr die Lastenstraße hinab, bog in die Marxergasse ein, überquerte bei der Rotundenbrücke den Donaukanal und gelangte in die Rustenschacher Allee, schließlich auf die Lusthausstraße.

Die riesigen Schwarzerlen und Silberpappeln des Praters sausten im Regensturm.

In der Nähe des zweiten Rondeaus erreichte er die Hauptallee. Beim Lusthaus wäre es seine Absicht gewesen, die Enzerdorfer Allee, eine grasige, verfallene Straße unter uralten Bäumen, weiterzufahren, doch wagte er's nicht, weil da ein Polizist zu Pferde hielt und auf die Idee hätte kommen können, ihn zu fragen, was er auf dem holprigen, schlecht fahrbaren und stockfinsteren Wege suche.

Er zweigte also halbrechts ab und fuhr den Poloplatz und die Tribünen des Freudenauer Rennplatzes entlang, bis er wieder zum Donaukanal und schließlich zu gewissen Lagerhäusern kam, bei denen er neuerlich nach links und zurückbiegen konnte, indem er auf diese Art den Rennplatz zu umkreisen begann. Die Straßen waren hier schon schottrige, erhöhte Dämme, schlecht beleuchtet selbstverständlich inmitten der Auen. Eine unbenutzte Bahnlinie lag überdies auf der Straße.

Er fuhr immerzu am Gitter des Rennplatzes entlang, unter Baumgruppen, die im Winde rauschten, und gelangte schließlich, von der Straße abweichend, über ein kurzes, finsteres und jählings holperig werdendes Stück Weges an eine weite, mannstiefe Mulde, die mit blattlosem Gebüsch dicht bestanden war. Aber überall an dem Gebüsch hingen, enggedrängt, Büschel und Trauben weinroter, herbstlicher Beeren, ein Meer von Weinrot oder Kardinalrot leuchtete, unter glitzernden Regensträhnen, im Licht seiner Scheinwerfer auf. Er fuhr, kurz entschlossen, über die Böschung zu einer weniger dicht bebuschten Stelle der Mulde hinab. Waldreben verfingen sich in seinen [sic!] Wagen.

Er stellte jegliches Licht ab, griff, die Scheiben auseinander schiebend, wieder in den Fond zurück und entsicherte eine der Türklinken. Dann stieg er vom Sitz und zog den Schlag auf.

Finsternis, die mit Tod schwanger war, starrte ihm entgegen. Der Regen trommelte auf das Wagendach und durchnäßte ihm Kappe und Mantel.

Er beugte sich in den Fond und riß ein Zündholz an. Zwischen den Koffern und dem Sitze lag, von der langen Fahrt völlig zusammengerüttelt, der Tote.

---

294. Martha Murner
[= Venetiana Taubner-Calderon, verh. Canetti],
„Der Kanal", in: *Arbeiter-Zeitung*,
15.–18. November, 1933,
hier 18. November 1933, S. 9.

Emilie ging auf den Kanal zu, dort, wo der Wachmann bei der Kreuzung stand. Sie ging einmal an ihm vorüber, gerade da machte er das Querzeichen und sah sie nicht. Sie ging zweimal an ihm vorüber, da drehte er ihr den Rücken und gab das Kreuzzeichen. Emilie versuchte es ein drittes Mal und jetzt bemerkte er sie. Er sah ihr ganz programmmäßig nach, wie sie die dunklen Stufen zum Kanal hinunterstieg. Zur Vorsicht wartete Emilie auf ihn, sie wollte mit Sicherheit springen. Sie blickte ins Wasser und es gruselte sie vor der Kälte, aber springt nicht ein Dienstmädchen jeden Morgen um fünf aus dem warmen Bett in die Eiskälte, fast ist es wie ein Sprung ins Wasser, auch fiel ihr ein, daß sie die

Jacke nicht ablegen wollte, sie hatte das unklare Gefühl, es würde ihr dann wärmer im Wasser sei.

Der Fehler war nur, daß der Wachmann nicht kam. Emilie blickte hinauf und sah seinen Schatten oben aus der Brücke Kreuz- und Querzeichen werfen, wurde schon entmutigt, da näherte sich ein Mensch. Er kam näher und näher, ging das Geländer entlang und stand über ihrem Kopf, keine fünf Meter hoch.

Die Emilie war schon bei ihren Landsleuten als jäh bekannt und im Dienst war sie etwas schusselig, und so sprang sie auch jetzt ins Wasser, bloß mit dem einen Passanten über ihrem Kopf. Sie stieß dabei einen Schrei aus, der war nicht berechnet, konnte aber nur nützen. Und jetzt machte die Emilie die Erfahrung, daß das Wasser nicht so leicht ist, wie man denkt. Es legt sich einem schwer auf den Körper, drückt den Kopf nieder, erstickt den Schrei, löscht das Auge aus und saust im Ohr. Emilie stack im Wasser hilflos, rettungslos, wehrlos, sie hielt die Hände nach oben und winkte, aber gleichzeitig war sie sich bewußt, daß kein Mensch sie sehen würde, daß kein Mensch sie beachtete, wo sie fast tot war, wenn man sie doch früher nicht beachtet hatte, da sie noch lebte.

---

295. Egon Riss, *Raumveredelung. Die neue Stadt*, Wien: Gerold & Co., 1936, S. 33–36.

Raumgruppe IV: Kultur.

Unter Kulturstadt verstehen wir eine räumliche Konzentration von Bauten innerhalb des Stadtraumes, welche für alle kulturellen Lebensäußerungen bestimmt ist. Ihre Mannigfaltigkeit ist kaum abzuschätzen. Es gehört dazu all das, was unser Leben im höheren Sinne menschlich macht. Der Kulturwert alter Städte tritt für uns hauptsächlich an Palast- und Kulturbauten in Erscheinung. Das Programm einer modernen Kulturstadt müßte viel mehr umfassen.

Hochschulen und Akademien, wissenschaftliche Forschungsstätten, wie die Sternwarte, Theater und Konzertgebäude, Museen und Räume für bloß periodische Ausstellungen, Versammlungshallen, Sportanlagen, Klubhäuser für Liebhaber und spezialistische Interessen aller Art; ja auch die Räume für die Zentralverwaltung, soweit sie Ausgangspunkt für das kulturelle Leben sind. Die Verbauung wäre locker und innerhalb großer öffentlicher Gartenanlagen durchzuführen, Zufahrtsstraßen und Untergrundbahn wären auf Massenbesuch einzurichten. In den großen öffentlichen Gartenanalgen sollten Einrichtungen für Volksbelustigung und Unterhaltung, Restaurants etc. vorgesehen sein. Bei der Bemessung der Baulichkeiten innerhalb der Kulturstadt sollte damit gerechnet werden, daß die Bevölkerung einen Großteil ihrer freien Stunden mit kulturellen Tätigkeiten verbringen wird.

Setzen wir den Fall einer Stadt, die 300.000 erwachsene Einwohner zählt und rechnen wir für jeden Einwohner einen Theater- und Konzertabend wöchentlich. Es ergäbe sich daraus die Notwendigkeit, in der Kulturstadt 42.000 Theater- und ebenso viele Konzertplätze zu errichten. Was diese Ziffern bedeuten, sei an einem Vergleich illustriert. Wir wählen als Beispiel eine europäische Hauptstadt, Wien, die für ihren Konzert- und Theaterbetrieb weithin berühmt ist. Wien hat rund 1,900.000 Einwohner. Nehmen wir eine Million Menschen an, für die ein Theater- oder Konzertbesuch Sinn hätte, und man kommt zu der Forderung nach 143.000 Theater- und ebenso viel Konzertplätzen, bloß damit jeder Wiener einmal in der Woche je einer Aufführung beiwohnen könne.

In Wirklichkeit fassen die Wiener Theater 21.700 Menschen. Wären sie täglich ausverkauft, so käme jeder Wiener einmal alle sieben Wochen ins Theater. Die Konzerträume umfassen gar nur 10.700 Menschen, sodaß jeder Wiener nur einmal in vierzehn Wochen ein Konzert hören könnte. Es erübrigt sich solche Betrachtungen für andere Großstädte aufzustellen. Erst eine Vervielfachung des vorhandenen Theater- und Konzertraumes würde es jedem Großstädter ermöglichen, einmal die Woche ins Theater und ins Konzert zu gehen.

Von solchen Betrachtungen müßte man sich leiten lassen, wenn man an die Bemessung des Kulturraumes in der neuen Stadt schreitet. Die Notwendigkeit einer immensen Raumerweiterung, die zugleich Raumveredelung ist, scheint in Sachen der Kultur am allerwenigsten strittig.

296. Rudolf Frank,
Fair play, oder: Es kommt nicht zum Krieg. Roman einer Emigration in Wien, Manuskript 1938. Berlin: Aufbau-Verlag, 1998, S. 97–99.

„Seit den bekannten Urzeiten", fährt Konrad fort und fühlt ihren lieben Blick, „muß das hier so ähnlich zugegangen sein. Sogar der größte Umbruch der Vorzeit hat sich in Wien bis zum heutigen Tag nicht so recht durchsetzen können: Hast du bemerkt? Hier herrschen noch immer mutterrechtliche Zustände", fährt er im Schutz eines mütterlich bewölkten Torbogens fort. „Wo du nur hinschaust, mutterrechtliche Symbole: ‚Ring' und ‚Gürtel' umschließen die Stadt, und man geht noch immer auf der linken matriachalischen Seite, und auf jedem Fünfschillingstück siehst du die puppenhafte ‚große Mutter' aller Frauenreiche, es steht sogar darunter ‚Magna Mater Austriae'. Das ist das Mutterreich, das Stiefmutterreich, Rabenmutterreich Österreich. [...]

„Diese Vindomina", erläutert er laut wie ein Fremdenführer und wischt sich das feuchte Gesicht, „diese große Mutter von Österreich, ist ein recht umfangreiches Weibsbild. Da, der erste Bezirk, der sich uns und dem Franzjosefsqueu hier entgegenwölbt, ist ihr Becken. Sehr ungeniert öffnet Madame Vienna dort vis-à-vis am Roten Turm ihren Schoß."

Er will die Freundin von ihren trüben Gedanken abbringen, es tut wieder einmal not, und führt darum seinen Vergleich mit bewährter Taktlosigkeit zu Ende. Also behauptet er ungeniert, die rote Turmstraße sei Frau Vindominas Vagina und die Kärntnerstraße nichts anderes als ihre Gebärmutter. „Am Muttermund mündet – sehr bezeichnend der ‚Fleischmarkt'. Die Trottoirmädchen von Wien scheinen für diese Körper- und Straßensymbolik ein ausgesprochenes Verständnis zu haben, sonst würden sie nicht gerade in diesen matriachalisch dunklen Partien des Stadtuterus herumschwänzeln – wie Protozoen!"

Kapitel 29: Diktaturen und Exile

Diktatur und Exil waren die Themen der späten 1930er-Jahre. Das freie Schreiben über Wien wurde zusehends nur mehr außerhalb Wiens möglich, während sich im Inneren das Schreiben über die Stadt in Staatspropaganda verwandelte. Der Umbruch 1934 wurde auch im Ausland, vor allem von Sozialist:innen, argwöhnisch beobachtet. Die schottische Schriftstellerin Naomi Mitchison beschreibt in ihrem *Vienna Diary* die Beschädigungen am Schlingerhof in Floridsdorf durch die Februarkämpfe. Mit dem Wiedervereinigungsgesetz, erlassen am 13. März 1938, wird Österreich Teil des Deutschen Reiches. Wiens neuer Bürgermeister Hermann Neubacher berichtet bereits am 18. März 1938 im *Neuen Wiener Journal* über die „Aufgaben der nationalsozialistischen Gemeindeverwaltung".

Für Architekt:innen und Schriftsteller:innen jüdischer Herkunft oder/und sozialistischer Gesinnung wurde das Bleiben in Wien lebensgefährlich: Friedrich Torberg schreibt in Prag, Zürich und Paris seine Eindrücke unter dem Titel *Auch das war Wien* nieder.

In den folgenden Jahren arbeitete die NS-Propagandamaschine an der Verwertung der Stadt: *Wien: Die Perle des Reiches* erschien 1941 mit „100 Raumbildaufnahmen", einer beigelegten 3D-Brille und einer Einleitung von Ernst Holzmann. Dieser beschreibt darin, wie sehr Wien den Führer geprägt hat; die Versuche des Führers, Wien mit monumentalen Gauforen zu prägen, wurden nicht realisiert. Gebaut wurden aber die heute noch prominenten Flaktürme. Trotz diesen wird Wien zerbombt. Einen Tag nach Kriegsende, am 13. April 1945, ging der Diplomat Josef Schöner durch die Innenstadt und beschreibt den zerstörten Stephansdom in seinem Tagebuch. Schon zwei Monate nach dem Waffenstillstand teilt ein über alles unbeschadet hinweggekommener Josef Hoffmann in der *Wiener Zeitung* seine „Gedanken zum Wiederaufbau Wiens" mit. Er träumt laut davon, die Gelegenheit zu nutzen und im 1. Bezirk die hässlichen Neubauten zu entfernen. Der Wiederaufbau Wiens sollte lange dauern und nach gänzlich anderen Kriterien erfolgen.

297. Naomi Mitchison, *Vienna Diary*.
London: Victor Gollancz Ltd, 1934, S. 39–41.

We got a bus at the Stephans-Platz, the middle of tourist Vienna, with its two-star cathedral and a restaurant where I remember having a very good dinner the last time I was in Vienna – nine years ago. It bumped us mercilessly over cobbles, over the Donau Canal, and into a definitely non-tourist district – little shops, tenements, waste ground, factories, one fine-looking Gemeinde Haus: beyond were the gas works where, during the fighting, a handful of men kept the Heimwehr at bay, threatening to blow up the city, and where only at last induced to surrender by the lie that all other districts had already surrendered. Beyond that, the mountains, near and beautiful. So across the Danube itself, and almost immediately came signs of fighting – odd-looking chips and holes, one distant block with very distinct shell-holes. We got off at the terminus; here all the plaster was chipped with bullet-marks, and people's faces looked different from in the centre. Lass told me that when she first came out all the glass was still broken, and all the tram wires beyond here were down. But it had all been cleared up very quickly. However, people's feelings cannot be cleared up or mended as quickly as that. [...]

Then we went on down the main street to the Schlinger Hof, one of the older of the Gemeinde Hauser [sic!], built in 1925, but fine enough with a rather Dutch architectural effect, and a sloping tiled roof, which had been smashed in some places. As we came close, we found plenty of glass not yet mended, and all the houses were small-poxed with bullet marks. But it was the faces which were worst. Everyone looked as sick as muck. All the mouths were turned down; all complexions pale as though from surgical shock; no one spoke loud or laughed. They did not even observe us foreigners. The women looked as if they'd been in front of P.A.C.; there were red eyes and noses, and crumpled handkerchiefs.

298. o. A., „Arbeit und Freude im neuen deutschen Wien. Bürgermeister Neubacher über die Aufgaben der nationalsozialistischen Gemeindeverwaltung", in: *Neues Wiener Journal*, 18. März 1938, S. 2.

Aufrecht stand er da, Wiens neuer Bürgermeister Dr.-Ing. Hermann Neubacher, als er gestern mittag im Rathaus die Vertreter der Wiener und der auswärtigen Presse begrüßte. Er macht gute Figur. Schlank ist er, sein Kopf verrät den hochkultivierten Geistesmenschen, aus dem scharfgeschnittenen Profil des männlich entschlossenen Antlitzes spricht harte und unbeugsame Willenskraft, aus seinen Augen strahlt die Begeisterung für den Führer und die Idee und das Werk, aber die ganze Erscheinung dieses Mannes, der nun dazu berufen ist, die Geschicke Wiens zu lenken, ist überhaucht von Liebenswürdigkeit und atmet den unwiderstehlichen Zauber eines Menschen, der, seiner Energie sich wohl bewußt, diese mit einem feinen, klugen und weltmännisch überlegenen Lächeln zu mildern liebt. [...]

Freudig leuchteten die Augen der Anwesenden auf, als der Bürgermeister mit erhobener Stimme verkündete, daß es dem nationalsozialistischen Rathaus gelingen wird, noch im Laufe dieses Jahres das schreckliche Problem der Arbeitslosigkeit in das Gebiet einer bloßen Erinnerung zu verweisen, daß es im Zeichen von Adolf Hitlers herrlich mitreißendem Willen glücken muss, jedem deutschen Menschen in dieser Stadt Arbeit und Brot zu sichern und daß Wien im Osten des Reiches ein zweites Hamburg sein soll.

Ein Hamburg des Ostens! Das ist ein großes bedeutsames verheißungsvolles Wort. Denn jeder, der einmal die alte Hansastadt, dieses „Hamburg an der Elbe, gleich hinter dem Ozean" gesehen hat, wer ihre Regsamkeit kennt, ihre Geltung als ein Zentrum des Welthandels, der weiß, daß es für Wien kein zukunftsfroheres Programm geben kann als für die deutsche Schaffenskraft und den deutschen Handel das Hamburg des Ostens zu sein, die Ausfallspforte nach dem Balkan und der Levante. Dieses Wien hat durch die Zerschlagung der österreichisch-ungarischen Monarchie in seiner Bedeutung als Handelsplatz schwer gelitten, es hat sein weitgehendes Hinterland verloren, es mußte wichtige Positionen an die Hauptstädte der Nachfolgestaaten abgeben. Ein Schrumpfungsprozess hat eingesetzt, der auch im äußern Bilde der Stadt zu merken war, der den Unternehmungsgeist lähmte und dem Wiener den Glauben an die Zukunft raubte. Nun ist alles wieder anders geworden, unfaßbar anders. Wien hat wieder ein großes Wirtschaftsgebiet hinter sich, den Raum des großen Deutschen Reiches, und damit ist sein Aktionsradius in einer Weise gewachsen, die für die Zukunft die besten Garantien in sich birgt.

---

299. Felix Augenfeld, „Modern Austria. Personalities and Style", in: *Architectural Review*, Bd. LXXXIII, April 1938, S. 165–174, hier 164, 165, 167.

Recent events in Austria give this article, written by one of the leading modern architects in Vienna, peculiar significance. He describes the influences that have dominated the Austrian architectural scene up to the present year, but it is all too probable that for Austria the present year means the end of the modern epoch. Architectural reaction seems inevitable with Austria's amalgamation with the German Reich. (Editorische Notiz)

The relationship between Austria and modern architecture is, to a certain extent, similar to that existing between an ancestral home and a son who has emigrated. We in Austria were witness to the birth of that young scion, we looked upon his first attempts at walking, we observed the various complaints of his childhood and we remember the first successes he won in spite of sympathy and understanding. Now, however, he has worked himself into a responsible position in the world and we follow his victorious career from afar. But, even if it be true that there is much in him that is new and quite unfamiliar, yet he has not become a total stranger to us; in many cases, on meeting him, a single glance at his face allows us to recognize the well-known features of his younger days. [...]

It is vain to search the streets of Vienna and other Austrian towns for modern architecture on a large scale. It has withdrawn into the studios of the architectural school, where it has been leading its strongly individual life.

It is rather in the small dwelling, the country house, and the middle-class living-room, that we at present find the practical and active Austrian contributions to the problems, which, at the opposite end of the scale from monumental architecture, lie within the scope of simple daily life. Within this sphere, and combined with the great skill in craftsmanship belonging to an older and greater culture, we find a mass of talent directing its best efforts towards the completion and improvement of what we could call "the Viennese style of living". The fine quality of small house building and interior design have already attained a world reputation, particularly in its cultivated dislike of any constructional excess, and its qualities of refinement and elegance. And this work is not without influence on the remainder of Europe.

---

300. Friedrich Torberg,
Auch das war Wien (1938–1939),
hg. von David Axmann und Marietta Torberg,
Wien: Albert Langen – Georg Müller, 1984,
S. 204–205.

Wien? Was ist das: Wien?

Ein trüber Sommertag brach an, in einen trüben Morgen zurück kehrte der Kanzler des Landes, in einen trüben Morgen hinein erwachte die Stadt. Träg zog die Dämmerung sich hin, immer noch hin, obgleich schon etwas anderes hätte werden müssen und entstehn. Tag oder Nacht, egal. Nur nicht dieses Zwiespältige, Halbschlächtige, Widerwillige.

Wien? Was ist das: Wien?

Über dem Stadtteil Döbling lagerte undichter Nebel, es sah nicht danach aus, als ob er jemals steigen könnte oder fallen, oder zerreißen; dazu war er zu schwach. Dünn im kahlen Geäst, schwankt über Strauchwerk und Pfad – aber wenn man näherkam, war er gar nicht da. Nur nach Südwesten zu, die Hänge zur Heiligenstädter Straße hinab, schien es zäh und milchig zu schwimmen.

Wien? Was ist das: Wien?

Im „Türkenloch“, dem abschüssig engen Gäßchen, zwischen den rissigen Feuermauern nistete noch am späten Vormittag die Nacht, klebte in grauen Ritzen noch Schnee, dösten halb schon verkrustete Pfützen leblos dahin. Quer unten die Heiligenstädter Straße öffnete sich sinnlos breit, mit protzig überhöhtem Fahrdamm für die Straßenbahn, wozu war das alles gut. Die Kindertage, da man der hohen Geleise noch froh werden konnte und stolz, weil man dann fast in einem richtigen Eisenbahnzug zu fahren glaubte – die Tage sind lang vorbei, die Tage kommen nicht wieder. Wozu. Und wozu soll es gut sein, sich daran zu erinnern.

Wien? Was ist das: Wien?

Wer keine Erinnerung mit sich trüge. Wem keine Bilder eingeprägt wären, längst veränderte Bilder in längst veränderte Augen. Wer nicht in der Heiligenstädter Straße sogleich an Sonntagsausflug und Kahlenberg denken müßte, an Zahnradbahn und Schmetterlingsnetz. Was hilft es, daß der Kahlenberg dasteht, als wäre nichts weiter geschehen! Was ist das für eine klägliche Ausrede: sich damit zu trösten, daß es den Kahlenberg gibt! Aber die Zahnradbahn gibt es nicht mehr.

Wien! Was ist das: Wien?

Martin Hoffmann in der Heiligenstädter Straße, an diesem Sonntag vormittag, wartet auf eine Straßenbahn Richtung Innere Stadt. Er hat um halb zwölf mit den Herren Presser und Köves Rendezvous, im Hotel Bristol, irgendein Filmmensch interessiert sich angeblich für ihren neuen Stoff. Carola schläft noch, sie wird ihn gegen eins abholen. Hoffentlich ist die Besprechung dann schon zu Ende. Und hoffentlich wird etwas draus. Das wäre ihm in zweifacher Hinsicht sehr recht: er kann einen Filmabschluß brauchen, und er kann das Geld brauchen. Es ist besser, mit einem Filmabschluß und mit Geld nach Amerika zu kommen.

---

301. Franz Theodor Csokor an Lina Loos, 17. Juni 1939, in: *Du silberne Dame Du. Briefe von und an Lina Loos*, hg. von Franz Theodor Csokor und Leopoldine Rüther. Wien-Hamburg: Zsolnay, 1966, S. 213–214.

Auch ich gehe mitunter wie bewußtlos im Süden Warschaus, wo mein Freund Jozef Wittlin wohnt, durch die Szustra, die so der Iglaseegasse in unserem Döbling gleicht, und um die Ecke kreuzen sich die Straßen zwischen Sievering und Grinzing mit ihren Heurigen, die die Föhrenbüschel aus den Giebeln strecken, und nun muß auch die Trambahn Neununddreißig, Deine Linie, um die Biegung schleifen, wo dann der Blick sich auftut in die Rebenhügel und zum Wienerwald – doch nein, das Heimweh führt mich irre, hier gibt es keinen Wein und keine Buschenschenken, und die Trambahn, die ich höre, fährt nach Wilanow, dem schwermütigen Lustschloß Jan Sobieskis.

302. John Lehmann, *Down River. A Danubian Study*. London: The Cresset Press, 1939, S. 138–141.

It was at the Vienna terminus that we encountered the first real evidence of what had happened. As we got out of the train, we had to pass through two lines of young Nazis with swastika armlets and rifles, and Police behind them. The Nazis looked slightly comic with their callow faces, their combination of steel helmets and knickerbockers, but they watched us as if we had pockets bursting with bombs.

Out in the streets there was still little or nothing to see. But only an hour or two later the transformation began that was to wipe out the Vienna I had known as if with one sweep of a sponge. The roar of the German bombing planes grew louder, and they poured in from the north-west in ever increasing numbers, and circled low and repeatedly over all districts. They were greeted with frenzied delight by the Nazi supporters who began to come out thicker and thicker on the streets; but it was easy to imagine that in many factories and apartment houses of the populous districts they provoked a different thought, precisely the thought they were there to provoke – that even the slightest resistance was useless. [...]

By Thursday those who had said that all this was just to make a suitable parade for Hitler's triumphant entry, were reduced to silence. Walking down the Ring, one saw every evidence that the Germans considered themselves the masters of a conquered country. The Reichswehr flag waved over the sentry-guarded Grand Hotel where the German General Staff was quartered, and still troops were thundering by in their camouflaged lorries and vans. Placed there suddenly without any knowledge of what had happened, one could only have imagined that the front was a few dozen miles away, and that war was already raging. And if one did know, a single thought dominated one's mind – when will it begin?

303. Stefan Zweig,
„Das Wien von Gestern. Vortrag. Paris 1940“, in: ders., *Zeit und Welt. Gesammelte Aufsätze und Vorträge 1904–1940*. Stockholm: Bermann-Fischer, 1946, S. 149–150.

So haben wir durch diesen Fanatismus für die Kunst, durch diese so oft verspottete Leidenschaft Wien noch einmal gerettet. Weggestoßen aus der Reihe der großen Nationen, haben wir doch unseren altbestimmten Platz innerhalb der Kultur Europas bewahrt. Die Aufgabe, eine überlegene Kultur zu verteidigen gegen jeden Einbruch der Barbarei, diese Aufgabe, die die Römer uns in die Mauern unserer Stadt eingemeißelt, wir haben sie bis zur letzten Stunde erfüllt.

Wir haben sie erfüllt in dem Wien von gestern und wir wollen, wir werden sie weiter erfüllen auch in der Fremde und überall. Ich habe von dem Wien von gestern gesprochen, dem Wien, in dem ich geboren bin, in dem ich gelebt habe, und das ich vielleicht jetzt mehr liebe als je, seit es uns verloren ist Von dem Wien von heute vermag ich nichts zu sagen. Wir wissen alle nicht genau, was dort geschieht, wir haben sogar Angst, es allzu genau uns vorzustellen. Ich habe in den Zeitungen gelesen, daß man Furtwängler berufen hat, das Wiener Musikleben zu reorganisieren, und sicher ist Furtwängler ein Musiker, an dessen Autorität niemand zweifelt. Aber schon daß das kulturelle Leben Wiens reorganisiert werden muß, zeigt, daß der alte wunderbare Organismus schwer gefährdet ist. Denn man ruft keinen Arzt zu einem Gesunden. Kunst wie Kultur kann nicht gedeihen ohne Freiheit, und gerade die Kultur Wiens kann ihr Bestes nicht entfalten, wenn sie abgeschnitten ist von dem lebendigen Quell europäischer Zivilisation. In dem ungeheuren Kampfe, der heute unsere alte Erde erschüttert, wird auch das Schicksal dieser Kultur entschieden, und ich brauche nicht zu sagen, auf welcher Seite unsere glühendsten Wünsche sind.

304. Ernst Holzmann, „Vorwort“, in: *Wien. Die Perle des Reiches. Im Einvernehmen mit dem Kulturamt der Stadt Wien*. München: Raumbild-Verlag, 1941, S. 13–18, hier 15.

Die bedeutsame Rolle, die Wien im Leben und in der geistigen Entwicklung des Führers gespielt hat, ist allgemein bekannt: „Mein Kampf“ schildert in zwei eindringlichen, aufschlußreichen Kapiteln die „Wiener Lehr- und Leidensjahre“ Adolf Hitlers. Ein junger Mensch, mittellos und nur auf sich gestellt, kam er nach dem Tode seiner Mutter in die Kaiserstadt an der Donau. Fünf Jahre hat er hier gelebt, fünf schwere Jahre, in denen er „erst als Hilfsarbeiter, dann als kleiner Maler“ sein Brot verdienen mußte. Wien aber wurde auch, wie er nachträglich bezeugt, die Stätte, an der Adolf Hitler seine Weltanschauung, das „granitene Fundament“ seines Handelns, gewann. Die ganze Fragwürdigkeit des Parlamentarismus und all die Jämmerlichkeit des Parteienhaders tut sich ihm auf, er gewinnt durch persönliche Erlebnisse und durch Studium einschlägiger Literatur Einblick in das innerste Wesen der Sozialdemokratie und das Treiben der Gewerkschaften, er lernt die entsetzliche Bedeutung des Marxismus und Judentums für die Existenz des deutschen Volkes kennen und macht die Wandlung zum entschiedenen Antisemiten durch. Die alldeutsche Bewegung Georg v. Schönerers und die genialen Reformen Karl Luegers auf dem Gebiet der städtischen Verwaltung, die sozialen Gegensätze der großen Stadt und das fremde Volksgemisch, das die alte Kulturstätte immer gefährlicher bedrohte, lassen in ihm die Erkenntnis reifen, daß die Frage der „Nationalisierung“ eines Volkes in erster Linie eine Frage der Schaffung gesunder sozialer Verhältnisse ist als Grundlage einer Erziehungsmöglichkeit des einzelnen. Es wird ihm aber auch die innere Schwäche der längst morsch und brüchig gewordenen Habsburger-Monarchie klar bewußt, deren Zerfall unaufhaltsam näherrückte, und es steigt in ihm immer brennender die Sehnsucht auf nach dem Anschluß der geliebten Heimat, an das gemeinsame Vaterland, das Deutsche Reich. Adolf Hitler verläßt Wien und geht nach München. Den Rückblick auf die verflossenen fünf erlebnis- und erkenntnisreichen Jahre faßt er in die Worte zusammen: „Wien aber war und blieb für mich die schwerste, wenn auch gründlichste Schule meines Lebens. Ich hatte diese Stadt einst betreten als halber Junge noch und verließ sie als still und ernst gewordener Mensch. Ich erhielt in ihr die Grundlage für meine Weltanschauung im großen und die politische Betrachtungsweise im kleinen, die ich später nur noch im einzelnen zu ergänzen brauchte, die mich aber nie mehr verließen." So ist Wien aus dem Leben des Führers und der Geschichte des Nationalsozialismus nicht wegzudenken.

---

305. Josef Schöner, *Wiener Tagebuch 1944/45*, hg. von Eva-Maria Csáky, Franz Matscher, Gerald Stourzh. Wien-Köln-Weimar: Böhlau, 1992, S. 146 und 160.

Mittwoch, 11. April 1945.

In der Kärntner Straße ein schauriges Bild: Das Haus Ecke Johannesgasse (Köberl & Pientock) brennt lichterloh, die Flammen haben auf das daneben liegende Erzherzog Karl übergegriffen. Auf der anderen Seite steht Meißl & Schadn in Flammen. Ich steige über die Trümmer des Luftangriffs vom 12. 3. – vereinzelte Passanten mit Binkeln kommen mir entgegen. Eine Reiterpatrouille trabt gegen den Stefansplatz, wo alles gegenüber dem Dom brennt – fünf Häuser, vom Teppichhaus Haas an der Ecke bis zum Rothbergerhaus. Es schaut aus, wie nach einem schweren Bombardement, nur mit dem Unterschied, daß niemand löscht. Die riesigen Hauspaläste brennen einfach nieder. Riesige Flammen schlagen aus den geborstenen Fensteröffnungen, man spürt die Hitze und den Luftzug des Großbrandes, verkohlte Fetzen fliegen durch die Luft. Russische Troßeinheiten ziehen vom Stefansplatz ab. An den Häuserwänden der Kärntner Straße sitzen gleichmütig Soldaten und schauen dem Brand zu! Einige Einheimische, denen ich mich zugeselle, stehen beim Stock im Eisen. Wir schweigen alle, aber das Herz ist uns schwer. Unser armes Wien – wann wird man diese Wunden wieder einmal schließen können?

Niemand kann mir sagen, wie es zu diesem Großfeuer kam – sind es deutsche Granaten gewesen oder haben Plünderer unachtsam oder mutwillig Feuer gelegt? Will man uns jetzt noch den Rest, den die Luftangriffe übrigließen, zerstören? [...]

Samstag, 14. April 1945.

Vom Graben der erschütterndste Anblick: Das wundervolle Steildach des Domes mit dem eingelegten Adler ist verschwunden, der linke, unvollendete Turm ausgebrannt, die Giebel und

Fialen starren schwarz und traurig gegen den Himmel. Einzig der Turm steht noch aufrecht, das Wahrzeichen meiner geliebten Stadt. Menschen stehen mit Tränen in den Augen davor, etwas zwingt mich, den Hut abzunehmen. Die Nazis haben direkt hineingeschossen –. Ich kann es nicht unterscheiden, doch höre ich, daß die Decke des Kirchenschiffs eingestürzt ist. Nach 500 Jahren, nach den Stürmen der Türkenzeit ist es endlich den Nazischweinen gelungen, dieses Kleinod zu zerstören – pardon, ihm „die richtige Fassung zu geben", wie Hitler am 14.3.38 gesagt hat. Aber Gott straft sie bereits.

Kriegsschäden am Stephansdom, Aufnahme von Bruno Reiffenstein, 1948.

Der Neue Markt, auf dem Pferdekadaver die Luft verpesten, sieht traurig aus, Meißl & Schadn völlig ausgebrannt, Krantz durch Bombentreffer zerstört. Am Ende der Tegetthoffstraße eine Tafel: „Kein Durchgang – Lebensgefahr wegen Einsturzgefahr von beiden Seiten!". Trotzdem klettern Frauen unbekümmert über die meterhohen Schutthaufen.

---

306. Josef Hoffmann,
„Gedanken zum Wiederaufbau Wiens",
in: *Wiener Zeitung*, Nr. 81,
23. Dezember 1945, S. 4–5, hier 4.

Als Zeitgenosse hat man viele Wünsche dieser Art und große Sorge, was alles jetzt geschieht und was geschehen müßte und was im Interesse einer jetzt gerade möglichen Verschönerung unseres Stadtbildes geschehen könnte.

Aus solchen Gründen seien folgende Anregungen gegeben, um anzudeuten, wie manches zu überlegen wäre, ehe man im Detail an die Arbeit geht. Selten besitzt zum Beispiel eine Großstadt ein noch fast erhaltenes, künstlerisch wertvolles Zentrum wie Wien. Alle die stillen engen Seitengassen der Kärntnerstraße sind noch nicht gänzlich der unverantwortlichen Demolierungswut der letzten Jahrzehnte zum Opfer gefallen. Wie wäre es, wenn man diesen innern Stadtteil restlos evakuieren und entrümpeln würde? Die wenigen neuen Bauten, die gerade hier leider besonders häßlich und störend ausgefallen sind, müßten vor allem entweder umgebaut oder entfernt werden.

Die vielen wunderbaren Prachtbauten der Barocke, wie das Winterpalais Prinz Eugens, die Kirchen und Klöster müßten aufs schönste in Ordnung gebracht werden und der Besichtigung und Verwendung offenstehen.

Interessante Vorschläge.

In diesem Stadtteil sollten nur Künstler, Gelehrte, Kunstfreunde und besonders originelle Menschen wohnen. In den Parterreräumen müßten in für das alte Wien eigenartiger Weise nur kleine Qualitätsläden untergebracht werden. Dazwischen Vergnügungsstätten, wie sie schon heute dort Vorkommen, aber in einwandfreier, besonderer Form, kleine originelle Restaurants und

Weinstuben, Obstrestaurants, Konditoreien, Teestuben und Cafés, Fischküchen für Donaufische, Binnenseefische, Krebse und dergleichen mit allen Finessen in Wiener Art sollten hier untergebracht werden. All diese müßten abends geöffnet sein und für Einheimische und Fremde zur Verfügung stehen. Sie würden für alle einen kultivierten Genuß und eine ständige Anziehungskraft bedeuten. Hier müßten auch die Wiener Klubs, Kunstgemeinschaften, Kabaretts, Musiksalons und Tanzsäle entstehen. In den oft entzückenden Höfen könnte auch das dezente, nicht lärmende Heurigenmilieu früherer Zeiten mit der urwienerischen Heurigenmusik Platz finden.

Eine so einzigartige, anregungsreiche, echt wienerische Vergnügungsstätte wäre in Europa wohl nur hier anzutreffen und daher ein Aktivum allerersten Ranges.

Alles, was in den Rahmen unseres alten Wien hineinpaßt, muß hier zu finden sein. So zum Beispiel Antiquariate, Kunsthandlungen, Ausstellungen alter und neuer Kunst, kleine Sammlungen, die man hier geschlossen erhalten könnte, und vieles andere, das sich bald ergeben würde. Das Befahren dieser Stadtteile sollte in gewissen Stunden verboten sein, die Beförderung könnte eventuell sogar mit Sänften vor sich gehen.

Die *Frage der Gesamtleitung*.

Es ist natürlich die Hauptsache, daß alle Einrichtungen nur unter der Gesamtleitung eines erfahrenen Mannes, am besten eines außerordentlichen Filmregisseurs, stehen müßten, der für die vielen verschiedenartigen Aufgaben unsere fähigsten Künstler heranziehen würde. Man denke daran, daß mit den Mitteln eines einzigen Films fast die wichtigsten Kosten gedeckt würden, da ja die Einrichtungen aller Teile von den einzelnen Unternehmern ohnehin selbst besorgt würden. Für unsere Stadt, die auf den kultivierten Fremdenverkehr angewiesen sein wird, kann keine bessere Reklame gemacht werden und würden die Einnahmen, wenn man auch an ein kleines Spielkasino denken dürfte, eine wesentliche Hilfe bedeuten.

(679)

AUSGEWÄHLTE BIBLIOGRAPHIE

WIEN ALLGEMEIN 1850–1945

Achleitner, Friedrich, *Wiener Architektur: Zwischen typologischen Fatalismus und semantischen Schlamassel.* Wien: Böhlau, 1996.

Banik-Schweitzer, Renate, Gerhard Meißl, *Industriestadt Wien: Die Durchsetzung der industriellen Produktion in der Habsburger Residenz.* Wien: Deuticke, 1983.

Blau, Eve, Monika Platzer (Hg.), *Mythos Großstadt: Architektur und Stadtbaukunst in Zentraleuropa 1890-1937.* München: Prestel, 1999.

Bobek, Hans, Elisabeth Lichtenberger, *Wien: Bauliche Gestalt und Entwicklung seit der Mitte des 19. Jahrhunderts.* Graz: Böhlau, 1966.

Good, David F., *The Economic Rise of the Hapsburg Empire, 1750–1914.* Berkeley: University of California Press, 1984.

Hamann, Brigitte, *Hitlers Wien: Lehrjahre eines Diktators.* München: Piper, 1996.

Hanisch, Ruth, *Moderne vor Ort: Wiener Architektur 1889–1938.* Wien: Böhlau, 2018.

Janik, Allen, Stephen Toulmin, *Wittgenstein's Vienna.* London: Weidenfeld and Nicolson Ltd., 1973; deutsche Ausgabe als *Wittgensteins Wien*, aus d. Amerik. v. Reinhard Merkel. Wien, Döcker, 1998

Kassal-Mikula, Renata, Vera Putscher, Peter Haiko, Jan Tabor, *Das ungebaute Wien 1800-2000*, Ausst. Kat. Wien: Museen der Stadt Wien, 1999.

Kos, Wolfgang, Christian Rapp, *Alt-Wien, die Stadt, die niemals war*, Ausst. Kat., Wien Museum. Wien: Czernin, 2005.

Klaffenböck, Arnold, *Sehnsucht nach Alt-Wien: Texte zur Stadt, die niemals war.* Wien: Czernin, 2005.

Martin, Gunther, *Als Victorianer in Wien: Erinnerungen des britischen Diplomaten Sir Horace Rumbold.* Wien: Österreichischer Bundesverlag, 1984.

Paul, Martin (Hg.), *Technischer Führer durch Wien.* Wien: Gerlach & Wiedling, 1910.

Rotenburg, Robert, *Landscape and Power in Vienna.* Baltimore: Johns Hopkins University Press, 1995.

Tietze, Hans, *Das Wiener Stadtbild.* Wien: K.u.K. Hof-Buchdruckerei und Hof-Verlags-Buchhandlung Carl Fromme, 1910.

Tietze, Hans, *Wien: Kultur, Kunst, Geschichte.* Wien: Hans Epstein, 1931.

Tillmann, Rudolf, *Hundertjahrfeier des Wiener Stadtbauamtes.* Wien: Deutscher Verlag für Jugend und Volk, 1935.

Traum und Wirklichkeit: Wien 1870–1930, Ausst. Kat. Wien: Museen der Stadt Wien, 1985.

Wien Wirklich: Der Stadtführer. Wien: Verlag für Gesellschaftskritik, 1992.

WIEN ZWISCHEN NEOABSOLUTISMUS UND WELTAUSSTELLUNG 1850–1873

o. A., *Die Wasserversorgung sowie die Anlagen der städtischen Elektricitätswerke, die Wienflussregulierung, die Hauptsammelcanäle, die Stadtbahn und die Regulierung des Donaucanales in Wien: Im Auftrage des Herrn Bürgermeisters Dr. Karl Lueger.* Wien: Im Selbstverlage des Wiener Gemeinderathes, 1901.

Bab, Julius, Willi Handl, *Wien und Berlin.* Berlin: Osterheld, 1918.

Beller, Steven, *Vienna and the Jews 1867–1938: A Cultural History*. Cambridge: Cambridge University Press, 1989.

Collins, George R., Christiane Crasemann Collins, *Camillo Sitte: The Birth of Modern City Planning*. New York: Rizzoli, 1986.

Gemeinderat der Stadt Wien (Hg.), *Wien 1848–1888: Denkschrift zum 2. Dezember 1888*, 2 Bde. Wien: Carl Konegen, 1888.

Kos, Wolfgang, Ralph Gleis (Hg.), *Experiment Metropole.1873: Wien und die Weltausstellung*, Ausst. Kat. Wien Museum, Wien: Czernin, 2014.

Magistrat der Stadt Wien – Geschäftsgruppe Stadtplanung (Hg.), *Der Karlsplatz in Wien.* Wien: Magistrat der Stadt Wien, 1981.

Musner, Lutz, *Der Geschmack von Wien: Kultur und Habitus einer Stadt.* Frankfurt: Campus, 2009.

Pemsel, Jutta, *Die Wiener Weltausstellung von 1873.* Wien: Böhlau, 1989.

Rüdiger, Julia, Dieter Schweizer, *Stätten des Wissens: Der Weg der Universität Wien entlang ihrer Bauten 1365–2015.* Wien: Böhlau, 2014.

Sterk, Harald, *Industriekultur in Österreich Der Wandel in Architektur, Kunst und Gesellschaft im Fabrikzeitalter 1750–1873.* Wien: Brandstätter, 1984.

Stübben, Joseph, *Der Städtebau*, Reprint der 1. Auflage von 1890. Braunschweig: Vieweg, 1980.

Stühlinger, Harald R., *Der Wettbewerb zur Wiener Ringstraße. Entstehung, Projekte, Auswirkungen*, Wien-Basel: Birkhäuser, 2015.

Waissenberger, Robert, *Wiener Nutzbauten des 19. Jahrhunderts als Beispiele zukunftweisende Bauens.* Wien: Jugend und Volk, 1997.

VOM LIBERALISMUS ZUM MUNIZIPAL-SOZIALISMUS 1874–1918

o. A., *Die Widmungen und Veranstaltungen der Gemeinde Wien zum 60. Jahr Regierungs-Jubiläum des Kaisers Franz Josef I. im Jahre 1908.* Wien: Gerlach & Wiedling, 1908.

o. A., *Blickfänge einer Reise nach Wien: Fotografien 1860–1910.* Ausst. Kat. Wien: Museum der Stadt Wien, 2000.

o. A., *Statistisches Jahrbuch der Stadt Wien.* Wien: Verlag des Wiener Magistrates, jährlich 1883–1914.

Ashby, Charlotte, Tag Gronberg, Simon Shaw-Miller (Hg.), *The Viennese Café and Fin-de-Siècle Culture.* New York: Berghahn, 2013.

Beller, Steven (Hg.), *Rethinking Vienna 1900.* New York: Berghahn, 2001.

Bowyer, John W., *Culture and Political Crisis in Vienna: Christian Socialism in Power 1897–1918.* Chicago: University of Chicago Press, 1995.

Brandstätter, Christian, *Wien 1900: Kunst und Kultur, Fokus der europäischen Moderne.* Wien: Brandstätter, 2005

Graf, Otto Antonio, *Otto Wagner: Das Werk des Architekten*, 2 Bde. Wien: Böhlau, 1985.

Hackenschmidt, Sebastian, Roland Innerhofer, Detlev Schöttker, *Planen–Wohnen–Schreiben: Architekturtexte der Wiener Modernne.* Wien: Picus, 2021.

Heering, Kurt-Jürgen, *Das Wiener Kaffeehaus.* Frankfurt: Insel, 1993.

John, Michael, *Hausherrenmacht und Mieterelend 1890–1923: Wohnverhältnisse und Wohnerfahrung der Unterschichten in Wien 1890–1923.* Wien: Verlag für Gesellschaftskritik, 1982.

Kauffmann, Kai, *Es ist nur ein Wien. Stadtbeschreibungen von Wien 1700–1873.* Wien: Böhlau 1994.

Kortz, Paul (Hg.), *Wien am Anfang des XX. Jahrhunderts*, 2 Bde. Wien: Gerlach & Wiedling, 1905/1906.

Krobot, Walter, Josef Otto Slezak, Hans Sternhart, *Straßenbahn in Wien: vorgestern und übermorgen*. Wien: Slezak, 1972.

Lehne, Andreas, *Wiener Warenhäuser 1865–1914*. Wien: Franz Deuticke, 1990.

Maderthaner, Wolfgang, Lutz Musner, *Die Anarchie der Vorstadt: Das andere Wien um 1900*. Frankfurt: Campus, 1999.

Mönninger, Michael, *Vom Ornament zum Nationalkunstwerk: Zur Kunst- und Architekturtheorie Camillo Sittes*. Braunschweig: Vieweg, 1998.

Neumayer, Josef, *Die zweite Kaiser-Franz-Josef Hochquellenleitung der Stadt Wien*. Wien: Gerlach & Wiedling, 1910.

Nierhaus, Andreas, Eva-Maria Orosz, *Otto Wagner*, Ausst. Kat. Wien: Wien Museum, 2018.

Petermann, Reinhard E., *Wien im Zeitalter Kaiser Franz Josephs 1*. Wien: Lechner, 1908.

Posch, Wilfried, *Die Wiener Gartenstadt-Bewegung*. Wien: Tusch, 1981.

Prokop, Ursula, *Wien: Aufbruch zur Metropole: Geschäfts- und Wohnhäuser der Innenstadt 1910 bis 1914*. Wien: Böhlau, 1994.

Schlögl, Friedrich, *Aus Alt- und Neu-Wien: Nebst einem Stuck Autobiographie*. Wien: Teufen, 1882.

Schlöss, Erich, *Die Wiener Stadtbahn: Wiental- und Donaukanallinie*. Wien: Magistrat der Stadt Wien, 1987.

Schorske, Carl E., *Fin-de-Siècle Vienna*. New York: Knopf, 1980; Deutsche Ausgabe als *Wien: Geist und Gesellschaft im Fin-de-Siècle*. München: Piper, 1994.

Semsroth, Klaus, Michael Mönninger, Christiane C. Collins (Hg.), *Camillo Sitte: Schriften zu Kunstkritik und Kunstgewerbe*. Wien: Böhlau, 2008.

Sterk, Harald, *Industriekultur in Österreich Der Wandel in Architektur, Kunst und Gesellschaft im Fabrikzeitalter 1873–1918*. Wien: Brandstätter, 1985.

Thomas, Lil Helle, *Stimmung in der Architektur der Wiener Moderne: Josef Hoffmann und Adolf Loos*. Wien: Böhlau, 2017.

Topp, Leslie, *Architecture and Truth in Fin-de-Siècle Vienna*. Cambridge: Cambridge University Press, 2004.

Whyte, Iain Boyd, „Wien zwischen Erinnerung und Modernität", in: Blau, Eve, Monika Platzer, *Mythos Großstadt: Architektur und Stadtbaukunst in Zentraleuropa 1890–1937*. München: Prestel, 1999.

Winter, Max, *Das goldene Wiener Herz*. Berlin: Seemann, ca. 1905.

WIEN VON DER ERSTEN ZUR ZWEITEN REPUBLIK 1919–1945

Baldass, Alfred von, *Wien: Ein Führer durch die Stadt und ihre Umgebung, ihre Kunst, und ihr Wirtschaftsleben*, 3. Auflage. Wien: Ludwig Victor, 1925.

Bauböck, Rainer, *Wohnungspolitik im sozialdemokratischen Wien 1919–1934*. Salzburg: Neugebauer, 1979.

Blau, Eve, „Großstadt und Proletariat im ‚Roten Wien'", in: Blau, Eve, Monika Platzer, *Mythos Großstadt: Architektur und Stadtbaukunst in Zentraleuropa 1890–1937*. München: Prestel, 1999.

Blau, Eve, *The Architecture of Red Vienna*. Cambridge MA: MIT Press,1999; Deutsche Ausgabe als *Rotes Wien: Architektur 1919–1934: Stadt–Raum–Politik*. Basel: Birkhäuser 2014.

Csáky, Eva-Marie, Franz Matscher, Gerald Stourzh (Hg.), *Josef Schöner, Wiener Tagebuch 1944/45*. Wien: Böhlau, 1992.

Dannenberg, Robert, *Das neue Wien*. Wien: Wiener Volksbuchhandlung, 1930.

Erian, Martin, Primus-Heinz Kucher (Hg.), *Exploration urbaner Räume: Wien 1918–38: (Alltags) kulturelle, künstlerische und literarische Vermessungen der Stadt in der Zwischenkriegszeit.* Göttingen: V&R unipress, 2019.

Gruber, Helmut, *Red Vienna: Experiment in Working-Class Culture.* New York: Oxford University Press, 1991.

Hautmann, Hans und Rudolf Hautmann, *Die Gemeindebauten des Roten Wien 1919–1934.* Wien: Schönbrunn, 1980.

Hirschfeld, Ludwig, *Wien: Was nicht im ‚Baedeker' steht.* München: Piper, 1927.

Holzschuh, Ingrid, Monika Platzer, *„Wien die Perle des Reiches": Planen für Hitler*, Ausst. Kat, Architekturzentrum Wien. Zürich: Park Books, 2015.

Holzschuh, Ingrid, *Wiener Stadtplanungen im Nationalsozialismus von 1938 bis 1942: Das Neugestaltungsprojekt von Architekt Hanns Dustmann.* Wien; Böhlau, 2011.

Riemer, Hans, *Album vom Roten Wien, Album of Socialist Vienna, L'album de Vienne socialiste.* Wien: Wiener Volksbuchhandlung, 1947.

Schwarz, Werner Michael, Georg Spitaler, Elke Wikidal (Hg.), *Das Rote Wien 1919–1934. Ideen, Debatten, Praxis*, Ausst. Kat. Wien Museum. Basel: Birkhäuser, 2019.

Sterk, Harald, *Industriekultur in Österreich Der Wandel in Architektur, Kunst und Gesellschaft im Fabrikzeitalter 1918–1938.* Wien: Brandstätter, 1986.

Stühlinger, Harald, *Rotes Wien publiziert: Architektur in Medien und Kampagnen.* Wien: Mandelbaum, 2020.

Sutter, Andreas, *Das schwarze Wien. Bautätigkeit im Ständestaat 1924–1938.* Wien: Böhlau, 2017.

Weihsmann, Helmut, *Das Rote Wien: Sozialdemokratische Architektur und Kommunalpolitik 1919–1934.* Wien: Promedia, 1985.

Wien 1938, Ausst. Kat. Historisches Museum der Stadt Wien. Wien: Österreichischer Bundesverlag, 1988.

Zechner, Rob, Ingo Spitaler, Georg McFarland, *Das Rote Wien. Schlüsseltexte der Zweiten Wiener Moderne 1919–1934.* Berlin: De Gruyter Oldenbourg, 2020.

Kapitel 5: Wohnungsfrage

(79)

30. Bernhard Friedmann, *Die Wohnungsnoth in Wien.* Wien: Wallishausser'sche Buchhandlung, 1857, S. [V]–VI.
(82)

31. o. A., „Die Wohnungsnoth", in: *Die Presse, Abendblatt,* 31. Juli 1857, o. S. [1].
(83)

32. Dr. Franz Innhauser, „ den Einfluss der a. h. angeordneten Erweiterung der inneren Stadt Wien auf die hygienischen Verhältnisse derselben", in: *Österreichische Zeitschrift für Practische Heilkunde,* IV. Jg., 12. März 1858, Spalten 201–203.
(84)

33. Professor R[udolf]. v. Eitelberger und Architekt Heinrich Ferstel, *Das bürgerliche Wohnhaus und das Wiener Zinshaus. Ein Vorschlag aus Anlaß der Erweiterung der innern Stadt Wien's.* Wien: Carl Gerold's Sohn, 1860, S. 9–11.
(86)

34. Ferdinand Fellner, *Wie soll Wien bauen? Zur Beleuchtung des „bürgerlichen Wohnhauses" der Herren Professor R. v. Eitelberger und Architekt Heinrich Ferstel, mit einigen Bemerkungen über die Wiener Baugesetze.* Wien: Typographisch-literarisch-artistische Anstalt, 1860, S. [3]–6.
(88)

35. Dr. Emil Sax, *Die Wohnungszustände der arbeitenden Classen und ihre Reform.* Wien: A. Pichler's Witwe & Sohn, 1869, S. 9–13.
(91)

36. o. A., „Der Gründungsschwindel", in: *Geheimnisse von Neu-Wien oder Wien im Jahre 1870. Socialer Roman aus der Gegenwart Wien's.* II. Theil:. Wien 1871, S. 177–182.
(94)

Kapitel 6: Ringstraße

(97)

37. Kaiser Franz Josef I., „Allerhöchstes Handschreiben an den Minister des Innern", in: *Wiener Zeitung,* 25. Dezember 1857, S. [3671]–3672.
(100)

38. k. k. Ministerium des Innern, „Konkurs-Ausschreibung", in: *Wiener Zeitung,* 31. Jänner 1858, S. 322–323.
(103)

39. o. A., „Nachtrag.", in: *Wiener Zeitung,* 2. Februar 1858, S. 339
(106)

40. [Friedrich Stache,] Devise A.E.I.O.U., *Denkschrift zu den Plänen für die Erweiterung und Verschönerung Wien's.* Wien 1858, S. 1–3.
(108)

41. [Leopold Kintzl,] *Denkschrift über die Anträge, welche in Folge des Allerhöchsten Handschreibens vom 20. Dezember 1857 bezüglich der Erweiterung und Regulirung der k. k. Haupt- und Residenzstadt Wien, in neun Zeichnungsblättern mit der Devise: „Heil Österreich!" dargestellt sind.* 1858, S. 3, 15.
(110)

42. Dr. Andreas Zelinka, *Administrazions-Bericht des Bürgermeisters der k. k. Reichshaupt- und Residenzstadt Wien für das Jahr 1863.* Wien 1864, S. 106–108.
(112)

43. D[aniel]. Spitzer, „Spaziergänge. Pfui! Die neue Aera der Intelligenz" (1867), in: ders., *Wiener Spaziergänge. Erste Sammlung.* Wien-Leipzig: Julius Kinkhardt, 1880, S. [158]–162.
(113)

44. Central-Comité [des III. Deutschen Bundesschiessens], „Der Festzug", in: *Schützenführer.* Wien 1868, S. [11]–12.
(114)

45. B[runo]. Bucher und K[arl]. Weiss, „Gang um die innere Stadt", in: *Wiener Baedeker, Wanderungen durch Wien und Umgebungen,* 1873, S. 86–90.
(115)

46. Emerich Ranzoni, *Wiener Bauten.* Wien 1873, S. 75–78.
(117)

Kapitel 9: Weltausstellung 1873

Kapitel 10: Urbanität

Kapitel 12: Stadtverwaltung und Stadtplanung

Kapitel 13: Verkehr und technische Infrastruktur

126. Heinrich Goldemund, „Straßenanlagen", in: Österreichischer Ingenieur und Architekten-Verein / Martin Paul (Hg.), *Technischer Führer durch Wien*. Wien: Gerlach & Wiedling, 1910, S. 115.
(318)

127. H. Schneider, „Müllbeseitigung", in: Österreichischer Ingenieur und Architekten-Verein / Martin Paul (Hg.), *Technischer Führer durch Wien*. Wien: Gerlach & Wiedling, 1910, S. 138–139.
(319)

128. Otto Kunze, „Elektrotechnische Industrie", in: Österreichischer Ingenieur und Architekten-Verein / Martin Paul (Hg.), *Technischer Führer durch Wien*. Wien: Gerlach & Wiedling, 1910, S. 580–582.
(321)

129. Michael Freiherr von Pidoll, *Der heutige Automobilismus: Ein Protest und Weckruf*. Wien: Manzsche k. u. k. Hof-Verlags- und Universitäts-Buchhandlung, Wien, 1912, S. 3–11.
(322)

130. Rudolf A. Lumbe, *Wiener Stilwidrigkeiten. Ungalante Zeitglossen*. Wien: Wiener literarische Gesellschaft, 1913, S. 66–68.
(325)

131. Joseph August Lux, *Otto Wagner. Eine Monographie*. München: Delphin, 1914, S. 32, 63–64.
(326)

132. o. A., „Tagesneuigkeiten: Der Straßenbahnverkehr", in: *Fremden-Blatt, Morgenausgabe*, 25. März 1917.
(329)

Kapitel 14: Handel, Wirtschaft und Fremdenverkehr
(331)

133. E. Z., „Die Stadt", in: *Officieller Führer durch das Jahr 1883 im Künstlerhause*, 16. Februar 1884, S. 9–16, hier 9–10.
(334)

134. Moritz Bermann, „Der Prater", in: *Illustrierter Führer durch Wien und Umgebung*. Wien: Hartleben, 1881, [4]1895, S. 28.
(335)

135. Eduard Pötzl, „Auf dem Bau", in: *Wienerstadt. Lebensbilder aus der Gegenwart geschildert von Wiener Schriftstellern, gezeichnet von Myrbach et al.* Wien: Kempsky, 1895, S. 67–69.
(336)

136. Die Gross-Industrie Österreichs, *Festgabe zum glorreichen fünfzigjährigen Regierungs-Jubiläum seiner Majestät des Kaisers Franz Josef I. Dargebracht von den Industriellen Österreichs 1898. Unter dem hohen Protectorate seiner k. u. k. Hoheit des durchlauchtigsten Herrn Erzherzogs Franz Ferdinand*. Wien: Verlag von Leopold Weiss, 1898, S. 83–84.
(339)

137. Johannes Emmer, *Kaiser Franz Joseph I. Fünfzig Jahre österreichischer Geschichte*, 2. Bd. Wien: C. Daberkows Verlag, 1898, S. 303–305.
(341)

138. Anton Leo Hickmann, „Häusliche Nutztiere", in: Historisch-Statistische Tafeln aus den wichtigsten Gebieten der geistigen und materiellen Entwicklung der k.k. Reichshaupt- und Residenzstadt Wien im neunzehnten Jahrhundert. Wien: Alfred Hölder, 1903, Tafel 35 und Erläuterungen.
(343)

139. Max Winter, „Athleten", in: ders., *Im dunkelsten Wien*. Wien, Wiener Verlag 1904, S. 53–55.
(345)

140. o. A., „Warenhaus A. Gerngross in Wien, VII. Bez., Mariahilfestrasse 42–44", in: *Der Bautechniker* 25, Nr. 19, 12. Mai 1905, S. 385–387.
(347)

141. o. A., „Enthüllung des Raiffeisen-Denkmals im Raiffeisen-Hof", in: *Die Wiener Tagesblätter*, 12. Jänner 1907; hier nach *Die Genossenschaft*, 19. Jänner 1907, S. 18.
(349)

142. Franz Höllrigl, „Hotels, Gasthäuser, Kaffeehäuser", in: *Wiener Cicerone. Illustrierter Fremden-Führer durch Wien und Umgebung*. Wien: Volkswirtschaftlicher Verlag Alexander Dorn, 1908, S. 17–18.
(350)

Kapitel 15: Die Stadt der Arbeiter

Kapitel 16: Bürgerliches Wohnen

161. Ferdinand von Saar, „Der ‚Exzellenzherr'", 1882, in: ders., *Novellen aus Österreich*, Sämtliche Werk, in zwölf Bänden. Bd. 8. Leipzig: Hesse, 1908, S. 39.
(387)

162. Anton Lekisch, „Über die zeitliche Steuerfreiheit für Neubauten", in: *Kritische Revue aus Österreich*, 2. Jg., 1891, Heft 15, S. 69.
(388)

163. Hermann Bahr, „Architektur", in: *Die Zeit*, Nr. 188, 7. Mai 1898, S. 91.
(389)

164. o. A., „Casa Piccola", in: *Der Architekt*, 5. Jg., 1899, S. 1–2.
(390)

165. o. A., „Neubau der Herren Gebrüder Wild, Wien, I. Bezirk, Neuer Markt Nr. 10 und 11", in: *Der Architekt*, 5. Jg., 1899, S. 14.
(393)

166. Alfred Lichtwark, „Wien, 24. Januar 1900", in: ders., *Briefe an die Kommission für die Verwaltung der Kunsthalle* in Auswahl mit einer Einleitung hg. von Gustav Pauli, 1. Bd. Hamburg: Georg Westermann, 1923, S. 392–394.
(395)

167. Joseph August Lux, *Das moderne Landhaus: Ein Beitrag zur neuen Baukunst*. Wien: Schroll, o. J. [1903], S. 3–7.
(397)

168. Peter Altenberg, „At Home", in: ders., *Wie ich es sehe*. Berlin: S. Fischer, ^{4}1904, S. 44–46.
(399)

169. o. A., „Die Bauordnung im Wiener Cottageviertel", in: *Architekten- u. Baumeister-Zeitung* 13, Nr. 39, 25. September 1904, S. 4–5.
(401)

170. Joseph August Lux, „Wiener Vorstadtkultur", in: *Hohe Warte*, 2. Jg., 1905/06, S. 205.
(402)

171. Ludwig Hevesi, „Wien eine Gartenstadt" (6. April 1907), in: ders., *Altkunst – Neukunst, Wien 1894–1908*. Wien: Carl Konegen, 1909; Reprint hg. von Otto Breicha. Klagenfurt: Ritter, 1986, S. 231–236, hier 231–232.
(403)

172. Ludwig Hevesi, „Otto Wagners moderne Kirche", (6. Oktober 1907), in: ders., *Altkunst – Neukunst, Wien 1894–1908*. Wien: Carl Konegen, 1909; Reprint hg. von Otto Breicha, Klagenfurt: Ritter, 1986, S. 249–254, hier 249.
(405)

173. Arthur Schnitzler, *Der Weg ins Freie* (1908), Berlin: S. Fischer, 1928, S. 16–17.
(406)

174. Felix Salten, „Spaziergang in der Vorstadt", in: ders., *Das österreichische Antlitz*. Berlin: S. Fischer, o. J. [1910], S. 117–126, hier S. 117–119.
(407)

175. Amelia Sarah Levetus, „Die Villa Ast in Wien. Von Professor Josef Hoffmann, Wien", in: *Moderne Bauformen*, 12. Jg., 1913, S. 1–2, hier 1.
(408)

176. Marie von Ebner-Eschenbach, *Meine Erinnerungen an Grillparzer*. Berlin: Gebr. Paetel, 1916, S. 17–19.
(409)

Kapitel 17: Stadtkultur
(411)

177. o. A., „Das Diana-Bad", in: *Österreichische Kunst-Chronik* 2, Nr. 10, 15. September 1879, S. 153–154.
(415)

178. Friedrich Schlögl, „Wiener Cafés", in: ders., *Wien*. Zürich: Caesar Schmidt, 1886, S. 133, 136.
(417)

179. Marie von Ebner Eschenbach, *Unsühnbar* (1889); Vollständige Neuausgabe. Berlin: Verlag der Contumax, 2015, S. 3–4.
(418)

180. Emil M. Engel (Hg.), *Unser Wien*. Wien: Engel, 1892, S. 36–37.
(421)

181. Adolf Loos, „Was wir sehen und hören", in: *Das Andere. Ein Blatt zur Einführung abendländischer Kultur in Österreich*, 1. Jahr, Wien 1903, S. 6.
(422)

182. Johannes Ziegler, „Einst und jetzt", in: ders., *Wiener Stimmungsbilder*. Wien: Gerlach und Wiedling, 1907, S. 53–57, hier 53–56.
(422)

Kapitel 18: Naherholung und Landschaft

Kapitel 19: „Alt-Wien“

Kapitel 20: Wien als Hauptstadt der Ersten Republik

Kapitel 26: Wasser und Wald: Freizeit und (Nah-) Erholung

Kapitel 27: Wien modern

(631)

278. o. A., „Der Verfassungsstreit um das Krematorium. Die gestrige Eröffnungsfeier“, in: *Neue Freie Presse, Nachmittagsblatt*, 18. Dezember 1922, S. 4–5.
(634)

279. o. A., „Der Neubau des Österreichischen Verkehrsbureaus in Wien. Entworfen von den Architekten Z.V. Heinrich Schmid und Hermann Aichinger“, in: *Österreichs Bau- und Werkkunst*, 1924, S. 170–174, hier 170–171.
(636)

280. F. X. F., „Der Wiener Flughafen in Aspern“, in: *Arbeiter-Zeitung*, 2. August 1925, S. 10.
(637)

281. e., „Der Überfahrene ist schuld? Der Verkehrsfilm der Polizeidirektion: Lernet gehen!“, in: *Die Stunde*, 23. November 1926, S. 6.
(638)

282. o. A., „Umspannwerk Favoriten / Eugen Kastner, Fritz Waage“, in: *Die Bau- und Werkkunst, 1930*, S. 349–350.
(640)

283. o. A., „Das Liesinger Arbeitsamt. Zur Eröffnung eines Musterbaus jungösterreichischer Architektur“, in: *Der Wiener Tag*, 23. Jänner 1932, S. 4.
(642)

284. Hans Jaksch, „Die Stahlgerippe Bauweise“, in: *Profil. Österreichische Monatsschrift für bildende Kunst*, Heft 5, 1933, S. 163–168, hier 163–164.
(643)

285. Annemarie Selinko, *Morgen ist alles besser.* Wien-Prag-Leipzig: Zeitbild Verlag, 1938, S. 114–115.
(645)

286. Simony, „Ein WC vor der Stephanskirche“, in: *Profil. Österreichische Monatsschrift für bildende Kunst*, Heft 12, 1936, S. 569.
(646)

287. Von unserem Wiener Mitarbeiter, „Reichssender Wien zieht um. Das neue Funkhaus vor der Vollendung – Ein Sendesaal für 300 Hörer und 100 Mitwirkende“, in: *Innsbrucker Nachrichten*, 27. Juni 1938, S. 8.
(647)

Kapitel 28: Stadtvisionen und Stadtfragmente

(649)

288. Dlb, „Die Stadt als Plastik (Vortrag von Anton Hanak)“, in: *Der Abend*, 15. Februar 1924, S. 4.
(651)

289. Arthur Roessler, „Über die Schönheit der modernen Grossstadt“, in: *Österreichs Bau- und Werkkunst*, 1924, S. 169.
(653)

290. Robert Musil, *Der Mann ohne Eigenschaften*. Berlin: Ernst Rowohlt, 1930, S. 9–11.
(655)

291. Karl Ziak, *Wien. Heldenroman einer Stadt.* Wien-Leipzig: Fiba-Verlag, 1931, S. 39 und 43.
(656)

292. Max Eisler, „Stadt und Landschaft“, in: *Profil. Österreichische Monatsschrift für bildende Kunst*, Heft 1, 1933, S. 16 u. 17.
(658)

293. Alexander Lernet-Holenia, *Ich war Jack Mortimer* (1933), in: Alexander Lernet-Holenia Dünndruckausgabe. Wien u. Hamburg: Zsolnay 1984, S. 317–465, hier 361–362.
(660)

294. Martha Murner [= Venetiana Taubner-Calderon, verh. Canetti], „Der Kanal“, in: *Arbeiter-Zeitung*, 15.–18. November, 1933, hier 18. November 1933, S. 9.
(661)

295. Egon Riss, *Raumveredelung. Die neue Stadt*, Wien: Gerold & Co., 1936, S. 33–36.
(662)

296. Rudolf Frank, *Fair play, oder: Es kommt nicht zum Krieg. Roman einer Emigration in Wien*, Manuskript 1938. Berlin: Aufbau-Verlag, 1998, S. 97–99.
(664)

Kapitel 29: Diktaturen und Exile

(665)

297. Naomi Mitchison, *Vienna Diary*. London: Victor Gollancz Ltd, 1934, S. 39–41.
(668)

298. o. A., „Arbeit und Freude im neuen deutschen Wien. Bürgermeister Neubacher über die Aufgaben der nationalsozialistischen Gemeindeverwaltung“, in: *Neues Wiener Journal*, 18. März 1938, S. 2.
(669)

299. Felix Augenfeld, „Modern Austria. Personalities and Style“, in: *Architectural Review*, Bd. LXXXIII, April 1938, S. 165–174, hier 164, 165, 167.
(670)

300. Friedrich Torberg, *Auch das war Wien* (1938–1939), hg. von David Axmann und Marietta Torberg, Wien: Albert Langen – Georg Müller, 1984, S. 204–205.
(671)

301. Franz Theodor Csokor an Lina Loos, 17. Juni 1939, in: *Du silberne Dame Du. Briefe von und an Lina Loos*, hg. von Franz Theodor Csokor und Leopoldine Rüther. Wien-Hamburg: Zsolnay, 1966, S. 213–214.
(672)

302. John Lehmann, *Down River. A Danubian Study*. London: The Cresset Press, 1939, S. 138–141.
(673)

303. Stefan Zweig, „Das Wien von Gestern. Vortrag. Paris 1940“, in: ders., *Zeit und Welt. Gesammelte Aufsätze und Vorträge 1904–1940*. Stockholm: Bermann-Fischer, 1946, S. 149–150.
(674)

304. Ernst Holzmann, „Vorwort“, in: *Wien. Die Perle des Reiches. Im Einvernehmen mit dem Kulturamt der Stadt Wien*. München: Raumbild-Verlag, 1941, S. 13–18, hier 15.
(675)

305. Josef Schöner, *Wiener Tagebuch 1944/45*, hg. von Eva-Maria Csáky, Franz Matscher, Gerald Stourzh. Wien-Köln-Weimar: Böhlau, 1992, S. 146 und 160.
(676)

306. Josef Hoffmann, „Gedanken zum Wiederaufbau Wiens“, in: *Wiener Zeitung*, Nr. 81, 23. Dezember 1945, S. 4–5, hier 4.
(678)

PERSONEN- UND ORTSREGISTER

A

B

C

D

E

F

G

H

I

J

K

L

M

N

T

U

V

W

Z

BILDNACHWEIS

Der Architekt,
5. Jahrgang, 1899
391

Bundesamt für Eich- und Vermessungswesen BEV
12

Anton Leo Hickmann, Historisch-Statistische Tafeln aus den wichtigsten Gebieten der geistigen und materiellen Entwicklung der k. k. Reichshaupt- und Residenzstadt Wien im neunzehnten Jahrhundert, Wien: Alfred Hölder, 1903
221

Library of Congress
235–236

Österreichische Nationalbibliothek
XV, XVII, XVIII, 509, 533, 579, 590, 600, 659

Privatsammlung
IX, 93

Süddeutsche Zeitung Photo / Alamy Stock Photo
550–551

Wienbibliothek im Rathaus
17, 89, 109, 127 (o.), 127 (u.), 132–133, 168–169, 179, 248, 206–207

Wien Museum
VII, VIII, XIV, XIX, XX, XXI, 6–7, 42–43, 53, 76–77, 127 (m.), 224–225, 251, 260–261, 303, 306–307, 327, 369, 401, 419, 424 (o.), 424 (u.), 430–431, 433, 445, 449, 452, 458–459, 485, 507, 536–537, 556, 563, 605, 620, 624, 634, 641, 644, 654, 677

Wiener Stadt- und Landesarchiv
111

Wienerstadt. Lebensbilder aus der Gegenwart geschildert von Wiener Schriftstellern, gezeichnet von Myrbach et. al., Wien: Kempsky, 1895
337

DANK

Großzügige Fördermittel haben wir dankenswerterweise vom Bundesministerium für Kunst, Kultur, öffentlichen Dienst und Sport (BMKÖS) und der Magistratsabteilung 19 der Stadt Wien (MA 19) erhalten. Daneben gilt unser besonderer Dank der Bundesimmobiliengesellschaft (BIG), der ARE Austrian Real Estate und der Raiffeisen Immobilien Treuhand GmbH. Sie und ihre Vorgängerinstitutionen haben eine lange Tradition in Wien und eine große institutionelle Bedeutung für die Wiener Architektur. So sind sie nicht nur hier im Dank repräsentiert, sondern auch mit zwei ausgewählten Texten: Die Bundesimmobiliengesellschaft hat u. a. die ikonische Postsparkasse von Otto Wagner saniert und für die Nutzung durch die Universität für angewandte Kunst Wien adaptiert. Eine frühe Würdigung des Baus von Ludwig Hevesi findet sich in der Auswahl. Die Niederösterreichische Genossenschafts-Zentralkasse hatte ihren Sitz anfangs im Niederösterreichischen Landhaus in der Herrengasse, wo sie 1907 ein Denkmal ihres Gründers Friedrich Wilhelm Raiffeisen enthüllte, der Pressebericht darüber ist ebenfalls in unserer Auswahl präsent.

Besonderer Dank gilt Damla Akyol für ihre Transkriptionen der Originaltexte in ein brauchbares digitales Format sowie Christopher Hertweck und Frederick Hauke für ihre Übersetzungen der Beiträge von Iain Boyd Whyte und Ewen McLachlan für seine aufwendige Bildbearbeitung.

Dank gilt auch dem Birkhäuser Verlag, insbesondere David Marold und Bettina R. Algieri, die ein gewisses Maß an Langmut und einen großen Vertrauensvorschuss aufbringen mussten. Claudia Mazanek hat mit Übersicht und Genauigkeit der Textmasse editorische Konsistenz verliehen. Die Grafik von Floyd E. Schulze erleichtert die Lektüre auf mehr als 700 Seiten durch Struktur und Abwechslung.

Herausgeber:
RUTH HANISCH HARALD R. STÜHLINGER IAIN BOYD WHYTE

Acquisitions Editor: DAVID MAROLD, Birkhäuser Verlag, A-Wien
Content & Production Editor: BETTINA R. ALGIERI, Birkhäuser Verlag, A-Wien
Korrektorat: CLAUDIA MAZANEK, A-Wien
Layout, Covergestaltung und Satz: FLOYD E. SCHULZE, D-Berlin
Litho: PIXELSTORM Litho & Digital Imaging, A-Wien
Druck: HOLZHAUSEN, die Buchmarke der Gerin Druck GmbH, A-Wolkersdorf
Papier: Salzer EOS blauweiß 90 g/m^2
Schriften: Syncro, Unisoft77 Beta

Coverabbildung: FRANZ HOLLUBER,
Stephansplatz mit Fiaker und Autobus, 1914
(Wienmuseum, 77501/417)

MIX
Papier | Fördert gute Waldnutzung
FSC® C108696

Library of Congress Control Number: 2023948202

Bibliografische Information der Deutschen Nationalbibliothek
Die Deutsche Nationalbibliothek verzeichnet diese Publikation in der Deutschen Nationalbibliografie; detaillierte bibliografische Daten sind im Internet über http://dnb.dnb.de abrufbar.

ISBN 978-3-0356-2675-9
e-ISBN (PDF) 978-3-0356-2676-6

Im Westfeld 8, 4055 Basel, Schweiz
Ein Unternehmen der Walter de Gruyter GmbH, Berlin/Boston

9 8 7 6 5 4 3 2 1 www.birkhauser.com

Bundesministerium Kunst, Kultur, öffentlicher Dienst und Sport
Stadt Wien Architektur und Stadtgestaltung
Raiffeisen Immobilien
ARE Austrian Real Estate
BIG